中国顶尖学科
出版工程

复旦大学
历史地理学科

主编
葛剑雄

副主编
张晓虹

学术经典

复旦大学历史地理学术经典

邹逸麟卷

邹逸麟 著

中国顶尖学科出版工程

出版工作委员会

复旦大学历史地理学科

编委会

出版说明

顶尖学科的创新和发展，一直是全社会关心的热点议题。国家的发展需要顶尖学科的支撑，高端人才的培养体现了顶尖学科的传承。为我国学科建设发展注入人文关怀和强化历史厚度，探索学科发生发展的规律，有助于推动我国的学科建设，使我国顶尖学科实力更加饱满、更具国际化和人性化、更适应未来社会融合发展的趋势。

“中国顶尖学科出版工程”缘起于 2018 年 10 月杭州电子科技大学融媒体与主题出版研究院院长韩建民教授和上海教育出版社缪宏才社长在飞往西安的飞机上的一席谈话。二位谈到，作为出版人，不仅要运营好出版社，更重要的是担负起出版人的职责，服务社会，传承文化。作为高校教师、教育出版社社长，他们的关注点不约而同地聚集在了高等教育上。近年来，教育部等国家有关部门对高等教育尤其是顶尖人才的培养格外重视。人才培养离不开学科建设，国家建设需要学科支持。学科发展水平是高校和科研机构的核心竞争力，是全社会关注的焦点。一个好的学科首先应该讲历史、讲积淀、讲传承、讲学科建设史，而目前我国大部分顶尖学科没有系统建设自己的学科史，更没有建构自己学科的学术文化传统。世界上一些著名的大学科研机构，如剑桥大学卡文迪许实验室，恰恰是高度重视科学与人文的结合，所以才产生了享誉世界的科研成果。

英国物理学博士 C. P. 斯诺曾经提出了两种文化，一种是人文文化，一种是科学文化。随着科学技术与社会的发展，两者之间的鸿沟越来越明显。这两种文化对社会发展都有利有弊，只有做好融合，才能健康推动社会全面进步。学科建设是两种文化融合的重要阵地，因此亟需在学科建设与发展中注入人文和历史，以起到健康发展的带动作用。

“中国顶尖学科出版工程”的出版理念就是要更重视学科史的建设，为学科发展注入历史文脉，为社会打通文理，对理工学科来说，尤其需要人文传统建设。一个没有历史和文化的理工学科是偏激片面的、没有温度的，也不会产生树干的成果。重大的成果肯定是融合升华后的成就，是在历史和文化融合的基础上铸造的果实，而枝节过细的成果往往不能产生学术根本的跃升。当下我们的人文学科也需要学科史、人物史和传统史的建设，只有这样，才是真正的学科发展，才更具国际竞争力，才更不可超越。这是我们这套书选取学科的指导思想，也是这套书不同于一般学术著作系列的特点。

这一出版工程将分辑推出我国各顶尖学科的学科史、学术经典和重要前沿成果等。对于其中的学术经典，需要说明的是，由于此前它们出版或发表于不同时期，所以格式、表述不统一之处甚多，有些字沿用了旧时写法，有些书名等是出于作者本人的书写习惯。为尊重作者的行文风格，本次出版除作必要的改动外，原则上予以保留。

第一辑是复旦大学历史地理学科系列，由我国著名历史地理学家葛剑雄先生担任主编。葛先生是我们的老作者、老朋友，他非常肯定并支持我们的理念和做法，并且身体力行。几年来大家精诚合作，在葛先生的影响、带动下，在全体作者辛苦努力下，这个项目不仅获得了国家出版基金立项支持、入选国家“十四五”出版规划，还带动了同济大学建筑学科等后续项目的启动。

希望通过这一出版工程，为我国更多的高校和科研机构带来示范性效应，推动学科发展与进步，增强学科竞争力，引领学科建设新趋势。

上海教育出版社
2022 年 10 月

复旦大学历史地理学科·序

上海教育出版社策划出版“中国顶尖学科出版工程”，将复旦大学历史地理学科系列作为第一辑。复旦大学中国历史地理研究所欣然合作，组成编委会，我受命主编。

本所之所以乐意合作，并且动员同仁全力以赴，因为这是一项非常有价值、有意义并具有紧迫性的工作，也是我们这个学科点自己的需要。通过这套书的编撰，可以写出学科的历史，汇聚已有成果，总结学术经验，公布经典性论著，展示学术前沿，供国内外学术界和公众全面了解，让大家知道这个学科点是怎样造就的，评价一下它究竟是否够得上顶尖。

复旦大学历史地理学科的起点，是以谭其骧先生1950年由浙江大学移席复旦大学历史系为标志的。而谭先生与历史地理学科的渊源，还可追溯至1931年秋他与导师顾颉刚先生在燕京大学研究生课程的课堂外有关两汉州制的学术争论。1955年2月，谭先生赴京主持重编、改绘杨守敬《历代舆地图》。1957年，“杨图”编绘工作移师上海。1959年，复旦大学在历史系成立历史地理研究室。1982年，经教育部批准，成立中国历史地理研究所。1999年组建的复旦大学历史地理研究中心，成为教育部首批全国重点研究基地之一。

这一过程约长达70年，没有一个人全部经历。学科创始人谭先生已于1992年逝世，1957年起参加“杨图”编绘并曾担任中国历史地理研究所所长10年的邹逸麟先生已于2020年逝世，与邹先生同时参加“杨图”编绘的王文楚先生已退休多年。现有同仁中，周振鹤教授与我是经历时间最长的。我与他同时于1978年10月成为复旦大学历史系的研究生，由谭先生指导。我于1981年入职历史地理研究室，1996年至2007年任中国历史地理研究所所长，1999年至2007年任历史地理研究中心主任。由于自1980年起就担任谭先生的学术助手，又因整理谭先生的日记，撰写谭先生的传记，对谭先生的个人经历、学术贡献以及1978年前的情况有了一定了解。但70年的往事还留下不少空白，就是我亲历的事也未必能保持准确的记忆。

一年多来，同仁曾遍搜相关档案资料，在上海市档案馆和复旦大学档案馆发现了不少重要文件和原始资料，同时还向同仁广泛征集。但由于种种原因，有些重要的事并未留下本应有的记录，或者未能归入档案，早已散失。

本系列第一部分是学科学术史和学科论著总目。希望通过学术史的编撰，为这 70 年留下尽可能全面准确的记载。学科论著总目实际上是学术史中学术成果的具体化。要收全这 70 年来的论著同样有一定难度，因为在电子文档普遍使用和年度成果申报制度实施之前，有些个人论著从一开始就未被记录或列入索引，所以除了请同仁尽可能详细汇总外，还通过各种检索系统作了全面搜集。从谭先生开始，个人的论著中都包括一些非本学科或历史学科的论著，还有些是普及性的。考虑到一个学科点对学术的贡献和影响并不限于本学科，所以对前者全部收录；而一个学科点还有服务社会的功能，所以对具有学术性的普及论著也同样收录，非学术性的普及论著则视其重要性和影响力酌情选录。

在复旦大学其他院系，尤其是历史系，也有一些历史地理研究者，其中有的一直是我们的合作者，或者就是从这里调出的，他们的历史地理论著应视为本学科点的成果，自然应全部收录，但不收录他们离开复旦大学后的论著。本博士、硕士学科点所招收的研究生在学期间发表的论著，与本单位导师合作研究的博士后在流动站期间完成的论著，均予收录。本学科点人员离开复旦大学后的论著不再收录。历史地理研究中心所外聘的研究人员在应聘期间按合同规定完成的论著，按本中心人员标准收录。

第二部分是学术传记和相应的学术经典。考虑到学术经验需要长期积累，学术成果必须经受时间的检验，所以在首批我们按年资选定了四位，即谭其骧先生、邹逸麟先生、周振鹤教授和我。本来我们还选了姚大力教授，但他一再坚辞，我们只能尊重他本人的意见，留在下一批。

我们确定“经典”的标准，是本人论著中最高水平和最有代表性的部分，具体内容由本人选定。谭先生那本只能由我选，但我自信大致能符合谭先生的意愿。谭先生在 1987 年出版自选论文集《长水集》时，我曾协助编辑；他的《长水集续编》虽出版于他身后，但他生前我已在他指导下选定篇目，我大致了解谭先生对自己的论著的评价。

除谭先生的学术传记不得不由我撰写外，其他三本都由本人自撰。当时邹逸麟先生已重病在身，但为了学术传承，他以超人的毅力，不顾晚期癌症的痛苦与极度虚弱，在病床上完成了口述，将由他的学生段伟整理成文。

第三部分是青年教师或研究生的新著。之所以称为“学术前沿”，是因为它们在选题、研究方法、表达方式上都有一定新意，反映了年轻一代的学术旨趣和学术水平。其中有的或许能成为作者与本学科的经典，有的会被自己或他人的同类著作所取代，这是所有被称为“前沿”的事物的必然结果。

由于没有先例可循，这三部分是否足以反映复旦大学历史地理学科的全貌和水平，我们没有把握，只能请学术界方家和广大读者鉴定。我们将在可能条件下，争取修订再版。这套书反映的是我们的过去，如果未来的同仁们能够保持并发展历史地理学科的现有水准，那么若干年后肯定能出版本系列的续编和新版。我与大家共同期待。

葛剑雄

2022 年 6 月

目录

环境变迁研究篇

历史政治地理研究及综论篇

自序：为学一甲子

我从 1957 年初随谭先生走进重编改绘杨守敬《历代舆地图》项目组开始，在中国历史地理专业领域，俯首耕耘近一甲子。从学着查阅《大清一统志》、编制清代政区表起步，到晚年主持多项国家级大项目，我不仅见证了 20 世纪 50 年代以来中国历史地理学科的发展历程，也为该学科的发展付出了自己的一生。我几乎参与了这一期间该领域的所有大项目，这些项目的特点，一是需众人参与合作，二是历时数年乃至数十年。正是由于这种耗时费力的基础性的大型科研项目，才能使中国历史地理学科的成就得以令世人瞩目，才能使参与其间的研究人员如我，练就扎实的专业基本功，从而成长为名副其实的学者。

我的学术研究道路，并不是预先设定了什么宏伟的奋斗目标，只是找准了一个专业方向，然后有意识而为之。那个年代，搞研究也不是如今天这么名正言顺，还有许多科研基金的支持。即便谭先生奉命主持的《中国历史地图集》编绘项目，也不是作为研究项目下达的，而是毛主席交办的政治任务；只是这个政治任务的完成需要历史地理学者罢了。我们那代人的境遇，就是服从组织上的工作安排，做好本职工作，哪容得什么非分之念。我的工作岗位是跟随谭先生绘中国历史地图，其间许多有待解决的问题需要通过查询古籍文献、收集历史资料、分析比较考订、进一步探索研究才能解决。在这个过程中，若说有什么所得，那就是我逐步培养起了兴趣，不是就事论事、完成任务交差，而是做个有心人，在完成编绘《中国历史地图集》任务的同时，开始关注、思考与历史地理发展相关的社会动态、环境变迁等因素，并逐步深入下去、扩展开来，从点到面、从局部到整体，慢慢形成了自己独创的、完整的学术观点，就这么自然而然地踏上了学术研究的正常途径。

从事学术研究工作，无论什么学科，都有基本功问题。其实行行如此，哪怕学木匠、裁缝，不是也要从学徒做起吗？历史地理学科的基本功，一是熟悉历史地名，二是考订历史地名方位。历史文献中任何有价值的历史地理资料都与地名有关。如果一条资料不附有地名，就不知道这条资料发生的地点；或者虽有历史地名，却不知该历史地名今为何处，那么这条资料基本上就无法利用。而熟悉历史地名的最有效方法，就是编写历史地名辞典，编绘历史地图。对历史地名方位的考订，是因为任何历史地理研究课题，首先要搞清收集的资料中所提到的历史地名何时出现、今为何地，然后才有下一步可说。但是二三千年来，历史文献中出现的历史地名浩如烟海，大致上可分为三个层次。第一层次是主要历史地名，指的是历代主要政区地名、重要城市地名、重要战争发生地地名、主要河流地名、重要地物地名（如山脉、长城、运河、道路等），这类历史地名在文献上多见，历史地理工作者一定要熟悉，一看就知道在今何地。如果面对这类基本历史地名还不知东南西北，如何进行研究？如同翻译工作者，若每一单词都要查字典，如何翻译？要熟悉这类地名，参与编写历史地名辞典是最佳途径。因为任何一部历史地名辞典，这类基本历史地名是必收的。虽然历代地理书也有这类地名的解读，但单看书是记不住的，只有通过自己动手编写，才能终生不忘。第二层次姑且名之为系统地名，就是指历史上出现过的最基础成系统的地名，这类地名数量很大，指历史上历代县级以上地名（含县级），以及各类重要山川、关隘、堡寨等。要熟悉这类地名，只有通过编绘大型历史地图集来实现，因为普通历史地名辞典不可能收集这么多，只有大型历史地图集才可能做到，否则不能称之为大型历史地图集。第三层次可称之为特殊地名，指的是某一个专题研究中要探究的、非普通常见的历史地名。

以上三类历史地名的今地解释，也有三种情况：一类是前人已有研究成果的，经过辨识，认为无误的，当然可以采用；一类是前人虽然考释，然说法纷纭，那就必须经过自己辨识，采用你认为最可靠的一说；还有一类是前人根本没有考释，或有多种说法，但都模糊不清，那就更要研究者悉心考证了。

考证历史地名的今之所在与地处方位，也是历史地理工作者的基本功。对这类基本功的培养和训练，编绘历史地图是最好的途径。历史地名辞典中对今地的诠释，只要有个大致方位，如在今某地东、某地西就可以了；如能加上具体的里距，则更全面了。编绘历史地图，则要具体落实到地图上的某一个点，就非要十分精确不可。但历史记载往往不详细，或记载得互相矛盾，因此研究者必须具备辨别、分析历史资料的能力，还要考虑到地图与各种自然要素的关系，这就需要多学前人的考证方法和思路，逐步提高自己的考证水平。例如我在参加《中国历史地图集》编绘项目时，要编制今河南、山东、安徽地区的历史政区地名，即将历史上的古地名落实到今天的地图上，这对一个没有经过专门训练的大学历史系毕业生来说，是有较大难度的。

于是我就先读前人的考证文字，知道考证文章是怎么做的，然后把《汉书·地理志》《水经注》以后历代有关的地理志、总志和方志等著作中有关某一古地名的方位记载和后人的考证全部摘录下来，对其中说法有矛盾的，经过排比、对勘、分析，然后决定采取其中一说，或另创新说。最后还得将你认为前人错误的说法及所以错误的原因找出来，才可能确保你的结论是对的。这是一种十分繁琐而又十分有趣的工作，对训练一个人的逻辑思维有很大的帮助。这类工作做得多了，就可熟练地进行古地名考证。沿革地理是研究中国历史地理学的基础，因为一切历史地理文献记载都是以古地名为坐标的，如果缺乏沿革地理的基本知识，就很难准确地利用这些资料。

就历史地理专业而言，另一项基本功就是编制各种门类的历史地图，如政区、疆域、人口分布、产业、城市、交通、水系变迁、自然灾害等。历史地图是历史地理学科研究成果的最终归宿。因为任何历史地理研究成果一定要能落实到地图上才能算成功，就像任何自然科学成果一定要经过实验检验才算成功一样。因此，任何一位历史地理学家都一定会编绘历史地图，否则就是名不副实。例如你研究一条河流的变迁，一个湖泊的盈缩，一道海岸线的进退，一座城市的布局，如果不能落实在今天的地图上，那就说明你的研究尚未到位，或者是错误的。而真正的历史地理学家如谭先生，他的一项研究认为，先秦文献中的“云梦”，泛指春秋战国时期楚王的狩猎区，包括山地、丘陵、平原和湖沼等多种地貌形态，范围相当广阔，几乎包括今湖北东南部大半个省，但这并不包括江南的洞庭湖区。这个结论正与今天的地貌相吻合。所以这个结论已为今天历史地理学界所普遍接受。

做历史地理研究还需有一个基本素养，就是要懂目录学，会针对性地广泛收集资料。中国传统古籍浩如烟海，所以搞历史地理研究就首先要掌握何种资料到何处去查的本领。一个人开始做课题研究，心中没有目录学知识，不知何种资料到何处去查，那就等于瞎子行路。因此，专就这一点而言，搞有关资料汇编工作是提高素养、打好基本功的最好途径之一。研究秦汉及其以前的历史地理问题，考古资料当然是十分重要的，但这只能依靠考古工作者，且大多为点状分布，因此还是要依靠文献资料。隋唐以前的文献资料有限，要做到穷尽，只要有时间还是可以完成的；隋唐以后特别是明清时期，文献汗牛充栋，那就要有目录学的知识。比如，研究疆域政区问题，除了正史的地理志、总志外，还有历代会要、会典等历代典章制度的典籍，此外历代正史中有关少数民族的传记以及魏晋以后边疆史地的专著，也都是非读不可的。再如研究历代河渠水利变迁，除了正史的河渠志外，唐宋以后历代水利专著当然是必读的，这也包括各地方志，因为里面都有关于当地水利工程的详细记载。至于研究历代经济地理问题，除了正史食货志外，历代典志以及唐宋以后的杂史、文集、笔记、档案等都需广泛阅读，一切文献中都可能有与经济地理某一个问题有关的资料，看到有用的资料，随手抄录以备用，这全靠积累，实无捷径可言。虽然说历史地理研究离不开野外调查，但由于近几十年来，城市、农村改造变化极大，野外调查只能体验到某些感受，真正想看到历史遗迹恐怕是很难了。

我这一生，在历史地理学科所做的主要工作，可以归纳为：两套地图集、三种工具书、四本专业教材。两套地图集分别为《中国历史地图集》《中华人民共和国国家历史地图集》，三种工具书是《中国历史大辞典·历史地理分册》、《辞海·历史地理分册》、《中国大百科全书》的历史地理条目，专业教材有《中国历史地理概述》《中国历史自然地理》《中国历史人文地理》《黄淮海平原历史地理》。另外还有《椿庐史地论稿》及《续编》两本论文集、《千古黄河》《舟楫往来通南北——中国大运河》《中国运河志》等专著。地图集和工具书是集体性的大项目，专业教材则是学科建设的基础工作。

《中国历史地图集》是新中国成立以来历史地理学科最大的一个项目，参加的科研机构、高校单位有十几个，前后参加过编稿、制图的有一百余人。这部图集从启动到全部出版，前后达三十年之久。我个人是从 1957 年 1 月开始参加的，至 1972 年内部本编稿完成后转入其他项目，前后有十五个年头。1981 年准备公开出版时，又参加了部分清样稿、繁体字本的校对工作。

通过《中国历史地图集》的编制，中国地理的基本历史面貌得到了复原，为今后中国历史地理学的发展打下了坚实的基础。如果没有这项任务的带动，恐怕不会集中这么多的历史地理学工作者，在同一时间内解决这么多的具体学术问题。从学科发展而言如此，就个人而言，不是参与这个大项目，也不可能有机会接触、解决这么多的学术问题，从而在专业领域有所建树。

《中华人民共和国国家历史地图集》是谭先生在世的时候就启动的。早在 1958 年，国务院就规划编一套国家级的大地图集，有四种：自然地图集，农业地图集，能源地图集，历史地图集。农业地图集由农业部组织，自然地图集由中科院地理所组织，能源地图集由能源部组织；历史地图集组成一个编委会，先由张友渔、后由王忍之任主任委员，由谭先生任总编纂。这个历史地图集和我们已经完成的八本《中国历史地图集》不一样，我们做的八本图集是疆域政区图，反映历史时期每一朝代的全国疆域及省级、府级、县级政区建制。国家级的历史地图集则是含有历史时期自然、经济、人文要素的综合历史地图集。谭先生生前确定了图集的体例，开过几次编委会。1983年8月，我随谭先生去莫干山参加编委会工作会议；1992年谭先生逝世后，成立了总编纂助理三人小组，由我和中国社科院历史所所长林甘泉、原编委会秘书长高德三人组成。2012年出版了第一册(共三册)。我参加大型工具书的编纂经历，是从1959年随谭先生主持《辞海·历史地理分册》修订版开始的。我从1959年开始为《辞海》撰稿，当时我们单位的年轻人根据谭先生确定的体例和要求撰写了初稿，但写得十分粗糙。1962至1963年，辞海编委会在浦江饭店集中定稿，谭先生命我和王文楚每周去两三天参加改稿工作。1965年印制了内部本《辞海》未定稿本。"文革"中的1972年，《辞海》编撰修订工作开始恢复，出了一些专业分册。1978年，北京要求上海于1979年正式出版《辞海》，作为对国庆三十周年的献礼；此后又决定每十年出一次《辞海》修订版。1979年版的《辞海》，我的名字列入了编写者名单；1989年版的《辞海》，我成了编委之一；1999年版的《辞海》，因谭先生已逝世，我成了分科主编；2009年版同；2015年启动的第七版《辞海》修订工作，我忝列为《辞海》副主编。从1959年至今的近六十年，我是新中国《辞海》编撰的全程参与者。

编纂辞典是另一门学问。编专业辞典，编纂者当是该学科的专家，自不待说。但编辞典有专门一套体例、规范和用词，如果对此不熟悉，即使专业上造诣很高的专家也未必能写好释文。1982年，我参加《中国历史大辞典·历史地理分册》的编写，当时邀约了国内一些历史地理工作者共同参加，因此副主编有四位：第一位是吴应寿先生，他在浙大时即为谭先生的学生，长期跟随谭先生参加《中国历史地图集》的工作；第二位是我；第三位是中国社科院历史研究所的历史地理组组长陈可畏，该所是当时除了复旦史地所外，参加作者最多的单位；第四位是杭州大学的陈桥驿先生。吴先生长期患病，除了撰写部分稿子外，很少过问辞典的事务；陈可畏在北京，主要组织他们所里的人撰稿，当然无法管辞典的事务；陈桥驿先生在杭州，当然客气托词不介入具体事务的；所以整个辞典的组织、撰稿联系、催稿、审稿，直至分发稿费、津贴，全由我来管理，为此花了大量的时间和精力，辗转十五年，直至1996年正式出版。我为历史地理学科建设所做的奠定基础的工作，还体现在《中国历史地理概述》《中国历史自然地理》《中国历史人文地理》《黄淮海平原历史地理》这几本基础教材中，这几本教材的编撰，都是从无到有的开创性的工作。我们这代人也就只能到此为止了，后来的学者自然会在这个基础上再提高发展。

《中国历史地理概述》的缘起是历史地理专业教材的编写。1965 年复旦大学历史系始开设历史地理专业；改革开放后，又重新招生，办了两届。该专业始终没有一本专业教材，大家都希望谭先生来编写教材，谭先生一方面没时间，另一方面他对教学的兴趣不如科研，对历史系开设历史地理专业始终持保留态度。“老邹，假如你有空你就搞吧。”一次谭先生对我说。我虽然没有在课堂上直接聆听过谭先生的讲课，但几十年的耳濡目染，再加上多年的工作积累，觉得自己可以胜任谭先生交代的编写专业教材的任务。1982 年，历史地理所成立时，校党委任命我做谭先生的副手，任副所长。此后，所内有人曾提出一个建议，让我离开行政岗位、休创作假，专心编教材；谭先生闻讯坚决不同意，编教材的事又搁浅了。80 年代初，《中国大百科全书》编纂工作启动，谭先生作为《中国历史》卷的编委及历史地理学科的负责人，指定由我写中国历史地理长条。我花了一年多时间写了十一万字，刊载于第一版《中国大百科全书》上。彼时，大百科全书编辑部认为这个长条写得不错，准备另出单行本，后因该选题专业性强、出版单行本销路有限而作罢。一次我跟谭先生去福州开会，福建人民出版社找谭先生约稿，他即要我把为《中国大百科全书》写的中国历史地理长条修改补充后，交福建人民出版社出版。1993 年，该长条以《中国历史地理概述》为书名出了第一版。我之所以用“概述”而不用“概论”，是因为“论”太复杂了。2005 年，该书的修订版转由上海教育出版社出版；2007、2013 年，该社又再次修订出版了第二、三版，此为当前我国高校历史地理学科的基本教材。

《中国历史自然地理》是谭先生 1975 年主持启动的。当时中国科学院地理研究所要编一套中国自然地理丛书，有气候的、水文的、动物的、植物的，等等，其中有一本《中国历史自然地理》，交由谭先生主持，这个题目还没人做过。谭先生组织了北京大学、中科院地理研究所和我们复旦史地所的人撰写了初稿，后来在西安、开封等地召开了审稿会。从 1977 年底至 1978 年 1 月底，我们都在上海师范大学集中审稿，谭先生经常审稿到半夜，因为太累了，谭先生回来第二天就中风了。后来中科院地理研究所就请杭州大学的陈桥驿先生主持审稿工作，陈先生又拉了我，一起搞了两三年吧。这本书 1982 年出版时，谭先生还看到的，但不是很满意，他对著作的出版要求是很高的。

2005 年，中科院地理研究所准备修订这套书，那时谭先生已经过世了，他们就邀我当主编来做修订版。我说修订不行，为什么修订不行？既然是修订，就必须征得原作者的同意，好几位原作者还健在，但都八九十岁了，他们不可能再参与修订工作，也未必全部同意修订啊？还有，已经过世的原作者，有子女在，处理修订版的版权问题也很复杂。所以，我的意见是，若是修订我就不参与；若重新撰稿，我可以来组织。也许我的意见在理，被中科院地理研究所接受了。然后我请所里的老同事张修桂联合主编，终于2013年出版了《中国历史自然地理》的同名新版本，新版本字数达百万，比起三十年前出版的二十八万字的第一版，该是目前历史地理学界最重要的集大成的巨作了。2015年，该书获得第七届全国高校人文哲学社会科学优秀成果二等奖，2019年又获得第五届郭沫若中国历史学奖二等奖，这也算是继承谭先生的遗志所做的一件大事情。

《中国历史人文地理》也是中科院地理研究所邀我任主编的集体项目，是聚合了国内相关学科精英的创新巨制，不仅反映了学界的最新研究成果，更重要的是建立起了历史地理学中人文领域的基本体系。

《黄淮海平原历史地理》是我90年代开始研究历史环境变迁的成果，是作为史地所所长的我，组织所内同仁共同完成的综合研究成果。这也是我们所从谭先生的沿革地理起家，在历史地理学科领域的全面拓展、专业人才济济的结果吧。

除了上述与职业相关的著述工作外，我还在专业领域做了些有兴趣的事，《禹贡锥指》即为一例。1997年初，我在上海古籍出版社新出的《禹贡锥指》样书的扉页上写下了：

> 本书点校工作始于一九六四年，时中华书局上编所约季龙师整理此书，季龙师命余承之，初仅以句读为是。历一年余初成，后因“文革”事起，更无谈出版之事。七六年“四人帮”粉碎后，约于八四年初上海古籍出版社再度提出此务，但要新式标点，并作版本之校勘，余断续进行约三四年，于八八年稿就。后因责编三易其人，上海古籍出版社考虑经济效益，迟迟未能发排，直至九三年始正式交厂发排。再又申请资助，直至九六年底才正式出版。工始于余初度而立之年，而工毕余已年逾花甲，前后三十二年。人生苦短，学术之难，亦于此可见。
>
> 邹逸麟　自识
>
> 一九九七年二月三日

《禹贡锥指》出版以后，在历史地理学界颇受欢迎，2006年、2012年两次重印。一则此书是历史地理学者必读书，过去只有三种版本：康熙本、四库本、皇清经解本，普通读者不易获得；现在有了平装本，价格也不贵，大家都可以方便持有。二则标点本到底比线装书阅读起来便于理解，尤其是对于青年学者。该书于 1998 年获华东地区古籍整理图书一等奖，2000 年获全国古籍整理图书二等奖。

自 2005 年始，我受国家清史编委会的委托，负责主持国家新修清史工程中的《清史・地理志》编纂项目，上下两卷，八十余万字。我当《清史・地理志》的主编，是由国家清史编委会钦点的。《清史》的作者选择，国家清史编委会采取的是网上报名竞争的办法来招募确定的；其中《清史・地理志》等六部典志的主编，则是由国家清史编委会任命的。担任主编，必须有两个条件：第一，你个人在此专业领域有一定的素养；第二，你有能力组织一批人、能够团结一批人一起完成项目。我们学界有的人，个人学问非常好，但人缘极差，让他一个人做事是可以的，就是没人愿与他合作。几十年下来了，我在学界的人缘比较好，所以他们会直接点名要我做主编。

我在学术上一贯蛮民主的，《清史・地理志》仅体例确定问题就开了八次讨论会。我先提出一个框架，让大家讨论、质疑，因为参与者多是我的学生，我会尊重他们的不同意见；有些意见即使觉得未必正确也不急于否定，尝试一下，行不通了再回过来，如此反反复复，八易其稿。对于每个作者在分工撰稿时遇到的疑难问题，我则会帮他们把握，发挥我这个主编在学术上的优势，给他们定力。如清代在东北三省实行的八旗制度和府州县制的双轨制度如何判断取舍，又如没有直接资料可用而利用后世资料时，应遵循“从前不从后”的原则等。通过参与国家级的大项目，通过具体问题的指导解决，可以提升年轻学者的水准。《清史・地理志》作为一项传世工程，不仅推动了清代地理的研究工作，更对后人有极高的利用价值。

回首为学一甲子，我最深的体会就是学术上的成功没什么诀窍，就是认真地去做一桩桩事体。我们小时候受的教育是只管耕耘，不问收获。做学问就是这样，你不要想每桩事体对我有什么好处再做，这桩事体对我写什么论文有效再做，这是错误的，许多收获都是在你不知不觉中产生的。做每桩事体都要花功夫，这点要相信，只要你功夫花下去，必有成就。有时人家客气：“老邹啊，你成就蛮多的。”我说你不要讲这种话，一个人在一个专业上搞了五十多年，假使再没点成就，就是白痴了。我说我蛮幸运的，解放以后没有改过专业。很多人今天搞政治，明天搞世界史，后天搞马列主义，老是换，当然搞不好。我在一个领域里搞了近六十年，有点成就，有啥稀奇呢？不稀奇的。

每代人都有每代人的任务，人不可能超过自己的时代做更多的工作。再说我们这些人，也是比较平庸的人，能在这个时代里尽到一份责任，就可以自我安慰了。我基本上是接力棒，把谭先生的东西接过来，交给下一代，把这个学科发展下去。我希望后来的学者能够把历史地理学的研究范围拓展出去，从中国的历史地理环境到亚洲的历史地理环境，能与他国的学者合作，使历史地理学成为一门国际性的学科，为世界环境变迁研究做出贡献。

（选自《邹逸麟口述历史》，上海书店出版社 2016 年版）

黄运史研究篇

黄河下游河道变迁及其影响概述

黄河是我国第二条大河，干流全长为 5 464 公里，流域面积为 752 443 平方公里。黄河在中游流经一片面积约 58 万平方公里的黄土高原。黄土结构疏松，易受侵蚀，又因中游地区雨量集中，自然植被破坏，每年夏秋暴雨季节，水土流失严重，各条支流将大量泥沙汇集到黄河里，随着水流带至下游。据近年秦厂站实测资料，每年输送到下游的泥沙有 16 亿吨，其中大约有 12 亿吨输送入海，4 亿吨沉积在河床上，日积月累，使河床抬高，成为"悬河"。今天黄河下游河床一般高出地面 3—5 米，最高处竟达 10 米，成为海河和淮河水系的分水岭。洪水来时对下游河道威胁很大。

历史时期黄河的水沙条件和今天基本相同。由于不合理的社会制度和落后的生产技术，黄河曾长期发生决溢和改道。据粗略统计，中华人民共和国成立以前三四千年内，黄河下游的决口泛滥达一千五六百次之多，河道曾多次作较大幅度的改道，洪水波及的范围北达天津、南抵苏皖，包括今天的黄淮海平原，纵横 25 万平方公里。因此，历史上黄河曾以"善淤、善决、善徙"的河流闻名于世。

黄河流域是中华民族的摇篮，黄河下游冲积平原在历史上相当长的时期内是中华民族活动的中心。几千年来黄河在这块土地上的决溢改道，引起了这一地区地理面貌的巨大变化，从而严重影响了下游地区社会生产和人民生活的正常进行。因而黄河下游河道的变迁及其所产生的影响与黄河流域的社会历史有着密切的关系。

一、黄河下游河道历史变迁概述

历史时期黄河下游河道的变迁极为复杂，不仅次数频繁，流路紊乱，波及地域也极为广阔。据河道的主要流向，大体可分成四个时期：(1) 春秋战国时代至北宋末年由渤海湾入海时期；(2) 从金元至明嘉靖后期下游河道分成数股汇淮入海时期；(3) 明嘉靖后期至清咸丰四年(1854)下游河道单股汇淮入海时期；(4) 清咸丰五年以后河道由山东利津入海时期。(见图 1)

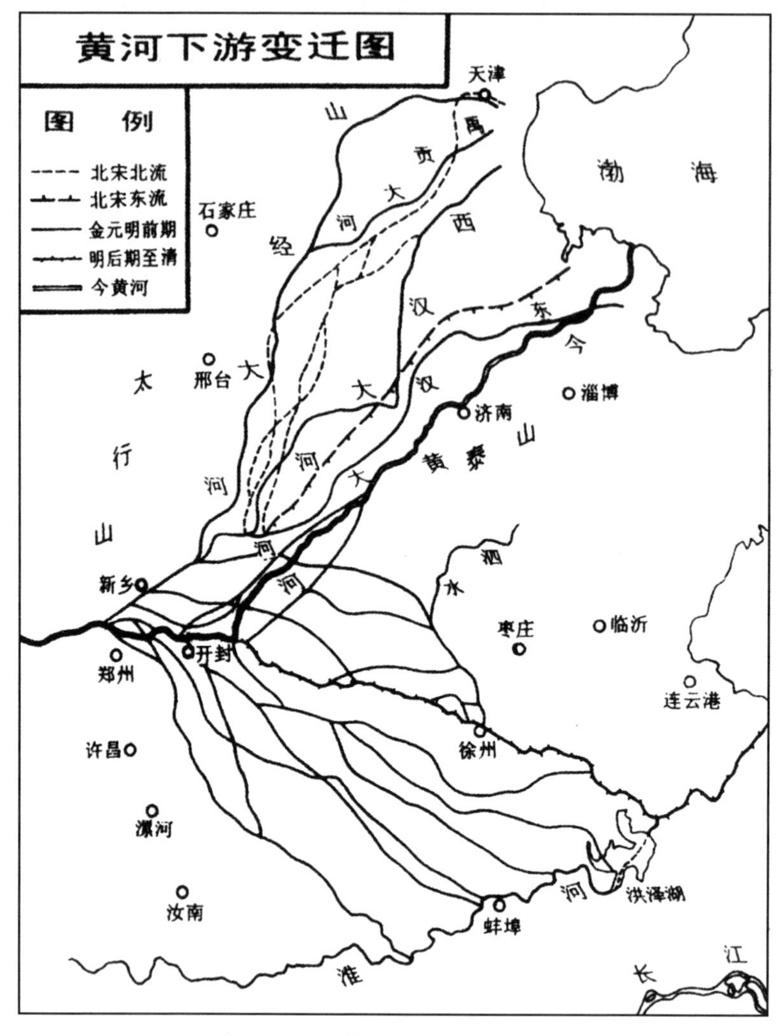

图 1　黄河下游变迁图

（一）从春秋战国时代至北宋末年，黄河下游河道虽曾有多次变迁，其中除某一时期外，绝大部分时间都是流经今河北平原，由渤海湾入海。

据谭其骧教授的考证，[1]《山海经》的《北山经・北次三经》篇里，有很丰富的黄河下游河道资料，用这些资料和《汉书・地理志》《水经》《水经注》记载相印证，就可以知道当时的黄河下游河道沿着今太行山东麓北流，东北流至永定河冲积扇南缘，折而东流，经今大清河北至今天津入海；《尚书・禹贡》里的大河，在今河北深州市南与《山经》中的大河别流，大体穿过今冀中平原，在今天津市区南部入海；《汉书・地理志》中的大河，即《水经注》的河

1　谭其骧：《山经河水下游及其支流考》，《中华文史论丛》第 7 辑，上海古籍出版社 1978 年。

水故渎，下游流经今卫河、南运河和今黄河之间，在沧州西、黄骅北入海。《山经》《禹贡》里的两条大河形成的时代很难确定，大致可以认为是战国中期以前的河道；《汉书·地理志》中的河水约为战国后期至西汉末年的河道干流。

上面所述的三条仅是见于记载的黄河故道，肯定还存在着若干条故道，因缺乏记载，不可确指了。根据近年来的地貌调查，今豫东北地区武陟—获嘉之间的郇封岗地黄河故道带，是今天地面上能看到的最早的黄河故道。从这条故道带的流向可以肯定其也是流经河北平原于渤海湾入海的。[1] 这就是文献记载中脱漏的黄河故道之一。

黄河下游全面筑堤大约始于战国中期。在没有筑堤以前，黄河由于多泥沙的特点，下游河道在河北平原上来回游荡，有时同时分成几股分流入海。《禹贡》有所谓“又北播为九河，同为逆河入于海”。“九河”泛指多数，是说黄河下游河道分成多股，河口受潮水的倒灌，以逆河的形象入于海。

战国中期下游河道全面筑堤以后，河道基本上被固定下来。当时平原中部地广人稀，河道又具有游荡性特点，人们所筑的堤防距河床很远。例如河东的齐和河西的赵魏所筑堤防距河床各二十五里，两堤相距五十里，蓄洪拦沙作用很大。这条河道维持了四百多年，其间曾有多次决口改道，最著名是汉武帝元光三年(前132年)在东郡濮阳瓠子(今河南濮阳市西南)决口的一次，洪水泻入巨野泽，由泗水入淮。这是见于记载的黄河第一次入淮。历时二十余年，至公元前109年才堵住决口。其他几次决口造成的灾情也很严重，但大多经过几年即堵住决口，河复故道。到了西汉末年，由于泥沙的长期堆积，河床淤积很高。在今河南浚县西南古淇水口至遮害亭的十八里河段，“河水高于平地”[2]，已成了地上河，所以不久就发生一次大改道。

王莽始建国三年(公元11年)河水在魏郡元城(今河北大名县东)以上决口，洪水泛滥了近六十年，到东汉明帝永平十二年(公元69年)，经王景治河后，出现了一条新的河道，即《水经注》以至唐代《元和郡县图志》里的黄河。这条黄河已较西汉大河偏东，经今黄河和马颊河之间至利津入海。这条大河稳定了近六百年，其间当然也有许多次决口，但无大的改流。直至唐朝末年开始在河口段有部分河段改道。[3] 宋朝初年，棣州(今山东惠民县、滨州市

---

1 方永、邢嘉明、尤联元：《豫北新乡专区农业地貌条件及其与旱涝碱的关系》，《中国地理学会1965年地貌学术讨论会文集》，科学出版社1965年。

2 《汉书》卷29《沟洫志》。

3 《太平寰宇记》卷64，滨州渤海县记载，景福二年渤海县境内有改道。

一带)境内"河势高民屋殆逾丈"[1]。下游河口段淤高,排水不畅,汛期就容易在上游堤防薄弱处冲溃决口。五代、北宋时期澶州(今濮阳市)、滑州(今滑县旧滑城)间的黄河"最为隘狭",成为当时经常发生决口的险段。

北宋庆历八年(1048)黄河在澶州商胡埽(今濮阳市东)决口,北流经今滏阳河和南运河之间,在今青县一带汇入御河(今南运河)。黄河河道较前向西摆动,这是宋代黄河的北派。过了十二年,至嘉祐五年(1060)黄河又在大名府魏县第六埽(今南乐县西)向东决出一支分流,东北流经一段西汉大河故道,小循笃马河(今马颊河)入海,这是宋代黄河的东派。此后,宋代统治阶级内部在黄河维持东派还是北派的问题上,一直争论了八十年,其中掺杂许多政治因素,借题发挥,相互攻讦,直至北宋亡国。但就当时自然条件而言,北派比东派有利。因为东派所经冀鲁交界地区,经战国至西汉和东汉大河一千多年的流经和泛滥,地势淤高,而南运河以西地区,"地形最下,故河水自择其处,决而北流"[2]。宋代黄河北流前后发生三次:庆历八年(1048)、元丰四年(1081)、元符二年(1099),决口都在濮阳至内黄一带。三次北流所经路线略有不同,大致不超过滏阳河和南运河之间,又因地形自西南向东北倾斜,河床坡降较大,水流迅猛,冲刷力强,河口段迅速展宽刷深。在这八十年中,东北二流并行仅十五年,强行闭塞北流,逼水单股东流十六年,单股北流达四十九年之久。直至北宋末年,黄河仍保持在纵贯河北平原中部至天津入海一线上。

(二)南宋建炎二年(1128)冬,金兵渡河南下,宋东京留守杜充在滑县以上李固渡(今河南滑县南沙店集南三里许)以西扒开河堤,决河东流,经豫鲁之间,至今山东巨野、嘉祥一带注入泗水,再由泗入淮。[3] 杜充不思积极抗金,妄图以水代兵,抵御南下的金兵,结果使黄河发生了一次重大的改道。这次人为决河在黄河历史上是件大事,此后黄河不再进入河北平原了。

从这一年黄河夺泗入淮开始,到16世纪中叶,即明嘉靖后期的四百多年中,黄河变迁表现为两个特点:

其一,黄河下游分成几股入淮,相互迭为主次。金大定八年(1168)黄河在李固渡决口,淹没了曹州城(今山东曹县西北六十里),夺溜十分之六,流入单县一带,旧河占水流十分之四,开始了两河分流的局面。大定二十七年

1 《宋史》卷91《河渠志一·黄河上》。

2 (宋)苏辙:《论黄河东流札子》,《栾城集》卷46。

3 《宋史》卷25《高宗纪》;(南宋)李心传:《建炎以来系年要录》卷18。

(1187)，金王朝规定黄河下游沿线的四府十六州四十四县的地方官都兼管河防事。从这四十四县的分布以及前后决口的地点来看，当时大河分成三股，北股即建炎二年形成的泛道，南面二股大体也是从豫东北—鲁西南一带注入泗水。以后河道变迁颇多，经常表现为枯水季节一股为主，洪水季节数股并存，[1]或汇泗入淮，或直接入淮，由淮入海。

其二，下游河道干流的流势逐渐南摆。12 世纪 50 年代干流先自豫东北的滑县、濮阳流入鲁西南地区，70 年代开始干流南摆进入开封府境，80 年代进入归德府(今商丘一带)境。金末元初时许多原来隶属河南政区的县，由于河道南摆，分别改隶河北的政区。如胙城、长垣原属河南的开封府，后因黄河改经二县之南，“以限河不便”，分别改属河北的卫州(治今卫辉市)和开州(治今濮阳市)。归德府楚丘县原在河南，金末改隶河北的单州(治今单县)，也是黄河改经县南的缘故。[2] 原在河南属归德府的虞城、砀山二县，金末为河水荡没，县治撤销。元初复置时，因已在河之北，改属河北的济宁路。[3] 当时黄河大致流经今兰考、徐州一线废黄河之南，东流至徐州附近入泗，由泗入淮。

金代以后之所以形成这种河势的变化，大约有两个原因。一是河道人为决入的豫东北、鲁西南地区，是自西向东略微倾斜的一片平原。新形成的河道都是平地冲刷而成，河床宽浅，“变易无定”[4]。虽临时修有堤防，都是随地沙土筑成，一场洪水就可以溃堤而成数股并流。二是河道活动正处于接近南宋疆域的地区。金朝政府害怕“骤兴大役，人心动摇，恐宋人乘间扇诱，构为边患”[5]。所以河道虽屡变，岔流支分，金朝政府并不积极加以防治。同时河道不断南摆，对金人有利。原来金朝南侵开始时，宋朝曾一度同意以黄河为分界线。黄河愈向南趋，金人占领地就愈大。金人挞懒曾说：“我初与敌国(按：指北宋)议，以河为界。尔今新河且非我决，彼人自决之以与我也。……今当以新河为界，则可外御敌国，内扼叛亡，多有利吾国矣。”[6]正说出了其中的道理。

入元以后，不仅黄河下游分成数股的特点未变，河道摆动的趋势更是愈益向南。以元朝至元年间而言，从当时的决口地点来看，黄河分成汴、涡、颍

1 《金史》卷 27《河渠志·黄河》。
2 《金史》卷 25《地理志中》。
3 《元史》卷 58《地理志一》。
4 《金史》卷 27《河渠志·黄河》。
5 《金史》卷 71《宗叙传》。
6 《三朝北盟会编》卷 197，炎兴下帙 97，绍兴九年七月。

三条泛道，[1]到了明初变为以颍河或涡河为黄河的干流。[2] 黄河夺颍入淮是到了黄河冲积扇南部的最西极限。13 世纪以前黄河最南不超过唐宋汴河一线，其后却能夺颍涡入淮，这一大变迁与河道沿岸条件变化有关。

黄河过北岸武陟县南岸桃花峪以后进入下游。北岸已经出山，南岸还有邙山的控制。邙山是嵩山自伊洛河口沿黄河向东延伸的部分，古时称广武山，其东部又有三皇山、敖山等名称，历史上著名的敖仓即在此，为兵家要地。由于广武山及其北麓滩地的控制，黄河下游河道出山后主溜偏向东北流，决口不能逾过今郑州市以西。宋元祐（1086—1094）以来黄河正溜"卧南"，"北岸生滩，水趋南岸"，大河正溜不断侵啮南岸滩地，广武埽危急，刷塌堤身二千余步。[3] 元至正十六年（1356）的一次河涨，位于广武山北一里的河阴县"官署民居尽废，遂成中流"[4]，广武山北麓的滩地全沦入河，大河正溜直逼山根，使"河汴合一"[5]。以后河水又不断淘挖山根，使山崖崩溃。今广武山临黄一面削壁陡立。楚汉之际项羽、刘邦分别在广武山上所筑东西广武城北部已塌入河中，仅存南部残垣。广武山的东北部全遭崩坍，主泓紧逼南岸，遂使河道有可能在今郑州一带决而南流，沿今贾鲁河一线夺颍入淮。

元代以后，黄河下游分成数股在今黄河以南，淮河以北，贾鲁河、颍河以东，大运河以西的黄淮平原上不断泛滥、决口和改道，今万福河、赵王河、废黄河、濉河、浍河、涡河、茨河、颍河等都曾为黄河的泛道。据粗略统计，从蒙古灭金至元亡的一百三十余年内，能具体指出决溢地点的就有五十余处；明以后决溢改道更为频繁、紊乱。但这个时期内黄河的干流比较长时间地保持在开封、归德（今商丘市）、徐州一线上。这是因为元明二代修凿的京杭大运河成为南北交通的大动脉。以后，山东境内的大运河即会通河在徐州和黄河交会，徐州至淮阴的一段黄河也就是大运河的一段。明代永乐年间建都北京以后，治河有两个原则：一是保运，一是护陵。保运就是防止黄河南北决口，影响到漕运的畅通；护陵就是防止黄河在睢宁、泗阳一带向南决入泗州的祖陵，或夺涡、颍入淮后至下游黄淮交汇口，因排泄不畅通而引起倒溢，淹及凤阳的皇陵。因此元明二代政府治河时尽可能使黄河的干流保持在开封、徐州一线上，以便徐州、淮阴间的黄河即运河的一段有足够的水源

1 《元史》卷 65《河渠志二 · 黄河》。
2 《明史》卷 83《河渠志一 · 黄河上》。
3 《宋史》卷 93《河渠志三 · 黄河下》；《宋史》卷 94《河渠志四 · 汴河下》。
4 《元史》卷 51《五行志二》。
5 武同举：《淮系年表全编 · 水道编》，民国十七年本。

可以通漕。可是那时黄河干流两岸地势南高北低，大致是南高于北八九尺，[1]所以经常容易北决，灾情也很严重。元末至正四年(1344)河决曹县白茅堤，豫东、鲁西南数十州县皆遭水患，会通河遭到严重破坏。十一年贾鲁治河时坚决堵塞北决，使河复至徐州会运的故道，即历史上著名的贾鲁河。[2]明代前期北决仍然频繁，弘治年间(1488—1505)刘大夏治河，修了一道从武陟至虞城、沛县数百里长的太行堤，就是防止黄河北决影响漕运，南岸则不筑堤，也不堵口。故而在明代前期经常以汴道(因自开封至徐州一线为古代汴水所经而名)为干流，同时存在睢、涡、颍数股并流的局面。

(三) 从明嘉靖后期至清咸丰四年的三百年中，黄河大部分时间保持在今废(淤)黄河一线上。如上所述，明嘉靖以前治河的措施是加强北岸堤防，南岸分疏入淮。以后南岸多分流后，徐州以下干道上水源缺乏，影响漕运。于是到嘉靖二十几年，即16世纪中叶，先后将南岸诸口堵塞，“全河尽出徐、邳，夺泗入淮”[3]。黄河由此演变为单股汇淮入海。

由于河道长期固定，日久泥沙大量堆积，河床淤高极速。明代后期黄河下游大部分河段已成“悬河”。一次洪水很容易在薄弱处溃堤而出，加上政治腐败，河患特别严重。据清初记载，黄河下游河道上宽下窄。河南境内河身宽4—10里，山东至江苏境内仅0.5—2里，徐州境内更窄。[4] 洪水由宽入窄，形成壅水，所以在明代后期决口最多的地方是徐州以上至山东曹县的一段，常表现为黄河入运河口在鱼台至徐州之间南北摆动，有时甚至分为十余股决入运河及昭阳湖，运河屡屡遭阻。[5] 后经万历年间(1573—1620)潘季驯的治理，徐州以上才最后固定为今日废(淤)黄河。

徐州至淮阴段黄河两岸有丘陵约束，故而河床较狭。嘉靖后全河经徐、邳入淮，泥沙集中落淤在此河段。万历时徐、邳、泗三州和宿迁、桃源(今泗阳)、清河三县境内的河床都已高出地面。[6] 徐州城外河堤几与城齐，水面与堤相平。[7] 所以《明史·河渠志》说隆庆(1567—1572)以后河工的重点，“不在山东、河南、丰、沛，而专在徐、邳”[8]。潘季驯治河时工程的重点就放在这

---

1 《元史》卷170《尚文传》。

2 《元史》卷66《河渠志三·黄河》。

3 (清) 傅泽洪:《行水金鉴》卷39,引《明神宗实录》卷308,万历二十五年三月戊午条。

4 (清) 靳辅:《治河方略》卷5《河道考》。

5 《明史》卷83《河渠志一·黄河上》。

6 (明) 潘季驯:《河防一览》卷12《河上易惑浮言疏》。

7 (清) 傅泽洪:《行水金鉴》卷37,引《通漕类编》。

8 《明史》卷83《河渠志一·黄河上》。

一河段上。入清以后,因长期施行“束水攻沙”的治河方针,大量泥沙排至河口,河身延长,坡降减缓,水流下泄不畅,黄水还不时倒灌入洪泽湖,不仅扩大了洪泽湖区,还常决破高家堰,淹及里下河地区。清康熙年间靳辅治河时重点就放在自淮阴至河口段上,正是因为这一河段是当时河患最严重的地方。

嘉庆以后,政治黑暗,河政废弛,堤防破残不堪,决口泛滥的次数与日俱增,一次新的改道是势所难免的了。

(四)清咸丰五年六月黄河在兰阳铜瓦厢决口,开始时分成三股洪水,都在山东寿张县(今属阳谷县)张秋镇穿运河,挟大清河入海。黄河下游结束了七百多年出淮入海的历史,又回到由渤海湾入海的局面。事后,统治阶级内部为黄河流经问题发生争执。李鸿章代表安徽、江苏地主阶级利益,不同意堵住决口,主张听任河水流向山东;山东巡抚丁宝桢代表山东地主阶级利益,主张堵口,复河入淮故道。双方争执不下,又逢太平天国革命烽火席卷长江流域,清政府岌岌可危,无暇顾及治河,洪水在山东西南部任意泛滥,当地人民蒙受极大的灾难。

决口以后的二十年内,洪水在鲁西南地区到处漫流,直至光绪初年才最后将全线河堤完成,形成了今天黄河下游河道。1855 年以前,黄河也曾有几次北决张秋,挟大清河入海,但不久都归复原道。为什么这次决口后不能归复入淮故道呢?这是因为:其一,当时“军事旁午,无暇顾及河工”[1]。其二,至光绪年间(1875—1908),兰阳到徐州间的河道因水去沙停,河道高于平地三四丈,灾民多移居其上,村落渐多,[2]恢复故道困难极大。其三,道光末年,部分漕米已改海运。咸丰改道后,运道梗阻。同治、光绪年间在上海雇沙船运漕粮至天津,漕米已以海运为主。[3] 由此种种,所以清政府已无需急于挽河恢复入淮故道了。

今河道形成以后,兰阳(今兰考)铜瓦厢以上的河道因决口后口门附近水面有局部跌落,比降增大,滩槽高差迅速增加,主槽无显著摆动,从铜瓦厢以下至寿张陶城埠一段问题较多。因为 1855—1875 年间河水在这一带长期漫流,地面上形成了许多交错水网,筑堤以后,这些残水断流成了黄河大堤内的串沟和堤河,洪水到来,便引水顶冲大堤,出现险情。20 世纪以来黄河

1 林修竹:《历代治黄史》卷 5,同治十三年条,山东河务局民国十五年。

2 林修竹:《历代治黄史》卷 5,光绪二十二年十月李秉衡奏,光绪二十五年附勘河情形原稿,山东河务局民国十五年。

3 《清史稿》卷 122《食货志三・漕运》。

多在铜瓦厢至陶城埠一段决口，故有“豆腐腰”之称。陶城埠以下至河口原系小盐河和大清河，是一条运盐河，河床窄深，洪水决入之初，河床有所加宽冲深。光绪初年河南境内修筑河堤后，大量泥沙输入大清河内，河床迅速抬高。到光绪二十二年时也成了地上河。所以光绪年间决口多发生在原大清河新道上。

清末以来河患仍连年不断。20 世纪内有两次较大的决口：一次是 1933 年遇到特大洪水，下游从温县至长垣二百多公里内决口五十二处，造成极大灾难；一次是 1938 年国民党军队炸开花园口大堤，妄图以水代兵，阻止日军西进，结果黄河向东南泛滥于贾鲁河、颍河和涡河之间，受灾面积达五万四千平方公里。1945 年日寇投降，国民政府借口河复故道，阴谋水淹解放区。我党为了顾全大局，照顾黄泛区人民利益，说服故道河床的四十万居民进行迁移，并与国民政府订立协议，在“先行复堤，迁移河床居民，然后再堵口合龙”的条件下，同意河复故道。可是国民党背信弃义，1947 年 3 月违约在花园口堵口，企图在猝不及防的情况下，水淹解放区。不久黄河下游地区随着解放战争的胜利全部属于人民，黄河的历史才开始了新的篇章。

二、黄河下游河道变迁对地理环境和社会生产的影响

历史时期黄河长期决口、泛滥和改道，对下游平原地区的地理面貌和社会经济生活产生过巨大的影响。每次决口后洪水泛滥给人民带来的深重灾难，自不待言。洪水过后，在平原上沉积大量的泥沙也造成极为严重的后果。它扰乱了自然水系，如填平了原来的湖沼，淤浅了天然的河流，宣泄不畅之处又将原来的洼地变成了湖泊。在平地上留下了大片沙地、沙丘和岗地、洼地。由此，把原先农业生产很发达的地区变成了旱、涝、沙、碱的常灾区。因此，研究这些变迁的过程，不仅是一个历史地理问题，同时也是一个社会经济史的问题。

（一）洪水和泥沙吞没了农田和城镇，留下了大片碱地沙荒

历史上黄河第一次决口泛滥后，洪水吞没了大片土地，吞噬了无数的城镇和田园，夺去了千百万人民的生命，在黄河流域的历史上制造了无数次惨痛的悲剧。西汉武帝时河决瓠子，洪水泛滥所及达十六个郡，相当于今豫东、鲁西南、淮北、苏北等广大地区，历时二十余年，“城郭坏沮，稸积漂流，百姓木栖，千里无庐”[1]。成帝时黄河在馆陶和东郡一带决口，洪水泛滥四郡三

1　(汉) 桓宽:《盐铁论》卷 10《申韩》。

十二县，受灾面积达十五万余顷，平地水深至三尺，"坏败官亭室庐四万所"[1]。西汉末王莽时河决，河南的济、汴等水的堤防全被冲毁。由于统治阶级拖延堵口，洪水在河济之间泛滥达六十年之久，其后果可以想见。北宋熙宁十年(1077)黄河在澶州曹村决口，分南北清河入海，正溜夺南清河(即泗水)入淮，流经徐州城下，水深达二丈八尺。当时的徐州刺史苏轼有诗云："岁寒霜重水归壑，但见屋瓦留沙痕。"[2]可见有部分洪水决入城内。元至正四年河决曹县白茅堤，今鲁西北、淮北地区及会通河、北清河沿岸各州县，皆遭水患。当时有人写下了反映这次灾情的诗歌，其中有下面几句："季来河流失故道，垫溺村墟决城堡，人家坟墓无处寻，千里放船行树杪。"[3]明清二代河患愈演愈烈，几乎每年都有大小决口，人民已不胜其害。历代统治阶级在维护其统治的斗争中，往往扒开河堤，以水代兵，制造人为惨剧。唐末五代此类事件特别多，上述杜充决河又是一例。明末崇祯十五年(1642)李自成起义军围攻开封城，明河南巡抚高名衡扒开河堤，水淹开封城，城内三十七万八千多居民，被淹死者有三十四万人。1938 年国民党军队炸开花园口河堤，洪水一泻千里，淹没了豫、苏、皖三省五万四千平方公里土地，受灾人口达 1 250 万，89 万人死亡，黄泛区人民至今记忆犹新。

黄河每次决口不仅给下游人民带来了水灾，也同时带来了严重的沙灾。黄河含沙量较高，自古已然。战国时代黄河已有"浊河"[4]之称。西汉时人称"一石水而六斗泥"[5]。唐宋以后，中游水土流失加剧，河水含沙量与日俱增。清人陈潢指出："平时之水，沙居其六，一入伏秋，沙居其八。"[6]每次决口后即将大量泥沙带出堤外，水退沙留，在地面上覆盖了大片深厚不一的沙土沉积物。这些沉积物在一定的时间内对土地有一定的肥力，但如沙质过粗，尤其是长期排水不良而引起的盐碱化，则给农业带来很大的损害。此外，河流改道后，留下的枯河床和自然堤上的沙质沉积物，经长期风力作用，形成许多断续的沙丘，吞噬了大片农田、房屋，破坏了城市交通道路，撂下了沙荒。

今郑州黄河大铁桥以东的黄河冲积扇形平原上的各时期的黄河故道，大致以今郑州、兰考间黄河河床为脊轴，向东北、东、东南不同方向辐射，残

1 《汉书》卷 29《沟洫志》。
2 (宋) 苏轼：《答吕梁仲屯田》，《东坡七集》卷 8。
3 (元) 廼贤：《新堤谣》，见董康辑：《诵芬室丛刊・金台集二》。
4 《战国策》卷 29《燕一》。
5 《汉书》卷 29《沟洫志》。
6 (清) 陈潢：《河防述言・源流第五》。

留下许多沙滩地、槽状或碟状洼地，使平原地区地貌复杂化。

豫东北新乡地区的原（武）、延（津）、封（丘）三县是元明以来河决最多的地区之一。中华人民共和国成立前境内沙岗起伏、盐碱遍地，易旱易涝。封丘县城自金代至清顺治年间曾六次被河水所毁（金大定中、元初、元至正间、明弘治二年、明万历十五年、清顺治九年）。[1] 顺治九年河决封丘县，四乡皆被淹，仅留县西南一隅干地一千四十余顷，原来四千余顷的赋税征收如故，逼得人民大量逃亡。明洪武年间（1368—1398）封丘县有 5 578 户，万历年间增至 14 159 户，至清顺治十六年统计实在户仅 2 267 户[2]，不仅人口散亡，县境土地也大片被沙淹没。全县土地土居其四，沙居其六，[3]康熙年间（1662—1722）县境内“飞沙不毛，永不堪种”的田地有两千余顷[4]。今天延津县北境残留着自战国至北宋的黄河故道，沙丘连绵，有的高出平地达 20 米。大风来到，飞沙蔽天。清康熙时记载，全县土地“尽为沙醎”“四野多属不毛之地”。[5]延津县北部古为胙城县地，今天全是连绵不断的沙丘和沙岗，人口稀少，道路湮没。但是在古代这里却是南北陆路交通的要道，从河南去今北京，多通过这里渡河北上，沿着太行山东麓，进入燕山山麓平原。今胙城乡西南有个吴起城，原名宜村渡，是古代黄河南岸的一个渡口。金末设在今卫辉市的卫州为蒙古兵占领，金人即迁卫州治此。今天的吴起城已全为沙埋，遍地尽是残瓦断砖，宋瓷的残片俯拾皆是。今胙城乡以北数里为原胙城县城所在地。清顺治年间，胙城县治已是“飞沙四集，濠堑不明，居人仅数百家，备极萧条之甚”，城外村落稀流，寥如晨星。全县土地荒芜者占十之七，“斥卤满目，土皆不毛”；种植的耐旱作物亩产不过三二斗而已[6]。康熙年间，自沙门镇至胙城县一带，“积沙绵延数十里，皆飞碟走砾之区，胙之土田无几”；自胙城西北，“一派沙地，并无树木村庄，飞沙成堆，衰草零落”。[7] 到雍正五年胙城县终于撤废，土地并入延津县。今县址已成为沙荒，仅露断墙残垣，无道路可以通达。

安阳地区的浚县、滑县、濮阳一带，是宋代澶州、滑州之地，为宋代黄河决口频繁之区。滑州经天禧年间（1017—1021）连续二次河决，“市肆寂寥，

---

1 康熙三十六年《封丘县续志》卷 2《建置》。

2 顺治十六年《封丘县志》卷 3《户口》。

3 （清）边之靖：《风俗利弊图说》，顺治十六年《封丘县志》卷 8《艺文》。

4 康熙十九年《封丘县续志》卷 1《封域》。

5 康熙四十一年《延津县志》卷 1《舆地》、卷 7《灾祥》。

6 顺治十六年《胙城县志》卷上、下。

7 （清）傅泽洪：《行水金鉴》卷 162，引（清）周洽：《看河纪程》。

地土沙薄”。而土地差科频数，熙宁新政时将滑州撤销，领县改属开封府。[1]

河南豫东的开封地区所属各县，在明清时代几乎全被决河淹没过，其中以开封城破坏最惨重。据文献记载，从元初至清末，开封曾七次[元太宗六年(1234)、明洪武二十年(1387)、建文元年(1399)、永乐八年(1410)、天顺五年(1461)、崇祯十五年(1642)、道光二十一年(1841)]被河水淹没，灾情最严重的是崇祯十五年那次。该年四月十三日李自成起义军围开封城，九月十五日河南巡抚高名衡扒开河堤，企图水淹起义军，结果洪水自北门决入城中，满城皆水，仅露钟鼓楼及相国寺顶、周王府紫金城，[2]全城三十七万八千余人，幸存者仅三万余人。今开封城内明以前的建筑仅铁塔、繁台、延庆观三处。宋代铁塔原在一座名为夷山的土山上，今连塔基都被埋入地下；元代建筑延庆观门已一半被埋在地下。近年来，开封市某中学内挖防空洞时，在地下三四米处发现明代屋顶。清道光二十一年河水再度决入城内，今地下二三米始见清代地基。今开封城为道光二十三年后所筑。所以有人估计，宋代开封城地面可能被埋在今地下十米左右。

河北省的巨鹿县在宋大观二年(1108)一次河决，泥沙将整个县城埋入地下。[3] 1919年当地人民掘井时发现了宋代的古城址；近年来在地下六米处发现宋代的瓷器和屋基，屋内器皿尚存，还有当场淹毙的尸骨。

以上所列举的仅是局部地区的资料，已足以反映历史上黄河决口后城市被毁、农田淹没、人口散亡的惨景了。

(二) 黄淮海平原上河流的淤浅和水运交通的衰落

黄河不断决口和改道以及大量泥沙侵夺其他河流的结果，直接改变了原有水系的面貌。在古代，黄河下游平原上河网交错，湖泊群立。据《汉书·地理志》记载，与黄河下游干流直接沟通的，北岸有屯氏河、张甲河、鸣犊河等汊流，南岸有济水、浪荡渠(鸿沟)、汳水(获水)、睢水、涡水、漯水、笃马河等分流。在《水经》和《水经注》中记载得更详细，自黄河干流中分流出来的河流就更多了。

这些河流如扇形分布在冲积大平原上。北岸的汊流大多是黄河决口后冲刷而成的；南岸的分流大多是战国魏惠王(前370—前362年)时在大梁(今开封市)附近开凿鸿沟以后，形成的以鸿沟为干渠沟通河淮的水道系统。

---

1 《续资治通鉴长编》卷237，熙宁五年八月辛巳。

2 (明)李光壂：《守汴日志》。

3 《宋史》卷93《河渠志三·黄河下》。

这些河流是中原地区理想的水运航道。例如在荥阳北分河东北流经今山东入海的济水，与河、淮、江合称四渎，是黄河下游最大的一支分流，春秋时代开始即为中原地区沟通东西的重要河道。它与沟通淮、泗的菏水交汇处的陶(今山东菏泽定陶西北)，就因为交通和商业的发达而被誉为“天下之中”。[1] 在今开封附近分济水南流经今淮阳入颍河的鸿沟，又名浪荡渠，是战国以后中原水运交通的干渠。秦末楚汉之争时，刘邦、项羽曾以此水为界中分天下。淮阳是古代陈国国都，在汉代也是重要都会。从浪荡渠分水流经睢阳(今商丘市南)至徐州彭城(今徐州市)入泗水的汳水(下游又名获水)，也是重要的运道。睢阳、彭城以及颍、淮交汇处的下蔡以及不远的寿春都因水运交通的关系，成为一方都会。《史记·河渠书》记载这些河流“皆可行舟，有余则用溉浸”[2]。对下游平原上的水运交通和农田灌溉事业起过重要的作用。每当洪水季节，这些分流和汊流又是黄河的天然分洪道和沉沙池，在分沙和减洪方面一定程度上减轻了干流的负担。

西汉中叶以后黄河多次南决，南岸的分流受到大量泥沙的灌淤。王莽始建国三年(公元 11 年)的一次决口，造成河、济、汴(即汳水)之间长达六十年的洪水泛滥，堤防毁坏，水运阻塞。东汉王景治河以后，在新河道上全面筑堤，北岸分流断绝，南岸仍然保留鸿沟水系以便通航。魏晋时代济水开始淤浅，六朝末年时，定陶县南“唯有济堤及枯河而已，皆无水”[3]。而汝、颍、渠(浪荡渠)、睢、涡等水之间，却因为曹魏时代大兴水利，开凿了睢阳渠、贾侯渠、讨虏渠、广漕渠、淮阳渠、百尺渠等人工渠道后，水运交通有所发展，曹操、曹丕时几次向东南用兵，舟师都由渠、涡、颍水入淮。[4] 鸿沟水系在隋唐以前仍起着一定的分流和通航作用。

隋唐时代除了以通济渠为沟通东南地区的重要航道外，有时也利用颍、涡、睢等水进行通运。宋时建都开封，汴河(即通济渠)成为国家的经济命脉。为了保证汴河有足够水量维持航运，宋王朝曾对黄河分入汴河的水源作严格控制。原先与汴河共分河水的渠水(魏晋以后又称蔡水)、涡水、睢水等，都因为水源短缺，久不疏浚，渐失航运之利。如睢水原自蔡水分出，东入泗水。宋时为了保证蔡水的通航，不再分水入睢，睢水变成无固定的水源，

---

1 《史记》卷 129《货殖列传》。

2 《史记》卷 29《河渠书》。

3 《太平寰宇记》卷 12，济阴县条引《国都城记》。

4 《三国志》卷 1《魏志·武帝纪》、卷 2《魏志·文帝纪》。

依靠雨量补给，“逾月不雨即竭”[1]。宋朝首都开封附近所谓“漕运四渠”，即汴河、蔡河、金水河、五丈河（广济河），除汴河外，其余三河都另觅水源，不再以含沙量很高的黄河为水源。而汴河就因为以河水为源，淤浅甚速，熙宁年间，开封附近汴河河床中积沙几与开封城内相国寺屋檐相平，[2]可见黄河多泥沙的特点对其分流的危害。宋金分裂时期，汴河日久不加疏浚，很快淤成平陆。楼钥《北行日录》（1169）、周煇《北辕录》（1177）都有详尽的记载，可以为证。战国以来形成的河淮之间的水运交通网，全告淤废。金元以降，黄河长期南泛，河淮之间的天然河流，有的淤浅，有的上游缩短，有的完全淤废。明代黄河下游全成“悬河”，一旦决口就将大量泥沙带出堤外，睢、涡、颍诸水因长期被河水侵夺或干扰，日趋浅狭，时通时塞。据明嘉靖十三、十四年总理河道的刘天和调查，涡河入淮口广仅八十余丈（约 270 米），睢河口广二十余丈（约 70 米），汴河（指今废黄河）口仅二十余丈，[3]大大地减弱了这些河流的分洪和通航能力。开封城南的朱仙镇始于宋代，明时十分繁荣，清康熙时为全国四大镇之一。这是因为镇旁贾鲁河（即今贾鲁河，明时名孙家渡河，为弘治年间因决口泛道开凿而成）、颍河水运发达的关系。后经明末与清雍正、乾隆、道光年间几次黄河南决，贾鲁河几度淤塞，朱仙镇也逐渐衰落。这一地区的商业集散地下移至颍河上的周口镇。近代以来直至新中国成立之前，涡、颍、濉等河流，通航能力极为有限，沿河城市大大衰落。古代中原水运发达、城市繁荣的景象全被改观，这全与黄河南泛侵夺有关。

（三）平原洼地的湖陆变迁

黄河多次决口改道后，在冲积平原上，形成了许多微度起伏的岗地（自然堤）和洼地（废河床），决口附近又出现许多小冲积扇，以及许多在风力作用下出现的断续沙丘。这些使平原面貌十分复杂。

古代在太行山东麓河流冲积扇和西南、东北向的古大河河堤之间有许多交接洼地，形成河北平原上的一连串的湖泊，其中最著名的就是大陆泽。黄淮平原上鸿沟水系之间也有很多浅平的湖沼，如圃田泽、荥泽、孟渚泽、蒙泽、菏泽、大野泽、雷夏泽等。公元 6 世纪的作品《水经注》记载黄河下游有一百三十多个大小湖泊。这些湖泊在调节黄河及其分流的流量、农田灌溉、水运交通以及湿润当地气候等方面，都有一定的作用。

---

1 《宋史》卷 94《河渠志四・白沟》。

2 《续资治通鉴长编》卷 248，熙宁六年十一月壬寅王安石言。

3 （明）刘天和：《问水集》卷 1《治河之要》。

但这些平原湖泊由于黄河泛滥后，一次又一次地输入大量泥沙，逐渐淤浅，以后又加上人工垦种，先后变为平陆。在今河南郑州、中牟之间的古圃田泽，战国时就是黄河和鸿沟水系之间调节流量的水库。宋代仍起着调节汴河流量的作用。金代开始汴河淤废，圃田泽又不断受到南泛的灌淤。明万历年间圃田泽地区变成一片由一百五十多个小陂塘组成的沼泽洼池。[1] 清代以后渐被垦为农田。其他河淮之间的湖泊，大多是金元以后因受黄河南泛的影响先后淤废的，具体的就不一一详述了。

河北大陆泽原为发源于太行山河流的冲积扇和黄河故道之间的一片洼地，因东面受黄河故道的阻拦，水流在此潴聚而成湖泊。以后黄河改徙，湖泊逐渐缩小。宋代大观二年(1108)黄河北流决入巨鹿县和隆平县(今河北隆尧县)一带，巨鹿县被河水淹没，处于二县之间的大陆泽必然受到大量泥沙的灌入，湖泊的南部因首先受到泥沙落淤，湖底抬高，积水向相对低洼处排泄。今宁晋县原有泜泽(湖)和皋泽两个小湖。[2] 大陆泽水逐渐下泄后，就将泜湖扩展成宁晋泊。明清时大陆泽称南泊，宁晋泊称北泊。清代治理这一带水患的原则是将南泊的水排入北泊，北泊的水由滏阳、滹沱、子牙等河排入东淀。到了清代后期大陆泽就逐渐消亡了。

山东的巨野泽自西汉武帝元光三年(前132年)河决瓠子，东南注入巨野泽，泽面曾一度扩展。以后河水曾多次决入，湖底渐次抬高，湖水向北面相对低洼处梁山附近移动。五代后晋开运元年(944)黄河在滑州决口，洪水东泻，“环梁山合于汶济”，著名的梁山泊就此形成。[3] 宋天禧三年(1019)、熙宁十年(1077)两次较大的河决，都是从澶、滑东注梁山泊，故宋代梁山泊“绵亘数百里”。[4] 金代黄河南徙，梁山泊水退，大片滩地干涸裸露被垦为农田。元末明初黄河又经常北决，梁山泊又变为一片泽国。明代后期黄河长期稳定地由淮入海，梁山泊中滩地多被垦殖。清康熙初梁山泊周围“村落比密，塍畴交替”[5]，湖泊已全被垦辟成农田。

以上所述都是原为湖泊，后经黄水灌入，泥沙淤积，最后因人为垦殖而化为平地。另一方面，某些地区由于地势低洼，河水决入后，下游宣泄不畅，而来水却不断增加，就逐渐形成了新的湖泊。山东的南四湖和苏、皖交界处

1 (明) 陈幼学:《河工申文节略》,见同治《中牟县志》卷9《艺文》。

2 《山海经·北山经》《水经·浊漳水注》。

3 《旧五代史》卷82《晋少帝纪二》。

4 《宋史》卷468《杨戬传》。

5 (清) 曹玉珂:《过梁山记》,康熙《寿张县志》卷8《艺文》。

的洪泽湖以及苏北的高、宝诸湖的形成和扩大都属这一类型。

山东南四湖（南阳、独山、昭阳、微山）是古泗水下游演变而成的。泗水沿着山东丘陵的西缘南流入淮，西面是自西向东倾斜的冲积平原。金元以后，徐州以下的泗水成了黄河的正流，河床淤高，使徐州以上的泗水下泄不畅，河道沿岸壅塞成一些小湖泊。元明时代的会通河就是利用泗水河道开凿而成的。会通河水源主要来自山东丘陵的汶泗诸水，因水源季节变化很大，曾在运河沿线设置了四大水柜（水库）用来调节流量。南四湖中的昭阳湖就是四大水柜（安山、南旺、马场、昭阳）之一。运河两岸地势是东高西低，水源在东岸，所以水柜设在运东，运西留出一部分洼地，作为“水壑”。水柜拦以蓄水，水壑备以泄洪。[1] 昭阳湖原为运东的水柜。明嘉靖年间，黄河屡次决入沛县、鱼台一带，洪水漫过运河灌入昭阳湖，湖面已渐扩大，运河河道也被冲毁。嘉靖四十五年（1566）开南阳新河，运河自南阳镇以下改经昭阳湖东。新河地势高，昭阳湖由水柜一变为水壑。此后东面承受运河的余水，西面又有黄河决流的汇注，湖区就不断扩展，将沛县、鱼台等县境内陆地淹没为湖。例如昭阳湖西岸的鱼台县是沛、丰、金乡、单县一带最低洼处，四县之水皆汇于此。[2] 明万历三十二年（1604）黄河一次决口，先淹丰、沛，后来归鱼台，平地成湖，鱼台县八千顷田地，存者不及千顷。[3] 此后鱼台县的陆地，就变成了昭阳湖区了。微山湖在明代前期还未形成。湖区原为运河和山东丘陵之间的一片背河洼地，存在一些零星小湖。万历三十二年开挖泇河后，运河改经微山之东。微山一带变为水壑，由于和昭阳湖同样的原因，一连串零星湖泊被连成一片，微山湖就此形成。微山湖上承昭阳湖水，东面受运河余水宣泄，西面有黄河决后沥水的汇注，而南面却受丘陵地带的限阻，尾闾宣泄不畅，因此向东西两面迅速扩展。清初微山湖周围达百余里，“为兖徐间一巨浸”[4]。清末民初，昭阳湖占地165平方公里，微山湖占地480平方公里。[5] 总之，鲁西南大片良田沦为泽国，主要是黄河泛决所致。

今洪泽湖区在隋唐时代只是淮河南岸淮阴、盱眙之间一些小湖泊，如富陵湖、白水塘等。宋代曾在淮阴、盱眙之间淮河南岸开凿过洪泽运河和龟山运河，可见当时淮河和南岸的一些小湖泊并未连成一片。金元以后黄河夺

1 （清）傅泽洪：《行水金鉴》卷118，引《明穆宗实录》隆庆三年四月丁丑翁大立言。

2 光绪《鱼台县志》卷1《舆地》。

3 （清）傅泽洪：《行水金鉴》卷42，引《明神宗实录》万历三十三年四月己酉黄克缵言。

4 （清）靳辅：《治河方略》卷4《湖考》。

5 武同举：《会勘江北运河日记》《两轩賸语》。

淮入海。黄、淮在今淮安市交汇，因黄强淮弱，黄、淮交汇后洪水往往因下泄不畅而倒灌，将盱眙、淮阴之间的零星湖泊洼地连成为洪泽湖。明初永乐年间陈瑄在洪泽湖东岸筑高家堰捍御淮水东侵，因南面有老子山等丘陵的限制，湖区就向西、北两方扩展。万历中潘季驯增筑高家堰，改为石砌堤堰，抬高洪泽湖水位，目的是蓄清刷黄，湖面因此而不断扩大。清康熙时，湖周围三百余里。[1] 洪泽湖边上的泗州城原在盱眙县对岸，为南北交通要隘。明清二代泗州城曾几次被淮河洪水所淹，分别是正统二年（1437）、万历十九年（1591）、崇祯四年（1631）、顺治六年（1649）、康熙十九年（1680）。康熙十九年的一次，整个泗州城被沦入洪泽湖底。水退后州境东半部全为泽国。据康熙二十七年记载，泗州境内抛弃无主田地有 1 258 顷 45 亩，水沉水底田地为 1 117 顷 91 亩，全境有大小湖泊 52 处。[2] 洪泽湖面抬高后，淮河干流坡降减弱，汛期干支流同时涨水，支流入淮处往往引起倒漾，长久不退，田地淹没，逐渐形成湖泊。今淮河南岸的城东湖、城西湖、瓦埠湖、女山湖，北岸的花园湖、天井湖、沱湖、香涧湖等都是由此而形成的。

洪泽湖面不断抬高，湖东高家堰也不断加高，湖面高于黄河水面常至五六尺。[3] 汛期水势浩瀚，往往长至一丈四五尺，平堤拍岸，全借湖东高堰一堤作为屏障。[4] 一旦高家堰溃决，里下河地区全为鱼鳖，据粗略统计，从 1575 年至 1855 年洪泽湖东岸高家堰大堤决口有一百四十余次。洪水由运西诸湖漫过里运河，泻入低洼的里下河地区，高、宝、兴、泰四州县成为水壑。高、宝等湖面积不断扩大，良田成为汪洋。如万历三年黄河暴涨，倒灌入洪泽湖，全淮南决，淮安、高邮之间，“向来湖水不逾五尺，堤仅七尺。今堤加丈二，而水更过之”[5]。崇祯四年六月黄、淮交涨，堤溃河决，里下河地区“数日之内，水深二丈，千村万落，漂没一空”[6]。水退之后仍留下大片沼泽，长期不得宣泄，土壤盐碱严重，淮安、扬州、凤阳、徐州十一州县“一望沮洳，寸草不长”[7]，农业生产遭受严重破坏。

综合上述，可见三四千年黄河的决溢和改道曾严重影响了下游平原地区的地理面貌：淤塞了河流，填平了湖泊，毁灭了城市，阻塞了交通；使良田

1 （清）靳辅：《治河方略》卷 2《高家堰》。
2 康熙二十七年《泗州志》卷 4《山川》、卷 18《艺文志》。
3 （清）靳辅：《治河方略》卷 2《高家堰》。
4 （清）康基田：《河渠纪闻》卷 26。
5 《明史》卷 84《河渠志二 · 黄河下》。
6 （清）傅泽洪：《行水金鉴》卷 45，引《崇祯长编》。
7 （明）潘季驯：《河防一览》卷 7《河工事宜疏》。

变为沙荒，洼地沦为湖沼，沃土化为盐碱；生产遭受到破坏，社会经济凋敝。解放前，豫北、淮北、苏北等地区，旱、涝、沙、碱灾情长年不断，人民流离失所，都与黄河变迁所造成的后果有密切的关系。中华人民共和国成立后，在毛主席“要把黄河的事情办好”的指示下，经黄河两岸人民的不断努力，三十年来经受几次特大洪水的考验，没有发生决口，保障了黄河两岸人民安定的生活，农业生产得到稳定发展。几千年桀骜不驯的黄河给我们带来的灾难，必将在黄河流域人民共同努力下得到彻底的改观。

（原载《复旦学报（社会科学版）》，1980 年增刊 · 历史地理专辑）

东汉以后黄河下游出现长期安流局面问题的再认识

谭其骧先生在《学术月刊》1962 年第 2 期发表了《何以黄河在东汉以后会出现一个长期安流的局面》一文，引起了历史学、地理学和水利史学界的广泛重视。该文的主要论点概括而言有二：一是从有历史记载以来至建国以前的数千年里，黄河的灾害并不是一贯直线上升的，有一个自东汉至唐代后期的大约八百年时间的相对稳定时期；二是东汉以后黄河中游地区的土地利用方式，由农耕为主变成以畜牧为主，使水土流失程度大大减轻，是下游长期安流局面出现的决定性因素。该文发表以后，已为大多数同志所接受，当然也有少数同志对谭文中的第二点持有不同看法。最早的是在谭文发表同年《学术月刊》第 9 期上刊载的任伯平同志《关于黄河在东汉以后长期安流的原因》一文，以后还有方宗岱同志的文章《对东汉王景治河的几点看法》，发表在《人民黄河》1982 年第 2 期上，都认为长期安流的根本原因，还是王景治河的工程措施符合科学原理。但不论怎样，大家对东汉以后黄河下游存在一个长期安流局面这一点是没有异议的。

但是近年来，有同志对这个不成问题的问题提了异议。有人作文对长期安流局面的存在表示怀疑，有人干脆持否定态度，认为东汉以后黄河根本不存在长期安流的局面。这样就产生一系列新的问题：首先，讨论长期安流产生的原因是以承认长期安流局面的存在为前提的，如果前提不存在，讨论当然是毫无意义了。那么对安流论者所持的依据又该作如何解释呢？其次，既然黄河历史上根本不存在这个长期安流的局面，那么游牧民族入居黄河中游地区，退耕还牧，对控制黄河洪水和泥沙究竟有没有关系？再次，一些有关黄河流域的环境变迁问题应当作怎样的认识和评价？因此笔者认为，承认不承认黄河在历史上有一个长期安流局面的存在，是黄河史研究中的一个重大问题，有必要进一步加以讨论和澄清。故不揣浅陋，草作此文，希望有助于这一问题的重新认识。

一、东汉至唐代八百年河患究竟是多是少

对东汉以后黄河存在长期安流局面持否定观点的同志认为，这时期河

患并不算少，"从永平十年(67)至宋仁宗庆历八年(1048)黄河改徙北流前，979年间，决溢记载99年，决溢205次，平均十年一次，不能算无患"，因此"王景治河，千年无恙"的说法是靠不住的。[1]

"王景治河，千年无恙"是著名水利学家李仪祉先生提出来的。清康熙时胡渭在《禹贡锥指》里也曾说过："独东汉之河，垂千年而后变。"谭其骧先生在他的论文里说得更具体，他指出从东汉永平十年以后至唐代的八百年内，前五百年黄河安稳得很，后三百年不很安稳，但比西汉时代要安稳得多。谭文所提出的这八百年内河患究竟是多还是少，能否够得上相对安稳时期呢？

黄河水利委员会编写的《黄河水利史述要》(水利水电出版社，1982年版)一书，附有东汉至唐代的河患表，经核对，认为所收资料基本齐全，现在即从这份资料谈起。

据该书的河患统计表，东汉一代河溢共四次。一次是永兴元年(153)，"秋，河水溢，漂害人、物"。[2] 既没有提到河溢的地点，也没有提到洪水的成因。另有二次都明确记载是降雨过多而引起的河水漫溢。一是永初元年(107)"郡国四十一、县三百一十五雨水，四渎溢，伤秋稼，坏城郭，杀人民"[3]。一是建光年间(121—122)，"霖雨积时，河水涌溢""青冀之域，淫雨漏河"。[4]还有一次是延平元年(106)，"六州河、济、渭、雒、洧水盛长，泛溢伤秋稼"[5]。从这五条河流的地域来看，不难看出此次河溢也是黄河禹门口以下中游地区暴雨所造成的。从王景治河(公元70年)至东汉灭亡的150年内，一共只发生四次河溢，平均每37.5年一次，不能不说是一个相当稳定的时期。

魏晋南北朝时期见于记载的河患就更少了。曹魏二次：一次是黄初四年(223)，"河济泛溢"[6]；一次是太和四年(230)八月，"大雨霖三十余日，伊、洛、河、汉皆溢"[7]。西晋二次：一次泰始七年(271)"六月，大雨霖、河、洛、伊、沁皆溢"[8]；一次是晋末济州所治碻磝城为"河水所毁"[9]。北魏也是二次：一

1 王涌泉、徐福龄：《王景治河辩》，《人民黄河》1979年第2期。
2 《后汉书》卷105《五行志三》。
3 《后汉书》卷101《天文志中》。
4 《后汉书》卷46《陈忠传》。
5 《后汉书》卷103《五行志一》，刘昭注引袁山松书。
6 《晋书》卷47《傅祗传》。
7 《晋书》卷27《五行志上》。
8 《晋书》卷27《五行志上》。
9 《元和郡县志》卷10，郓州。

次是皇兴二年(468),“河决,州、镇二十七皆饥”[1];另一次也是碻磝城西南隅为河水所冲毁。[2] 魏晋南北朝共 368 年,一共发生六次河溢,平均 61 年一次。其中两次只是河水上涨冲毁了紧濒黄河的碻磝城(今山东茌平县西南五十里)的西南角,实在也算不上什么河患。不论怎么说,魏晋南北朝应该可以算是黄河历史上为患最少的长期稳定时期。

隋代短祚,不见任何河患的记载。进入唐代河患开始增多。近三百年中,河溢七次,决五次(其中人为决河二次),冲毁城垣二次,中段和尾闾改道二次,[3]共 16 次,平均 18 年一次,且河患的影响也并不很大。

总之,这八百年里,前 150 年平均 37.5 年发生一次河患,中间 368 年平均 61 年一次,后 300 年平均 18 年一次,与以前的西汉和以后的五代、北宋相比,无疑是一个稳定时期。持否定意见的同志因为找不到更多的河患资料,于是将黄河下游地区发生大水记载全部列出,并认为虽“未谈到黄河和其他水系的泛滥情况,但沿河州郡出现大水,黄河岂能无患”[4]?这种推论实在是很勉强的。

持否定论者有一种看法认为,东晋十六国南北朝时期之所以河患记载少,是因为“当社会趋于安定、统一时,统治者对水害比较注意,记载就多些;当社会四分五裂处于混乱状态时,统治者忙于战争、攻伐,水患记载就相对减少”[5]。这种论调貌似有理,然而核之史实,却是难以说通的。例如唐代前期是公认安定、统一时期,但河患的记载远少于战争频繁的唐末五代时期。同样是处于四分五裂的五代时期,河患记载的多少与社会安定、统一与否并不存在必然的联系。

有一条被持异议论者视为足以证明北魏时期黄河在河北平原严重为患的材料,那就是《魏书·崔楷传》记载的一篇上奏。[6] 原书是这样说的:“于时(指北魏正始年间)冀定数州,频遭水害。楷上疏曰:……顷东北数州,频年淫雨,长河激浪,洪波汨流,川陆连涛,原隰通望,弥漫不已,泛滥为灾”“自比

1 《魏书》卷 105《天象志三》。

2 《水经·河水注》。

3 周魁一:《隋唐五代时期黄河的一些情况》,《水利水电科学研究院科学研究论文集》第 12 集,水利水电出版社 1982 年。

4 水利部黄河水利委员会黄河水利史述要编写组:《黄河水利史述要》,水利水电出版社 1982 年,第 101 页。

5 水利部黄河水利委员会黄河水利史述要编写组:《黄河水利史述要》,水利水电出版社 1982 年,第 101 页。

6 水利部黄河水利委员会黄河水利史述要编写组:《黄河水利史述要》,水利水电出版社 1982 年,第 96 页。

定冀水潦，无岁不饥；幽瀛川河，频年泛溢”“计水之凑下，浸润无间，九河通塞，屡有变改，不可一准古法，皆循旧堤。何者？河决瓠子，梁楚几危；宣防既建，水还旧迹。十数年间，户口丰衍。又决屯氏，两川分流，东北数郡之地，仅得支存。及下通灵、鸣，水田一路，往昔膏腴，十分病九，邑居凋离，坟井毁灭。良由水大渠狭，更不开泻，众流壅塞，曲直乘之所致也。至若量其逶迤，穿凿涓浍，分立堤堨，所在疏通，预决其路，令无停蹙。随其高下，必得地形，土木参功，务从便省。使地有金堤之坚，水有非常之备。钩连相注，多置水口，从河入海，远迩径通，泻其墝潟，泄此陂泽”。

仔细分析这段记载，可以获得下列几点认识：第一，水潦发生在冀、定、幽、瀛四州，即今天的北京平原和冀中平原。崔楷是定州博陵郡安平（今河北安平县）人，他说“臣既乡居水际，目睹荒残”，说明他的家乡也受到这次水潦之灾。可是根据地势条件，黄河北决后洪水只能淹及冀瀛二州，绝不能到达永定河流域的幽州和滹沱河中上游的定州，洪水也不可能漫过王莽故渎（此时尚存）、清河、漳河等大河而到达安平县境。第二，崔楷以西汉河患为例，指出武帝塞宣房以后，河水又北决馆陶，分出屯氏河，“两川分流”，水流畅通，以后（元帝永光五年，即公元39年）河决清河郡灵县鸣犊口，屯氏河绝，鸣犊河“独一川兼受数河之任，虽高增堤防，终不能泄。如有霖雨，旬日不霁，必盈溢”[1]。崔楷认为当时幽、瀛、冀、定四州的水潦，与西汉鸣犊河一样，是由“水大渠狭，更不开泻，众流壅塞，曲直乘之所致也”。所以他主张“量其逶迤，穿凿涓浍，分立堤堨，所在疏通，预决其路，令无停蹙”，根据地形高下，使沟渠“钩连相注，多置水口，从河入海”。这显然不是黄河决水所致。如果黄河决口或泛滥，那已是堤岸毁倾、洪水漫流，还谈什么“水大渠狭，更不开泻”？更何谓“多置水口，从河入海”？第三，这次大水，主要是海河平原众水都汇集在今天津一处所造成的。海河水系形成以后，当频年淫雨，各河同时涨水，众流汇集在天津入海，如同西汉“独一川兼受数河之任”的鸣犊河一样，因“水大渠狭”“众流壅塞”，宣泄不及，以致“川陆连涛，原隰通望，弥漫不已，泛滥为灾”。这就是当时的实际情况。这次水潦的责任绝不能推在黄河身上。

二、东汉至唐八百年黄河下游平原处在什么样环境之下

对东汉以后黄河存在长期安流局面持否定观点的同志另一个主要论

1 《汉书》卷29《沟洫志》。

点，是认为当时黄河"堤防残破，年久无存，退回至自然状态，因而下游地区屡记大水为灾，不言河流决溢，这是由于洪水漫流与涝水不可分，河道漫漶与湖泽成一体，水盛则泛滥，不能指为河决"[1]"魏晋南北朝河道没有大变是由长期的小变，即任其漫溢泛滥换来的"[2]。这种论点不仅与安流论大相径庭，同时也向我们提出了一个十分重要的问题，即这八百年内黄河下游河道及两岸广大平原究竟处在什么样的环境之下？

回答这样的问题，推论是毫无意义的，应该由历史事实来说话。

东汉王景治理以后的黄河，经魏晋南北朝至唐代流路基本不变。以东汉的政区而言，黄河的北岸是冀州地，南岸是兖、豫二州地，还包括青州西部一小部分。

冀州在东汉时经济相当发展。《三国志·魏志·武帝纪》裴注引《英雄记》云，董卓举刘馥为冀州牧，"于时冀州民人殷盛，兵粮优足"。三国卢毓《冀州论》：冀州"天下之上国也。……东河以上，西河以东，南河以北，易水以南，膏腴千里"[3]。晋初太康年间（公元3世纪80年代），冀州有316 000户，占全国总户数12.97%，仅次于首都所在的司州，占第二位。[4] 冀州南部，曹魏时为邺都所在的魏郡地界，人口稠密，土地垦辟。至晋初犹人多地狭。《晋书·束皙传》云："土狭人繁，三魏尤甚。"又云："昔魏氏徙三郡人在阳平、顿丘界（按：晋泰始二年分阳平置顿丘郡），今者繁盛，合五六千家，二郡田地逼狭，谓可徙还西州，以充边土。"阳平、顿丘二郡即相当今冀、豫二省交界的地区。黄河决徙史实告诉我们，魏晋时如果在浚、滑、濮阳一带北决口，必然淹及所谓的三魏地区，而魏晋"三魏"人众物阜，绝不像遭受河水患害的地区。

十六国时冀州是中原战乱的中心地带，社会经济遭受严重破坏。但由于自然环境并没有很大变化，因此隋代统一后，经济很快得到恢复，河北平原又成为全国富庶地区之一，是政府所需粮食和其他物资的主要供应地。《隋书·食货志》记载："诸州调物，每岁河南自潼关，河北自蒲坂，达于京师，相属于路，昼夜不绝者数月。"这哪能是水涝不分，灾害连年地区所表现的情况呢？

1　姚汉源：《二千七百年来黄河下游真相的概略分析》，《黄河水利史论丛》，陕西科学技术出版社1987年。

2　王质彬：《对魏晋南北朝黄河问题的几点看法》，《人民黄河》1980年第1期。

3　（唐）徐坚：《初学记》卷8《州郡部》。

4　《晋书》卷14《地理志上》。

河北平原在魏晋南北朝时期水陆交通也十分发展。东汉末建安年间曹操主持开凿的白沟、平虏渠、泉州渠、利漕渠等人工渠道，沟通和利用清河、漳河、泒水等天然河流发展水运，均未见到受河水泛滥的影响。建安十二年(207)曹操征乌桓，大部队从邺城出发纵贯河北平原至无终（今天津市蓟县），“时方夏水雨，而滨海洿下，泞滞不通”[1]，于是改道出卢龙塞趋柳城，在无终以前绝未见任何受水泽所阻的现象。北魏世宗拓跋恪时，元晖出任“冀州刺史，下州之日，连车载物，发信都至汤阴间，首尾相继，道路不断”[2]。信都治今河北冀州市，汤阴即今河南汤阴县。两县之间正是冀州南部地区，庞大的车队要在这里“首尾相随，道路不断”，没有一条平坦的陆路大道，是不可想象的，由此也排除了冀中平原处于河水泛滥环境的可能性。

南岸兖、豫二州为魏晋以来中原战乱最为频繁的地方，即所谓“兖豫为天下兵冲”[3]，然而却不见任何洪涝湖泽阻隔的迹象，反有不少陆路畅通的记载。晋惠帝时苟晞为兖州刺史，“晞见朝政日乱，惧祸及己，而多所交结，每得珍物，即贻都下亲贵。兖州去洛五百里，恐不鲜美，募得千里牛，每遣信，旦发暮还”[4]。兖州治廪丘，在今山东鄄城东北，正是黄河南岸地面。如果河水在南岸呈散流状态，又与湖泽连成一片，五百里的行程恐难有此神速。晋末永嘉之乱，“京师大乱，(祖)逖亲党数百家避地淮泗，以所乘车马载同行老疾，躬自徒步，药物衣粮与众共之”[5]。从洛阳至淮泗，需跨过兖豫之境而至徐州，通过的是一片宽敞平川，能徒步而行其间，绝非洪水横流的环境。

总之，魏晋南北朝时期，黄河北岸冀州和南岸兖、豫二州境内，虽战火纷繁，社会生产一度遭到严重破坏，但自然环境从未发生因黄河偶尔决溢而引起任何恶化的现象。由于久雨而引起的水潦之灾，偶有发生，但经常的情况却是一片平畴，战马军车往来便捷，绝没有像否定安流论者所说的河堤残破，洪水漫溢，河湖不分的情况存在。

三、东汉以后八百年内黄河下游河道处于何种状态之下

现在我们进一步考察这八百年内黄河下游干流也可以包括它的一些主要分流究竟处在何种状态之下。

---

1 《资治通鉴》卷65，汉献帝建安十二年。

2 《魏书》卷15《元晖传》。

3 《晋书》卷13《天文志下》。

4 《晋书》卷61《苟晞传》。

5 《晋书》卷62《祖逖传》。

经王景治理，黄河下游有了固定的河道，南北两岸都筑了长堤。南岸筑堤是没有问题的，因为《后汉书·王景传》载："筑堤自荥阳东至千乘海口千余里。"北岸是否也有千里长堤？回答是肯定的。《后汉书·章帝纪》元和三年（86）告常山、魏郡、清河、巨鹿、平原、东平郡太守相云："今将礼常山，遂徂北土，历魏郡，经平原，升践堤防，询访耋老，咸曰：往者汴门未作，深者成渊，浅则泥涂，追惟先帝勤人之德，底绩远图，复禹弘业，圣迹滂流，至于海表。"这条修有千里大堤限隔南北的大河在整个魏晋南北朝时期，成为战争中的重要军事防线。东晋义熙十三年（417）刘裕北伐，北魏长孙嵩督山东诸军事，传诣平原，缘大河北岸列军至畔城（今山东聊城市西）以待。[1] 刘宋元嘉时到彦之北伐，"自清入河，溯流西行，分兵列守南岸，西至潼关"[2]。北魏方面闻刘宋将北伐，"乃诏冀、定、相三州造船三千艘，简幽州以南戍兵集于河上以备之"[3]。此时沿黄河下游干流上的一些津渡和城镇，如成皋、黎阳、滑台、碻磝、棘津、延津、仓亭津等都是当时的攻守要地和军事重镇，这与《水经注》《元和郡县志》所记载黄河下游的形势完全一致。兖、豫以下冀、青境内黄河入海段的流经，史籍也有记载。《后汉书·独行列传·刘茂》载，永初二年（108）"剧贼毕豪等入平原界，县令刘雄将吏士，乘船追之，至厌次河"。《水经·河水注》云，河水"至厌次县故城南为厌次河"。可见从公元2世纪初至6世纪以前黄河下游尾闾段没有变化，这是河道稳定的有力证据。

魏晋南北朝时期自孟津以下至海口，全线可以通航。《资治通鉴》汉献帝初平二年（191）冀州刺史韩馥从事赵浮、程涣自孟津率船数百艘，众万余人，夜袭驻扎在朝歌清水口的袁绍军营。胡三省注云："据《九州春秋》，绍时在朝歌清水口，浮等自孟津东下，则两军皆浮舟行大河而向邺也。"《晋书·石季龙载记上》，东晋咸康六年（340），石季龙讨慕容皝，"合邺城旧军满五十万，具船万艘，自河通海，运谷豆千一百万斛于安乐城[4]"。此外，南北朝隋唐时期从洛阳至济州四渎口的一段黄河是南北水运交通的必然航道。黄河的水运在魏晋南北朝隋唐时期已被充分开发和利用，就是以下游河道长期稳定为前提的。

黄河下游在魏晋南北朝时期河床低于两岸地面，尚未形成悬河。据《水经·河水注》记载，黄河至浚县西有淇水注入，至东武阳（今山东莘县东南）

---

1 《魏书》卷25《长孙嵩传》。

2 《魏书》卷35《崔浩传》。

3 《魏书》卷4《世祖纪上》。

4 亦见《资治通鉴》卷96，晋成帝咸康六年胡三省乐安城注。

有浮水故渎注入，至茌平（今茌平县）、临邑（今东阿县）境有邓里渠注入，以下与济水相通为四渎口，河水下流至高唐县（今高唐县东北）有漯水注入。另据《水经》河水至河口段有济水分支注入。同时黄河因河道固定，水流迅急，冲刷力强。现举数例为证：

《晋书·石季龙载记上》："先是季龙起河桥于灵昌津，采石为中济，石无大小，下辄随流，用功五百余万而不成。"

《宋书·朱超石传》：义熙十二年刘裕北伐，命（朱）超石为前锋入河。北魏青州刺史阿薄干等"步骑十万，屯河北，常有数千骑，缘河随大军进止。时军人缘河南岸牵百丈，河流迅急，有漂渡北岸者，辄为虏所杀略"（《资治通鉴》系此事在义熙十三年）。

《宋书·垣护之传》：宋元嘉二十七年（450）冬十月，垣护之随王玄谟伐魏，以百舸为前锋，进据石济（津），在滑台西南百二十里，及玄谟败退，魏军"连以铁锁三重断河，欲以绝护之还路，河水迅急，护之中流而下，每至铁锁，以长柯斧断之，虏不能禁"。

《魏书·成淹传》："高祖幸徐州，敕淹与闾龙驹等主舟楫，将泛泗入河，溯流还洛。军次碻磝，淹以黄河浚急，虑有倾危，乃上疏陈谏。高祖敕淹曰：朕以恒、代无运漕之路，故京邑民贫。今移都伊洛，欲通运四方，而黄河急浚，人皆难涉。我因有此行，必须乘流，所从开百姓之心。"

上述数例足以证明，魏晋南北朝时期黄河下游河道绝非堤防残破、水流散漫，河湖不分的状况。此外黄河下游的各条分流大多在魏晋南北朝时期经过整治，也饶有灌溉航运之利。曹操时曾多次利用黄河南岸的分流颍、涡、睢诸水以伐东吴。曹丕《浮淮赋》云："建安十四年，王师自谯东征，大兴水运，泛舟万艘。时余从行，始入淮口。"[1]同时还在河淮之间大兴水利，发展屯田，开淮阳、百尺、睢阳、贾侯等渠，"上引河流，下通淮颍"，大治诸陂于颍南、颍北，穿渠三百余里，溉田二万顷。淮南、淮北皆相连。自寿春（今寿县）至京师（洛阳），"农官兵田，鸡犬之声，阡陌相属"[2]。黄淮平原上呈现了一片繁荣景象。以后东晋、刘宋时，桓温、刘裕、到彦之、王玄谟北伐，北魏南征都利用河、汴、济、泗等水以通军队和粮秣。北魏时"于水运之次，随便置仓，乃于小平（津）、石门、白马津、漳涯、黑水、济州、陈郡、大梁凡八所，各立邸阁，每军国有须，应机漕引"[3]。可见黄河下游平原上一些主要分流，都是水流平

1 （唐）徐坚：《初学记》卷6《地部中》。

2 《晋书》卷26《食货志》。

3 《魏书》卷110《食货志》。

稳畅通的河道,《魏书·食货志》所谓“漳洹夷路,河济平流”即是。河淮之间的水运交通正常、方便,各河流流路井然有序,绝不存在河堤残破、水流漫溢的迹象。

四、余论

以上从河溢次数、黄河下游平原地区的环境、黄河干流及其主要分流的河道状况等几个方面,论证了东汉以后八百年内黄河下游出现长期安流局面是确凿无疑的历史事实。用任何推测的方法来否定这个事实,都是不足为据的。这种安流局面的产生,其根本原因正如谭其骧先生论文中所指正的,在于中游地区土地利用方式的改变。当然还可以有一些其他方面的因素,这里就想补充一点关于下游平原环境对黄河河道长期稳定的制约关系。

两晋南北朝时期,黄河上游广大平原长期处于纷繁战火之下,人口大量死亡和流徙,人们往往筑坞堡居以自保。如兖豫之境,“自寿阳至琅邪,城壁相望”[1]“冀州郡县堡壁百余”[2]。坞壁之间的土地多被废弃而抛荒,于是次生灌木和草野丛生。故十六国时石虎可以将黄河南岸自灵昌津(今河南淇县南黄河上津渡)南至荥阳、东极阳都(今山东沂南县南)的广大地区辟为游猎区。[3] 北魏孝文帝迁都洛阳,鲜卑贵族习性未改,乃“规石济以西、河内以东,拒黄河南北千里为牧地”[4]。这些史实反映了十六国、北魏时代,黄河下游平原的生态环境与西汉时代迥然不同。《汉书·沟洫志》曾记载到西汉末年因沿河居氏围垦河漫滩地,修筑民埝以自保,致使河床迫窄多曲,洪水时不能漫滩,河床迅速淤高,险情迭出,决徙频繁。这种情况在两晋南北朝时已不存在,故河道漫溢决徙的机会大为减少。同时河堤两岸布满灌木丛和杂草等植被,本身就起加固堤防的作用,对稳定河道有重要意义。

(原载《人民黄河》1989 年第 2 期)

1 《晋书》卷 77《蔡谟传》。

2 《晋书》卷 104《石勒载记上》。

3 《晋书》卷 106《石季龙载记上》。

4 《魏书》卷 44《宇文福传》。

唐宋汴河淤塞的原因及其过程

一、引言

隋炀帝时代(604—617)所兴修的运河水系,对我国中古历史时期经济的发展,起着积极的促进作用。其中以沟通中原黄河流域和东南江淮地区的汴河即通济渠最为重要。

隋运短祚,还显示不出运河的威力。唐朝在安史之乱以前,政治中心与经济中心基本上都在黄河流域,汴河的重要性还不甚显著。到了安史之乱以后,由于经济中心转移到了江淮以南的东南地区,这样,沟通中原和东南的汴河在当时经济活动中的作用,就日益显著了。北宋时建都开封,西北、东北部分土地为契丹、西夏所有,经济资源更唯东南地区是赖,所谓"汴河乃建国之本,非可与区区沟洫水利同言也"[1]。汴河在经济活动中的地位,至此发展到了顶点。

封建王朝兴修汴河的原意,不外乎加强对江淮地区人民的掠夺与剥削,正如唐人李敬芳在《汴河直进船》诗中所云:"汴水通淮利最多,生人为害亦相和。东南四十三州地,取尽膏脂是此河。"[2]但在自然经济占统治地位的封建社会里,交通干线的开辟,对整个社会经济发展所起的积极作用,也是不可低估的。唐人李吉甫说开通济渠(即汴河)后,"自扬、益、湘南至交、广、闽中等州,公家运漕,私行商旅,舳舻相继。隋氏作之虽劳,后代实受其利焉"[3],也正是说明了这一点。当唐玄宗天宝初年时,水陆转运使韦坚在长安城东长乐坡下,开了个广运潭,将载负了东南各地土特产的船只汇集在一起,开了一次物资展览会,展览的虽然大都是奢侈品,但对南北各地物资、技术上的交流,不无好处。当时有所谓"关中不识连樯挟橹,观者骇异"[4]之说,可以设想通过这次展览,肯定有许多物产与技术在过去完全没有的地区传

1 《宋史》卷93《河渠志三·汴河》。

2 (宋)计有功:《唐诗纪事》卷58。

3 《元和郡县志》卷6,河南府。

4 《新唐书》卷134《韦坚传》。

布开来了。如果没有南北运河的沟通，这是难以迅速实现的。宋代以后南北经济联系的进一步加强，很大程度上也是依赖于汴河的。再如我们将唐宋二代史书中关于户口的记载，画一幅人口分布图的话，那我们将发现汴河两岸又是当时人口最为集中的地区。因此我们说沟通中原与东南的汴河的开凿，对当时社会经济的意义是十分重大的。

但是从隋到北宋五个世纪中，由于自然的、社会的种种原因，汴河不能始终畅行无阻，而是表现了有时通流、有时阻塞的波浪式发展形势。其总的趋势却是日益淤浅，以致完全断流。唐宋两代曾为保持汴河的通航耗费了不可计数的财力与人力，还是未能挽救汴河最后断流的命运。本文即试就文献资料对历史上曾经贯通南北、促进社会经济繁荣的汴河在通航上所存在的一系列问题，以及由于这些问题所导致的淤废过程，作初步的探索。

二、唐宋汴河在通航上所存在的一些问题

汴河自古河阴县（今河南荥阳市广武镇东）西北汴口分河水后，东流经东、西广武山之北，东南流至今开封市以下走一段今惠济河道，自今睢县以下与古濉河合流，至今商丘市东分入古蕲水道，东南流经今永城市、宿州市、灵璧县、泗县、泗洪县等地，于古泗州（今已沦入洪泽湖，古时与盱眙县隔淮相对）入淮，[1]全长约六百公里。[2]

汴河流经的地区正位于黄河大冲积扇南翼的淮北平原，地势平坦，自西北向东南微作倾斜，海拔高度大都在40—50米之间。古时黄河还未大规模南泛以前，淮北平原当不如今日平坦，宋时有“汴水湍急，失足者随流而下，不可复活”[3]的说法，可见其坡降当较今日为大。虽然在地貌上古今有所不同，但因其主要水源取于黄河，而唐以后黄河的情况又日趋恶劣，故而使汴河的洪水与泥沙量较前增剧；兼之受淮北平原气候、水文、土壤等自然条件及封建社会某些因素的影响，使汴河在通航上存在着一系列的问题。今试列举于下。

（一）流量不均。据现代治黄专家们的研究，黄河的水量，不是患其多，而是患其少。因按其年平均流量说来只有1 490立方米/秒，多年平均输水量只合470亿立方米，不仅比不了长江、珠江、松花江，而且比闽江、北江还要少。流量既然如此之小，在时间分布上，却又极不均匀。以陕县多年平均流

1　邹逸麟：《隋唐汴河考》，《光明日报》1962年7月4日“史学”版。

2　据（宋）楼钥《北行日录》记自泗州至开封共1 045里，今开封至汴口近90公里，故计全长约600公里。

3　（宋）王明清：《挥麈后录》卷7。

量看来，从 11 月至次年 5—6 月间，平均每月水量约占全年水量的 3%—5%；而在 7—9 月间，个别月份水量竟可达全年水量的 60%—70%。洪峰来时十分凶猛，如以陕县为例，据实测资料，最小流量还不到 200 立方米/秒，多年平均不过 1 305 立方米/秒，而 1933 年曾出现过一次 22 000 立方米/秒的洪水，竟达最小流量的 110 倍、平均流量的 17 倍弱。

唐宋时代黄河流量不均的情况未必如此严重，但从主要依靠黄河为水源的汴河流量不匀的特性看来，其基本情况已然，仅程度不同而已。

今仅据《宋史・本纪》《宋史・五行志》中关于汴河泛决的材料而言，北宋一代汴河泛决共 22 次，其中除 2 次不知月份、1 次在 2 月外，其余 19 次皆泛决于 6—9 月，可知其洪水期与今日黄河一样，也集中在夏秋之际。汴河洪峰来势十分猛烈。例如淳化二年(991)六月汴河决口于京师开封府治下的浚仪县，洪水威胁到宫城，宋太宗赵匡义也不得不“乘步辇，出乾元门……入泥淖中行百余步”，并带领士卒数千，壅塞决口；又如大中祥符二年(1009)八月，汴水一次涨溢，洪水就浸泛了自开封至郑州的道路，致使交通阻塞。[1] 洪水对开封附近地区的威胁，终宋一代竟成常事。

今天黄河的洪峰一般都是来急去速、暴涨暴落，延续时间不过几天。古汴河的洪峰时间也是比较集中的。宋代有过这样的制度：汴口水增至七尺五寸，则京师一带要集合士兵，负土列于河上，以防河水泛决，满五日，赐钱犒劳，名为“特支”。后因汴水往往数涨数防，前后时间不及五日后而罢，“军士屡疲，而赐予不及”，至皇祐三年(1051)遂改制按日计钱。[2] 由此可见，当时汴河的洪水集中时间，一般是不超过五日的。

与黄河一样，汴河流量的另一方面也是平时甚感缺乏。还在唐开元年间裴耀卿主漕事时的唐代漕运黄金时代，已经感到汴河水量不足，浅涩阻运，对航运十分不利。当时漕船自江南地区，“正、二月上道，至扬州入斗门，即逢水浅，已有阻碍，须留一月已上。至四月已后，始渡淮入汴，多属汴河干浅，又般运停留，至六七月始至河口，即逢黄河水涨，不得入河。又须停一两月，待河水小，始得上河。入洛即漕路干浅，船艘隘闹，般载停滞，备极艰辛。计从江南至东都，停滞日多，得行日少”[3]。宋时由于河床日趋淤高，水流更感浅涩。在冬季枯水季节，须在河中作闸堰水行舟，如“开宝八年(975)十一月江南平，留汴水以待李国主舟行，盛寒河流浅涸。诏所在为坝闸，潴水以

1 《宋史》卷 93《河渠志三・汴河》。

2 《宋史》卷 93《河渠志三・汴河》。

3 《旧唐书》卷 49《食货志下》。

过舟，官吏击冻……”[1]至中叶熙丰年间，竟于夏季五月，也须堰水行舟，如在元丰三年（1080）五月，“时以汴水浅涩，发运司请以草为堰，壅水以通漕舟”[2]。而当时漕船吃水要求并不很深，《宋史·河渠志》汴河条云：“大约汴舟重载入水，不过四尺，今深五尺，可济漕运。”可见在造成汴运阻碍的低水位时期，汴河流量是十分浅涩的。

由于流量的不匀，致使防洪与通航往往发生矛盾。如大中祥符二年八月，汴水涨溢，泛及了京师至郑州的道路后，立即“减汴口水势，既而水减，阻滞漕运，复遣浚汴口”；天圣三年（1025），“汴流浅，特遣使疏河注（按：此二字恐是汴河之误）口，四年，大涨堤危，众情恟恟，忧京城，诏度京城西贾陂冈地，泄之于护龙河”[3]。为了既不使洪水成灾，又要保持一定的流量以便航运，宋代初年专设提举汴口官专管汴口的流量，末年靖康时还设沿汴巡检八员，每两员领兵五百人，专门防察自洛口至京师上游一带的泛决。[4] 可知终北宋一代，这个矛盾始终未能获得解决。

（二）泥沙问题。汴河主要水源来自黄河，黄河中一部分泥沙随着流水输入汴河，故有“汴水浊流”之说。[5] 汴河泥沙量的具体比例数字，今虽已无法知晓，但根据文献资料中对其含沙量一般情况的记载，可略知其大概。

唐时汴河的泥沙淤积已经相当严重，当时规定每年正月“发近县丁男，搴长茭，决沮淤；清明桃花已后，远水自然安流”。安史之乱后，由于长期不浚，河身即已淤废不堪。[6]

至唐末时，汴河下游自宿州埇桥（今安徽宿州市南古汴河上），悉为污泽。[7] 宋初因袭唐制每岁一浚，后因对汴河经过一番整理，企图省功，于大中祥符八年（1015）规定“三五年一浚”。然事实上由于汴口常遭泥沙淤塞，不待三五年，必须浚治。故至皇祐四年（1052）八月，因“河涸舟不通，令河渠司自口浚治，岁以为常”[8]。自此以后，每岁一浚，立为常制。

宋代汴河虽每年浚治，然其泥沙淤积的速度，依旧是十分惊人的。

这里我们试从开封城的积水问题来看当时汴河泥沙淤积的速度。开封

---

1 （宋）宋敏求：《春明退朝录》卷上。

2 《续资治通鉴长编》卷304，元丰三年。

3 《宋史》卷93《河渠志三·汴河》。

4 《宋史》卷94《河渠志四·汴河》。

5 《宋史》卷338《苏轼传》。

6 （唐）刘晏：《遗元载书》，《全唐文》卷370。

7 《资治通鉴》卷292，后周显德二年。

8 《宋史》卷93《河渠志三·汴河》。

自古以来为低湿之地,《水经·渠水注》云:"梁孝王以土地下湿,东都睢阳。"可以设想西汉初期城内便已经存在着排除积水问题。但就唐与宋初而言,开封附近的沟洫水道都是流入汴河的,城内排除积水问题尚不至于十分困难,到宋中期熙丰年间情况就不同。据沈括《梦溪笔谈》中所记,宋初开封附近的沟洫水流皆注入汴河,可知该时汴河河床尚低,其后有二十年不浚,岁岁湮淀,至神宗时,自开封至襄邑一段,河床皆高出堤外平地一丈二尺余,在汴堤上下瞰居民,如在深谷。在京城东数里白渠中穿井,至三丈方见旧底。前后仅几十年,河身淤积程度已如此严重,可知其时汴河含沙量是相当大的。正由于汴河河底高出两岸丈余,河水向两岸渗透,结果使开封城附近地下水位抬高,地势更为低湿,逢夏季降水集中时,土壤中水分很快达到饱和点,形成低洼盆地,使居民区内水位升高,沼泽化与盐渍化现象加重,城市内部积潦不易外泄。例如嘉祐二年(1057)自五月至六月大雨不止,开封城内"水冒安上门,门关折,坏官私庐舍数万区,城中系筏渡人"[1];治平二年(1065)一次,"地涌水,坏官私庐舍,漂杀人民畜产不可胜数,是日御崇政殿,宰相而下朝参者十数人而已。诏开西华门以泄宫中积水,水奔激,东殿侍班屋皆摧没,人畜多溺死"[2];宣和元年(1119),"大雨,水骤高十余丈,犯都城,自西北牟驼冈连万胜门外马监,居民尽没。前数日城中井皆浑,宣和殿后井水溢,盖水信也"[3]。诸如此类记载,《宋史》纪志中很多,兹不赘述。自景德(1004—1007)以后,排除京城积水一直是当时重要事务之一,天圣二年(1024)还特别为疏决开封附近积水,规定了八项原则作为试行办法。[4] 总之,汴河河床淤高,流水向两岸渗透是造成开封附近地区沼泽化、盐渍化的一个很重要的原因。

北宋时期汴河淤淀速度的骤然增加,推测起来,原因有三:

一是五代和北宋时期黄河决溢的次数远较唐代为多,这应与黄河泥沙量的增加有关;汴河的水源既然来自黄河,黄河泥沙量的增加,当然使汴河泥沙量也相应地增加。

二是宋代汴河的运输量约三四倍于唐代,运输量越大,对黄河水的需求量也越大,黄河水入汴越多,伴随而来的泥沙量也就越多。

三是唐代汴河水源虽主要取于黄河浊流,但同时又接纳了荥阳中牟间

1 《宋史》卷61《五行志一》。
2 《续资治通鉴长编》卷206,治平二年。
3 《宋史》卷61《五行志一》。
4 《宋史》卷94《河渠志四·京畿沟洫》。

京索诸小水和许多陂塘的清水，所以汴流自荥阳以下的含沙量，应较汴口专分黄河水为低。宋初导京索诸水为金水河，下注五丈河，又导京西南洧水、溴水东北流为闵河，下注蔡河，于是开封以西的小水陂塘悉为金水河、闵河所夺，黄河水成为汴流的唯一来源，这就相对地增加了汴河的含沙量。

至元丰初年企图避开黄河的泥沙，曾自汜水县（今河南荥阳市汜水镇）开渠五十一里引洛水接汴口，作为汴河的水源，认为可以使汴河水流常清，故史称"清汴"。[1] 后因洛水水源不够，还需从原来汴口引用一部分河水，这样黄河的泥沙照旧输入汴河，同时新渠是开凿在广武山北麓黄河嫩滩上的，沙质土壤，不易保护，并常受黄河主泓摆动的威胁，结果仍无成效。[2] 因此汴河的泥沙问题终宋一代未得到妥善解决。

（三）冻封阻运。唐代诗人杜牧有《汴河阻冻》诗云："千里长河初冻时，玉珂瑶珮响参差；浮生恰似冰底水，日夜东流人不知。"[3]可知汴河至冬季有一个冻封时期。

据文焕然所著《秦汉时代黄河中下游气候研究》中所说：稽考秦汉载籍则知当时地冻、水冰始于十月，封河的时期大概在十月以后，至于解冻与土壤冻释的时期则为正月。宋初有冬十月闭汴口的规定，推想当时汴河的封冻时期亦开始在十月以后；至于解冻，据当时规定：初以黄河为水源时，江淮地区粮纲头运起于清明日，导洛入汴后，以二月一日为头运日。[4] 则黄河解冻当较汴河为迟，汴河的解冻应该亦在正月。

封冻对汴河的河身与航运都是极为不利的：一则加速了泥沙的沉积；二则黄河的浮凌与汴河本身的冰凌不但造成河身阻塞，也容易破坏河身。为此，宋时规定每逢冬十月即闭汴口，防止黄河浮凌进入。[5] 但汴口一闭，汴口既无水源，仅靠地下水的补给，水流过浅，不但"阻绝漕运"[6]，即载入小舟，也无法通航；且每岁一开一闭，劳人费财，一次可达百万贯。因此于熙宁六年冬，下令自后不闭汴口[7]，"旧制汴口启闭有时，至是遂不闭之"[8]。

熙宁六年决定不闭汴口以后，对冬季的防凌与通航采取了两种措施。

1　《宋史》卷94《河渠志四·汴河》。

2　邹逸麟：《历史上汴口移动与古黄河的关系》（未刊稿）。

3　（唐）杜牧：《樊川文集》卷4。

4　《续资治通鉴长编》卷302："元丰三年元月……三司言发运司岁发头运粮纲入汴，旧以清明日，自导洛入汴，以二月一日……"

5　（宋）赵彦卫：《云麓漫钞》卷1。

6　《续资治通鉴长编》卷248，熙宁六年。

7　《续资治通鉴长编》卷248，熙宁六年。

8　《宋会要辑稿》卷443《方域十六》，汴河条。

一是在汴河封冻时期，组织官兵伐冰通航。赵彦卫在《云麓漫钞》卷一中记云："虏使来贺正，多值冰雪，有司作浮筏，前设巨锥以捣冰，谓之'冰簰'；又以小舟摇荡于其间，谓之'涀舟'。其制始于王荆公当国，熙宁中欲行冬运……于是以小船数十，前设碓以捣冰，役夫苦寒，死者甚众。"《宋史·河渠志》汴河条亦云："遇冬有冻，即督沿河官吏，伐冰通流……永不闭塞。"二是在汴口附近造木筏差人拦截，打拨黄河浮凌，防止浮凌壅塞汴口，或流入汴河，使水势常通，外江纲运，可以由汴直至京都。[1] 至来春"冻解止，将京西五斗门减放，以节水势"，防止春汛泛滥。[2]

这种碓冰通航的办法，也只能解决一部分乘载来往官吏、使者船只的航行[3]，大规模粮纲漕运，恐怕很难畅通了。而其弊却不少，首先每年伐凌捣冰，"自汴口至泗州，用兵夫数亦不少"[4]，所费恐不下于汴口的启闭；其次汴口、汴河原来每年皆须疏浚，平时须通漕运，必待深冬闭汴口，水流浅涩，才得施工。如今冬不闭口，疏浚汴口、汴河就感到很多的困难；再次，逢冬不闭汴口，"万一深冬冰塞斗门，湍水冲溢新堰，大则都城可虞，小则沿汴居民被害，虽省一二十万物料，增置梢㙷，所费亦不少"[5]。事实也正是如此，熙宁六年十一月冬不闭口，次年"春，河水壅溢，积潦败堤"[6]，正是由于春来解冻，凌汛到来而造成的灾害。

（四）航运与灌溉的矛盾。据《新唐书·地理志》天宝元年（742）的户籍记载，在当时汴河流经的地区——河南道的户口，在全国十五道中居首位，有户一百六十五万六千余、口一千六百五十余万，占全国户口数五分之一强。河南道共三十州，其中尤以汴河沿岸的河南府（118万余口）、汴州（125万余口）、宋州（89万余口）三州为最多，可知当时汴河沿岸，特别是在上中游地区是人口最集中的地区。人口的增加，势必导致土地的大量开垦、农业用水量的增加。汴河正是该地区唯一最大的河流，因此两岸人民纷纷派引汴水来进行灌溉，其结果使汴河的水位降低，影响了航运。

这种矛盾在唐后期开始已经有所表现。《唐会要》卷87漕运条记云："贞元二年五月敕，漕运通流，国之大计，其河水每至春夏之时，多被两岸田莱盗开斗门，舟船停滞。职此之由，宜委汴宋等州观察使，选清强官专知分界勾

1 《宋会要辑稿》卷443《方域十六》，汴河条。

2 《宋史》卷94《河渠志四·汴河》。

3 《续资治通鉴长编》卷248载，熙宁六年十一月冬不闭汴口后，"时高丽遣使入贡，令自汴溯流赴阙"。

4 《续资治通鉴长编》卷252，熙宁七年。

5 《续资治通鉴长编》卷255，熙宁七年。

6 《宋史》卷93《河渠志三·汴河》。

当，其郑州、徐州、泗州界，各仰刺史准此处分，仍令知汴州支遣院官计会勾当。”同时每逢春夏“遣官监汴水，察盗灌溉者”[1]。此尚属于政府与一般地主阶级之间的矛盾，还可以通过行政命令手段加以解决（实际成效如何，还未可知），更严重的是陷于统治集团内部自身矛盾之中，使矛盾达到无法解决的地步。

唐中叶以后，由于藩镇割据势力崛起，中央政府为了对付割据势力，在全国各军事重地皆驻有大量军队。特别是在开封府、宋州一带，所谓“梁宋之地，水陆要冲，运路咽喉，王室藩屏”[2]，更是重兵累累。当时的陈留（即汴州）为天下之大镇，“屯兵十万，连地四州”[3]；韩弘在建中、贞元年间为“宣武军帅，有汴、宋、亳、颍四州之地，兵士十万人……而汴之库厩，钱以贯数者，尚余百万，绢亦合百余万匹，马七千，粮三百万斛，兵械多至不可数……至是公私充塞，至于露积不垣”[4]。可见这一带地区真是兵强马肥、仓廪充实。这么一大批军队的给养，除了依靠江淮地区的供应外，很大一部分是取于当地的屯田的，那就必须耗费大量的汴水水量来解决灌溉问题，航运与灌溉的矛盾就越发尖锐了。

白居易在一篇题为“得转运使以汴河水浅，运船不通，请筑塞两岸斗门，节度使以当军营田，悉在河次，若斗门筑塞，无以供军”的判里，道尽了当时统治阶级如何陷于自身无法解决的矛盾之中。原文是比较典型的资料，兹引录于下：

> 川以利涉，竭则壅税。水能润下，塞亦伤农。将舍短以从长，宜去彼而取此。汴河决，能降雨，流，可通财，引漕运之千艘，实资积水，生稻粱于一溉，亦籍余波。利既相妨，用难兼济。节度使以军储务足，思开窦而有年；转运司以邦赋贵通，恐负舟而无力，辞虽执竞，理可明征。壅四国之征，其伤多矣；专一方之利，所获几何？赡军虽望于秋成，济国难亏于日用，利害斯见，与夺可知。[5]

按白居易的意见，通航似重于灌溉，因漕运阻塞，其伤多矣，而灌溉为一

---

1 《新唐书》卷53《食货志三》。

2 （唐）白居易：《白氏长庆集》卷40《与韩弘诏》。

3 （唐）韩愈：《韩昌黎文外集》卷上《送汴州监军俱文珍序》。

4 （唐）韩愈：《韩昌黎文集》卷7《司徒兼侍中中书令赠太尉许国公神道碑铭》。

5 《全唐文》卷672。

方之利，所获几何？但从中央统治政权角度看来，漕运常通，果然是好；但沿汴屯田，就地取粮，一方面可减轻中央的负担，另一方面也加强了地方上的防护力量，对中央政府也有很大的利益，因而某种情况之下，宁愿舍航运而取灌溉。例如当时汴河沿岸的"大梁、彭城控两河，皆屯兵居卒，食出官田，而畎亩颇夹河与之俱东，仰泽河流，言其水温而泥多，肥比泾水"，故逢每年春四月时，农事兴作，沿河屯兵就纷纷派决灌田。结果以汴河"视其源绵绵，不能通槁叶矣"，使汴运"舟舻曝滞，相望其间，岁以为常。而木文多败裂，自四月至七月，舟佣食尽不能前……"[1]由此可见，唐后期汴河航运中航运与灌溉的矛盾已经是相当严重了。

到了宋代，这个矛盾非但未获解决，反而由于宋代施行中央控制大量军队的政策，而得到进一步的发展。

宋代建都开封，并驻扎有大批禁军，据估计北宋盛时开封城内人口约有一百余万[2]。百余万人口的粮食，全仰给于东南漕运，不但费用浩大，也属不可能的事。故当时有人建议，扩大汴河两岸的耕地面积，增加粮食生产，来解决一部分京师附近地区的供养问题。

这种主张以宋神宗熙宁二年(1069)(十一月十五日)侯叔献所言为代表。他认为汴河每岁漕东南六百万斛，计其运费"率数石而至一硕"，且京师"数百万之众而仰给东南千里之外"，非为良策，因而认为"沿河两岸，沃壤千里，而夹河之间，多有牧马地，及公私废田略计二万余顷，计马而牧，不过用地之半，则是万有余顷，常为不耕之地，此遗利之最大者也。观其地势，利于行水，最宜稻田，欲望于汴河南岸销置斗门，泄其余水分为支渠，及引京索河并二十六陂水以灌之，则环畿甸间，岁可以得谷数百万以给兵食，此减漕省卒、富国强兵之术也"[3]。当时朝廷即从其言，在汴河两岸引水溉田。自此引汴溉田之风大起。

由于汴河水流中淤泥富有养分，"肥比泾水"，对作为沿岸田地的肥料是十分理想的，故而当时引汴溉田放淤的办法，的确是收到了一定的成效。例如主管开封府界常平权都水丞杨汲与侯叔献行汴水淤田法后，"逐酾汴流涨潦以溉西部瘠土，皆为良田。神宗嘉之，赐以所淤田千亩"[4]。至熙宁中，"沿

1 《全唐文》卷736。
2 据李长傅著《开封历史地理》(商务印书馆1958年版)中估计，东京人口最多时有140万至170万人。
3 《宋会要辑稿》卷287《食货七》。
4 《宋史》卷355《杨汲传》。

汴淤泥溉田为上腴者八万顷”[1]。

沿汴农业用水问题虽然解决了一部分，但航运却因此而受到阻塞。如熙宁六年六月十二日，汴河水位忽然减落，“中河绝流，其洼下处，才余一二尺许”，查访结果原来是上游放水淤田时日，“下流公私重船，初不预知”，至水位骤落，“减剥不及数，皆合折损坏，至留滞久，人情不安”。[2]

除了农田灌溉外，开封城附近的工业用水也消耗了一定的水量。元祐元年(1086)二月，苏辙上奏说：近岁在开封城外创置供给京师内外食茶的水磨，分派一部分汴水作为推动水磨的动力，因而使“汴水浅涩，阻隔官私舟船”。这些水磨“岁入不过四十万贯”，且“减耗汴水，行船不便”，所得远不及所失，结果是撤销了官磨。[3]

总之，在当时社会条件之下，汴河航运与灌溉的矛盾始终是客观存在的。尤其是反映在统治集团自身的矛盾，即中央机关与地方军队供养的矛盾上，显得更为突出。在某一时期内灌溉与航运不能兼顾的时候，孰取孰舍，以统治集团特定时期内的利益为转移。但矛盾总归是矛盾，取此必须舍彼，因而在唐宋两代航运史上是始终无法解决的一个问题。

大量引用汴河河水灌溉的结果，不仅如上所述妨碍了漕运，更重要的影响是减低了汴河的流速，加速了泥沙的淤积，使河身淤浅、宽阔，促使了汴河的衰老。关于这一点下文还要具体加以说明。

综上所述，可知由于存在着一系列自然原因和社会原因，使汴河在唐宋两代并不是一条十分理想的运道。首先，在一年之中就有三四个月的封冻时期(可能是个别河段)，在此期间基本上无法航行，即便是利用碓冰通航，也只能通行个别载来往官吏、使节的船只，由于费用浩大，一般情况之下，是不便采用的。其次，在夏秋之际，洪水高涨，不利航行；平时流量又十分浅涩，从江淮至开封、洛阳又是逆流，行速甚慢。在其全年内可通行的八九个月中，也是航行日少、停滞日多。如唐时正月、二月自江淮地区上扬州，至六七月方至汴口，又需待一二月后，河水稍落，才能上河，十月以后又将进入冻封时期，可见一年只能通行一次，这是唐代的情况。至宋时情况却有所不同，宋初规定江淮漕纲头运起于清明日，冬十月闭汴口，前后通漕才二百余日。[4]

---

1 《宋史》卷333《俞充传》。

2 《宋会要辑稿》卷443《方域十六》。

3 《宋史》卷94《河渠志四·汴河》。

4 《宋史》卷93《河渠志三·汴河》。

然而在这二百余日中，却规定八十日一运，一岁三运。[1]

根据上文的分析，宋代汴河的某些条件较唐时更差，其转运效率为何反较唐时为高呢？关于这一点，除了宋代对江淮物资的需要较唐时更为迫切外，还存在有许多具体情况：

（1）运程的缩短。唐开元时，漕运船只自江淮地区起运，直至河阴，逆流而上，需时约六七个月；至刘晏时改良裴耀卿的分段运输法，以扬州为起运点，江淮地区的船只至扬州，可将货物卸下，再自扬州另外组织船只起运至河阴入河，需时约可缩短两三个月。[2] 宋时因建都开封，漕运航路以此为终点，已较唐时缩短了自开封至汴口约九十公里的航路，再则又在刘晏的分段运输法上作了进一步的改革，规定江淮各地物资每年按时运至扬、真（今江苏仪征市）、楚（今江苏淮安市）、泗四州，待汴河水涨，再由此运往开封。起自扬、真二州者定八十日一运，岁可三运。楚、泗二州因即在淮河沿岸，如自此"间运米入船至京师，辇米入仓，宜各宿备运卒，皆令即时出纳，如此每运可减数十里，楚泗至京千里，旧定八十日一运，一岁三运，今若去淹留之虚日，则岁可增一运矣"[3]。此后起楚、泗二州者，规定一岁四运，立为永制。[4] 其中尤以泗州正处淮汴之交，"最为近便"，故大都由泗州起运，元丰初还将贮藏在扬州的百万石谷徙贮泗州，[5]以便发运。

（2）船只载负量的减轻。唐时漕运船只共两千艘，每艘载千斛，一年一运，开元时凡三岁，运米七百万石至关中。[6] 宋时纲船常六千艘，每艘载重只三百石，仅唐时的三分之一；天圣以后增至四百石，一年三运，一舟之运，也常有千石。[7] 故真宗景德四年（1007）规定汴河每岁定额是六百万石。[8] 宋漕船的载负量较唐时为轻，故其周转率亦较唐时为快。

（3）管理制度的加强。唐代经安史之乱后，汴运阻塞，"飞挽路绝，盐铁租赋，皆溯汉而上"[9]。后虽经刘晏的整顿，有一定恢复，但军阀割据势力并未完全消除，汴运常遭受军阀的阻碍与掠夺，管理制度也因而废弛。《资治

---

1 《续资治通鉴长编》卷13，开宝五年。

2 《新唐书》卷53《食货志三》。

3 《续资治通鉴长编》卷13，开宝五年。

4 （宋）释文莹：《玉壶清话》卷8。

5 《续资治通鉴长编》卷300，元丰二年。

6 《新唐书》卷53《食货志三》。

7 《玉海》卷182《漕运》；（宋）沈括：《梦溪笔谈》卷12。

8 《宋史》卷175《食货志三》。

9 《旧唐书》卷49《食货志下》。

通鉴》卷 249 大中五年(851)条记载:"自太和以来,岁运江淮米不过四十万斛,吏卒侵盗沉,舟达渭仓者什不三四,大堕刘晏之法。"

宋代无军阀割据之患,而政府对漕运又特加重视,故漕运管理制度较为健全,今择其与运输周转有关者述之。

当时设有专职主持漕运事务的发运司[1]二员:一员设在真州,掌管把江南两浙等路的漕粮运到真州;一员设在泗州,掌管把漕粮从真州运到京师。[2]发运司除管理漕运外,并有"钱一百万贯为籴粜之本,每岁于淮南侧近趁贱籴米。而诸路转运司上供米至发运司者,岁分三限:第一限自十二月至二月,第二限自二月至五月,第三限自六月至八月。远限不至,则发运司以所籴米代之,而取直于转运司"[3]。王应麟亦云:"祖宗设制置发运司,盖始于王朴之议。朝廷捐数百万缗以为籴本,使总六路之计,通融移用,与三司为表里,以给中都。六路丰凶不常,稔则增籴以充漕计,饥则罢籴,使输折斛钱,上下俱宽,而京师不乏……自仁宗朝至崇宁初,发运司常有六百余万石米,百余万缗之蓄,真、泗二仓常有数千石之储。"[4]由于实行了粜籴制度,不待江淮漕运船至,即可按时上运,不致误时,抓紧了转运时间,故在运输周转率上较唐时增加二三倍。

三、唐宋汴河淤废的过程

汴河由于存在着上述许多问题,其逐渐趋向淤塞乃势所必然。北宋后期汴河已完全依靠人工来维持了,年年为汴河兴役,所费不下千万。北宋亡后,出现了以秦岭、淮水为界的宋、金对立局面,汴河已再无漕运的作用。随着人们对汴河疏浚的废弛,汴河很快就走上完全断废的道路。

汴河的淤废是有一个历史过程的,这个过程大体上可分为三个阶段:第一个阶段是从中唐至五代,第二个阶段是北宋时期,第三个阶段是宋、金时期。

汴河淤废的第一个阶段开始于中唐,具体地说即在安史之乱以后。隋时开通济渠后,炀帝下江都的龙舟,高有四十五尺,阔五十尺,长二百尺,楼有四重。[5] 能载行这样庞大的船只,渠道之深可见。此外渠身也较平直,因

---

1 按:发运司之职,起于唐末。《资治通鉴》卷 253 载,广明元年(880 年)"二月……高骈奏改杨子院为发运使"。胡三省注:"扬子院旧置留后,今改为发运使,宋朝江淮发运使本此。"

2 《玉海》卷 182《漕运》。

3 (宋)苏辙:《栾城集》卷 37《论发运司以粜籴代诸路上供状》。

4 《玉海》卷 182《漕运》。

5 (唐)杜宝:《大业杂记》,《说郛》本。

为开凿新渠的目的之一，就在于古“汴水迂曲，回复稍难”[1]之故，新渠当以平直为便。今天自永城经宿州、灵璧、泗洪仍有隋堤一道，径直如矢，即汴河的遗迹。

安史之乱后，中原地区连年战乱，汴河开始淤废。在代宗时刘晏整顿漕运以前，汴河已因“寇难以来，不复穿治，崩岸灭木，所在厥淤，涉泗千里，如罔水行舟”[2]。所以虽经刘晏在裴耀卿改革漕运的办法之上，作了更进一步的努力，其每年运至关中的粮食仅数十万石，远不及开元时的盛况了。到了唐末，汴河淤浅更是日趋严重，据《资治通鉴》卷263唐天复二年(902)六月条记载：其时淮南军阀杨行密发兵讨朱全忠，“军吏欲以巨舰运粮，都知兵马使徐温曰：‘运路久不行，葭苇堙塞，请用小艇，庶几易通。’军至宿州，会久雨，重载不能进，士有饥色，而小艇先至……行密攻宿州不克，竟以粮运不继引还”。夏季原为水量充沛的季节，航道尚且如此浅涩，其他时间则可想而知。自后汴河下游自埇桥(今安徽宿州市南古汴河上)以东，汇为污泽，[3]似已不成河形。五代年间，长期为军阀混战之地，经常壅决黄河、汴河来对付敌方，河身大遭破坏；兼之黄河河患连年，平均每一年零五个月就决一次，作为黄河的分支，汴河的情况可想而知。至后汉年间，因汴河久不修治，“两岸堤堰不牢，每年溃决，正当农时，劳民功役”[4]，其淤废情况更是不堪设想。直至后周世宗显德年间，先后数次疏浚汴口、汴河，才使“江淮舟楫始通”。[5] 汴河初步得到了恢复，结束了其淤废的第一个阶段。

第二个阶段是北宋时期。本阶段汴河的淤废过程，大致可概括为两个现象来叙述：

(1) 河床淤高，河行地上。宋代汴河河床首先淤浅的是中上游一段。据《宋史·本纪》《宋史·五行志》记汴河泛决共22次，其中除4次不知地点、2次决于下游外，其他16次都是决溢于开封、应天(治今河南商丘市)二府境内，足证自开封至应天的一段河床问题是很大的。《宋史·河渠志》汴河条云“河自应天府抵泗州，直流湍驶无所阻。惟应天府上至汴口，或岸阔浅慢，宜限以六十步阔……”也正是反映了这种现象。其所以形成这种现象，原因大约有二：一是汴河上中游段近汴口，黄河泥沙进入汴河后，正遇河势平缓，

1 《太平寰宇记》卷1《河南道·开封府》。

2 《新唐书》卷149《刘晏传》。

3 《资治通鉴》卷292，后周显德二年。

4 《册府元龟》卷497《邦计部》河渠二，后汉乾祐二年卢振上言。

5 《资治通鉴》卷294，后周显德五年。

就首先在这一带沉积下来；二是宋代在开封府、应天府一带大兴屯田，分决汴流进行灌溉，因而加速了泥沙的沉积，填高了河床，同时也因无计划、无组织地滥引汴流，两岸堤防易受毁坏，因此北宋汴河以这一段河道问题为最多，淤高最速。

北宋前期的汴河淤浅情况，虽已相当严重，但当时河身还低于两岸平地，无论疏浚、防洪还是水源问题都还容易解决。到了后期，由于泥沙的长期沉积，河床在堤防约束之下逐渐抬高，至神宗熙宁年间，“水口以东，汴身填淤，高水面四尺”[1]，雍丘（今河南杞县）、襄邑（今河南睢县）一带河底高出两岸一丈二尺余，从汴堤上瞰两岸居民，如在深谷。[2] 汴河成地上河后，河流的性质就有了很大的改变，原先开封以西及其附近的陂塘小河皆流入汴河，地下水也在枯水季节作为汴河的补给水源，对汴河的流量起着一定的调节作用。至此河床高出两岸后，不但沿岸陂塘小河无法流入汴河，而且汴河河水还要向两岸渗透，成了亏水河谷，使流量更感缺乏，航运也就更困难了。

汴河河床何时高出两岸成为地上河的，是汴河历史上一个很关键的问题。关于此问题，文献资料上没有明确的记载，不过我们在宋人文集中还可以找到一些线索。王巩在其《闻见近录》中有这样一段文字：

> 汴河旧底有石板、石人，以记其地里，每岁兴夫开导至石板、石人以为则，岁有常役，民未尝病之，而水行地中。京师内外有八水口，泄水入汴，故京师虽大雨无复水害，昔人之画善矣。偶张君旱论京畿、南京、宿、亳、陈、颍、蔡等州积水，以南京言之，自南门二堤直抵东西二桥，左右皆潴泽也，渔舠鸣榔如江湖。君平请权借汴夫三年，通泄积水，于是诸郡守令等始带沟洫河道，三年而奏功，凡潴积之地为良田，自是汴河夫借充他役，而不复开导，至元祐五年，实七十年。又旧河并以木岸，后人止用土筏栈子，谓之外添里补，河身奔兑，即外补之，故河日加浅，而水行地上矣。[3]

苏轼在《张文定公墓志铭》中亦记云：

> 汴河控引江淮，利尽南海，天圣以前，岁发民浚之，故河行地中。有

1 《续资治通鉴长编》卷 248，熙宁六年十二月。

2 （宋）沈括：《梦溪笔谈》卷 25《杂志二》。

3 （宋）王巩：《闻见近录》，《知不足斋丛书》本。

张君平者，以疏导京东积水，始辍用汴夫，其后浅妄者，争以裁减费役为功，河日以湮塞，今仰而望河，非祖宗之旧也。[1]

我们之所以不厌其烦地将两段原文抄录于上，原因是这两段文字不但说明了"汴政"不行是汴河淤浅的原因之一，更重要的是指出了汴河开始成为地上河的具体时间。王巩说："不复开导，至元祐五年，实七十年。"元祐五年是公元1090年，上溯七十年是天禧四年(1020)，按王氏的说法则天禧四年时河还是行地中的，这正与苏文中所云天圣(1023—1032)以前河行地中，至今(神宗熙、丰年间)仰而望河的说法相符合。天禧是宋真宗倒数第二个年号(其后是乾兴，仅一年)，因此我们认为汴河开始成为地上河，大约是在宋真宗末年的时候。

(2) 河身宽阔，弯曲多浅滩。宋代由于在开封、应天二府一带大量引用汴水进行灌溉，结果加速了河身的淤浅，河流的侵蚀作用由下蚀转向旁蚀，使两岸坍塌现象严重，造成河身浅宽、弯曲多滩，航线经常摆动，使往来船只"没溺甚多"[2]。当时解决的办法有二：

一是紧束河身、巩固堤岸。宋真宗大中祥符八年(1015)时，有马元方者请"浚汴河中流阔五丈深五尺，可省修堤之费"。但有人认为，"自泗州至开封府界，岸阔底平，水势薄，不假开浚"，请于汴河沿岸作"头踏道擗岸"，在其淤浅之处，为"锯牙"岸，"以束水势，使水势峻急，河流得以下泻"[3]。这即是"束水攻沙"的办法，企图以两岸狭窄的堤防来约束水势，使水流湍急，加强对河底的冲刷力，刷深河床，将泥沙带向下游。其后嘉祐六年(1061)，又因河浅涩，常稽漕运，便于自应天府至汴口，限以六十步阔，于两岸作木岸，防止侵蚀，"扼束水势，令深驶"[4]。元丰三年(1080)，宋用臣又请修狭河六百里[5]，才使"旧曲滩漫流，多稽留覆溺处，悉为驶直，平夷操舟，往来便之"[6]。除修筑狭河木岸外，真宗景德年间，还在汴河两岸"植树数十万，以固堤岸"[7]，其后并以植树多少作为治汴地方官吏政绩的考核。

二是疏浚河床。除了筑堤防，束水攻沙的办法外，又用"浚川耙"疏浚汴

1 (宋) 苏轼：《东坡七集后集》卷17。
2 《续资治通鉴长编》卷79，大中祥符五年。
3 《续资治通鉴长编》卷85，大中祥符八年。
4 《宋史》卷93《河渠志三·汴河》。
5 《宋会要辑稿》卷443《方域十六》，汴河条。
6 《宋史》卷93《河渠志三·汴河》。
7 《宋史》卷309《谢德权传》。

河。所谓“浚川耙”者，即是在船尾上设爪形铁钩，借水力与人力在航行时，将泥沙扬起，使随着水流冲向下游。此法先在熙宁六年四月试行于黄河，当时还是以木制作，作用并不甚大。[1] 次年三月起，“用浚川耙铁龙爪疏浚汴河”[2]，结果也“大抵皆无甚利”[3]。其后遂有元丰元年（1078）引洛入汴的“清汴”之议兴起，结果也未获成功，汴河虽年年疏浚，仍寻复淤淀。

到了北宋末年徽宗政和年间，汴河大段浅涩，妨碍纲运。[4] 靖康以后，“汴河上流为盗所决者数处，决口有至百步者，塞久不合，干涸月余，纲运不通”[5]。汴河至此时已破败不堪，无法执行它航运的职能了。

第三个阶段是宋、金对立时期。此时淮水南北分属于两个政权，汴河已失去其沟通南北经济的意义，原依人工维持的航道，一经人们数年不问，很快就淤废不流了。本阶段关于汴河的史料比较缺乏、分散，很难看出一个全貌。今试从两篇南宋官吏的北使行记中有关的记载来看一下当时汴河的情况。一篇是楼钥的《北行日录》，记于乾道五年（1169）；一篇是周煇的《北辕录》，记于淳熙四年（1177）。原文过于冗长，不便详引，今试归纳为几点来谈。

（1）当时汴河河身基本上已淤成平陆，即使下游个别河段还有水流，那仅是来自地下水补给，无法行舟，故而当时往来使者皆乘车马行于其上，繁荣了五个世纪的水运通道至此竟成了陆行大路。南宋诗人洪适有《过谷熟》诗云：“隋堤望远人烟少，汴水流干辙迹深。”[6]正反映了此种局面形成已久。试与唐宋盛时“舳舻相继”的局面相比，真是不可同日而语了。在汴河河身上不但“车马皆由其中”，而且“亦有作屋其上”，在河底上种上麦子，可见淤平日久，人们已不再以河流视之了。

（2）两篇文字共同记云：自灵璧以上，汴河才完全断流。《北行日录》云：“……乘马行八十里宿灵壁（璧），行数里汴水断流……又六十里宿宿州，自离泗州循汴而行，至此河益湮塞，几与岸平。”[7]《北辕录》云：“晚宿灵壁（璧）县，汴河自此断流。”[8]可知自灵璧至泗州一段汴河尾闾，在水潦季节还

1 《宋史》卷92《河渠志二·黄河》。

2 《续资治通鉴长编》卷251，熙宁七年。

3 《宋史》卷93《河渠志三·汴河》。

4 《宋会要辑稿》卷443《方域十六》，汴河条。

5 《宋史》卷94《河渠志四·汴河》。

6 （宋）洪适：《盘洲文集》卷5。

7 皆见（宋）楼钥：《北行日录》，《攻媿集》卷111。

8 （宋）周煇：《北辕录》，《说郛》本。

有涓涓细流，这正与上文所述汴河上中游先淤的事实相符。

(3) 由于汴河淤废日久，淮北又是宋、金的战场，汴河流域的经济大遭破坏。《北辕录》云："承平漕江淮米六百万石，自扬子达京师，不过四十日，五十年后，事成污渠，可寓一叹。"又云："自过泗地皆荒瘠。"即使在北宋时汴河沿岸最繁荣的开封府境内一段，也是"路颇迂回，在冢相望，发掘无遗"[1]。

金时曾重浚汴河，大抵没有成功，仅在下游灵璧以下一段，水涨时曾利用通行舟楫。[2]

总观汴河淤废的三个阶段，其中以第二阶段北宋时期为关键阶段。在此前中唐五代时期，汴河虽已遭受淤塞，但后经后周显德年间数次修浚即能恢复畅通，可见其淤塞程度不及第二阶段严重。汴河经过了第二阶段以后，河床淤高，河行地上，河身已破残不堪；及至政治中心离开开封，汴河便再也没有恢复的可能了。到了第三阶段宋、金对立时期，汴河已成为人们概念上的河流，在实际地面上仅以残缺不全的遗迹存在着了。

四、余论

根据我们的考证，唐宋汴河至今日还存在的遗迹有二：上游是自今河南开封市至睢县的一段惠济河，下游是自安徽泗县至洪泽湖的老汴河。今试对这两条河道作简单的交代，作为本文的结束。

今天的惠济河是清乾隆六年(1741)开浚后赐名的，自后终清一代屡加修治，[3]才成今日的面貌。当时究竟是在什么故道上加以挑浚的，史无明文记载。根据我们的考证，认为清时惠济河上游即是唐宋汴河旧道，但汴河东南流向商丘，而惠济河却是南入涡水，这又是怎么一回事呢？

原来金元以后，黄河南泛，汴河成了黄河的泛道。据《金史·河渠志》记：大定二十七年(1187)，规定沿河四十四县皆管勾河防事，其中有河阴、荥泽、祥符、开封、陈留、杞、襄邑、宁陵、宋城等九县，正是汴河上游流经之地。到明昌五年(1194)以后，黄河大势南侵，"直逼广武山麓，河汴合一"[4]，自此以后黄河泛汴更属常事了。

元明以后，黄河以南流为主，屡次入涡入颍，再由涡、颍入淮。入涡之

1 皆见(宋)楼钥：《北行日录》，《攻媿集》卷111。

2 《金史》卷105《张翰传》："上书言五事，……二曰足用，谓当按蔡、汴旧渠以通漕运……上略施行之。"《金史》卷27《河渠志》："时又于灵璧县潼郡镇设仓都监，及监支纳，以方开长直沟，将由万安湖舟运入汴至泗，以贮粟也。"

3 《大清一统志》卷186，河南开封府山川条；《清史稿》志111《河渠志四》。

4 武同举：《淮系年表全编·全淮水道编》。

道，上游走的正是汴河，如元成宗元贞二年（1296）九月河决杞县、封丘、祥符、宁陵、襄邑五县，此后黄河屡次在这一带决溢，[1]可以为证。明时记载更明确，《明史·河渠志》云："河自汴以来，南分二道：一出汴城西荥泽，经中牟、陈、颍至寿州入淮；一出汴城东祥符，经陈留、亳州至怀远入淮。"前者由贾鲁河走颍入淮，后者正是由惠济河走涡入淮。由此可见，唐宋汴河上游，元明以后成了黄河南流入涡的泛道；清初为了分泄开封附近黄河的积水，重加疏浚，[2]才成今日的惠济河。

汴河尾闾段至明时还存在，见《明史·地理志》。清时泗州境内一段，夏月水涨，尚可通行舟楫。[3] 至今泗州以上已成汴堤高岭即永城、宿州、灵璧、泗县的公路，泗州以下即今老汴河。今探究其长久存在的原因，也要从黄河南泛谈起。

自金、元黄河南泛以后，河淮间的河流几乎全遭受到黄河泥沙的淤浅，当时自今河南省旧黄河以南地区，积水潦漫，经常受患。到了清时，只有一条濉河较大，尚可宣泄，所谓"缘豫省商、虞、夏、永四邑之水毕汇于宿州，所恃以宣泄者，惟濉河一道"[4]。但当时濉河上游久已淤断，源仅起于河南永城、夏邑境，兼之久为黄河下游分水道，河床已十分淤浅，泄水量甚为微小。"河旁淤沙成滩，几与岸平，河心甚窄……旧时河身原宽三十余丈至六七十丈不等，积年黄水停淤……仅存河心一二十丈，深不过五六尺、丈余而止。"[5]故于乾隆十一年（1746）时就有人认为从老汴河入洪泽湖是当时濉河下游最理想的分水道。至二十二年开浚濉河下游分三股，一股即是由谢家沟下达古汴河入淮，在三股中最为畅通，其后四十四年、四十七年皆曾修浚，汴河遂成通途。[6]

辛亥革命后，1915年安徽省开挖泗北濉河故道，经老汴河至青阳镇（今安徽泗洪县）分两路排泄：一路东流至安河洼入洪泽湖；一路即顺老汴河经临淮头入湖。解放后，1951年根治淮河工程的一部分，即系浚濉河中下游，泗洪以下以疏浚老汴河至临淮头入洪泽湖为止，即成今日形势。

（原载《复旦学报（社会科学版）》1962年第1期）

1 《元史》卷50《五行志一》。
2 （清）黎世序等：《续行水金鉴》卷53，引《皇清奏议》。
3 《大清一统志》卷134，安徽泗州直隶州山川条。
4 （清）黎世序等：《续行水金鉴》卷54，引《皇朝文献通考》。
5 （清）黎世序等：《续行水金鉴》卷53，引《南河成案》。
6 武同举：《淮系年表全编·全淮水道编》。

宋代黄河下游横陇北流诸道考

在黄河的历史上，西汉一代可以说是河患比较严重的时期。东汉以后至唐末的八百年时间内，虽然也可以在文献中找到一二十条大河决溢的记载，但综观三四千年黄河变迁的历史，相对而言毕竟是少数。再以《水经》《水经注》中关于黄河流经的记载，与《元和郡县志》《太平寰宇记》中黄河流经的记载相核对，显然可知从三国至唐末黄河下游河道变迁甚微。因此，认为这个时期黄河下游河道在整个黄河的历史上是比较稳定的时期，不可以为无据。唐末开始，特别是入宋以后，河患再度变剧，决口改道层出不穷。金元以降，几无宁日。故而自《宋史》开始各正史又恢复了《史记》《汉书》旧例加了一篇《河渠志》。宋代实为黄河历史上一个转折时期。

宋代黄河下游变迁虽繁，然举其大要，主要是横陇、北流、东流三派。对这三派河道流经地点，自清代著名学者胡渭在《禹贡锥指》一书中论述以后，历来皆引以为据。其实胡渭对这三派河道流经的论述，除其中东流一派即走汉笃马河（今马颊河）大致没有问题外，对其余二派的流经并没有讲清楚，甚至还有错误。后来学者们之所以不加深究的原因实有二：一是宋人关于黄河的记载，议论多于实际。要在这只言片语中理出一个眉目来实非易事。既然经学大师胡渭已有论述，似无须再费工夫加以追究了。二是不论根据《宋史》，还是胡渭的著作，这三派河道的大致趋势是可以知道的，既然如此，似无须再深入研究。

其实不然。无论从研究黄河变迁的历史，抑或研究治黄的工程技术史，宋代都不失为一个重要的时期。欲知宋代黄河变迁的规律及其特点，如不能弄清当时黄河的具体流经，那就很难概括出河道变迁的规律。本文即以求得宋代横陇、北流（东流下游即今马颊河已有定论，无需考证）具体流经地点为目的，对有关资料略作排比，繁琐、疏漏之处在所难免，希读者不吝指正。

一、横陇故道

唐代以来之黄河河道至末年已淤废不堪，下游“河势高民屋殆逾丈”[1]。故入宋以后，泛决连年。但大多不久即塞决口，河复故道。唯仁宗景祐元年(1034)在澶州(治今濮阳)横陇埽决口后，形成了一条新道，史称横陇河。从此黄河离开了流经近千年的京东故道(宋时因唐代以来河道流经京东西路，故称京东故道)，未曾再复故道。

第一次横陇决口在景德元年(1004)九月，不久决口即塞。过了三十年，景祐元年七月再次在横陇埽决口，“久不复塞”，遂形成了一条横陇河。[2] 横陇河道因为存在时间不长，流经的确切地点已难详知。胡渭《禹贡锥指》卷13下云：“今濮州东、东平州西、范县东、阳谷县东南、东阿县北，皆有旧黄河，即宋横陇决河之所行也。自长清而下，则与京东故道合矣。”按照胡渭的说法，横陇故道只是京东故道南岸在濮州至长清之间的一股岔流。以后论及黄河横陇故道者都循此说法。如岑仲勉的《黄河变迁史》、黄委会编的《人民黄河》等。

但细辨当时的记载，并非如胡渭所说。今列举资料如下：

(1)《续资治通鉴长编》卷116景祐二年(即横陇决口的次年)春正月，“诏自横陇河决尝下河北、京东西路，以民租折纳梢芟五百余万。今河决处自生淤滩，可省工费，其三路未输梢芟并权停。”同年三殿中丞通判齐州张宗彝言：“大名府新作金堤，可捍横陇决河水势。请今缓修塞之役。诏河北转运使绘黄河至海图上之。”

(2)《欧阳文忠公集》卷38《尚书户部侍郎赠兵部尚书蔡(齐)公行状》：景祐二年，“河决横陇，改而北流，议者以为当塞。公曰：‘水性下而河北地卑，顺其所趣以导之，可无澶、滑壅溃之患。而贝博数州得在河南，于国家便，但理堤护魏州而已。’从之，澶、滑果无患”。

(3)《续资治通鉴长编》卷118景祐三年五月丙午，“诏澶州权停塞横陇决河。自是河东北行，不复由故道，徙修河都监杨怀敏专固护大名府金堤”。

据上述三条材料，可知横陇河是决而北流或东北流，进入河北大名府境，绝非在唐大河之南，也绝非仅为濮州、长清之间的一股岔流。然横陇河究竟流经何处，仅此三条资料还不足以说明问题。《宋会要辑稿》方域14载，

1 《宋史》卷91《河渠志一・黄河上》。

2 《宋史》卷91《河渠志一・黄河上》。

庆历八年(1048)十二月判大名府贾昌朝言:“景初溃于横陇……于是河独从横陇出,至平原,分金、赤、游三河,经棣、滨之北入海。……今夏溃于商胡……今横陇故水止存三分,金、赤、游河皆已湮塞。”这里似有必要将赤河问题交代几句。赤河是五代末年周显德初大河下游决出的一条分支。[1] 胡渭《禹贡锥指》中说故道“今湮灭不可考”。但《宋史·河渠志·黄河上》却有较明确的记载,其引大中祥符八年(1015)李垂上《导河形胜书》云:“臣请自汲郡东推禹故道……复西河故渎,北注大名西、馆陶南,东北合赤河而至于海。……其始作自大伾西八十里,曹公所开运渠东五里,引河水正北稍东十

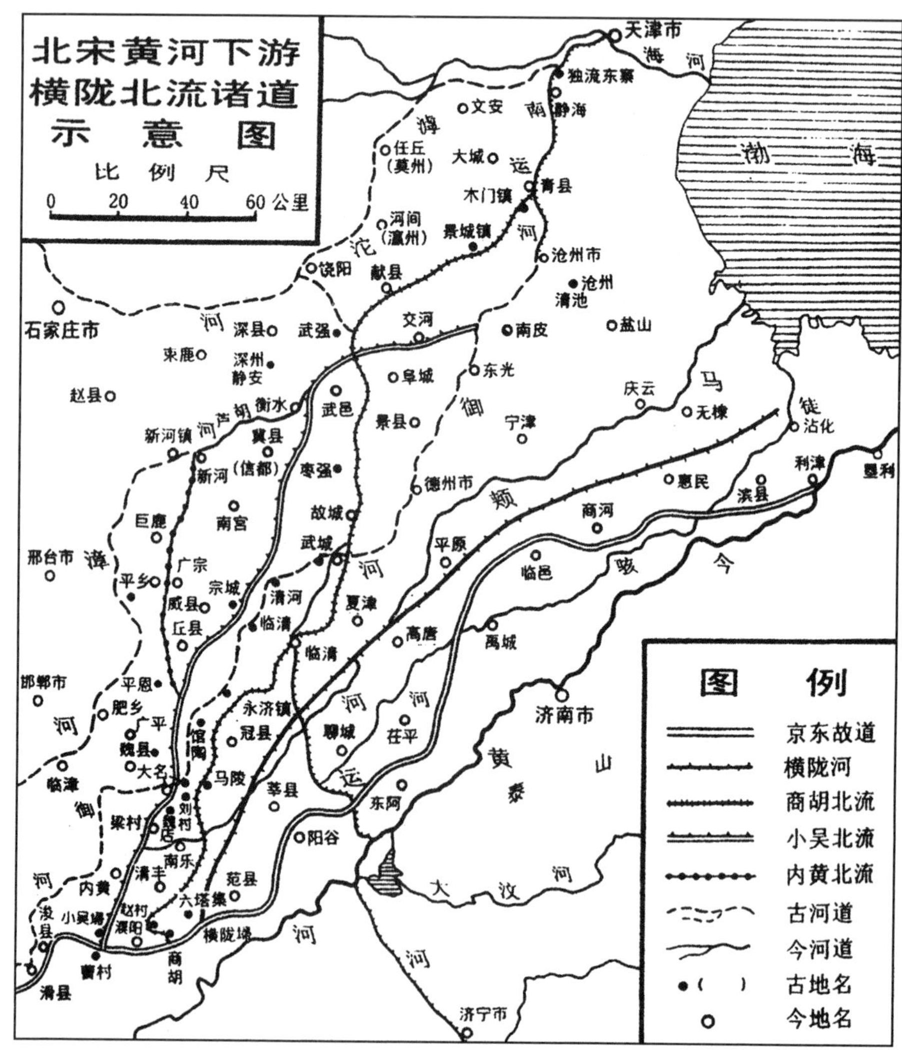

北宋黄河下游横陇北流诸道示意图

1 《宋史》卷91《河渠志一·黄河上》。

里，破伯禹古堤，径牧马陂，从禹故道，又东三十里转大伾西，通利军北，挟白沟，复西大河，北径清丰、大名西，历洹水、魏县东，暨馆陶南，入屯氏故渎，合赤河而北至于海。"从李垂的奏书里得知赤河是原西汉大河或屯氏故渎的下游，并与之相通。则其在唐大河之北是确凿无疑的了。我们推测赤河大致相当于《水经注》中屯氏别河北渎或南渎的形势，东北独流入海。宋嘉祐二年（1057）黄河分出二股河即东流，下游走笃马河（今马颊河）入海，亦曾"引支河流入金、赤河"[1]。可见金、赤河与马颊河亦相近，当在今冀鲁交界的无棣、庆云、盐山一带。

弄清了赤河的大致流经之后，横陇故道的大致流经亦可据以推知：横陇埽在今濮阳县东，黄河自此决而北流，经今清丰、南乐，进入大名府境，大约在今馆陶、冠县一带行而东北流，经今聊城、高唐、平原一带，经京东故道之北，下游分成数股，其中赤、金、游等分支，经棣（治今惠民县）、滨（治今滨州市）二州之北入海。

据欧阳修说："横陇既决，水流就下，所以十余年间，河未为患。至庆历三年、四年，横陇之水，又自海口先淤，凡一百四十余里；其后游、金、赤三河相次又淤。下游既梗，乃决于上流之商胡口。然则京东、横陇两河故道，皆下流淤塞，河水已弃之高地。"[2]庆历八年（1048）黄河又决商胡口，河流改道。横陇故道行水前后共十四年。

二、北流故道

宋仁宗庆历八年六月河决澶州商胡埽（商胡口），河道改由北流，经河北平原中部，汇入御河至今天津地区，合界河（今海河）入海，为宋代黄河北派，也是宋代黄河北流由渤海湾西岸入海之始。嘉祐五年（1060）黄河又在大名府魏县第六埽（今南乐西）决出一条分流，东北流经一段西汉大河故道，下循汉代的笃马河（今马颊河）入海，称二股河，是宋代黄河的东派。

黄河分为北、东二派以后，北宋统治阶级内部在维持北流还是回河东流问题上争论不休，一直到北宋亡国，前后达八十年。其间时而堵塞北流，单股东流，时而复决而北流，时而东北二派并行。黄河下游开始进入变迁紊乱的时代。

河决北流在庆历八年至北宋亡，前后发生过三次。第一次为庆历八年

1 《续资治通鉴长编》卷192，嘉祐二年。

2 《宋史》卷91《河渠志一·黄河上》。

六月，第二次为元丰四年(1081)四月，第三次为元符二年(1099)六月末。三次北流所经有所不同。胡渭《禹贡锥指》卷13下谓商胡北流至大名府东北合永济渠，以下由永济渠至劈地口入海。永济渠所经即为大河之所经，“其后又混入漳水”。然胡渭终未能详述北流所经前后的变迁。

今搜集所见，分别考述如下。

(一) 第一次北流始于庆历八年商胡埽决口。《宋史·河渠志·黄河上》：“(庆历)八年六月癸酉，河决商胡埽，决口广五百五十七步，乃命使行视河堤。”又曰：“皇祐元年(1049)三月，河合永济渠注乾宁军。”商胡埽在今河南濮阳东北、古黄河北岸。考证如下：

商胡埽，据《读史方舆纪要》(下简称《纪要》)、《大清一统志》(下简称《清统志》)记载在今濮阳市东北三十里。今濮阳东有以昌湖为地名者多处，如宗昌湖、粱昌湖、韩昌湖、黄昌湖、娄昌湖、栾昌湖等。据当地群众反映昌湖即商胡，诸昌湖中以栾昌湖为最古老，其他昌湖皆从此分出。疑栾昌湖即古商胡埽所在。庆历八年黄河既于此埽决而北流，埽应在河北岸。

商胡北流经赵村、六塔集以西。考证如下：

商胡北决后，“寖为河北患”，故皇祐四年(1052)就有人主张开六塔河以分水势。至和二年(1055)九月河渠司李仲昌建议开六塔河，使河复横陇故道。“嘉祐元年(1056)四月壬子朔，塞商胡北流入六塔河，不能容，是夕复决。……宦者刘恢奏：‘六塔之役，水死者数千万人，穿土干禁忌；且河口乃赵征村，于国姓、御名有嫌，而大兴臿斸，非便。’”[1]《纪要》卷16濮阳县：“赵征村在(开)州东北即六塔河口。宋至和中，修六塔河，内侍刘恢奏六塔之役，河口乃赵征村。……今其地亦名赵村铺。”今濮阳市北有赵村，清丰县东南三十里有六塔集，宋时皆为北流濒河之地。既于赵征村口开河经六塔集注入横陇故道，则二地当在商胡北流东岸。

又经清丰、南乐之东。考证如下：

1　《宋史》卷91《河渠志一·黄河上》。

明嘉靖《清丰县志》卷1山川载："黄河故道在县东十五里。"《清统志》大名府堤堰："宋堤在南乐县东十八里，古黄河西岸，自清丰县六塔集来，宋时所筑，故名。"《纪要》卷16南乐："宋堤在县东二十里，南接清丰县界。宋至和二年所筑以御大河之泛溢。"按西汉大河流经清丰、南乐之西。今二县之东有宋堤，并谓至和二年所筑，则必为商胡北流所经无疑。光绪《南乐县志》卷1："黄河故道……一在县东宋堤之东，距县十八里。……今年久淤垫，其河形犹在，每逢秋霖，沥水多由此迤北入元城界。"

北流又经大名县东。考证如下：

《续资治通鉴长编》卷165载，庆历八年十二月贾昌朝言："今夏溃于商胡，经北都之东，至于武城遂贯御河，历冀、瀛二州之域，抵乾宁军南，达于海。"同书卷421载，元祐四年(1089)春正月，"贴黄，旧河在大名东，水势丁字，正冲马陵口，折向东，复西直注小张口，两处视大名各止及五六里，每岁涨水，岸至危急，马陵之东，元有开撅直河久已淤废。今来欲复东流，亦乞再开上件直河，以纾大名之患"。据《太平寰宇记》卷54元城县(与大名同城)："马陵在县东南十里。"(《元和郡县志》作一里，"一"当为"十"之刊误)《宋史·河渠志·御河》载，熙宁九年(1076)十二月熊本奏："河北州军赏给茶货，以至应接沿边榷场要用之物，并自黄河运至黎阳出卸，转入御河。……向者，朝廷曾赐米河北，亦于黎阳或马陵道口下卸，倒装转致，费亦不多。"按宋大名府城即今大名县东八里旧城，时御河贯穿大名府城。[1] 宋时北边军用物资由黄河运至马陵道口转入御河，知马陵沿岸之大河距御河不远。今大名旧城东门外十里处有地名上马头，大致即古马陵道口故址。与上引《续资治通鉴长编》《太平寰宇记》所记距大名城的里距，大致相当。其西侧(卫河之东)今有枯河一道，名沙河、黄河故道，几与卫河平行，北入馆陶县境(见河北省地理研究所编《黑龙港地区古河道图》)，疑即商胡北流故道。

又经馆陶之东。考证如下：

《宋史·河渠志·黄河上》："(皇祐)二年(1050)七月辛酉，河复决

1 《宋史》卷95《河渠志五·御河》载，熙宁九年十月文彦博奏："此河穿北京城中，利害易睹。"

大名府馆陶县之郭固。”宋馆陶即今治,郭固无考。按据自大名县境延绵而来的沙河、黄河故道推断,宋商胡北流应经馆陶之东。光绪重刻《康熙馆陶县志》有赵知常《书陶山记后》云:“县自南抵东北有堤旋绕,俗呼曰长城堤,又曰汰黄堤。……南逾元城,北赴临清,其首尾所经,莫得而悉,堤外即黄河旧身,虽皆淤为平地,而隐跃其间,其势大抵于堤相环抱,则是堤之呼为汰黄焉。……堤外沿河之地即里民所谓首沙压者也。询其由,咸称河底荒沙,每年乘春风盛起时滚入民间地内,于康熙五十八九数年间尤甚。自东北薛店以抵西南之张沙镇,中间马固、李菜一带,尤为回风聚沙之地。”今馆陶县之东境,沙河、黄河故道沿线自东北向西南有前马固、李财、张查等地,故道之西有陈公堤(长城堤),当即《馆陶县志》所谓黄河旧身。这条故道应为宋代商胡北流。

商胡北流又经今武城东十余里处。考证如下:

自馆陶进入今临清市境后,商胡北流所经地点,在文献中缺乏记载。据馆陶县境延续而来的枯道来看,经今临清市西,进入武城县境。《宋史·河渠志·御河》载:“神宗熙宁二年(1069)九月,刘彝、程昉言:‘二股河北流今已闭塞,然御河水由冀州下流,尚当疏导,以绝河患。’先是,议者欲于恩州武城县开御河约二十里,入黄河北流故道,下五股河,故命彝、昉相度。”据《宋史·河渠志·黄河上》载,熙宁二年七月堵塞北流,欲使全河东流。此处所谓“黄河北流故道”,即指闭塞前的商胡北流。宋武城县在今县西十里(《清统志》),永济渠(御河)在宋武城县东二里。[1] 五股河在北流之东,故能分泄黄河洪水。今自御河开渠二十里入黄河北流故道,再下五股河,则黄河北流必在御河之东。宋武城县既在御河西二里,则商胡北流应在其东二十二里处。今武城县东十三四里处有沙河故道,自临清市流入,当即商胡北流故道。又,此处黄河北流与武城县东之御河交叉,流入冀州境。这与庆历八年十二月贾昌朝所谓“今夏溃于商胡,经北都之东,至武城遂贯御河,历冀瀛二州之域”的记载,完全吻合。

又经枣强、冀县之东。考证如下:

---

1 《太平寰宇记》卷58《河北道七》。

《宋史·河渠志·黄河上》载："熙宁元年六月河溢恩州乌栏堤。又决冀州枣强埽，北注瀛。"乌栏堤确址无考。《纪要》卷125川渎异同黄河条谓在州东，不知有据否？恩州治清河县，故址在今清河县（葛仙庄）西旧清河。据《宋史·河渠志·御河》载，神宗熙宁二年九月，刘彝等又奏："不若开乌栏堤东北至大小流港，横截黄河，入五股河，复故道，尤便。"可知乌栏堤非黄河堤，而是御河之堤，并在黄河东流（时黄河北流已闭）之西，约今清河和武城之间。黄河北流自清河、武城之东北入枣强县境。枣强故县在今县东十六公里旧县。《宋史》卷320《张存传》载：仁宗时，张存"家居枣强，河决，势逼冀城"。今以自武城县北来的北流度之，应经枣强之东。

又经武邑县东合胡卢河（今滏阳河）。考证如下：

《宋史·河渠志·黄河上》载：治平元年"商胡堙塞，冀州界河浅，房家、武邑二埽由此溃，虑一旦大决，则甚于商胡之患"。此证商胡北流经武邑县境，其由枣强东北流入本县境地势推断，应经武邑之东。《宋史·河渠志·河北诸水》："胡卢河源于西山，始自冀州新河镇入深州武强县，与滹沱河合流，其后变徙，入大河。"《宋史·河渠志·黄河上》又载：熙宁二年七月，"北流稍自闭"。张巩奏："宜塞北流，除恩、冀、深、瀛、永静、乾宁等州军水患。又使御河，胡卢河下流各还故道。"可见商胡北流进入武邑县后，夺胡卢河下注入御河。宋胡卢河即今滏阳河。

又经献县南，东北流至青县合御河（今南运河），经静海县至今天津地区合界河（今海河）入海。考证如下：

《宋史·河渠志·黄河上》载："（熙宁元年）七月又溢瀛州乐寿埽。"乐寿即今献县。原在胡卢河北岸，黄河夺胡卢河后，为黄河北流所经。其下当顺今黑龙港枯河东北流至乾宁军（今青县）合御河，至今天津地区合界河（今海河）入大海。熙宁元年提举河渠王亚等谓："黄、御河带北行入独流东砦，经乾宁军、沧州等八砦边界，直入大海。"[1]独流东砦即今天津市静海区北独流镇。沧州等八砦皆在今天津市海河南岸。商胡

1 《宋史》卷91《河渠志一·黄河上》。

北流始于庆历八年,熙宁二年被堵闭,行水二十一年。

(二)第二次北流始于元丰四年小吴埽决口。《宋史·河渠志·黄河中》载:元丰四年四月,"小吴埽复大决,自澶注入御河,恩州危甚"。

小吴埽在今河南濮阳市西南小吴村,古黄河北岸。考证如下:

《宋史·张问传》载:"大河决,议筑小吴。问言:'曹村、小吴南北相值,而曹村当水冲,赖小吴堤薄,水溢北出,故南堤无患。若筑小吴,则左强而右伤,南岸且决,水并京畿为害,独可于孙、陈两埽间起堤以备之耳。'诏付水官议,久不决,小吴卒溃。"据《纪要》卷16载,曹村埽在濮阳西南。今河南滑、浚、濮阳三地境内地面上残留着自战国至北宋的黄河故道沙带。在濮阳西南、古黄河沙带南侧有地名曹村,疑即宋时曹村埽。熙宁四年八月和十年七月黄河二次在此决口。元丰元年(1078)堵塞决口,遂改曹村埽名为灵平埽。《张问传》谓曹村与小吴南北相值。今曹村东北约二十二里处有小吴村,当即小吴埽故址。《纪要》卷16引志云小吴埽在濮阳东,又谓西去曹村百里,恐不确。今据大比例尺图自小吴村往北有一条故河道沙带,经河道、后河、大堤口等地名,又经内黄县东小黄再往北流,当即小吴北流故道。

小吴北流又经内黄之东、清丰之西。考证如下:

第三次北流始于元符二年河决内黄口。可见此前北流经内黄县境。明嘉靖《内黄县志》卷1:"黄河故道在县东十一(里)西南入境,经带甚远,内黄得名,益因是焉。"《纪要》卷16内黄县繁水条:"又有故河渠,在东十余里,有南北古堤,俗呼其地曰黄滩。志云清丰东境亦有故渠,俗因呼此为西黄河故道。"黄滩即今小黄滩,则此黄河故道当即小吴北流。《宋史·河渠志·黄河中》又云:元祐五年"八月甲辰,提举东流故道李伟言:'大河自五月后日益暴涨,始由北京南沙堤第七铺决口,水出于第三、第四铺并清丰口一并东流。'"内黄、清丰皆即今治,两县相对,小吴北流经内黄之东、清丰之西。

又经南乐梁村、大名未(魏)店之西。考证如下:

小吴北流自清丰、内黄北流，进入南乐、大名县境。《宋史·河渠志·黄河下》载，元祐八年五月“水官卒请进梁村上、下约，束狭河门。既涉涨水，遂壅而溃。南犯德清，西决内黄，东淤梁村，北出阚村，宗城决口，复行魏店，北流因淤遂断，河水四出，坏东郡浮梁。”梁村即今南乐县西北卫河西岸的梁村。此处云“东淤梁村”，绍圣元年（1094）大名安抚使许将亦云“宜因梁村之口以行东”（同上书）。则梁村当在大河东岸。德清军治今清丰县，魏店即今大名县南未（魏）店（清光绪《畿辅通志》舆图作魏店）。小吴北流经大名府城西（见下），则魏店应在大河东岸。阚村方位无考。据元祐八年二月苏辙言：“北京以南黄河西岸有阚村等三河门，遇河水决溢，即开此三门放水西行空地，至北京之北，却合入大河。”[1]则阚村在大河西岸。

又经旧大名、孙村之西。考证如下：

《续资治通鉴长编》卷448载，元祐五年九月苏辙言：“臣观大河北流，北京在其东。”同书卷454载元祐六年春正月苏辙言：“惟北京之南、孙村在其东岸，东接故道，其间数十里地颇污下，每岁夏秋，涨水多自此溢。昔之治河者以为北京宫阙所在，兵民伙烦，而孙村近在南城之外，若使涨水从此流入故道，则一城生聚皆有鱼鳖之忧。”可知孙村在大名城南不远处。《清一统志》以为在开州（今濮阳）东北三十四里，误。今濮阳东北确有孙村，然非宋代大名府城南之孙村。

小吴北流又经馆陶、浅口之西，丘县、威县之东，清河之西。考证如下：

《宋史·河渠志·黄河中》载，元丰四年九月庚子，李立之言：“北京南乐、馆陶、宗城、魏县、浅口、永济、延安镇，瀛州景城镇，在大河两堤之间，乞相度迁于堤外。”按南乐、馆陶皆即今县。宗城治今威县东旧县营（清光绪《畿辅通志·舆图》）。魏县在今大名县西北魏庄，浅口即馆陶县西北浅口镇，永济镇即今馆陶县北馆陶。延安镇属临清（见《元丰九域志》），确址无考，景城即今沧州市西景城。因黄河下游河道有游荡性特点，故宋人筑以宽堤，“治水者辟为两堤，相去数十里许，不尽与河争，

1　《续资治通鉴长编》卷481，元祐八年。

以顺其势”[1]。上述各县镇都在宽堤之间,为小吴北流所经。今据大比例尺图,自大名以北有一条名沙河的枯河道沙带,经馆陶、浅口之西,沿线有樊河道、东河寨、西河寨等地名,向北进入丘县境,名清凉江,沿线有小河套、黄河套、西临河等地名;再北进入威县,有沙河堡、西河口、横河等地名。这条沙河带疑即为小吴北流所经。《清统志》广平府山川大河故渎:“在曲周县东五十里。宋元丰间,大河经流于此。”这条沙河故道距曲周的里距与记载正合。

又北经临清县西、宋代御河西侧。考证如下:

《续资治通鉴长编》卷323载:“元丰五年二月……提举河北堤防司言大河自恩州临清县西倾侧向东入御河,冲刷河身深浚,至恩州城下,水行湍悍,御河堤下阔不能吞伏水势。今相度欲趁河水未涨以前,下手闭塞,并归大河。”按宋临清故址在今临清市西三十五里,御河经城西。小吴北流当在御河西侧。

又北经南宫、冀县之东,枣强之西。考证如下:

《宋史·河渠志·黄河中》载:元祐四年“七月己巳朔,冀州南宫等五埽危急。……都水监言:……则前二年河决南宫下埽,去三年决上埽,今四年决宗城中埽。”《续资治通鉴长编》卷421载:元祐四年春正月,“左谏议大夫梁焘、右正言刘安世等言,访闻大河西溃,今已累年,汗漫散流,无复河道。故去岁冀州南宫未闭,信都又决,继而大名宗城中埽又决。”宋代南宫故址在今县西北旧城。今南宫之东、枣强县治西有溹泸河、沙河故道,向北延伸汇入滏阳河。当为小吴北流所经。

又经武邑县北、交河县南、阜城县北,至南皮县合御河(南运河)。考证如下:

《宋史·河渠志·黄河中》载:“元丰五年九月,河溢沧州南皮上下埽,又溢清池埽,又溢永静军阜城下埽。”南皮即今县,清池为沧州附郭县,故址在今沧州东南旧城。小吴北流与御河会合点应在南皮县境。

1 《宋会要辑稿》卷442—446,方域15—20。

大致从武邑县东北流，经交河、阜城，至南皮县西汇入御河（南运河），然后北流经沧州清池县西。《宋会要辑稿》方域15载：元丰六年“四月三日都水监丞李士良自劾：沧州清池埽旧以御河西岸作黄河新堤，地薄下不能制水，已相度用御河东堤治为黄河大堤。”原黄河在御河之西，故以御河西岸作为黄河新堤，元丰六年时沧州清池以上黄御已合一，故以御河东堤治为黄河大堤。

另一股分流仍走商胡北流至青县合御河（南运河）。考证如下：

《续资治通鉴长编》卷421载，元祐四年正月，“范百禄奏……今河行大岯之西，至于大陆，分注木门，由阎官道会独流口入界河；东归于海”。木门镇在今青县西南三十里，正是商胡北流所经之处。

二股大河同汇入御河后，流至独流口会界河（今海河），至今天津地区入海。考证如下：

《宋史·河渠志·黄河中》载，元祐四年四月范百禄言：“臣等昨按行黄河独流口至界河，又东至海口，熟观河流形势。”

小吴北流始于元丰四年（1081），至绍圣元年（1094）又被堵塞，“全河之水，东还故道”[1]，行水十三年。

（三）第三次北流始于元符二年六月末。《宋史·河渠志·黄河下》载：元符二年“六月末，河决内黄口，东流遂断绝。八月甲戌，诏：‘大河水势十分北流，其以河事付转运司，责州县共力救护堤岸。’”这次北流分成二股，主流一股，流经仍走元丰小吴北流。《宋史·河渠志·黄河下》有下列数条记载可以为证：

（1）元符三年（1100）三月，河北都转运使兼专功提举河事张商英复陈五事，其中二条是：“复平恩四埽”“筑御河西堤，而开东堤之积”。平恩即今邱县西南呈孟，元丰小吴北流正经其东。又大河经御河之西，故增筑御河西堤。

---

1 《宋史》卷93《河渠志三·黄河下》。

(2)“崇宁三年(1104)十月,臣僚言:‘昨奉诏措置大河,即由西路历沿边州军,回至武强县,循河堤至深州,又北(按:当作南)下衡水县,乃达于冀。”(四年)“闰二月尚书省言:大河北流,合西山诸水,在深州武强、瀛州乐寿埽,俯瞰雄、霸、莫州及沿边塘泺。”所述大河沿线地名与元丰小吴北流正合。

(3)大观二年(1108)六月都水使者吴玠言:“自元丰间小吴口决,北流入御河,下合西山诸水,至清州独流砦、三叉口入海。虽深得保固形胜之策,而岁月寖久,侵犯塘堤,冲坏道路,啮损城砦。臣奉诏修治堤防,御捍涨溢。”按,既然重新修复元丰小吴北流故道的堤防,元符内黄决口必然仍走此道,否则无法解释重修之必要。

(4)大观二年六月“庚寅,冀州河溢,坏信都、南宫两县”。政和五年(1115)“十月丁巳,中书省言冀州枣强埽决”。政和七年“五月丁巳,臣僚言:‘恩州宁化镇大河之侧,地势低下,正当湾流冲激之处。’”信都、南宫、枣强及宁化镇(在恩州治清河县西南),皆正当元丰北流大河所经。

另有一股分流自馆陶西北北流经丘县西、巨鹿、平乡之东,至今新河县西汇入胡卢河(今滏阳河),至衡水市与东股主流会合。考证如下:

《宋会要辑稿》食货68载:“大观二年八月十九日工部言邢州奏巨鹿下埽大河水注巨鹿县。本县官私房屋,尽被渰没。”《宋史》卷93《河渠志·黄河下》:“大观二年五月丙申,邢州言河决,陷巨鹿县,诏迁县于高地。又以赵州隆平下湿,亦迁之。”宋时巨鹿县即今治。

《宋会要辑稿》方域15载:“政和三年二月六日敕尚书工部奏据都水监状:束鹿上埽今年涨过常,比之已前年分,行流湍猛。委系非次变移河势,自降作第三等向着……乞深州束鹿上埽作第二等向着。”束鹿即今县治。

以上两条材料说明元符北流一股曾西摆经巨鹿、束鹿二县。今邱县西、巨鹿、平乡东,新河之西有老漳河枯河一道,下游汇入滏阳河。据文献记载为唐代漳河故道。考证如下:

《宋史·河渠志·漳河》载:“漳河源于西山,由磁、洺州南入冀州新河镇,与胡卢河合流,其后变徙,入于大河。”宋代新河镇在今新河县西二十五里。这条漳河在元符时即为偏西一股黄河所夺，至新河汇入胡卢河，经束鹿之南、冀县之北，至衡水与东股合流。

建炎二年(1128)东京留守杜充在今河南滑县西南人为决河，河道改徙流向东南，“自泗入淮”[1]，元符北流基本断流，行水二十九年。

从上述横陇北流诸道具体流经地点的考证，可以明显地看出宋代黄河下游河道游荡性活动的特点。东汉至宋初的京东故道流经河北甲原东部，近泰山山脉北麓。横陇决后，河道开始向西摆动，商胡北流至元符北流，三次河道次第而西，最西一股又逼近太行山东麓。这是因为自战国以来黄河下游长期流经和泛滥于冀鲁交界的地区，地面渐高，而南运河以西至太行山东麓地区，“未经淤填，比之他处地形最下，故河水自择其处决而北流，直至瀛、莫之郊，地势北高，河遂东折入海”[2]。如果不是北宋末年杜充人为决河，使河东南入淮，黄河又可能复决而东摆，在河北平原上来回游荡。宋人所谓“东行至泰山之麓，则决而西；西行至西山之麓，则决而东”[3]，正是说出了当时黄河变迁的规律。

1976 年初稿　1979 年改定

(原载《文史》第 12 辑，1982 年)

1　《宋史》卷 25《高宗纪》。

2　(宋) 苏辙：《栾城集》卷 46《论黄河东流札子》。

3　(宋) 苏辙：《栾城集》卷 46《论黄河东流札子》。

元代河患与贾鲁治河

元代在黄河历史上是一个重要的时期。这是从两个方面来理解的：(1) 黄河自南宋初年南决夺淮泗入海以后，河道不断南摆，到金代末年下游河道大致自卫州汲县(今河南卫辉市)东南流夺泗水，经徐、邳入海，最南未逾过濉水一线。元初，黄河下游开始夺涡、颍二水入淮，达到了黄河冲积平原南部最右的极限。[1] 自有文献记载以来，到这个时候，黄河下游河道已在广大冲积平原上自北而南转了一圈。明清时期黄河南决夺涡、颍入淮成为常见的事，淮河中下游水系由此经常受到黄河的严重干扰，黄患始由豫东、鲁西南波及淮北平原。这些都是元代所开的先声。(2) 金代以来，黄河下游长期没有一条固定的河道，往往在决口以后，或夺天然河道，或平地漫流而行，堤防残破，支分繁多，变迁紊乱。元初以来亦类此，这对黄河下游河道的治理，水灾的消弭，都是极为不利的。大德以后，逐渐形成了以东南于徐州入泗的汴道一股为正流。元顺帝至正十一年(1351)贾鲁治河即在汴道基础上加以修浚，形成了一条固定的黄河正流，史称"贾鲁河"。因河道水深岸固，被称为"铜帮铁底"[2]。明代洪武以后又作为黄河下游的一股一直保持到明代嘉靖后期，[3]前后也有二百年之久。其间虽不免时有决口和改道，但当时的河臣们心目中往往视此为理想的黄河下游河道，要恢复这条故道。这是金代以来黄河历史上所罕见的。

鉴于上述二点，我们认为研究元代黄河的变迁，对了解整部黄河的历史，无疑是有一定的重要意义。

一、贾鲁治河前的元代河患分析

探讨一个时期黄河变迁的规律，首先要掌握这一时期河患的基本情况，

1 关于黄河下游在金元之际的变迁，笔者在《中国自然地理・历史自然地理》(中国科学出版社 1982 年)"黄河"一篇中已有详论，在此不再赘述。

2 (明) 潘季驯：《河防一览》卷 8《黄河来流艰阻疏》。

3 《明史》卷 84《河渠志・黄河下》，万历二十七年刘东星上言："河自商、虞而下，由丁家道口抵韩家道口、赵家圈、石将军庙、两河口，出小浮桥，下二洪，乃贾鲁故道也。自元及我朝行之甚利。嘉靖三十七年，北徙浊河，而此河遂淤。潘季驯议复开之，以工费浩繁而止。"

这是不言而喻的道理。但要对元代河患作一个比较确切的统计，却存在着不少的困难。

首先是记载脱漏不全。我们知道，蒙古军大规模入居河北平原是在太祖铁木真八年（1213），入居黄河沿岸地区则在太宗窝阔台四年（1232）。就在这一年二月蒙古军围归德府城（今河南商丘），决河水以灌城，结果河水从城西北而下，至城西南入故濉水道，城反以水为固。[1] 这是黄河历史上第一次夺濉水入淮。隔一年，南宋端平元年（1234）宋将赵葵入汴城（今河南开封市），蒙古军南下决开封城北寸金淀（城北二十余里），以河水灌城，河水夺涡入淮。[2] 这是黄河历史上第一次夺涡入淮。从这以后到至元九年（1272）才有河决新乡的记载。其间近四十年没有任何关于黄河决溢的消息。自至元九年以后，又经十一年，至元二十年河决原武，二十三年有河决十五州县的记载。从前后的河患的事实来分析，这前后共五十余年内不可能不发生决溢。那是因为正值战乱期间，记载散佚，使这一时期黄河的情况就成了一纸空白。其次，历来研究黄河当以正史河渠志为基本资料，但是《元史·河渠志》却是诸正史河渠志中修得最差的一部。《元史》仓促成书，前后分两次修撰，历时共只331天。且出于众人之手，未及统一整理。作者将黄河分成前后二篇，上篇大段抄录地方官吏奏牍，所载多系河道工程；下篇全录欧阳玄《至正河防记》，主要记述贾鲁治河的经过和工程设施。至于元一代黄河前后流经地点，决口后改道路线，均未所见。清人吴邦庆《畿辅水利辑览》评云："元史河渠志只似据公牒移文，别无纲领，不足论。即如黄河，一见于十七卷上，中间以济州河、滏河……十七卷下又标黄河为目录，欧阳原功至正河防记将及一卷。此其首尾衡决，遑论史裁。吾不意宋金华载笔，而有此著作也！"（见《畿辅河道水利丛书》）胡渭也说元代"河之所经，不可得详"[3]。因而欲知详情，必须从本纪、五行志中钩稽有关资料，不免显得琐碎，难成系统。探索其中变迁规律，则更非易事。再次，有关河决的记载，一般都过于简略。如《元史·世祖纪》载，至元二十三年（1286）"冬十月，河决开封、祥符、陈留、杞、太康、通许、鄢陵、扶沟、洧川、尉氏、阳武、延津、中牟、原武、睢州十五处"。这是说黄河在这十五个州县境内都有决口，至于究竟是同时决口，还是先后决口？黄河分成几股，流经哪些地方？都不得而知。我们只能根据这些仅有的记载加以推测了。又如至元二十五年（1288），"汴梁路阳武

1 《金史》卷116《石盏女鲁欢传》。

2 （清）顾祖禹：《读史方舆纪要》卷47。

3 （清）胡渭：《禹贡锥指》卷13下。

县诸处河决二十二所”[1]。这二十二所(处)究竟全在阳武县境内,还是包括别处,均不清楚。大德二年(1298)六月“河决蒲口,凡九十六所”[2]。《元史·成宗纪二》载,遣尚书那怀、御史刘赓等塞之,“自蒲口首事,凡筑九十六所”。这九十六所的分布地点并未记载下来,因而河道决口后所经流的路线也就无法知晓。由于上述种种,要想对元代河患做一个比较完整统计,在资料条件上存在着难以弥补的缺陷。

但话又得说回来,即使如此,我们要对元代的河患进行分析,不能不勉为其难地制作一份河患表,主要根据《元史》,兼以补充其他资料,附录于后。

从本表中可看出元代黄河下游河道变迁的特点,大致有下列几个方面:

(1) 决溢十分频繁。从至元九年(1272)算起,到至正二十八年(1368),也就是九十余年中,决溢约有六七十次之多,平均每 1.4 年决溢一次。决口的处所有二三百处。当然这仅是个约略的数字。如至元九年至二十三年(1272—1286)间,只有二十年河决原武一次,河道却从新乡决口而转为东南由汴、涡、颍诸道入淮。胡渭亦云:“元至元九年,河决新乡县广盈仓岸,时河犹在新乡、阳武间也;不知何年,徙出阳武县南,而新乡之流遂绝。据史,至元二十三年河决,冲突河南郡县凡十五处。二十五年,汴梁路阳武等县河决二十二所,水道一变,盖在此时矣。”[3]可见其间必有决口改道而被史书所阙载的。因而当时实际情况远较资料中所反映的更为严重。

(2) 决溢地点分布,从已有的记载来看,大致可以泰定(1324—1328)年间,分成前后两期。前期决溢地点主要集中汴梁路范围内。汴梁路辖境相当今河南省以开封地区为中心,西至荥阳汜水镇,北至封丘、延津,东至民权、柘城,南至漯河市、项城。决溢的地点经常是封丘、原武、阳武、开封、杞、太康、通许、睢州(今睢县)、睢阳(今商丘)等,即汴、涡、颍三股分流上。后期则集中在北决的几股支流上,以曹州境内为最多。

(3) 长期多股分流,以汴道为正流。至元二十三年黄河决口的地点有开封、祥符、陈留、杞、太康、通许、鄢陵、扶沟、洧川、尉氏、阳武、延津、中牟、原武、睢州十五处。从这十五处地点,推测当时黄河在原武、阳武境内分成三股:一股经开封、通许、太康,下游夺涡水入淮,一股经中牟、尉氏、洧川、鄢陵、扶沟,下游夺颍水入淮,一股即由原武、阳武、开封、陈留、杞县、睢州,东

1 《元史》卷 65《河渠志二·黄河》。

2 《元史》卷 50《五行志一》。

3 (清) 胡渭:《禹贡锥指》卷 13 下。

流注入泗水，大致即金末以来的汴道。因其流向与古汴水大致相同，故有是称。

自此以后，黄河在三条分流上连年都有决口，至元二十四年（1287）、二十五年（1288）、二十七年（1290），元贞二年（1296），大德元年（1297）、二年（1298）、八年（1304）、九年（1305），河水在阳武、开封、祥符、封丘、睢阳、杞县、通许、太康、襄邑、宁陵等处决口，漂没稼禾，淹没民屋，而大多向南决口，入涡入颍二道沿岸的陈（今河南淮阳）、颍（今安徽阜阳）二州受灾尤为严重。

走汴道的一支黄河，元初以来沿岸堤防已残破不堪。如自陈留至睢州（今睢县）百余里间，南岸旧有决口十一处之多；大德元年（1297）、二年连年在杞县西北四十里的蒲口决口，口门千有余步，洪水东流二百余里，于归德（今商丘）附近复归故道。元初，杞县城曾一度被河水冲毁，于城北二里别筑新城，旋又修复旧城，河水在城西北即分成三支，正流经新城之北行睢河故道，南支走老城之南，经太康注入涡河，俗称“三汊口”；不久南北二汊被塞，“三河之水，合而为一”，下流不畅，又上溢为灾。[1]

至元以后在多股河道中，逐渐形成了以汴道为正流。例如大德元年蒲口决口后，尚文建议不塞决口，决流当东流至归德横堤之下，“复合正流”。次年蒲口复决，“是后水北入复河故道，竟如文言”[2]。又如大德八年正月辛巳，“自荥泽至睢州，筑河防十有八所”[3]。元末贾鲁治河以后，“河乃复故道，南汇于徐，又东入于海”[4]。由此可见，元时均以荥泽、睢州、归德至徐州汇泗入淮的汴道为黄河的正流。但这条河道据大德年间尚文巡视后反映，河堤残破，“南岸旧河口十一，已塞者二，自涸者六，通川者三；岸高于水，计六七尺或四五尺……或高下等，大概南高于北，约八九尺，堤安得不坏，水安得不北也”[5]。那时济州河、会通河已开。为了防止黄河北冲毁运，元朝政府宁愿南决，不使北决，在北岸“远筑长垣，以御泛滥”。南岸决口则听便不塞，以分疏为治河方针。如大德九年黄河决徙，逼近汴梁城，遂开董盆口，分入巴河，减泄洪水。皇庆年间开封小黄口决口，任其分流而不塞。可是南岸的天然河流，河身窄狭，“不足吞伏”，致使“连年为害”。[6]

元代至大（1308—1311）以后，河势渐北。至大三年（1310）十一月，河北

1 《元史》卷65《河渠志二·黄河》;《元史》卷59《地理志》。

2 《元史》卷170《尚文传》。

3 《元史》卷21《成宗纪四》。

4 《元史》卷66《河渠志三·黄河》。

5 《元史》卷170《尚文传》。

6 《元史》卷170《尚文传》。

河南廉访司言:"近岁亳、颍之民,幸河北徙,有司不能远虑,失于规划,使陂泺悉为陆地。东至杞县三汊口,播河为三,分杀其势,盖亦有年。……即今水势趋下,有复巨野、梁山之意。盖河性迁徙无常,苟不为远计预防,不出数年,曹、濮、济、郓蒙害必矣。"[1]亳即今安徽亳州市,为涡水所经,颍指颍州,今安徽阜阳,为颍水所经。上述记载说明至大以来,故河主要走经过杞县的汴道,并有向北决巨野泽、梁山泊的趋势。果不出所料,到了泰定年间(1324—1328),终于在汴道以北又出现了至少一条可能还不止一条新道,以致濮阳、汲县、长垣、东明、济阴(今菏泽)、成武、定陶,先后都成了黄河决口地点或修筑河堤地点,这条很可能就是金大定明昌间黄河正流故道。但这条故道不经过濮阳,所以可能是除了恢复这条金代故道外,又从汲县分出一股东北流向白马(滑)、濮阳(今濮阳西南),大致是北宋的故道了。

从前至元至后至元的半个多世纪的记载来看,虽然初期有时正流走颍、涡,后期又出现汴北的新道。不过经常的情况则始终以汴道为正流。至大年间有人预言黄河有北决"复巨野、梁山之意"。泰定以后,才突破常态,正式出现了"复巨野、梁山"的局面。至顺元年曹州成武、定陶县境分筑魏家道口河堤,就是为了防御河水的北决。[2] 至正三年(1343)五月,河决曹州白茅口(今曹县西北白茅集);四年正月,河水又决曹州(见附录);五月连续大雨二十余天,河水暴涨,水平地深二丈许,北决白茅堤;六月又决金堤,北岸虞城、砀山、丰、沛和运河以西今鲁西南所有州县直至会通河东岸的任城(今济宁)、汶上等处,皆遭水患。水势还北侵安山(今山东梁山东北)一带,沿会通河和北清河道,泛滥于北清河沿岸济南、河间所属州县,造成了极为严重的灾害。[3] 最后甚至将济阴县(今山东菏泽)、济宁路治(今巨野)两处城邑都漂没殆尽。[4] 至正九年(1349)元朝政府才决意兴工治理,于是有贾鲁治河之举。

二、贾鲁治河和贾鲁河

上文提及,至正四年河决白茅堤,接着又溃金堤,并河郡邑,均遭漂没,民居昏垫,壮者流离。元顺帝召集群臣讨论治河方略,特命贾鲁行都水监。鲁亲自循行河道,考察地形,往返数千里,并绘制沿河地图,又上治河二策:

1 《元史》卷65《河渠志二·黄河》。
2 《元史》卷65《河渠志二·黄河》。
3 《元史》卷65《河渠志二·黄河》。
4 《元史》卷50《五行志一》。

一是修筑北堤，以制横溃；二是疏塞并举，挽河东行，使之恢复故道。不久迁右司郎中，事未竟行，而河患仍不息。至正九年脱脱任丞相，又集召群臣议论治河，众以为非由贾鲁出来主持其事不可。十一年（1351）四月命贾鲁以工部尚书总治河防使，调集了十七万军民，开始治河。"是月（四月）二十二日鸠工，七月疏凿成，八月决水故河，九月舟楫通行，十一月水土工毕，诸埽诸堤成。河乃复故道，南汇于淮，又东入于海。"[1]

贾鲁能在短短的七个月中，结束了至正三年以来近九年的河患，主要是他亲自踏勘了黄河下游河道，掌握了第一手资料，并且总结了前人治河的经验教训，设计了下游河道的综合治理方针，有计划有步骤地进行施工。他的"疏塞并举"，准确地说是"疏、浚、塞"三者并举。疏就是疏导积水，"酾河之流，因而导之，谓之疏"；浚就是浚深河床，"去河之淤，因而深之，谓之浚"；塞就是堵塞决口，"抑河之暴，因而扼之，谓之塞"。疏浚的对象有四：一是生地，就是避开原来弯曲的故道，为截弯取直而开的平地，"生地有直有纡，因直而凿之，可就故道"。二是故道，"故道有高有卑，高者平之以趋卑，高卑相就，则高不壅，卑不潴，虑夫壅生溃，潴生堙也"。三是河身，"河身者，水虽通行，身有广狭，狭难受水，水[益]悍，故狭者以计辟之；广难为岸，岸善崩，故广者以计御之"。四是减水河，"水放旷则以制其狂，水隳突则以杀其怒"。堵塞决口也有不同情况，决口分缺口、豁口和龙口三种。缺口指河水旁决而已成川流的；豁口指堤防残缺处，水涨时则河水溢出于口，水退时口不出水；龙口指决口后新道和故道分汊处。[2]

贾鲁的治河工程中疏浚的河道共 280 里 150 步（360 步等于一里）而强，其中 182 里是黄河正流河道。工程自白茅决口开始，从黄陵冈至南白茅辟生地十里，从南白茅至刘庄村十里接入故道，应该也是生地；从刘庄至专固 102 里 280 步是故道；从专固至黄固又垦生地八里，从黄固至哈只口长 51 里 80 步为故道；另外，从凹里开减水河 98 里 54 步，经张赞店至杨青村接入故道，起分泄洪水、减杀水势的作用。这是工程的第一部分。

工程的第二部分是修复堤防，主要修筑北岸堤防，从白茅河口至砀山县 244 里 145 步；又在归德府哈只口至徐州三百余里的河道上修筑堤防缺口 107 处，共 3 里 256 步；再加上缕水月堤 6 里 30 步，合计 254 里 71 步。元代开济州河、会通河后最怕黄河北决，所以先筑北堤，为挽河故道后的安全准备了条件。

---

1 《元史》卷 66《河渠志三・黄河》；《元史》卷 187《贾鲁传》。

2 《元史》卷 66《河渠志三・黄河》。

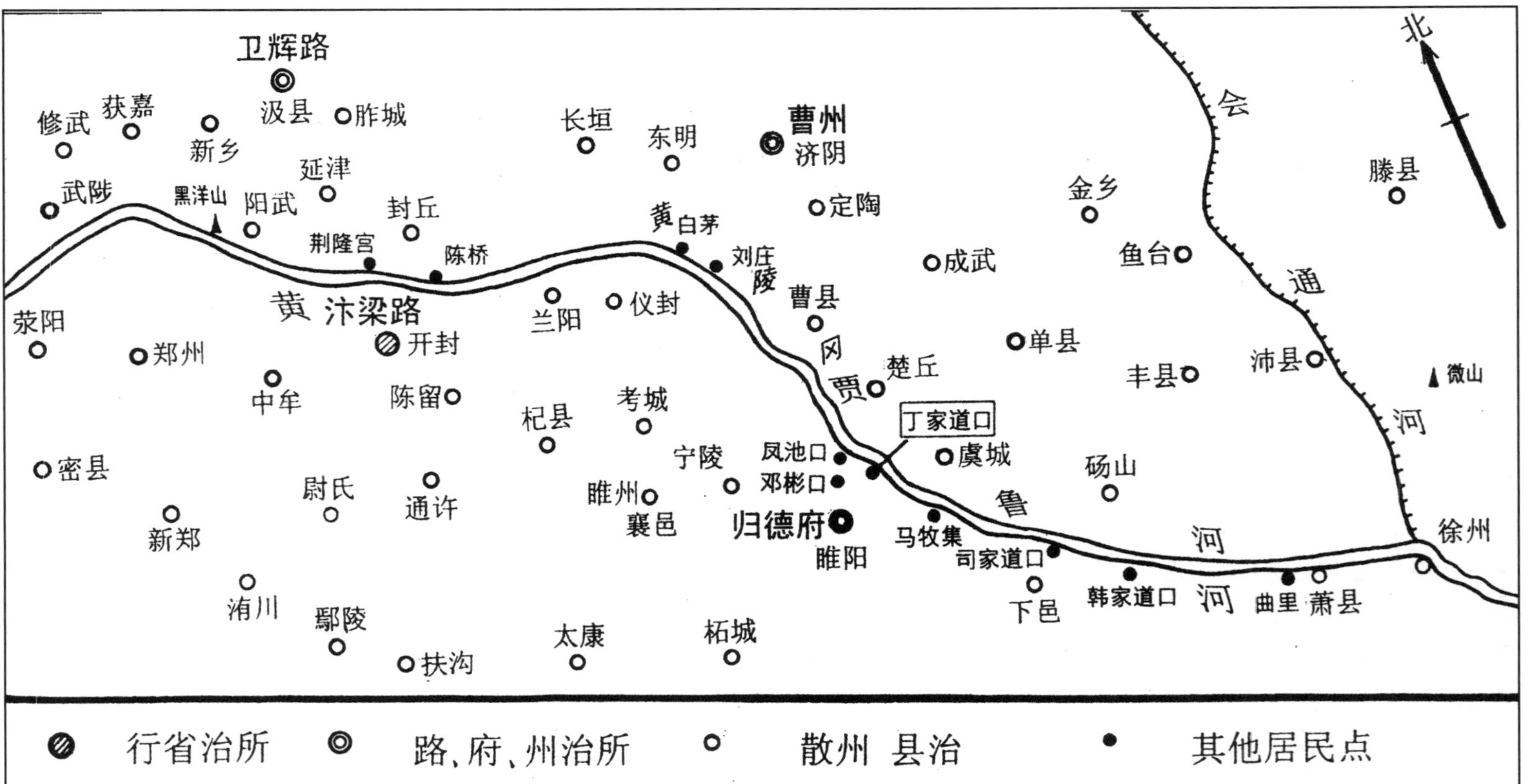
卫辉路
修武
获嘉
新乡
汲县
胙城
延津
武陟
黑洋山
阳武
封丘
荆隆宫
陈桥
长垣
东明
曹州
济阴
定陶
黄
白茅
刘庄
陵
曹县
成武
金乡
鱼台
会
通
河
滕县
北
荥阳
黄
汴梁路
开封
兰阳
仪封
郑州
中牟
陈留
杞县
考城
风
楚丘
贾
单县
丰县
沛县
微山
丁家道口
凤池口
邓彬口
虞城
砀山
宁陵
睢州
襄邑
归德府
睢阳
马牧集
鲁
河
司家道口
下邑
韩家道口
河
曲里
萧县
徐州
密县
尉氏
通许
新郑
洧川
鄢陵
扶沟
太康
柘城
行省治所
路、府、州治所
散州 县治
其他居民点

元末贾鲁河流经示意图

工程的第三部分在口门作截河三坝，以期挑溜归故，减少口门的压力。

最后是下埽堵塞决口。原来设计的截河三坝太短，“约水尚少，力未足恃”。时当八月二十九日秋汛，决流“水多故河十之八”，“决河势大，南北广四百余步，中流深三丈余”，新旧“两河争流，近故河口，水刷岸北行，洄漩湍激，难以下埽”。如果下埽过迟，洪水涌入决河，故道再淤，前功尽弃。于是迅速采取紧急措施，于九月七日在口门逆流上排列满贮小石的27艘大船，同时凿沉，进行合龙，终于在大汛期间将口门堵住，“决河绝流，故道复通”。[1]在这次堵口的紧要关头，贾鲁表现得十分机智沉着，英勇果敢，在洪峰时期采用27只大船同时凿沉的办法，抢险堵塞这样大的决口，成为治黄史上一个创举。

贾鲁施工以后黄河下游河道的流经路线，前人已有记述，尤以岑仲勉先生《黄河变迁史》为详。唯所据资料未足详尽，今作补充如下。

河道经原武（今原阳西南原武）黑洋山、阳武（今原阳）、封丘荆隆口、中滦镇，至开封陈桥镇。

按：这一段河道贾鲁并未施工。在至元三四年河决白茅以前，元统元年（1333）、至元元年（1335）河决阳武、封丘。明洪武元年（1368）河决曹州双河口，八年（1375）河复故道。十四、十五年均决于荥泽、原武、阳武、中牟、祥符，十七年决开封东月堤，自陈桥至陈留横流数十里。至二十四年河决原武黑洋山，折南夺颍水入淮，河势才一大变。[2] 可见贾鲁治河前后白茅以上河道经荥泽、原武黑洋山、阳武、中牟、开封等县。明永乐八年（1410）侍郎张信言：“祥符鱼王口至中滦下二十余里，有旧黄河岸，与今河面平。浚而通之，使循故道，则水势可杀。”九年七月河复故道，“自封丘金龙口（即荆隆口），下鱼台塌场口，会汶水，经徐吕二洪，南入于淮”[3]。上面两次提到的故道，在封丘、祥符（今开封）以上所指的就是元末贾鲁治河以前的故道。封丘、祥符以下所指的是洪武元年河决曹州双河口，由鱼台塌场口入泗的那一条岔流。另外，元代漕运自江涉淮，由黄河逆水至中滦镇上岸。这些都说明贾鲁治河前元代黄河经封丘荆隆口、中滦镇之南。

经仪封黄陵冈南。

按：贾鲁治河施工即从这里开始。据《明史·河渠志·黄河上》记载：“宣德六年（1431）浚祥符抵仪封黄陵冈淤道四百五十里”，弘治六年（1493）

1 《元史》卷66《河渠志三·黄河》。
2 《明史》卷83《河渠志一·黄河上》。
3 《明史》卷83《河渠志一·黄河上》。

刘大夏主持治河，"乃浚仪封黄陵冈南贾鲁旧河四十余里，由曹出徐，以杀水势"。《行水金鉴》卷56引《小谷口蕞荟》：仪封（今兰考东南）"东北有黄陵冈""贾鲁河在黄陵冈南二里"。《读史方舆纪要》《清统志》俱云黄陵冈在河南仪封东北50里、山东曹县西南60里。光绪《曹县志》卷1山川载，贾鲁河绕县西40里许。据此，黄陵冈当指今兰考东北、曹县西鲁豫交界的一片冈地，大致即今太行堤水库北岸，而贾鲁河在其南二里，河道当已为水库淹没。以下经曹县白茅集、刘庄村、专固、黄固，归德府哈只口以上均为贾鲁所治河道所经地名，见《元史·河渠志·黄河》和《至正河防记》。白茅集即今曹县西北白茅，刘庄村即今白茅东南刘庄。刘庄至专固102里280步。光绪《曹县志》卷1山川载，专固在曹县南40里，黄固在县南30里。哈只口据《古今图书集成·职方典》归德府山川载在邓斌口东，邓斌口即今河南商丘县西北35里邓彬口。

以下又经曹县新集、商丘丁家道口、虞城马牧集、夏邑韩家道口、司家道口，经萧县赵家圈、石将军庙、两河口，出徐州小浮桥入运。

《明史·河渠志·黄河上》："嘉靖三十七年（1558）七月，曹县新集淤。新集地接梁靖口，历夏邑、丁家道口、马牧集、韩家道口、司家道口至萧县蓟门出小浮桥，此贾鲁河故道也。"同书《黄河下》：万历二十七年（1599）春刘东星上言："河自商、虞而下，由丁家道口抵韩家道口、赵家圈、石将军庙、两河口，出小浮桥，下二洪，乃贾鲁故道也。"潘季驯《河防一览·河议辨惑》："查得黄河故道，自虞城以下，萧县以上，夏邑以北，砀山以南，由新集历丁家道口、马牧集、韩家道口、司家道口、牛黄堌、赵家圈，至萧县蓟门，出小浮桥，此贾鲁所复故道，诚永赖之业也。"

按：新集南去商丘30里，丁家道口在商丘县北30里，接虞城县界（《清统志》归德府堤堰），即今道口镇。马牧集即今虞城县治。司家道口、韩家道口均属夏邑，今图尚存。赵家圈在萧县西60里。[1] 石将军庙无考。蓟门即冀门渡，在萧县西北13里。[2] 小浮桥在徐州城东北，大河经其下合于运河。[3]

根据上述记载，贾鲁所治河道流经的大致路线可在今天地图上复原，这条河道因为贾鲁所浚治，故明清二代都称之为贾鲁河。以治河者来命名黄河下游河道，在黄河史上仅此一例。

贾鲁所施工的河道，河身的深广都有一定的规格。在生地上为截弯取

1 （清）顾祖禹：《读史方舆纪要》卷29。

2 （清）顾祖禹：《读史方舆纪要》卷126。

3 （清）顾祖禹：《读史方舆纪要》卷29。

直开挖的引河，便于河水顺道刷成正流，所以都比较深广。如从黄陵冈至南白茅辟生地 10 里，口门开始广 180 步（一步等于营造尺五尺），约 300 米，深二丈二尺，约 7 米。以下平均宽 100 步（166 米），深二丈（6 米）。南白茅至刘庄村 10 里，平均广 80 步（133 米），深九尺（3 米）。专固至黄固生地 8 里，底宽 90 步，面宽 100 步（150—166 米），深一丈五尺（5 米）。疏浚的旧道自刘庄村至专固 120 里，平均宽度 60 步（100 米），深五尺（1.6 米），黄固至归德哈只口长 51 里，深宽同，凹里减水河中的两段生地，共 16 里 100 步，河面宽 60 步（100 米），底宽 40 步（66 米），深一丈四尺（4.7 米）。疏浚的旧河长 82 里 54 步，宽度在 20—26 步（33—43 米），深度为五尺（1.6 米）。

在堤工坝埽的工程方面在前人基础上有所创造。如堤工分刺水堤、截河堤、护岸堤、缕水堤、石船堤等，坝工分岸埽、水埽、龙尾埽、拦头埽、马头埽等。还专门征集了生活在传统水利事业发达的银川平原上的西夏人和近畿的汉人作为施工的水工，可见其用意之深。在测岸地形、水位的高下都有较新的技术。这些在《至正河防纪》《河防通议》等书中均有记载，因非本文所要讨论的范围，故均略而不述了。

总结上述，可知贾鲁所治河道仅限于仪封、曹县之间黄陵冈、白茅堤以下至徐州的河段上。开封以上向北的那股岔流并未堵塞，亦未加治理。至正以后这一股岔流溜势甚旺。从这次治河工程告成到元亡以前十多年时间内，所有见于黄河下游的决溢，都集中在这股道上，并逐步往下游扩展。至正十四年（1354）溢金乡、鱼台。[1] 十六年河决，山东大水。[2] 十九年决任城。[3] 二十二年决范县。[4] 二十三年决寿张。[5] 二十五年决须城（今东平）、东阿、平阴。二十六年甚至发展到正流“北徙，上自东明、曹、濮，下及济宁，皆被其害”[6]的局面，还没有来得及治理，元朝就在农民起义的烽火中覆灭了。

三、贾鲁治河的历史地位

据史书记载，贾鲁治河后仅隔二年，至正十四年黄河又开始发生决溢，直至二十八年元亡。在这十几年内，几乎隔年就发生决溢（见附录）。那么

1 《元史》卷 198《史彦斌传》。

2 《元史》卷 44《顺帝纪七》。

3 《元史》卷 50《五行志一》。

4 《元史》卷 46《顺帝纪九》。

5 《元史》卷 51《五行志二》。

6 《元史》卷 51《五行志二》。

贾鲁的治河方针和他疏浚的贾鲁河，在黄河历史上应该赋予什么样的地位呢？

我们认为贾鲁治河在黄河历史上有着十分重要的地位，对后世的治河有着很大影响。

第一，贾鲁所浚的贾鲁河在明代前期为黄河的正流，有时为黄河下游一股重要的分流。明洪武元年(1368)河决曹州双河口，这是在北道一股上的决口。八年塞决，河复故道，仍走贾鲁河。二十四年河决原武黑羊山，东南夺颍入淮，“贾鲁河故道遂淤”。这是明初河势一大变化。景泰二年(1451)河南巡抚都御史王暹言：“洪武二十四年改流，从汴梁北五里许，由凤阳入淮者为大黄河。其支流出徐州以南者为小黄河，以通漕运。自正统十三年以来，河复故道，从黑洋山后径趋沙湾入海，但存小黄河从徐州出。岸高水低，随浚随塞，以是徐州之南不得饱水。”[1]所谓小黄河即指贾鲁河。其后虽渐趋淤浅，在弘治年间刘大夏治河时，贾鲁河仍然是黄河下游的一股。直至嘉靖三十七年(1558)黄河在曹县新集淤塞，决而趋东北段家口，分成大溜沟、小溜沟、秦沟、浊河、胭脂沟、飞云桥六股，俱冲入运河。从新集至徐州小浮桥的贾鲁故道250里遂淤不可复。[2] 万历年间督漕佥都御史杨一魁建议“复黄河故道，请自归德以下丁家道口浚至石将军庙，今河仍自小浮桥出”[3]。潘季驯也主张恢复贾鲁河，说“新集故道，故老言‘钢帮铁底’，当开，但岁俭费繁，未能遽行”[4]。他还亲自下去调查了贾鲁故道的状况，看到河道“中间淤平者四分之一，地势高亢，南趋便利，用锥钻探河底，俱系浮沙，见水即可冲刷”[5]。贾鲁河从修浚到完全淤废，前后也有近二百年历史。

第二，贾鲁治河方针是疏浚塞并举，从他的实践来看是先疏浚而后堵塞决口。这一点是十分重要的。根据以往的经验，河道决口往往是由于口门以下河身淤积严重，流水不畅，洪水来时因宣泄不及，即在上游堤防薄弱处溃堤决口。因而不先疏浚故道，使之水流畅通，即使堵住口门，使河复故道，在下次洪峰到来时，仍然会造成决口。北宋庆历八年(1048)河决商胡形成北流以后，几次曾堵塞决口，挽河东流，均因为事先没有对东流故道进行全面的疏浚，不久复决而北流，就是很典型的例子。所以贾鲁在堵口前先疏浚

1 《明史》卷83《河渠志一·黄河上》。

2 《明史》卷83《河渠志一·黄河上》。

3 《明史》卷84《河渠志二·黄河下》。

4 《明史》卷84《河渠志二·黄河下》。

5 (明)潘季驯：《河防一览》卷8《黄河来流艰阻疏》。

故道、开挖减水河，保证了堵口后，河复故道的水流畅通。这是贾鲁治河之所以能成功的重要保证。

第三，他治理黄河着力于恢复故道，也就是金代以来长期形成的汴道。这在当时历史条件下，是既符合自然地理的规律，因为黄河东南由淮入海，汴道是最近直的一道；又符合当时社会经济的需要，因为东南由淮入海可借作漕运航道。元初江淮漕船即由黄河上溯至中滦镇上岸的。以后开了济州、会通二河，黄河更不宜离开东南入淮的汴道了。明代潘季驯治河也就是遵循了这一原则。他反对宋代欧阳修所提出的“河流已弃之道，自古难复”[1]的论调，认为“贾鲁治河亦以复故为主”[2]。事实上万历年间在潘季驯任总河任内固定下来直至清咸丰五年(1855)才改道的黄河，就是今天地图上的淤黄河，与贾鲁河的流向基本相同。由此也可见贾鲁治河影响之深远了。

至于贾鲁治河在平息河患上效果并不显著，这原因是十分复杂的。这里关系到上游的水土流失状况，下游河道的维护和整治，洪水的大小，以及治河官吏的能力等。元代吏治是十分黑暗的，极端的腐败和无能。“水监之官，既非精选，知河之利害者，百无一二。虽每年累驿而至，名为巡河，徒应故事，问地形之高下，则懵不知，访水势之利病，则非所习。既无实才，又不经练。乃或妄兴事端，劳民动众，阻逆水性，翻为后患。”[3]贾鲁算得上其中佼佼者，仍无力回天。譬如明代潘季驯也算得上一位治黄专家，但万历以后河患未见减轻。这也是封建社会黑暗统治下从事水利建设事业的悲剧。清代康熙年间治河成效比较显著，这与当时政治比较清明，玄烨个人比较重视治河工程不无关系。乾隆、嘉庆以后河患又进入不可收拾的境地，所以对封建社会的建设事业，不能以成败论功过。

岑仲勉先生认为“贾鲁治河之短处，就在只知浚塞，不知分泄，所以仅仅支持了数年之后，河患仍像前时一样”，又说“他不特塞北河，而且把分流入涡、颍的口都堵住……不替黄河暴涨留些宣路径，这是他最失策之处”[4]。事实并非这样，贾鲁治河时就考虑到减泄洪水，所以开挖了凹里减水河 98 里，再说黄陵冈以上并未施工，元代后期北岸决出的一股分流并未堵塞。所以岑仲勉先生的批评，只是隔靴搔痒，并未击中要害。

---

1 《宋史》卷 91《河渠志一·黄河上》。

2 (明) 潘季驯:《河防一览》卷 2《河议辨惑》。

3 《元史》卷 65《河渠志二·黄河》。

4 岑仲勉:《黄河变迁史》,人民出版社 1957 年,第 453—454 页。

附录

1232	金正大九年	正大九年二月，（石盏女鲁欢）以行枢密院事守归德。乙丑，大元将忒木解率真定、信安、大名、东平、益都诸军来攻。……大兵昼夜攻城，驻营于南城外，其地势稍高。……方大兵围城，议决凤池大桥水以护城，都水官言，去岁河决敖游堌时，曾以水平量之，其地与城中龙兴塔平，果决此口则无城矣。及大兵至，不得已遣招抚陈贵往决之，才出门为游骑所钞，无一返者。三月壬午朔，攻城不能下，大军中有献决河之策者，主将从之。河既决，水从西北而下，至城西南，入故濉水道，城反以水为固。求献策者欲杀之，而不知所在。（《金史》卷116《石盏女鲁欢传》） 按：《大清一统志》归德府堤堰："凤池口在商丘县西北二十二里。"此为黄河夺濉之始。
1234	南宋端平元年	端平元年，赵葵入汴，蒙古引军南下，决黄河寸金淀水灌之，官军多溺死者，遂引还。寸金淀旧在城北二十余里。盖河堤之别名也。（《读史方舆纪要》卷47开封府祥符县） 按：据《元史》卷147《张柔传》载，蒙古灭金之初，大河已自汴决为三，"杞居其中潬"。苏天爵《国朝名臣事略》卷6《万户张忠武王》所载更详："大河自汴已失堤障，南放分流为三，杞为中潬，南接涡涣，东连淮海，浩瀚无际。宋人恃舟楫之利，驻亳泗，犯汴洛，以窥河南。……公总诸军镇杞。公乃相地形，以杀水势，筑为连城，分戍战士，结浮梁以通往来。……久之移镇亳社，亳去杞又五百里，四面皆黄流，非舟楫莫能至。"这次大河自汴南决的具体日期未详。按金哀宗自汴京撤走是天兴元年（1232）末，蒙古军陷开封后，掳掠而去。宋将赵葵乘机入汴。按时间推断，则大河自汴堤南决，约即端平元年一次。南决夺涡经亳入淮。此为黄河夺涡之始。 据以后至元年间黄河决口地点可知元初已有一股走涡入淮。
1272	元至元九年	七月，卫辉路新乡县广盈仓南河北岸决五十余步。 八月，又崩一百八十三步，其势未已，去仓止三十步。于是委都水监丞马良弼与本路官同诣相视，差丁夫并力修完之。（《元史》卷65《河渠志二·黄河》）
1283	至元二十年	秋，雨潦，河决原武，泛杞，灌太康。自京北东漭为巨浸，广员千里，冒垣败屋，人畜流死。公括商人渔子船百十艘，又编木为筏，具糗精，载吏离散四出，往取避水升丘巢树者，所全活以口计，无虑百千。水又啮京城，入善利门，波流市中，昼夜董役，土薪木石，尽力以兴，水斗不少杀，乃崩城堰之。城害既弭，复大发数县民增外堤防，分直为三，直役一月，逃罚作倍。起阳武黑石，东尽陈留张弩河，绵亘三十里，如期三月，堤防悉完。（姚燧：《南京路总督张公（庭珍）墓志铭》，见《牧庵集》卷28）

续 表

1286	至元二十三年	冬十月……河决开封、祥符、陈留、杞、太康、通许、鄢陵、扶沟、洧川、尉氏、阳武、延津、中牟、原武、睢州十五处，调南京民夫二十万四千三百二十三人，分筑堤防。(《元史》卷14《世祖纪十一》)
1287	至元二十四年	三月……汴梁河水泛溢，役夫七千修完故堤。(《元史》卷14《世祖纪十一》)
1288	至元二十五年	五月己丑，汴梁大霖雨，河决襄邑，漂麦禾。 癸丑，河决汴梁，太康、通许、杞三县，陈、颍二州皆被害。 六月，壬申，睢阳霖雨，河溢害稼，免其租千六十石有奇。乙亥，以考城、陈留、通许、杞、太康五县大水及河溢没民田，蠲其租万五千三百石。(以上均见《元史》卷15《世祖纪十二》) 汴梁路阳武县诸处，河决二十二所，漂荡麦禾房舍，委宣慰司督本路差夫修治。(《元史》卷65《河渠志二·黄河》)
1290	至元二十七年	六月壬申朔，河溢太康，没民田三十一万九千八百余亩。 十一月癸亥，河决祥符义塘湾，太康、通许，陈、颍二州大被其患。(均见《元史》卷16《世祖纪十三》)
1296	元贞二年	九月，河决河南杞、封丘、祥符、宁陵、襄邑五县。 十月，河决开封。(《元史》卷50《五行志一》)
1297	大德元年	三月，归德徐州，邳州宿迁、睢宁、鹿邑三县，河南许州临颍、郾城等县，睢州襄邑、太康、扶沟、陈留、开封、杞等县，河水大溢，漂没田庐。五月，河决汴梁，发民夫三万五千塞之。(均见《元史》卷50《五行志一》) 秋七月，……河决杞县蒲口。(《元史》卷19《成宗纪二》) 按：据《读史方舆纪要》卷47开封府杞县："县北四十里有蒲口，旧时汴水分流处也。元大德初，河决于此。"《元史》卷170《尚文传》："大德元年，河决蒲口，台檄令文按视防河之策。文建言：……今陈留抵睢，东西百有余里，南岸旧河口十一，已塞者二，自涸者六，通川者三，岸高于水，计六七尺，或四五尺；北岸故堤，其水比田高三四尺，或高下等，大概南高于北，约八九尺，堤安得不坏，水安得不北也！蒲口今决千有余步，迅速东行，得河旧渎，行二百里，至归德横堤之下，复合正流。或强湮遏，上决下溃，功不可成。揆今之计，河北郡县，顺水之性，远筑长垣，以御泛滥，归德、徐、邳，民避冲溃，听从安便。……蒲口不塞便。"
1298	大德二年	六月，河决蒲口，凡九十六所，泛滥汴梁、归德二郡。(《元史》卷50《五行志一》) 秋七月，癸巳，汴梁等处大雨，河决坏堤防，漂没归德数县禾稼、庐舍，免其田租一年。遣尚书那怀、御史刘赓等塞之，自蒲口首事，凡筑九十六所。(《元史》卷19《成宗纪二》) 按：《元史》卷170《尚文传》："明年(二年)蒲口复决。塞河之役，无岁无之。是后水北入复河故道，竟如文言。"
1304	大德八年	五月，汴梁之祥符、太康，卫辉之获嘉，太原之阳武河溢。(《元史》卷21《成宗纪四》) 按：太原路无阳武县，疑"阳武"为"阳曲"之误。

续 表

1305	大德九年	六月，汴梁阳武县思齐口河决。 八月，归德府宁陵、陈留、通许、扶沟、太康、杞县河溢。（以上均见《元史》卷50《五行志一》） 按：《元史》卷65《河渠志二·黄河》："工部照大德九年黄河决徙，逼近汴梁，几至浸没。本处官司权宜开辟董盆口分入巴河，以杀其势。"
1309	至大二年	七月，河决归德府，又决汴梁封丘县。（《元史》卷50《五行志一》）
1312	皇庆元年	五月，归德睢阳县河溢。（《元史》卷50《五行志一》）
1313	皇庆二年	六月，……河决陈、亳、睢三州，开封、陈留等县。（《元史》卷50《五行志一》） 按：《元史》卷65《河渠志二·黄河》延祐元年载："汴梁路睢州诸处决破河口数十，内开封县小黄村计会月限一道，都水分监修筑障水堤堰。"又云"开封县小黄村河测量比旧浅减六尺""各官公议：……黄河善迁徙，惟宜顺下疏泄。今相视上自河阴，下抵归德，经夏水涨，甚于常年，以小黄口分泄之故，并无冲决，此明验也"。同书延祐五年云"杞县小黄村口"，则小黄村当位于开封、杞县交界处。并云：决后"滔滔南流，莫能御遏，陈、颍濒河膏腴之地浸没，百姓流散"。可见决后夺颍入淮。至于小黄村决于何年，史无记载，姑存于此。
1315	延祐二年	六月，河决郑州，坏汜水县治。（《元史》卷50《五行志一》）
1316	延祐三年	四月，颍州太和县河溢。（《元史》卷50《五行志一》） 六月，丁酉，河决汴梁，没民居。（《元史》卷25《仁宗纪二》）
1320	延祐七年	七月汴梁路言："荥泽县六月十一日河决塔海庄东堤十步余，横堤两重，又缺数处。二十三日夜，开封县苏村及七里寺复决二处。"（《元史》卷65《河渠志二》） 是岁，河决汴梁原武，浸灌诸县。（《元史》卷27《英宗纪一》）
1322	至治二年	正月辛巳，仪封县河溢伤稼，赈之。（《元史》卷28《英宗纪二》）
1324	泰定元年	七月戊申，奉元路朝邑县、曹州楚丘县、大名路开州濮阳县河溢。（《元史》卷29《泰定帝纪一》）
1325	泰定二年	五月丙子，汴梁路十五县河溢。 七月，睢州河决。 八月，辛丑，卫辉路汲县河溢。（以上均见《元史》卷29《泰定帝纪一》）
1326	泰定三年	二月，甲辰，归德府属县河决。 七月，庚申，河决郑州、阳武县，漂民万六千五百余家。 十月，癸酉，河水溢，汴梁路乐利堤坏，役丁夫六万四千人筑之。 十二月，亳州河溢，漂民舍八百余家，坏田二千三百顷，免其租。（以上均见《元史》卷30《泰定帝纪二》）

1327	泰定四年	五月，睢州河溢。 六月，汴梁路河决。 八月，汴梁路扶沟、兰阳县河溢。（以上均见《元史》卷30《泰定帝纪二》） 八月，济宁虞城县河溢，伤稼。 十二月，夏邑县河溢。（《元史》卷50《五行志一》） 是岁，汴梁诸属县霖雨，河决。（《元史》卷30《泰定帝纪二》） 赵安世，泰定末知曹州时河决，州将及害，安世乃广乘氏为县，迁民居其中，百姓便之。（《古今图书集成》山川典河部引《山东通志》）
1328	致和元年	三月，河决砀山、虞城二县。（《元史》卷50《五行志一》）
1329	天历二年	开滑诸州河溢，漂民田八百五十顷。（《古今图书集成》山川典河部引《续文献通考》）
1330	至顺元年	六月，河决大名路长垣、东明二县，没民田五百八十余顷。（《元史》卷50《五行志一》） 六月，曹州济阴县河防官本县尹郝承务言：六月五日，魏家道口黄河旧堤将决，不可修筑，以此差募民夫创修护水月堤，东西长三百九步…… 又缘水势瀚漫，复于近北筑月堤，东西长一千余步……其功未竟。至二十一日，水忽泛滥，新旧三堤一时咸决，明日外堤复坏，急率民闭塞，而湍流迅猛，有蛇时出没于中，所下桩土，一扫无遗。……九月三日兴工修筑……二十六日，元与成武、定陶二县分筑魏家道口八百二十步修完。（《元史》卷65《河渠志二·黄河》）
1332	至顺三年	五月，汴梁之睢州、陈州、开封、兰阳、封丘诸县河水溢。（《元史》卷36《文宗纪五》） 十月，丙寅，楚丘县河堤坏，发民丁二千三百五十人修之。（《元史》卷37《宁宗纪》）
1333	至顺四年	五月，汴梁阳武县河溢害稼。 六月，黄河大溢。（《元史》卷51《五行志二》）
1334	元统二年	九月，河决济阴，漂官民庐舍殆尽。（《古今图书集成》山川典河部引《续文献通考》）
1335	至元元年	河决汴梁封丘县。（《元史》卷51《五行志二》）
1336	至元二年	五月丙午朔，黄河复于故道。（《元史》卷39《顺帝纪二》）
1337	至元三年	六月，汴梁兰阳、尉氏二县，归德府皆河水泛滥。（《元史》卷51《五行志二》）
1338	至元四年	河决山东河南徐州等十五州县。
1339	至元五年	河决济阴。
1340	至元六年	河复决。（以上均见《古今图书集成》山川典河部引《淮安府志》）

续 表

1341	至正元年	黄河决,奉诏以珪玉白马致祭河神,竣事,上言:淮安以东河入海处,宜仿宋置撩清夫用辊江龙铁扫撼荡沙泥,随潮入海。朝廷从其言。会用夫屯田,其事中废。(《元史》卷143《泰不华传》)
1342	至正二年	九月,……是月,归德府睢阳县因黄河为患,民饥。(《元史》卷40《顺帝纪三》)
1343	至正三年	五月,黄河决白茅口。(《元史》卷5《五行志二》)
1344	至正四年	春正月,庚寅,河决曹州,雇夫万五千八百修筑之。是月,河又决汴梁。(《元史》卷41《顺帝纪四》) 夏五月,大雨二十余日,黄河暴溢,水平地深二丈许,北决白茅堤。六月又北决金堤。并河郡邑济宁、单州、虞城、砀山、金乡、鱼台、丰、沛、定陶、楚丘、武城(成武),以至曹州、东明、巨野、郓城、嘉祥、汶上、任城等处皆罹水患,民老弱昏垫,壮者流离四方。水势北侵安山,沿入会通、运河,延袤济南、河间,将坏两漕司盐场、妨国计甚重。(《元史》卷66《河渠志三·黄河》)
1345	至正五年	七月,河决济阴,漂官民亭舍殆尽。 十月,黄河泛滥。(《元史》卷51《五行志二》)
1346	至正六年	五月丁酉,以黄河决,立河南山东都水监。(《元史》卷41《顺帝纪四》)是岁,黄河决。(《元史》卷51《五行志二》)
1348	至正八年	正月辛亥,河决,陷济宁路。(《元史》卷51《五行志二》)
1349	至正九年	五月……是月,白茅河东注沛县,遂成巨浸。(《元史》卷42《顺帝纪五》)
1351	至正十一年	四月初四日,下诏中外,命(贾)鲁以工部尚书为总治河防使……是月二十二日鸠工,七月疏凿成,八月决水故河,九月舟楫通行,十一月水土工毕,诸埽堤成。河乃复故道,南汇于淮,又东入于海。(《元史》卷66《河渠志三·黄河》) 七月,河决归德府永城县,坏黄陵冈岸。(《元史》卷51《五行志二》)
1354	至正十四年	河溢金乡、鱼台。(《元史》卷198《史彦斌传》)
1356	至正十六年	八月,……是月,黄河决,山东大水。(《元史》卷44《顺帝纪七》) 河决郑州河阴县,官署民居尽废,遂成中流。(《元史》卷51《五行志二》)
1359	至正十九年	九月,济州任城县河决。(《元史》卷51《五行志二》)
1362	至正二十二年	七月,河决范阳县,漂民居。(《元史》卷46《顺命纪九》) 按:"范阳""阳"字疑衍。

续 表

1363	至正二十三年	七月，河决东平寿张县，圮城墙，漂屋庐，人溺死甚众。（《元史》卷51《五行志二》）
1365	至正二十五年	秋，东平须城、东阿、平阴三县河决小流口，达于清河，坏民居，伤禾稼。（《元史》卷51《五行志二》）
1366	至正二十六年	二月，河北徙，上自东明、曹、濮，下及济宁，皆被其害。 八月……济宁路肥城县西黄水泛溢，漂没田禾民居百有余里，德州齐河县境七十余里亦如之。（以上均见《元史》卷51《五行志二》）

（原载《纪念顾颉刚学术论文集》，巴蜀书社1990年版）

明代治理黄运思想的变迁及其背景

——读明代三部治河书体会

一、明代河患的一般情况

明代是黄河多患时期,大小河患连绵不断。据黄委会所编《黄河水利史述要》统计,从洪武至宣德年间(1368—1431)的六十三年中,共发生河患27次,平均每2.3年一次。正统至弘治年间(1436—1505)的六十九年中,共发生河患32次,平均每2.1年一次。正德至隆庆年间(1508—1571)的六十三年中,共发生河患21次,平均每3年一次。万历至崇祯年间(1573—1642)的六十九年中,共发生河患32次,平均每3.1年一次。可见整个明代两百七十六年中,黄河河患伴随始终,无有间歇。如以16世纪为界,前130年河患成灾程度较重,后130年相对稍轻,但无明显差异。原因是前期河决90%发生在河南境内,决口改道后辐射的地域就大。如洪武二十四年(1391)黄河在原武黑洋山决口,全河改道,夺颍入淮,故道及会通河全淤。洪武三十年(1397),永乐二年(1404)、八年、十四年开封城4次被黄河决坏,河水改道夺涡水入淮。永乐二十年后至宣德年间,豫东地区的颍、涡河流域的数十县连续遭受河水泛滥的侵害。正统、景泰、天顺、成化、弘治年间,河患愈演愈烈,不仅河患造成的受灾地域愈来愈广,河道摆动幅度也愈来愈大。如正统十三年(1448)河道决口,分为南北二股:南股一为干流夺颍入淮,一为分流夺涡入淮;北股冲决张秋镇,溃运堤,合大清河入海。弘治二年(1489)黄河在原武至开封段南北多处决口,分为南北数股,向南分汴、颍、涡三道,向北冲溃运河。后期河患次数虽无明显减少,但90%的河患发生在下游山东、江苏境内,决改后河水摆动的幅度相对为小,故而受害面积相对也小。

明代不仅河患频繁,治理也较前代为难,治理策略所受牵制很多。明代永乐以后建都北京,而其时全国的经济重心在东南地区,当时北京首都皇族以及庞大官僚机构,驻军的粮食和各种物资均需长江中下游地区通过京杭大运河运往首都,故运河为国家命脉所系。而当时的黄河是流经今郑州、开封、商丘、徐州、淮阴夺淮河入海,徐州至淮阴段的黄河又是京杭大运河的运道，因此，河患又多涉及运河的通塞，同时这段黄运通道的南面又有朱元璋的中都城、皇陵（朱元璋父母的葬地，今安徽凤阳县西南8公里）和祖陵（朱元璋祖父的陵墓，在今江苏盱眙县对岸、旧泗州城，康熙时淹没入洪泽湖），黄运决溢又关系到中都城和两陵的安全。所以明代治河必须遵循两个原则：一是明代黄河走徐沛入淮，从徐州至淮阴一段黄河即运河，治河即治运。明代建都北京，每年从东南运漕粮400万石至京师，运河通塞，事关政权大计，故治河着眼在治运。二是要保护在泗州的祖陵和在凤阳的皇陵。故黄河不能南决，南决会危及两陵。黄河也不能北决，北决会在张秋冲溃山东运河，阻断漕运。最后归结出来的治河方针，即千方百计要将黄河河道维持在徐淮一线上。

由于治河治运为明王朝的头等大事，而治河即为治运，治运必先治河，故当时就有不少治河著作必定论及治运问题。今存比较有影响的是刘天和《问水集》、万恭《治水筌蹄》和潘季驯《河防一览》。从这三部书中我们可以看出，明代治河思想的实践和变迁过程。

二、以治水、防洪为主体的治河通运思想——刘天和《问水集》

刘天和，字养和，号松石，湖广麻城人。正德三年（1508）进士，曾任南京礼部主事，后因事犯中官，下狱。谪金坛丞，迁湖州知府，多惠政。嘉靖初，历任山西提学副使、南京太常少卿、右佥都御史督甘肃屯政、陕西巡抚、右副都御史。后服阙以故官总理河道，治理河南、山东境内黄、运，时为嘉靖十三年（1534）。十五年改迁兵部左侍郎，总制三边军务，击退鞑靼进攻有功，加太子太保。他任总河前后仅两年，就在下任这一年（嘉靖丙申十五年，1536年），刘天和将其治河过程中所上奏议辑为《问水集》3卷（胡序），今传本为6卷，当为后人所析。

书名"问水"，嘉靖丙申（十五年）西蜀陈讲序："问水集者，集松石公之问水也。"据嘉靖十五年春胡瓒宗序曰："公至济（宁），竞竞焉惟不胜天子之简命是惧，既而有见，则翻然曰：每事问吾得之孔子……河若何奠也，决若何堤也，淤若何疏也，东问于鲁焉。汶若何导也，泉若何引也，南问于徐焉。淮若何汇也，湖若何潴也，北问于齐焉。白若何浚也，卫若何泄也，而又问于诸缙绅焉，于诸劳心，罔不勤勤焉；而又问诸闾阎焉，于诸劳力，罔不恳恳焉。"

今传本6卷内容为：

卷1，通论黄河和运河。黄河部分有"统论黄河迁徙不常之由""古今治河异同""治河之要""堤防之制""疏浚之制""工役之制""植柳六法"等。运河部分有“统论建置规制”，即专论白河、卫河、汶河(运河水源)、闸河等各段运河修筑事宜。

卷2，为运河续篇。计有“徐吕二洪”“淮扬诸湖”“闸河诸湖”“诸泉”“治河始末”，主要讲治运河；“修复汶漕记”“重建卫河减水四闸碑记”，主要谈论运河水源问题。

卷3，为奏议。主要为“河道迁改分流疏”“修浚运河第一疏”“修浚运河第二疏”3篇。

卷4，仍为奏议。关于曹单境内筑堤和河道管理方面的奏议。

卷5，仍为奏议。仅一篇《治河功成举劾疏》近一万字，主要论述治运的工程、费用、工役等，可见治河主要为治运。

卷6，奏议《预处黄河水患疏》，其中有两报告，即关于保护泗州祖陵、凤阳皇陵的修筑土堤坝工程。

最后附有刘天和于嘉靖乙未十四年所刻《黄河图说》，将明正统、成化、弘治以及嘉靖年间黄河泛道均有表示，对我们今天研究明代中期黄河变迁十分重要。

上文已经提到，在16世纪以前黄河下游泛决90%发生在以开封府境为主的河南境内，因此，刘天和在接任总河的嘉靖十三年时，必然将治河的重点放在河南境内。他在《统论黄河迁徙不常之由》一文中，指出黄河迁徙不常的原因有六：一是含沙量高，极易淤浅；二是地势西高东低，黄河西来，流势湍急，堤防不能抵御；三是开封一带河床淤高，高于两岸城市地面，从堤上视城中如井然；四是两岸无湖陂可以调节流量；五是下游地势平坦，无群山约束；六是两岸土地均为沙土，易决善崩。另外，他又指出：“孟津以下，河流甚广，荥泽漫溢至二三十里，封丘、祥符亦几十里许。而下流甚隘，一支出涡河口，广八十余丈；一支出宿迁小河口，广二十余丈；一支出徐州小浮桥口亦广二十余丈；三支不满一里。中州之多水患，不在兹欤?”应该说刘天和基本上说到了黄河下游泛决的主要原因，因此，他的治河主张，可有下列几点：

(1) 分流。“治河决，必先疏支流以分水势，必塞始决之口，而下流自止。刘忠宣(刘大夏)弘治之役，始惟治张秋，久而匆绩，乃开上游孙家渡，及导河由梁靖口出徐州，方继治黄陵冈决口，而张秋之口自塞，可以为法矣。”这是明初以来治河的原则，就是在黄河下游的上端，即今河南郑州一带，在洪峰到来时分疏河道，分流河水，减轻下游河道的压力，避免决口。

(2) 宽立堤防，约拦水势。他赞同宋代任伯雨的治河策略，主张“为今之策，正宜因其所向，宽立防，约拦水势，使不至大段漫尔”，是“治水所当审也”。故而主张筑堤“但不宜近河而宜远尔。历观宋元迄今，堤防形址断续，横斜曲直，殊可骇笑。盖皆临河为堤，河既改而堤即坏尔。已择属吏之良者，上自河南之原武，下迄曹单沛上，于河北岸七八百里间，择诸堤去河远且大者（去河四五十里至二三十里者），及去河稍远者（一二十里及数里者）各一道，内缺者补完，薄者帮厚，低者增高，断绝者连接创筑，务俾七八里间，均有坚厚大堤二重”。这是因为自河南以下至山东境内的黄河河床宽广，今日也是如此。刘天和的意见就在这段河道宽筑堤防，加固堤岸，分远近内外两道，使河水洪涨时仍可约束在河道内，不致泛决。其实刘大和的这个主张，在此前弘治年间早已实施。白昂在弘治三年（1490）主持治河和弘治七年（1494）主持治河时，先后在黄河干流北岸从胙城历滑县、长垣、东明、曹州（治今菏泽）、曹县抵虞城县界，筑一道长堤，凡360里，称为太行堤。在太行堤之南，又从于家店（今封丘县荆隆口西于店）经荆隆口、铜瓦厢、陈桥抵小宋桥（今兰考县东北宋集）筑一道60里的内堤，前后两堤相辅，成为黄河北岸的两道防线。然而弘治以后仍有冲决者，是由于河堤修筑不坚、巡查不严、损缺不葺之故。所以他提出许多固堤之法，以防决溢。

（3）治河为治运。在卷2《治河始末》中说：“我皇朝建都上游，挽漕东南，以给京师，举由江淮经徐兖，导汶建闸，浮卫以达，谓之运河。所虑为运河之害者，则惟黄河而已。”《修复汶漕记》：“嘉靖甲午大中丞麻城刘公奉简命督河事”“公，曰古今治河也，或以国，或以渠，今之治河也，以漕焉耳”。卷5《治河功成举劾疏》：“臣窃惟运河国计所系，凡宗庙军国之需、营建宴赏之费，与夫四夷薄海之朝贡、京师万姓之仰给，举由是以达，而所虑为运河之患以，则惟黄河而已。”

总之，刘天和时代治黄主要着眼于治运，其方法是在河南境内宽筑堤防，洪水到来时使黄分流，以免冲击运河。

三、治河治运合一，以河治河的治理河运思想——万恭《治水筌蹄》

万恭，字肃卿，江西南昌人。明嘉靖二十三年（1544）进士。授南京文选主事。历仕考功郎中、光禄少卿等。嘉靖末年以兵部侍郎巡抚山西，在山西西部黄河一带筑边墙40里以御“套寇”，并教授当地人民耕作技术和利用水车的方法，发展农业，颇有政绩。

隆庆四、五年（1570、1571）黄河在徐、邳（古邳）一带屡屡决口，正河悉淤。总理河道潘季驯浚治了河道，堵塞决口多处，使河复故道。后因漕船行新流中漂没，竟被罢官。六年（1572）正月明廷命工部尚书朱衡兼都察院左副都御史经理河工，命兵部左侍郎兼右佥都御史万恭以原官总理河道、提督军务，二月到任。史称“恭强毅敏达，一时称才臣”。后为人所劾，于万历二年(1574)四月罢官，还原籍听用。万恭任总河前后共26个月，跨3个年头，故《明史》本传说“治水三年，言者劾其不职，竟罢归”。

万恭总河的时间虽短，但对黄运两河的治理方面却做了不少贡献，归纳起来有下列几个方面：

(1) 治理淮南运河。淮南运河即里运河，“地卑积水，汇为泽国”。河道所经都是湖泊，故称湖漕。永乐初年(1403)曾在运东堤建减水闸数十，为泄运西诸湖海水，并挖湖中淤泥，加固运堤。以后湖堤日高，诸闸湮没，运堤成为死障。湖水高出高邮、宝应城中数尺，每决堤，则高邮、宝应、兴化化为广渊。万恭主张在运堤坝上建平水闸，从仪真至山阳建成23闸，分流入射阳湖入海。规定“但许深湖，不许高堤”。在淮南运河入江处分两道：一为瓜洲河，一为仪河(从仪真)，在分水处建闸，两河均通。

(2) 修筑南运口。指今江苏淮阴市西淮南运河与黄、淮交会口，是南北交通枢纽。

(3) 整理会通河减水闸和改建引水工程。

(4) 修筑黄河河堤。明代隆庆以后，“河患不在山东、河南、丰、沛，而专在徐、邳”。万恭修筑了这一段南北堤370里。

(5) 在河堤坝上植柳固堤。

(6) 绘制全河图。万恭认为“胸有全河而后能治河”。他请人绘制了自孟津至瓜仪2 000里的黄河图和自张家湾至瓜仪的2 800里的漕河图，并勒石于总河公署的“四思堂”，给予后来者参考。

他将治河措施、建议和心得记录下来，取名《治水筌蹄》，用《庄子·外物篇》：“筌者所以在鱼，得鱼而忘筌；蹄者所以在兔，得兔而忘蹄。”筌、蹄是捕鱼和兔的工具，后人以筌、蹄来比喻手段。万恭即以此义名书。

《治水筌蹄》一书，除《千顷堂书目》著录《治水筌蹄》4字外，《明史·艺文志》《四库提要》均未著录。一些清人读书札记，如《郑堂读书记》《越缦堂读书记》也未提到此书，可见在学界流传不广。清华大学图书馆有明刻本，1985年水利水电出版社影印出版。首页署“兵部侍郎南昌万恭著”，卷末题“后学长洲张文奇重刻于南旺公署”。张文奇字原正，万历五年(1577)进士，同年至十三年(1585)任南旺分司副使，可知此书当刻于万历五年至十三年间，既曰重刻，则万历五年前已有初刻本，当在万历二年四月万恭离任前。此书当藏于南旺治河公署，故清代一些治河治运著作引用的不少，如清初朱之锡《河防疏略》、张伯行《居济一得》、傅泽洪《行水金鉴》、陆耀《山东运河备览》等水利著作多有引录。

从本书文字来看，是作者治理黄运的工作手记。全书分条叙述，共148条，不分篇章、不列标题。每条长短悬殊，长者近2 000字，短者仅数十字。前后排列无定则。内容可分为黄运河工的修缮、防护和管理制度，漕运的管理制度，黄河河道，运河河道，治河理论等5个方面。其中黄河防修管理方面所占比重最大，约1/2。运河河道着重于会通河、淮南运河，约占1/3。漕运管理亦以此两河为主，其他运河涉及较少，如江南运河仅一条，白河两条，卫河未提到。治河理论所占篇幅较少，然为其精华所在。如本篇末论治河不能泥古法，应因时而异，对当时一些不同治河理论进行驳难，并提出自己的看法，共1 400余字，与潘季驯《河防一览》卷2《河议辩惑》同。

他在治河观点方面较前人进步的有：

(1) 首先提出黄运合一问题。上文已经提到，16世纪初正德、嘉靖以来，黄河决溢的90%多在今山东、江苏境内，也就是当时的曹州府、徐州府境内。这是因为16世纪以前，黄河在河南境内宽筑堤防，洪水时又决河分流，为患稍息。然黄河自河南河床宽达一二十里至四五十里，进入山东曹县境内，骤然束狭，“单、丰之间河窄水溢”，于是正德年间(1506—1521)决口多在黄陵冈(山东曹县境)和曹县一带，“曹单间被害日甚”。以后刘天和在单、丰、沛县境内修筑御水堤，于是河患又往下移，“不在山东、河南、丰、沛，而专在徐、邳”。如嘉靖三十一年(1552)，“河决徐州房村集至郑州新安，运道阻五十里”。“四十四年七月河决沛县，上下二百余里运道俱淤。……(河水)分为十三支，或横绝，或逆流入漕河，至湖陵城口，散漫湖陂，达于徐州，浩渺无际，而河变极矣。”[1]上文已言及，徐、邳一段黄河也就是运河河道，徐邳段决，河患直接影响漕运。万恭说“我朝之运，半赖黄河也”。为确保运通，他主张将黄河维持在徐、邳一线上。于是就提出治河治运合一问题。这一点刘天和《问水集》里未提到。他说：“今之治河者难于禹焉。……彼一时也，河利于北而不利于南。今则饷事大半仰给江南，而江南之舟泛长江，历维扬而北，非河以济之，则五百四十里当陆运耳。京师若何？故治水者必不可使北行由禹之故道，必约之使由徐邳以救五百四十里饷道之缺，是不徒去河之害而又欲资河之利者也。不亦难乎？若不为饷道计，而徒欲去河之害以复禹故道，则从河南铜瓦厢一决使东趋东海，则河南徐邳永绝河患，是居高建

1　上引均见《明史》卷83《河渠志一・黄河上》。

瓴水也可乎？黄河自清河迄茶城五百四十里，全河经徐邳，则二洪平舟以不败。是黄河决堤之害有限而济运之利无穷也。今恶其害也，而欲去之河南，是河南岁治黄河，徐邳岁治运河，兹多事耳。今以五百里治运河即治黄河，治黄河即所以治运河，知行合一，不亦便哉！"以后在开泇问题上有不同争论，除了工程艰巨外，还有另一个问题是：泇河、黄河分开后，既要治河、又要治运，"是两役，劳不已甚乎"！

（2）他首先抓住了治理黄河根本问题是治理泥沙问题。这一点非常重要，自古以来治河者见黄河都在夏秋汛期决口，往往都认为黄河之患在洪水，虽然自西汉以来已知"河水重浊，号为一石水而六斗泥"[1]，但在遇到实际决口时，只见洪水滔天淹没大地，于是认为治河必先治水，殊不知洪水之患实由泥沙引起。故而他认为黄河的特性是多沙，多沙则为其常态，其云："黄河清，圣人生，此史臣所言也。……而今拘儒每以黄清为上瑞，误哉！夫黄河，浊者，常也；清者，变也，故其常浊而不清。彼浊者尽沙泥，水急则滚，沙泥昼夜不得停息而入于海，而后黄河常深，常通而不决。清则水澄，水泥不复行，不能入海，徒积垫河身，与岸平耳。夫身与岸平，河乃益弱，欲冲泥沙，则势不得去，欲入于海，则积滞不得疏，饱闷逼迫，然后择下地一决以快其势。此岂待智而后知哉！夫河决矣，饷道败矣，犹贺曰上瑞，非迂则愚。故河清，则治河者当被发缨冠而救之，不尔，忧方大耳。故曰：黄河清，变也，非常也；灾也，非瑞也。"这是很有见地的，据今人研究，历史上"黄河清"，往往是指黄河枯水期，水量少，见之若不带泥沙，实际泥沙最易停滞。所以他认为治河必先治沙，而治沙最好的办法是利用河水本身的冲刷力。他说："虞城生员献策为余言：以人治河，不若以河治河也。夫河性急，借其性而役其力，则可浅可深，治在吾掌耳。法曰：如欲深北，则南其堤，而北自深；如欲深南，则北其堤，而南自深；如欲深中，则南北堤两束之，冲中坚焉，而中自深。此借其性而役其力也，功当万之于人。又，其始也，假堤以使河之深，其终也，河深而任堤之毁。"后人多以为"束水攻沙"是潘季驯提出来的，实际上是虞城生员提出来的。所以万恭说："水之为性也，专则急，分则缓。而河之为势也，急则通，缓则淤，若能顺其势之所趋而以堤束之，河安得败？""故欲河不为暴，莫若使河专而深，欲河专而深，莫若束水急而骤，束水急而骤，使由地中，舍堤无别策。"所以他主张"顺其势堤防之、约束之，范我驰驱以入海"，使"淤不得停，则河深，河深则水不溢，亦不舍其下而趋其高，河乃不决。故

1 《汉书》卷29《沟洫志》。

曰：黄河合流，国家之福也”。主张束水冲淤，以河水之力来冲刷泥沙，反对分流。万恭在此已经提出束堤坝攻沙，“以河治河”的理论，为后来潘季驯“筑堤束水，以水攻沙”理论的思想基础。

(3) 由于万恭认识到治黄主要在于治沙，所以他曾提出将黄河来沙最多的伊、洛、沁河水他移避开入河，以减少黄河的沙量。他原主张伊、洛导之入淮，但是“而南道多崇冈间之，入淮之道绝”。而沁河含沙量很高，为明代中期河患一大因素。他列举沁河泥沙量多，明代黄河决口往往是黄、沁并涨，由是主张引沁入卫，一方面减轻黄河洪水泥沙负担，同时可增加卫河水源。虽然后因沁水暴涨，常冲决卫河而罢，但其治河为避沙的观念是明显的。

总之，《治水筌蹄》一书篇幅不大，然资料丰富，多有见识，不尚空论，为明中期治河承上启下著作。

四、筑堤束水、以水攻沙的以治沙为主的治理河运思想——潘季驯《河防一览》

潘季驯，字时良（1521—1595），号印川，浙江乌程（今湖州）人。嘉靖二十九年进士。曾任江西九江府推官、监察御史、广东巡抚、顺天府督学、大理寺丞、少卿等官。过去他对黄河一无所知，正如他自己所说“居东海之滨，不知所谓黄与淮者”。以后“奉使南巡”，舟行河中，“见河中沙渚累累，操舟者寻隙而行”，才对黄河多泥沙的特性有所认识。

潘季驯四次任河道总督：嘉靖四十四年（1565）、隆庆四年至五年（1570—1571）、万历六年至十一年（1578—1583）、万历十六年至二十年（1588—1592），前后凡十四年。潘季驯总河的前夕和期间，正是黄河河患十分严重的时代。

明代前期黄河下游多股分流的局面，经万恭前后的治理，至嘉靖二十五年（1546）后基本结束，“南流故道始尽塞”“全河尽出徐、邳，夺泗入淮”。这是明后期河势一大变化。全河一道对治理和通运来说是有利的，但同时也因水无旁泄，全河泥沙淤积更速，决溢并无减轻。嘉靖二十六年（1547）河决山东曹县，河水入城，同时淹及鲁西南的金乡、鱼台、定陶、城武等地。三十一年，河决徐州房村集，决口以下 50 里运道全部受阻。三十四年河决沛县飞云桥。三十七年河决曹县新集，决流分为 11 股，或横绝、或逆流入漕河，徐州一带“浩渺无际，而河变极矣”。隆庆四年（1570）河决邳州，自睢宁至宿迁小河口 180 余里，河道全淤。潘季驯就是在这样的背景下出任总河的。

潘季驯在第三次任总河时，当河工完成后，于万历八年（1580）将治奏议和诸明公赠言编成《宸断大工录》，以后又补充，于万历十八年（1590）编成《河防一览》一书，共14卷。

第1卷，敕谕五道。是嘉靖四十四年，隆庆四年，万历六年、八年、十六年的五道皇帝敕令。万历八年一道是加太子太保、升工部尚书，其余四道都是令他任总河。另有两幅祖陵（泗州）、皇陵（凤阳）图、两河（黄、运）全图。

第2卷，河议辩惑。是潘季驯治河理论、思想的阐述，他不是正面叙述自己的理论，而是通过问答的形式，对当时种种治河观点的辩论来阐明自己的观点。

第3卷，河防险要。分为：（1）淮南，主要指里运河；（2）淮北，主指徐淮段；（3）山东太行堤、山东运河；（4）河南；（5）北直隶。各处黄运险要注意之处。

第4卷，修守事宜。分为：（1）修：筑堤、塞决、筑顺水堤、下埽、滚水坝、建石闸、挑河等治河工程；（2）四防：昼防、夜防、风防、雨防；二守：官守、民守。

第5卷，河源考。从《禹贡》导河积石，《汉书·西域传》河出昆仑，《山海经》《元史·河渠志·河源附录》中考证河源。历代决河考，考证从周定王五年起至明嘉靖四十四年（1565）的主要决河事迹。

第6卷，古今稽征。从欧阳修《泗州先春亭记》开始，至元《至正河防记》到明代开修泇河的争议奏疏，重要的有徐楷《疏凿吕梁洪记略》等。

第7、8卷为两河经略疏。

第9、10、11、12卷全是潘季驯治河奏议和工部批复，共62篇，这是反映潘氏在修堤、治理河运以及河防管理制度方面的实践资料，为了解明代嘉靖、隆庆、万历年间河运变迁和工程的最宝贵资料。

第13、14卷为工部给事中、御史言官检查河工奏疏，有的同意潘的治河思想，有的不同意潘的治河思想，一并编入，甚为客观。

研究明代黄河，《河防一览》是必读书。最早刊行于万历年间。现有于慎行序。清代治河以潘氏为圭臬，故屡有刊行，颁发给治河人员。天一阁有《治河全书》10余卷，明潘季驯撰，顺治叶献章序，当为清代最早刻本。乾隆五年白钟山又以明本补刻，此外有江南河库道何煟校刊本最精。

如上所言，潘氏是在黄河下游决溢频繁，徐邳以下水流旁泄，河运阻塞的情况下就任总河的。当时朝野对治河策略议论纷纷，莫衷一是。《河防一览》卷2《河议辩惑》就是针对当时不同的治河议论，发表自己的观点，从而反映出他的治河思想。归纳而言，主要有下列几个方面：

（1）河复故道。当时有人认为原河道已淤废不堪，决口后故道已不可复，必需另辟新道。而潘氏则认为“舍复故道之外，无有也”。他认为大禹治水、汉武帝塞瓠子口、贾鲁治河都是河复故道，不可能浚一新道，“人力能使阔百丈至三百丈，深三四丈以至五六丈如故道乎”？再则即使“捐内币之财，竭四海之力而成之。数年之后，新者不复旧乎？假令新复如旧，将复新之何所乎？水行则沙行，旧亦新也；水溃则沙塞，新亦旧也。河无择于新旧也，借水攻沙，以水治水，但当防水之溃，毋虑沙之塞也”。因此，故道要淤，新道也要淤。惟一办法就是河复故道，用水力攻沙，刷深河床，维持原河。

（2）分流。有人主张下游分流以减水势，这是明初以来至嘉靖年间治河的通则，上文提到万恭已经指出治河不能分流，应束水攻沙。可能因为其治水时间太短，所著《治水筌蹄》藏之于河署，社会上流传不广，当时可能影响不大。但潘氏当读到此书，并在其《河防一览》中引用不少资料，当受万恭治河思想的影响。潘氏在当时河患的实际影响中深感分流则有加速干流的淤积，“支河一开，正河必夺。故草湾开而西桥故道遂淤，崔镇决而桃清以下遂塞，崔家口决而秦沟遂为平陆”。他指出：“盖筑塞似为阻水，而不知力不专则沙不刷，阻之者乃所以疏之也；合流似为益水，而不知力不宏则沙不涤，益之者乃所以杀之也。旁溢则水散而浅，返正则水束而深。水行沙面，则见其高；水行河底，则其卑。此即治之后与未治之先，光景大相悬绝也。每岁修防不失，即此便为永固。借水攻沙，以水治水。”只有保持干流一道，筑堤束水，则可冲刷泥沙。

（3）有人主张疏浚海口，使河口流畅。他认为：“尝往海口阅视，宽者十四五里，最窄者五六百丈，茫茫万顷，此身若浮，早暮两潮，疏浚者何处驻足，若欲另凿一口，不知何等人力，遂能使之深广如旧？”浚海口不可能。

（4）疏浚无效。他认为：“河底深者六七丈，浅者三四丈，阔者一二里，隘者一百七八十丈，沙饱其中，不知其几千万斛。即以十里计之，不知用夫若干万名，为工若干月日，所挑之沙不知安顿何处，纵能使其挑而尽也，堤之不筑，水复旁溢，则沙复塞，可胜挑乎？”

他在治河理论方面的主要贡献是：他较万恭更明确提出黄河之为患主要在于中游以下的泥沙，指出“兰州以下，水少沙多”“黄河与清河迥异，黄性悍而质浊”“黄河最浊，以斗计之，沙居其六。若至秋伏，则水居其二矣。以二升之水，载八升之沙，非极迅溜，必致停滞”“河性湍悍，而善溃多徙者，流漫而沙壅也”。因此他提出“筑堤束水，以水攻沙”的著名治河方针，即束狭河堤，加大流速，利用水力原理，冲刷泥沙，将泥沙带至河口。他认为“水分则势缓,势缓则沙停,沙停则河饱"。同时由此也是引出"蓄清刷黄"的思想。当时由于全河夺淮入海后,在今淮阴市西的黄淮交会口迅速淤高,使入海口受阻。同时"黄强淮弱",黄水往往倒灌入洪泽湖,决破湖堤,造成下河地区连年的灾害。潘氏在洪泽湖东岸修筑高家堰并不断增高,并在堰上建水门,意图是抬高洪泽湖水位,必要时以淮河的清水来冲刷黄河的浊水,加速水流入海,消弭河口的水患。

所以他的治河筑堤措施是:(1) 缕堤:逼河床而筑,目的是束狭河床,固定河槽,借水力冲刷河床。(2) 遥堤:在缕堤外适当距离,再修一道遥堤。两堤并峙,万一缕堤不守,还有遥堤可挡。所谓"重门待暴",即解决攻沙和防洪的矛盾。(3) 格堤、减水坝:格堤在缕堤和遥堤之间,洪水溢出,遇格堤而止,不致形成堤河,又在适当地方筑月堤、护缕堤、减水坝以溢洪。(4) 高家堰:蓄清刷黄,以清释浑。

平心而论,潘氏的治河理论在前人基础上大大前进了一步,他的治河主要在治沙的观点也抓住了河患的要害,并且为后代所继承。直至今日他的治河理论仍有其合理性,并通过实验证明是科学的。然而他一味坚持筑堤束水,完全否定疏浚的作用,完全否定洪水紧急到来时分流(相当于今日泄洪)的作用是偏颇的。这种偏颇也造成万历以后河患并未明显减轻。不过,今天我们认识到当时治河主要目的是保运,保持运河有固定的流量,对这样的偏颇也可以理解了。同时由于当时整个黄河流域环境已经恶化,单单靠下游修筑和固守堤防,也是难以消弭河患,所以万历以后河患仍然不止,直至明亡。虽然如此,对他通过多年实践固定下来"束水攻沙"的治河理论,在我国治河史上应有重要的历史地位。

历史上治河观点经过:障—疏—堤—分—束—综合治理的发展过程。鲧治水为障,大禹为疏,贾让为堤,刘大夏为分。从刘天和、万恭到潘季驯,是治河观点从分到束的转折点。万、潘将数千年治河上导思想治水,转变为治沙为主、水沙并治的观点是治黄史上一大发展。由此可见,人类对自然界的认识以及应对的措施,也是随着社会发展而发展的,同时也离不开特定的历史背景,从分到束的治河观点之所以形成于明代中期,是与当时特定治河通运的政策相关联的。他的不足处,是过于夸大下游堤坝防护和刷沙的作用,不知应该上中下游综合治理,这是时代的局限,我们是不能苛求的。

(原载《陕西师范大学学报(哲学社会科学版)》2004 年第 5 期)

从地理环境角度考察我国运河的历史作用

我国历史上的运河是举世闻名的伟大工程之一。它在我国统一的中央集权制国家的形成、巩固和发展以及促进各地区之间经济和文化交流诸方面的积极作用,早已为人们所公认。但是作为沟通天然河流之间的人工运河,由于受到流经地区自然环境的影响和制约,不能不存在一些地理因素方面的问题。譬如它的通航作用究竟有多大;人们在治理运河过程中,哪些措施是符合自然规律的,哪些是违反自然规律的,这些又给后来的社会、地理环境带来哪些积极或消极的因素,等等。这些有关运河的历史地理问题却从未引起人们足够的注意。为此,本文准备从地理环境的角度,就下列三个问题对运河的历史作用作一考察。

一、历史上运河的地理条件及其航运价值

我国历史上的运河绝大部分兴建在黄河流域和长江流域。由于我国的政治中心以在北方的时间为久,故而运河的分布又比较集中在黄河流域。黄河流域的地理环境古今变迁比较显著,对运河的影响也较大;长江流域地理环境的古今变迁和对运河的影响,相对而言都比较小。所以我们在这里着重论述黄河流域的运河。

黄河流域(古代黄河下游地区相当今黄淮海平原)原是自然条件比较优越的地区。据近年来考古资料和历史地理的研究证明,[1]在人类活动的早期,这里气候温和,植被覆盖良好,湖泊河流众多。随着人类活动的频繁,如战争的破坏,无计划地垦殖荒地、砍伐森林、侵蚀草原,引起了严重的水土流失,造成了河流淤浅、湖泊干涸、气候渐趋干燥,破坏了自然界的生态平衡。这种变化自战国秦汉时已经开始,以后渐次发展,唐宋以后愈趋严重。黄河流域的运河在这种变迁的直接影响下,通航的作用受到很大的限制。

1　史念海:《论两周时期黄河流域的地理特征》(上)(下),《陕西师范大学学报(哲学社会科学版)》1978年第3、4期。

首先,黄河流域大部分地区气候比较干燥,雨量比较贫乏,近二分之一的土地覆盖着深厚的渗水性很强的黄土层,全年降水量的三分之二集中在六月至九月的夏秋季节,河川径流量贫乏而变率又大,是黄河流域各河流的普遍特征。其次,黄河流域的河流很多发源于黄土高原,含沙量普遍较高。早在两千年前,就有河水"号为一石水而六斗泥"的说法。[1] 这样的水沙条件势必给沟通其间并引以为源的人工运河的通航带来显著影响,唐宋以后影响尤为严重。兹列举数例,以资说明。

汉代以来沟通黄河和淮泗之间的济、汴水(济、汴二水在同一水口分流河水)是中原地区的重要水道,均以河水为源。早期通航的具体情况,因记载缺乏而不得详知。然自"秦汉以来,亦有通否"[2]。在《水经·济水注》里记载的古济(汴)水引河水口,自先秦以来先后有六七处之多,说明引源问题解决得很不理想。魏晋以后,南北战争频繁,利用汴水通航的记载渐多。东晋太和四年(369)桓温北伐,时间在农历六月,正逢这一年大旱,"汴水又浅,运道不通"[3],于是临时疏凿了沟通汶泗的桓公沟,改由济水下游入河,再溯河西上。以后公元5世纪时南朝几次北伐,都因同样的原因改由桓公沟折入河水。[4] 这说明由于水源的贫乏,经常影响到运河的通航。隋炀帝时代开凿的通济渠,唐宋时又名汴河,以河水为源,在唐宋二代是南北水运交通的大动脉,对维护巩固中央集权的统一国家曾起过重大的作用。然而由于水源不足,含沙量高,通航条件极不理想。在唐代每年输往京师的漕粮于春上自江南起运,四月由淮入汴,因正逢枯水期,"多属汴河干浅,又般运停留,至六七月始至河口,即逢黄河水涨,不得入河。又须停一两月,待河水小,始得上河""计从江南至东都,停滞日多,得行日少"。[5] 汴河全长千余里,航行时间竟需二三个月,每天平均航程不到十华里,可见效率很低。宋代的汴河引黄河水口,因"大河向背不常,故河口岁易。易则度地形,相水势,为口以逆之。遇春首辄调数州之民,劳费不赀,役者多溺死"。当时在汴河上航的漕船,"入水不过四尺",仍感"汴水浅涩,常稽运漕"。[6] 可是在每年的夏秋季节却往往因来水迅猛而发生决溢,以致阻碍漕运。今据《宋史·本纪》《宋史·五

1 《汉书》卷29《沟洫志》。

2 《水经·济水注》。

3 《晋书》卷67《郗鉴传》。

4 邹逸麟:《论定陶的兴衰与古代中原水运交通的变迁》,《中华文史论丛》第8辑,上海古籍出版社1978年,第191页。

5 《旧唐书》卷49《食货志下》。

6 《宋史》卷93《河渠志三·汴河上》、卷94《河渠志四·汴河下》。

行志》记载，北宋一代汴河共泛决二十二次，其中十九次发生在农历的六月至九月间，曾给沿岸地区造成严重灾害。另外，汴河因以河水为源，含沙量高，要经常疏浚，才能通航。唐代中期因战乱频仍，有一段时间未经疏浚，汴河就不堪航行。代宗时刘晏规定每年正月发近县丁男疏浚汴河。[1] 唐末因战乱不息，久不通漕，下游很快淤为污泽。[2] 宋代因“汴水浑浊，易至填淤”[3]，起初规定三五年一浚，至皇祐三年(1051)，因“河涸舟不通，令河渠司自口浚治，岁以为常”。[4] 以后汴口春开秋闭，“终岁漕运，止得半载”[5]。可见其航运价值因受自然条件的限制大受影响。汴河虽年年疏浚，仍不免年年淤高。沈括《梦溪笔谈·杂志二》记载，熙宁年间汴河自东京开封至雍丘(今杞县)、襄邑一段，河底皆高出堤外平地一丈二尺余，“自汴堤下瞰，民居如在深谷”。靖康以后，宋金对立，漕运不通，不久汴河即告淤废。南宋乾道五年(1169)楼钥使金北上，时汴河河身已成平陆，“车马皆由其中”“民亦有作屋其上”，河床上已种上麦子。[6] 上距北宋亡国不过三四十年的时间。

再以不引用黄河为源的运河为例。汉武帝时代开凿的关中漕渠，引渭水为源，与之平行东流至潼关附近入河，为关中地区的重要运道。然而通航的时间并不长，到了东汉初年已废弃不用，改以渭水通漕。[7]《水经·渭水注》则明确指出漕渠“今无水”。隋开皇四年(584)重开关中漕渠，至隋末又淤废，仅维持三十年左右。唐天宝元年(742)再次重开漕渠，到大历(766—779)以后“渐不通舟”，[8]前后不过二十几年。出于渭水“水力大小无常，流浅沙深”[9]，就是流量不均，含沙量高，因此引以为源的漕渠，就不免屡浚屡淤的厄运。

今北京城至通州区间的人工运河，在金代称金口河，元明为通惠河或大通河。金代以卢沟河(今永定河)为源，因“以地势高峻，水性浊浑……不能胜舟”[10]。元初改引昌平白浮泉，后河床为山洪所毁，又改引卢沟河水为源，

1 (唐) 刘晏:《遗元载书》,《全唐文》卷 370。

2 《资治通鉴》卷 292,后周显德二年。

3 《宋史》卷 94《河渠志四·汴河下》。

4 《宋史》卷 93《河渠志三·汴河上》。

5 (宋) 王曾:《王文正公笔录》,百川学海本。

6 (宋) 楼钥:《北行日录》,《攻媿集》卷 111。

7 东汉光武时杜笃《论都赋》:“鸿渭之流,径入于河;大船万艘,转漕相过。”(《后汉书》卷 80 上《文苑列传》)据此知东汉初仍借渭水通漕。

8 《元和郡县志》卷 2,华州华阴。

9 《隋书》卷 24《食货志》。

10 《金史》卷 27《河渠志·卢沟河》。

结果以“流湍势急，沙泥壅塞，船不可行”[1]。明代虽改引玉泉山诸泉为源，但因水源不足，屡次疏浚通惠河而未能奏效，以致常以陆运为主。[2] 通州以南的白河（又称潞河），“淤沙易阻，夏秋水涨，则惧其潦，冬春水微，则病其涩”[3]。当复秋暴涨，堤防不能御，“源远流迅，水势漫散，河皆溜沙，深浅通塞不常，运行甚艰”[4]。明清时代河北平原上的卫河在引沁、漳为源问题上反复不定。不引漳“则细缓不能卷沙泥，病涸而患在运”；引漳则又因漳河多变，怕危及卫河。[5] 引沁也因“沙多善淤”“未获利而害踵至”。[6] 因此，清代卫河时因浅涩，“难以济运”。[7]

元明清时代的会通河水源问题，较其他运河更为棘手。从元至元年间开凿以后，虽广引鲁中山地西部汶泗诸水为源，但总感流量不足。特别是济宁以北河段，仅靠水量极不稳定的汶河，常受缺水的威胁。所以会通河虽开于元代，然而在元代却未被充分利用，南北漕船仍以走海道为主。明代初年重修会通河，广引泉源，沿运设置水柜，并分段置闸，堰水通航，才勉强维持漕运。可是汶泗诸水含沙量高，当伏秋汛发，挟沙而下，“每大水一次，必受淤一次”[8]。明朝永乐年间修建的各闸，至嘉靖年间有的仅存闸面，有的全被没入河底，[9]可见河道淤塞的速度是十分惊人的。明初在运河沿线设置的水柜，如安山湖、南旺湖等，到明末清初相当一部分被淤成平陆，并垦为农田。[10] 清末漕粮改由海运后，停止了每年对山东运河疏浚的制度，南旺、济宁以北的会通河很快就完全淤废了。

这里还需要强调指出一点，就是黄河流域各河流的水沙条件在唐代前后有不同程度的变化。黄河流域的运河在前期主要受水源河流泥沙和流量不均的影响，而在后期这一点有增无减，同时还受黄河决口改道的直接干扰。战国时代魏国开凿的鸿沟，为中原地区水运交通的干渠，汉代称莨荡渠，三国以后称蔡水。这条人工运河直至唐代仍然起着沟通南北的作用，在这段时间里未见有多次疏浚的记载。宋代重新开挖的蔡河，流经路线大致

1 《元史》卷66《河渠志六・金口河》。
2 侯仁之：《北京都市发展过程中的水源问题》，《北京大学学报（哲学社会科学版）》1955年第1期。
3 （清）顾祖禹：《读史方舆纪要》卷129，漕运。
4 （清）傅泽洪：《行水金鉴》卷100，引《问水集》。
5 《明史》卷89《河渠志五・卫河、漳河》。
6 （清）康基田：《河渠纪闻》卷7。
7 《清史稿》卷127《河渠志二・运河》。
8 （清）黎世序等：《续行水金鉴》卷104，引运河道册。
9 （明）刘天和：《问水集》卷1《闸河》。
10 邹逸麟：《山东运河历史地理问题初探》，《历史地理》创刊号，上海人民出版社1981年。

与蔡水相同，却须年年疏浚，还不断淤浅。宋亡以后，不数十年至元代“河底填淤，高出地面”[1]，这与战国以来经近千年的蔡水相比，其淤高的速度真是不可同日而语了。春秋时代吴国开凿沟通商鲁之间的菏水，在五代后周开五丈河时还沿用它的旧道，输运山东的物资。西汉武帝时黄河决口后形成的屯氏河，隋时曾被利用来作为永济渠的一段。然而宋代开凿的一些人工运河，如汴河、五丈河、金水河、蔡河，入金以后就仅存尾声，到了元明时大多淤废不用。这都是因为黄河南决，不断将大量泥沙灌入的缘故。宋代河北地区的御河也曾被黄河北流所袭夺，长达五六十年之久，致使御河屡浚屡淤。元明以后黄河长期夺泗入淮，在大致即今淤黄河的河道上经常北决，不时破坏和威胁着大运河中山东河段的安全。明中期以后，山东运河的南段为“避黄改运”，不断改建新道，由原经昭阳湖西的泗水故道，改经昭阳湖东的南阳新河，以后又增修泇河、中河，目的都是为了避开黄河的干扰，而被废弃的昭阳湖西岸的旧道，很快被淤成了平地。

唐代前后黄河流域河流水沙条件不同，可以北京通州间通惠河的水源永定河为例。永定河古称漯水，在北魏以前又名清泉河，[2]可见含沙量并不很高；可是到了辽金时代因“水性浑浊”而称卢沟河；[3]元代又名“小黄河”，“以流浊故也”；[4]明代又称浑河；[5]清代因“水浑善淤，变迁无定”，又名无定河，康熙年间大加修治后，赐名永定河。[6] 这是河北平原上河流在唐以后含沙量骤增的明显例证。我们由此可以理解黄河流域的运河在唐代以后为什么会淤废得这么快了。

历史时期在长江流域开凿的运河，如春秋战国以来的邗沟、江南河、胥溪、灵渠等，两千多年来经不断地疏浚和改建，始终是可以通航的，有的运河在今天社会主义建设中还发挥着一定的作用。黄河流域在历史上兴建过的运河数字远远超过长江流域，可是除了河北省境内的南运河部分河段尚可通航外，绝大部分运河或淤成平陆，或尚存河形而无舟楫之利。这就是历史时期两大流域自然条件不同所赐予人工运河的不同命运。

除了上述黄河流域天然河流的水沙条件给人工运河带来不利影响外，东部平原上的地貌条件也是造成运河航运困难的另一个重要因素。我国东

1 《元史》卷194《李黼传》。

2 《水经·漯水注》。

3 《金史》卷27《河渠志·卢沟河》。

4 《元史》卷64《河渠志·卢沟河》。

5 《明史》卷89《河渠志·桑干河》。

6 《清史稿》卷128《河渠志三·永定河》。

部平原上的河流，从海河至长江大多作自西向东流向，各河流的下游都有着自己大小不同的冲积扇。例如，永定河冲积扇、滹沱河冲积扇、漳河冲积扇、黄河冲积扇、淮河冲积扇和长江中下游冲积扇等，同时平原东部还有着今山东境内汶泗冲积扇镶嵌其间。由于各河流含沙量不同，冲积扇的厚度也不同。这种冲积扇和自然堤的相互交叠，使平原地貌自北而南连绵着微度的起伏，纵贯南北的大运河的河床也随之有高差，尤其是运河和天然河流交叉处河床出现的显著悬差，必须筑坝置闸，才能通航。漕船越坝过闸时需投入大量劳动力，而效率却仍然很低。

元代大都（今北京）附近的通惠河，"岁漕米百万，全借船坝夫力"，全年自冰开发运至河冻止，共计二百四十日，"日运粮四千六百余石，所辖船夫一千三百余人，坝夫七百三十，占役俱尽，昼夜不息"。[1] 从临清至徐州的会通河全长八九百里，以今汶上县西南汶泗冲积扇的南旺地区最高，称为"运河之脊"。运河河床从南旺向南北两端倾斜，必须分段设置船闸、抬高水位才能通航。明清时会通河置闸四十余座，过船时递相启闭，堰水通流。所以历史上又称闸河。因为水源有限，重运北上和回空船南归都有规定日限，[2]可是往往不能如期。例如济宁城南在城闸一带，"水势甚溜，每过一船，需夫四五百名，一日过船，不过一二十只，至多三四十只，以致在城闸下，粮船积聚至数百只或千余只"[3]。从南阳镇至沛县留城一段，北高南低，水流易泄，所以船闸常闭，须待南边漕船积至一帮才启闸放行。民间往来客商船只往往要坐待一月，让漕船过尽，然后才可启程。[4]

南北大运河和天然河流交会处是漕运最难通过的关隘。会通河北端在临清板闸与卫河交会，"闸河地亢，卫河地洼"。每年三四月时，闸卫二河的水都很浅，"高下陡峻，势若建瓴"[5]。每次船闸一开，运河中水流往往一泻而尽，后来的漕船常因此而搁浅，所以有人说："山东四十余闸，放船皆易，惟板闸放船独难。"[6]明万历以前会通河南端在徐州茶城与黄河交会。黄河含沙量大，河床高于运河，每年涨水季节河水就倒灌入运。茶城运口年年开浚，年年淤塞。当时规定北上漕船一过，即行关闭运口闸门禁行，待秋深黄河水

1 《元史》卷 64《河渠志・坝河》。
2 （清）朱之锡：《河防疏略》卷 18《兵船回空辏至疏》。
3 （清）张伯行：《居济一得》卷 1《在城闸天井闸》。
4 （明）黄汴：《一统路程图经》卷 5，复旦大学中国历史地理研究所藏，手抄本。
5 （明）潘季驯：《河防一览》卷 3《河防险要》。
6 （清）张伯行：《居济一得》卷 5《板闸放船法》。

退，方为启闸，放回空之船南下。[1] 在这段时间内，会通河就不能利用。

金元以后黄淮二水在今江苏淮安市北交会。明代以后全河走徐邳夺淮入海，黄河的洪水和泥沙给运河带来莫大的威胁。明清两代在这里为治河、治淮、治运所花费的工程费用不知其数。南北运口因黄淮的侵夺不断移位，运口闸门屡建屡坏。漕船要通过黄、淮、运三水交会处的重重闸门是十分麻烦的事。明代从南岸清江浦北上的漕船过闸一艘，非七八百人牵挽不可。[2] 清时重运过闸，每艘常七八百人，甚至千人，“鸣金合噪，穷日之力，出口不过二三十艘”[3]。嘉庆年间有人自北京南下已经到了淮河南面的马头镇，因风紧流急，“舟人畏三坝五闸之险”，停船七日，待水散落，方过闸至清江浦镇。[4] 可见当时载重的漕船要渡越这几处交会处也非易事。

淮河以南的江淮运河和长江以南的江南河水沙条件虽比黄河流域的运河要好得多，可也并非十分理想的航道。由于长江口、钱塘江口泥沙受海潮的顶托，运口也常淤塞。扬州、镇江间的南北运口和杭州城南江南河的南口，在历史时期曾多次变迁。[5] 太湖流域中部是个沉降区，吴江城南方塔之巅与海宁长安坝水面相等。[6] 这一段运河无牵挽是无法通航的。

综合上述，说明了我国历史上所开凿的南北大运河，由于自然条件的原因，并不是十分理想的航道。历代统治者投入大量人力物力，不时疏浚修筑，都是为了保证封建王朝每年所需要的数百万石漕粮的供应。其实这种漕运是对社会财富的极大浪费。清人包世臣指出：“夫南粮三四百万石，连樯五千余艘，载黄达卫，以行一线运河之间，层层倒闸，节节挽牵，合计修堤防，设官吏，造船只，廪丁舵，每漕一石抵都，常二三倍于东南之市价。”[7] 至于发展商业贸易活动的民间商船要利用南北大运河，则如上述由于社会、自然等因素，受到很大的限制。明人徐陟曾宣称：“至于运河，乃专为粮运而设，驿递官船亦是借行，况私船装载客货者，可横行其间而无忌乎?”[8] 可见除了押漕官吏挟带私货进行贩运，或有政治背景的“官商”用重金贿赂闸官私自

1 (清) 靳辅：《治河方略》卷 9，杂志。
2 (明) 潘季驯：《河防一览》卷 8《查复旧规疏》。
3 (清) 靳辅：《治河方略》卷 2，南运口。
4 (清) 吴锡祺：《南归记》，《小方壶斋舆地丛钞》第五帙。按三坝指御黄、钳口等坝，五闸指福兴、通济、惠济等闸，均在清江浦、马头镇之间淮南运河北运口段，嘉道年间屡有变化。
5 (清) 顾祖禹：《读史方舆纪要》卷 23，扬州府；卷 25，镇江府。光绪《杭州府志》卷 53《水利》。
6 (清) 谈迁：《北游录・纪程》。
7 《庚辰杂著四》，见《中衢一勺》卷 3。
8 (明) 徐陟：《奏为恳乞天恩酌时事备法纪以善臣民以赞圣治事》，《明经世文编》卷 356。

放行，一般客商往来贩运，甚是不便。因而不能过分夸大历史时期运河在社会商品流通方面所起的作用，因为这并不完全符合历史事实。

二、运河开凿后对地理环境的影响

上面已经提到，我国东部平原水系因受西高东低地形的制约，大都自西向东（或向东南、东北）流入大海，因此，历史时期一些主要的运河大多是为沟通这些天然河流而开凿的。例如战国时代的鸿沟、邗沟，三国时代的平虏渠、泉州渠，隋唐时代的永济渠、通济渠、山阳渎、江南河，宋代的惠民河（蔡河），元明清时代京杭大运河的各河段等。这些纵贯南北的运河，拦截了许多流向大海的河流。以后运河河床淤高，以致形成了地上河，遂使运西地区河流下泄发生影响，地面积水排除困难，如遇暴雨季节，运西地区不免遭受洪涝之灾。

战国魏惠王时代开凿的鸿沟是先秦时期规模最大、影响最深远的运河工程。它自今河南原阳县北引河水入圃田泽为蓄水库，又自圃田泽筑渠引水至大梁（今开封市），折而南流注入颍水。[1] 鸿沟以西发源于嵩山山脉的洧水、溴水及其不远的东汜水、鲁沟水、野兔水等，按当地东南倾斜的地势来推测，在鸿沟开凿以前，原先或东南流入颍水，或与涡水、茨水相接流入淮水。自鸿沟开凿以后，这些河流的下游都为鸿沟所截，因为下泄不畅，就在鸿沟以西壅塞成许多小湖陂，如鸭子陂、获陂、宣梁陂、逢泽、野兔陂、制泽、白雁陂、南陂、蔡泽陂、庞官陂等大小十余个，在今中牟、尉氏、扶沟、鄢陵境内形成一片陂塘密布的湖泽地区。[2] 宋代在鸿沟旧道上开凿了蔡河，为丰富水源，曾将蔡河以西的陂塘诸水导入蔡河。可是蔡河是一条人工运河，容量有限，秋汛季节，诸水暴涨，就会发生泛滥。[3] 元时蔡河已成地上河，蔡西诸水不能排入，积潦成灾；明代以后黄河经常夺蔡、颍入淮，日久将这些湖陂填平，从而引起当地土壤严重盐渍化。[4]

隋代开凿的通济渠，自今河南荥阳市引黄河水，东南至今江苏盱眙县北入淮河。唐宋时称汴河，因为以河水为源，含沙量高，河床淤积很快，宋代已形成地上河，横贯于河淮之间，长达数百公里。这道地上河的形成，影响到

1 《水经·渠水注》。

2 《水经·渠水注》。

3 《宋史》卷94《河渠四·蔡河》。

4 《河南省盐渍土改良中的几个问题的探讨》，中国科学院广州地理研究所河南分所编《地理汇集》，1964年。

两岸的地理面貌。宋人王曾有一段颇有见地的论述。他说:“汴渠派分黄河,自唐迄今,皆以为莫大之利。然迹其事实,抑有深害,何哉?凡梁宋之地,畎浍之水,凑流此渠,以成其深。至隋炀将幸江都,遂析黄河之流,筑左右堤三百余里,旧所凑水,悉为横绝,散漫无所归。故宋亳之地,遂成沮洳卑湿。”[1]事实也正如他所说的那样。在汴河未形成地上河以前,开封以西至汴口一带,汴河有很多支流,见于《水经注》记载的就有十余条。沈括说:“异时京师沟渠之水皆入汴。旧尚书省都堂壁记云:‘疏治八渠,南入汴水。’”[2]可是以后汴河筑堤而河底又高出两岸平地,沿岸支流不能排入,两旁堤脚就潴积成许多陂塘,侵害民田。[3] 每逢雨季,常常酿成涝灾。金代以后汴河淤废,而汴堤却仍如一道土墙屹立地面,阻碍了两岸沥水的排泄,使土壤渐趋碱化,至今犹受其害。

西汉以前,今河北平原上主要河流如黄河、滹沱河、泒河、滱河、治水等都是独流入海的。以后海岸线延伸,诸水渐次交会。至东汉建安十一年(206)曹操开凿了一条自滹沱河入泒河的平虏渠(即今南运河自青县北至静海独流镇一段)后,河北平原上的主要河流都会经天津入海,海河水系遂告形成。[4] 当时河北平原上的主要运河是建安九年(204)曹操开凿的白沟。白沟自今河南浚县西南枋头引淇水,经内黄、大名、馆陶、清河、枣强、景县一线,至东光、南皮以下即走今南运河。因为大部分河段为天然河流,尚未全面筑堤,故而白沟以西的河流仍可绝流而东,流入大海,如清河支津即是;[5]有的河流下游为清河所截,原入海河段渐成枯渎,如屯氏别河故渎、浮水故渎等。[6] 年长日久,众河汇流天津的局面给海河流域的排涝问题造成严重后果。《魏书·崔楷传》中有一段描述6世纪初河北平原中部洪涝的记载:

> 正始(504—508)中……于时冀、定数州,频遭水害,楷上疏曰:……顷东北数州,频年淫雨,长河激浪,洪波汩流,川陆连涛,原隰通望,弥漫不已,泛滥为灾。户无担石之储,家有藜藿之色。华壤膏腴,变为舄卤;菽麦禾黍,化作萑蒲……自比定、冀水潦,无岁不饥;幽、瀛川河,频年泛

1 (宋)王曾:《王文正公笔录》,百川学海本。

2 (宋)沈括:《梦溪笔谈》卷25,杂志。

3 《宋史》卷93《河渠三·汴河上》,天禧三年十一月郑希甫言:“汴河两岸皆是陂水,广浸民田,堤脚并无流泄之处。”

4 谭其骧:《海河水系的形成与发展》,《长水集续编》,人民出版社1994年。

5 《水经·淇水注》《水经·浊漳水注》。

6 《水经·河水注》。

滥……良由水大渠狭，更不开泻，众流壅塞，曲直乘之所致也。至若量其逶迤，穿凿涓浍，分立堤堨，所在疏通，预决其路，令无停蹙……钩连相注，多置水口，从河入海，远迩径通，泻其墝潟，泄此陂泽。

疏文中很清楚地说到当时冀、定、幽、瀛等州连年水患，是由于“水大渠狭，更不开泻，众流壅塞，曲直乘之所致”，解决的办法是“所在疏通，预决其路”“多置水口，从河入海”。换言之，就是开挖排水系统，分多支泄洪渠，使积潦各归大海。可惜当时对崔楷的建议未给予充分重视，致使河北地区的水涝之灾有增无减。

隋代永济渠上接沁河，源流更长，全河经人为加工，两岸筑堤，河北平原上的主要河流都被搁截入运。其中漳水、滹沱水、滱水（今唐河）都是洪量大、含沙高的河流，均合永济渠于天津入海，海河流域排涝成为一个很大的问题。唐贞观年间，瀛州（今河北河间一带）境内“滹沱河及滱水每岁泛溢，漂流居人”[1]。以后永徽、神龙、开元年间先后在沧州、景州境内开凿过毛氏河、无棣河、阳通河、浮水、徒骇河、靳河、毛河等，[2]都是永济渠的分洪渠，洪水来时分泄入海。可是宋代庆历八年（1048）后黄河夺御河（即永济渠）入海。一是水量泥沙骤强；二是因为黄河所经，堤防随之增高加固，这些分水渠道先后都被堵塞。结果这一条黄御合一的巨川，“横遏西山之水，不得顺流而下，蹙溢于千里，使百万生齿，居无庐，耕无田，流散而不复”[3]。又如滹沱河因“无下尾”[4]，泛滥深州诸邑，为患甚大[5]。元代御河在沧州一带，“水面高于平地”，以致“水无所泄，浸民庐及已熟田数万顷”[6]。明代御河上引清淇之水，在山东馆陶与漳水会合，至临清与山东运河会合，至青县又与滹沱等河会合。自洪武年间开始，漳河决口改道十分频繁。滹沱河造成的灾害程度也不亚于漳河。据《深州风土记》记载，明清两代仅深州（辖今河北深州市与武强、饶阳、安平县）一州境内，滹沱河决徙达八十五次之多。[7] 如遇漳河、滹沱河、卫河同时涨水，则整个河北平原几乎都要遭受水灾。当时弭灾的唯一办法是在运河东岸开减河分泄入海。明代从永乐至弘治在卫河东岸开了

1 《旧唐书》卷185上《贾敦颐传》。

2 《新唐书》卷43《地理志三》。

3 《宋史》卷92《河渠志二・黄河中》。

4 《续资治通鉴长编》卷249，熙宁七年正月程昉言。

5 《宋史》卷95《河渠志五・滹沱河》。

6 《元史》卷64《河渠志一・御河》。

7 同治《深州风土记》卷2《河渠》。

恩县四女寺减河、德州哨马营减河、沧州捷地减河、青县兴济减河。到嘉靖年间都遭淤塞，南北诸水，“流经千里，始达直沽。每遇大雨时行，百川灌河，其势冲决散漫，荡析田庐，漂没粮运”，于是重开四条减河。[1] 清初又淤废，四女专减河“闸座废坏不修，引河淤塞已平”[2]，雍正年间再度开挖四河。[3] 明清统治者治理卫河的着眼点在于漕运的畅通与否，对减河的通塞也以卫河有否破堤之患为准。如果卫河无患，减河是否排水，运西地区有否涝情，统治者是不关心的。因此明清以来海河流域水灾愈闹愈严重。有人做过统计，海河在唐代平均每 31.5 年闹一次水灾，宋朝为 30 年一次，元朝增至每隔 4.8 年闹一次，清朝为 5.3 年一次。[4] 直至近代，海河流域的洪涝仍然是值得重视的严重问题。

在会通河未开凿以前，今豫东北，鲁西南、西北地区的沥水有两条出路：北面一路由今黄河左右的马颊河、徒骇河、大清河等入海；南面一路由泗入淮，由淮入海。会通河开凿以后，不断加筑河堤，犹如一道土墙阻隔在东，南面则有高于运河的黄河（今淤黄河）的拦截，北面为狭窄的卫河所约束。这一地区的沥水宣泄就发生很大困难。每遇暴雨，黄运并涨，河溢湖满，洪水到处汹涌洄荡，受灾面积极广，“泛滥于南，则自曹州、郓城、定陶、曹县、巨野、嘉祥，以至济宁、鱼台、滕县、峄县及江南之沛县、徐州、邳州均受其害。泛滥于北，则自濮州、范县、朝城、莘县、阳谷、寿张，以及聊城、东阿、博平、清平、堂邑、临清、夏津、恩县及直隶之清丰、南乐、清河、故城，俱被其灾”[5]。洪水过后，留下积水宣泄无路，就浸没良田。清代山东运河（即会通河）沿线有大片沉粮地、缓征地，就是这个缘故。[6] 明代开始在会通河东岸也开了减水闸、河，但于排涝并无明显效果。一则因东面有山东丘陵山地的阻隔，减水闸分布极稀；南旺以北有戴家庙三空桥、聊城五空桥、博平减水闸、张秋五孔桥等，运西地区沥水由这些闸门分泄入海；南旺以南直至宿迁始有西宁桥放水入海，其间七八百里就没有减水闸。[7] 二则如上文所述，减水闸的启闭视运河水量的损益而定，而不论运西地区是否产生涝情。例如阳谷县张秋镇

1 （清）傅泽洪：《行水金鉴》卷 114，引《明世宗实录》，嘉靖十四年七月癸未。

2 （清）张伯行：《居济一得》卷 5《女寺减水闸》。

3 （清）吴邦庆：《畿辅河道水利管见》；（清）陈仪：《直隶河渠志》，见《畿辅河道水利丛书》，农业出版社 1964 年。

4 乔虹：《明清以来天津水患的发生及其原因》，《北国春秋》1960 年第 3 期。

5 （清）张伯行：《居济一得》卷 6《治河议》。

6 《济宁县志》卷 2《法制略》。

7 （清）张伯行：《居济一得》卷 2《南旺主簿》。

西南诸邑有魏河、洪河、小流河、清河等汇集全沙湾小闸入运。后来因张秋一带运河屡遭河水冲溃，于是"高筑堤堰"，使这一带地面沥水难以排泄。"曹州、郓城、濮州、范县遂苦水患，而邻邑之受害者，亦无穷焉。"[1] 自明清以来至解放以前，今黄河以南、淤黄河以北、会通河以西的三角地带，水旱无常，盐碱、沙荒、涝洼遍地，有的地方寸草不生，生产低下，农民生活极端贫困。

春秋时代开凿的邗沟以及隋代重修的邗沟、山阳渎，原是利用江淮间高邮、宝应一带天然湖泊进行通航的。后因湖泊中风浪大，逐渐在湖东开渠，避湖而行。宋代开始运河全线筑堤，运西诸湖不断扩大，淹没了大片农田，同时湖面抬高，形成了"漕河高于田，湖高于河"[2] 的局面，成为运东地区的莫大威胁。笔者曾于1966年步行通过淮安扬州间公路，即运河东堤，堤东地面低于运堤数米，愈远愈低。明人万恭指出："高宝诸湖周遭数百里，西受天长七十余河，徒恃百里长堤，若障之使无疏泄，是溃堤也。"[3] 所谓"百里长堤"，不过是高丈余或五六尺的土堤，[4] 怎能经得起洪水的冲击？一旦溃堤，运东低洼地区尽为鱼鳖。清代治黄专家陈潢说："下河高宝兴泰七州县之被淹也，非淹于雨泽之过多，实淹于运河溢出之水也。"[5] 里下河地区在近几百年内，是涝灾最严重的地区之一，已为众所周知，毋庸多言了。

地处水乡泽国的江南运河，河网密布，原不存在排水问题。自北宋庆历年间为了便于挽纤，在吴江县东筑石堤数十里，作为纤路，下设涵洞，以排太湖之水。日久涵洞为泥沙所淤，茭蒿丛生。"茭芦生则水道狭，水道狭则流泄不快"，于是太湖之水，"常溢而不泄，浸灌三州（按：指苏湖常）之田。每至五六月间湍流峻急之时视之，吴江岸之东水常低岸西之水不下一二尺，此堤岸阻水之迹自可览也"。[6] 苏轼也曾指出："昔苏州以东，官私船舫，皆以篙行，无陆挽者……自庆历以来，松江始大筑挽路……自长桥挽路之成，公私漕运便之，日葺不已，而松江始艰噎不快，江水不快，软缓而无力，则海之泥沙，随潮而上，日积不已，故海口湮灭，而吴中多水患。"[7] 由此可见，宋代以后太湖流域的水患，江南运河堤岸（即纤路）的修筑是一个重要的因素。

---

1 （清）张伯行：《居济一得》卷6《治河议》。
2 （清）谈迁：《北游录·纪程》。
3 《明史》卷85《河渠志三·运河上》。
4 （清）傅泽洪：《行水金鉴》卷37，引《通漕类编》。
5 （清）靳辅：《治河方略》卷9《辩惑第十二》。
6 （宋）单锷：《吴中水利书》。
7 （宋）苏轼：《东坡全集》卷59《进单锷吴中水利书》。

综合上述，我们认为历代开凿的南北大运河，犹如一道长城，纵贯于我国东部平原的南北，使运西诸河流的下泄和地面沥水的排除产生障碍。黄河以北的河流都集中在天津一处出口，黄河以南都集中在淮河一处出口。这二处都因曾为黄河所夺，黄河改徙后，留下泥沙淤浅河道，使出口细狭，宣泄不畅，江淮地区河湖密布，因有运堤阻隔，排水也有问题，因而千百年来东部平原上洪涝碱灾不断发生，不能不说是南北大运河带来的副作用。正如恩格斯所说的那样："我们不要过分陶醉于我们对自然界的胜利。对于我们的每一胜利，自然界都报复了我们。每一次这种胜利，第一步我们确实达到预期的结果，但第二步和第三步却有了完全不同的意想不到的结果，常常正好把那第一个结果的意义又取消了。"[1]

三、运河的通航和农业生产的矛盾

我国历史上运河的发展，大概可以分为三个时期：先秦至南北朝为第一期，隋唐两宋为第二期，元明清为第三期。运河的通航和农业用水的矛盾开始于第二期，进入第三期则发展到十分尖锐的程度。

在第一期，各地区开凿的人工运河和农田灌溉渠道在职能上并无严格区别。《史记·河渠书》在记载了春秋战国以来各地人工运河后说："此渠皆可行舟，有余则用溉浸，百姓飨其利。至于所过，往往引其水益用溉田畴之渠，以万亿计，然莫足数也。"虽然在秦汉中央集权统一国家形成以后，漕运成了运河的主要职能，但那时政治中心和经济重心都在黄河流域，漕运的行程不远，为时也短。例如西汉武帝元光中在关中地区引渭水开凿的漕渠，一年中有三个月的时间用于漕运，漕"罢而渠下民田万余顷，又可得以溉"[2]；三国时代邓艾在淮河南北大兴水田所开的渠道，亦兼航运之利。因而在这个时期，运河的通航和农业用水尚未出现令人注目的矛盾。

到了第二期出现了新的情况。第一，政治中心仍在黄河流域，而经济重心却转移到了长江流域，漕运成为南北大运河的主要任务。封建王朝对漕运的依赖远远超过第一期，历届政府将保证漕运的畅通作为一项十分重要的职责。第二，由于漕运路程延长，漕航在运河中航行的时间也随之增加。几乎每年春上解冻到深秋禁运浚河的这段时间内，运河全被往返的漕船所占用，而两岸的农田此时也最需要灌溉。本来就感到水源缺乏的

1 《马克思恩格斯全集》卷20，《自然辩证法》，人民出版社1971年，第519页。

2 《汉书》卷29《沟洫志》。

运河再要分水用于灌溉，就感到十分困难。漕运和农业用水开始出现了矛盾。

这种矛盾表现为两个方面：一个方面是运河用水占用了农业土地。这是从宋代开始的。宋代主要运河是汴河，源出黄河，因为流量不均，曾在沿岸设置了一些调节流量的水柜(水库)，在夏秋水涨时蓄水以备冬春之用。汴河沿岸原有些沼泽洼地，如圃田泽等，多年来涸露出来的滩地，久已被垦为农田。这时又重新辟为水柜，于是侵占了原有的民田，影响了当地农业生产。元祐元年(1086)曾经调查汴河沿线水柜侵占民田的情况，决定可退出的，即还本主，水占民田由官田退还，“无田可还，即给元直”，并于该年停办水柜。[1] 可是汴河水源问题不解决，这种禁令是不能坚持长久的。绍圣年间，在“中牟、管城以西，强占民田，潴蓄雨水，以备清汴乏水之用”，仅“中牟一县，占田八百五十余顷”。[2] 另一方面是漕运和农业用水之间的直接矛盾。唐代汴河沿线人口异常集中，农业用水很大。沿河的农民常常引汴河水用以灌溉，使汴河“每至春夏之时，多被两岸田莱，盗开斗门，舟船停滞”[3]。官府“遣官监汴水，察盗灌溉者”[4]，却也无法制止。同时，汴河沿岸的汴州、宋州是“梁宋之地，水陆要冲，运路咽喉，王室藩屏”[5]，唐代在这里驻扎大批军队以供守卫，并置官田，以为屯兵军食。这些“屯兵居卒，食出官田，而畎亩颇夹河与之俱东，仰泽河流，言其水温而泥多，肥比泾水”。每逢春四月时，农事兴作，沿河屯兵就纷纷派决灌田，使汴河“视其源绵绵，不能通槁叶矣”。朝廷因“两地兵食所急，不甚阻其欲”，遂使汴河上“舟舻曝滞，相望其间，岁以为常。而木文多败裂，自四月至七月，舟佣食尽不能前”。[6] 可见在唐代漕运和农业用水的矛盾已经十分尖锐了。宋代汴河每年漕运粮食六百万石至汴京，运费浩大。熙宁二年(1069)时有人建议利用汴河两岸的牧马地和公私废田进行屯田，在汴河两岸设置斗门，分汴水进行灌溉，“岁可以得谷数百万以给兵食，此减漕省卒，富国强兵之术也”[7]。自此以后，引汴溉田之风盛起，经汴流所溉的瘠土，“皆为良田”[8]。沿汴经过淤泥灌溉以后的良田有八

1 《宋史》卷94《河渠志四·汴河下》。

2 (宋)苏辙：《栾城集》卷37《乞给还京西水柜所占民田状》。

3 《唐会要》卷87《漕运》。

4 《新唐书》卷53《食货志》。

5 (唐)白居易：《白氏长庆集》卷40《与韩弘诏》。

6 (唐)沈亚之：《淮南都梁山仓记》,《全唐文》卷736。

7 《宋会要辑稿》卷287《食货七》。

8 《宋史》卷355《杨汲传》。

万顷，[1]沿汴的农业生产确实获得了利益，可是汴河的漕运却由此大受影响。例如熙宁六年(1073)六月十二日，正当旺水季节，也是漕运最繁忙的时候，汴河水位突然减落，“中河绝流，其洼下处，才余一二尺许”。查访结果原来是上游放水淤田时，“下流公私重船，初不预知”，至水位骤落，“减剥不及类，皆阁折损坏，至留滞久，人情不安”。[2] 以上仅是其中一个例子而已。总之，在唐宋两代，运河的漕运和沿运的农业用水的矛盾已经十分尖锐。但当时引水灌溉的往往都是官田，统治阶级总希望两者兼顾，故而并未采取断然措施来禁止引水；另一方面，这种矛盾出现于某一特定时间和某一特定河段，所以尽管矛盾在某时表现十分尖锐，但总的说来，漕运和农业用水两方面还能维持下去。

到了第三期元明清时代，情况就大不相同了。元代开始兴建的南北大运河，在淮河以北各河段水源都很缺乏。元代通惠河全借白浮、一亩等泉以通漕运，水源原不充沛，沿途的寺观权家往往私决堤堰，浇灌稻田、水碾和园圃，妨碍了漕船的运行。元朝政府曾为此严下禁令。[3] 河北平原上御河沿线是重要的农业区，为了不使御河“走泄水势”“涩行舟”“妨运粮”，不惜影响农业生产，严禁沿河园圃之家，穿堤作井，引水溉田。[4] 元代著名水利学家郭守敬在河北西南部广开水田，引滏、漳等水灌溉滏阳、邯郸、洺州、永年、鸡泽等县农田，成效显著。可是滏、漳原为御河的水源，被截来灌溉后，“御河浅涩，盐运不通”[5]，于是尽将引水渠道堵塞，使滏漳水全注御河，[6]这一带水田由此衰落。清代卫河水流细微，沿河农家往往私泄以为灌溉之用，使运河更浅，粮艘难行。康熙年间靳辅规定每年五月初一尽堵渠口，严禁民间放水灌田。但日久法弛，“重运难于北上”。于是乾隆初又重申禁令，“务使卫水涓滴不至旁泄，粮运遄行无阻”。[7] 这样却苦了沿河农民，因为除卫河外，这一带就没有比较大的河流可以引作灌溉了。

明清两代的会通河全赖鲁中山地西侧各泉为源，先后截拦入运的泉眼有四百余处。因为沿运设置了水柜，需不时将汶泗流域各泉引纳入湖蓄积，以备漕船通过时放水入运，所以在非漕船通过的时间里也都严禁引用河湖，

1 《宋史》卷333《俞充传》。

2 《宋会要辑稿》卷443《方域十六》。

3 《元史》卷64《河渠志一·通惠河》。

4 《元史》卷64《河渠志一·御河》。

5 《元史》卷5《元世祖二》。

6 《元史》卷164《郭守敬传》。

7 (清)王文谦：《东华续录》卷2，乾隆二年六月。

包括汶泗流域所有的泉眼。明政府曾下令规定:“凡故决山东南旺湖、沛县昭阳湖堤岸及阻绝山东泰山等处泉源者,为首之人并遣从军,军人犯者徙于边卫。”[1]清代规定:“盗决山东南旺湖、沛县昭阳湖、蜀山湖、安山积水湖、扬州高宝湖……首犯先于工次枷号一个月,发边远充军”“其阻绝山东泰山等处泉源有干漕河禁例,军民俱发近边充军”。[2] 康熙六十年(1721)玄烨巡视山东河工时就指出:“不许民间偷截泉水,则湖水易足,湖水既足,不难济运矣。”[3]沿运的地方和水利官员以开发水源的多寡为升迁的标准之一,于是当涂者“尽括泉源,千里焦烁”[4]。汶泗流域原是农业十分发达的地区。春秋时代就有著名的“汶阳之田”“龟阴之田”,[5]汉武帝时也曾引汶水溉田万余顷。[6]可是到了明清时代,汶泗流域的农业因灌溉缺水,每况愈下。对这个问题一般士大夫是不敢直言不讳地揭露的,个别比较关心国民生计的也只能是用隐晦曲折的言语指出问题的严重性。明末顾炎武在《天下郡国利病书》中指出:“漕在东省出入郡境(指兖州府),十居其七,而沂、泗、汶、洸诸水挟百八十泉之流,互相转输,以入于运。环千里之土,举名山大川之利,以奉都水。滴沥之流,居民无敢私焉。”[7]就是将汶、泗、沂、洸流域的地表地下水全部囊括入运,使农业生产无法正常进行。他又专门谈到峄县人民贫困的原因,说自唐以来丞(令峄县)地农田灌溉很发达,“青徐水利莫与为匹”;元大德中,有峄州盖学正所撰《计地泉记》,“犹称泉水散漫四邻,灌溉稻田无虑万顷,民受其利”;元末兵燹以来,“河渠故道岁久湮没,且接济漕渠,国亦有明禁”,使农业人口大批逃亡,“常数十里无炊烟”“一望荒落”。[8] 显然这是明初以来“尽括泉源”的结果。如归咎于元末战乱,岂有明初以来一二百年不恢复的道理?农民长期无水灌溉,怎能不移徙、逃亡?

江淮运河虽贯穿于诸湖之中,可是在界首一带,“放水灌田,则舟苦难行,蓄水行舟,则民苦无水”[9]。谈迁《北游录·纪程》中说:“自江都来,水嬴而山绌,民多苫舍,田多污莱,鱼虾颇贵,岸苗欲枯,惧分溉病漕,诚河无全利也。”可见江淮运河沿线灌溉和漕运的矛盾一样是十分尖锐的。江南运河地

1 (明)谢肇淛:《北河纪》卷6《河政纪》。

2 《大清律例》卷39《工律河防》。

3 朱偰:《中国运河史料选辑》,中华书局1962年。

4 (清)顾祖禹:《读史方舆纪要》卷30,会通河。

5 《左传》成公二年,《史记》卷47《孔子世家》。

6 《汉书》卷29《沟洫志》。

7 (清)顾炎武:《天下郡国利病书》卷38《山东四·兖州府志》,引《漕渠图说》。

8 (清)顾炎武:《天下郡国利病书》卷38《山东四·兖州府志》,引《漕渠图说》。

9 (清)张伯行:《居济一得》卷7《大挑运河》。

处水乡泽国，一般说来这种矛盾不大，可在个别河段如“自常州至丹阳地势高仰”“自丹阳至镇江地形尤高”，[1] 相传有“京口闸底与虎丘塔顶平”的说法。[2] 唐以来这一段运河多靠练湖水补给，严禁引湖水灌田，“盗决者罪比杀人”；宋代“立为盗决侵耕之法，著于令”。[3] 立法是相当严的。明代“塞沿堤私设涵洞”[4]，杜绝引运河水灌田，使水源尽为漕运所用。总之，元明清时代漕运和农业用水的矛盾的最后解决办法，是牺牲沿运地区农业生产的利益，服从于中央政府漕运的需要。

四、小结

综合上述讨论，我们对历史上运河的作用和影响，有下列几点认识：

（1）在我国历史上，不论在分裂时期为军事征伐需要而开凿的运河，还是在统一时期为加强对地方的控制以及为供应中央政府粮食和物资的漕运所开凿的运河，其作用主要表现为政治方面，经济作用固然有，相比之下，居于次要的地位。

（2）由于自然条件的限制，在我国东部平原上兴建的运河，航运条件并不十分理想。其经济作用的发挥有很大限度。同时统治阶级为本集团的利益出发，往往采取一些破坏自然环境的措施，给运西地区带来了严重后果。而且为保证漕运，甚至不惜牺牲当地农业为代价，则更不利于社会生产的发展。因而，评价我国封建社会时期开凿的运河，不能不加分析地一味颂扬，应该一分为二，全面地考察它的作用和影响，才能做到恰如其分。

（3）经过对运河有关历史地理问题的探讨，我们可以从中汲取的教训是：地理环境是相互制约的；任何一项改造自然的措施，一定要全面地、综合地考虑到由此可能引起的一切影响，否则随着历史的进程，其负面影响最终必将反映出来，给子孙后代带来不良的后果。

（原载《中国史研究》1982 年第 3 期）

---

1 《宋史》卷 97《河渠志七・东南诸水下》。

2 《明史》卷 86《河渠志四・运河下》。

3 《宋史》卷 97《河渠志七・东南诸水下》。

4 《明史》卷 86《河渠志四・运河下》。

运河在中华文明发展过程中的作用

人们常说中华有五千年文明史，然其中有三千年与运河有关。

中国运河在世界运河史上有其独特的地位。就运河延伸路线之长，维持时间之久，工程之伟大和艰巨而言，在世界上则是独一无二的。

以运河的延伸长度而言，在公元前3世纪的秦代，当时的运河已经沟通了黄、淮、江、钱塘、珠五大水系；公元3世纪的曹魏时代，运河的北端已向北延伸至今河北省北部的滦河下游；公元7世纪的隋唐时代，当时北抵北京、西达西安、南至杭州的南北大运河全长约2 300公里；元明清时代的京杭大运河，从北京至杭州，全长2 000余公里，如果将浙东运河也计在内，则又要加上120余公里，无疑为世界之最。

以运河维持时间之久而言，公元前5世纪开凿的邗沟运河，至今仍然是江淮之间的水运干道，历时2 500余年；秦始皇时代开凿的沟通湘、漓二水的灵渠，至今仍有航运、灌溉之利；今镇江至杭州的江南运河，最早形成于秦代，更是当今长江三角洲地区重要水运航路；较晚的形成于13世纪的山东运河，在今天济宁以南的鲁南运河段，仍然担负着苏、鲁之间重要水运任务。历史上人工运河的航运功能维持如此之久，在世界范围内也是绝无仅有的。

以运河工程之伟大和艰巨而言。灵渠是世界上最早的越岭运河。京杭大运河中山东运河段沿途山峦起伏，全长约300公里。因地处山东地垒西缘，运河所经的地势是中间高，南北低，沿运需要分段建闸节水，才能通流，全线最多时建50余闸；又因水源缺乏，将沿运地区数百眼泉水，开挖明渠输送入运，并建四大水库以供蓄泄。其工程之浩大、艰巨是世界上任何一条运河所无法比拟的，堪称世界运河工程之最。

如此宏大规模和悠久历史的运河工程，充分体现了我国古代劳动人民的聪明和才智。这一系列运河的开凿，曾经为维护和巩固多民族国家的统一和发展、为地区之间经济和文化交流方面发挥过重大作用，同时客观上为古老中华文明的长期延续做出了重大贡献。

中国历史上运河对中华文明发展之贡献，大体可从下列两个方面而言：

一、对多民族大一统帝国的形成、发展和巩固的贡献

中国地域广大，自然条件复杂，民族众多，各以农耕、畜牧、游猎采集经济为生，各有其活动、生存的地域，区域间经济、文化差异很大。对于有如此强烈的自然和人文地区差异的国家，如果春秋战国时代分裂的局面长期延续下去，最后没能形成多民族大一统的国家，那么世界唯一能延续几千年的中华文明就不可能由此产生、形成和巩固。

早在春秋战国时期，诸侯国林立，各国间战争频繁，互相攻伐，而又互相交往。由于军事征伐和政治、经济交流的需要，为了弥补我国北方大部分天然河流都是东西流向的限制，于是就出现了主要为沟通南北的人工运河。为什么我国运河最早出现在黄淮之间，如春秋时代楚国的扬水、吴国的邗沟以及战国时代魏国沟通黄、淮的鸿沟运河？因为这里是我国南北经济和文化的过渡地区，由此反映人们很早就有沟通南北的需求和意图。

公元前 3 世纪秦始皇统一六国，形成了多民族的统一国家，开始了我国历史上第一个中央集权的统一王朝。其“一法度衡石丈尺，车同轨，书同文字”政策，为统一帝国的巩固打下了基础。此后，两汉、西晋、隋、唐、宋、元、明、清所建立的统一王朝占了我国历史上大部分时间。在这漫长的历史时期内，作为全国政治中心的首都，除了明初的二十几年外，大都建立在黄河流域。当时王朝的国防边境又在北部蒙古高原的南缘。唐代中叶以前，我国的经济重心地区在黄河中下游地区；唐代中期安史乱后，直至宋代，我国经济重心开始转移到了长江中下游地区。此后统一王朝的政治中心和国防前线所需要的包括粮食在内的各种物资，都需要从经济重心地区缴纳、输送。因此，作为运送各种物资供应京师和边防的漕运制度，成为我国秦朝以后历史上特有的国家基本制度。而漕运离不开水道，因此，开凿人工运河和维护其正常运行，成为历代王朝最关注的水利工程。

即便是在分裂的魏晋南北朝时期，区域性运河的开凿仍然十分发达。三国曹魏开凿的白沟、利漕渠、平虏渠、泉州渠、新河，将运河延伸到河北平原的最北端。原因是分裂时期，区域各国间的军事、经济和文化的交流并未停止，有时短期的、突发性的交往反而更加频繁。同时南北各分裂政权，都有统一南北的强烈欲望，如三国时期的曹操、诸葛亮，北朝的苻坚，东晋的刘裕，南宋的岳飞，皆因时机不成熟，或条件不够，未能成事。由此可见，统一是中华民族血液中的基因。所以分裂时出现运河的选线更为便捷的现象，也是为后一时期大统一王朝奠定后全国性统一运河的开凿提供了借鉴。

居住在历代王朝首都的皇室、勋戚、官宦、军队、富商大贾以及为他们服

务的各色人等形成的庞大消费群体所需要的，包括粮食在内的各种物资，必须通过漕运从全国富庶的地区攫取而来，水运是最廉价运输方式，而运河则是为此服务最好的工具。与此同时，“漕运自产生之日起，便是一项社会性很强的经济活动，触及社会的许多领域，诸如国家政局的稳定、战争的成败、农业经济的发展、商业经济的繁荣、交通运输的畅达、区域社会的开发、社会生活的安定，等等。尤其是封建社会中期以后，漕运发挥越来越广泛的社会功能，粮食的运输仅只是漕运的一种形式，漕运实则已经转变为统治者手中调节器，对社会进行广泛的调控。对许多不安定的社会因素和失衡的社会现象，统治者都借助和倚重漕运（或漕粮），以达到平息和制衡的目的。此外，漕运还起着一些不属于封建朝廷控制范围、客观上却十分积极的社会作用，诸如促进商品的流通，刺激商业城市区的繁荣、促进商业性农业的发展，加强各地经济文化的交流等。”[1]由此可见，运河在多民族统一的国家里，已不仅仅是一种交通载体，而在客观上起了加强巩固和维护统一帝国的作用。因此，运河的修建，并非汉族为中心王朝的专利，也不受传统交通所谓“南船北马”的理念的影响。北京附近的通惠河，就是女真族定都中都（今北京）时修凿金口河的延续；著名的京杭大运河是蒙古族入主中原后开凿的。

秦朝在鸿沟运河与黄河交汇处的敖山建立了国家级的粮仓——敖仓，从而保障了新建的统一王朝的物资供应。西汉文景之治，“京师之钱累巨万，贯朽而不可校。太仓之粟陈陈相因，充溢露积于外，至腐败不可食”[2]。这无疑是多年来通过运河将漕粮运至京师的结果。武帝元封年间，桑弘羊为治粟都尉，“山东漕益岁六百万石，一岁之中，太仓、甘泉仓满。边余谷，诸物均输帛五百万匹。民不益赋而天下用饶”[3]。由于运河功能的充分发挥，大大增强了汉朝的国力。武帝时代，北伐匈奴，南通西南夷，东至沧海之郡。对外征伐的军秣所需均由运河输送。此外，北逐匈奴开拓北疆后，在河套地置朔方郡及其南新秦中地区，迁人口七十余万，固守边防，衣食皆仰给县官（指朝廷）。[4] 由此可知，当时中央朝廷所有的财政支出，包括国防军事费用以及保卫边疆的戍守的边民衣食皆仰给于漕运，运河对于汉王朝统治之巩固具有何等重要的作用？如果没有运河的转输，这个我国历史上大汉统一王朝的所谓丰功伟绩是难以实现的。

1　吴琦：《漕运与中国社会》，华中师范大学出版社 1999 年，第 3 页。

2　《史记》卷 30《平准书》。

3　《史记》卷 30《平准书》。

4　《史记》卷 30《平准书》。

隋朝的南北大运河，重建大一统的帝国。隋炀帝穿江南河，为的是加强中原王朝与分离了三个世纪的南方地区的联系，进一步巩固新建的统一政权。隋炀帝大业四年(608)开永济渠至涿郡(今北京城西南部)，将从全国征集来的兵员、军械、粮食及有关物资，运送集中于北方重镇涿郡，是为了征伐高丽，保卫北方的边陲。南北大运河对隋统一王朝极具建立和巩固，无疑是起了关键的作用。

唐代首都长安地处关中平原，但“关中号称沃野，然其土地狭，所出不足以给京师，备水旱，故常转漕东南之粟”[1]。天宝末，安史乱起，州县多为藩镇割据，贡赋不入朝廷，中央府库耗竭，朝廷粮食发生极端的恐慌。贞元初，关中“米斗千钱，太仓供天子六宫之膳不及十日，禁中不能酿酒，以飞龙驼负永丰仓米给禁军，陆运牛死殆尽”[2]。贞元二年(786)久阻的汴河一时畅通，江淮三万斛米运至陕县(今县西南)，唐德宗在长安闻知后，对他的太子说：“米已至陕，吾父子得生矣！……又遣中使谕神策六军，军士皆呼万岁。”[3]汴河的通塞对唐王朝命运攸关的情景，从德宗父子溢于言表的赤裸表现而暴露无遗。唐末黄巢起义平后，全国各地均为军阀所据，“皆自擅兵赋……江淮转运路绝，两河、江淮赋不上供，但岁时献奉而已。……大约郡将自擅，常赋殆绝，藩侯废置，不自朝廷，王业于是荡然”[4]。王夫之说：安史乱后，“而唐终不倾者，东南为根本也”[5]。盖指运河延长了唐朝的生命。唐朝人对运河的社会的功能有不同看法。皮日休《汴河怀古》：“尽道隋亡为此河，至今千里赖通波；若无水殿龙舟事，共禹论功不较多。”[6]李敬方《汴河直进船》：“汴水通淮利最多，生人为害亦相和。东南四十三州地，取尽脂膏是此河。”[7]虽然对运河的功过评价不一，但认为对唐王朝的重要性却是一致的。

北宋定都开封，实与运河有关。按理，开封并不是理想的定都所在。这里位于黄河下游平原，地势平坦，无险可恃。但是它有发达的水运条件，史云“宋都大梁，有四河以通漕运，曰汴河，曰黄河，曰惠民河，曰广济河。而汴河所漕为多”[8]，当时的东京城是全国水运的枢纽中心。而宋代鉴于唐末五

1 《新唐书》卷53《食货志三》。

2 《新唐书》卷53《食货志三》。

3 《资治通鉴》卷232，唐纪四十八，贞元二年四月甲申。

4 《旧唐书》卷19《僖宗纪》。

5 《读通鉴论》卷26《唐宣宗九》。

6 《全唐诗》下册，上海古籍出版社缩印本1985年，第1558页。

7 《全唐诗》下册，上海古籍出版社缩印本1985年，第1284页。

8 《宋史》卷175《食货志上三·漕运》。

代藩镇割据之祸，推行“强干弱支”之策，在首都开封驻扎了数十万禁军，以守卫京师。所谓“今天下甲卒数十万众，战马数十万匹，并萃京师，悉集七亡国之士民于辇下，比汉唐京邑，民庶十倍。甸服时有水旱，不至艰歉者，有惠民、金水、五丈、汴水等四渠，派引脉分，咸会天邑，舳舻相接，赡给公私，所以无匮乏。惟汴水横亘中国，首承大河，漕引江、湖，利尽南海，半天下之财赋，并山泽之百货，悉由此路而进。”其中汴河“岁漕江、淮、湖、浙米数百万，及至东南之产，百物众宝，不可胜计。又下西山之薪炭，以输京师之粟，以振河北之急，内外仰给焉。故于诸水，莫此为重。”[1] 所以熙宁年间张方平说：“今日之势，国依兵而立，兵以食为命，食以漕运为本，漕运以河渠为主。……今仰食于官廪，不惟三军，至于京师士庶以亿万计，大半待饱于军稍之余，故国家于漕事，至急至重。”[2] 由此可见，北宋政权建都汴京，很大程度是依靠了以汴河为主的运河水系保证了首都的安全。

明代永乐年间定都北平后，恢复元代以来京杭大运河，朝廷对其依赖更甚于前代。“国家财赋，仰给东南”是明代大臣论及漕运问题的奏章里最普遍、常见的用语。刘天和《问水集·治河功成举劾疏》：“臣窃惟运河国计所系，凡宗庙军国之需，营建宴赏之费，与夫四夷薄海之朝贡，京师万姓之仰给，举由是以达。”当时燕京“九重之供亿，六军之储需，咸取急焉。所赖以灌输者河道也”[3]。每年漕运之京师“岁输江南四百万之粮，以给官军数十万之用，上有关于国计，下有系于民生”[4]。此非仅指朝廷而已，而是京师亿万民众生活所需皆仰给出于运河。所谓“京师之地，素称瘠土，衣食百货仰给东南，漕河既废，商贾不通，畿甸之民，坐受其困”[5]。大运河是京城和江南之间唯一交通运输线，几乎所有中国所产的各种物品都通过大运河输送至京师。[6] 可见大运河是明代京师能赖以生存的生命线。

清代对漕粮的需要超过历朝历代，清朝少数民族入主中原，为了巩固其统治，朝廷官吏实行汉满双轨制，故机构庞大，京师附近十多万的八旗驻军及其数十万不劳而食的家属均由朝廷供养米粮，故其需求远超过其他朝代。[7] 漕粮的另一支付，是全国各地驻防军饷。

---

1 《宋史》卷93《河渠志三·汴河上》。

2 《乐全集》卷27《论汴河利害事》。

3 （明）潘季驯：《河防一览》卷14，常居敬《酌议河道善后事宜疏》。

4 （明）潘季驯：《河防一览》卷13，尹瑾《科臣进图疏》。

5 （明）萧端蒙：《治运河议》，《明经世文编》卷286。

6 黄仁宇：《明代的漕运》，张皓等译，新星出版社2005年，第15—16页。

7 李文治、江太新：《清代漕运》(修订本)，社会科学文献出版社2008年，第47—48页。

清代前期沿明之旧，每年从山东、河南、江苏、浙江、安徽、江西、湖北、湖南八省征收钱粮和白银，运贮北京通州各仓，以供皇室食用和王公官员俸禄及八旗兵丁口粮。清人张伯行说："我国家岁漕东南数百石，以实京师，所借者，会通河一线之水耳。"[1]所谓"东南岁漕四百万石转输天庾，关系军国第一大事"[2]。1816 年英国阿美士德使团访华，途经白河，"这一天里，我们从许多运粮去北京的帆船旁经过，其数量之多，运输量之大，与以前使团的作家们所做的描述完全相符。这些帆船排列的方式和顺序，其情景给人留下了深刻的印象。它们沿着河岸整齐地排成一排停泊在那里，我们溯流而上时，迎面看到的是它们那高大、装饰讲究的方形船尾"[3]。19 世纪的西方人可能只是从经济角度来观察帆船的数量和运输量，他们不了解，这一成排帆船，实际是清王朝的生命线，对清王朝的巩固和维护厥功至伟。

综观自秦汉以来，中华文明能久盛不衰，并能延续二三千年，没有统一的政治局面的巩固和发展，是不行的。而这种局面的巩固和发展，运河曾起了很大的作用，故其对中华文明的发展，厥功至伟。

二、对中华文明内涵吸纳、包容和发展过程中的作用

大凡一种文明要具有久长不衰、连绵延续的生命力，必须具有融合、吸纳各种文明的胸襟和能力。对中国这样一个地域广大的政治实体，她须要有两种融合和吸纳：一是对域内各区域不同文明的融合，一是对域外文明的吸纳和交流。

（一）秦汉以来书同文、车同轨、统一度量衡的措施，是通过行政手段达到的，但民间的生活习俗，如饮食、服饰、宗教信仰、民间习俗，却不可能完全通过行政手段融合。故秦汉以来，我国文化南北差异还是很大的。有所谓"百里不同风，千里不同俗，户异政，人殊服"的特点。要消除这种差异，主要通过人口迁徙、商品流通和文化交流，而运河在其中起过重要作用。

春秋战国以来，各地区之间商品流通已具相当规模。西汉时代商业贸易最易致富，谚曰："夫用贫求富，农不如工，工不如商，刺绣文不如倚市门，此言末业贫者之资也。"[4]此类商品的流通，大多借助于运河。当时重要的商业都会，如洛阳、临淄、定陶、睢阳、彭城、江陵、吴、寿春、宛、番禺等，皆在运

---

1 （清）张伯行：《居济一得》卷 6《治河议》。

2 漕运总督林起龙《请宽粮船盘诘疏》，《清经世文编》卷 46。

3 ［英］克拉克阿禅尔：《中国旅行记》，刘海岩译、刘天路校，上海古籍出版社 2012 年，第 83 页。

4 《史记》卷 129《货殖列传》。

河沿线，可以为证。

从西晋末到北宋末八百年的历史时期里，我国发生过三次大规模的北方人口南迁：西晋永嘉之乱、唐代安史之乱、北宋末年靖康之乱。三次大规模北方人口南迁，北方人的饮食起居、生活习俗、行为观念也随之进入南方社会，影响了南方社会中经济、文化方面的北方因素；同时也诱发了北方社会对南方丰富多彩的精神文化和物质文化的强烈渴求。故一旦南北统一王朝建立，南北文化和物资的交流便成为社会各阶层强烈需求。运河的开凿和南北大运河水系的形成为这种需求提供了交通上的便利。

隋唐南北大运河的修凿，为各地区之间物资和文化的交流提供了历史上从未有过的便利。“如天下诸津，舟航所聚，旁通巴、汉，前指闽、越，七泽十薮，三江五湖，控引河洛，兼包淮海。弘舸巨舰，千轴万艘，交贸往还，昧旦永日。”[1]唐代天宝元年（742）在长安城东九里长乐坡下，浐水之上筑有望春楼，楼下穿广运潭以通舟楫，二年而成。从东京、商丘等地取南方来的小斛底船三二百只置于潭侧，每只船都表上南方各地的署牌，并陈列该地土特产品。如在表为广陵郡（扬州）船上堆满了广陵所出锦、镜、铜器、海味，丹阳郡（镇江）船上堆满京口绫衫段，晋陵郡（常州）船上陈列的是官端绫绣，会稽郡（绍兴）船上陈列的是铜器、罗、吴绫、绛纱，南海郡（广州）船上陈列的是南海特产瑇瑁、真珠、象牙、沉香，豫章郡（南昌）船上则是名瓷、酒器、茶釜、茶铛、茶碗，宣城郡（宣城）船上是当地特产空青石、纸笔、黄连，始安郡（桂林）船上有蕉葛、蚺蛇胆、翡翠等奇珍。各船中皆载有米，吴郡（苏州）是三破糯米、方文绫。这样表有各地署牌的船只，地域包括了南方数十郡。驾船人皆戴大笠子，穿宽袖衫、芒屦，如吴、楚之制。陕县尉崔成甫又作歌词十首，自衣缺胯绿衫，锦半臂，偏袒膊，红罗抹额，于第一船作号头唱之，以助兴，和者有妇人一百人，皆鲜服靓妆，齐声接影，鼓笛胡部以应之。这些船只循序渐进，在望春楼下、广运潭上，连樯弥亘数里，观者山积。京城百姓没有见过南方的航船樯竿，人人骇视。[2] 这是我国历史上第一次在首都兴办的全国物资展览会，展出当然是当时各地的贡品。一个偏隅于西北黄土高原上的城市，居然能通过运河展示了南方各地的土特产，让京城长安人民大大开了眼界。这一举措显示了唐王朝炫耀富有四海的心态，今天我们还可以从这些文字中领略到当时的盛景，不能不惊叹南北大运河在发展南北经济、交流文化中起

1 《旧唐书》卷 94《崔融传》。

2 《旧唐书》卷 105《韦坚传》。

着何等重大的作用！从此“八方通货溢河渠”[1]。疏阔了三百多年的身居北方的南方人又开始能够享受到南方的佳味。汴州（今开封）贵族、官僚尝到了“陆珍熊掌烂，海味蟹螯咸”[2]。

最典型的南北文化交流，要算南方的茶叶北销及饮茶之风在北方社会兴盛，成为唐代北方士大夫间最流行的习俗，所谓当时“风俗贵茶”[3]。唐人封演说，茶“南人好饮茶，北人初不多饮。开元中，泰山灵岩寺有降魔师，大兴禅教，务于不寐，又不夕食，皆恃其饮茶。人自怀挟，到处煮饮。从此转相仿效，遂成风俗。起自邹、齐、沧、棣，渐至京邑。城市多开店铺，煎茶卖之，不问道俗，投钱取饮。其茶自江淮来，舟车相继，所在山积，色类甚多”[4]。大量南方的茶自汴河运来，汴州“水门向晚茶商闹，桥市通宵酒客行”[5]。

宋代商品经济进一步发展，各地商品借运河之便流通于各地，较唐代更为发达。开封是北中国的政治中心，又集中了当时社会上高层的消费人群，因此这个城市的物资供应最能反映当时南北各地经济文化的交流。当时开封周围的漕运四集，不仅运送漕粮入京师，“又广南金、银、香药、犀、象、百货，陆运至虔州，而水运入京师。……川益诸州租市之布，自嘉州水运至荆南，自荆南改装舟船，遣纲送京师”[6]。周邦彦《汴都赋》记集中于开封的全国各地商品：“安邑之枣，江陵之橘，陈夏之漆，齐鲁之麻、姜、桂、谷、丝、棉、布、缕、鲐……”《清明上河图》形象地反映了运河上的繁荣。宋代全国商品市场的形成，与运河的畅通有极大的关系。由于水运发达，开封城内市民只要有钱，也能吃到江浙的大米（秔稻）。[7] 不仅如此，在首都开封，普通人也能吃到从运河运来的南方海鲜。欧阳修《京师初食车螯》：“累累盘中蛤，来自海之涯。坐客初未识，食之先叹嗟。五代昔乖隔，九州如剖瓜。东南限淮海，邈不通夷华。于时北州人，饮食陋莫加。鸡豚为异味，贵贱无等差。自从圣人出，天下为一家。南产错交广，西珍富邛巴。水载每连舳，陆输动盈车。溪潜细毛发，海怪雄须牙。岂惟贵公侯，闾巷饱鱼虾。此蛤今始至，其来何晚邪。螯蛾闻二名（车螯一名车蛾），久见南人夸。璀璨壳如玉，斑斓点生花。含浆不肯吐，得火遽已呀。共食惟恐后，争先屡成哗。但喜美无厌，岂思来

1 （唐）刘禹锡：《令狐相公见示河中杨少尹赠答兼命继之》，《全唐诗》卷 360。

2 （唐）白居易：《奉和汴州令狐相公二十二韵》，《全唐诗》卷 477。

3 （唐）李肇：《唐国史补》卷下。

4 （唐）封演：《封氏见闻录》卷 6。

5 （唐）王建：《寄汴州令狐相公》，《全唐诗》卷 300。

6 《宋会要辑稿》《食货四六之一・水运》。

7 《续资治通鉴长编》卷 63，景德三年五月戊辰。

甚遐。多惭海上翁，辛苦斫泥沙。”[1] 水产品中最普通的当然是鱼，原是北方人餐桌上稀见之物，但在北宋开封因黄运水运之便，市场鲜鱼十分便宜。《东京梦华录·鱼行》：“卖生鱼则用浅抱桶，以柳叶间串，清水中浸，或循街出卖。每日早惟新郑门、西水门、万胜门，如此生鱼有数千担入门。冬月，即黄河诸远处客鱼来，谓之‘车鱼’，每斤不上一百文。”[2]

因此，每一时代为谋求利润的行商，必定曾携带商品希望通过运河到达当时可以到达的最远处，从而使运河带动了水运发展作用的最大化。尤其隋唐以后系统的大运河格局的定型，遂使海、河、淮、江、钱塘诸水系及其沟通的各天然河流，形成了一个固定的全国性水运交通网。由于水运的成本低廉，于是借助运河水系的便利，除了朝廷最关注的漕运外，附于漕运的各种物资以及商贾以营利为目的各地物资交流大大加强，东西南北商品的流通实际就是含带着各地文化的交流。随着社会财富的增加，城民阶层的出现，对商品需求空前增加，这种形成规模的商品交流促进了宋朝全国商品市场得以形成。[3] 以商业贸易为驱动的民间日常商品的贸易流通，则是对地区之间经济、文化交流影响较大。

明清时代的我国南北地区，自然环境与人文环境之间的差异还是相当大的。明弘治元年(1488)朝鲜人崔溥来华，曾从杭州由运河直抵通州，一路上记载了运河沿线南北城市的风情差异：“将运河南北部之间在市井风貌、第宅质地、饮食起居、衣帽服饰、文化程度、仪容打扮、丧葬习俗、宗教信仰，以至对于农工商业的态度、从事程度、生产生活方式、生产生活用具、水利资源的运用等，均作了具体而又形象化的论述，一幅明代中期运河沿岸的市井风貌画卷跃然而展现在人们面前。”同时也记述了运河南北各城镇物资的交流。[4]

明清时期通过大运河而达到南北交流的物资，主要指政府规定运军随漕船所带的“土宜”。明清两代都规定漕运军卒随漕船北上时，可以随船搭载一定数量土宜，沿途贩卖，“免其抽税”。这种土宜的数额曾不断地增加。明万历时有 60 石；在清代，从康熙时 60 石，道光时增至每船土宜 180 石。[5]

1 《居士集》卷 6，《四库全书》本。

2 (宋) 孟元老：《东京梦华录》卷 4《渔行》。

3 [日] 斯波义信：《宋代商业史研究》第三章《宋代全国市场的形成》，台湾稻禾出版社 1997 年。

4 范金民：《朝鲜人眼中的中国运河风情》，刊《历史地理》第二十辑，上海人民出版社 2004 年。

5 《万历会计录》卷 35《漕运》，光绪《大清会典事例》卷 207《漕运》。

道光年间漕船以 6 326 艘计，共有免税土宜 1 138 680 石。[1] 据清杨锡绂《漕运则例纂》记载，土宜品类繁多，大致有农产品、丝织品、油类、酒类、干鲜果品、各种食品、纸张、竹木藤器、各种杂货、铁铜器、药材等 11 类，数百种。此外，有窑货、扫把、木岸、竹子、杉篙、木头等物，“俱不算货”，即可任意携带而不纳税。[2] 这些商品或沿途出售，或运至北方售卖，活跃了运河沿线经济的流通，并通过运河沿线各城市各条水路或陆路，如同血管一样输到北方各地。漕船至京师卸粮后，回空船可载各类货物。回空船所载商货主要是北方的农产品及农副产品，如梨、枣、核桃、瓜子、柿饼、豆、麦、棉花、烟草等。手工业品较少，携带数量每船 60 石免税，仍按漕船 6 326 计，共有免税商品 379 560 石。在规定数量外应纳税，每石税银 4 分。回空船所纳税很低，每 100 石才收税银 4 两，当时所带货物一定不少。[3] 大量南北商品在沿运河城市间流通，于是运河沿线出现了大批商业贸易城市，从天津南下，有德州、临清、济宁、聊城、徐州、淮阴、扬州，过江以后从镇江、常州、苏州、嘉兴至杭州，一路繁华。而这些城市由于商机繁盛，聚居了大量外来人口，大大促进了南北的经济和文化交流。

至于随着沿运人口的流动，沿运各地的区域人群、宗教信仰、饮食起居、语言习俗、地方戏曲等在运河沿线的流布，则成必然之事。比较典型的，像天津这样一个原先只是一个军事据点，由于地处大运河的枢纽，运河上南来北往的人员众多，在天津附近能听到南腔北调。明代在天津独流镇、杨柳青、直沽口等的运河上能听到“吴歌”“楚歌”“闽语”“南腔”。在清代，天津城内有广东、福建、宁波等人移居，成为“五方杂处”之区。[4] 近代以来，天津成为北方曲艺中心，无疑是因为北方诸地劳动力都集中在天津码头之故。还有运河供奉的金龙大王神，为北方河道之神。清赵翼《陔余丛考》卷 35 谓：“江淮一带至潞河，无不有金龙大王庙”“永乐中，凿会通河，舟楫过河，祷无不应。于是建祠洪上”。运河沿线各地无不供金龙大王庙，可见大运河在沿线文化交流和传布方面起过重要的作用。这种文化的融合，无疑会加强中华文明的凝聚力和生命力。

（二）运河对中外文明的沟通、融合的作用。中华大地最早接触域外文

1 李文治、江太新：《清代漕运》，中华书局 1995 年，第 483 页。

2 《漕运则例纂》卷 15《通漕禁令・重运揽载》，转引自李文治、江太新：《清代漕运》，中华书局 1995 年，第 484 页。

3 李文治、江太新：《清代漕运》，中华书局 1995 年，第 485 页。

4 李俊丽：《天津漕运研究》，天津古籍出版社 2012 年，第 257—259、271—275 页。

明，大体上可从张骞通西域开始，也就是我们所说的“丝绸之路”的形成。西汉末年佛教的传入，对中国文化的影响极大，最后已融入中华文明之中。如今我们所谓中华传统文化，儒道佛皆包含其中。今日汉语中许多词汇，不少来自佛教经典。

魏晋时期是西域文明传入中华的鼎盛时期。北魏晚期洛阳城内，“自葱岭以西，至于大秦，百国千城，莫不欢附，商胡贩客，日奔塞下，所谓尽天下之区矣”[1]。唐代胡商大率麇集于广州。从广州通向中原，至江苏后则集于扬州，因此扬州为胡商集中之地。由此转入运河以赴洛阳、长安。大批西域人寓居长安，遂多娶妻生子，数代而后，华化愈盛，盖即可称之为中国人矣。长安成为一国际性都会，西域的服饰、饮食、宫室、乐舞、绘画等传入中华，长安汉人胡服、胡食者不少，西域文明皆融入中华文明之中。[2] 日本僧圆仁于唐开成三年(838)来华，从长江口入境至扬州，只见“江中充满大舫船，积芦舡，小船等不可胜计”[3]。都是等待从扬州北运。此后，圆仁从扬州走江淮运河，经高邮、宝应至楚州，从楚州出淮走海路，经海州至登州上岸，经河北至五台山礼拜。又经山西至长安。大中元年(847)返回，就从长安经潼关，又经郑州走汴河至楚州出海，最后经新罗回国。历时九年七个月。途经当时唐朝的主要运河汴河和江淮运河，对沿途唐代城乡地方行政制度，国内交通状况路线和设施，都有明显记载，这对中日文化交流起了重要作用。

元明清时代的京杭大运河沿线的城市宛如一串连线的珍珠，光彩夺目。北京、天津、沧州、德州、临清、聊城、济宁、徐州、淮安、扬州、苏州、杭州成为当时中国经济、文化的精华所在。外来文明进入中国后，往往通过运河，转入全国各地。13世纪下半叶，正当中国元朝时，意大利威尼斯人马可·波罗来华，在他的游记中，记录了他所经历的中国各大城市，当他到达了今天的北京城当时的大都时，惊叹这个城市人口的众多和繁荣，“凡世界上最为稀奇珍贵的东西，都能在这个城市找到，特别是印度的商品，如宝石、珍珠、药材和香料。契丹(指中国)各省和帝国其他各省，凡有贵重值钱的东西都运到这里，供应那些被这个国家吸引，而在朝廷附近居住的大批群众的需要。这里出售的商品数量，比其他任何地方都多”。他可能没到过当时大都城内的积水潭(今什刹海)，那是京杭大运河的终点，不知道这些主要商品是从运河运来的。以后他沿着京杭大运河南下，经过了临清城，看到有“一条又宽

1 (北魏)杨炫之：《洛阳伽蓝记》卷3。

2 向达：《唐代长安与西域文明》，三联书店1957年，第34页。

3 [日]圆仁：《入唐求法巡礼记》，顾承甫、何泉达点校，上海古籍出版社1986年。

又深的河流经过这里，这给运输大量的商品，如丝、药材和其他有价值的货物提供了方便”。到了东平州，“有一条深水大河流过城南”“大河上千帆竞发，舟楫如织，数目之多，简直令人难以置信”。再南下，到了淮安，更是惊叹“过境的船舶舟楫，穿梭般地川流不息。淮安府是大批商品的集散地，通过大河将货物运销各地”。以后一路上经过扬州、镇江、常州，惊叹这些城市的繁荣和富有。到了苏州，更盛赞其“漂亮得惊人”，“居民生产大量的生丝制成的绸缎。不仅供给自己消费，使人人都穿上绸缎，而且还行销其他市场。他们之中，有些人已成为富商大贾。这里人口众多，稠密得令人吃惊”。下一站杭州，“这座城市的庄严和秀丽，堪为世界其他城市之冠。这里名胜古迹非常之多，使人们想象自己仿佛生活在天堂，所以有‘天城’之名”。马可·波罗对杭州城描述非常详细，美丽的西湖、宽大的运河，便捷的水运交通使市场上的充斥了全国以及世界各地的香料、珠宝、胡椒和葡萄酒，人们富有而奢靡。[1] 他对杭州城市的景色和各种风土人情均有详细的记述，对杭州这座城市赞不绝口。他的记述让中国的大运河和沿线城市区的繁华信息传到了欧洲，对世界产生过巨大影响。我们今天也是可从他的记载，领略到13世纪苏州城、杭州城的繁华。

16世纪来华的意大利传教士利玛窦，在华住了二十八年（1582—1610），最后死在北京。他将在华传教的经历记录下来，后世称为《利玛窦中国札记》。他将在华的所见、所闻都记录下来，其中就提到大运河：“从水路进北京城或者出北京城都要通过运河。运河是为运送货物的船只进入北京而建造的。他们说有上万条船从事这种商业，它们全都来自江西、浙江、南京、湖广和山东五省。这几个省每年都向皇帝进贡大米和谷物。”同时对运河运行也有具体的描述，“从一个闸到另一个闸，对水手是个艰巨的任务”“由于运河中很少有足够的风力，行船更增加了负担，于是从岸上用绳纤拉船前进”。他看到“从南京到北京沿途南京省、山东省和北京许多著名城市。除去城市外，沿河两岸还有许多城镇、乡村和星罗棋布的住宅，可以说全程到处住满了人。沿途各处都不缺任何供应，如米、麦、鱼、肉、水果、蔬菜、酒等，价格都非常便宜”“每年南方各省要向皇帝运送各种在贫瘠的北京为生活舒适所缺少或需要的物品：水果、鱼、米，做衣服用的丝绸和六百种其他物品，这一切东西都必须在规定的日期运到，否则受雇运输的人将受重罚”“所以人们说

1　以上均见［意］马可·波罗：《马可·波罗游记》各章，陈开俊等合译，福建科学技术出版社1981年。

北京什么也不生产，但什么也不缺”[1]。此书以后传到罗马，翻译成各种西方文字，在西方社会引起很大的反响，对中华文明的西传产生巨大影响。

18世纪末，英国马戛尔尼使团来华，在返程中自北京顺运河南下，直至宁波，一路上对运河两岸的景色有很具体的描述，沿运的市镇“城镇大街和镇外近郊的商业都很繁荣，因为地近河道来往商船很多，有些货船不但在城镇，而且也在大村庄前而停泊装卸货物”。他对苏州的繁荣惊讶不已，认为“苏州府是一个面积非常大，人口非常多的城。城内房子大部分建筑和装饰得很好。这里人民大多数穿丝质衣服，样子显得非常愉快。整个城市呈现出一片繁荣气象”。并称“苏州府一向被认为是中国的天堂。当地人有一句很流行的话：叫作‘上有天堂，下有苏杭’”。到了杭州，见到中国南方的各地货物都集中在杭州，再由杭州运往北方各省，“自然促成杭州府成为一个联系南北各省的大商业中心。城内人口繁盛程度同北京差不多”。“城内主要街道上大部分是商店和货栈，其中许多规模之大不下于伦敦同类栈房。丝织品商店最多，也有不少皮毛和英国布匹。”[2]这说明杭州的商品市场已经进入国际商品市场圈了。

明清时代西方传教士，日本、朝鲜官方、民间人士来华都经过大运河，对中外文明的相互了解、相互影响，都产生过重大作用。这些前人有很多专论研究，在此不赘。

（三）中华文明内容十分丰富，有精神文明、物质文明，还有制度文明等。关于制度文明，在我们中华是十分成熟的，这里非本主题不必详谈。这里主要讲与运河有关的管理制度，可以说是世界上最成熟的。从秦汉以降，漕运成为国策，运河成为国家级工程。每年从南方诸省大批物资要通过运河定时、定量运至首都（唐代为长安、洛阳，宋代为开封，元明清为北京），是一件十分艰巨的任务。且不论运河的自然条件不十分理想：运河所需经水源不一、地貌不一、气候不一、水流深浅不一的地区；沿运地区官府还会乘机敲诈、勒索，百般刁难。为保证最终达到目的，历代王朝制订了一整套从中央到地方，以至每一个沿运县、乡的运河管理制度。层级明确，职责分明。这是个路经数千里，途经数十闸，运舟数千艘，运粮数百万石的巨大工程。外国传教士亲历者也感到十分吃惊。“这是他们成功之处。但这也并非毫不

1　［意］利玛窦：《利玛窦中国札记》，何济高等译，中华书局2010年，第325—327页。

2　以上均见［英］斯当东：《英使谒见乾隆纪实》，叶笃义译，上海书店出版社1997年，第451、455页。

费力，不耗费巨资所能做到的。”[1]中华民族的高度智慧和毅力，在运河的管理上充分反映出来。

从唐宋以降，历代外国使者、商人、传教士、学者来华大多经过运河。他们不仅将该国的物质文明（科技）和精神文明（宗教）传入中国，同时也将中华文明传到世界各地，无疑是丰富和加强了中华文明的内容以及其在世界上的影响。

中国大运河申报世界遗产成功，反映了世界人民对中国大运河对世界文明贡献的承认，是值得我们中华民族骄傲的。

（原载《浙江学刊》2017 年第 1 期）

1　[法] 李明：《中国近事报道（1687—1692）》，郭强等译，大象出版社 2004 年，第 110 页。

试论我国历史上运河的水源问题

当今论及我国历史上的运河，大家往往都是一片赞誉声。基于运河在我国历史上的重要地位，从 20 世纪 30 年代以来，有关我国历史上运河的专著、论文数量之多，可谓汗牛充栋，十分惊人。不少学者认为运河曾为我国古代维护国家统一，促进各地区之间经济、文化的交流，起过十分重要的作用。同时，由于历代修建运河工程十分浩大和复杂，因而与万里长城一样，是中国古代劳动人民伟大的创造和智慧的结晶。近几年来，大运河申遗工作正紧锣密鼓地开展着，运河历史的宣传和研究，又重新热闹起来。

笔者对上述运河评价的观点是认同的，但是如果从学术角度研究我国历史上的运河，仅仅限于上述论述，显然有片面之嫌。因为运河的修凿和通运，不单是一种社会行为，而且是人类为了政治和经济目的需要，对自然进行干涉和加工的行为。因此，全面了解运河的历史地位和影响，不仅从社会层面，还需要从自然环境层面去考察。二十七年前，我曾撰《从地理环境角度考察我国运河的历史作用》(载《中国史研究》1982 年第 3 期)一文，对此有所论及。今天看来，当时所论还比较粗略。经过多年的思考，如今想就运河的水源问题，进行专门论述，希望从学术角度对我国运河历史作用的全面认识有所帮助。

历史上开凿运河，首要问题是水源。因为开凿运河的目的是运送以粮食为主的各种物资，运送的船只都有一定的载负量，需要有足够的水源，以供船只运行。因此，与一般引水灌溉的渠道不同，对运河的深度和宽度都有一定的要求。一般而言，我国水资源还是比较丰富的。尤其是在古代，我国自然环境较今日为优，能够大量开凿远距离的运河，本身就说明有丰富的水源可以利用。但是，问题还有另一方面，一是我国淮河以北、黄河流域的天然河流，大多为东西流向，南北水运需要以人工运河来补充，因此运河大多分布在黄河流域；二是在二三千年传统社会里，黄河流域一直是我国政治、经济、文化的中心地区，历代统一王朝的政治中心——首都绝大部分时间建立在黄河流域，而首都又需要全国各地提供包括粮食在内的各种物资，于是每年按时向首都输送各类物资的漕运制度，成为秦汉以来各王朝的基本国策和主要制度之一。因此，历史上黄河流域的人工运河最为发达。但是黄河流域地处东亚季风区，降水在年际和年内不同季节变化很大。年际变化有枯水年、丰水年之别。年内变化则表现在降水多在夏秋季节，春冬往往出现枯水季节，而每年输送漕粮多在春季二三月份，正是枯水季节；再加上随着历史的发展，黄河流域人口的不断增加，中上游森林面积缩小，下游平原和湖滩渐次开发，农业用水量增加，于是运河的水源不足问题也就逐渐显露出来。

现将历史上几个重要运河水系的水源问题进行讨论，以视我国历史上运河水源问题的概貌。

一、北京平原上的运河水源

北京平原上的人工运河，较早有明确记载的是辽代的萧太后运粮河，不过这条运河的水源问题不是很清楚，无法讨论。金代的金口河是明确以卢沟河（今永定河）为源，可是卢沟河是一条含沙量高的河流，元代又名“小黄河”“浑河”，“以流浊故也”。[1] 所以金代的金口河以含沙量很高的卢沟河为源后，结果因“地势高峻，水性浑浊。峻则奔流漩洄，啮岸善崩，浊则泥淖淤塞，积滓成浅，不能胜舟”[2]。金口河失败后，又“为闸以节高良河、白莲潭诸水，以通山东、河北之粟”[3]。高良河即今西直门外高梁河，白莲潭即今什刹海、北海、中海等天然湖泊。高梁河水注入白莲潭中，在白莲潭的东岸、南岸、西岸分别修闸引水，南入中都北护城河和金口河，然后东流至通州潞河。从中都（今北京市）东至潞水 50 里的通粟渠道，谓之闸河。[4] 但这两条人工运河，都因水源不足，“或通或塞”，最后从中都至通州，“但以车挽矣”。[5] 看来引卢沟河水为源是行不通的。元代的通惠河改引昌平白浮泉水，沿线又有双塔、榆河、一亩、玉泉诸水的补充，水源应该比较稳定，但是从昌平至北京城“地势高下，冲击为患”[6]，“水势陡峻，直达艰难”[7]。所以元代建成后，建

1 《元史》卷 64《河渠志一・卢沟河》。
2 《金史》卷 27《河渠志一・卢沟河》。
3 《金史》卷 27《河渠志一・卢沟河》。
4 侯仁之、唐晓峰主编：《北京城市历史地理》，北京燕山出版社 2000 年，第 404 页。
5 《金史》卷 27《河渠志・漕渠》。
6 （明）汪一中：《通惠河志叙》，刊（明）吴仲：《通惠河志》，中国书店 1992 年标点本，第 1 页。
7 （明）吴仲：《通惠河志》卷上《通惠河考略》，中国书店 1992 年标点本。

闸24座以节水通流,十分不便。[1] 以后又重开金口河,又引浑河为源,结果还是因"流湍势急,沙泥壅塞,船不可行"[2],故"元时亦多陆运"[3]。明初通惠河已废。永乐年间曾重开通惠河,由于当时昌平黄土山(改名天寿山)为皇帝陵寝地后,原白浮泉一带不允许再动土引水,上源只限于玉泉、瓮山泊(今昆明湖)为源,水源大为减少。明代成化年间重开时,深感水源不足,当时即有人提出:"大抵此河天旱则淤壅浅涩,雨潦则散漫冲突,徒劳人力,率难成功,决不可开。况元人开此河,曾用金口之水,其势汹涌,冲没民舍,船不能行,卒为废河,此乃不可行之明验也。"[4] 不久因"河道淤塞""闸俱废,不复通舟"[5]。以后经多次疏浚,才勉强通航。清代前期曾沿明代规模多次疏浚,但嘉庆以后已多淤塞,当时从通州至北京多以陆运为主。可见在今北京建都的金、元、明、清四代都想解决从北京至通州的水运问题,但最终都因为水源没能解决好,难以如愿。

二、河淮地区运河的水源

河淮之间最早的运河是战国时代的鸿沟水系,其水源主要来自黄河。黄河是我国淮河以北最大的河流,当时在河淮间开凿运河,很自然地以黄河为水源。但引黄河水为源,面临着两大难题:一是黄河自古就是一条含沙量很高的河流,引河水为源不免同时引入泥沙,而泥沙日久即会淤浅运河;二是黄河虽为大河,总流量不算小,但其年际和年内季节性变化很大。春冬水枯,夏秋水大,对每年春运带来很多不便,在整个历史时期对运河的通运造成很大影响。

鸿沟运河先是从今河南原阳县北引河水横穿济水,南流入郑州、中牟间的圃田泽,称为大泽。作为蓄水池,又引圃田泽水东流至大梁城北,然后绕过城东,折而南流,利用沙水河道南流经今淮阳市东、沈丘县北注入颍水。以后自河水引入圃田泽的一段大沟河道为黄河泥沙所淤废,从荥阳分河水的济水便成了鸿沟的水源。鸿沟的开凿连接了河淮之间如济、汴、濉、涡、颍、汝等许多天然河流,从此中原地区形成了以鸿沟为干渠的水运交通网,

1 《元史》卷64《河渠志一·通惠河》。

2 《元史》卷66《河渠志三·金口河》。

3 (明)王琼:《漕河图志》卷2《诸河考论》,大通河条:"自泸沟以至通州,浑河流经之道至今淤为平地矣……元时亦多陆运,故接运粮提举司有车户之设,隶都水监。"

4 (清)傅泽洪:《行水金鉴》卷110,引《明宪宗实录》成化七年正月甲申。

5 《明史》卷86《河渠志四·运河下》。

可以称之为鸿沟水系。从战国开凿鸿沟运河后，河淮之间水运十分便捷。其中济水原是黄河南岸的一大分支，从荥阳西北分河水东流，分为二支，一支与菏水交汇，东流入泗，一支入巨野泽，再出泽东流入海，春秋战国以来一直是中原地区交通的主要水运干道。西汉时黄河多次南决，曾淹及济水流域。尤其是西汉末王莽时，黄河大决，济、汴流域全受漂没，虽经东汉王景的治理，河汴分流，济水也复其旧貌，但已遭严重淤浅。大约到公元 4 世纪，巨野泽以上的河南之济，已不能通航。公元 369 年东晋桓温北伐，后因菏济不通，“乃凿巨野三百余里以通舟运，自清水入河……遂至枋头”。[1] 这条渠道南起金乡以东的菏水，北至巨野泽以下的济水（亦称清水），历史上称之为桓公沟。以后义熙十三年（417）刘裕北伐、元嘉七年（430）到彦之北伐都走这条桓公沟，可见四五世纪时黄河南岸的济水已完全淤断了。济水断流的原因，除了泥沙淤塞外，更重要的是东汉以后河淮间的主要运道为汴水。由于济、汴皆分水于黄河，当汴水为主要运道时，必定人为阻塞引水入济，将有限的河水皆引入汴水。故《太平寰宇记》卷 12 引六朝时作品《国都城记》：“自复通汴渠已来，旧济遂绝，今济阴定陶城南，唯有济堤及枯河而已，皆无水。”

汴水水源主要来源于黄河。但是黄河出邙山后，骤然进入平原，流势逐渐平缓，泥沙易于沉淀，同时由于水位涨落，冲淤不定，水流南北滚动，河槽极不稳定，流向也相当紊乱，故这一段黄河有“一弯变，弯弯变”的说法。这样对汴水引黄河水口造成很大困难，主要是汴河引水口，不得不随着河水主泓的滚动，经常变化。据《水经·河水注、济水注》记载，隋代以前济水和汴水引用黄河水的引水口有多处：(1) 宿须水口，在今河南原阳县旧原武西北，分河水南入鸿沟水系，后渐淤废，《水经注》云“今无水”。(2) 荥口，又称荥口石门，在今河南荥阳县西北旧荥泽西北敖山之东，亦为古济汴水分河水口，东汉阳嘉三年（134）曾在此垒石为门，树碑记功。在北魏前已断流。(3) 石门水口，在今河南荥阳县西北汜水镇东。西汉时为济、汴的主要分河水口，东汉灵帝建宁四年（171）还修治过。魏晋时已淤废。(4) 板渚水口，在今河南荥阳县西北汜水镇东 40 里。隋炀帝开通济渠即由此引河水。唐初沿用板渚水口，开元二年（714）改由石门水口引河，[2] 十五年（727）又恢复板渚水口，[3] 不久又由石门水口引河。为什么历史上济、汴运河会出现这么多的引河水口，并且左右摆动、变迁不定呢？主要原因是黄河河槽极不稳定，主

1 《晋书》卷 98《桓温传》。
2 《旧唐书》卷 100《李傑传》。
3 《旧唐书》卷 49《食货志下》。

泓南北摆动，引水十分困难。故《宋史·河渠志·汴河》说："然大河向背不常，故河口岁易，易则度地形，相水势，为口以逆之。遇春首辄调数州之民，劳费不赀，役者多溺死。"[1]

隋唐时代的汴河即通济渠是河淮间主要运河。通济渠分东西两段，西段主要以谷、洛水为源，运道很短，水源不成问题。东段则从板渚引黄河为源。因为黄河年流量年际和年内季节变化不定，运河的水源不能得到稳定的保证。唐代开元年间裴耀卿主漕事时为唐代漕运黄金时代，已经感到汴河水量不足，浅涩阻运。当时江南的漕船于每年正、二月上道至扬州入斗门，正逢冬春水浅，须停留一月以上，至四月以后，始渡淮入汴。那时汴河干浅，又搬运停留，至六七月始至河口，正逢秋季河水上涨，不得入河，又须停留一二个月，待河水稍小，始得上河进入洛水。整个航程"漕路干浅，舡艘隘闹，般载停滞，备极艰辛。计从江南至东都，停滞日多，得行日少"[2]。宋初为了增加汴河的水源，曾"导索水，会旃然与须水合入于汴"，可是因为黄河含沙量增高，汴河河床淤高，水流仍觉浅涩。宋初，在冬季枯水季节，需要在汴河中作闸，堰水行舟。如开宝八年(975)十一月平江南，"留汴水以待李国主舟行，盛寒河流浅涸，诏所在为坝闸，潴水以过舟"[3]。到了中叶熙宁、元丰年间，夏季五月，竟也需堰水行舟。元丰三年(1080)五月，"时以汴水浅涩，发运司请以草为堰，壅水以通漕舟"[4]。而当时漕船的吃水并不深。《宋史·河渠志·汴河》云："大约汴舟重载入水，不过四尺，今深五尺，可济漕运。"[5]可见造成汴舟阻运的低水位时期，汴河的水量是十分浅涩的。

除了水源短缺之外，与水俱来的黄河泥沙也给汴河带来很大不便，故有"汴水浊流"之说。唐时汴河泥沙淤积已经影响到漕运的通行，所以当时规定每年正月发动沿河丁男疏浚河道，至清明桃花水过后，河道才得畅通。安史之乱后，政局动荡，汴河长期得不到疏浚，河道淤废不堪。[6] 唐末汴河下游自宿州埇桥(今安徽宿州市南古汴河上)以下"悉为污泽"。[7] 宋初沿袭唐制，每岁一浚。后因汴河经过整治，情况大有好转，企图省功，于大中祥符八年(1015)规定"三五年一浚"，未几，因淤塞严重，至皇祐四年(1052)八月，因

1 《宋史》卷93《河渠志三·汴河上》。
2 《旧唐书》卷49《食货志下》。
3 (宋)宋敏求：《春明退朝录》卷上。
4 《续资治通鉴长编》卷304，元丰三年。
5 《宋史》卷94《河渠志四·汴河下》。
6 《全唐文》卷370《遗元载书》。
7 《资治通鉴》卷292，五代后周显德二年。

"河涸，舟不通，令河渠司自口浚治，岁以为常"[1]。自后每岁一浚，立为常制。然而一方面每年疏浚排去的泥沙赶不上淤积的速度；另一方面，每岁一浚的制度并未能很好坚持，结果汴河河床淤积速度十分惊人。如宋初开封附近的沟洫水流皆入汴河，可见其时汴河河床尚在地面以下。可是到了北宋中期，汴河连续二十年不浚，河床淤高非常，从京城开封东水门下至雍丘（今杞县）、襄邑（今睢县）一段汴河河床皆高出堤外平地一丈二尺余，在汴堤上俯瞰民居，如在深谷。[2] 河床如此淤高，引起汴河决口频繁，影响漕运畅通。

熙宁十年（1077）黄河一次涨水，主泓趋向北岸，南岸广武山北麓涨出一大片高阔的滩地。次年，元丰元年（1078）有人建议汴河避开以黄河为源，可在这片黄河滩地上凿渠，引伊、洛水为源。二年即在巩县任村沙峪口至河阴县（在今河南荥阳县东北广武山北麓，今已沦入河中）汴口之间河滩地上，开渠 50 里，引伊、洛水入汴，堵塞旧引河汴口，以避开黄河浊流。因洛水较清，史称引洛为源的汴河为"清汴"。两岸还筑堤 103 里，以护渠道。后因洛水水源不够支运，还需从原来汴口引用一部分河水，仍有泥沙入汴；同时新渠是开在黄河的嫩滩上，沙质土壤，不易保护，且常受黄河主泓摆动的威胁，结果仍无成效。元祐五年（1090）仍然恢复了引河入汴为源。[3] 最终由于汴河不断淤高，成为地上悬河。北宋末徽宗政和年间，汴河大段淤浅，妨碍纲运。靖康年间，汴河已淤废不堪。宋金对立时期，汴河未加疏浚，全河堙废。南宋乾道五年（1169）楼钥出使金国，乘马沿汴河而行，至灵璧以上，"河益堙塞，几与岸平""车马皆由其中""亦有作屋其上"，河底都种上了麦子。[4] 诗人洪适有《过谷熟》诗云："隋堤望远人烟少，汴水流干辙迹深。"[5]隋、唐、宋以来流经数百年的一条横贯中原的大川，在短短数十年内变成了一条陆道。沧桑之变，莫甚于此。今天从商丘以下，经永城、宿县、灵璧、泗县的公路，大致即修在通济渠上，已高出两边平地，这就是汴河作为悬河的实证。

当五代后周显德年间修复汴河，开浚五丈河、蔡河时，都直接或间接引用黄河水为源，汴河源于黄河自不必说，五丈河、蔡河也都是分汴河水为源的。可是到了北宋初年，汴河自身水量不够，已无余水可供应五丈河和蔡河。于是蔡河则以取源于开封数十里外长葛境内洧、潩二水，引为闵河为

1 《宋史》卷 93《河渠志三・汴河上》。

2 （宋）沈括：《梦溪笔谈》卷 25《杂志二》。

3 《宋史》卷 94《河渠志四・汴河下》。

4 （宋）楼钥：《北行日录》，《攻媿集》卷 111。

5 （宋）洪适：《盘洲文集》卷 5。

源，五丈河以金水河为源，架槽越汴河入城，均不惜花费浩大工程，都是为了避开含沙量高而又水量不足的汴河。可见宋朝为了解决汴京漕运四渠的水源问题，是煞费苦心的。但困扰着唐宋两代王朝的汴河水源问题，最终都未能得到理想的解决。

三、山东运河的水源问题

元明清时代京杭大运河中最为艰难的一段，就是山东运河；而山东运河在运行中最大的问题，就是水源问题。元代开凿济州河、会通河的水源主要来自鲁中山地的汶、泗二水系。当时在宁阳县东北的堽城筑坝遏汶南流，在兖州东门外筑堰引泗水西南流，两股水源在济宁城南会合，南北分流。这两大水系的特点是：(1) 汶泗流域多年平均降雨量为600—700毫米，河流全年径流量较小，年内分配极不均匀。今人曾据20世纪30年代前半期三年(1932—1934)汶泗流域泰安、曲阜等十二个县逐月降水量资料作过统计，结果表明每年6—9月降水量最为集中，占全年总量的50%—70%，汶、泗等河往往在这一时期出现洪水，运河容纳不了，宣泄不及，便泛滥成灾。而每年12月至次年2月的降水量仅占全年总量的10%以下，是每年的枯水期。[1]而历年漕粮都是在春季起运，正是最需要水的时候，这就成为济州、会通二河致命的弱点。(2) 汶泗二水系形态属树枝状水系，暴雨季节总流汇注，下游洪水集中，尤其是泗水支流多属山溪性河流，源短流急，洪峰高，含沙量大，对下游运河造成很大威胁。(3) 鲁中山地山岭起伏，山岩物质复杂，汶河等河谷宽广，深入山区内部，山区植被覆盖不良，暴雨季节山洪陡涨，侵蚀和搬运作用很大，而物质多为粗砂和细砾，河床多为淤塞。由于会通河通运不畅，所以有元代漕运以海运为主。

到了明代永乐年间重开会通河，首先要解决的还是水源问题。当时采取的措施有以下几种。

第一，引汶工程的改建。永乐九年(1411)重建会通河时，主持工程的工部尚书宋礼采纳汶上老人白英的建议，[2]在东平州(今山东东平县)东60里戴村附近的汶河上筑土坝，长5里，遏汶河南流，走今小汶河西南流入南旺地区作南北分流。戴村坝成为明代重修会通河工程中"第一吃紧关键"。[3] "漕

1 《淮河流域水文资料》第3辑《沂泗汶运区》第3册，中央水利部南京水利实验处刊印，1951年5月。

2 "老人"是沿运河设置管理河事的人员，有堽城坝老人、管泉老人等，见《泉河史》卷6《职官表下》(《泉河史》明万历二十六年胡瓒修，清顺治四年刊本，藏华东师范大学图书馆)。

3 (明) 潘季驯：《河防一览》卷3《河防险要》。

河之有戴村，譬人身之咽喉也。咽喉病，则元气走泄，四肢莫得而运矣。”[1]为什么这次要在戴村筑坝引汶呢？这是因为元时在宁阳县东北的堽城筑坝引汶，而堽城以下的汶河有漕河、汇河（上游即今康王河）等多条支流汇入，水量大增。所以明人就指出：“汶水西流，其势甚大，而元人于济宁分水，遏汶于堽城。非其地矣。”[2]明代改在堽城坝的下游戴村筑坝引汶，水源较前丰富。此外，元代的堽城坝闸在末年已经圮废，明成化年间因旧址河阔沙深，不宜更作坝址，“乃相西南八里许，其地两岸屹立，根连河中，坚石萦络，比旧址隘三分之一”，于是就在此筑堽城新坝跨汶河上，下开涵洞，置闸启闭，再开新河十余里接洸河，并在新河上筑堽城新闸，控制流沙。[3] 所以在明代中期以后，汶河上引水工程有两条路线可以调节水源，这一点就比元代高明。但问题并未如此容易解决，首先，明代坎河（今东平县东汇河）入汶河口的汶河上有一沙洲，沙洲以南为汶河的主泓道所经，明代在主泓道上筑戴村坝，遏汶水南流入南旺，留下北面的岔流，以供泄洪。当重运北上时，就在戴村坝东坎河口的岔流上筑一临时沙坝，使涓滴尽归南旺；如遇来水过于迅猛，则让洪水冲毁沙坝西趋大清河归海，不让患及汶河入南旺之道。但日久正河渐淤，主泓北移，沙坝不能起遏水作用，万历元年（1573）改筑石滩。[4] 万历十七年潘季驯又改为石坝，石坝不能排沙，结果使汶河河床淤高，常溢成灾。[5] 其次，明代在戴村筑坝遏汶水南流，却没有在引水河道上如元代堽城、金口之制修筑闸门，因而在夏秋汛期无法控制水沙。自戴村至南旺的河道，“每涨一次，则淤高一尺，积一年，则高数尺，二年不挑，则河身尽填”[6]。来源河道淤填，则运河不免有枯涸之患。然而戴村至南旺的河道经过挑浚后，则又产生另一种后果，因为汶河下游河床宽数百丈，而南旺一带运河河床宽不过十丈，“以数百丈之汶河，而尽注于十丈宽运河之内”[7]，其决溢是必然的了。例如，清康熙四十一（1702）、四十二年（1703），宁阳、汶上、济宁、滋阳、鱼台、滕县、峄县及江南之沛县、徐州、邳州，运河沿线连遭水患，皆由汶河堤岸不修之故。[8] 因此仅靠汶河单一水源很难维持运河正常的运行，故必须另

1 （明）胡瓒：《泉河史》卷3《泉源志》，戴村坝条。

2 （明）胡瓒：《泉河史》卷1《图纪》，东平州泉图引《郡志》。

3 （明）胡瓒：《泉河史》卷4《河渠志》，引商辂《堽城坝记》。

4 （明）胡瓒：《泉河史》卷3《泉源志》，主事佘毅中《筑坝议略》。

5 （明）潘季驯：《河防一览》卷3《河防险要》。

6 （明）胡瓒：《泉河史》卷4《河渠志》，引笪东光《创建上源闸坝以省大挑议略》。

7 （清）张伯行：《居济一得》卷6《治河议》。

8 （清）张伯行：《居济一得》卷3《筑汶河堤岸》。

想他法。

第二,引泉济运。汶、泗、沂诸水发源的鲁中山地,寒武与奥陶纪石灰岩地层分布极广,岩溶地貌相当发育,溶洞、溶蚀岩沟均有所见。《水经·泗水注》里就有记载,泗水上源的鲁国卞县东南有桃墟,"墟有漏泽……泽西际阜……阜侧有三石穴,广圆三四尺,穴有通否,水有盈漏,漏则数夕之中,倾陂竭泽矣"。又引《博物志》曰:"泗水出陪尾。盖斯阜者矣。石穴吐水,五泉俱导,泉穴各径尺余。"在邹县以北的峄山一带,地下有溶洞,"洞达相通,往往有如数间屋处,其俗谓之峄孔"。这种岩溶地貌往往形成地表水渗透而地下水蓄藏却十分丰富的现象,常常在山麓地带涌出地面而成大泉,与地表水相对而言比较稳定。泰山地区丰富的地下水源,被明代人认为是最理想的运河水源,于是永乐十七年(1419),在陈瑄的建议下,初浚泉源,以资运河水源。[1] 此后每隔数年查访疏浚一次,将汶、泗中上游各地的泉源都通过地表明渠导入汶、泗、沂等水,再汇入会通河。明时会通河泉源来自三府(兖州、济南、青州)十八州县,分为四派:(1) 新泰、莱芜、泰安、蒙阴等县以西,宁阳以北诸泉,都通过汶河注入南旺,然后分水南北,故称为分水派或汶河派。(2) 泗水、曲阜、滋阳(兖州府附郭县)境内泗、沂水上源诸泉和宁阳以东汶河诸泉,都由洸、府二水会于济州城南的天井闸,因流经济州城,又称济河,故这一派泉源称济河派或天井派。(3) 邹县、济宁、鱼台、峄县以西和曲阜以南诸泉,都由泗河故道至鲁桥入运,称为泗河派或鲁桥派。(4) 邹县以南、滕、峄县境内流入昭阳湖诸泉皆由沙河注入运河,称为沙河派。嘉靖末年开南阳新河后,运道经昭阳湖东,诸泉遂注入新河,故又称新河派。另外,沂水、蒙阴、峄县境内有一部分泉源由沂河至古邳注入黄河,是为沂河派,与会通河无涉。明万历三十五年(1607)开泇河后,改为泇河之源。[2]

明代会通河(包括元代的济州河和会通河)的水源,除了来源于汶、泗河外,比较有保证的还是鲁中山地的泉源,故会通河在明代又称泉河。永乐初大致有一百多泉。以后逐年有所增加,到成化年间乔缙为都水司主事,督理山东泉源,"合六百余泉会于四水(汶、洸、泗、沂),漕运大济"。[3] 这是见于记载泉数的最高数字,不过恐有夸大之嫌。因为根据明王琼《漕河图志》的记载,弘治年间,山东运河水源来自兖州、济南、青州三府入汶、入泗、入沂的共

1 (明)胡瓒:《泉河史》卷15《泉河大事记》。

2 (明)胡瓒:《泉河史》卷7《泉源表》,引《东泉志》。

3 (清)傅泽洪:《行水金鉴》卷111,朱睦㮮作《乔缙传》。

有 163 泉。[1] 万历年间《泉河史》共引 309 泉，天启年间又新辟 27 泉，明末共引 336 泉。[2] 疑六百余泉的数字有夸大的成分。《读史方舆纪要》云："崇祯五年共计旧泉二百二十六，新泉三十六。"可知明一代引泉前后有所增减，大致在二三百泉之间。清代沿袭明制，也不时疏浚新泉。迄康熙初年分水、天井、鲁桥、新河、邳州五派的泉源共有 427 处。[3] 据《大清会典》记载，运东十六县和运西鱼台一县共有新旧泉眼 420 个。总之，明清两代几乎将鲁中山地西侧面的泉源全部囊括入运河。但是地下水也受地表降水的影响，"泉源四时微盛各殊，大率冬春微，夏秋盛，旱微涝盛，渠流深广亦不一"[4]，再说这些泉水都是通过明渠进入汶、泗、沂诸河的，出于河床"淤沙深广，春夏久旱亢，沙极干燥，汶泉经之，多渗入河底"[5]，所以水源仍然极不稳定。正如顾祖禹所言："盖山谷之间，随地有泉，疏引渐增也。议者谓诸泉沙积颇多，汶河每为壅淤，如天时亢旱，泉水亦无涓滴，一遇淫潦，随地漫流，故泉可恃而未可尽恃也。"[6] 此外，地下水无节制地大量通过明渠导入汶泗，其结果影响了地表水的正常补给，使水循环失去了平衡，终究影响了运河水源的补给。

第三，沿运水柜的设置。水源问题解决后，如何保证这些有限的水源能够发挥有效的作用，明代开始采取了一种比较有效的措施，就是在运河沿线设置了一系列水柜（即水库），用来调节运河的流量，以克服运河流量不均的缺陷。永乐年间宋礼恢复会通河时，即在运河沿线设立四大水柜，即汶上县的南旺湖、东平县的安山湖、济宁州的马场湖、沛县的昭阳湖，"名为四水柜，水柜即湖也，非湖之外别有水柜也。漕河水涨，则减水入湖，水涸，则放水入河，各建闸坝，以时启闭"[7]。可是在实际运行过程中，同一水柜既作蓄水库又作滞洪区是有困难的，因为"可柜者，湖高于河，不可柜者，河高于湖故也"[8]，所

---

1 《漕河图志》卷 2《漕河上源》载：兖州府 93 泉——东平州(9)、汶上(2)、滋阳(6)、邹县(3)、曲阜(18)、泗水(23)、滕县(18)、峄县(3)、宁阳(10)、平阴(1)；济南府 65 泉——泰安州(34)、新泰(14)、肥城(7)、莱芜(10)；青州府 5 泉——蒙阴(5)（水利电力出版社，1990 年版）。

2 （明）胡瓒：《泉河史》卷 3《泉源志》载：济南府——新泰(25)、莱芜(21)、泰安(48)、肥城(9)；兖州府——平阴(2)、东平(25)、汶上(6)、宁阳(13)、泗水(59)、曲阜(22)、滋阳(8)、济宁(4)、邹县(13)、鱼台(15)、滕县(19)、峄县(5)；青州府——蒙阴(5)、沂水(10)。三府十八州县共 309 泉。天启二年(1622)又新开泉：泰安(3)、新泰(4)、莱芜(9)、肥城(4)、宁阳(2)、泗水(1)、滋阳(1)、东平(3)，共新开 27 泉。至明末共引 336 泉。

3 （清）薛凤祚：《两河清汇》卷 3《运河》。

4 （明）刘天和：《问水集》卷 2《诸泉》。

5 （明）刘天和：《问水集》卷 3《汶河》。

6 （清）顾祖禹：《读史方舆纪要》卷 129《川渎异同》。

7 （清）傅泽洪：《行水金鉴》卷 116，引《北河续纪》嘉靖中河道都御史王廷奏。

8 （明）万恭：《治水筌蹄》卷 2《运河》。

以逐渐将运东地势较高的各湖设为水柜，“柜以蓄泉”，运西地势较低的各湖设为“水壑”(滞洪区)，并设斗门，“门以泄涨”。[1] 据《明史·河渠志·运河》记载，会通沿运有南旺、马踏、蜀山、苏鲁、马场、南阳、独山、昭阳、赤山、微山、吕孟、张王诸湖名。这些湖泊原是黄河冲积扇和鲁中山地西麓山前冲积扇两个相向斜面交界处的低洼地，由长期沥水积聚而成。由于大汶河三角洲的伸展，将湖泊群分成两个部分：济宁以北的北五湖和济宁以南的南四湖。北五湖主要作为运河的水柜，以供应济宁以北运河所需；南四湖则作为运河的水壑，以受运河多余之水。但是其中的微山湖，则为“江南邳、宿一带运河，水势全赖微山湖挹注，始能浮送，为两省第一要紧水柜”，[2] 自从明万历年间开凿泇河以后，作为泇河的主要水源。

济宁以北的安山、南旺、马踏、蜀山、马场五湖，其主要作用是接济济宁以北的运河，是济宁以北运河的主要水源。[3] 但是这些湖泊的水源本来就不丰富，又加上来水的汶水含沙量很高，日长时久，湖底受到来水所带泥沙的淤积，滩地涸露，后经周围人为垦殖，湖区水面逐渐缩小，随着来水减微，最后为农田所围，渐成平陆。

如安山湖在明永乐初复治会通河后定为水柜，开始不过是一片天然洼地，并未采取任何措施。正统三年(1438)才开始建闸蓄水。初未经实勘，泛称“萦回百余里”，至弘治十三年(1500)踏勘四界，周围实80里余，才立界碑，栽植柳株。[4] 以后由于黄河多次决入，大量泥沙进入湖区，湖边涨出更大片滩地，地方官吏为了增加赋税，竟然“许民佃种”，于是没有多久，“百里湖地尽成麦田”。[5] 嘉、隆以后为了补充河工的银两，竟然决定将济汶以北各湖，因“地皆膏沃之土壤，宜募民田，作每亩征银四分，输之工所”[6]。湖区于是日

1 《明史》卷85《河渠志·运河上》：“又于汶上、东平、济宁、沛县并湖地设水柜、陡门。在漕河西者曰水柜，东者曰陡门，柜以蓄泉，门以泄涨。”其言正相反。东者地势高于运河，何能泄涨？

2 水利水电科学研究院编：《清代淮河流域洪涝档案史料》，中华书局1988年，第467页。

3 (明)万恭：《治水筌蹄》卷2《运河》：“诸闸漕以汶为主，而以诸湖辅之。若蜀山、马踏、南旺、安山、沙湾诸湖，皆辅汶北流者也；独山、微山、昭阳、吕孟诸湖，皆辅汶南流者也。”

4 (明)王琼：《漕河图志》卷1《漕河建置》：东平州“安山湖，距州治西南十五里，北临漕河，萦回百余里。正统三年知州傅霖于湖口建闸蓄水”。(明)刘天和：《问水集》卷2《闸河诸湖》：“安山湖，志称萦回百余里而不详其界。至弘治十三年韩通政始踏四界，东至马家湖，西至旧东河，南至安山，北至运河其十里铺在湖中界，自铺至安山湖广十五里四围东自马家口，西至戴家庙长二十二里六分，自戴家庙北至寿张集长二十四里三分，自寿张集东至赵家庄长二十四里七分，自赵家庄南至马家口长八里八分，周围共八十里四分，置立碑界，栽植柳株，用心勤矣。但积水通湖二闸底高，河水非其涨不能入，四围多侵占，而湖之下口无闸，水不能出。嘉靖六年间治水者不考其故，止于湖中心筑堤，周围仅十余里，号为水柜，湖之广益狭矣。以渐复之可也。”

5 (明)潘季驯：《河防一览》卷14，常居敬《请复湖地疏》。

6 (清)傅泽洪：《行水金鉴》卷118《明穆宗实录》，隆庆四年五月乙酉翁大立奏。

益缩小。至万历时，安山湖区三分之二已被垦为农田，“满湖成田，禾黍弥望”。[1] 崇祯时安山湖已“尽为平陆”。[2] 清顺治年间河决荆隆口，东北泛张秋，安山湖又被淤上了一层河泥。[3] 雍正年间曾想复安山湖为水柜，因测得湖底低于运河，不可能再放水入运，又无泉源灌注，遂于乾隆十四年（1749）定认垦科，“湖内遂无隙地矣”。[4]

南旺湖在汶上县西南，初置为水柜时，周围 150 里，运河贯其中，湖区由运河堤和汶水堤分割为三部分：运西称南旺西湖，周围 93 里；运东由汶水堤分为南北两部分，堤北部分称马踏湖，周 43 里，堤南部分称蜀山湖，周 65 里。[5] 三湖中，“唯蜀山、马踏在漕岸之东，可称水柜；南旺西湖及安山湖在漕岸之西，但称水壑，不可称水柜”[6]。蜀山湖是汶河来源首先蓄积之处，“较他湖为最紧要”，[7]需要经常保持相当的水量。南旺三湖水源主要来自汶水，而汶水含沙量很高，每年暴雨季节带来大量泥沙进入湖区后，迅速沉淀，湖边露出的滩地很快被周边民众所垦占。明清二代曾规定：南旺湖每二年大挑一次，每年小挑一次。[8] 并三令五申禁民佃种，然垦殖仍不断进行。嘉靖年间，马踏湖、蜀山湖，“率皆侵占耕稼其上”。[9] 万历年间查勘时，南旺西湖四分之一已成民田，蜀山湖为民田者九分之一，而马踏湖均为官民所垦，“可柜者无几”。[10] 到了万历十七年（1589）时，明廷已不得不承认湖区已被大量开垦的事实，为了避免湖区进一步淤废，下令在南旺等湖中心筑一束水小堤，堤内永作水柜，堤外作为湖田，听民耕种。[11] 这样一来，湖田开垦加速，清初在湖区内涨出的滩地，“汶（上）、钜（野）、嘉（祥）之私垦者，不下数百顷矣”。私垦者为了避免已垦出的农田被水所淹，“将十二斗门尽行堵闭，汶河之水虽值大发之时，涓滴不得入湖，湖虽未废，其实已经久废矣”。[12]

---

1 （明）潘季驯：《河防一览》卷 14，常居敬《请复湖地疏》。

2 （清）傅泽洪：《行水金鉴》卷 132《崇祯长编》，崇祯十四年。

3 （清）傅泽洪：《行水金鉴》卷 145《山东全河备考》。

4 （清）俞正燮：《会通河水道记》，载《小方壶斋舆地丛钞》第 4 帙。

5 万历《汶上县志》卷 2。万历《兖州府志》卷 18《山川》：“蜀山湖在（汶上）县南三十五里，运河之东蜀山下，阔步三十余里，与南旺东西相对，即南旺东湖。”万历《兖州府志》卷 18《山川》：“马踏湖在（汶上）县西南三十里，汶河堤北运河岸东，每夏秋山水泛涨汇此湖，弥漫四十五里经弘仁桥入会通河。”

6 （清）傅泽洪：《行水金鉴》卷 145《山东全河备考》。

7 （清）张伯行：《居济一得》卷 2《蜀山湖》。

8 《明会典》卷 197、《行水金鉴》卷 133《大清会典》。

9 （明）刘天和：《问水集》卷 2《闸河诸湖》。

10 （明）万恭：《治水筌蹄》卷 2《运河》。

11 （清）傅泽洪：《行水金鉴》卷 146《山东全河备考》。

12 （清）张伯行：《居济一得》卷 2《南旺湖》。

其中惟蜀山湖被开垦的速度最慢，因为蜀山湖是运东水柜，“冬月挑河时，将汶河之水尽收入湖，以备春夏之用，较他湖为最紧要”。康熙年时，周围仍有65里120步，计地1 890余顷，除宋尚书祭田野20顷外，并高亢地8顷53亩，令民耕种外，其余1 869顷46亩2分均为蓄水区。[1]

总之，南旺三湖淤废的速度不如安山湖，这是因为其在漕河水源供应上的重要地位所决定的，如无南旺，“则会通河虽开亦枯渎耳”。然而因“迩年以来，河沙壅而吏职旷，于是有堙塞之患；水土平而利孔开，于是有冒耕之患；私艺成而官防碍，于是有盗决之患。三患生而湖渐废”。[2] 当清末漕运停止，南旺西湖和马踏湖全废为农田，仅蜀山湖保留至今，解放后曾培修南旺湖西堤作为滞洪之用。

北五湖中最南的是济宁城南的马场湖，原为济宁城西南沿运的一片洼地，后为汶泗二水通过洸河、府河所汇注，形成任湖（马场湖前身，因济宁古称任城而名）。明时还承受蜀山湖由冯家坝分泄来的余水，湖紧连运河，为重要蓄水库，嘉靖年间筑堤周围有60里，沿堤植柳，以备运河蓄泄；[3]还立有禁碑，“军民不得占种”。[4] 然清代以来，“官役河棍，羡慕马场湖地肥美”，有意不浚府河，使泗水由府河入马场湖水量不及原来的十分之一，湖区尽成民田。[5] 至清末放垦，全湖五百余顷中三百余顷归湖田局管理，泗水尽由鲁桥闸入运，加重了济宁以南地区的水患。[6]

清雍正元年（1723）河道总督齐苏勒说得很明白：“东省湖淀可以蓄水济运者，在汶上则有南旺、马踏、蜀山等湖，在东平则有安山湖，在济宁则有马场湖，在鱼台则有南阳、昭阳、独山等湖，在滕、峄二县，则有微山、郗山等湖，水长则引河水入湖，水涸则引湖入漕，随时收蓄，以济运河之浅，古人名曰水柜是也。查昭阳湖因昔年黄河水淤，积为肥土，尽为豪户占种，虽借升斗虚名，实夺河漕大利，而安山、南旺等湖，原有堤界，近因附近居民觊觎湖地，私种开垦，与昭阳无异，致湖干水少，见今一望皆为禾黍之场。”[7]

以上说明，北五湖虽然最早定位是作为会通河蓄积水库，以便在漕

---

1 （清）张伯行：《居济一得》卷2《蜀山湖》。

2 （明）胡瓒：《泉河史》卷4《河渠志》。

3 （明）刘天和：《问水集》卷2《闸河诸湖》：“马场坡湖与运河相通，运河水稍盈则泄入湖，而湖广几二十里，运河安得免浅涸邪！十四年冬委属役夫为筑堤六十里，内外各植柳以护之，更置减水五闸，运河之水易盈，湖之水蓄泄有备矣。”

4 （清）张伯行：《居济一得》卷2《马场湖》，引《济宁州志》。

5 （清）张伯行：《居济一得》卷1《金口闸》。

6 民国《济宁县志》，疆域略。

7 （清）黎世序等：《续行水金鉴》卷73，引朱批谕旨，雍正元年七月齐苏勒等奏。

船通过时保证运河有足够的水量。但事实上由于自然和社会的原因，这些水柜所能蓄积的水量，因湖泊的缩小和淤浅日益减少，最终没有达到原先预制的目标。所以明清两代会通河的水源问题始终没有得到理想的解决。

第四，水源分配问题，即南北分水地点的重新选择——从济宁分水到南旺分水。山东运河的地形条件是两端低、中间高，水源条件也南北不同。济宁以南的运河有泗、沂等水作为主要水源，水量比较丰富，足以通运；而济宁以北只有汶水及诸泉为源，水量不足以载运。因此在大力疏浚泉源、设立水柜后，还有一个南北水源合理分配问题。

元代开济州河后，分水的地点选择在济宁城南，这是因为元初设计引汶会泗水源工程时，只是因袭了前人（十六国时引洸会泗）的引水路线，没有考虑到济宁以北的南旺地区地势比济宁更高，漕船“每至此而舟胶焉”。[1] “北高而南下，故水之往北也易，而往北也是难”[2]，故元一代分水未能成功。明代在戴村筑坝，引汶至南旺分水，南旺为南北水脊，分水地点较济宁为优。于是“至南旺中分之为二道，南流接徐沛十之四，北流达临清十之六。南旺者地势高，决其水，南北皆注，所谓水脊也。又相地置闸，以时蓄泄。自分水北至临清，地降九十尺，置闸十有七，而达于卫；南至沽头，地降百十有六尺，闸二十有一，而达于淮”[3]。又根据南北水源多寡的条件，规定水源七分向北，三分向南；[4]或作六分向北，四分向南。[5] 即便这样，南旺以北仍有缺水之患。可是到了清初，“不知始自何年，竟七分往南，三分向北”[6]，原因是南旺分水口以北一段运河泥沙淤积过深，“遂遏北行之水，尽归南下”[7]。结果雨涝之年，济宁、鱼台、沛县一带农田被淹，而东昌（今聊城）一带在大旱之年，在在浅阻。[8] 清康熙四十二年（1703）补授山东济宁道兼理河事的张伯行在其所著《居济一得》中提出，必须恢复“南三北七”。[9] 不知何故以后又恢复到

1　万历《汶上县志》卷1，方域：“按南旺，会通河之脊也。元人遏汶奉符以达任城，每至此而舟胶焉。”

2　（清）张伯行：《居济一得》卷1《运河总论》。

3　（清）傅泽洪：《行水金鉴》卷106，引《明史稿宋礼传》。

4　（明）胡瓒：《泉河史》卷3《泉源志》：“初，尚书宋公坝戴村，浚源，穿渠百里，南注之达于南旺，以其七比会漳卫而捷于天津，以其三南流会河淮。”

5　《明史》卷153《宋礼传》：“礼以会通之源，必资汶水。乃用汶上老人白英策，筑堽城及戴村坝，横亘五里，遏汶流，使无南入洸而北归海。汇诸泉之水，尽出汶上，至南旺，中分之为二道，南流接徐、沛者十之四，北流达临清者十之六。”

6　（清）张伯行：《居济一得》卷1《运河总论》。

7　民国《济宁县志》卷1《疆域略》。

8　（清）张伯行：《居济一得》卷2《南旺大挑》。

9　（清）张伯行：《居济一得》卷3《分水口上建闸》。

“三北七南”。直至新中国成立后，新京杭大运河开挖前，仍“三北七南”，[1]造成鲁南地区的水灾不断。由此可见，山东运河分水问题始终未能得到尽善解决。

四、江淮运河的水源问题

江淮运河是指春秋以来的邗沟，隋代的山阳渎、邗沟，宋代的淮南运河和明清的淮扬运河。这里河湖密布，按理说，应该不存在水源问题，事实并非如此。江淮运河地势是南高北低，春秋吴国开邗沟时，即引江水北流入淮。隋唐时代江淮运河邗沟水源已感不足。唐代东南漕粮大都集结于扬州，由扬州经邗沟北上，运至两京。邗沟南端以江水为源，但是春上枯水季节，长江水位过低，无法引入，往往断航，而其时又是漕运旺季，因而经常影响漕运。正如裴耀卿所言：“窃见每州所送租及庸调等，本州正二月上道，至扬州入斗门，即逢水浅，已有阻碍，须留一月已上。”[2]为了解决这一矛盾，唐贞观十八年(644)曾引扬州东十里的雷塘水补充运河水源；贞元四年(788)又在扬州城西筑爱敬陂为水柜，引渠以补枯冰期水源的不足；宝历二年(826)“漕渠浅，输不及期。盐铁使王播自七里港引渠，东注官河，以便漕运”。[3]《新唐书·食货志》载：“扬州疏太子港、陈登塘，凡三十四陂，以益漕河，辄复堙塞。淮南节度使杜亚乃浚渠蜀岗，疏句城湖、爱敬陂，起堤贯城，以通大舟。”但结果仍是“河益庳，水下走淮，夏则舟不得前”[4]。元和中，李吉甫任淮南节度使，先筑富人、固本二塘，溉田万顷，但最后也因“漕渠庳下，不能居水”。于是，改在运东低洼处筑堤，号平津堰，以“防不足，泄有余”。[5]平津堰约位于今高邮邵伯湖一带，目的是节水通流，这是邗沟有堰的开始。

五、江南运河的水源问题

江南运河地处长江三角洲，是河湖众多的水网化地区，似乎可能不存在水源问题，然而事实并非如此。从镇江至杭州的江南运河，按其自然条件，大致可分为：镇江至无锡为北段，无锡至嘉兴为中段，嘉兴至杭州为南段。

---

1 民国《济宁县志》卷1山川篇：“今之汶水南流者竟至十之七八，嫁祸于南，无岁不灾。”济宁地区水利局1978年9月28日来函告知：解放后开挖旧河前，汶水至南旺仍“三北七南”。

2 《旧唐书》卷49《食货志下》。

3 《新唐书》卷41《地理志五》，淮南道扬州江都县。

4 《新唐书》卷53《食货志三》。

5 《新唐书》卷146《李吉甫传》。

中段地处太湖流域，河湖密布，水系发达，水源没有问题；而北段和南段运河水源多取之于江潮，故都存在水源问题。

第一，北段运河水源主要取之于江潮。江南运河北段即“镇江丹徒、丹阳二县运河，为江浙漕运经由要道，水无来源，惟赖江潮灌注浮送，只因潮汐挟沙而行，退则水缓沙停，兼之两岸陡立，土性松浮，一经雨水，便致坍卸入河，不无淤垫。是以冬令潮枯水落，即有浅涩。岁初重运经临，难免阻碍”[1]。这就是江南运河北段水源的基本情况。由于江潮来速去缓，而北段所处地势高亢，自西北向东南倾斜，河床坡度较大，所谓“京口闸底与虎丘塔顶平”，故而“常州以西，地渐高仰，水浅易泄，盈涸不恒，时浚时壅”。[2] 明人指出：“江水泛涨，由京口闸入镇江，河身迤逦夹冈，其势昂，丹徒高于丹阳，丹阳又高于武进，以次而低，水势下流，有若建瓴，易泄易涸。”[3]河水易泄难蓄，江潮带来的泥沙易停滞于河口，所以自唐以来即于河口置京口埭，控制潮水进退。[4] 两宋时，在今镇江市北运河北口置京口闸，在丹徒镇北置丹徒闸，两闸引江潮入运以为水源。明张国维《吴中水利全书》说：“运河之水原系江潮，从京口、丹徒二闸而来，若江水涸时，则二闸之水不至，而运河不通。”所以宋一代京口段运河屡浚屡塞，至元初一经失修，河口即告淤废。宋代在京口、丹徒二闸以东，还有谏壁、孟渎等港同样起着引潮济运的作用。但这些港口都在京口港之东，更近长江口，潮水都比京口港先至，潮水至时，水面高出运河水面，并因这些河港皆垂直进入运河，潮水进入运河后，往往会南北分流，北流潮水与京口潮相遇，相互顶托，泥沙更易于淤淀。

引江潮为源常有江沙淤塞之患，故闸不敢常开，于是自镇江至常州一段运河因乏水源常有淤浅之患。《宋史·河渠志·东南诸水下》记载：宣和五年(1123)时镇江至吕城段运河，因水源浅涩，靠车水济运。南宋乾道五年(1169)楼钥北使，次年返回，行至镇江运河段时云：“以水涩，良久方抵丹阳。”[5]同年，周必大经镇江运河时，“候晚乘潮方能入闸，未至第三闸遇浅而止。己卯，早入第三闸而连夕大雨水涨，里闸不开遂止”[6]。由此可见，镇江至常州段运河水源涸涩，严重影响航运。为此不得不采取补充水源的办法：一是修浚数条通江支渠引江潮以通运；二是在运河南岸引太湖西北部水入

1 (清)黎世序等:《续行水金鉴》卷96《南河成案》,乾隆三十五年十二月二十二日高晋奏。

2 《明史》卷86《河渠志四·运河下》。

3 嘉庆《练湖志》卷3《奏章》,崇祯四年饶京《复湖济漕疏》。

4 《新唐书》卷41《地理志五》,润州丹徒县。

5 (宋)楼钥:《北行日录》,《攻媿集》卷111。

6 《周益国文忠公集》卷170杂著述卷8《奏事录》。

运济漕，较大的有两条，一为白鹤溪[1]，一是西蠡河[2]。采取此两措施后，按理水源情况有所改善，然事实并非如此。嘉泰元年(1201)常州刺史李珏说出了缘由，他说：州境北边扬子大江，南濒太湖，东连震泽，西据滆湖，而漕渠介乎其间。漕渠南岸有白鹤溪、西蠡河、南戚氏、北戚氏、直湖港等与滆、洮二湖相通；北岸有利浦、孟渎、烈塘、横河、五泻诸港与大江相通；其间“又自为支沟断汊，曲绕参错，不以数计，水利之源多于他郡，而常苦易旱之患，何者”？他认为原因有二：一是河床岁久浅淤，“自河岸至底，其深不满四五尺，常年春雨连绵，江潮泛涨之时，河流忽盈骤减，连岁雨泽愆阙，江湖退缩，渠形尤亢，间虽得雨，水无所受，旋即走泄，南入于湖，北归大江，东径注于吴江，晴未旬日，又复干涸，此其易旱一也”；二是运河两旁通湖、通江的支渠，“日为沙土淤涨，遇潮高水泛之时，尚可通行舟楫，若值小汐久晴，则俱不能通应，自余支沟别港，皆已堙塞，故虽有江湖之侵，不见其利，此其易旱二也”。[3] 当时常州东北的深港、利港、黄田港、夏港、五斗港，其西的灶子港、孟渎、泰伯渎、烈塘，江阴东面的赵港、白沙港、石头港、陈港、蔡港、私港、令节港等支港，先后皆遭堙塞。运河两旁支渠的淤塞，大大减弱了运河水源的来源，河床的淤寒更为加速。[4]

由此可知，两宋时期江南运河北段的水源主要还是依靠京口闸取水江潮，故两宋时期曾对京口闸进行多次修筑，京口闸和河口段的情况当有所好转，但是由于自然条件没有根本改变，一旦维修工作没有做好，淤废还是难免的。到了元至元初，因兴海运，京口五闸皆因久不修浚而告圮废。直至天历二年(1329)始复京口闸。[5] 明一代各朝对京口闸皆有疏浚，[6]但是淤塞还是屡年不断。万历五年(1577)因京口段运河水源缺乏，八月在京口旁别建一闸，引江流内注，“潮涨则开，缩则闭，可免涸辙之患”。[7] 同时又修浚甘露港以便回舟停泊。

清代初年京口闸也“因年久倾废”，不能启闭以时了。“是潮之进也，固

---

1 《宋史》卷97《河梁志七·东南诸水下》载：“在(常)州之西南曰白鹤溪，自金坛县洮湖而下，今浅狭特七十余里，若用工浚治，则漕渠一带无干涸之患。”

2 《宋史》卷97《河渠志七·东南诸水下》载：常州“其南曰西蠡河，自宜兴太湖而下，止开浚二十余里，若更令深远，则太湖水来，漕渠一百七十余里，可免浚治之扰”。

3 《宋史》卷97《河渠志七·东南诸水下》。

4 《宋史》卷97《河渠志七·东南诸水下》淳熙九年知常州章冲奏。

5 《至顺镇江志》卷2京口闸条：“达鲁花赤明里答失言：京口旧闸久废，江皋一里，皆成淤塞。闸东又作土埭，以蓄河水，江潮虽涨，阻隔不通，莫若开掘淤沙，撤去土埭，仍于港置闸，以时启闭为便。”

6 《明史》卷86《河渠志四·运河下》。

7 《明神宗实录》万历五年。

任其进，而潮之退也，亦任其退”[1]，也完全失去了原有的作用。以后雍正、乾隆年间都曾多次挑浚，且规模也相当大。然而随浚随淤，其势已无可挽回。如光绪六年(1880)一次拆修京口大闸，从四月开工，至次年四月竣工，实足搞了一年，拨用了“乐生洲租八千八百六十七千有奇”[2]。到了1933年，填塞了京口闸河，铺筑了马路名中山路，又名运河路，自后京口遂废。

综上所述，可知由于本段运河水源主要取之于江潮，河口淤塞给运河带来了致命的困难，就是水源缺乏，再兼之其他地貌条件的决定，河身淤浅是势所必然的了。即使水源的困难在某个时期得到了一定的解决，也因河床坡度过陡，很快下泄，运河内浅涸依旧。每逢冬春枯水季节，外无江潮可入，内无支流可济，“运舟鳞集，停阁不前”。[3] 航运也只能处于停顿状态。

江南运河北段引江潮为源，既然问题不少，于是就有利用练湖作为补充水源的举措。据文献记载，练湖开始出现于晋代，[4]在丹阳县北，紧靠运河西北，地势自北向南倾斜，是很理想的运河调节水库。原先主要还是用于灌溉农田，到唐时才有补充运河水源的作用。唐永泰以前，沿湖豪强占湖为田，在练塘中筑堤十四里，将练湖横截分为上下两湖，阻碍练湖水流畅通，“其湖未被隔断已前，每正春夏雨水涨满，侧近百姓引溉田苗，官河水干浅，又得湖水灌注，租庸转运及商旅往来，免用牛牵，若霖雨泛滥，即开渎泄水，通流入江。自被筑堤已来，湖中地窄，无处贮水，横堤壅碍，不得北流，秋夏雨多即向南奔注，丹阳、延陵、金坛等县良田八九千顷，常被淹没，稍遇亢阳，近湖田苗无水灌溉，所利一百一十五顷，损三县百姓之地”；永泰二年(765)刺史韦损重浚练湖，并在上下二湖置斗门、石础，调节湖水，“依旧涨水为湖，官河又得通流”[5]。这样练湖对运河水量的调节较前更为重要，有所谓“湖水放一寸，河水涨一尺。旱可引灌溉，涝不致奔冲。其膏田几逾万顷”[6]。唐末兵乱，“民残湖废，斗门圮毁”。南唐时修筑练湖斗门，引湖水以资灌溉附近农田，放湖水注运河，并云“自今岁秋后不雨，河道干枯，累放湖水灌注，便命商

---

1 《江苏水利全书》卷18，引《乾隆镇江府志》。

2 《光绪续纂江苏浙江省早全案·工役财用表》。

3 《练湖志》卷3，明郭恩极《请复练湖并浚孟渎疏》。

4 《嘉定镇江志》卷6载：“练湖，《水经注》曰晋陵郡之曲阿县下，晋陈敏引水为湖，周四十里，号曰曲阿后湖。《元和郡县志》：故湖在县北百二十步，周回四十里。晋时陈敏为乱，据有江东务修耕织，令弟谐遏马林溪以溉云阳，亦谓之练塘。溉田数百顷。”又云：“今按湖水上承丹徒高骊覆船山马林溪水。”并引《陈伯广记》：“自长山合八十四流而为辰溪，自辰溪而为湖。湖又自别为重湖堤，环湖四十里。”

5 《嘉定镇江志》卷6，丹阳县。《至顺镇江志》卷2丹阳县载：练湖横坝东西斗门，顺渎斗门，在上湖；南北斗门在下湖。唐时韦损置。

6 《全唐文》卷871，吕延祯《复练塘奏状》。

旅舟船往来，免役牛牵”[1]。

宋时，练湖对运河水源补给作用更为重要，所谓“京口漕河自城中至奔牛堰一百四十里，皆无水源，仰给练湖”[2]。宋后期练湖“堤岸圮阙，不能贮水，强家因而专利，耕以为田，遂致淤淀，岁月既久，其害滋广”[3]。《嘉定镇江志》引蔡佑《杂记》:“湖之作本缘运河，又有上湖在高邛处，京口诸山之南，水自马林桥下皆归练湖，湖之底高运河丈余，昔年遇岁旱运河浅，即开练湖斗门放水入河。古有石记言：放湖水一寸，则运河水长一尺。近岁练湖浅淀，上湖皆为四近民田所侵，畜水不多，堤岸斗门多不修治，若遇旱则练湖不足以济运河夹冈之浅。”[4]两宋时期，练湖在开辟农田、灌溉、通航问题上的诸多矛盾，较唐时更为尖锐，虽经绍圣、宣和、绍兴、乾道、淳熙、嘉泰、淳祐、景定等年屡浚，仍屡淤。[5] 淳祐以后，练湖“又为流民侵占愈广，遂至湖水狭小堙塞者多”，当时练湖的石础、石函、斗门全遭破坏，“风水洗渲，损坏泥塞，不通水流”，“旧年湖水满而欲泆，今上湖则褰裳可涉，下湖则如履平地”。[6] 上下练湖大部分被侵为田。因此景定（1260—1264）中，知丹阳县赵必杖又一次大规模地修筑。有宋一代对练湖修筑，可谓不遗余力，然练湖反日益淤塞，容水量越来越小，对运河的调节作用远不如唐代。

元代练湖对运河的调节作用较前代更为重要，当时“镇江运河，全借练湖之水为上源，官司漕运，供亿京师及商贾贩载，农民往来，其舟楫莫不由此”，但“豪势之家，于湖中筑堤，围田耕种，浸占既广，不足受水，遂致泛滥”。[7] 元初练湖一度为“居民占租为田”，至至元三十一年（1294）才浚田为湖，过了十一年，大德九年（1305）又一次大规模修治。[8] 后又隔十数年至泰定元年（1324）发动了 13 500 余人浚治运河和练湖，增阔练湖堤岸土基一丈二尺，增堤斜高二丈五尺，并设练湖兵百人“差充专任，修筑湖岸”。[9]

明洪武年间因运河浅涩，曾在练湖堤东堤建二闸，引水济运。[10] 永乐以

---

1 《全唐文》卷 871，吕延祯《复练塘奏状》。

2 《嘉定镇江志》卷 6，引蔡佑《杂记》。

3 《宋史》卷 97《河渠志七・东南诸水下》。

4 《嘉定镇江志》卷 6，引蔡佑《杂记》。

5 皆见《至顺镇江志》卷 7，引《京口耆旧传》;《嘉定镇江志》卷 6 引《陈伯广记》。

6 《至顺镇江志》卷 7，丹阳县。

7 《元史》卷 65《河渠志二》，练湖条，至治三年十二月江浙行省言。

8 《至顺镇江志》卷 7，丹阳县练湖条。

9 《元史》卷 65《河渠志二》，练湖条。

10 《明史》卷 86《河渠志四・运河下》。

后对练湖的修浚十分注意，正统、景泰时更是重视。[1] 成化年间下令“敢有占湖田者，痛治如律”，嘉靖十五年（1536）又重申禁侵湖为田之令。[2] 万历年间，监察御史郭思极《修复练湖并浚孟渎疏》指出：“常州丹阳以至镇江，则见漕河浅涸，大异往时，运舟鳞集，停阁不前。盖由天时久旱，外无江潮可入，内无支流可济。虽竭尽挑浚之劳，末如之何？”于是他建议“清复练湖以永资蓄泄。盖江南漕河绵亘四百余里，其势北高而南下，自苏州以至常州，则地形最下，水得流通，虽遇岁旱，不至甚涸……虽奔牛、吕城建有石闸二座，以时启闭，蓄水以待运船，然而仰借蓄水以济运者，实有丹阳之练湖为之源也”。崇祯四年，监察御史饶京特别指出：“丹阳之练湖，无异于汶上之南旺、东平之安山、济宁之马场、沛县之昭阳等湖，是天于无水处生此湖以贮水济运，非等闲也。”[3]当时练湖淤浅最严重是在万历年间，主要是因为练湖是一积水洼地，正如林应训言“盖练湖无源，惟借潴蓄，增堤启闸，水常有余，然后可以济运”[4]。但是由于练湖淤泥土壤十分肥沃，沿湖滩地被垦殖后，收成很高；再则沿湖居民捕鱼放水，加速湖面淤浅，逐渐沼泽化，对运河的调节作用少了。原来常年“粮船皆于冬春起运”，以后由于运河冬春水浅，“万历年间漕船移为夏秋之运，江潮盛来，不苦无水，两湖弃为空旷之地，变为桑田。上下湖之石闸，与奔牛、吕城、京口之石闸，俱成颓败矣”[5]。到了清初顺治、康熙年间，“几废练湖，以致湖傍田地，并绝灌溉之利”[6]。康熙十九年（1680）干脆定以上练湖改田升科，下练湖留资蓄水。未几侵及下湖，下湖也被垦殖，而湖闸久废，湖唯水弗能蓄，于是下湖仅存四千余亩亦被私垦了。[7] 嘉庆、道光年间仍屡加浚治，但淤塞趋势已定，无法挽回了。

第二，江南运河南段的水源，开始主要取给于钱塘江。钱塘江是潮汐性河流，海潮直抵杭州城下，引潮同时带来大量泥沙，堵塞运口。以后由于钱塘江北岸沙滩外涨，来潮减弱，影响了运河的水源。唐代白居易任杭州刺史时，就曾引用西湖水入运河，沟通了运河与西湖的关系，促进了杭州城市的发展。[8] 但是西湖水源毕竟有限，难以满足运河所需的水量，于是仍需江潮

1 《光绪丹阳县志》卷32，艺文载张存《重修练湖碑记》。
2 嘉庆《练湖志》卷2，兴修。
3 嘉庆《练湖志》卷3，奏章。
4 《明史》卷86《河渠志四・运河下》。
5 嘉庆《练湖志》卷3，崇祯四年饶京《复湖济漕疏》。
6 嘉庆《练湖志》卷3，马祐《请复湖疏》。
7 《光绪丹阳县志》卷33，贺宽《湖心亭圣恩碑记》。
8 陈述主编：《杭州运河历史研究》，杭州出版社2006年，第95页。

的补充。故吴越钱镠时在运河入钱塘江口置龙山、浙江二闸，龙山闸在今白塔岭下龙山河口，浙江闸在今南星桥萧公桥墩南面，以控制海潮泥沙进入运河。[1] 北宋时期龙山、浙江两闸因受钱塘江潮泥沙淤塞，而西湖已"湮塞其半"，运河水源告急。元祐五年(1090)知杭州苏轼提出西湖五不可废，其一即："西湖深阔，则运河可以取足于湖水，若湖水不足，则必取足于江潮。潮之所过，泥沙浑浊，一石五斗，不出三岁，辄调兵夫十余万工开浚。此西湖之不可废也。"又兴役疏浚龙山、浙江二闸和茆山、盐桥二河，自是"公私舟船通利，三十年以来，开河未有若此深快者"，"然潮水日至，淤填如旧，则三五年间，前功复弃"。[2] 南宋时西湖"日就堙塞，昔之水面，半为葑田，霖潦之际，无所潴蓄，流溢害田，而旱干之月，湖自减涸，不能复及运河"，而引用浙江潮的运口置有浙江、龙山两闸控制潮水泥沙，然"日纳潮水沙泥浑浊，一汛一淤，积日稍久，便及四五尺"，每三五年必需开浚一次，劳役繁重。[3] 故宋一代始终为运河南段水源问题煞费苦心，而不得妥善解决。元时运河口"沙涂壅涨，潮水远去，离北岸十五里，舟楫不能到岸，商旅往来，募夫搬运十七八里，使诸物翔涌，生民所失，递运官物，甚为烦扰"，于是又重开龙山闸河。[4] 但因泥沙堆积，河高江低，诸河浚而不深，加上河口又有堰闸限潮，海潮难以入河，水源悉以西湖之水供给，而元代对西湖不事整治，湖西一带葑草蔓延，如同野陂，受其影响，城内河道仅深三尺，不及宋代一半，以致舟楫之利非两宋可比。[5] 明代前期虽曾多次疏浚龙山闸和运河，但不久即淤塞，后改闸为上坝。至明后期运河已不通钱塘江，船只进出需用翻坝而过。清代南段运河水源以西湖为主。直至新中国成立后，才重新开河与钱塘江沟通。由此可见，历代以来江南运河南段之水源始终为一大难题。

以上已对我国历史上一些主要运河的水源问题进行了比较详尽的论述，不难看出，在我国东部地区自然条件背景下，历代王朝为了维护漕运而对运河水源工程所采取的种种措施，是何等的艰难。这一方面固然反映了我国劳动人民的艰辛、智慧和创造力，但同时也反映了社会财富、

---

1 陈述主编：《杭州运河历史研究》，杭州出版社2006年，第97页。

2 《淳祐临安志》卷10《山川》，西湖条。

3 《咸淳临安志》卷35《山川十四·河》。

4 《元史》卷65《河渠志二·龙山河道》。

5 陈述主编：《杭州运河历史研究》，杭州出版社2006年，第111页。

劳力以及水资源的大量消耗。这些必然会对我国社会发展的历史进程产生负面影响。了解了这些，当会对我国历史上运河的历史地位有全面的认识。

（原文载《历史地理研究》第三辑，复旦大学出版社2010年版）

山东运河历史地理问题初探

最近关于南水北调工程规划讨论中所提到的东线方案就是利用京杭大运河作为南水北调的引水渠道。京杭大运河是举世闻名的水利工程，有着悠久的历史。其中最早的邗沟河段开修于公元前5世纪，最后的山东河段就是元代的济州河、会通河，明代合称为会通河，清代又称为山东运河，完成于13世纪末，又经过15世纪初的改造，全线才得畅通。前后历时约两千年。

京杭大运河的各河段中以山东运河段因自然条件的限制，人工设施最多，航运困难最大。历史时期为保证这段运河的畅通，曾设计了进水、减水、蓄水、滞洪、船闸等一系列工程，并有一套严格的管理制度，局部地段也起过南水北调的作用。但是，在当时的社会制度和技术条件下，运河时通时塞，河身及其有关工程变迁很大，运河沿线的地理面貌也几经沧桑。20世纪初南北漕运停止后，本段运河即因年久失修，复经国民政府统治时期不断破坏，南北航运全告中断，举世闻名的大运河已失去原有的重要价值。

山东境内的大运河从修成到淤废的过程较为复杂，其淤废的原因亦甚多，其对沿运地区的地理环境的变迁也曾有过较大的影响。本文即试图对有关的几个历史地理问题进行初步的探索，希望能为有关方面提供一些参考资料。

一、山东运河开凿前沿线的地理面貌

在元代以前今山东运河沿线地区的地理面貌究竟怎样，是研究元代会通河开凿后这一地区历史变迁的起点。6世纪的地理名著《水经注》是回答这个问题的主要依据。

根据《水经注》所载，可以将这一地带分成两个地貌区。

（一）河漯平原区。即今鲁北平原的西部临清卫河和今黄河之间的旧大运河沿线地区，相当于今聊城地区。它位于黄河巨大冲积扇的东北斜面，地面平坦，地势从西南向东北缓缓倾斜。《水经注》时代这里的河流都作自西南向东北流向。自北而南有四条著名的河流：（1）自战国至西汉末年的大河故渎。(2) 大河故渎南有漯水,是大河下游的一大分流。(3) 漯水之南为东汉至北魏时黄河所经。(4) 瓠子河,是汉武帝元光三年(前 132)时黄河在瓠子口决后出现的,《水经注》时已为故渎。[1]

(二) 汶泗水系区。今天演变为北五湖、南四湖带。东汉以后至北宋中期,北界黄河,南抵汴水,西面是古黄河冲积扇的中下部,东面是鲁中山地丘陵,为两个相向倾斜面的交界处,呈西北、东南向的条状低洼地带。自西来的济、菏、汴诸水和自东来的汶、泗、沂等河都汇注于此。归纳起来可分为两大水系。

(1) 泗水水系。据《水经・泗水注》记载,泗水发源于卞县(今泗水县东)东陪尾山,西流经今泗水、曲阜,折西南贯穿今南阳湖,经古高平县(故址在今微山县西北两城公社附近)西、方与县(今鱼台县西南阳城集)东、湖陆县(今鱼台县东南 40 里,昭阳湖西岸)南、沛县(今县)东,自北而南有洙水、沂水、菏水、南梁水(今荆河)、漷水(今漷河)、丰水相次注入。泗水又南流至彭城(今徐州)北与自开封分蒗荡渠东流而来的获水(又称汴水)相会,又东南经今宿迁等地入淮。

(2) 汶水水系。汶水即今大汶河。据《水经・汶水注》,汶水发源于莱芜的原山,西流至刚县(今宁阳县东北堽城屯一带)西,分出一条洸水,至任城(今济宁市)与洙水会合。汶水自刚县西流至桃乡分成四股:其中二股几乎平行流向西南,大致即今汶河,至今汶上县西南二股合而为一,西南注入茂都淀。此淀据胡渭《禹贡锥指》、叶圭绶《续山东考古录》所言即明清时代的南旺湖,准以地望,大致不误。西流一股至寿张古城(今东平西南,当已沦入东平湖中)东,潴为泽渚。北面一股汶水西流走今大清河,又西南至今梁山南注入济水。济水自巨野泽流出,经今梁山、安山之东,贯东平湖滞洪区由今黄河、小清河道入海。

(3) 在汶、泗二水的西侧,还有一条是东晋太和四年(369)桓温北伐时所开的人工运河桓公沟。据《水经・济水注》载,该沟是疏导薛训渚(在今嘉祥县治萌山下)[2]分南北流:北流一支注入巨野泽,又名洪水;南流一支注入黄水,黄水原自巨野泽流出,注入菏水。这样,桓公沟就南起菏水,北达巨野泽,全长 300 里。

---

1 《水经・河水注》《水经・漯水注》《水经・瓠子河注》。

2 《元和郡县志》卷 11,任城县(今济宁市)载,桓公沟源出县理西 40 里萌山下。《嘉庆重修大清一统志》卷 183 谓萌山为嘉祥县治所在地。今嘉祥县治距济宁市西 40 里,则薛训渚当为今嘉祥县萌山下的一个小湖。

从北魏以后至宋代，这一带水系有过局部的变迁：

第一，上文提及沟通汶泗的洸水，原为十六国时人工所开。[1] 以后因人工设施废坏，洸水上源不再沟通汶水。

第二，汶水下游在唐宋时代的记载中只有西流入济水的一股，西南流入茂都淀的一股已遭淤塞。茂都淀自《水经注》后不见于史籍，估计由于来水断绝，淤为平地。

第三，隋以前由于西汉以来黄河多次夺泗入淮，泗水河床淤高，下游滞潴，水流宣泄不畅，泗沂二水在兖州城东壅塞而成大泽，开皇时兖州刺史薛胄在城东作堰（拦河坝），遏泗水西流，走原洙水故道（即后来的府河）南经任城城下。积水疏导后，湖泽变为良田，并发展了兖州和淮河之间的航运。[2] 至宋时任城县（今济宁市）东的一段泗水又曾淤废。[3]

据上所述，可以知道公元6世纪时今临清卫河和徐州淤黄河之间的大运河沿线地带，河流纵横交错，湖泊也相当发育，水运交通初具规模（见图1）。以后河流改道、淤废，湖泊逐渐消失，造成了极为复杂的地形，给元代以后山东运河的开凿和通航带来种种不利的因素。

首先，济宁以北汶泗之间有一片高阜地带，为汶泗二水下游冲积物共同堆积而成，也是这一地区汶泗二水系的分水岭，古代称为“东原”。[4] 元代要在这里开凿沟通南北的运河，就必定要爬过这个高坡，从而给航运带来困难。

其次，泗水中下游两岸支流众多、流量丰沛，这为元代以后利用泗水作运河的航道准备了有利的条件。但元明以后黄河夺泗入淮，泗水下游河床因黄河袭夺而淤高，遂使其上泗水排水不畅，酿成涝灾。这就决定了元代以后的山东运河南段始终存在严重的排涝问题。

最后，临清卫河至今黄河之间地势自西南向东北倾斜，《水经注》产生以前为西汉大河、东汉大河、漯水、瓠子河等河流所经。北宋中期以后又为黄河东派、马颊等河所经。这些河流湮废或改道后，留下断续带状

1 《晋书》卷75《荀羡传》：“是时[按：据《资治通鉴》为东晋穆帝永和十二年(356)]慕容兰以数万众屯汴城（按：汴当作卞，即卞县），甚为边害。羡自光（洸）水引汶通渠，至于东阿以征之。”

2 《隋书》卷56《薛胄传》。

3 唐时泗水仍经任城县下，（清）叶圭绶《续山东考古录》卷29载：“开元二十六年玄宗南巡，任城县令于其县东造桥以为跨泗水别流之上。有桥亭记碑在济宁文庙。”《宋史》卷332《李师中传》载：李师中知兖济二州时，曾因济水淤塞已久，寻访故道，自兖城西南启凿，功未成而罢去。文中“济水”即指泗水。《续山东考古录》卷29载：“此渠合洸入泗皆在济州，故称济水。”

4 《禹贡》徐州：“东原底平。”《史记》卷2《夏本纪》集解：“郑玄：东原，地名。今东平郡即东原。”汉东平郡即今山东汶上、东平、济宁一带。

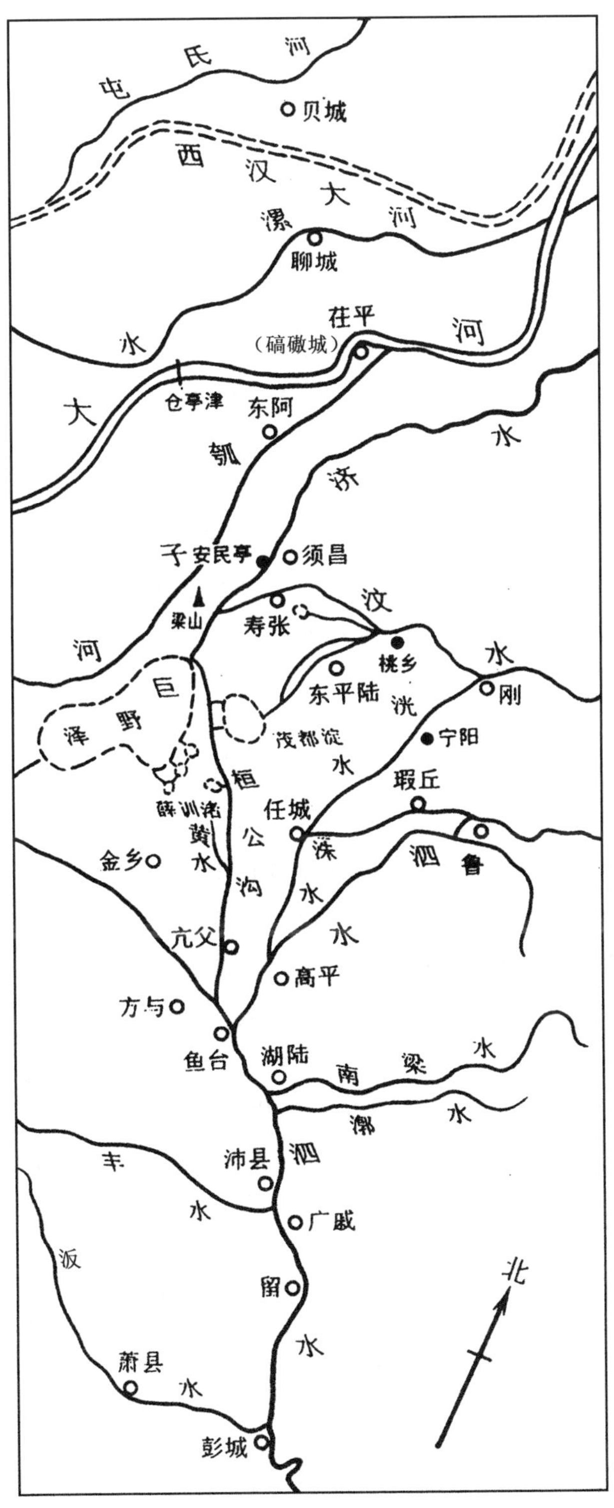

图1　山东运河开凿前沿线水系概貌(6世纪)

的废堤和沙垅，使地面高亢并有微度起伏，[1]因而元代开凿南北流向的运河河床起伏不平；并且一旦黄河东北决入运河西岸张秋镇（今山东阳谷县东南）时，因地势的关系，往往挟运河水东流入海，张秋以北运河因缺水而阻运。

以上所述就是元代济州河、会通河开凿前的地貌概况，以下介绍元明清三代如何解决运河开凿后出现的种种困难以及所造成的影响。

二、山东运河的开凿及其水源问题

元代统一中国，开始时漕运路线是由江淮溯黄河（当时黄河东南流至徐州夺泗入淮）西上，至河南封丘县西南的中滦镇上岸，改由陆运 180 里至御河（今卫河）南岸的淇门镇，再由御河水运至直沽（今天津市），转达大都。这是一条绕远道的水陆联运路线，甚为不便。为弥补这个缺陷，就只有在东部平原上开凿黄河和卫河之间的直通水道。而开凿这样一条沟通南北的运河只能以当地的汶泗二水作为水源，可是汶水向西折而东流，泗水折而南流，必须经人工改造才能利用，因而元明清三代山东运河工程首要解决的就是水源问题。

（一）引汶会泗地点的选择——从堽城作坝到戴村作坝

上文提及，元以前洸水已不通汶，汶泗不相交会。蒙哥汗七年（1257），时南宋尚未被灭，蒙古军为了征伐上的需要，在宁阳县东北刚县故城西北汶水南岸筑一斗门，遏汶水南流，走原洸水故道南合泗水、“以饷宿、蕲戍边之众”。[2] 这是恢复引汶会泗的初步尝试。平宋以后，南北漕运大兴，需要开凿沟通黄、卫之间的人工运河，于是自至元十三年（1276）开始修凿济州河，到至元二十年功成。[3] 济州河是自济州城（今济宁市）引洸水往北挖渠 150 里接通安山附近的济水。[4] 但因为水源只有洸水，流量不足。至元二十一年时又在兖州城东门外五里泗水上改建隋薛胄旧堰，遏泗水走府河（即洙水故道）至济州城下会洸水入运，[5]济州河

1 侯春岭等：《山东地貌区划》，《山东师范学院学报（地理版）》1959 年第 4 期。

2 （清）陆耀：《山东运河备览》卷 4，堽城坝条引《元李惟明改作东大闸记》：“国初岁丁巳，济倅奉符毕辅国请于严东平，始于汶水之阴，堽城之左，作一斗门，堨汶水入洸，益泗漕以饷宿、蕲戍边之众。且以溉济、兖间田。汶由是有南入泗、淮之派。”

3 《元史》卷 9、卷 12《世祖纪》。

4 据（清）顾祖禹《读史方舆纪要》卷 30，山东大川“汶水”条；卷 127，川渎异同“漕河”条。但在今梁山一段与古济水不同。《元史》卷 64《河渠志一・兖州闸》：“又被涨水冲破梁山一带堤堰，走泄水势，通入旧河，以致新河水小，涩粮船。”旧河指济水，新河指济州河。

5 （清）顾祖禹：《读史方舆纪要》卷 3，兖州府滋阳县。

的水源问题才初步解决。济州以南即利用原来的泗水作运道，从此泗水变成了运河的支流。

济州河开凿后，漕船可由江淮直抵安山下的济水，自此有两条路线可达直沽：一条走水路由济水（即大清河）至利津入海，再渡海趋直沽；一由大清河北岸的东阿旱站陆运200里至临清入卫河。[1] 前一条仍不免风涛之险，后一条经茌平县一段，地势卑下，遇夏秋霖潦，牛车跋涉其间，艰阻万状。[2] 于是在至元二十六年（1289）又增开了一段人工运河，起自安山西南的济州河，经寿张、东昌（今聊城）至临清入卫河，全长250余里，功成后赐名会通河。[3] 大致即今临清至安山的运河故道。

引汶泗工程的修筑和济州河、会通河的开凿，虽然使黄卫之间水运航道的问题解决了，但在航行最根本的水源问题上仍存在很大困难。

济州河和会通河的水源主要来自发源于鲁中山地的汶泗两个水系。这两个水系的特点是：第一，汶泗流域多年平均降雨量大致为600毫米至700毫米，河流全年总径流量较小，年内分配极不均匀。今人曾以20世纪30年代前半期三年（1932—1934）汶泗流域泰安、曲阜等十二个县逐月降水量资料作过统计，表明每年6—9月降水量最为集中，占全年总量的50%—70%，汶泗等河往往在这个时期出现洪水，运河宣泄不及，泛滥成灾；而每年10月至次年2月降水量仅全年总量的10%以下，往往成为每年的枯水期。[4] 而历史上每年的漕粮都是在春季起运，正是最需要水源的时候，这就成为运河的致命伤。第二，汶泗二水系型式属树枝状水系，暴雨季节总流汇注，下游洪水集中。尤其是泗水支流多属山溪性河流，源短流急，洪峰高，含沙量大，对运河的威胁很大。第三，鲁中山地山岭起伏，山岩物质多由花岗岩、片麻岩、结晶片岩以及泥沙质沉积岩构成。汶河等河谷宽广，深入山区内部，山区植被覆盖不良，暴雨季节山洪陡涨，侵蚀和搬运作用很大，而物质多为粗砂和细砾，河床多被淤塞。

由于上列因素，元朝政府在水源工程上采取了一系列改进措施。至元二十一年在汶、泗、洸、沂等水和运河承水的济州城南置会源（又作天井）等

1 《元史》卷93《食货志·海运》。

2 （清）傅泽洪：《行水金鉴》卷101，引（元）杨文郁《开会通河功成之碑》。

3 《元史》卷64《河渠志·会通河》。

4 中央水利部水利实验处：《淮河流域水文资料》第3辑，沂泗汶运区第3册，中央水利部南京水利实验处刊印，1951年5月。

八闸以控制来水。[1] 至元二十八年(1291)改建了堽城坝[2](见图2),又改兖州城东门外土堰为永久性滚水石坝,在城东五里引水渠府河上筑金口闸(又名黑风口),控制引水。[3] 延祐四年(1317)在兖州滚水石坝上开三个涵洞并置闸门,即为金口坝。夏秋季节关闭金口闸,听泗水由金口坝经港里河(原泗水河道)至济州城南46里的师家庄入运,用延长洪水流经的办法,减缓洪峰对运河的威胁。冬春水微,则闭金口坝,使泗水由黑风口经府河至济州城南会源闸合洸水入运。[4] 经过这一番工程后水源问题似乎有所改善,但是造成水源不均的气候条件既无法改变,沿运河上又没有采取什么蓄泄水量的措施,因此元一代运河时通时塞,漕运仍以海运为主。

元末会通河已被废弃不用。明永乐时建都北京后,重修会通河,水源工程有所改建。

一是筑戴村坝(见图2)。明永乐九年(1411)重修会通河时,主持工程的工部尚书宋礼采纳汶上老人[5]的建议,在东平州东60里戴村附近的汶水上做土坝,长五里,遏汶水南流,走今小汶河西南流入南旺地区再作南北分流(详后)。戴村坝成为明代会通河工程中"第一吃紧关键"。[6] 为什么要改在戴村做坝?这是因为元时在宁阳县北的堽城引汶,而堽城以下的汶水有漕河、汇河(上游即今康王河)等多条支流注入,水量大增。所以明人指出:"汶

1 (清)傅泽洪:《行水金鉴》卷120,引俞时中《修任城东闸记》:至元二十一年"有司创为石闸者八,各置守卒。春秋观水之涨落,以时启闭。虽岁或亢,而利足以济舟楫"。据《山东运河备览》卷1沿革表,这八闸除了济州城的会源闸外,其余七闸皆在汶、泗、洸、沂等水上。

2 至元二十八年在宪宗时所筑斗门之东的洸河上筑闸,称为东闸,原斗门称西闸,后西闸址高,不过水,独东闸受水,即堽城闸。每年秋分时在二闸之西汶上筑沙堰,约三分之二水量入洸,春时遏全汶入洸,即所谓堽城坝,汛期将洸河上闸门紧闭,听洪水将沙堰冲毁,西流折东由大清河入海,延祐五年(1318)时又改沙堰为石堰,多为洪水冲毁,乱石堆积河床,后遂多次修建堽城闸,疏浚洸河。详见(清)陆耀:《山东运河备览》卷4,引(元)李惟明:《改作东大闸记》。

元代堽城坝始建年代不详。《元史》卷64《河渠志一·兖州闸》载,至元二十七年四月都漕运副使马之贞言:"二十一年省委之贞与尚监察等同相视,拟修石闸八、石堰二,除已修毕外,有石闸一、石堰一、堽城石堰一,至今未修。"又云:"去岁流水冲坏堽城汶河土堰、兖州泗河土堰。"又"据兖州石闸一所,石堰一道,堽城石闸一道合用材物已行措置完备,必须修理"。据此则,二十七年时堽城坝闸尚未修建。(清)陆耀:《山东运河备览》卷1沿革表列于至元二十八年。今从之。

3 金口闸在府河上,滚水石坝(即金口坝)在泗水上,二者不同,文献记载常混为一谈。金口坝(滚水石坝)建置年代各书皆谓至元中。然据《元史》卷64《河渠志一·兖州闸》,至元二十七年时兖州泗河仍为堰,则改建石坝当为二十七年以后事。《山东运河备览》卷1沿革表作二十六年,误,今姑作二十八年。金口闸设置的确切年代各书皆谓建于至元中。(清)陆耀:《山东运河备览》卷4金口坝条引《牛运震空山集》:"黑风口一名金口闸,与金口坝一时并建元至元中。"故今亦姑作置于二十八年。

4 (清)陆耀:《山东运河备览》卷4,引(元)李惟明:《重浚洸河记》。

5 "老人"是沿运河设置管理河事的人员,有堽城坝老人、管泉老人等,见《泉河史》卷6《职官表下》(《泉河史》,明万历二十六年皖人胡瓒修,清顺治四年刊本,藏华东师范大学图书馆)。

6 (明)胡瓒:《泉河史》卷3《泉源志》,戴村坝。

水西流，其势甚大，而元人于济宁分水，遏汶于堽城，非其地矣。”[1]明代改在戴村引汶，水量比较丰富。另外，元代的堽城坝闸在末年也归圮废。明成化年间因旧址河阔沙深，不宜更作坝址，“乃相西南八里许，其地两岸屹立，根连河中，坚石萦络，比旧址隘三分之一”。就在此筑堽城新坝，跨汶水上，下开涵洞置闸启闭，再开新河十余里接洸河；并在新河上置堽城新闸，控制流沙。[2] 所以在明中期后汶水上引水工程有两道防线可以调节水沙。这一点明人比元人高明，但是问题并不是如此容易解决的。第一，原来在坎河（今汇河）入汶河口的汶河上有一沙洲，沙洲以南为汶河主泓道所经。明代在主泓道上筑戴村坝，留下沙洲北面的岔流，以备泄洪。当重运北上时，就在戴村坝东的坎河口的岔流上作一临时沙坝，使涓滴尽归南旺。如遇来水过于迅猛，则连沙坝冲出西趋大清河归海，不会患及汶河。但日久正河渐淤，主泓北移，沙坝不能遏水，万历元年改作石滩，[3]十七年潘季驯又改为石坝。石坝不能排沙，结果使汶河河床淤高，常溢为灾，[4]清康熙四十一年（1702）宁阳、汶上、济宁、滋阳等七县都遭汶河决口之灾[5]。

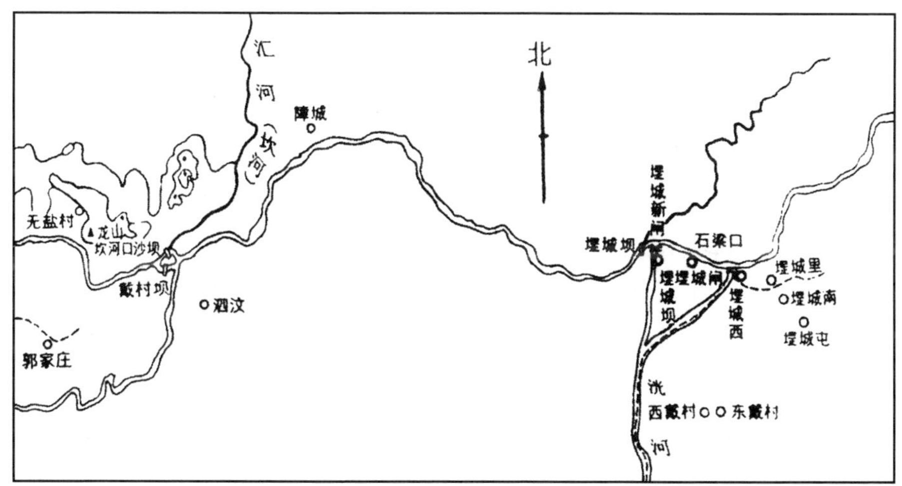

图 2　元代堽城坝和明代戴村坝工程示意图

其次，明代只在戴村筑坝遏汶水南流，没有在引水河道上如元代堽城、金口之制修筑闸门，因而在夏秋汛期对水沙都无法控制。自戴村至南旺的

1　（明）胡瓒：《泉河史》卷1《图纪》东平州泉图引郡志；《元史》卷64《河渠志一》。

2　（明）胡瓒：《泉河史》卷3《泉源志》，引（明）商辂：《堽城堰记》。

3　（明）胡瓒：《泉河史》卷3《泉源志》，引主事余毅中筑坝议略。

4　（明）潘季驯：《河防一览》卷3《河防险要》。

5　（清）张伯行：《居济一得》卷3《筑汶河堤岸》。

河道，“每涨一次，则淤高一尺，积一年则淤高数尺，二年不挑则河尽填”[1]。这种情况之下，运河就不免有枯涸之患。相反，如戴村至南旺的河道经过疏浚以后，则又产生另一种后果，因为南旺一带运河宽不过十丈，而汶水却宽数百丈，“以数百丈之汶河，而尽注于十丈宽运河之内”[2]，其结果必然造成运河的泛决。明清二代运河吃尽水源不均的苦头，就想出另一个引泉济运的补救办法。

二是引泉济运。汶、泗、沂诸水发源的山地，寒武与奥陶纪石灰岩地层分布极广，岩溶地貌相当发育，溶洞、溶蚀岩沟均有所见。《水经注》中就记载了泗水上源地下有广如数间屋大的溶洞。[3] 这种岩溶地形往往形成地表水渗漏而地下水蓄藏却十分丰富的现象，常在山麓地带流出而成大泉，与地表水相对而言较为稳定。永乐十七年(1419)在陈瑄的建议下，初浚泉源。[4] 以后每隔数年查访疏浚一次，将汶泗中上游各地的泉源都通过地表明渠导入汶、泗、沂等水，再汇入运河。明时会通河泉源来自三府十八个县，分成四派：(1) 新泰、莱芜、泰安、蒙阴等县以西，宁阳以北诸泉，都由汶河注入南旺，然后南北分水，称为分水派，又称汶河派。(2) 泗水。曲阜、滋阳境内泗沂二水上源诸泉和宁阳以东汶河诸泉，都由洸、府二水会于济州天井闸。因为流经济州城，又称济河，所以这一派泉源称济河派或天井派。(3) 邹县、济宁、鱼台、峄县以西和曲阜以南诸泉，都由泗河故道至鲁桥入运，称为泗河派或鲁桥派。(4) 邹县以南，滕、峄县境内流入昭阳湖诸泉皆由沙河注入运河，称为沙河派。嘉靖末开南阳新河后，运道经昭阳湖东，诸泉遂注入新河，故又称新河派。另外，沂水、蒙阴、峄县境内一部分泉源由沂河至古邳注入黄河，是为沂河派，与会通河无涉。明万历三十五年(1607)开泇河后，改为泇河之源。[5]

明代的会通河(包括元代的济州河和会通河)，其水源主要取给于鲁中山地的泉源，故又称泉河。明初大致有一百多处泉，以后逐年有增加。成化年间乔缙为都水司主事，督理山东泉源，“合六百余泉会于四水(汶、洸、泗、沂)，漕运大济”[6]。这是见于记载的引用泉水的最高数字，以后渐有减少。

1 (明) 胡瓒：《泉河史》卷4《河渠志》，引(明) 笪东光：《创建上源闸坝以省大挑议略》。
2 (清) 张伯行：《居济一得》卷6《治河议》。
3 《水经・泗水注》。
4 (明) 胡瓒：《泉河史》卷15《泉河大事记》。
5 (明) 胡瓒：《泉河史》卷7，引《东泉志》。
6 (清) 傅泽洪：《行水金鉴》卷111，引朱睦㮮作《乔缙传》。

崇祯五年(1632)共计旧泉226,新泉36。[1] 清代沿袭明制,也不时增浚新泉。迄康熙初年分水、天井、鲁桥、新河、邳州五派的泉源共有427处。[2] 据《大清会典》记载,运东十六县和运西鱼台一县共有新旧泉眼420个。[3] 明清二代几乎把鲁中山地西侧的泉源都纳入了运河。但是地下水受地表降水的影响,再说这些泉水又是通过明渠进入汶河,由于河床"淤沙深广,春夏久旱亢,沙极干燥,汶泉经之,多渗入河底"[4],所以水源仍旧极不稳定。另外,地下水无节制地大量通过明渠导入汶泗,其结果影响了对地表水的正常补给,使水分循环失去平衡。

(二) 南北分水地点的选择——从济宁分水到南旺分水

运河的水源问题除引流汶泗之外,因为运河地势中间高两端低,所以还有一个南北水量的合理分配问题。南北分水地点的选择,也是与水源密切相关的问题。

元代开济州河时南北分水地点选择在济宁。这是因为元初设计引汶会泗水源工程时只是因袭了前人(即十六国时引洸会泗)的引水路线,没有考虑到运河的地势条件。济宁以北的南旺地势比济宁还高。据清代靳辅记载,南旺地面"与任城(即济宁)太白楼岑齐""为南北通运之脊",[5]今天测量约高出1.5米左右。[6] 从济宁分水显然是"北高而南下,故水之往南也易,而往北也难"。此外,济宁以南运河除泗水源外,沿线有不少支流注入,作为补充水源,而济宁以北唯赖汶水,"故北运每虞浅阻"。[7] 所以元代会通河每岁之运不过数十万石,远不及海运二三百万余石之多,"终元之世,海运不罢"。[8]

明代在戴村筑坝遏汶水南流至南旺地区分水,南旺为南北水脊。分水地点当然较元代在济宁分水为优。又据南北水源多寡的条件,规定水流七分向北,三分向南。[9] 即便如此,南旺以北仍有缺水之患。到了清初"不知始自何年,竟七分往南,三分向北"[10],原因是分水口以北一段运河泥沙淤积过

1 (清) 顾祖禹:《读史方舆纪要》卷129,川渎运河。

2 (清) 薛凤祚:《两河清汇》卷3《运河》。

3 (清) 傅泽洪:《行水金鉴》卷133。

4 (明) 刘天和:《问水集》卷1《汶河》。

5 (清) 靳辅:《治河方略》卷4《湖考》。

6 据济宁地区水利局及济宁市水利局函告。

7 (清) 张伯行:《居济一得》卷1《运河总论》。

8 《元史》卷93《食货志・海运》;(清) 傅泽洪:《行水金鉴》卷102《通漕类编》。

9 (明) 胡瓒:《泉河史》卷3《泉源志》坎河口条。

10 (清) 张伯行:《居济一得》卷2《南旺大挑》。

深，“遂遏北行之水，尽归南下”。[1] 结果雨涝之年，济宁、鱼台、沛县一带农田淹没，而东昌一带在大旱之年，在在浅阻[2]，直至中华人民共和国成立后新京杭大运河开挖前，仍“三北七南”[3]。可见山东运河的分水地点问题一直未能妥善解决。

三、运河河道的变迁和沿运坝闸的设置

元明清三代运河河道的变迁，表现为两个方面：一是运河河道横向的移动，二是运河河道上坝闸的设置。

（一）山东运河河道横向的移动是由两方面因素决定的。主要是运河西侧黄河的干扰，此外也受到运河东岸水源的影响。元代以来黄河东南流至徐州和会通河交会，下游夺泗入淮。因此，当黄河在今河南、山东境内北决时，洪水往往冲向东面的会通河，毁堤阻运。至正年间黄河屡次在今山东境内北决，会通河深受其害。如至正四年（1344）黄河于白茅（今山东曹县境）北决，会通河沿岸的济宁、金乡、鱼台、丰、沛、巨野、郓城、嘉祥、汶上、任城等地，皆罹水患。[4] 八年，河决陷没了济宁路。[5] 十年再度北决白茅，郓城、济宁皆成巨浸。[6] 以后从十四年至二十六年（1354—1366），会通河所经的金乡、鱼台、任城、寿张、须城、东阿等县连年受到河水决口泛滥。[7] 因此到了元末会通河已淤废不堪，不能再继续通航了。

明永乐年间修复会通河时，除了上节所述引水和分水工程外，还疏浚了自济宁至临清的385里河道。又因自汶上袁家口至寿张沙湾的一段旧渠，向西拐了一道弯子，所以另挖一道新渠，经安山之东，较旧渠东移20里，比较顺直，就此奠定了明代前期的会通河道（见图3）。

永乐以后河患不息，会通河仍不断受到黄河的冲溃。例如正统十三年（1448）秋，黄河在新乡八柳树决口，一股洪水侵入曹、濮，抵东昌，冲张秋，溃寿张沙湾运堤，破坏运道，并挟南来的汶水由大清河入海。大清河以北至临

---

1 民国《济宁县志》卷1，疆域略。

2 （清）张伯行：《居济一得》卷2《南旺大挑》。

3 民国《济宁县志》卷1山川篇：“今之汶水南流者竟居十分之七八，嫁祸于南，无岁不灾。”济宁地区水利局1978年9月28日来函告知解放后开挖旧河前，汶水至南旺仍“三北七南”。

4 《元史》卷66《河渠志三·黄河》。

5 《元史》卷51《五行志二》。

6 《元史》卷186《成遵传》。

7 《元史》卷43—47《顺帝纪》、卷51《五行志二》、卷198《史彦斌传》。

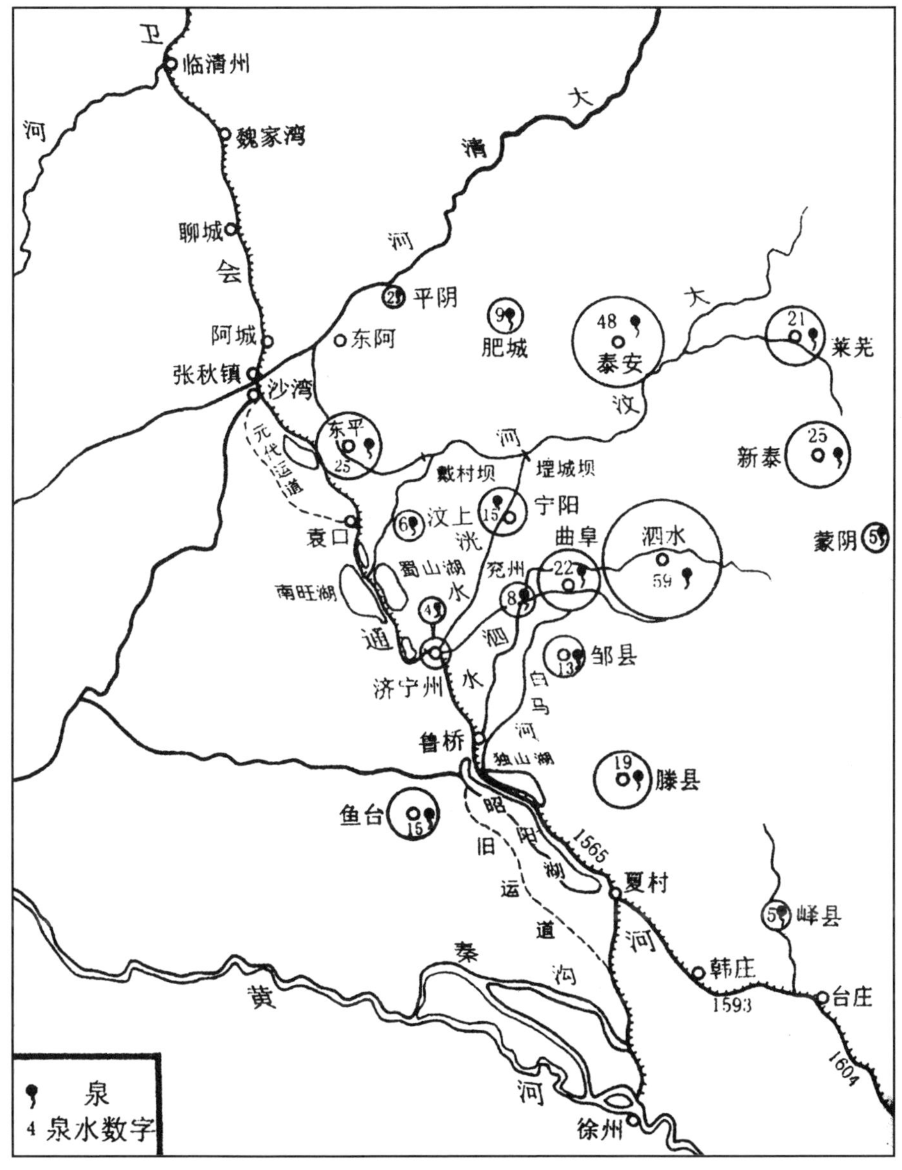

图 3　明代会通河及泉源分布略图

清的运道因缺水而受阻。[1] 张秋即今山东阳谷县东南张秋镇，沙湾在张秋南12里(今范县境)，都是南北漕运襟喉重地。从正统末至景泰年间，沙湾运堤数筑数溃，运道屡阻。景泰四年(1453)徐有贞开一条黄河分洪渠，从张秋西接河沁交会处的黄河，名广济渠，其东段大致即今豫鲁交界的金堤河，就是企图通过人工渠道来分黄济漕，减少黄河决口的危险。同时还疏浚了济宁

1　《明史》卷85《河渠志三·运河上》。

至临清的运道，建八闸于东昌（今聊城），以备泄洪。这是对会通河一次较大规模的修治。[1] 到弘治年间，先有白昂在会通河上加筑堤防，修凿了减水河，后有刘大夏在黄河北岸从河南至山东境内修了一条太行堤，防河北决。[2] 张秋一带运河威胁稍减，但正德年间黄河又反复徙决于运河沿线的宿迁小河口、沛县飞云桥、徐州小浮桥之间，大量泥沙决入运河，使运道淤塞，公私船只都取道运东的昭阳湖。[3] 嘉靖年间鲁桥镇以下运河闸座尽被泥沙淤没，无法启闭，沿线诸泉也因运河淤高而被阻隔在堤外，不能入运。[4] 当时有人就建议在昭阳湖东另挖一条人工运河来代替旧河。嘉靖七年（1528）开始了新河工程。工程进行一半，因朝廷内部意见分歧和黄河决口而被迫停工，嘉靖四十四年（1565）河决沛县，分成十几股冲入运河，徐州上下二百余里运道俱被淤没。[5] 明王朝紧急派朱衡为工部尚书兼理河漕，潘季驯总理河道。朱衡巡视了决口，见旧渠已淤成平陆，七年时所开新河残迹尚存。于是在嘉靖四十五年恢复新河工程，隆庆元年（1567）完成。新河在旧河之东30里，自鱼台南阳镇至沛县留城接旧河，全长140余里。因起于南阳，故称南阳新河。[6]

新河在地理条件上较旧河优越：一是旧河坡降陡峻，据记载，济宁地面和徐州境内的境山山顶相平，地势北高南低，鲁桥以南诸闸，“稍启立涸”[7]。漕船从徐州北上济宁往往因候水需要半个月时间才能到达，新河靠近鲁中山地丘陵，地势较高，从济宁以南，“地势高下不甚相悬”[8]。河道较平衍顺直，从徐州至济宁三四日即可到达，不烦牵挽。明隆庆年间黄汴《一统路程图记》卷5载：“旧闸河自留城至南阳，北高而南低，水易泄，闸常闭，所以客船难去一闸，曾有坐一月者，且让运船。自开新河，南高而北低，泉虽少而难泄，闸不常闭，各船皆快，无阻迟之苦矣。”二是新河补充了原被昭阳湖阻隔的鲁中山泉，水源较为丰富。三是新河在昭阳湖东，地势较高，运西又筑堤为障。黄河东决至昭阳湖止，不能复东淹及新河。[9] 新河的缺点是靠近鲁中山麓，有彭河、漷河、薛河等山溪性河流会于三河口入运，“犹高屋建瓴，冲击

1 《明史》卷83《河渠志一·黄河上》。
2 （清）陆耀：《山东运河备览》卷3，（明）王鏊：《安平治水功成碑》、（明）刘健：《黄陵冈功成碑》。
3 《明史》卷83《河渠志一·黄河上》。
4 （明）刘天和：《问水集》卷3《河道迁改分流疏》《修浚运河第一疏》。
5 《明史》卷83《河渠志一·黄河上》。
6 《明史》卷85《河渠志三·运河上》、卷228《朱衡传》。
7 （清）傅泽洪：《行水金鉴》卷118，引《明穆宗实录》卷30，隆庆三年三月戊辰朱衡奏。
8 《明史》卷85《河渠志三·运河上》。
9 （清）傅泽洪：《行水金鉴》卷117，引《明穆宗实录》卷8，隆庆元年五月己未条。

弥甚”。[1] 山洪暴发时即易冲毁运道。如隆庆元年(1567)六月一次,山洪漂没运船有数百艘之多。以后在运东诸水上修筑了一系列减水闸、土坝,有所改善。但工程不能持久,屡修屡圮。[2]

新河自沛县留城以下仍走旧道至徐州城北茶城运口与黄河交会。但黄强运弱,每逢七、八、九月黄运交涨,黄水往往倒灌入运,水退沙停,运口淤塞。每当春季运盛时,却“正值黄河水落之候,高下不相接”[3]。隆庆三年(1569)七月和四年七月都因受到黄水倒灌和决入而使茶城运口连续淤塞。万历年间黄河在徐州一带决口频繁,万历元年至十年(1573—1582)茶城运口几乎年年受淤。[4] 所以隆庆年间总河都御史翁大立提出开泇河的建议,但未能付诸实施。[5] 万历十年三月在茶城之东新开一段羊山运河,在运口置内华、古洪二闸,递为启闭,以避黄淤,代替茶城运口。[6] 十六年(1588)内华、古洪二闸又遭黄水淤平,即于古洪闸外增建镇口闸,去黄河仅八十丈。[7] 当黄河水涨时,“下板谨闭,俟黄水稍落,即启闭纵水外冲”[8],漕船出入的情况有所改善。不久因黄患日甚,徐州以下的黄河河道淤积十分严重。明政府想将漕运改线避开这一段作为运道的黄河,遂于万历二十一年、二十二年间由总河舒应龙主持,在韩庄湖和彭河之间挖了一条四十余里的渠道,导湖水由彭河注入泇河,但尚不能通船,这是开泇河的首工。二十五年正当运粮繁忙时,自桃源、宿迁以上至镇口闸的一段黄河水涸断流,“粮船胶涩不前”。[9] 这促使了明政府更坚定地执行“改运避黄”的方针。自万历二十七年至三十二年(1599—1604)完成了泇河工程。新河自沛县夏镇李家口引水,合彭、承、武、沂等水,至邳州直河口入运,全长260里,历史上称为泇河。新道避开了黄河360里险段,既缩短了航程,也避免了在黄河上航行所引起的种种麻烦,万历三十三年通过泇河的粮船有八千余艘。[10] 因泇河狭窄,粮船回

1 (清)傅泽洪:《行水金鉴》卷117,引《明穆宗实录》卷13,隆庆元年十月己丑条。

2 (清)傅泽洪:《行水金鉴》卷117,引《南河全考》;《明穆宗实录》卷8,隆庆元年五月己未条。

3 《明史》卷85《河渠志三·运河上》。

4 (明)潘季驯:《河防一览》卷12《河上易惑浮言疏》。

5 据《齐乘》卷2、《明史》卷87《河渠志五·泇河》记载,泇河发源于今山东南部,有东西两源,东泇河源出费县南山谷中,西泇河源出峄县抱犊山,二水东南流至三合村汇合,再东南与彭河、武河、沂河会合,贯蛤蟃、连汪、周湖、柳湖等四湖,至邳州直河口入泗(即运河)。如果将运河和彭河之间挖通,即可以通漕,避开茶城运口。

6 (清)傅泽洪:《行水金鉴》卷124,引《明神宗实录》卷135,万历十一年三月己亥条。

7 (清)傅泽洪:《行水金鉴》卷125,引《明神宗实录》卷197,万历十六年癸亥条。

8 (明)潘季驯:《河防一览》卷3《河防险要》。

9 (清)傅泽洪:《行水金鉴》卷127,引(明)张兆元:《济运始末》。

10 (清)傅泽洪:《行水金鉴》卷129,引《明神宗实录》卷424万历三十四年八月癸亥河道总督曹时聘言。

空仍由镇口闸入黄河南还。[1] 山东运河河道至此才基本上稳定下来。

山东运河大部分河段系人工开挖，河身浅狭，又兼水源缺乏，“惜水如惜金”，平时容水不多。明清两代规定每艘漕船载重四百石。明代漕船舱浅底平，入水不过六拏(二拏等于一尺)。[2] 清初规定漕船龙头宽不过一丈，深不过四尺。[3] 所以吃水一般不过三尺五寸，明时山东运河最宽处不过六丈，留城以下因黄河的侵啮，有的地方宽至数十丈。[4] 运河既如此浅狭，又分段置闸过水(详下)，沙多流缓，故极易淤浅。明清两代王朝为了维持漕运，几乎年年挑浚，屡挑屡淤。所以咸丰三年(1853)开始，部分漕粮改由海运至天津。五年黄河决铜瓦厢北徙，挟汶水走大清河于利津入海，安山以北运河全无水源。同治以后，漕粮改以海运为主，其中仅十分之一仍由河运。[5] 光绪元年(1875)因在山东与黄河交会处的一段旧渠淤废，在黄河北岸开陶城新河与南岸十里堡旧河相接，十五年(1889)又改由盐河达陶城新河。[6] 这是山东运河河道最后的变迁。到光绪末年自东昌(今聊城)至黄河一段运河几成平陆。漕粮全改折色，河运停止，以后山东运河仅区段通行民船，远非昔日可比了。

1949年以后曾在沿运进行调查，发现南旺一带分水处，因汶河挟来的大量泥沙首先停滞于此，年年开挖，致使三公里长的一段运河两岸积土如山，高达十数米，运河形成峡谷河流，登高俯视，宛如一条小沟穿行其间。[7] 如逢暴雨或洪水，两岸泥土必仍坍入河内，再度淤填河床。明人谢肇淛《南旺挑河行》诗云：“都水使者日行堤，新土堆与旧岸齐，可怜今日岸上土，雨来仍作河中泥。”[8]正是这种事实的写照。济宁以南至韩庄的运河经常受到运东山溪性河流的淤积，一旦停止疏浚，也就淤废不通了。

(二)沿运坝闸的设置。山东运河全长约七八百里，[9]整条河道是中间隆

---

1 《明史》卷87《河渠志五・泇河》。

2 (清)傅泽洪：《行水金鉴》卷119，引《明神宗实录》卷12万历元年四月辛未条。

3 (明)朱之锡：《河防疏略》卷17《敬陈河漕事宜疏》。

4 (清)傅泽洪：《行水金鉴》卷121，引《治水筌蹄》。

5 《清史稿》卷127《河渠志二・运河》。

6 武同举：《淮系年表全编》。

7 水利部治淮委员会勘测设计院：《运河(黄河南岸至苏州)航运查勘报告》，载《治淮汇刊》第5辑，1955年6月。

8 (明)谢肇淛：《北河纪略》卷2。

9 元济州河、会通河全长约870余里，明永乐年间俱复会通河时部分河段有所缩短，自临清至徐州镇口闸全长690余里。嘉靖年间开南阳新河后，全长710余里。万历年间开泇河，从临清至泇河的台庄闸全长780余里。

起，向两端倾斜，据记载，元代运河在济州（今济宁）城南会源闸分水，北至临清490余里，地降90尺（约今30米），比降约为1/8 000；南至沽头闸266里，地降116尺（约今38.6米），比降约大于1/4 000。[1] 明代在南旺分水，而南旺又高于济宁一米多，向运河两端比降应更大。这是就总的趋势而言。由于运河东西两岸河流冲积扇的相间交叠，从济宁或南旺流向南北，并非急趋直下，而是沿线局部地段多有起伏，有的局部隆起，有的局部洼陷，更兼水源不均，沿程必须"度高低、分远迩"，设置船闸，分段启闭，递相灌输，才能通航。因而我们从历史上沿运船闸设置的过程，也可看出运河纵向的地理面貌。

至元二十年（1283）开挖济州河后，在运河渠身上所修的船闸中以会源闸（一名天井闸）为最早。[2] 二十六年会通河修成，即修安山闸，以后根据河床高差，陆续增修。到至治元年（1321）全河有26闸，自济州北至临清16座，南至沽头10座。[3] 当时船闸的分布反映了三点情况：一是总的说来，船闸数量嫌少，各闸之间距离过远。如临清隘船闸和李海务闸之间152里，济州上闸和开河闸之间124里，开河闸至安山闸85里，枣林闸和孟阳泊闸95里，孟阳泊闸至金沟闸90里，二闸之间的航运仍有很大困难。[4] 二是船闸的分布应该根据途经长短、河道坡降、水源大小等各种因素而定。当时因济州向北至临清河段比降虽小于济州向南河段，但途程较远而又缺乏水源，故所建船闸较多，可是济州以南比降大而船闸反少，就显然不甚合理。三是在沿线几处关键地点，都是二闸或三闸联成一组。如会通河、卫河交会处的会通镇闸和济州分水的济州闸都是三闸一组，济州以北的七级、阿城、荆门和以南的沽头等闸都是二闸一组。闸间里距不过二至三里，这是利用二闸之间的河段作为大闸厢，此启彼闭，有利于候水的大帮漕船通过。这种设计是比较科学的。所以至治以后添置的新闸都在济州以南。如至顺二年（1331）在枣林闸和孟阳泊闸之间增修了南阳、谷亭二闸。[5] 辛店和师家店二闸间，地势悬

1 （明）胡瓒：《泉河史》卷4《河渠志》，引（元）揭傒斯：《改建会源闸记》。

2 《元史》卷64《河渠志・会通河》载济州中闸（即会源闸）置于至治元年。然《泉河史》卷4《河渠志》引揭傒斯《修会源闸记》谓至治元年重修，则闸初建当在此前。其云："我元受命，定鼎幽蓟……乃改任城县为济州，以临齐鲁之交……道汶泗以会其源，置闸以分其流，西北至安民入于新河埭，于临清地降九十尺，为闸十六，以达于漳，南至沽头地降百十有六尺，为闸十，又南入于河。北至奉符为闸一，以节汶水，东北至兖州为闸一，以节泗水，而会源闸制于其中，岁久政弛……延祐六年冬……行视济闸，峻怒狼悍，岁数坏舟楫……明年皇帝建元至治……徙其南二十尺，降七尺，以为基下……"按理推论，会源闸应是济州分流时所置最早的闸。

3 （明）胡瓒：《泉河史》卷4《河渠志》，引（元）揭傒斯：《改建会源闸记》。

4 《元史》卷64《河渠志・会通河》。

5 （明）胡瓒：《泉河史》卷4《河渠志》，引周汝霖记。

差，水源又缺，“每漕船至此上下毕力，终日叫号，进寸退尺，必资（水位）平于陆而始达”，至正元年（1341）在二闸间增修黄楝林闸。[1] 至此，元会通河、济州河干线共有闸 29 座。

明永乐以后除修复旧闸外，仍不断添置新闸。宣德时在济宁徐州间增置谢沟、湖陵城、八里湾、南阳四闸。[2] 正德初因南旺、开河之间，“地势上下悬绝，至春末水浅舟胶，漕运阻滞”，添设了袁家口、寺前铺二闸。[3] 嘉靖二年（1523）在济宁至临清间置长沟浅、靳家口二闸。[4] 嘉靖后期全河有闸 43 座。[5] 但有的二闸之间里距仍显过远。如济宁寺前铺闸至天井闸 70 里，东昌通济桥闸至梁家乡闸 50 里，“闸启水泄，积蓄为难”。[6] 万历十六年（1588）分别增置通济闸、永通闸。至明末会通河全线共 51 闸。[7] 自南旺北至临清 300 余里建闸 23 座，南至徐州镇口 390 余里建闸 28 座。万历末开泇河后，从韩庄至台庄 85 里，地势高下相差 14 米（四丈二尺），建闸 8 座。[8] 入清以后，旧闸废圮，新闸添置。乾隆年间从临清至台庄有闸 49 座[9]，间距最长 50 里，最短一至二里。整条山东运河基本上已完全闸化了。所以山东运河在历史上又称闸河。

运河上各闸在调节流量、平衡水面高差方面颇有作用。如每年春季粮运盛时，正逢汶水微弱，引汶至南旺分水深感不足，于是采用轮番法。“如运艘浅于济宁之间，则闭南旺北闸，令汶尽南流以灌茶城；如运艘浅于东昌之间，则闭南闸，令汶尽北流以灌临清。”[10]如万历元年（1573），临清一带滞运，遂将南旺以南诸闸尽闭，令全汶趋临清，十天之间北上运船六千余艘。[11] 如逢汶水暴涨，则关闭南旺湖中柳林、寺前二闸，让汶水在入运前一部分由坎河口走盐河入海，一部分入南旺后全向北流，南旺以南靠沂、泗等水补给。[12]

在全线四五十座船闸中，有几座是比较重要的。如南旺湖中柳林闸是南运第一闸，最为关键。当时运河水源是南有余而北不足，所以柳林闸常

---

1 （明）胡瓒：《泉河史》卷 4《河渠志》，引（元）楚惟善：《黄楝林新闸记》。

2 （清）傅泽洪：《行水金鉴》卷 107，引《明宣宗实录》卷 59，宣德四年十一月丙辰条。

3 （清）傅泽洪：《行水金鉴》卷 112，引《明武宗实录》卷 11，正德元年三月丙申条。

4 （清）傅泽洪：《行水金鉴》卷 113，引《明世宗实录》卷 34，嘉靖二年十二月辛丑条。

5 （明）刘天和：《问水集》卷 1《闸河》。

6 （明）潘季驯：《河防一览》卷 14，引（明）常居敬：《钦事敕谕查理漕河疏》。

7 （清）顾祖禹：《读史方舆纪要》卷 129，川渎异同“漕河”条。

8 （清）陆耀：《山东运河备览》卷 3，泇河、微山湖。

9 （清）陆耀：《山东运河备览》卷 3—7。

10 （明）潘季驯：《河防一览》卷 3《河防险要》。

11 （清）傅泽洪：《行水金鉴》卷 121，引《治水筌蹄》。

12 （清）傅泽洪：《行水金鉴》卷 121，引《治水筌蹄》。

闭。如逢水源北有余而南不足，才开此闸以济南运。清初规定自柳林闸北上的粮船需积至200艘方可开放一次，过后即闭。[1] 济宁的在城闸亦为“南运门户，最关紧要”，它的启闭根据南阳一带水量大小而定。如南阳一带水大，则在城闸需积一百二三十艘，方可启闸。如南阳一带水小，则在城闸启板宜勤，船到一帮，过一帮，使南阳一带水不患涸。[2] 南旺分水以北袁家口闸为“北咽喉”，所以必待北上粮船积至二三百艘，水量充足，方可启板，“若水非有余，船决不可放”。[3] 以上仅举数例，其他各闸启闭都有严格规定。

另外在沿运两侧还设置了许多进水、减水等坝、闸、堰、柜，起着调节运河的流量、分泄运西的积潦和防止黄河决入的作用（见图4）。[4] 安山以北的坝闸主要是宣泄运西的沥水，尤其是夏秋季节，运西积潦为运河所阻，都由这些减水闸排泄入海。如戴家庙的三空桥闸、沙湾的五空桥闸和东昌的减水闸等，分别由马颊河、徒骇河等入海。[5] 安山以南两侧坝闸主要与两岸湖泊洼地相通，调节流量。济宁以南，尤其是南阳以下河身坡度很大，夏秋汛期鲁西山地各水暴涨，来势迅猛，就靠各减水坝闸分洪。如南阳新河阔不过十余丈，沿线有减水闸14座。[6]

总之，山东运河上各种坝闸都根据运河水量大小以及沿运两岸地面水流的情况，有组织地进行启闭，“互相阖辟，势如呼吸”[7]，并建有一套严密的管理制度，沿河闸官职责唯在“蓄泄得宜，启闭有方”[8]。这些都充分反映了我国人民在设计和管理这套运河工程系统中的高度智慧和管理能力。

由于汶水等源含沙量高，“当伏秋汛长发，挟沙而下，各闸关束，水去沙留，每发水一次，必受淤一次”[9]。所以运河各闸随着时间的推移，先后被泥沙淤没。元代明初所修各闸，到嘉靖年间有“仅露闸面者，有没入泥底者，而

1 （清）张伯行：《居济一得》卷2《柳林闸放船法》。

2 （清）张伯行：《居济一得》卷1《在城闸》。

3 （清）张伯行：《居济一得》卷4《袁家口放船之法》。

4 （清）靳辅：《治河方略》卷4，会通河：“然河源之最微者莫如会通。黄水冲之则随而他奔而漕不行，故坝以障，其人源微而支分则流愈小而漕亦不行，故坝以障其出；流驶而不积则涸，故闭闸以须其盈盈而启之，以次而进，漕乃可通；潦溢而不泄必溃，于是有减水坝，溢则减河以入湖，涸则放湖以入河，于是有水柜，柜者蓄也，湖之别名也。而壅水为埭谓之堰，沙淤之处谓之浅，浅有铺，铺有夫，以时挑浚焉。”

5 （清）张伯行：《居济一得》卷3《分水口上建闸》。

6 （明）胡瓒：《泉河史》卷4《河渠志》，引（明）张纯：《南阳减水闸石堤记》。

7 （明）潘季驯：《河防一览》卷14，引（明）常居敬：《钦奉敕谕查理泗河疏》。

8 （清）张伯行：《居济一得》卷1《鱼台土簿》。

9 （清）黎世序等：《续行水金鉴》卷106，引《运河道册》。

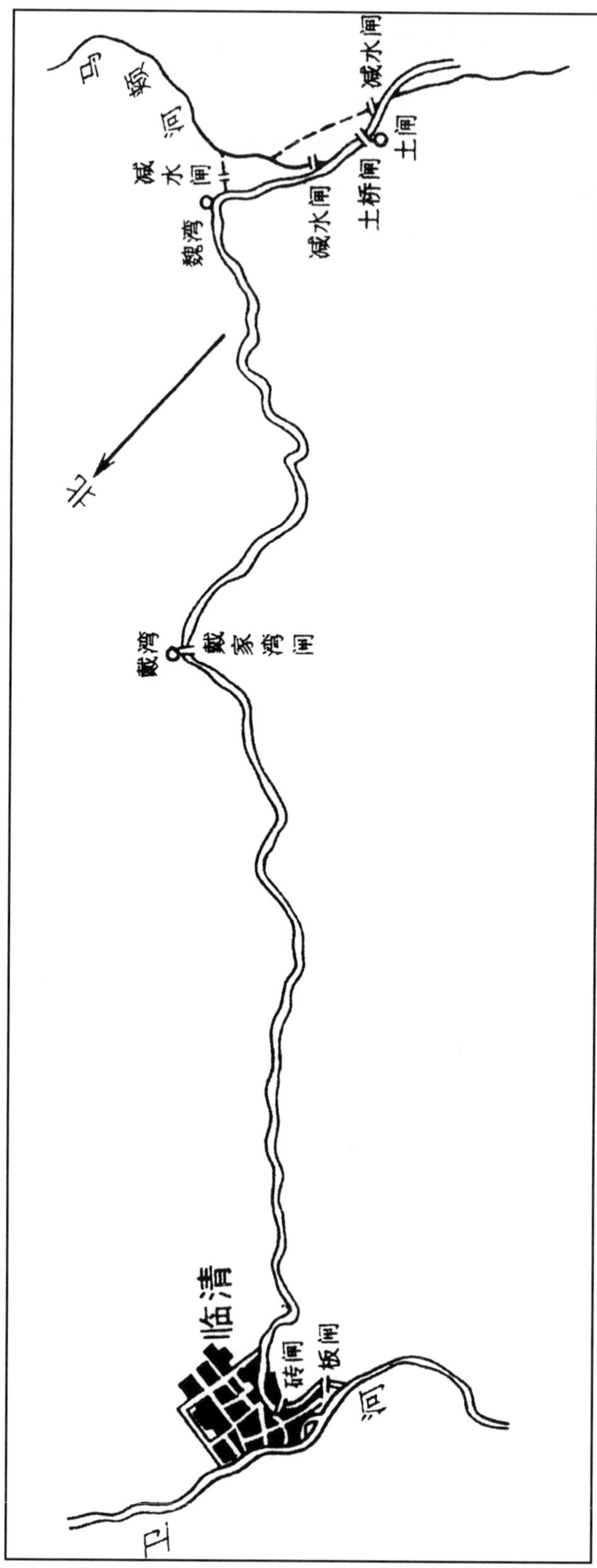

图 4－1　清代山东运河沿线船闸图：临清—土桥

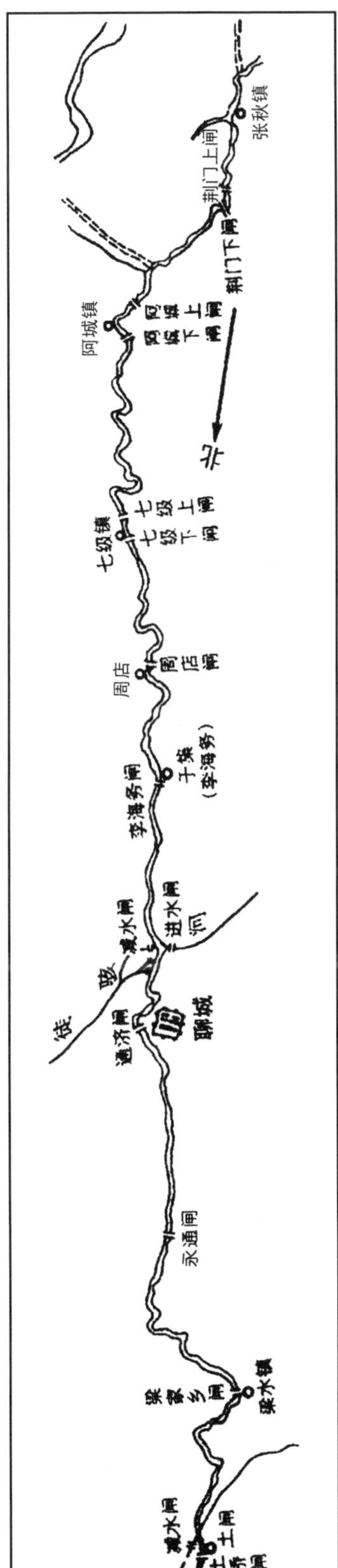

图 4－2　清代山东运河沿线船闸图：土桥—张秋

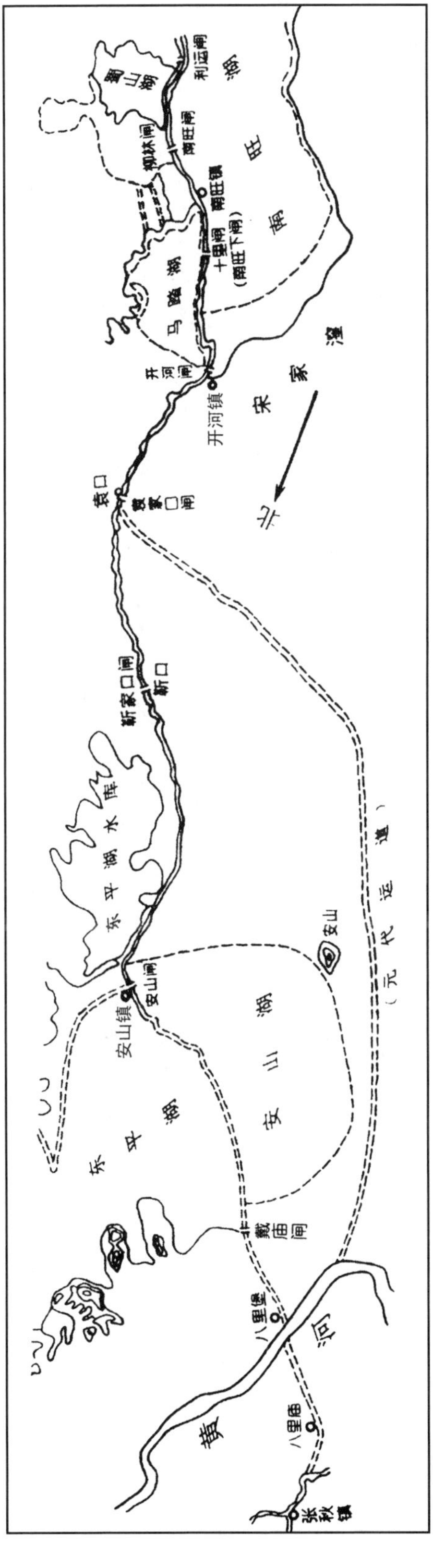

图 4－3　清代山东运河沿线船闸图：张秋—利运

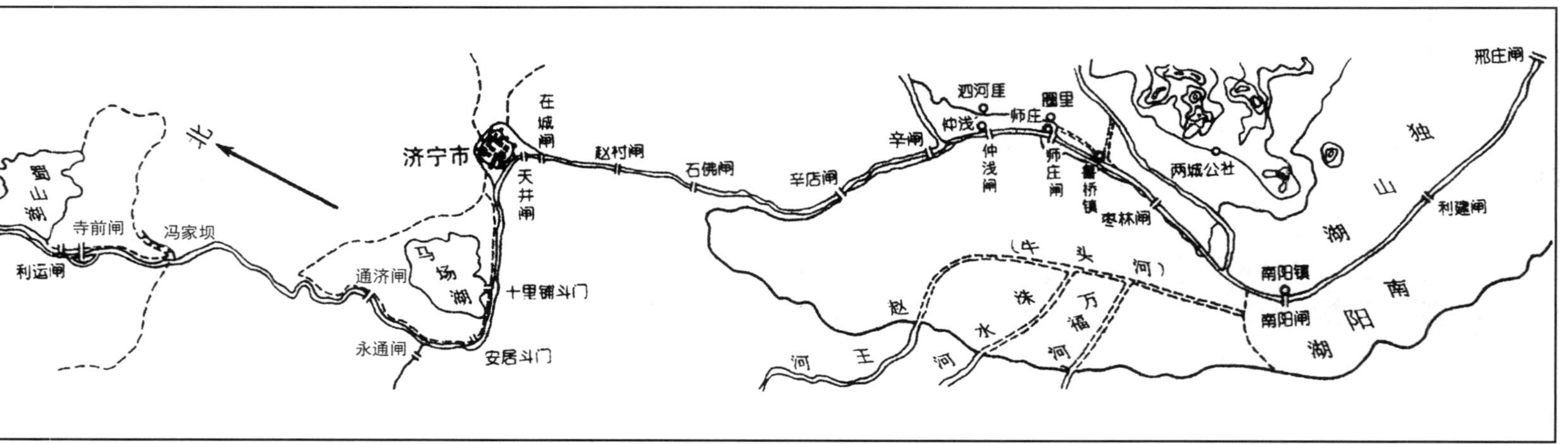

图 4-4 清代山东运河沿线船闸图：利运—邢庄

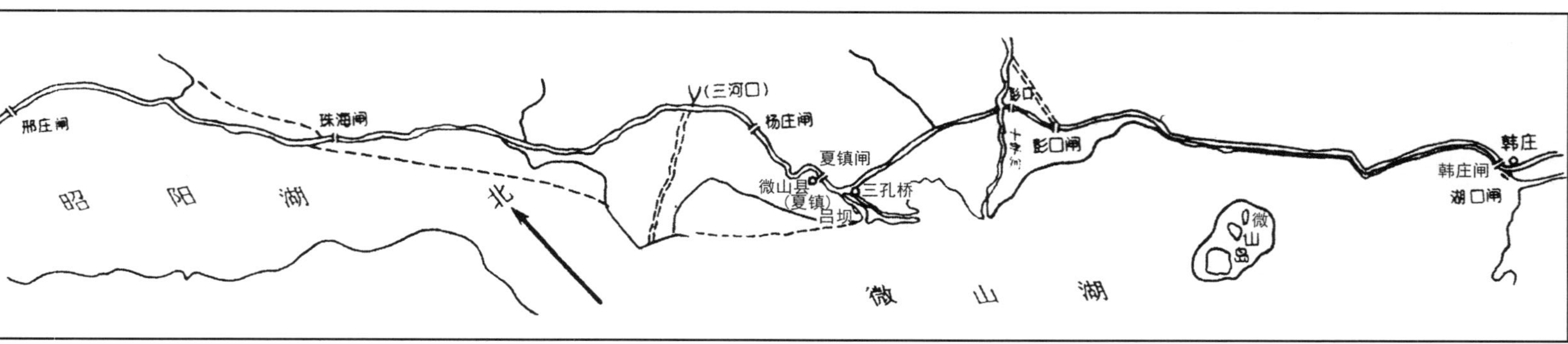

图 4-5 清代山东运河沿线船闸图：邢庄—韩庄

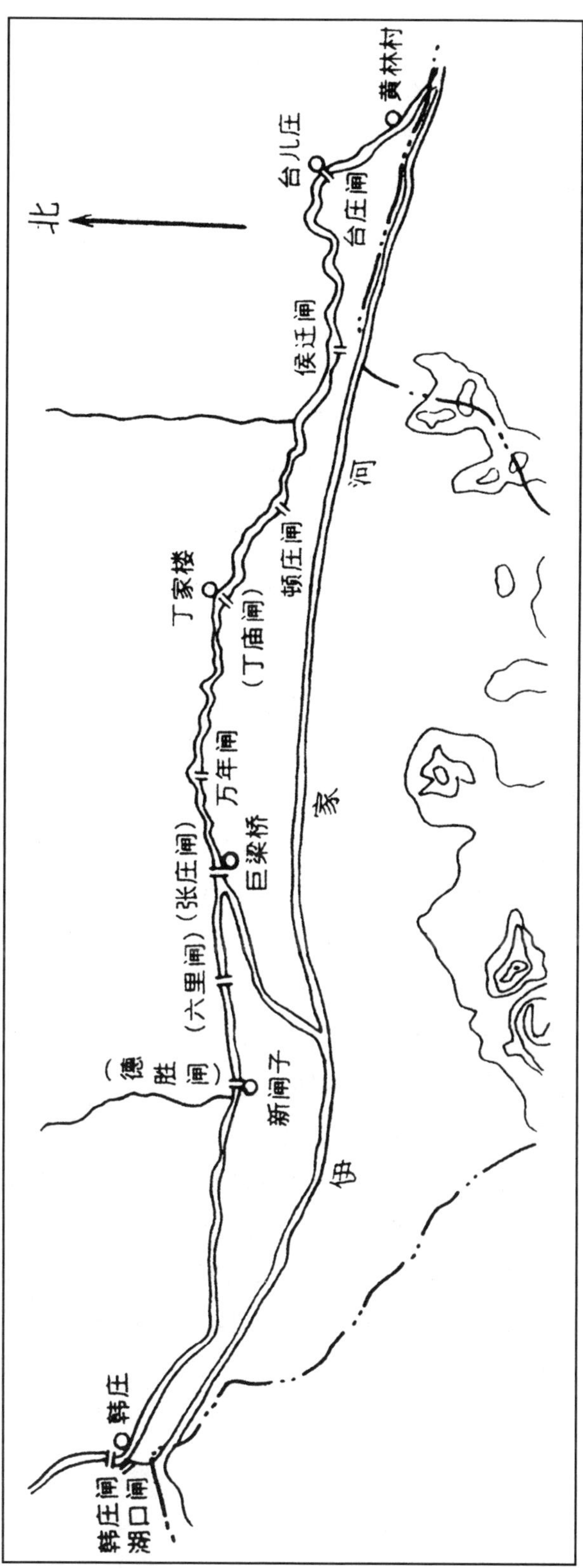

图 4-6　清代山东运河沿线船闸图：韩庄—台儿庄

闸口之泥深浅不一”。如枣林闸仅露闸面三尺，师家庄、鲁桥二闸各露一尺五寸，谷亭、胡陵城二闸面各露一尺，孟阳泊闸面露一尺八寸余，至底悉泥。淤泥深处有一丈八九尺。南阳闸已全部没入泥底[1]。沿运各减水闸也多被泥沙淤废。如南阳一带原有减水闸三十二座，到清初仅存二三座。滕、沛、鱼台三县境内原有减水闸十四座，到清初仅存四座[2]。这些坝闸的淤废不仅严重影响了航运，同时也危及运河两岸地区，使积潦不能及时排除，常涝成灾。另外，明清两代虽然对各闸的启闭制订了一套比较科学的管理制度。在具体执行过程中，由于腐朽的封建制度，无法严格执行。例如清代规定：凡运粮及解送官物并官员军民商贾等船到闸，务积水至六七板，方许开放。但皇帝首先违例，南方进贡的鲥鱼、杨梅等鲜品的船只，随到随开，不在此例[3]。其他豪强大贾买通闸官，私自擅开，不乏其事。这些都破坏了管理制度，加速了运河的淤废。

四、水柜的设置和运河沿线的湖陆变迁

上两节所述关于山东运河的水源和河道条件，给充分利用这段运河造成很大的困难，因此从明代开始人们采取一种比较有效的措施，就是在运河沿线设置一系列水柜（即水库），用来调节运河的流量，以克服水源不均的缺陷。明初修复会通河后，就利用运河两岸的沼泽洼地设置了四大水柜：汶上县境的南旺湖，东平县境的安山湖，济宁县境的马场湖和沛县境的昭阳湖。秋冬贮蓄，春夏灌输，浮送漕船，“漕河水涨，则减水入湖；水涸，则放水入河。各建闸坝，以时启闭”[4]。但在实际运用过程中，同一水柜既作蓄水库又作滞洪区是有困难的。因为“可柜者，湖高于河，不可柜者，河高于湖”[5]。所以逐渐将运东地势较高的各湖设为水柜，“柜以蓄泉”，将运西地势较低的各湖设为“水壑”（滞洪区），并设斗门，“门以泄涨”。[6]

这些湖泊原是黄河冲积扇和鲁中山地西麓两个相向的斜面交界处的低洼地。由于大汶河三角洲的伸展，这些湖群可分成两个部分，即济宁以北的北五湖和济宁以南的南四湖。自明代以来的五百多年中，由于黄河泛滥、运河变迁以及人为因素的作用，运河两岸的湖陆几经沧桑之变。据其变迁的

---

1 （明）刘天和：《问水集》卷1《闸河》。

2 （清）张伯行：《居济一得》卷1《河堤事宜》《减水闸》。

3 （清）朱之锡《河防疏略》卷17《敬陈河漕事宜疏》。

4 （清）傅泽洪：《行水金鉴》卷116，引《北河续记》。

5 （清）傅泽洪：《行水金鉴》卷120，引《治水筌蹄》。

6 《明史》卷85《河渠志三·运河上》。

特点和过程，大体可分为以下两大类型。

第一类是湖泊的水源本来就短缺，湖底受泥沙淤高后，滩地涸露，经人为垦殖，湖区逐渐缩小，最后为农田所围，来水减微，渐成平陆。这一类可以济宁以北的安山、南旺、马踏、蜀山、马场等五湖为例。安山湖系元末梁山泊湖水下移至安山以东洼地而形成的。“湖形如盆碟，高下不相悬”，萦回百余里而无一定湖界。[1] 明永乐时置为水柜，即行筑堤，因南旺以北的运河水源缺乏，阿城、七级等闸地势又高，不借助安山湖水的接济，进鲜船便不能依限入京，[2]所以安山湖就显得十分重要。明弘治十三年(1500)曾勘查湖界，时周围八十里。后由黄河多次将大量泥沙决入湖中，湖边出现大片浅滩，被沿湖居民垦占，水域缩小。嘉靖六年(1527)时在湖中心水域周围筑堤，仅十余里。[3] 隆庆四年(1570)时明政府为了增加租税收入，竟决定将济汶以北各湖田，“宜募民田”。[4] 至万历三年(1575)再次丈量时，原湖区的三分之二已被垦为农田，“满湖成田，禾黍相望”。[5] 崇祯时安山湖已“尽为平陆”。[6] 清顺治年间河决荆隆，泛张秋，安山湖再淤上一层河泥。[7] 雍正年间曾想复安山湖为水柜，因测得湖地低于运河，不再可能放水入运，又无泉源灌注，遂于乾隆十四年定认垦科，“湖内遂无隙地矣”。[8]

南旺湖初置作水柜时周围150里，运河贯其中，湖区由运河堤和汶水堤分割为三部分。运西部分称南旺西湖，周围93里；运东汶水以北部分称马踏湖，周围34里；汶水以南部分称蜀山湖，周围65里。[9] 三湖中“唯蜀山、马踏在漕岸之东，可称水柜，南旺西湖及安山湖在漕岸之西，但称水壑，不可称水柜”[10]。蜀山湖因为是汶水入南旺地区首先聚积的处所，“较他湖为最紧要”。[11] 清时规定伏汛时蜀山湖蓄水九尺七八寸，才能敷全漕之用。[12] 因而蜀山湖经常保持相当的水量。南旺西湖因地势低于运河，不能济运，是运河的

1 (明) 潘季驯：《河防一览》卷14，引(明) 常居敬：《请复湖地疏》。

2 (明) 周馥：《治水述要》卷2《北河续纪》。

3 (明) 刘天和：《问水集》卷2《闸河诸湖》。

4 (清) 傅泽洪：《行水金鉴》卷118，引《明穆宗实录》卷45，隆庆四年五月乙酉条。

5 (明) 潘季驯：《河防一览》卷14，引(明) 常居敬：《请复湖地疏》。

6 (清) 傅泽洪：《行水金鉴》卷132，引《崇祯长编》，崇祯十四年正月丙戌张国维奏。

7 (清) 傅泽洪：《行水金鉴》卷145，引《山东全河备考》。

8 (清) 俞正燮：《会通河水道记》，《小方壶舆地丛钞》第4帙。

9 万历《汶上县志》卷2《建置志》。

10 (清) 傅泽洪：《行水金鉴》卷145，引《山东全河备考》。

11 (清) 张伯行：《居济一得》卷2《蜀山湖》。

12 (清) 陆耀：《山东运河备览》卷5，蜀山湖。

"水壑","主于泄以备涝"。[1] 水过盛时则由忙生闸出广运闸走牛头河(今赵王河)接济鱼台以下的运河。[2] 后湖堤失修,清初几十年内,湖西北宋家洼数千顷土地皆被水淹,汪洋一片,"无一可施犁锄之地"。[3]

由于汶水含沙量较高,南旺三湖也不免有浅涸之患。汶水在暴雨季节带来的泥沙进入湖区后就大量沉积,湖边露出的浅滩很快被垦占成田。明清两代都规定南旺湖每两年大挑一次,每年小挑一次;[4] 并三令五申禁民佃种,而垦种仍不断进行。万历年间查勘时,南旺西湖四分之一已为民田,蜀山湖为民田者十分之一,马踏湖大部分已为官民占田,可柜者无几。[5] 万历十七年(1589)时,明政府不得不承认已被垦为民田的现状,下令在南旺等湖中筑一束水小堤,堤内永为水柜,堤外作为湖田,听民耕种。[6] 清初湖内又涨出不少新滩,继续被垦为田。其中唯蜀山湖被垦的速度较慢,如康熙时湖周围 65 里,计地 1 890 余顷,其中除 20 顷民田外,其余都可作蓄水。[7] 总而言之,南旺三湖的淤废不如安山湖之速,这是由在运河水源供应上的重要性所决定的。当清末漕运停止后,南旺西湖和马踏湖也不免全废为农田,仅蜀山湖保留至今;解放初曾培修南旺西湖堤作为滞洪之用。

北五湖中最南的即济宁的马场湖,原为济宁以西的沿运洼地,后为汶泗二水通过洸河、府河所汇注,形成任湖(马场湖前身)。明时还承受蜀山湖由冯家坝分泄来的余水,[8] 湖周围达 40 里。先年召种纳课,以抵补鱼台、滕县粮,以后又规定退业回官,复田为湖。[9] 到清初周围 60 里,是南旺高地以南重要的水柜。[10] 以后冯家坝被堵闭,府河淤浅,马场湖水源减弱,"官役河棍"贪羡马场湖田肥美,有意不浚府河,使泗水由府河入马场湖的水量不及原来的十分之一,湖区尽成民田。[11] 至清末放垦,全湖 500 余顷中 300 余顷归湖田局管理,不再蓄水。[12] 泗水尽由鲁桥入运,加重了济宁以南地区的水患。

1 (清) 傅泽洪:《行水金鉴》卷 132,引《崇祯长编》,崇祯十四年八月甲辰张国维奏。
2 (明) 刘天和:《问水集》卷 2《闸河诸湖》。
3 (清) 张伯行:《居济一得》卷 5《东省湖闸情形》。
4 《明会典》卷 197;《行水金鉴》卷 133,引《大清会典》。
5 (清) 傅泽洪:《行水金鉴》卷 120,引《治水筌蹄》。
6 (清) 傅泽洪:《行水金鉴》卷 146,引《山东全河备考》。
7 (清) 张伯行:《居济一得》卷 2《蜀山湖》。
8 (清) 张伯行:《居济一得》卷 2《马场湖》。
9 (明) 潘季驯:《河防一览》卷 14,引(明) 常居敬:《钦奉敕谕查理漕河疏》。
10 (清) 张伯行:《居济一得》卷 2《马场湖》,引《济宁州志》。
11 (清) 张伯行:《居济一得》卷 1《金口闸》。
12 民国《济宁县志》卷 1《疆域略》。

第二类是湖区原是山东运河沿线的最低洼处，积水成湖后，运西的黄河和运东的山溪河流输入大量泥沙，湖底也不断抬高，但因尾闾受黄河河床淤高的阻拦，宣泄不畅，更兼明清以来来水不断增加，遂使湖区向四周扩展，淹没了大片良田，变陆为湖。这一类可以济宁以南的南阳、独山、昭阳、微山四湖为例。

明成化年间循洪武初耐牢坡塌场口间运河旧迹开永通河，引南旺西湖水东南流，抵鱼台东北南阳闸北入运，与汶泗二水交会于闸下，积水潴成南阳湖。南阳湖开始并不大，后因府河常塞，泗水合白马河至鲁桥入运，随着泗水下游三角洲延伸，使南阳湖和昭阳湖之间呈瓶颈型，南阳湖水不能顺利排入昭阳湖，遂使湖面不断扩大。隆庆元年(1567)南阳新河修成，运道自南阳闸穿南阳湖东出，经昭阳湖东岸南下，于是在运河东岸独山坡下低洼处蓄滕、鱼台诸县山水为湖。两湖由运河贯穿其中，截为二，西北部仍称南阳湖，东南部因在独山坡下称独山湖，[1]两湖又可合称为南阳湖，周围 76 里，滕、沛、鱼台、邹县境内的沙、泗、漷、白马诸水都汇注于此。[2] 起初独山湖"泉流蓄聚，足资灌输"[3]，以后运河淤高，独山湖底反卑于运河底数尺。当运河水涨时河面高出湖面一二尺不等，[4]湖水不能接济运河，只蓄无泄，水涨时只能将余水排入南面昭阳湖。

昭阳湖在南四湖中出现最早。元时称山阳湖或刁阳湖，[5]可能已经发挥了调节运河水量的作用。明嘉靖中黄河屡次决入沛县、鱼台一带，洪水漫越运河灌入昭阳湖，湖底抬高，水面扩大，北连滕县，南属沛县，周围八十余里。[6] 南阳新河修成后，运河改经昭阳湖东，运河的地势高于湖面，新河遇山水暴涨则泄水于昭阳湖，昭阳湖变水柜为"水壑"。西面"遇黄流逆奔，则以昭阳湖为散衍之区"[7]。据清乾隆年间记载，昭阳湖周围扩展至 180 里，[8]与南面的微山湖相连，其间无明确界线。

南四湖中出现最晚的是微山湖。明隆庆、万历间，黄河东决，漫运而过，在运东背河洼地形成了一连串小湖泊，有郗山、赤山、微山、吕孟、张庄等名。

1 (明)胡瓒：《泉河史》卷 4《河渠志》，引(明)张纯：《南阳减水石闸堤记》。
2 《明会典》卷 197。
3 乾隆《兖州府志》卷 18《河渠志》。
4 (清)陆耀：《山东运河备览》卷 3，彭口。
5 (元)于钦：《齐乘》卷 2。
6 《明会典》卷 197。
7 (清)傅泽洪：《行水金鉴》卷 118，引《明穆宗实录》卷 31，隆庆三年四月丁丑总河翁大立言。
8 (清)陆耀：《山东运河备览》卷 4，昭阳湖。

万历三十二年(1604)泇河修成,这些湖泊被隔在运河之西,承受了三方面的来水:一是运东山水暴发时,都通过运河上闸门宣泄于此;二是地处南阳、独山、昭阳等湖的下游,为诸湖余水所注;三是鲁西南十余州县的沥水都聚集于此。于是诸湖连成一片,成为“兖、徐间一巨浸”。[1] 微山湖来水量大而出水量少,东南面有徐州至韩庄一带丘陵的限制,南面徐州一带黄河河床高出地面,“徐州治城,卑如釜底”[2],微山湖水也不能排入黄河。它只有三条浅狭的泄水道:一是由湖口闸入韩庄运河,一由荆山桥河(今不牢河)入邳州运河,一是由乾隆二十二年(1757)于湖口闸西所开伊家河入运。[3] 三道都很浅狭,又易淤塞,故微山湖水位逐年上升,湖区逐渐扩大。古代高平、湖陆、广戚等县的大片土地都沦为泽国。鱼台(谷亭)、沛县东侧原为泗水所经,地势最洼。因黄河不断东决,泥沙大量沉积,“黄河既退,地形反高”[4],泗水故道被淤泥填平,而其东的微山湖区则变为鲁西南最低洼的地区。

1855年黄河在铜瓦厢改走今道入海,其后二十年内铜瓦厢至陶城埠一段黄河多次决口,洪水都注入南四湖。光绪初年黄河筑堤后,鲁西南沥水都由赵王河、万福河、洙水河、大沙河等聚集于微山湖,使它成为茫茫一片巨浸,沿岸人民深受其害。[5]

山东运河沿线的湖陆变迁说明地理环境是其变迁的基本条件,人类活动的影响则是其变迁的诸因素中最重要的因素。这些湖泊原来都是背河的洼地,由人为围圈而成湖泊,一般都很浅平,水深不过数尺至一丈。[6] 解放后测量微山湖最深处不过3米左右,南阳、独山湖心不过1.5米左右。[7] 但因为湖泊地势、来水条件不同,产生了不同的变化,北五湖地势较高,水源缺乏,旱季滩地涸露,一经垦殖就很快成田。永乐年间成湖,到宣德时尚存十分之七,万历以来淤积加速,到清雍正时大半为人占种,湖中低洼处长满水生植物,无处蓄水。[8] 只有独山湖严禁垦种,所以到清末废运后,安山、南旺西、马踏等湖一并废弃,而蜀山湖独存。南四湖虽然同样浅平,但地势低洼,

1 (清)靳辅:《治河方略》卷4。

2 (清)傅泽洪:《行水金鉴》卷58,引《河防杂说》。

3 (清)黎世序等:《续行水金鉴》卷88,引《运河道册》。

4 (清)陆耀:《山东运河备览》卷6,引(清)翁大立:《开废渠泄积水疏略》。

5 《清史稿》卷126《河渠志一·黄河》。

6 (清)黎世序等:《续行水金鉴》卷96,引《河渠纪闻》载,据乾隆三十六年查勘,蜀山湖蓄水七尺七寸,马踏湖七尺,南旺湖六尺八寸,马场湖五尺四寸,独山湖七尺三寸,已俱较往岁为大。微山湖因为鲁西南总水所汇,又是泇河的主要水源,定志蓄水一丈一尺。(见《续行水金鉴》卷101,引《河渠纪闻》)

7 任美锷等:《山东苏北南四湖区域的地理概况》,载《治淮汇刊》第4辑,科学出版社1954年。

8 (清)黎世序等:《续行水金鉴》卷74,引《运河道册》。

明清以来西受黄水的灌注，东受运河的宣泄，尾闾受黄河河床和山地丘陵的限制，湖水即汇聚于济宁与徐州间，并不断扩展，清乾隆时南阳、昭阳、微山三湖，“名虽各异，实则联为巨浸，周围三百数十余里”[1]。今湖滨平原基本上是湖水和河水沉积的平原。1938 年国民政府炸毁花园口大堤，河水决向颍涡流域，南四湖水量缩减。1947 年河复故道，湖水恢复原状，说明南四湖至今仍受黄河地下水的补给。

五、小结

以上阐述了山东运河的历史变迁以及由此而引起的沿运地理面积的变化。从中可以归结为下列几点：

（一）山东运河的根本问题是水源问题。运河沿线地区的气候条件决定了运河水源上种种不利因素。历史上曾采取过多种人工设施，如引汶会泗、引泉济运、南北分水、水柜和闸门的设置等，企图解决水源问题，但都仅是在一定时期内使运河的水源条件有所改善，始终未能根本上改变水源缺乏、年内分配上又极不均衡的基本特点。相反，这种人工设施破坏了原有的天然水系，导致沿运地理环境的变化。

（二）黄河泛决是影响运河变迁的重要因素。为了避开黄河的干扰，运河河道一再东徙，但黄河的水沙还是不断灌淤到运河的河床，同时还影响到运河沿线的湖陆变迁。

（三）山东运河的兴建严重影响了鲁西南地区沥水的宣泄。在运河兴建以前，这一带的沥水在今黄河以北有徒骇、马颊诸河，今黄河以南有汶济、泗淮等水宣泄入海。山东运河兴建以后，就像一道堤防阻隔在东，而高出地面的黄河（今废黄河）截拦在南，北面又有南卫河阻隔。因此鲁西南地区的沥水往往入海无路，更兼明清两代将鲁中山地的山泉都拦截入运河，每逢暴雨季节东西来水交汇，河溢湖满，洪涝水到处汹涌回荡，使鲁西南地区成为洪、涝、碱不断的常灾区。

（原载《历史地理》创刊号，上海人民出版社 1982 年版）

1　（清）黎世序等：《续行水金鉴》卷 111，引《运河道册》。

淮河下游南北运口的变迁和城镇兴衰

淮河下游地区在古代是黄河和长江两大流域之间经济、文化交流的通道。春秋战国时代开凿了邗沟和鸿沟等运河后，南北水运航道与淮河交会于今江苏淮安市附近，南北运口成为当时水运交通的枢纽。随着交通的发展，南北运口附近相应地出现了聚落和城镇。由于自然和人为的因素，历史上南北运口曾有很大的变迁，运口附近的城镇聚落也随着出现过兴衰更替的现象。本文即试图通过对这个具体史实的观察，对我国东部平原水运交通变迁和城镇兴衰之间的内在联系问题有所认识。文中对清代中叶以后南北运口细微的变迁略而不提，仅述其主要者，以免文字过于繁杂和冗长。论述错误的地方一定不少，敬希有关同志指正。

一

春秋战国以来，淮河下游地区沟通南北的主要运道有两条：一条是淮北的天然河流泗水，发源于鲁中山地，折而南流，经鲁西南、苏北入淮。《禹贡》载扬州贡道"达于淮、泗"，徐州贡道"浮于淮、泗"。战国魏惠王时所开的鸿沟"与济、汝、淮、泗会"。[1] 可见泗水在当时是中原地区和江淮之间的主要水运航道。一条是淮南的邗沟，是春秋时战国所开的沟通江、淮的运河。

泗水入淮口，汉晋时记载不一。《汉书·地理志》济阴郡乘氏县："泗水东南至睢陵入淮。"《水经·济水篇》济水（此处即指泗水）："又东南过徐县北，又东至下邳睢陵县南入淮。"然郦道元《水经·济水注》则云："济水与泗水浑涛东南流，至角城同入淮。经书睢陵误耳。"《泗水注》亦云："泗水又东南径淮阳城北……又东径角城北，而东南流注于淮。考诸地说或言泗水于睢陵入淮，亦云于下相入淮，皆非实录也。"《水经·淮水篇》载：淮水"又东北至下邳淮阴县西，泗水从西北来注之"。郦注："淮泗之会，即角城也，左右两川翼夹，二水决入之所，所谓泗口也。"

---

1 《史记》卷29《河渠书》。

睢陵故城据文献记载在今睢宁县南(今约在泗洪县东南)。淮阳城、角城则在今淮安市附近(详下)。今知郦道元时代的泗水下游,即金元黄河夺淮前的泗水河道,也是金元以后的黄河河道,在古淮阴县(今江苏淮安市西南码头镇)西北入淮,[1]这一点已无异议。所以过去的学者都认为班固搞错了,“睢陵”应是“淮阴”之误。谭其骧先生指出:不是班固搞错了,而是水道变了。“汉时泗水自取虑(在今睢宁县西南)以下显然和后代不同:前者在西,后者在东;前者经徐县,后者不经徐县;前者经睢陵之南,东接淮阴界;后者入淮处在淮阴北、泗阳东南。正因为古泗水出睢陵南,泗阳县境在水北,所以秦汉初置此县时命名‘泗阳’,而不名‘泗阴’。”[2]这个说法从目前掌握的资料来看是可信的,但什么时候泗口从睢陵迁至淮阴呢?《三国志·魏书·刘晔传》载:黄初五年(224)“幸广陵泗口,命荆扬州诸军并进”。东汉时泗水国撤废,淮阴以北地属广陵郡,而睢陵仍属下邳。可见三国初年泗口已迁至淮阴对岸,始迁时间约在东汉后期。东汉时睢陵、淮阴都属下邳国。《水经·济水篇》说泗水在下邳睢陵入淮,《淮水篇》又说泗水在下邳淮阴西入淮,显然是记载了不同时间的情况,前者是西汉和东汉前期的情况,故与《水经注》合。两者绝不可能同指一地。因为就西汉而言,淮阴县与睢陵县之间隔有富陵县;以东汉而言,淮阴与睢陵之间隔有一片广陵郡的土地,所以“淮阴西”就不能又在睢陵县境。

淮南的运口就是末口。《左传》哀公九年(前486)吴开邗沟。杜预注云:“于邗江筑城穿沟,东北通射阳湖,西北至末口入淮。”《水经·淮水注》也说中渎水(时指邗沟)“西北至末口入淮”。末口,今已无确址可指。据《读史方舆纪要》、清乾隆《淮安府志》等书记载,末口原在淮安府城北(五里),五代后周前这里置有北神(辰)堰,后改建石闸,元末明初增筑淮安新城后,就变成了新城的北水关。原来在金元黄河夺淮以前,运河河床高,淮河河床低。运河水流自南而北,一泻而入淮河,不利于航行。所以在末口筑有土堰以壅水,详情因缺乏记载,不得而知。五代后周前在末口置有北神堰。显德五年(958)周世宗伐南唐,战舰由淮入运,因阻于北神堰,于是在楚州城(治今淮安)西北开凿鹳水(淮河南岸一条小支流),接通淮扬运河,旬日而成,巨舰数

1 《大清一统志》卷94,淮安府·古迹,引《清河县志》,认为淮阴故城在“县(按:指清河旧县,今淮阴市西旧县)东南五里,其北一里许为甘罗城,或云即淮阴城”。据淮安市博物馆同志见告,今马头镇北有二三米高土堆,当地人称甘罗城,有商周至春秋遗存的陶片出土。

2 谭其骧:《汉书地理志选释》,《中国古代地理名著选读》第1辑,科学出版社1959年,第55—95页。

百艘皆达于江。[1]

泗口自战国秦汉时即为南北水运要隘，如汉初吴楚七国之乱时，就有人建议“使轻兵绝淮泗口，塞吴饷道，使吴楚相敝而粮食竭”[2]。但泗口附近在汉晋时期没有出现过重要的聚落。南岸的淮阴县虽然设置较早，始于秦代，但它的地位也不显要。其原因是当时黄河下游地区与江淮之间的水运交通，除走泗水外，经常被利用的还是西面的一路，即由颍、涡诸水入淮，经合肥南北水路，至今安徽无为县南濡须口入江。这条路线对政治中心在长安、洛阳的两汉政权来说都比走东面的泗水一道为便捷，以后也习惯利用这一条水路。例如东汉建安十四年(209)曹操治水军，由涡入淮，出淝水军合肥，并于芍陂屯田；建安十八年，曹操征孙吴，进军濡须口；黄初五、六年(224—225)曹魏水军南下，均由颍、涡入淮。[3] 此外，泗、邗运道在当时还有不利于航运的自然条件，如徐州以下的泗水有吕梁、百步二洪之险，“湍浅险恶，多坏舟楫”。[4] 十六国时东晋和前秦淝水战后，徐、兖部分地入晋。东晋谢玄在吕梁河段树栅，立七埭，抬高水位，以便通漕。[5] 事后亦恐难持久。

淮南邗沟大部分河段是循湖而行，“淮湖迂远”，风浪险阻，再加上水流浅，不胜重舟。东汉建安以来，不断改建航道，主要是截弯取直，避湖而行。[6] 黄初六年魏文帝率舟师伐吴至广陵(今扬州市)，还师过精湖(一作津湖，在今宝应县南六十里)，适逢水浅，船队搁浅历数百里。结果由蒋济就地凿渠四五道，令船集中，先作土豚(土坝)壅遏湖水，引舰入内，一时开放，趁水势冲入淮河。[7] 由此可见，泗、邗运道并不是理想的航线，也没有得到充分的利用。所以泗口和末口在西晋以前没有出现过重要的聚落。淮阴县到西晋才成为广陵郡治。这种局面要到东晋南北朝时开始发生显著变化。

(1) 由于南北政权分裂，淮河成了南北的军事分界线。濒临淮河南岸的寿春、盱眙、淮阴等地成为南方政权的边防重镇。当时北方人口大批南迁到淮河南岸一线，泗口对岸淮阴的地位日显重要。晋末永嘉之乱，祖逖举家南

---

1 《资治通鉴》卷294，后周显德五年。

2 《汉书》卷35《吴王濞传》。

3 《三国志》卷1《魏书·武帝纪》、卷2《魏书·文帝纪》。

4 《宋史》卷96《河渠志六·东南诸水上》。

5 《晋书》卷79《谢玄传》。

6 《水经·淮水注》。

7 《三国志》卷14《魏书·蒋济传》。

迁，以豫州刺史镇淮阴。[1] 东晋元帝时以丹阳尹刘隗为青州刺史，镇守淮阴。[2] 明帝时淮阴又为南兖州治所。[3] 永和五年(349)北中郎将荀羡镇淮阴，谓"淮阴旧镇，地形都要，水陆交通，易以观衅。沃野有开殖之利，方舟运漕，无他屯阻"，于是营立城池。[4] 太元十二年(387)又为青、兖二州刺史治所。[5] 刘宋末失淮北地，侨立兖州于淮阴。[6] 南齐时又为北兖州治所。[7] 总之，东晋南朝时，淮阴地控南北军事要津，成为一方重镇。

(2) 与淮阴相对的泗口也成为南北军事和交通要隘。晋末永嘉乱后，北方山东一带世家大族多由泗口南迁淮阴、京口(今镇江)。以后义熙十三年(417)刘裕两次北伐，刘宋元嘉七年(430)到彦之北伐，都是溯淮、泗北上的。随着南北军事行动的频繁，泗口附近出现了两个军事重镇。一是淮阳城，在今淮阴市西南，城北临泗水。[8] 东晋义熙中置淮阳县，为淮阳郡治。[9]《水经·淮水注》引《述征记》云："淮阳太守治，自后置戍，县亦有时废兴也。"淮阳郡至北周末年尚存，隋开皇初废郡留县。[10] 一是角城，在淮泗交会的泗口(见上文引《水经·淮水注》)。《魏书·高闾传》："角城蕞尔，处在淮北，去淮阳十八里。"当时南北交通，"路必由泗口，溯淮而上，须经角城"。东晋义熙中置县，属淮阳郡。[11] 南齐时，北魏南侵，泗口、角城、淮阳均为争战要地。[12]《太平寰宇记》淮阳军宿迁引《县道记》云："角城旧理在淮之北，泗之西，亦谓之泗城"，"自晋至隋迄为重镇"。

(3) 淮南的末口也因处南北水运襟喉，为南朝边防重镇。东晋义熙九年(413)在末口南置山阳县(今淮安)，为山阳郡治[13]，东晋南朝时曾一度为兖州治所[14]。

1 《晋书》卷62《祖逖传》。
2 《资治通鉴》卷91，晋太兴四年七月。
3 《晋书》卷14《地理志》。
4 《南齐书》卷14《州郡志上》。
5 《晋书》卷9《孝武帝纪》。
6 《宋书》卷35《州郡志一》。
7 《南齐书》卷14《州郡志上》。
8 《水经·淮水注》。
9 《宋书》卷35《州郡志一》。
10 王仲荦：《北周地理志》，中华书局1980年，第693页。
11 《宋书》卷35《州郡志》。
12 《南齐书》卷27《李安民传》。
13 《晋书》卷14《地理志》。
14 《南齐书》卷14《州郡志》。

二

隋平陈统一南北，长期分裂局面宣告结束。大业元年(605)开通济渠后，淮北的主要运口由泗口移至今江苏盱眙县北岸的通济渠(唐宋时称汴河)入淮口，亦称汴口。原泗口的交通地位相对衰落。隋开皇后，角城逐渐荒废；[1]唐贞观初省淮阳入宿迁；[2]隋大业初并淮阴入山阳，泗口附近三个重镇都撤废了。隔了半个多世纪，至唐乾封二年(667)才分山阳县于隋废县旧址复置淮阴县。[3] 这些无疑都反映了由泗入淮的运道在隋唐之际的一度衰落。

隋大业元年重开的邗沟，即今淮扬运河的前身，较魏晋以前的运道顺直，航运条件有所改善，其北口仍在山阳县北。所以山阳县在隋唐时代因为东南地区经济的发展，中央政府对漕运需求的增加、水运交通的频繁而更加重要了。唐武德初于此置楚州，后经宋(楚州)、元(淮安路)、明清(淮安府)，一直保持着二级政区治所的地位。宋王应麟《通鉴地理通释》卷13云："本朝陈敏曰：'楚州为南北襟喉，长淮二千余里，河道通北方者五：淮、汴、涡、颍、蔡是也。其通南方以入江者，唯楚州运河一处。周世宗自北神堰凿老鹳河，通战舰，入大江，而唐遂失淮南之地。'徐宗偃曰：'山阳，南北必争之地，我得之可以控制山东。'"

淮北的汴河入淮口，隋唐后成为主要运口。唐长安四年(704)即在汴淮口置临淮县。开元二十三年(735)又将泗州自宿迁移治临淮县。临淮县西枕汴河，南临淮河，[4]替代了南北朝时期的淮阳、角城，成为"南北冲要之所"。[5] 白居易说："濒淮列城，泗州最要，控传输之路，屯式遏之师。"[6]李磎《泗州重修鼓角楼记》："泗城据汴淮奔会处……商贩四冲，船击桅交。"[7]与泗州隔淮相对的盱眙县也成为交通枢纽，县境都梁山置有粮仓。"淮水东米帛之输入关中者，由此会入，其所交贩往来，大贾豪商，故物多游利，盐铁之臣亦署致其间。"[8]

唐宋时代淮北运口除泗州临淮的汴口外，泗口仍为民间南北航行常由

1 《太平寰宇记》卷17，淮阳军宿迁。
2 《旧唐书》卷38《地理志一・泗州》。
3 《旧唐书》卷40《地理志三・楚州》。
4 《元和郡县志》卷10，泗州临淮。
5 《太平寰宇记》卷16，泗州临淮。
6 (唐)白居易：《柳经李褒并泗州判官制》，《白氏长庆集》卷34。
7 (唐)李磎：《泗州重修鼓角楼记》，《文苑英华》卷809。
8 (唐)沈亚之：《淮南都梁山仓记》，《全唐文》卷736。

之路。苏轼《罢徐州往南京马上走笔寄子由》:“古汴从西来,迎我向南京。东流入淮泗,送我东南行。”[1]苏辙《徐州送江少卿》:“夜雨泗河深,晓日轻舟发。帆开送客远,城转高台没。”[2]北宋后期泗水下游在桃源(今江苏泗阳南)东南30里三义镇又向南分出一支至淮阴西入淮,称小清河,旧道称大清河。从而泗口(亦称清口,因古时泗水有南清河之称)变成了有大小清河口两处,两口相去约五里许。[3] 宋金对峙时,均为边防要隘。[4]

淮南的淮扬运河原仍在末口入淮,唐宋时漕船由运入淮,西趋汴口,需要上溯大约30里淮河的一段河弯,在山阳县(今淮安)北,故称山阳湾。这段河湾“水势湍悍,运舟多罹覆溺”。北宋雍熙年间,淮南转运使乔维岳开了一条名为沙河的人工运河,自末口至淮阴县北磨盘口入淮,长40里(一作60里),并置堰蓄水通航,避开30里湍悍的山阳湾,[5]据《天下郡国利病书》引《嘉定山阳志》谓此沙河即古鹳河故道。这是历史上淮南运河北口的第一次变迁,不过末口并未完全废弃。天圣四年(1026)改北神堰为草土软坝,可车盘入淮,以作备用。[6]

但宋代南北漕运主要通汴河,汴河入淮口在盱眙对岸的泗州临淮。从磨盘口至盱眙还要经过100里左右的淮河,仍有风浪之险。于是庆历年间(1041—1048)在淮河南岸又开凿了从磨盘口至洪泽镇(当时淮河南岸淮阴、盱眙二县交界处,地属淮阴,今已沦入洪泽湖中)接淮的人工运河,名新河,不久淤废。熙宁四年(1071)重加疏浚,次年竣工,恢复航行。元丰六年(1083)又从盱眙龟山引淮水开渠,在南岸与淮河并行东流,至洪泽镇与新河相接,名龟山运河,全长57里,阔五十丈,深一丈五尺。再由新河至磨盘口与沙河相接。[7] 于是南运口移至盱眙东北龟山脚下,此后南北运口相隔仅30里的淮河(自龟山至盱眙县治30里),大大减少了航运中的风险。洪泽镇原是淮河南岸一聚落,运舟必经之地,[8]开了新河和龟山运河以后,成了运道上的枢纽。北宋末年,“人烟繁盛,倍于淮阴”[9]。此外,从淮阴磨盘口至龟山的

1 (宋)苏轼:《东坡七集》卷10。
2 (宋)苏辙:《栾城集》卷7。
3 (明)潘季驯:《河防一览》卷2《河议辨惑》:“大河口(即大清河口)去见行清口仅五里许。”
4 (宋)徐梦莘:《三朝北盟会编》卷234,绍兴三十一年十月八日。
5 《宋史》卷307《乔维岳传》。武同举《江苏水利全书》卷12谓磨盘口即明新庄运口,在今淮安市西十数里。并引《淮安府志》记载,因据淮泗之冲,形如磨之圆转,因名。
6 (清)顾祖禹:《读史方舆纪要》卷22,淮安府。
7 《宋史》卷96《河渠志六·东南诸水上》。
8 (宋)欧阳修:《于役志》。
9 (宋)徐梦莘:《三朝北盟会编》炎兴下帙28,建炎三年四月。

这段运道上的高秋堡、渎头、龟山镇等聚落，都是因新运道开辟后兴起或更为繁荣的。[1]

宋金对峙，淮北的汴河淤废，但淮南的沙河、新河、龟山运河尚存。南宋乾道五年（1169）楼钥使金仍然走楚州、磨盘口、淮阴、洪泽、龟山一线运道，自龟山“出淮三十里至盱眙”。过了淮河因汴河淤废，改为车行。次年南归，止逢龟山运河淤浅，官司因“惮开河剥载之扰”，改走淮河，然风浪险恶，“至三宿淮上，波涛舂撞有鱼腹之忧”。[2] 乾道七年（1171）曾下诏开撩自洪泽至龟山的运河，终未成功。[3] 故光宗时（1190—1194）杨万里使金南还，自盱眙沿淮至洪泽驿（镇）才入闸进入运河。[4] 那时南运口又移至洪泽镇，以后洪泽新河亦淤，运口仍恢复沙河磨盘口之旧。嘉定九年（1216）在楚州城西管家湖筑堤，又开新河使湖水南与运河相接，又于湖北开河北接老鹳河（即沙河）。[5] 于是自楚州城东西二面均可抵达运口：东过末口走沙河，西经城西管家湖接沙河，俱至磨盘口入淮（见图1）。

淮北的运口由于汴河淤废，泗口又显重要，大小清河口成为南宋戒备金人南侵的要隘。绍兴三十一年（1161）十月八日刘琦与金兵相持于淮阴，列舟于大清河口至小清河口之间的淮河上，严阵以待。[6] 开禧二年（1206）金兵又出清河口以图楚州。但其地常为金人所控制，所以直至咸淳九年（1273），下距临安城破仅三年，南宋淮东制置使李庭芝才在大清河口置清河军清河县，[7]故址在今淮安市西旧县东十里大清河口。[8] 不久地即入元，废军留县。元泰定元年（1324）因被河水所毁，迁治甘罗城（今码头镇北一里）。天历元年（1328）因地僻水患，民居稀少，迁于小清河口西北（即今淮安市西旧县）。元至正间毁于兵。明洪武初于旧址重建。[9] 明末再度迁治甘罗城，未几复归。

---

1 （宋）郑刚中：《西征道里记》；（宋）楼钥：《北行日录》。

2 （宋）楼钥：《北行日录》，《攻媿集》卷112。

3 《宋史》卷96《河渠志六·东南诸水上》。

4 杨万里自盱眙乘舟沿淮河至洪泽驿，“入港候开闸，又过磨盘，得风挂帆”。有诗云：“今宵合过山阳驿，泊船问来是洪泽。都梁至此只一程，却费一宵兼两日”“舟人相贺已入港，不怕淮河更风浪”（《诚斋集》卷30《至洪泽》）。

5 （清）顾炎武：《天下郡国利病书》第10册《淮南水利考》。按管家湖一名西湖。据《大清一统志》淮安府山川，管家湖在山阳县西望云门外。同书载漂母祠亦在望云门外。漂母祠今存。其附近有勺园，疑即管家湖。

6 （宋）徐梦莘：《三朝北盟会编》，炎兴下帙133。

7 《宋史》卷88《地理志四》。

8 《大清一统志》卷94，淮安府引清河县旧志。

9 万历《淮安府志》卷3《城池》。

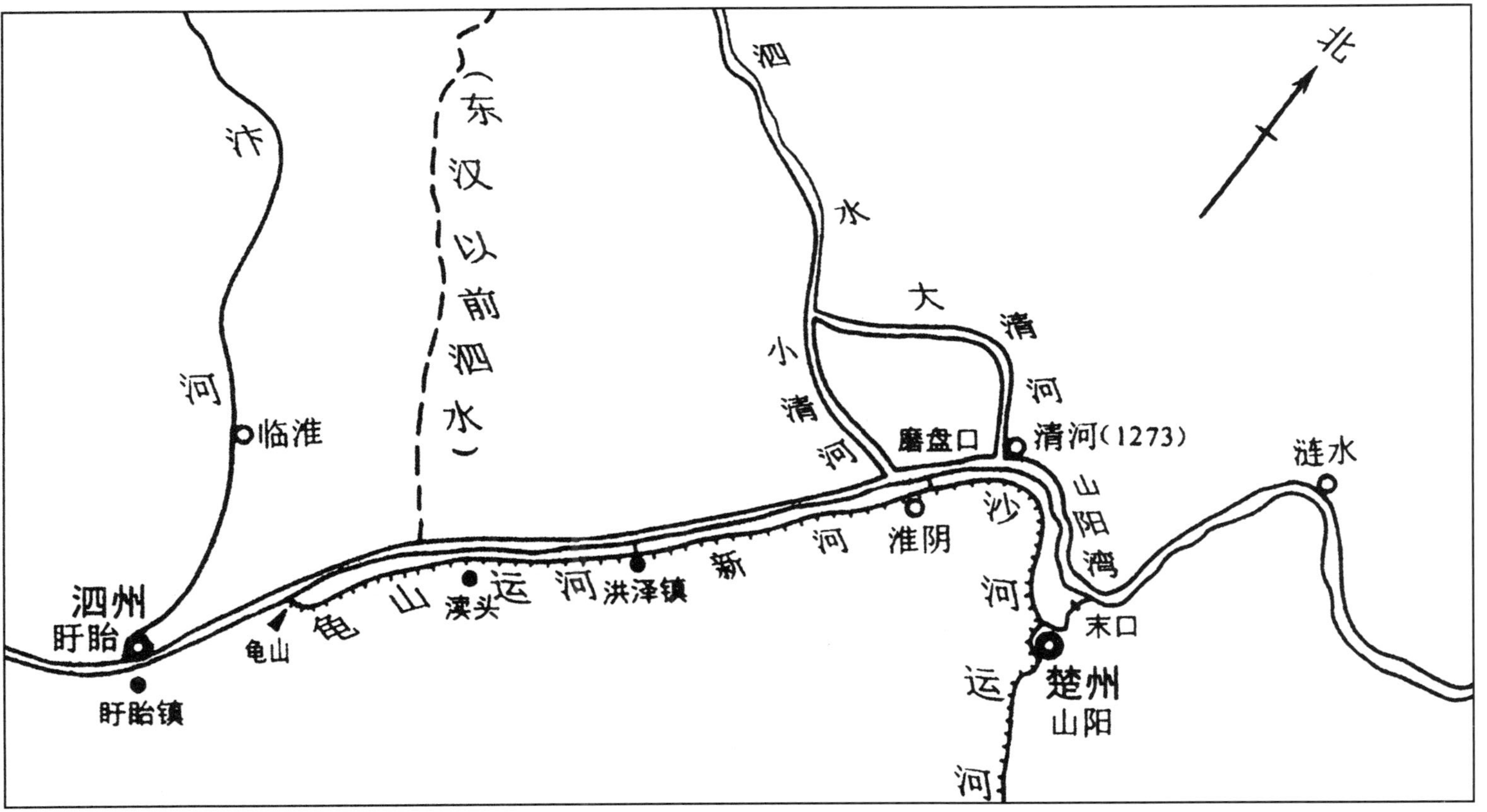

图1 宋代南北运口形势图

金元以后，黄河长期夺泗入淮。初由大清河口合淮（明嘉靖以后改由小清河口合淮），东折经淮安城北，东流入海。泗水下游变成了黄河河道。元代开济州河、会通河后，泗水下游（在当时又是黄河河道）又变成了南北大运河的一段。于是泗口再度成为南北水运的咽喉。淮河南岸的地理环境也有了较大的变化。淮河下游为黄河所夺后，日久泥沙将河床抬高，淮河中上游各支流来水汇集在淮泗口以上，下泄不畅，聚积成湖，逐渐扩大，将原来的零星小湖和沼泽洼地连成一片，形成了现代的洪泽湖。宋代所开的新河、龟山支河以及沿河聚落，俱为湖水所淹没，沙河也趋淤废。淮南运口也只剩下末口一处了。

这时淮北清口附近有了清河县，淮南末口附近有了山阳县。淮阴县的地位已无关紧要，于是元至元二十年（1283）被撤废，地入山阳县。[1] 自秦代开始存在了一千四五百年的淮阴县随着运口的变迁而消失了，而山阳县为淮南运口附近唯一的城市，随着漕运繁忙，地位日益重要。山阳县城始筑于东晋义熙年间，经唐代修葺，至宋代仍然坚固完好。[2] 南宋孝宗时守臣陈敏重加修建。北使过淮，见雉堞坚新，称为银铸城。元代在城北一里北辰镇筑新城。明嘉靖三十九年（1560）又在新旧二城之间增筑联城，亦谓夹城。于是淮安府有三城，南城临运河，新城滨淮河，中有夹城相连，大大有利于漕船的转运。[3]

三

从明代起黄河比较固定地走泗水夺淮入海。今淮安市西北成为黄、淮、运三水交汇点，形势更为险要。

明洪武初，因淮南运河水浅，漕船北上，难以入河，于是在淮安新城东门外筑仁字坝壅水，漕船至此，须将粮食卸下，车盘过坝，复装船入河。[4] 永乐二年（1404）陈瑄又在淮安新城东与仁字坝相连筑义字坝，在新城西门外西北筑礼、智、信三坝，均自城南引运河水抵坝口，其外即黄河（亦即淮河）。漕船由东二坝，官民商船由西三坝过河。五坝虽为软坝，漕船过坝均须牵挽，重载还须卸货，转输甚为劳苦。[5] 为了解决这一困难，永乐十三年

---

1 《元史》卷 59《地理志》。

2 万历《淮安府志》卷 3《城池》。

3 万历《淮安府志》卷 3《城池》。

4 (清) 顾炎武：《天下郡国利病书》第 10 册《淮南水利考》。

5 《明史》卷 85《河渠志三 • 运河上》。

(1415)平江伯陈瑄自淮安城西管家湖开渠引湖水至鸭陈口,循宋代沙河故道入淮(亦作入河,此处淮河已为黄河所夺),长 60 里,名清江浦河(即今淮安市间运河的前身)。又缘湖筑堤亘 10 里以为牵路,由城而西沿河置四闸:城西北 20 里曰移风闸,又 10 里曰清江闸,又 10 里曰福兴闸,又 20 里至运口置新庄闸(后又名通济闸,在今淮安市西南码头镇北惠济祠东北,与清河口隔岸相对),为新南运口。永乐十五年(1417)又在移风闸东十里置板闸(今板闸镇)。[1] 五闸根据水势涨落,迭为启闭,节水通流,使河水常平,船行自易。单日放进,双日放出;满漕方放,放后即闭。[2] 并在黄河南岸修筑堤防,以保护清江浦河和淮安府城不受黄水南侵。此后漕船由新庄闸口渡河,先由大清河口,后由小清河口北上。但止许漕艘鲜船由闸口出入,粮船过尽,即行闭闸。唯遇鲜贡船只才许启放。官民商船,悉由淮安五坝车盘,"锁钥掌于漕抚,启闭属之分司"[3],管理十分严格。这是因为清江浦河无固定水源,全靠有节制地引用黄河水内灌,"方可浮舟,而黄流甚浊,恐至淤垫",故各闸启闭十分小心,"时将入伏,闸外即筑软坝,一应船只,俱于五坝车盘"。[4]

但是黄河自北来,河身高于淮河;淮河自西来,河身又高于清江浦河。如逢黄淮并涨,必然倒灌入新庄运口,淤塞清江浦河。如景泰七年(1456)河灌新庄闸口,至清江浦河 30 余里淤浅阻漕。[5] 成化七年(1471)淮河水灌入新庄闸,水退后清江浦河沙淤 20 里,不通舟楫。于是又在清江闸置东西二坝,使运船亦可由此车盘过坝之河,和对岸大清河口相对。[6] 正德三年(1508)又在新庄闸口外建惠济祠(又名天妃庙),外临黄河。[7] 当清江浦河淤塞时,漕船则由淮安新城北五坝车盘入河。

嘉靖初年桃源(今泗阳南)东南三义镇分出的大清河口淤,黄河改趋清河县南小清河合淮,运船北上也不由大清河而由小清河。[8] 小清河口在大清河口西南,距南岸的新庄运口更近了,因而"河流益南并入清河而交汇于新

1 万历《淮安府志》卷 3《山川》。
2 (明)潘季驯:《河防一览》卷 3《河防险要》。
3 (明)潘季驯:《河防一览》卷 7《两河经略疏》。
4 (明)潘季驯:《河防一览》卷 11《查议通济闸疏》。
5 (清)顾祖禹:《读史方舆纪要》卷 129,川渎漕河。
6 (清)顾炎武:《天下郡国利病书》第 10 册《淮南水利考》。
7 《大清一统志》卷 94,淮安府祠庙。以后新庄闸遂有天妃闸、天妃口的名称。嗣后运口屡移,天妃之名沿用不改。
8 《明史》卷 84《河渠志二·黄河下》。

庄闸，遂灌里河，水退沙存，日就淤塞”[1]。以后即在新庄闸外，临时筑土堰堵水。水消时为了通漕，又需开掘，十分不便。

嘉靖十几年以后，黄河分成几股夺泗入淮，变迁十分紊乱，河床不断淤高。黄水经常倒灌入新庄运口，水退沙存，运口淤塞。嘉靖三十年（1551）一次河淮大涨，新庄运口淤塞严重，遂闭新庄运口，将南运口移至三里沟（在今码头镇东南三里），并开自新庄运口至三里沟的新河以接运。三十二年（1553）又在新运口置通济闸。原以为三里沟在黄淮交会口以上，不会受到黄河倒灌的影响。漕船可由三里沟出淮河转入黄河，[2]以达到“趋清避浊”的目的。殊不知嘉靖以来，黄河经常夺涡入淮，涡口（今安徽怀远）以下的淮河也就成了黄河；再说就是黄河在清河口与淮河交会，当伏秋盛发，黄流倒灌数十里是很平常的事，三里沟河口虽在黄淮交会处以上，同样要遭到黄水的淤灌。例如，隆庆三年（1569）淮水涨溢，自清河至淮安城西30余里运道淤塞，洪水决礼、信二坝入海。同年冬虽然开浚了自淮安板闸到清河西湖嘴的运道，但里运口仍塞不通。[3] 隆庆四年（1570）河淮大涨，决入洪泽湖，破高家堰，淮、扬、兴、盐、高、宝之间一片弥漫，桑田尽为泽国。[4] 所以到万历元年（1573），总河万恭认为三里沟新河不如新庄闸（天妃闸）口近直，于是重新恢复永乐时天妃口石闸，“运尽而黄水盛发，则闭闸绝黄，水落则启天妃闸以利商船”[5]。南运口又移回新庄运口。

在运口屡屡淤塞的同时，淮安城北仅相隔一堤的黄（外）运（内）二河也随着淤高，对淮安城构成极大的威胁。“万一蚁穴溃防，泥丸难塞，则清江一带，荡为巨浸，不但无淮城，且无运道。”[6]原先黄淮会合后，经清江浦北，东至草湾（今淮安市东北，废黄河北岸），又折而南流，过淮安新城北，转入安东县，直下云梯关入海。嘉靖以来，云梯关海口淤浅，下泄不畅，河水常在地势较低的草湾一带向东冲决，截弯取直。如嘉靖三十年（1551）河决草湾，直东流入大海，未几自塞，河复故道。[7] 万历四年（1576）重新人工开凿草湾河，但新河阔二十余丈，深仅丈余，仅为故道的三十分之一，不能宣泄

---

1 咸丰《清河县志》卷4《川渎》。

2 《明史》卷83《河渠志一·黄河上》；《明世宗实录》卷393，嘉靖三十二年正月戊寅朔。

3 《明史》卷85《河渠志三·运河上》。

4 （明）潘季驯：《河防一览》卷11《河工告成疏》。

5 《明史》卷85《河渠志三·运河上》。

6 （明）潘季驯：《河防一览》卷14，引（明）常居敬：《奉谕查理河漕疏》。

7 （明）潘季驯：《河防一览》卷2《河议辨惑》。

洪流，不久复塞。[1] 直至万历十六年(1588)黄河一次冲决，草湾河大通，夺正河十分之七，至赤晏庙仍归大河。从此黄河离开了淮安城之北，居民得以安居。[2] 淮安新域北的车盘五坝均废，这是南运口的一大变化。

万历六年(1578)总河潘季驯大治徐州以下河道，增筑高家堰堤长60里，令全淮之水从清口出以敌黄流，不使倒灌运口。又修筑清江浦至柳浦湾(淮安新城西北)河堤，又接筑柳浦湾至高岭(约在今涟水县对岸)新堤，以防卫淮安城的安全。同时因永乐天妃闸口(亦即新庄运口)逼近外河(黄河)，难免遭淤，于是移建通济闸于甘罗城南里许，仍名通济闸，再次移南运口于马头镇北(在永乐新庄运口之南，嘉靖通济旧运口北)，"令向淮河，独受清水"；并开通济闸至淮河的新河213丈，使运口斜向西南对淮，"使水势迂回，不至直射"，以避黄水倒灌之患。然新运口距黄淮交会处仅200丈，黄水仍复内灌，垫高运河，年年挑浚无已。[3] 据潘季驯上奏："目击淮安西门外直至河口六十里，运渠高垫，舟行地面，昔日河岸，今为漕底，而闸水湍激，粮运一艘，非七八百人不能牵挽过闸者。"[4] 至万历十年(1582)春，总河凌云翼以运船由清江浦出口多艰险，另在清江浦河南面开永济河45里。起自淮安城南窑湾，历龙江闸，至杨家涧，出武家墩，达文华寺，合通济闸新口入淮。[5] 原以备清江浦河淤塞时以通运，然仅"行运一年，议者以妨于部税，旋闭"[6]。万历十六年潘季驯大治清江浦河诸闸及运口，[7] 仍以清江浦河为运道。万历三十九年总河刘士忠开永济河口土坝济运，一年复塞。至天启三年(1623)冬重新疏浚淮安正河(指清江浦河)。先挑永济河，待回空船行完毕；后挑清江浦河，次年四月工毕，永济河复行筑坝闭塞。[8] 直至明末都是以清江浦河万历新运口为漕船所经。崇祯末年又于清口(黄淮交会口)筑土山，以为标记，水自西北来，运船乘东南风而至，土山之障，风微之平，以便漕运(见图2)。[9]

---

1 《明史》卷84《河渠志·黄河下》。

2 (明)潘季驯：《河防一览》卷2《河议辨惑》。

3 (明)潘季驯：《河防一览》卷11《查议通济闸疏》、卷8《恭报续疏工程疏》。

4 (明)潘季驯：《河防一览》卷8《查复旧规疏》。

5 《明史》卷85《河渠志三·运河上》。

6 (清)顾祖禹：《读史方舆纪要》卷22，永济河。

7 (明)潘季驯：《河防一览》卷11《河工告成疏》。

8 (清)傅泽洪：《行水金鉴》卷130，引《南河全考》。

9 (清)顾炎武：《天下郡国利病书》第10册《淮南水利考》。

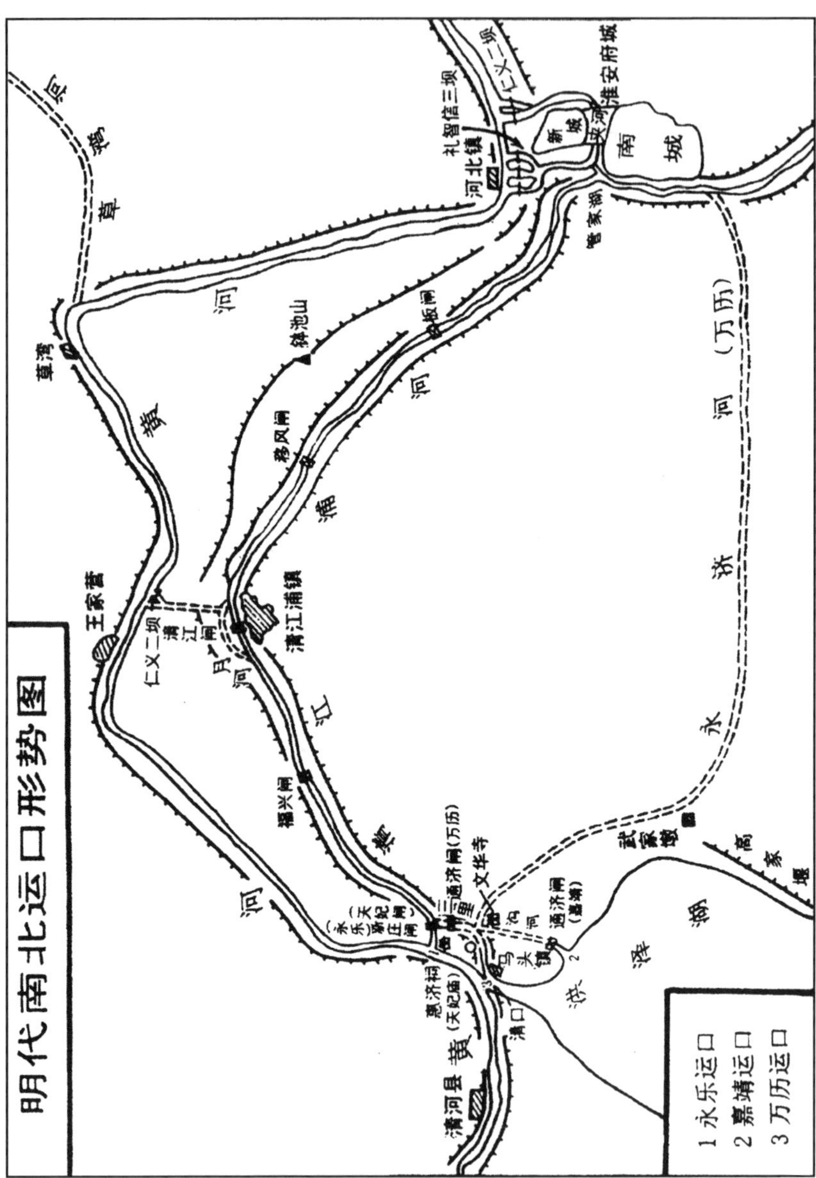

图2 明代南北运口形势图

四

清初开始黄河下游清河县以下河口段淤积十分严重，黄、淮、运交会处，几乎连年不断地决口。顺治十五年(1658)河淮交涨，淹没清河县南北田舍甚众。[1] 康熙元年(1662)开始河患更甚。万历时潘季驯改建的新庄运口屡遭淤塞。康熙五年冬，运河自“清口至高邮三百里间，悉成平陆”[2]。七年、八年黄淮交会处决口，清河县邑几没。[3] 十年黄水灌入清口，天妃闸底淤垫，本年回空船无法进口，只得在清河县治南腰铺(据《淮系年表》11，腰铺在马厂坡东直清河旧县对岸)地方开支河达张福口通舟。[4] 这时清江浦里外河均淤高，淮安城堞卑于河底，洪泽湖东北部在清初已淤出大片浅滩，有裴家场、帅家庄、烂泥浅等名，周围数十里，以致清口尽淤，[5]严重影响漕运的畅通。所以康熙以后为解决运口的畅通，采取了一系列的工程设施，黄淮运交汇口的形势有过很大的变化。今分为南北运口、清口、蓄清刷黄几部分加以叙述。

(一) 北运口的变迁。自金元黄河夺泗会淮以后，徐州以下的泗水河道就变成黄河河道，也就是当时的运道。所以北运口实际上就是黄淮交汇口。黄河含沙量高，流量年内季节变化很大，对漕运十分不利。所以明万历三十二年(1604)开泇河，天启三年(1623)开通济新河，清康熙十九年(1680)开皂河，以后又开张庄运口，都是在黄河北岸另开新渠，避开黄河以通运。直至康熙二十六年以前，从宿迁张庄运口至清口还要走二百里的黄河，重运溯黄而上，沿途均须牵挽，“蚁行蚊负，日不过数里”。为了避开这一段黄河，康熙二十六年至二十七年(1687—1688)在这段黄河北岸缕遥二堤之间挑中河一道，上接张庄运口，并骆马湖水，下历桃源、清河、山阳、安东(今涟水)等县接平旺河(今涟水县北盐河)，以达于海；在河尾清河县西仲家庄建大石闸一座，以通黄河，这样北运口就从小清河口移到了仲庄运口。从此漕运又避开了黄河 180 里，运船所需经过的黄河仅仲庄运口至对岸南运口一段七里。[6] 三十四年(1675)又在清河县治东陶家庄另建一闸也通黄河，重运由陶庄闸入运，回空船由仲家庄闸出运，两闸并用，以防万一。[7] 康熙三十八年康熙帝第三次南巡，建议在清江浦对岸陶庄开引河。陶庄原在清河县东黄河坐湾

1 (清) 傅泽洪：《行水金鉴》卷 46，引《清河县志》。

2 (清) 傅泽洪：《行水金鉴》卷 47，引(清) 李之芳：《宫保尚书梅麓朱公墓志铭节略》。

3 (清) 傅泽洪：《行水金鉴》卷 47，引《清河县志》。

4 (清) 傅泽洪：《行水金鉴》卷 47，引《扬州府志》。

5 (清) 傅泽洪：《行水金鉴》卷 47，引《靳文襄公奏疏》。

6 (清) 靳辅：《治河方略》卷 2，中河。

7 (清) 傅泽洪：《行水金鉴》卷 137，引《清河县志》。

处，开挖引河并在南岸筑挑水坝（名御坝）逼流北趋，目的是引黄河北趋陶庄引河，越过惠济祠，让原来这一段黄河由运河流经，使黄运分开。事后河趋北岸陶庄引河，“河尾冲刷，水流畅沛”[1]。康熙四十二年（1703）因北岸中河的清水由仲庄运口入黄，清水逼黄河主溜趋南，恐有碍南运口，于是又自仲家口以下十余里至地势比较低洼的杨庄之间，另挑新河一道（即将中河向下延伸），穿缕堤而出，注入黄河，并于运口建杨庄闸，引中河水由此出口，无逼溜清口之患，即使倒灌也不过一二里，清水容易托出。[2] 这时北运口又移至杨庄运口。康熙五十五年（1716）因杨庄运口溜急，又在杨庄闸口南挑越河 250 丈，漕船俱走越河，时久以越河为正河，仍名杨庄运口。[3] 至此，北运口基本固定下来，至清末无显著变化。

（二）南运口的改建。南运口是指里运河入淮（或河）口。明永乐开清江浦河后，南运口在新庄闸，闸外为黄河。后为避黄水倒灌，嘉靖三十年（1551）改运口于三里沟河，运口外为淮河。万历元年（1573）恢复旧新庄运口后，运河又与黄河交会。万历六年（1578）潘季驯又移运口于甘罗城南里许，运口外又为淮河。这是明代南运口变迁的大势，已见上述。至清初，南运口因距黄淮交汇口很近，“两河汇合，潆洄激荡，重运出口牵挽者每艘常七八百人，或至千人，鸣金合噪，穷日之力出口不过二三十艘。而浊流奔赴直至高宝城下，河水俱黄，民居至澄汲而饮”[4]，可见这时依靠原南运口通运已经十分困难了。

明末以来，南运口附近地区地理条件出现了新的情况，即洪泽湖底迅速淤高，东北部大片浅滩淤成平陆，给另择新运口创造了条件。康熙十八年（1679）总河靳辅就在这片浅滩上开挖了四条引河，引洪泽湖清水以敌黄流，并将南运口移至烂泥浅上的三汊引河口，使运艘可顺清水而出。从原运口天妃闸（即万历通济闸）西南挑河一道抵新运口（在码头镇南，万历运口在镇北），又从文华寺永济河头，按旧河（即万历十年开的永济河）河形也开河一道，南过七里闸（闸在旧河形内，为永济河闸）西，也南会烂泥浅上的三汊河，名七里闸河，会合口置太平草坝（后改名济运坝），再顺三汊引河达新运口（即三汊河口）。并在新运口置太平闸（一名清水闸）和惠济闸，以控制水流。两渠并行，互为越河。漕船经清江浦河可由新庄闸出太平闸，也可由七里闸河出太平闸。不过每年以由新庄闸者居多，七里闸河以备新庄闸淤塞或挑

1 （清）张鹏翮著，（清）张希良编：《河防志》卷8《恭报开放陶庄引河疏》。

2 （清）张鹏翮著，（清）张希良编：《河防志》卷9《覆改中河出水口门疏》。

3 武同举：《江苏水利全书》卷15。

4 （清）靳辅：《治河方略》卷2，南运口。

浚时运行；同时在运口外南唇置转水墩，以舒急溜。用烂泥浅引河十分之二水量济运，十分之八水量冲刷黄淮交会的清口，使“运艘之出清口，譬若从咽喉而直吐，即伏秋暴涨，黄水不特不能内灌运河，并难抵运口”，“迩年以来重运过淮，扬帆直上，如历坦途”。[1] 这样新运口和黄河相距十余里，河身屈曲，不易受倒灌之害。十余年后七里闸河不通。康熙三十四年（1695）在天妃闸河之东、七里闸河之西另开越河，并建永济闸（四十九年改名惠济越闸），与惠济闸相望，以通漕运。[2]

当时南运口的工程要注意的是，既要防止黄水倒灌淤塞运口，又要有足够的水源供给运河通运。所以康熙四十年（1701）规定如逢漕船正行之际，黄水盛发，即闭裴家场引河，引清水（即洪泽湖水）由三汊河通过济运坝，循靳辅所开七里闸河至文华寺入运，以济漕运。[3] 康熙四十一年（1702）因运口已向北延伸了一百余丈，与马头镇相近，故在运口头草坝以北又建天妃石闸，亦名惠济闸。[4] 雍正十年（1732）又移南运口惠济正闸（天妃闸）于二草坝下北岸堤内，[5]以防黄水倒灌淤闸。乾隆二年（1737）因浊流倒灌，又移天妃南运口于旧口南75丈，与三汊河相接，以避黄水（即将三汊堵断，以其下游作为运口），专纳清水。又因惠济祠以下黄、运仅隔一堤，危险异常。于是在运河之东，惠济祠迤下张王庙前开新河1 068丈，穿永济河头，至庞家湾接入旧河；新河上置通济、福兴、正、越四闸，又在新河东岸筑东堤一道。[6] 时新旧二河并用，越三十余年，至乾隆三十六年（1771），始闭旧河。此后南运口位置基本不变，而运口防止浊流倒灌的工程屡有改建，因过于繁琐，不便备述。

（三）清口的改建和变迁。明清时代所谓“清口”是指淮水会黄河口，因淮水经洪泽湖沉淀后水流较黄河为清而得名。明万历前南运口与黄河相会，清口只起冲刷黄流的作用。万历以后，南运口虽多次移位，但都是先与洪泽湖流出的淮河相会，然后经清口与黄河相接，所以清口等于运口的延续，为漕运必经之地。潘季驯说：“清口乃黄淮交会之所”，也是“粮运咽喉所系”。[7] 又因清口与黄河交会，其地位之重要更甚于运口。《清史稿·河渠志

---

1 （清）靳辅：《治河方略》卷2，南运口。

2 （清）靳辅：《治河方略》卷2，南运口。按《治河方略》、《河防志》、咸丰《清河县志》载康熙十八年改建南运口工程多不一致。今依武同举《江苏水利全书》卷15，综合诸家之说。三十四年开越河，建永济闸，见《行水金鉴》卷137《清河县志》。

3 《河防志》卷4，陈节宣之法。

4 （清）傅泽洪：《行水金鉴》卷140，引《河防志》。

5 武同举：《江苏水利全书》卷15，引雍正《江南通志》。

6 （清）黎世序等：《续行水金鉴》卷70，运河水原委；卷79，引《河渠纪闻》。

7 （明）潘季驯：《河防一览》卷3《河防险要》、卷11《查议通济闸疏》。

二·运河》云:“夫黄河南行,淮先受病,淮病而运亦病。由是治河、导淮、济运三策,群萃于淮安、清口一隅,施工之勤,糜帑之巨,人民田庐之频岁受灾,未有甚于此者。”

清口原在马头镇西北。康熙三十七年(1698)自张福口(旧清河县东南)黄河缕堤尾接筑斜横堤一道,为临清堤,保护清口不受黄河侵犯。又筑清口东西束水坝,西坝御黄,东坝蓄清,以时拆展。[1] 具体办法是在清强黄弱时,拆展束水坝以清刷黄;黄强清弱时,则收束束水坝以防黄水倒灌。康熙三十九年(1700)又在清口筑拦黄坝,粮船过完,即行堵闭。一般官民船只盘坝入河;回空船到,再行启坝,过后再闭;堵闭后待淮水水位抬高后,即开坝冲黄。[2] 康熙四十二年(1703)又在清口外筑顺水堤,防止黄河南逼,挑溜北去。于是黄河南岸涨滩,清口自然向北延伸。[3] 乾隆四十二年(1777)北岸开陶庄引河功成后,黄河正溜走陶庄引河,原黄河河道变成了运道所经(这一段运道是南运口与洪泽湖流出的淮河交汇后合成的一股,故又称淮河),这样清口就下移至杨庄运口的对岸了。由于清口的下移,原清口附近御黄蓄清的坝闸等工程也相应下移至河唇。

嘉庆以后,洪泽湖东北部的数条引河先后淤浅,清水敌黄的力量减弱,黄水又较清水先涨后消,故经常引起黄水倒灌,淤塞清口,但运河缺乏水源,不得不采取借黄济运的办法。但这种饮鸩止渴的办法,又经常使清口为泥沙所淤,回空船难以回空。为了解决这一难题,嘉庆十五年(1810)在清口御黄坝以南黄河和清口以上河道之间滩地上开顺清河,既可由此引清刷黄,又可与清口两路回空。[4] 但这只能是临时措施,无法根本解决借黄济运的恶果。道光五年(1825)启清口御黄坝准备引黄济运,不料黄水过猛,大溜直入洪泽湖,运河上下悉淤。从清江浦至高邮二百余里,粮船衔尾停泊泥中,临时筑坝,蓄湖水养船,但湖底抬高,水不能出,乃车水入坝以养船,改由高邮驳运;并议明年漕粮改由海运,并坚守御黄坝,以防倒灌。[5] 这次事件触发了第二年(道光六年)创用灌塘济运法。其措施先是在顺清河口以南从洪泽湖流出的淮河上筑临清堰,又于临清堰南作拦清堰,另建草闸于清门外钳口坝,又于钳口坝外筑临黄堰;并疏浚临清堰和草闸之间河道,名为塘河。灌塘法是当

---

1 乾隆《江南通志》卷52《河渠志·黄河》。

2 (清)傅泽洪:《行水金鉴》卷67,引《河防志》;卷139,引《里河厅册》。

3 武同举:《淮系年表全编》卷11。

4 武同举:《江苏水利全书》卷17。

5 武同举:《江苏水利全书》卷18。

重运入塘河后，堵拦清堰，戽清水入塘河，令高于黄河水面，然后开启临黄堰，乘势将粮船冲出渡黄。每八日疏浚一次塘河。回空船进塘后，堵闭临黄堰，开拦清堰，运船由此进入运河。[1] 以后仍视清黄二水的高低，以时启闭。黄水高于清水，则戽黄水倒塘灌放，通行重运；清水高于黄水，则启放临黄堰，漕船出运渡河。灌塘法虽然比较费力，但总算维持了清末一段时间漕运的畅通。直至咸丰五年（1855）黄河北徙后，南北漕船从中河穿旧黄河，由顺清河至马头镇会淮入运河。清口、塘河遂归淤废。解放后调查运河河道自淮北穿废黄河后，仍走顺清河达里运河。[2] 可见清咸丰后顺清河为南北运道所经（见图 3）。

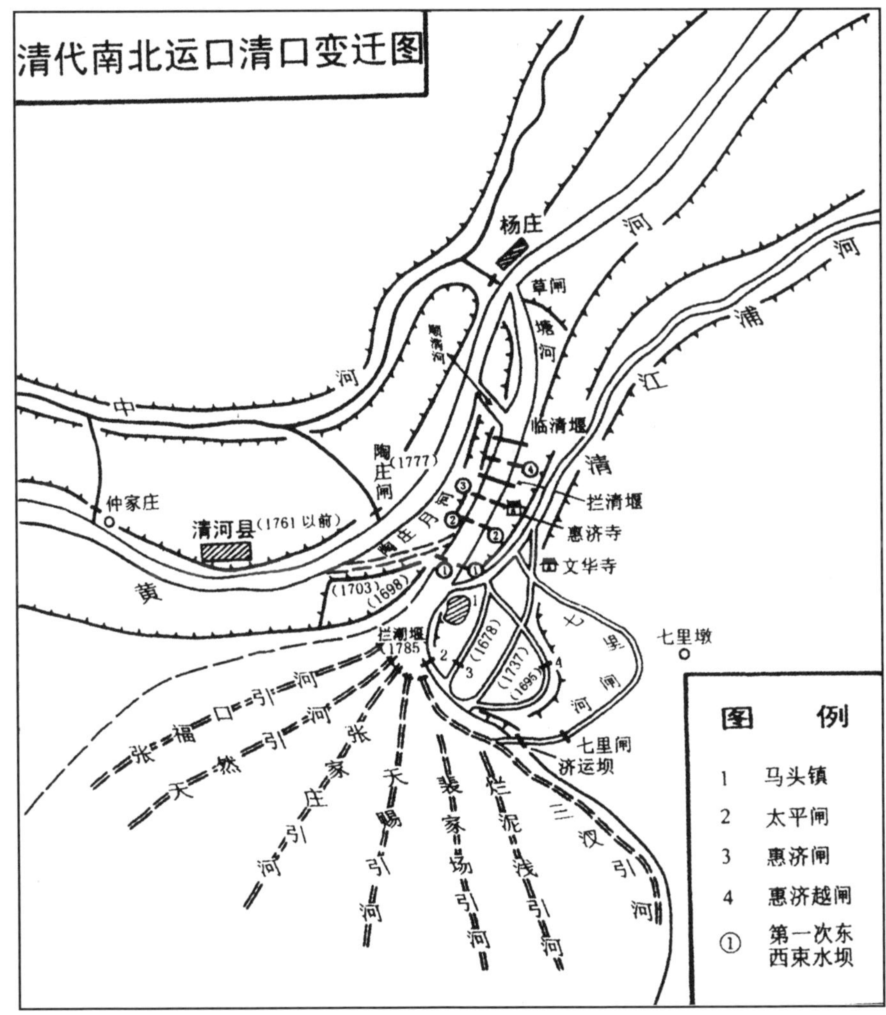

图 3　清代南北运口清口变迁图

1　武同举：《江苏水利全书》卷 18。

2　《黄河南岸至苏州航道查勘报告》，载《治淮汇刊》第 5 辑，1955 年 6 月。

（四）蓄清刷黄工程的改建。明潘季驯所制订的“蓄清刷黄”的方针，不仅是为了冲刷黄河下游河道中的泥沙，更重要的是以清敌黄，保证清口、运口的畅通。万历时潘季驯筑高家堰，抬高洪泽湖水位，蓄清刷黄，仅是一种自流冲刷。黄河水位高于洪泽湖水位时，就不免倒灌清口。康熙十八年(1679)靳辅在洪泽湖东北部滩地上开挖了四条引河，引清敌黄，其冲刷力量当较前为强。但以后引河淤浅，清口、运口仍常罹倒灌之患。康熙三十九年(1700)总河张鹏翮又重开张福口、张家庄、裴家场、烂泥浅、三汊河五条引河，后因淮水壮激，又冲出天然、天赐二条引河，于是七条引河会合冲刷清口，并堵塞高堰六坝，蓄清刷黄，[1] 成效显著。雍正三年(1725)时七引河淤浅，后复浚五引河。[2] 雍正八年(1730)七条引河(张福口、裴家场、张家庄、烂泥浅、三汊河、天然、天赐)俱已刷通，“在在通利”。[3] 所以在康、雍、乾三朝蓄清刷黄的确有显著的效果。乾隆五十年(1785)疏浚了洪泽湖诸引河后，又在各河河尾筑拦湖坝，[4]拦蓄湖水至适当高度，再启坝敌黄或济运，可防止黄水倒灌入湖，这比以前自流冲刷明显有了进步，不过乾隆四十一年(1776)陶庄引河功成后，原黄河河道变成淮河河道，所谓“蓄清刷黄”，实际上也只能起“蓄清敌黄”的作用，就是避免黄水倒灌入清口而已。嘉庆二十二年(1817)因引河太多，冲刷力分散，于是堵塞了张福口、太平河、裴家场、张家庄四道引河，只留天然引河一道，聚力蓄清抵黄。道光二十九年(1849)黄河大涨，倒泻入洪泽湖，五引河中裴家场、张家庄、天然三河悉淤，只留下张福、太平二引河。[5] 当咸丰五年(1855)黄河北徙后，蓄清敌黄已无必要，引河先后淤塞。漕运停止后，引清济运问题也不存在了。洪泽湖水由三河口入里运河汇于长江，原黄淮会合下游，由中运河水夺流入海。

五

明清时代淮河下游南北运口附近，因地处水运交通枢纽，出现了一批新兴的城镇。最有代表性的是清江浦镇，清江浦原是淮安城西淮河南岸的一条支流，建有二闸，永乐二年(1404)曾加修筑。[6] 永乐七年又在清江浦附近建清江造船厂，专造南直隶、浙江、江西、湖广各省运船，厂址在山阳、清河二

1 (清)张鹏翮著，(清)张希良编：《河防志》卷3，清口。

2 武同举：《淮系年表全编》卷11。

3 (清)黎世序等：《续行水金鉴》卷52，引朱批谕旨。

4 武同举：《淮系年表全编》卷12。

5 武同举：《淮系年表全编》卷13、14。

6 《明太宗实录》卷36，永乐二年十一月癸卯。

县之间的闲旷之地。[1] 永乐十三年(1415)开清江浦河(渠),可能即利用原清江浦的一段河道,故因其名。其中清江闸当即置在原清江浦附近,并在"浦旁置仓积粮以备转兑"[2]。成化七年(1471)因清江浦河的新庄运口被河沙所淤,不通运舟。于是在清江闸置东西二坝(在清江船厂北里许),以备新庄运口淤塞时,漕船可由此车盘入河。[3] 清江闸附近遂为交通要津,以清江浦为名的聚落也由此发展起来。康熙十六年(1677)以安徽巡抚靳辅为河道总督,设行署于清江浦。雍正七年(1729)改河道总督为江南河道总督,亦称南河,久驻清江浦。[4] 此后清江浦成为河院所在重地,"舟车鳞集,冠盖喧阗,两河市肆,栉比数十里不绝,北负大河,南临运河,淮南扼塞以此为最"[5]。乾隆二十六年(1761)因避黄河之患,又将清河县治迁至河督所在的清江浦镇(今淮安市),更促进了清江浦镇的繁荣。清金安清《水窗春呓》云:"清江、淮城相距三十里,为河、漕、盐三处官商荟萃之所,冶游最盛。"咸丰三年(1853)时城内有户三万余家。[6]

清江浦对岸的王家营(今作王营,淮阴县治所),原是明代大河卫(治今淮安)辖下的一个营,旧址在今王营西里余。嘉靖年间黄河改走小清河口合淮,王家营距河淮合口稍远,水陆分程,民间客商、士大夫从陆路北走京师,自清江浦车盘后,均以此为起点,车行十八站到京师,所谓"河北第一程","舍王家营无他道"。[7] 康熙时,"人民辐凑,车马纷挐,水陆之要津"[8]。由于交通地位重要,虽自明万历至清康熙凡遭河决十一次,数度为洪水所没,镇址三迁(均在附近),但不久即恢复为巨镇。清初王家营居民二千余家,多为流寓,"土著者十不一二"。流寓尤多"西北燕、辽、蓟、晋、陕、洛、齐、鲁之人","三河关陇麦菽,楚粤文绮,河北旃裘马赢果蓏瓜之属,不避重阻,四方来会"。[9] 每逢会试之年,"南尽岭外,西则豫章,百道并发,朝于上京,而此为交衢",所以"民之闲居者,多变其宅为逆旅"。[10]

淮安府城是淮南漕运的枢纽。明初"江西、湖广、浙江民运粮至淮安仓,

---

1 (明)席书:《漕船志》卷1,《玄览堂丛书》本。
2 万历《淮安府志》卷3《建置》。
3 (清)顾炎武:《天下郡国利病书》第10册《淮南水利考》。
4 《清史稿》卷126《河渠志・黄河》。
5 乾隆《淮安府志》第5《城池》。
6 咸丰《清河县志》卷3《建置》。
7 张震南:《王家营志》序、卷1《建置》、卷3《交通》。
8 《河防志》卷3,王家营。
9 张震南:《王家营志》卷1《建置》、卷1《河渠》。
10 张震南:《王家营志》卷3《交通》。

分遣官军就近挽运”[1]。景泰二年(1451)又设漕运总督于淮安,[2]清袭明制,漕督亦驻淮安。明代淮安还是两淮运盐使分司所在地,城北关厢是淮安纲盐屯集之地。[3] 清乾隆年间,“四方豪商大贾麕至,侨户寄居者不下数十万”[4]。南北百货,交汇于此,“楚蜀之木,滇之铜,豫章之窑,吴越之织贝,闽粤之橘柚,亦皆经行其地,以直达于天津。山阳与天津南北两大镇屹然相对,五百年来莫之有改矣”[5]。

淮安城西北的板闸镇,自明宣德以后,每年遣御史一员,在此征收商税。清因前制,[6]故亦为商旅往来必经之地。淮安新城北三里河北镇,在明万历黄河改徙草湾前在河北,故名。后改在河南,遂名河下镇。明正德时建批验引盐所于此,清代为盐运分司所驻。镇区东西相距20里,“食力之家,不下数千户”[7]。此外马头镇近明清南运口,“为漕运往来要道”[8],商业也很繁荣。

以上各大小城镇全因地处水陆交通冲要而兴起,成为繁荣的商业城市。但是城镇周围的农村经济却十分凋敝,又因屡遭河患,环境尤为恶劣。如清河县境内“壅沙为岸,民少佃作”“春或不雨,鸣沙蔽天,暑涝骤降,数里不通牛马”“所谓四乡无十里之田,中农无一岁之蓄”。[9] 这些城镇全靠往来客商和盐漕运各司官僚地主穷奢极欲的享乐,维持着一种畸形的繁荣,并没有牢固的经济基础。明时就有人指出:“淮之细民,惟市井是食,语及田夫则退让不屑,万一南北断绝,食廪空虚,民何以为食,官何以为安邪!”[10]果然,当清末漕运停止,运河淤废,南北交通由津浦铁路替代,这些城镇便迅速衰落,光绪《淮安府志》卷2疆域载:“自纲盐改票,昔之巨商甲族,夷为编民。河决铜瓦厢,云帆转海,河运单微,贸易衰而物价滋。”民国初年,清河县“沦为下邑”[11],“商贾裹足,百业由之耗蔽”[12];王家营“夷为僻壤,不复有问津者”[13]。淮安府治山阳县(今淮安)在黄河北徙后,“冀鲁之物不能南来,漕艘不行,湖广、江

1 《明史》卷79《食货志三・漕运》。
2 《明史》卷79《食货志三・漕运》。
3 《明史》卷80《食货志四・盐法》。
4 乾隆《淮安府志》卷12《赋役》。
5 同治《山阳县志》序。
6 《大清一统志》卷94,淮安府关隘淮安钞关。
7 乾隆《淮安府志》卷5《城池》。
8 《大清一统志》卷94,淮安府马头镇巡司。
9 咸丰《清河县志》卷2《疆域》。
10 光绪《淮安府志》卷2,引明《山阳县志》。
11 民国《清河县志》卷1《建置》。
12 民国《淮阳志征访稿》卷2。
13 张震南:《王家营志》序。

汉之产未能运京”“东省皖境之货，绕越而去；闽越江浙之财，半附轮船转运他处”[1]“迨津浦铁道成，北发燕齐，南抵江皖，一日千里，称捷径焉。自是山阳几成僻壤”[2]。其他如旧清河县治，今已成为废墟；之前的马头镇已无集市。中华人民共和国成立以后，苏北经济得到发展，淮阴市（即清江浦镇，今淮安市）、淮安县（旧山阳县，今淮安市淮安区）才逐渐成为重要工商业城市。王营在中华人民共和国成立之初还十分衰败，后置为淮阴县治后，稍微复苏。

六

（一）我国东部平原上的天然河流大多是自西向东流入大海，如永定河、海河、黄河、淮河、长江和钱塘江等。历史上为沟通南北的大运河，均须与这些河流相交会。由于各河流水沙条件和冲积平原地势的高低不同，南北大运河工程最困难之处就在与这些河流的交接部位。我国历史上运河和天然河流交接部位的变迁，很多方面表现为人工运河的天然河流交接部位的变迁。淮河下游南北运口的变迁，就是从隋至明清南北大运河变迁的重要部分。

（二）黄河是世界上含沙量最高的河流，也是我国历史上变迁最大的河流。在解放前的几千年里下游河道变迁幅度之大，为世界所罕见。在北至海河、南抵淮河的黄淮海大平原上，到处都有其故道存在。因而历史上的南北大运河无一例外地需要贯通或利用其河道，因而与黄河交接处是运河工程最难维护和耗资最大的部位。宋代以前黄河长期由渤海湾入海，淮河下游南北运口比较稳定，航运也比较畅通。隋开通济渠后，北运口西移至汴淮口。宋代中期以后，南运口为与北运口相对，避开长淮之险，先后开凿了沙河、新河、龟山运河，运口一再西移，但均属畅行。自金元黄河南泛夺淮以后，淮河下游的南北运口就受到黄河严重的干扰。明清两代淮河下游南北运口工程成为治理黄运的重点工程。清康熙、乾隆几次南巡，都强调运口工程的重要性，并有具体指示。所以明清两代不断地改建南北运口，修建了无数工程设施，都是为了对付黄河的干扰，企图找到最佳方案。无奈黄河不治，运口也不能无患。所以咸丰黄河北徙以前，两北运口只有暂时的畅通，在不断的改建、修筑中维持着必要的漕运。一旦黄河北徙，漕运停办，维护

1　同治《山阳县志》卷 4《漕运》。

2　民国《续修山阳县志》卷 1《疆域》。

工程一停止，运口也就淤废了。

（三）我国东部平原上很多城镇的兴衰和交通路线的变迁有着密切的关系。淮河下游南北运口附近的城镇就是一个比较典型的例子。隋唐以前南北水运的军事目的大于经济目的，所以淮河下游南北运口附近形成的聚落大多为军政聚落，随着政治形势的变化而兴衰。隋唐以后南北水运以经济目的为主，于是沿线就出现了大批新兴的商业交通性城镇。这些城镇大多没有发达的农业和手工业基础，全靠各地货物集散及城内官僚富商所需要的各种服务性行业的繁荣所支撑着的。一旦交通改道，客商四散，城镇就很快衰落，这与明清时代有着发达农业和手工业为基础发展起来的江南市镇有很大的不同。

（原载《历史地理》第 6 辑，上海人民出版社 1988 年版）

历代正史《河渠志》浅析

正史有河渠志的共七部，即《史记·河渠书》《汉书·沟洫志》《宋史·河渠志》《金史·河渠志》《元史·河渠志》《明史·河渠志》《清史稿·河渠志》，河渠志成为我国正史编纂的一种传统。但是为什么其他十八部正史不编河渠志呢？其中原因则与我国的历史地理背景有关。

司马迁创《河渠书》体例，为《史记》八书之一。太史公曰："余南登庐山，观禹疏九江，遂至于会稽太湟(《集解》引徐广曰：一作湿)，上姑苏，望五湖；东窥洛汭、大邳，迎河，行淮、泗、济、漯、洛渠；西瞻蜀之岷山及离碓；北自龙门至于朔方。曰：甚哉，水之为利害也！余从负薪塞宣房，悲瓠子之诗而作《河渠书》。"可见太史公是考察了全国各地水利建设，并亲自参加了汉武帝领导的堵塞黄河瓠子口工程后，体会到"水之利害"与国计民生关系至切，才决定将"河渠"列为八书之一。我国以农立国，故水利为农业之命脉，河渠一事关系国民生计，太史公这一创举是很有识见的。班固因之为《沟洫志》。但自《后汉书》开始至两唐五代诸史均不专为河渠立志。为什么呢？秦汉以后，黄河流域是全国人口最集中、经济最发达、文化最繁荣的地区。但黄河自秦汉以来又是以善淤、善决、善徙而闻名于世。每一次决口、改徙，都给社会经济造成巨大损失。因此，历史上以黄河流域为中心的政权，无一不关心黄河的安危。秦汉以降的史家大多强调黄河为患的一面，因此，《汉书》以后，历代正史中是否列河渠志，关键在于这个时期黄河是否安定。黄河多患，是这一时期的大事，则正史列河渠志；相反，则不列。西汉一代黄河多患，故班固因袭《史记》列《沟洫志》；东汉以后，黄河相对安定近八百年，故《后汉书》以下各史均不列河渠志；唐末以后，历宋元至明清，河患愈演愈烈，故宋后各史皆有河渠志。这就是其他十八史不列河渠志的原因，其与司马迁的初衷是不完全一致的。

虽然这七部河渠志主要反映黄河多事的情况，但由于各时期对黄河河患的认识、治理的水平、河患的影响以及整个中国水利事业发展的不同，各史河渠志也各有自己的特点。又因各时期所保存的资料情况不一，详略精粗，相距甚大。今分别介绍如下：

一、《史记·河渠书》

正史第一部河渠志。战国以来大禹治水的传说已成定论，乃是上古以来与水有关的首要大事，故太史公即以节录《尚书》中有关大禹治水的文字为篇首。其后则以“自是之后”四字展开，全篇虽仅一千六百余字，内容却十分全面、丰富。

（一）记述了春秋战国以来至汉武帝时代各地的人工运河和灌溉渠道，如鸿沟、邗沟、扬水、淄济运河、离堆、都江堰、引漳十二渠、郑国渠等；又记西汉当代的关中漕渠、河东漕渠、褒斜通道、龙首渠等。同时对这些人工渠道的性能都作了说明，提出这些渠道“皆可行舟，有余则用溉浸，百姓飨其利。至于所过，往往引其水益用溉。田畴之渠，以万亿计，然莫足数也”。说明自春秋至西汉前期，自然环境和社会环境都较好，所开渠道灌溉和航运兼顾，尚无像后来出现矛盾的情况。

（二）西汉一代河患共有十一次，武帝前发生过五次。司马迁只记其中两次：一次是文帝十二年（前168年）河决，那是战国以来有明确记载的第一次河决，也是西汉建国以来第一次河决。另一次就是武帝元光三年（前132年）河决瓠子（今河南濮阳西南）。这次河患为时最长，从元光三年决口至元封二年（前132—前109年）塞决，长达二十三年，造成社会经济损失极大，“岁因以数不登，而梁、楚之地尤甚”。梁楚之地即今河南东部和淮北平原，是当时农业经济最发达的地区，所以武帝自封禅还而亲临决口，“令群臣从官自将军以下皆负薪填决河”。司马迁因参加了这次塞决工程，故记载特详。这说明司马迁记河患是经过选择的，与后代河渠志凡决必录的体例有所不同。

最后太史公总结全篇，其云：“自是之后，用事者争言水利。朔方、西河、河西、酒泉皆引河及川谷以溉田，而关中辅渠、灵轵引堵水，汝南、九江引淮，东海引巨定，泰山下引汶水，皆穿渠为溉田，各万余顷。佗小渠披山通道者，不可胜言。然其著者在宣房。”全面地概括叙述了武帝时代水利事业在北起河套、西抵河西走廊、东至东海之滨、南达淮水以南的全国各地普遍开展的盛况。由此可见，太史公撰《河渠书》是将治河、航运、灌溉三者并重的，这与后代《河渠志》以治河为主的体例有所不同。

太史公的记述，反映了春秋战国时代和汉武帝时代我国兴起的两次全国性兴修水利的高潮。这可能是秦汉大一统帝国建立和巩固的物质基础。

然司马迁是史学家、文学家，在叙述上重于史而略于地，反映水利建设概貌十分全面，但对河流的具体流经、工程设施、河道名称多不得其详，后人读此不免有缺憾之叹。

二、《汉书·沟洫志》

班固本人不谙地理，但重视地理。他首创正史地理志，开一代疆域地理志的先河，为历代正史所遵循。他继承《史记·河渠书》的体例，撰写了《沟洫志》。不过他的主旨与太史公已有所不同。《汉书·叙传》云："夏乘四载，百川是导。唯河为艰，灾及后代。商竭周移，秦决南涯，自兹距汉，北亡八支。文堙枣野，武作瓠歌，成有平年，后遂滂沱。爰及沟渠，利我国家。述《沟洫志》第九。"班固鉴于西汉一代河患严重的事实，其《沟洫志》的重点在治河。《沟洫志》中关于武帝元封以前的材料可能没有超过司马迁，基本上节录自《河渠书》。元封以后，除记述了元鼎六年（前 111 年）开六辅渠和太始二年（前 95 年）开白渠两事外，其下至篇末全部是有关黄河的记载，具体而言，即元封二年塞宣房后至王莽末年黄河的情况，为今天研究西汉以及西汉以前的黄河提供了丰富的资料。

（一）比较详细地记载了武帝以后黄河决溢的次数、地点、改道情况和成灾程度。如记载武帝塞宣房后不久，"河复北决于馆陶，分为屯氏河，东北经魏郡、清河、信都、勃海入海，广深与大河等，故因其自然，不堤塞也"。与《汉书·地理志》魏郡馆陶"河水别出为屯氏河，东北至章武入海，过郡四，行千五百里"记载正合。如建始四年（前 29 年），河决于馆陶及东郡金堤，"泛溢兖、豫，入平原、千乘、济南，凡灌四郡三十二县，水居地十五万余顷，深者三丈，坏败官亭室庐且四万所"，"徙民避水居丘陵，九万七千余口"。河平三年（前 26 年），"河复决平原，流入济南、千乘，所坏败者半建始时"。鸿嘉四年（前 17 年），"勃海、清河、信都河水湓溢，灌县邑三十一，败官亭民舍四万余所"，"害数倍于前决平原时"。以上记载对研究西汉一代河患实况及其影响具有十分重要的价值。

（二）保存了大量大臣们有关河事的奏章，为我们提供了当时黄河的自然特性，如河道状况、河性、含沙量、河床曲流活动的原始记录。

黄河之所以历代为患，其主要根源在于含沙量高。黄河多沙，自古已然。战国时已有"浊河"之称（《战国策·燕策》），但含沙量究竟高到什么程度，没有量的概念。《沟洫志》引大司马史张戎的话，所谓"河水重浊，号为一石水而六斗泥"，反映了黄河含沙量的比例。

多泥沙的河流河床必定游荡不定，古人是怎样治理的呢？《沟洫志》所引西汉末年贾让"治河三策"提供了这方面的情况。其云："盖堤防之作，近起战国，雍防百川，各以自利。齐与赵、魏，以河为境。赵、魏濒山，齐地卑下，作堤去河二十五里。河水东抵齐堤，则西泛赵、魏，赵、魏亦为堤去河二十五里。虽非其正，水尚有所游荡。"就是采用宽堤的办法来控制水势。这是战国时代黄河下游地区地广人稀条件下比较可行的一种办法。但是到了西汉末年，黄河下游地区人口迅速增长，开始感到耕地不足。由于黄河河床在宽堤内不断游荡，"时至而去，则填淤肥美，民耕田之。或久无害，稍筑室宅，遂成聚落。大水时至漂没，则更起堤防以自救，稍去其城郭，排水泽而居之，湛溺自其宜也。今堤防狭者去水数百步，远者数里"。可见西汉末年，下游人民就在宽堤内进行耕种，并修民埝以自卫。这种不规则的民埝迫使河床狭窄，水流曲折。为了固定河床，当时已筑石堤，"河从河内北至黎阳为石堤，激使东抵东郡平刚；又为石堤，使西北抵黎阳、观下；又为石堤，使东北抵东郡津北；又为石堤，使西北抵魏郡昭阳；又为石堤，激使东北。百余里间，河再西三东，迫厄如此，不得安息"。这些石堤加固了河床的曲折，洪水来时出现了许多险工。成帝时清河都尉冯逡所言极有代表性，他说：清河郡与东郡、平原郡接界，"城郭所居尤卑下，土壤轻脆易伤"。今临清市境的古贝丘县境内河"北曲三所"，即河流向北有三处弯曲，洪水来时堤防不能控制。地节中（前69—前66年）曾截弯取直，使水流通畅。过了仅三年，河床又从原来的第二曲向北弯曲了大约六里。到了成帝时，河势在贝丘县呈斜直状态，威胁着贝丘县的大堤，百姓寒心。由此可见，到了西汉后期，黄河河床的状况已令人担忧。

自战国筑堤以后，河道虽被固定，由于泥沙不旁泄，河床淤积迅速，河堤也随之加高，某些河段又形成地上河。贾让亲自考察河道，见黎阳一带，"从堤上北望，河高出民屋"，循堤而上，"至淇口，水适至堤半，计出地上五尺所"。可见两千年前黄河已经是地上河了。从上述记载可以清楚地了解到西汉末年黄河的状况已经十分严重，一次重大的决口、改徙已是不可避免的了。

（三）河北平原海陆变迁的重大启示。《沟洫志》引王莽时大司空掾王横言："河入勃海……往者，天尝连雨，东北风，海水溢，西南出，浸数百里；九河之地，已为海所渐矣。"以往学者大多对王横的话表示怀疑。20世纪60年代以来，随着渤海湾西岸贝壳堤的发现，再结合文献资料，确认这次海侵是曾经发生过的，时间大约在西汉中期，距王横时代不过百年左右。这是渤海湾地区历史地理的重大问题，《沟洫志》保留了王横的一段话，对解决这个问题起着重要作用。

（四）提供了先秦黄河的不少信息。春秋战国或更早时期黄河的情况，只有《山海经》《禹贡》为我们提供了两条黄河的流经。而《沟洫志》却是后人研究先秦时期黄河的主要根据。第一，后人一直奉为圭臬的《禹贡》九河，《尔雅》只举了水名，究竟流经河北平原哪些地方，单凭《禹贡》导河的几十个字，实难以捉摸。成帝时河堤都尉许商的一段话则颇有启发，他说："古说九河之名，有徒骇、胡苏、鬲津，今见在成平、东光、鬲界中。自鬲以北至徒骇间，相去二百余里，今河虽数移徙，不离此域。"《汉书·地理志》渤海郡成平县（今河北交河县东北）境内有"滹池河，民曰徒骇河"，可见成平县一带的汉滹池河，原是《禹贡》的徒骇河，亦即《禹贡》九河中的干流。因此将《沟洫志》和《地理志》两者结合起来，《禹贡》下游九河的大致地域便可以知道了。第二，堤防是河流发育、变化的重要标志。筑堤前后河流变迁的特性有很大差异。上古时期沿黄居民为自保而修筑小规模的堤埝必定很早，且已无法考究。但黄河下游全面筑堤究竟起于何时，《汉书》以前没有明确记载。《沟洫志》引贾让所言"盖堤防之作，近起战国"的说法，经后人考证是可信的。这使我们对先秦时期黄河变迁分期有一个明确的标志。第三，上古时期黄河下游未筑堤防，改徙无定。但在《汉书》以前不见任何记载，《沟洫志》记载王莽时大司空掾王横引《周谱》云"周定王五年河徙"，虽然目前还不能肯定是春秋时的周定王，还是战国时的后定王，也知道这不过是秦汉以前黄河多次改徙中的一次，但毕竟保留了我国历史上早期的一次河徙的文献资料，是弥足珍贵的。

总之，今天我们对西汉时期黄河的特性、变迁的趋势、河道的状况、河患的影响都比较清楚，就因存有《沟洫志》。故就黄河问题而言，《沟洫志》在保存资料方面胜于《河渠书》。

至于班固不依史迁而名"沟洫"的是非，今人吴宗慈在《修志丛论》（1947年成书）中《论水道列目》有评论，其云："史迁为《河渠书》，班固为《沟洫志》，盖以地理为经，而水道为纬。地理有定，而水则迁徙无常。此班氏之所别沟洫于地理也。顾河自天设，而渠则人为。迁以河渠定名，固兼天险人工之义，而固之命名沟洫，则《考工》水地之法、井田浍畎所为，专隶于匠人也。不识四尺为洫，倍洫为沟，果有当于瓠子决河、碣石入海之义否乎？然则诸史标题，仍马而不依班，非无故矣。"

三、《宋史·河渠志》

共七卷，为诸河渠志中篇幅、规模最大的一部。其特点如下：

（一）内容面广。就地域言，西至关中，东抵海，北达宋辽边界塘泊，南至广西灵渠，几包括宋代全部境域。就时间而言，自五代显德至南宋宝祐年间，包括整个宋代。内容可分为几个部分：第一部分是黄河。对黄河河源作实地的考察，实始于元代，是当时最新的考察成果，故《宋史·河渠志》以此列于卷首。下游河道自唐末以来，决溢日益严重。五代时期中原战乱，人为扒开河堤，以水代兵的事时有发生，河堤破残不堪，又未及时修复，故宋初乾德年间即有较大规模河患发生。宋代建都开封，地处黄河下游平原地区，受河患的威胁最大，而宋一代河患又特多，故《宋志》中记黄河特详，基本上包括了宋一代黄河所发生的主要事迹，故七卷中占有二卷半。第二部分是汴河。北宋定都开封主要取其水陆交通之便。《宋史·食货志》载："宋都大梁，有四河以通漕运：曰汴河，曰黄河，曰惠民河，曰广济河，而汴河所漕为多。"黄河主要输送西北柴薪，对开封关系最大的是所谓"东都三带"（范镇：《东斋记事》），即汴河、惠民河、五丈河（开宝六年改名广济河），再加上作为广济河水源和城内给水的金水河，合为宋代京都的漕运四渠。其中汴河每年输送六百万石，为太仓蓄积，惠民、广济各不过六十万石。汴河是宋王朝的经济命脉。正如张方平所言："汴河之于京城，乃是建国之本，非可与区区沟洫同言也。"（《乐全集》卷27《论汴河利害事》）汴河分上下，各占半卷，合一卷，与黄河合占三卷半，几占全志二分之一。第三部分则是以首都开封为中心的诸水，如蔡河（即惠民河）、广济河、金水河、白沟河和京畿沟洫等。开封城内众水交会，地下水位很高，每逢暴雨，城内积水难排，所谓"汴都地广平，赖沟渠以行水潦"。这部分即有关京城的交通和城市、宫廷给水排水的大事。第四部分是河北平原上的水系。河北地区是北宋国防前线、屯兵要地。但此处水系变化很大，如漳河、滹沱河是变化最大的河流；御河即隋唐永济渠，为贯通河北平原南北的水运航道，在北宋更是向国防前线输送物资的主要通道，故均列有专条。还有北宋作为沼泽国防线的缘边塘泊和河北诸水。第四部分是分散的地区性水系，如洛阳的洛河、南阳盆地的白河、关中盆地的三白渠、成都平原的岷江，分别附录在上述诸水之后。第五部分是东南诸水。此所谓东南地区所包括的范围很大，凡淮河以南诸水的变迁以及有关水利工程均被收录在内，故分上下两卷，占全志的三分之一强。上卷记述北宋时淮南、江浙水利，不分地域，不分门类，按时间顺序编排。下卷则记南宋时期的水利建设。本卷的特点是记载详细，地域则以州分，有淮郡诸水、明州水、鄞县水、润州水、越州水、常州水、升州水、秀州水、苏州水、黄岩县水、荆襄诸水、广西水等。按门类则有浙江盐官海水、临安西湖、临安运河等，均前所未有。这是因为南宋时期北人大量南徙，政治、经济、文化中心移到了长江流域及其以南地区，南方农业经济空前发展，水利建设十分兴旺，可记者甚多。再则是宋代地方志发达，特别是南宋时期建康、临安、吴郡、四明、会稽等地都有修得很好的方志，为河渠志的编写提供了大量素材。

（二）宋代是我国自然科学相当发达的时期，对自然界的了解也比以往时代大为进步，因此在《宋志》各篇中吸收了不少地学、水文学、水利工程学方面的成果。例如在《黄河篇》里记述了当时以物候时令来定黄河不同时期水情的水名。其云："自立春之后，东风解冻，河边人候水，初至凡一寸，则夏秋当至一尺，颇为信验，故谓之'信水'。二月、三月桃华始开，冰泮雨积，川流猥集，波澜盛长，谓之'桃华水'。春末芜菁华开，谓之'菜华水'。四月末垄麦结秀，擢芒变色，谓之'麦黄水'。五月瓜实延蔓，谓之'瓜蔓水'。"北方气候寒冷，深山穷谷的坚冰到盛夏方消，"水带矾腥，并流于河"，故六月中旬后，谓之"矾山水"。"七月菽豆方秀，谓之'豆华水'"。八月芦苇开花，谓之"荻苗水"。九月谓之"登高水"。十月水流复道，谓之"复槽水"。十一月、十二月水流结冰，谓之"蹙凌水"。"水信有常，率以为准；非时暴涨，谓之'客水'。"《宋志》对了解黄河水情、预防黄河洪水有重要意义。对黄河水流运动的认识，已达到了一定水平。如认识到水势顶冲堤岸，使大堤坍塌岸，谓之"札岸"；洪水漫过堤顶，谓之"抹岸"；堤坝腐朽，底部被水淘空，谓之"塌岸"；水漩浪急，堤岸崩坏，谓之"沦卷"；河弯处受水势顶冲，回溜逆水上壅，谓之"上展"；顺直河岸受水顶冲，波涛顺流下注，谓之"下展"……对黄河泥沙与洪水关系已有一定的认识。其云"水退淤淀，夏则胶土肥腴，初秋则黄灭土，颇为疏壤，深秋则白灭土，霜降后皆沙也"。对堵塞决河的物料都有规定，有梢芟、薪柴、楗橛、竹石、茭索、竹索等，制成埽岸，下于河堤薄弱处，以护堤岸，决口时即以此堵口。埽岸又根据水势有马头、锯牙、木岸之别。东南海塘较成规模，始于北宋，故本志专列浙江条述及海塘。其他如灌溉、航运、防洪、防潮、城市给水等工程技术方面都有详细的记述，实为科技史的重要资料。

（三）《宋志》之所以修得较好，实受益于资料来源丰富。据笔者查考，《宋志》主要根据《宋会要》、《续资治通鉴长编》、宋人文集、奏章、宋代方志等资料辑录编纂而成，有关水利事业的史实很少遗漏。以黄河为例，以《宋志》与《宋会要》《续资治通鉴长编》核对，河道决溢改徙的主要事实均无遗漏。

对宋人文集的采录大多辑录原文，如《黄河篇》记苏辙语，即辑录自《栾城集》卷46《论黄河东流札子》；《汴河篇》引熙宁五年（1072）张方平尝论汴河曰，即辑录自《乐全集》卷27《论汴河利害事》；《西湖篇》中苏轼所云，即《东坡奏议》卷7《乞开杭州西湖状》。宋代东南地区方志发达，质量也高，多被《宋志》采录，如《西湖篇》，多录自《乾道临安志》。唯因修志者在节录过程中不免有所脱误，故引用时应核对原文为妥。

总之，《宋史·河渠志》是一部比较完备的河渠志。这是唐宋以来全国水利事业有很大发展、水利工程技术有很大提高的结果。同时宋时印刷业发展，使文献资料易于保存和流传，为河渠志的编写提供了良好的条件。这是司马迁、班固时代所没有的。

四、《金史·河渠志》

一卷。记黄河、漕渠、卢沟河、滹沱河、漳河五条大河。

金代有秦岭、淮河以北地。长城以北人口稀少，农业不占重要地位，故无水利可言；西拉木伦河下游虽也有变迁，但对社会经济无大影响，故亦不记。上述五条河流与金代社会经济关系甚大，故《金史·河渠志》专记这五条河流也未尝不可。然其所记多与传统体例不合。如《黄河篇》所记多为尚书省、都水监的奏报和皇帝的诏令，内容偏于治河方针、用物功料、人力费用等。对黄河决口、改流所经地点，记载过于简略。因此仅据《金志》对金代黄河还是不甚了了。自从南宋建炎二年（1128）东京留守杜充人为决河后，黄河下游分成二三股夺泗入淮，平地成流，变迁无常。由于《金史·河渠志》对此记载过简，我们无法了解当时黄河的具体流经、河道变迁的规律。例如我们只能从大定二十七年（1187）规定沿河四府、十六州、四十四县地方官兼河防事的记载，推测当时黄河分三股夺泗入淮。其他也只能从修堤的地点来推测黄河的流经。故研究金代黄河，仅据《金志》是远远不够的。

《漕渠篇》，除前面一段综述漕渠的流经外，主要记载脚直费用、河官设置，而漕渠本身的水利情况，则很少反映。《卢沟河篇》较有价值，因其为金中都主要运道，故记载较全面，其中记载了卢沟桥的始建年代，是较为宝贵的史料。《滹沱河篇》仅108字，《漳河篇》仅101字，皆随便抄录几条治理工程的记录，全无章法。《金志》实为河渠志中较差的一部。宋、金二史同出于一批作者之手，为何优劣相差如此？盖由于金代保存的有关水利的原始资料就缺残不齐，修志者只能据所见资料拼凑而成。

五、《元史·河渠志》

三卷。是诸河渠志中最差的一部。钱大昕的《十驾斋养新录》卷9《元史》条载："《元史》纂修始于明洪武二年，以二月丙寅开局，八月癸酉告成，计一百八十八日。其后续修顺帝一朝，于洪武三年二月乙丑再开局，七月丁未书成，计一百四十三日，综前后仅三百三十一日。古今史成之速，未有如《元史》者，而文之陋劣，亦无如《元史》者。"可见《元史》成书仓促，未经精心编撰。就《元史·河渠志》而言，显然是出于众人之手，编者既不谙水利，资料又来源不一，只是随手抄录，未经排比、剪裁，最后总纂又未加以统一整理，故讹舛脱误之处甚多，为后人所诟。然就水利史角度而言，也保留了一些宝贵史料，不可不提。今分别言之。

（一）编排不当。《元史·河渠志》一反宋志体例，不以黄河为篇首，而以大都附近诸水为篇首，这未尝不可，然其编排大为失当。如卷一以通惠河为首，依次为坝河、金水河、隆福寺前河、海子岸（什刹海）、双塔河、卢沟河，白浮瓮山、浑河、白河、御河、滦河，河间河、冶河、滹沱河、会通河、兖州闸等十七条，均为中书省境内的河道。其中卢沟河和浑河实为一条河流，志文却分成两条，中间隔一条白浮瓮山。显然编者不知卢沟河、浑河为一条河流，而是将收集的材料，随手编排，至有此误。白浮瓮山（泉）条云"即通惠河上源之所出也"，通惠河条云"其源出于白浮瓮山诸泉水也"，则白浮瓮山应列于通惠河前后，而编者列于卢沟河、浑河之间，殊为失当。兖州闸为会通河诸闸中一个十分重要的水闸，控制着泗水的流量，无疑应列入会通河内，然志文却专列一条于卷末，首云"兖州闸已见上"，而在会通河条内兖州闸只列一名，无其他各闸皆有的方位里距和置闸年代。其草率竟有如此者。总之前后混杂，全无章法。

（二）内容误植，叙述混乱。卷二首列黄河，时间从至元九年至至顺元年（1272—1330）；然卷三又有黄河，转录欧阳玄《至正河防记》全文，两部分首尾不相应，显然是第二次修《元史》时随手抄录而未加整理。卷二黄河后为"济州河"条，首句"济州河者，新开通漕运也"，其下所记均为山东胶莱运河事，与条目"济州河"风马牛不相及。济州河为会通河之南段，此条应列于卷一会通河之前后。其他讹舛衍脱之处，不一而足，无法备举。今以卷一"通惠河"条所记沿河各闸位置为例，以窥豹之一斑。志文云："其坝闸之名曰：广源闸；西城闸二，上闸在和义门外西北一里，下闸在和义水门西三步；海子闸在都城内；文明闸二，上闸在丽正门外水门东南，下闸在文明门西南一里；魏村闸二，上闸在文明门东南一里，下闸西至上闸一里；籍东闸二，在都城东南王家庄；郊亭闸二，在都城东南二十五里银王庄；通州闸二，上闸在通州西门外，下闸在通州南门外；杨尹闸二，在都城东南三十里；朝宗闸二，上闸在万亿库南百步，下闸去上闸百步。”在这不足二百字的记载里，错误有六处之多。依次为：(1)“广源闸”下有脱文，据《元一统志》应为“广源闸，在护国仁王寺西”。(2)“海子闸”下有脱文，据《元一统志》“闸”下脱“三”字。(3)“郊亭闸二”，据《元一统志》此处“二”当为“三”之误。(4)据《元一统志》，“通州闸”与“杨尹闸”之间脱“河门闸二”。(5)志文误将“朝宗闸”列于末尾，据《析津志》“朝宗闸”应在“西城闸”与“海子闸”之间。(6)志文误将“杨尹闸”置于末二，据《析津志》应在“郊亭闸”与“通州闸”之间。其他类此者不乏其例。

(三)保存部分珍贵资料。《元志》虽然有上述各种缺陷，不过其既然拼凑公牍，客观上就保存了不少原始资料。如研究元代著名运河通惠河、会通河，则当以本志为基本资料。特别是东南太湖流域水利，就较前志为详。如练湖、吴淞江、淀山湖、盐官州海塘均列有专条，为前志所未有。卷三蜀堰是《华阳国志》以来记载都江堰的最详细的资料，述元一代都江堰工程甚为详尽，堪作参考。

然综而论之，《元志》成书仓促，述事草率，略无章法。清人诟之曰：“又《元史·河渠志》，只是据公牒移文，别无纲领，不足论。……吾不意宋金华载笔，而有此著作也。”(《畿辅水利辑览》)

六、《明史·河渠志》

六卷。是《宋史·河渠志》以后另一部内容和体制都比较详备的河渠志。第一至四卷为黄河、运河(附海运)。第五卷为淮、泇、卫、漳、沁、滹沱、桑干、胶莱等河。第六卷为直省水利，直指两直隶(北京、南京)，省指十三布政司，即十三省，凡直省各小型水利工程均合本卷内叙述。

(一)《明史·河渠志》的分篇、列目是由当时特定的历史地理背景所决定的。(1)明代黄河和运河在徐州交会，徐州以下黄运合一，徐州至淮阴五百四十里运河即黄河。治黄即治运。明王朝政府财赋大半取给于江南，这一段黄河即运河是必经的航道。因此明朝治黄的原则就是将黄河固定在徐、淮一线上，以保证漕运的畅通。黄河如北决，非但徐州以下运道乏水，还要危及徐州以北的山东运河。黄河如南决，除同样徐州以下运道乏水外，还要危及凤阳的皇陵和泗州的祖陵。然北决之害甚于南决。因为北决危及山东运河是必然的，而皇陵和祖陵可保安全。故黄河占两卷，运河占两卷，占全志的六分之四。(2)海运，《元史》列于《食货志》，《明史》则列于《河渠志·

运河下》，这是首创。明代前期海运发达，主要是分流一部分漕粮走海路运往天津卫。其职能与运河相同，故附于运河后。万历以后倭寇事起，海运才衰落。(3) 淮河原是中原地区一条大河，但在《明志》以前从未列有专条，这是因为明代以前淮河从未为患。明代开始黄河长期夺淮，淮阴以下黄淮合一，黄淮同时涨水，下游宣泄不及，便东决危及里下河地区。黄强淮弱，淮水不能下泄，便倒灌凤阳、泗州间。万恭说："淮水昔不病淮安，今病淮、扬。"直至今日，治理淮河仍是豫、鲁、皖、苏四省消除水患的重要任务。故《明志》将淮河列专条。(4) 沁河是黄河中下游交接点处的一条支流，在武陟县入河。明以前未闻有患，故明前诸志从未将沁河列为专条。宋元以后，由于太行山区植被的严重破坏，沁河含沙量很高，且与黄河一样具有流量不均的特点。伏秋季节，黄沁并涨，沁不敌黄，往往在武陟县境内东决为患。元时郭守敬曾引一部分沁水东北入卫，一为减轻黄河的负担，一为补充卫河的水源。明时仍有引沁入卫之议。"但卫小沁大，则其势难容；卫清沁浊，则末流必淤。"且地形沁高卫低，卫辉府城内，"浮图最高才与沁水平"。"况沁水猛涨，势比黄河，稍有一线之决，溢入卫河，则临河居民城池受害不支。"(《河防一览·查理沁卫二河疏》)所以明代有一部分人反对引沁入卫。但黄、沁并涨是黄河下游一大隐患，引沁入卫问题成为明代治河策略上颇有争议的问题，故《明志》专列一节。(5) 泇河和胶莱河是明代争论最大的两条河流。隆庆四年(1570)黄河决入邳州，自睢宁至宿迁一百八十里黄河淤浅，总河侍郎翁大立提出开泇河以避黄河，未决而罢。以后多次争议，工程时停时续，至万历三十二年(1604)始成，自创议至功成，前后达三十四年之久，为明代后期治运史上一件大事。元至元十七年(1280)就有人提出开凿沟通山东半岛南北的胶莱新河，以避海运绕成山角之险，"寻以劳费难成而罢"。明正统八年(1443)有人重提开胶莱河，嘉靖年间开始部分工程，以后也是时停时续，直至崇祯十六年(1643)明亡，仍因地理条件而未能通运。这件工程争议、实践前后达三个半世纪之久，最终未成。在我国水利史上也是空前绝后之事，其影响不小，故《明志》为列专篇。

(二)《明志》的记叙体裁也有自己的特点，第一，黄河部分与《宋志》相似，按年排列，从洪武元年至崇祯十六年明亡，顺序清楚，资料全面，可按此作一大事年表。运河则不然。运河在明代从北京至杭州可分为七大段：大通河、白河(北运河)、卫河、会通河、黄河、里运河、江南河。各段变化不同，如按年代顺序叙述，则条理不清。故修史者将问题最大的会通河、黄河、里运河三条列入运河上卷。《明志》云："漕河之别：曰白漕、卫漕、闸漕、河漕、湖漕、江漕、浙漕。因地为号，流俗所通称也。淮扬诸水所汇，徐兖河流所经，疏瀹决排，繫人力是系，故闸、河、湖于转漕尤急。”运河下卷专述江南运河、白漕、大通河、蓟运河等，并专列江漕一条，长江虽非运河，但在漕运中起着运河的作用，且下游与运河交汇口变迁较大，故亦列为专篇。第二，直省水利一卷将两京十三布政使司境内除上述以外的各项水利建设一并按年代次序记叙，资料虽全，但查阅不便。如第一条记“洪武元年修和州铜城堰闸”，第二条记洪武“四年修兴安灵渠”，第三条记“六年开上海胡家港”，不如《宋志》东南诸水按苏州、常州、润州等政区记述阅读使用方便。盖《宋志》所据资料为方志，而《明志》所据资料为实录，故有此差别，也是《明志》体例上的不足处。第三，《明志》优于前志很重要的一点，即在每篇开首都有一段记叙这条河流的发源、流经、支流、归宿的简短的序言，此为《宋志》所无，《金志》《元志》更不必言。

（三）《明志》的资料主要来源于《明实录》以及明代水利专著，如《黄河篇》主要根据刘天和《问水集》、万恭《治水筌蹄》、潘季驯《河防一览》等，明人文集中有关水利的奏议也比较重视，如今所见《明经世文编》有关水利的议论多有采录。故明一代水利建设的基本概貌据本志大致可见。

七、《清史稿·河渠志》

四卷。黄河一卷，运河一卷，淮河、永定河、海塘合一卷，直省水利一卷。民国初年纂修《清史稿》时见存的清代文献基本完整，水利专著远较前代为多，故取舍剪裁极难。再则成书后未及仔细核改，即以史稿问世，粗疏之处颇多。今人研究清代水利多从专著着手，故其价值不如《明志》。第一，黄河一篇体例基本同《明志》，按年记叙，无多特色。运河部分主要记述徐州以南至扬州的运河。因明清以来，黄河河患多发生于徐州以下河段，运河的问题也多发生在这一地区，特别是黄、淮、运交汇处的清口一带，是运河最难治的地方。故《清史稿·河渠志》云：“夫黄河南行，淮先受病，淮病而运亦病。由是治河、导淮、济运三策，群萃于淮安、清口一隅，施工之勤，縻帑之巨，人民田庐之频岁受灾，未有甚于此者。盖清口一隅，意在蓄清敌黄。然淮强固可刷黄，而过盛则运堤莫保。淮弱末由济运，黄流又有倒灌之虞，非若白漕、卫漕仅从事疏淤塞决，闸漕、湖漕但期蓄泄得宜而已。至江漕、浙漕，号称易治。江漕自湖广、江西沿汉、沔、鄱阳而下，同入仪河，溯流上驶。京口以南，运河惟徒、阳、阳武等邑时劳疏浚，无锡而下，直抵苏州，与嘉、杭之运河，固皆清流顺轨，不烦人力。今撮其受患最甚、工程最巨者著于篇。”时间从顺治四年(1647)开始,至光绪二十七年(1901)各省漕粮全改折色,“运河遂废”。第二,淮河专列一篇,其意图与《明志》稍有不同。明时河淮合一,治河淮是一致的。清代自咸丰五年(1855)铜瓦厢改道以后,黄河从山东入海。然黄河夺淮七百余年,黄河改徙后,淮河成了长江支流,下游无入海之路,宣泄受到严重阻碍,里下河地区成为常年灾区。同治六年(1867)开始有导淮之举,然直至清亡,终未成功。这亦可作为今日治淮之史鉴。永定河即金元以来的桑干河、卢沟河,自来多变。康熙三十七年(1698)于两岸筑堤后,河道固定,赐名永定河,沿用至今。因有关京师安全,故记述颇详。第三,海塘专列一篇,为前志所无,乃《清志》首创。明清以来,东南经济日益发展,江浙一带大规模修建海塘大多初建于清代,对巩固和发展东南沿海地区的经济起过一定的积极作用,其专列一篇,甚为允当。第四,直省水利一卷,记叙体例依《明志》,其利弊亦同。

就上述七部河渠志而言,《史记·河渠书》《汉书·沟洫志》可谓史家之著作,而《宋史·河渠志》以下乃编辑的资料,其内容、体例的演变,既与当时地理环境变迁有关,亦受制于文献资料条件。故《宋史·河渠志》《金史·河渠志》同由脱脱、阿鲁图总裁,而优劣悬殊,即由此故。

(原载《复旦学报(社会科学版)》1995 年第 3 期)

历史经济地理研究篇

我国古代经济区的划分原则及其意义

一、历史经济区域概念的产生

经济区是由多种自然地理要素，包括地形、土壤、气候、资源的相对一致性和与之相协调的人文环境（历史文化传统、劳动力的数量和质量、科学技术）所决定，以劳动地域分工为基础，各具产业特色的地理区域。经济区域与经济区域之间商品流通是经济区域形成的必要条件。我国国土辽阔，各地区之间自然条件有很大的差异，由此而导致经济和人文现象的差异同样是十分明显的。根据我国的自然条件（主要是气候和地貌），可以划分为东部季风气候区、西北干旱和半干旱区、青藏高原高寒区三大自然区，这三大自然区决定了我国经济区格局的基本框架。同时这三大自然区内部也同样存在自然和人文环境要素的差异，在历史上先后出现过不同社会产业的地域分工，这种产业分工和差异便形成了不同的经济区。

在我国古代社会的早期，由于经济开发不足，生产力低下，区域间产业分工不明确，商品经济还处于萌芽状态，区域间商品市场体系没有形成，经济区的边界是模糊的、不明确的。大致到了春秋战国时代，随着金属工具用于生产，农业、手工业生产力的提高，各地根据本地的自然条件所生产的具有本地特色产品的产业兴起，除了满足本地区需要外，可以将多余的产品与他区进行交换，并从中获利，于是形成一定规模的商品交换和贸易，产业的区域分工初步形成，开始出现经济区的雏形。正如马克思在《经济学手稿》中所指出："由于自然条件不同，即由于土地肥力、水域和陆地、山区和平原的分布不同，气候和地理位置，有用矿藏的不同以及土地的天然条件的特点不同，又有了劳动工具的天然差别。这种差别造成了不同部落之间的职业划分，我们一般应在这些部落互相进行的交换中发现产品向商品的最初转化。"[1]到了战国时期，随着商品经济的发展，这种产业区域分工已经客观存在，经济区域的概念在当时人们观念里也有所反映。例如《尚书·禹贡》中

1　《马克思恩格斯全集》第47卷，人民出版社1979年，第334页。

以山岭、河流、薮泽、土壤、物产、贡赋以及交通道路划分的九州，不仅是一种综合的地理区划，实际上也是经济地理区划；司马迁《史记·货殖列传》第一次将汉朝全境分为山东、山西、龙门碣石以北和江南四大产业区，汉成帝时刘向的《域分》、朱赣的《风俗》，《隋书·地理志》各州后序，《宋史·地理志》各路后序，虽然都是以“物产风俗”划分的人文风俗区，实际上也是经济地域差异引起的人文地域差异的反映。因此可以说我国古代经济的地域差异在人们的观念里已经存在了。唐宋以后，随着商品经济的发展，地区间产业分工明显，商品贸易频繁，经济区域的特征更为显著，这在区域差异比较大的南方地区更为突出。南朝以来至唐宋延及明清时期的所谓“三吴”“江南”“两浙”“荆湖”等已不仅是政区名称，更贴切的是经济区域的名称。明人王士性《广志绎》根据浙江省内不同自然、经济条件分为若干亚区，其云：“浙十一郡惟湖最富，盖嘉、湖泽国，商贾舟航易通各省，而湖多一蚕，是每年两有秋也”“台、温二郡，以所生之人食所产之地，稻麦菽粟尚有余饶。宁波齿繁，常取足于台；闽福齿繁，常取给于温，皆以风漂过海，故台、温闭粜，则宁、福二地遂告急矣”。这就是说在浙江省内还分为若干经济亚区，各经济亚区间的商品交换已成为人民生活中不可或缺的行为。明清时代大体上各省自成一大经济区，而省内又按自然条件分为若干亚区，这种亚区又可能跨省而成，如所谓“江南”即指长江三角洲经济区而言，虽然对“江南”范围的界定有不同看法，如有人认为苏、松、常、镇、宁、杭、嘉、湖、太八府一州为江南经济区[1]；有人认为应该是苏、松、常、杭、嘉、湖[2]。不论怎样，“江南”一地作为一经济区是客观存在的。所以宋代以后，由于商品经济的发展，地区产业差异更为明显，经济区的存在更为明确，经济区的等级、层次更为繁复。对此进行研究，是我们全面认识中国传统社会经济、文化的区域差异和区域整合问题的重要切入点。

二、历史经济区域形成的历史和地理条件

在我国人类社会早期，地域、部落之间农业、畜牧业分工并不是很明确的。至少在黄河流域古代社会的早期，原始农业、畜养、采集、狩猎同时并存。我们从考古发现和文献资料中都可以看到，从新石器时代开始到古代社会早期，华夏地区以及周边草原森林地区产业中兼有原始农业、畜养和狩

1 李伯重：《简论“江南地区”的界定》，《中国社会经济史研究》1991 年第 1 期。

2 陈学文：《明清时期太湖流域的商品经济与市场网络》，浙江人民出版社 2000 年，第 4 页。

猎的痕迹。以后随着生产力的提高，采集经济向原始农业发展，狩猎经济向畜养、游牧经济发展，标志着攫取经济向生产经济进步，以后逐渐形成以农业为主兼营畜养的部落和地区、以畜牧为主兼营农业的部落和地区。这种选择和变化，很大程度决定于所处的自然条件，如春秋战国以后，北方草原区形成畜牧区，东部季风区形成农耕区，东北高寒区还停留在采集狩猎阶段等，由此形成的这种经济区本质上也就是自然经济区；这种经济区之间的物产互补和交流成为当时人们生活的必需。《荀子·王制》："北海则有走马吠犬焉，然而中国得而畜使之；南海则有羽翮、齿革、曾青、丹干焉，然而中国得而财之；东海则有紫紶鱼盐焉，然而中国得而衣食之；西海则有皮革、文旄焉，然而中国得而用之。"可见在春秋战国时代中原与周边地区在产业差异上的互通有无是很频繁的，不可或缺的。从春秋战国至汉代初年，农耕区和畜牧区之间、农耕区内部商品经济已经相当发达，一直延续到汉代。《汉书·食货志》说："时民近战国，皆背本趋末。"就是说汉代初年，商品贸易在社会上还有很大影响。由此可见，不同产业区域之间商品贸易是经济区形成的必要条件。其次，我国是一个多民族国家，特别是西部、西南部和北部地区，主要是汉族以外少数民族的聚居地，由于民族发源地的自然条件决定了该民族经济的特点，如北部蒙古高原上广袤绵亘的草原哺育了游牧民族，西南横断山脉地区的深谷密林决定了采集和狩猎成为当地民族的主要生产方式，东北高寒森林地带原始民族必然以采集和狩猎为生。以后随着民族活动的频繁，生产活动变化，如游牧民族所到之处，往往将畜牧业带至该地，而汉民族所到之处，无不垦地种植。因此民族经济也成为我国区域经济的一个特色；而这种民族区域经济间的互通贸易，很早就开始，一直延续到整个历史时期。马端临《文献通考·市籴考一》："互市者，自汉初与南粤通关市，其后匈奴和亲亦通市，后汉与乌桓、北单于、鲜卑通交易。后魏之宅中夏，亦与南陲立互市。隋唐之际，常交戎夷通其贸易，开元定令载其条目，后唐复通北戎互市，此外，高丽、回鹘、黑水诸国，亦以风土所产与中国交易。"民族区域之间的贸易，也是反映不同经济区的一个方面。其三，由于我国很早就形成中央集权的统一国家，为全国根据不同地区不同自然条件发展不同产业门类提供了条件，同时出于管理体制上的原因，也就是中央政权对地方经济管理上的需要，尤其是当地方政权特别关注地方经济发展时，有过多的干预，于是经济区的划分和调整往往与政治形势和政区的变化有密切的关系。同时我国历史上曾出现过多次分裂局面，原先在统一政权的同一经济区，分裂后必然形成不同的经济区。行政区和经济区有着密切的关系。

故而我国历史上的经济区往往包含自然、民族、政治三方面的特色。我国历史上早期的经济的区域差异,可按自然条件分为农耕、游牧、渔猎三大经济区。这三大区实际也是汉族政权和游牧民族、采集狩猎民族的活动区。汉文帝给匈奴单于书云:"长城以北,引弓之国,受令单于;长城以内,冠带之室,朕亦制之。使万民耕织,射猎衣食,父子毋离,臣主相安,俱无暴虐。"[1]这就是自然区、民族区、行政区和经济区合一的反映。

在这三大区中,从自然、人口、资源、文化各种条件而言,东亚季风区的农耕区都占主要地位。这里人口最多,几占全国人口的90%以上;资源最丰富多样;生产力最先进;最早进入文明社会。因此这里最早出现经济的区域差异,其先决条件是农耕发展到一定程度,有足够的粮食提供给社会,可以使一部分人从事适应本区自然条件的其他产业,以其产品与他区进行交换,首先就是经济作物商品化,也形成经济区之间贸易的主要内容。例如《史记·货殖列传》载,战国秦汉时代时"水居千石鱼陂,山居千章之材。安邑千树枣;燕、秦千树栗;蜀、汉、江陵千树橘;淮北、常山已南,河济之间千树萩;陈、夏千亩漆;齐、鲁千亩桑麻;渭川千亩竹;及名国万家之城,带郭千亩亩钟之田,若千亩卮茜,千畦姜韭:此其人皆与千户侯等"。这种经济作物的区域差异才能初步形成经济的区域性。其中又可以自然、社会、人文等因素的差异分为若干亚区,各经济亚区因其经济在全国的影响,在全国的地位也不同。以后,随着自然环境变化以及人类适应自然能力和生产力的提高、社会分工的细化,商品流通的加强,以及地缘政治因素的变化,不仅经济区边界会发生调整,同时也会引起经济区在全国地位的升降。大区和亚区的经济区域调整、变化的因素也是多种的,大致有以下几个方面:一是自然因素(主要是气候和地貌),就是自然条件发生重大变化引起经济区的调整。例如蒙古高原上一次巨大风暴、寒流,使生存在高原上的游牧民族大规模南迁,形成游牧区的南扩;黄河一次重大改道,就可能引起河北、河南经济区的调整;一次大规模的洪涝干旱灾害引起环境变化和人口迁移,就可能引起一些经济区地位的衰落和一些经济区地位的上升。二是政治格局变化引起的经济区调整。如长期大规模的战争,可能造成一些经济区的衰落和一些经济区的兴起,如关中地区自两汉末年战争的破坏,其经济地位明显衰落;南北政局分裂时期以秦岭、淮河一线为南北分裂界线和以长江为南北分裂界线,经济区的格局就不同。又如首都所在地的确定和转移都可能引起经济区的变

1 《汉书》卷4《文帝纪》。

化。这在我国传统的中央集权的国家里，由于管理体制上的原因，这种变化是很显然的。三是人口和民族迁移活动引起的经济区格局的变化，如农业民族的北移和游牧民族的南进，农耕民族向西南、东北地区的扩展，就可能引起经济区划的变化。秦汉时内地人口的移向北边，"定襄、云中、五原，本戎狄地，颇有赵、齐、卫、楚之徒"[1]，必然引起高原地区草原的农耕化；反之，魏晋时期匈奴入居中原，自然会将原有的耕地辟为牧地。西晋永嘉之乱、唐代安史之乱、北宋靖康之乱引起的我国历史上三次人口大南迁，对南方地区社会经济变化起了重要作用。四是产业分工的细化，如生产力的发展，科学技术的提高，自然资源的重要性的显露，手工业的发达，商品经济的发展，引起经济区的变化。如宋代以后长江以南地区蚕桑、植棉、茶叶业、矿冶业和造纸、瓷器业等其他手工业的兴起和发展，原料和产品生产地的分离，商品市场网络的形成，从而引起经济区的变化和细化。经济区之间分工和差异主要表现为商品交换贸易，早期的交换和贸易主要在大区间进行，以后随着经济的发展和农业、手工业分工的细化，同一大经济区内经济亚区间的商品贸易量也会增加，于是中心城市和交通路线的布局也随之变化，最后引起经济区格局的变化。

我国古代不同经济区，对封建社会经济的发展具有很大影响。20 世纪 30 年代冀朝鼎曾作文提出基本经济区的概念，"中国历史上的每一时期，有一些地区总是比其他地区受到更多的重视。这种受到特殊重视的地区，是在牺牲其他地区利益的条件下发展起来的，这种地区就是统治者想要建立和维护的所谓基本经济区"。"中国的统一与中央集权问题，就只能看成是控制着这样一种经济区的问题：其农业生产条件与运输设施，对于提供贡纳谷物来说，比其他地区要优越得多，以致不管哪一集团，只要控制了这一地区，它就有可能征服与统一全中国。这样的一种地区，就是我们所要说的基本经济区"。即每个时期封建王朝都有一个或几个基本经济区，是这个王朝生存的经济基础。当基本经济区衰落时，这个王朝也由此衰落。而新王朝的崛起必须寻找新的基本经济区。[2] 由于当时资料条件的限制，冀文在具体论述上尚有可商榷处，但其基本观点是可取的。从这个问题上剖析进去，我们将发现对古代中国经济区及其演变的研究，是对中国古代王朝兴衰的原因深层次认识的重要条件，同时对今天全国区域经济的形成和变化的历史

1 《汉书》卷 28 下《地理志》。

2 参见冀朝鼎：《中国历史上的基本经济区与水利事业的发展》，中国社会科学出版社 1981 年，第 8、10—12 页。

背景有深刻的理解，从而有利于现有经济区域的改造和规划。

三、历史时期经济区域划分的几条原则

我国历史时期划分经济区有些什么标准呢？这是需要研究的问题。李伯重《简论“江南地区”的界定》中说：“关于中国古代经济区域的划分标准，我国史学界尚未有深入讨论。在海外学术界，则主要有两种意见。一种以行政区划为基础，另一种则以自然条件为根据。显然，对于经济史研究来说，后一种意见比较恰当。这种见解首先由施坚雅先生做出系统的理论阐述，后又由斯波义信先生加以发展和改进，成为一种比较成熟的区域研究理论。施氏的理论主要着眼于水路交通，故其理论的核心可简述为‘地域即河川流域’说。斯波氏则在重视水路交通的同时，也强调生态系统的作用，从而把施氏‘地文地域’说发展为‘地文—生态地域’说。我们认为施氏—斯波氏的理论是站得住脚的。但是还需要补充一点，即：我们所划的经济区域，在古人心目中，应当也是一个特定的概念。换言之，得到历史的承认。鉴于以往学术界对于江南地区的界定缺乏共识，我们认为有必要根据上述理论与意见重作划分。在确定其合理地域范围之前，有必要将我们所依据的划分标准，作一简要说明。首先，这个地区必须具有地理上的完整性，必须是一个自然—生态条件相对统一的地域，换言之，在其外部应有天然屏障将它与毗邻地区分隔开来；而在其内部，不仅应有大体相同的自然—生态条件，而且最好还属于同一水系，使其内各地相互发生紧密联系。其次，这个地区在人们心目中应当是一个特定的概念。也就是说，不仅由于地理上的完整性与自然—生态条件的一致性，而且也由于长期历史发展所导致的该地区内部经济联系的紧密与经济水平的接近，使此地区被视为一个与其毗邻地区有显著差异的特定地区。”[1]我们认真读了李伯重先生的论文，认为他将他所定的标准对明清时期“江南”地区划分作为一个经济区是完全正确的。但这个标准是否适合历史上不同时期的所有经济区呢？我们认为还有进一步讨论的必要。这里需要补充一下，施氏的经济区域理论是从他研究历史上城市体系角度出发的，他在《中国历史结构》一文中对中国历史上大经济区的观点，大体上可概括为下列几点：一是“每一大区经济都是在某一自然地理大区中形成并完全被包容其中，这种自然地理大区是依流域盆地而划分的”。二是这些区域的核心区，都处于河谷中的低地，中国传统社会里，以农

1　李伯重：《简论“江南地区”的界定》，《中国社会经济史研究》1991年第1期。

业生产为主，而核心区的可耕地自然条件最好，交通运输最为便利，成为交通枢纽。因此核心区比边缘区商品化程度更高。每一区的中心城市都兴起于核心区，并以不同层次，不同核心区构成不同层次的城市网络。于是在"每一个主要的自然地理区域中，都形成了一个独立的城市体系亦即彼此来往频繁而集中的城市群，城乡之间的联系也很多，但大都局限在区域内"。三是大区经济应看成为复合的体系，内部是有差异的、相互依存、一体化的，尽管这些特征在边缘地区较核心地区松散。[1]

施氏的理论是有其可取之处的，例如任何一大经济区是有其核心区和边缘区，但核心区是否必然是该大区的河谷低地，则未必然，应视某一特定时代的其他人文因素而定。此外，认为一大经济区内部是有差异的复合体的观点也是可信的。斯波先生在施氏的理论上加入了生态系统作为考察的依据，即将人类活动引起生态系统变化的因素作为参照模式，比施氏理论又较为全面。但他们所研究的对象，在时代上偏重宋代以后，地域上偏重江南。这种模式是否适合整个历史时期，是否适合全国的范围，还有待于进一步的研究。总之，以往关于经济区域划分的种种理论有其正确的部分，也有其不全面的缺陷。首先，单单强调自然区域的条件，可能会给予人们一种误解，似乎历史上的经济区是一成不变的。因为历史时期除了黄河下游河道迁徙以外，其他自然地理要素只有量的变化，没有质的变化。那么是不是可以认为二三千年来我国经济区的格局基本没有变化？显然是不能的。其次，我国历史上农耕民族与游牧民族势力曾互有进退，同一自然生态区如鄂尔多斯高原，当游牧民族占有时，则成为畜牧区，这就可能与其北面的河套平原形成一个经济区；当农耕民族占有时，往往变成农耕区或至少是半农半牧区，则可能与其南面的陕北高原形成一个经济区。可见民族活动对经济区的变化有着不可忽视的影响。其三，历史上经济区有过不小的变化，当经济开发不足，商品经济不发达时期，经济区的地域比较大，核心区与边缘区的距离较远。不同的自然地理单元可能存在于一个大经济区内。当经济开发充分，农业、手工业生产力大大提高，产业分工细化，商品经济繁荣发展时，经济区就可能划小，原先一个大经济区就可能划分为几个经济区，如两汉时期的"江南"经济区与明清时期的"江南"经济区地域就不同。其四，我国历史上曾出现过相当长时期的政治分裂局面，同一自然地理单元在不同

1 ［美］施坚雅：《中国历史的结构》，王旭等译：《中国封建社会晚期城市研究》，吉林教育出版社1991年。

的政权统治下，就可能分属不同的经济区。如河北平原和山西高原在宋辽时曾分别属于两个政权，因此河北平原或山西高原在宋辽时就不可被认为是一个经济区。由此可见，划分经济区除了重要的自然生态条件外，人文因素还占有十分重要的地位。

然而划分我国古代经济区域应该有哪些标准呢？我们认为自然生态的相对一致性、完整性无疑是最基本的条件，但仅此还远远不够，因为历史时期人文环境的变化十分复杂，不同时期经济活动差异又很大，所以不同时期的经济区域的划分还应该考虑以下几个条件：一是劳动分工的地域差异，即本区与他区在主要产业上的差异性，从大处而言，如农耕区、畜牧区、渔猎采集区和农牧交错、狩猎采集混合经济区等；从小处而言，农耕地区内又可分若干亚区，如为水稻作物区、干旱作物区、经济作物区等。二是我国在近代化以前，基本上还是处在自给自足封闭式的小农社会，某一地区的基本生活用品，不可能全部依靠他区的供应，因此各经济区在主要产业分工的前提下，还有其他产业辅助，以使其成为一个可以独立生存的地区。如关中地区固然是一个农耕区，然“其山出玉石，金、银、铜、铁，豫章、檀、柘，异类之物，不可胜原，此百工所取给，万民所卬足也。又有杭稻梨栗桑麻竹箭之饶，土宜姜芋，水多蛙鱼，贫者得以人给家足，无饥寒之忧。故酆镐之间号为土膏，其贾亩一金”[1]。如巴蜀地区“沃野千里，土壤膏腴，果实所生，无谷而饱。女工之业，覆衣天下。名材竹干，器械之饶，不可胜用”[2]。如清代江南苏、松、太、常、杭、嘉、湖自成一经济区，当无异议，其农作有稻、棉、桑三种作物相对集中，鱼盐之产也很丰富，同时又是棉、丝纺织业中心。珠江三角洲当为一经济区，水稻为其主要农作物，但其经济作物专业化十分突出，果树、甘蔗、荔枝、香蕉等热带水果以及基塘养鱼，成为农村主要产业。清代中期以后地区经济发展迅速，这正是商品经济发达的结果。明清时期华北平原（冀、鲁、豫）除了粮食作物（麦、豆、高粱）外，还有经济作物棉花、烟草、枣梨、药材、酿酒产业。因此产业的综合性也是古代经济区的特色之一。三是在大产业分工前提下，还有产业的专业化方向，如农业区中有水稻产区、旱作产区、渔业区、经济作物产区、矿业区，经济作物区中有蚕桑区、植棉区的差异等专门化，以此专业化产品得与他区进行交换与贸易。《盐铁论·本议》：“陇蜀之丹漆旄羽，荆扬之皮革骨象，江南之楠梓竹箭，燕齐之鱼盐旃裘，兖豫之漆丝

1 《汉书》卷65《东方朔传》。

2 《后汉书》卷13《公孙述传》。

绨纻，养生送终之具也。待商而通，待工而成。故圣人作为舟楫之用，以通川谷，服牛驾马，以达陵陆；致远穷深，所以交庶物而便百姓。”揭示了各地区特定产业及其互相间的物资交流，成为人民日常生活的必需。四是经济中心城市及其辐射范围，即全区生产、交换、消费等经济活动最集中的城市和以此城市为中心形成的城市网络和交通网络。《盐铁论·力耕》：“自京师东西南北，历山川，经郡国，诸殷富大都，无非街衢五通，商贾之所臻，万物之所殖者……宛、周、齐、鲁，商遍天下。故乃商贾之富，或累万金，追利乘羡之所致也。”《盐铁论·通有》：“燕之涿、蓟，赵之邯郸，魏之温、轵，韩之荥阳，齐之临淄，楚之宛丘，郑之阳翟，二周之三川，富冠海内，皆为天下名都。非有助之耕其野而田其地者也，居五诸侯之衢，跨街冲之路也。故物丰者民衍，宅近市者家富。”概言之，划分经济区域应有区域性、综合性、专业化、中心城市四条标准。

四、经济区与自然区、行政区的关系

经济区与自然区、行政区是完全不同的概念。自然区的划分，是根据岩石、地貌、气候、水文、土壤、植被等自然地理要素相对一致性所划分的区域。行政区则是按照统治者为加强地方统治的政治原则所划分的区划；有时为发展经济、巩固统治，可以考虑自然地理要素，有时则为了加强中央政权的控制力，有意违反自然地理原则。这在中国历史上事例很多，如汉代的长沙国，元代的陕西、湖广、江西行省划分，明代的南京划分等。经济区则是根据产业的地域分工和商品贸易经济原则划分的，已见上述，不再赘述。行政区是封闭的、内向的，经济区则是开放的、外向的。这三者是出发点不同的三类地理区划。程民生《宋代地域经济》一书中说：“经济地理与行政地理不是一个概念，但二者联系十分密切。行政地理的划分一般以经济地理为基础的，所以研究历史地域经济，仍须以政区的划分为空间区划。”[1]这种处理方法似乎过于简单了些。当然，经济区的划分不能不考虑自然地理条件，这一点似无须赘述。同样，经济区的划分不能不考虑行政区的要素，因为在中国这样一个中央集权体制下的国家，政府的行政体制常常要控制和干涉经济活动，使经济区服从于行政区，尤其是宋代以后中央集权空前加强，地方行政长官为了加强税收、协调地方经济，用行政手段支配社会经济部门的管理，如在同一政区内发展同类经济，统一施行对自然环境的利用改造，以及

1　程民生：《宋代地域经济》，河南大学出版社1992年，第7页。

颁布适应地方条件的经济政策等，使经济区与行政区协调起来。所以明清时期经济区与行政区大致吻合。正如杨国桢在《清代社会经济区域划分和研究架构的探索》一文中说："清代社会经济区域的调整和行政区域的变动是并行不悖的。社会经济区域的划分，可以借用行政区域的划分系统。比如说，我们可以行政县、乡、村作为社会经济区域的基层单位，而把行省作为社会经济区域的地方单位。"[1]但这只能是在基本属于同一自然经济的结构条件下，凡行政区与自然区违背的情况下，经济区就未必与行政区合一，如明清环太湖流域的苏、松、常、太、杭、嘉、湖自成一经济区，就不受江苏、浙江两省的限制。施坚雅也说："经济发展和朝代更迭很难一致，正如区域经济并不完全受帝国行政单位影响一样，事实上，它们的相似之处是很接近的。"[2]可见虽然明清以来，经济区与行政区比较一致，一旦地方经济进一步发展时，经济区必然要突破行政区的框框。

自然区的变化是缓慢的，有时需要数百年甚至上千年。行政区的变化则为常见，历史上一次改朝换代，往往会引来行政区的一次大变动，有时一个朝代内前后也有大变化，如汉、唐。但经济区则不一定因行政区的变动而变动，如明、清。经济区的发展有其继承性、稳定性的一面，它不是随着政权更迭、行政区的变化而变化；而是随着生产的发展，产业地域分工的演变而演变。这就有一个量变到质变的过程。当经济发展到一定程度，产业结构发生了变化，地域分工有了新的调整，商品贸易开创了新的局面，新的经济区的出现将是必然的结果。

五、研究历史经济区形成发展变化的意义

经济发展是社会发展的基本要素。我国由于地域广大，自然差异明显，各经济区的形成、发展的特点都是不同的。《中国人文地理·中国经济地理》一书中指出："为谋求国民经济在全国各地能因地制宜地合理发展，为编制全国和各地区国民经济和社会发展计划，以及为进行国土规划提供科学依据，有必要按社会劳动地域分工的特点，进行经济区的划分。目的是指明各经济区在全国劳动地域分工中的地位，揭示各经济区经济发展的长远方向、主要矛盾和解决途径。根据经济区是经济生产分工的地域单元的特点，

1　杨国桢：《清代社会经济区域划分和研究架构的探索》，见叶显恩主编：《清代区域社会经济研究》，中华书局1992年，第37页。

2　[美]施坚雅：《中国历史的结构》，王旭等译：《中国封建社会晚期城市研究》，吉林教育出版社1991年。

在划分时要注意把经济发展与发挥地区优势相结合，地区生产专业化与综合发展相结合，地区自然、社会、经济条件的相似性与合理的经济联系相结合，地区经济现状与发展远景相结合，经济中心城市与其经济辐射所及的地区相结合，地区经济发展与改善该地环境质量相结合，不同层次的经济区和相应的行政区相结合。”[1]我们研究我国历史时期社会经济区形成和演变的目的：一是了解我国历史上经济发展过程和特点。我国在近代化以前，就总体而言基本上是一个自给性封建小农社会，商品经济不发达。但整个历史时期情况并不是一成不变的，而是有几经起伏的过程，这在经济区的发展变化过程中，很能看出其痕迹。二是了解各经济区形成的自然和社会条件及其产业特点，分析各经济区兴衰、演变的过程及其内在的因素和规律。三是揭示历史上不同经济区在整个社会历史发展中的地位和作用，从而进一步理解中国社会历史发展过程中，各地区的自然和经济基础，以及有关人文信息的经济背景。四是由于经济区有继承性和稳定性，研究历史时期各经济区的形成、演变的原因和规律，对今天经济区的划分和规划，具有重要的参考意义。

（原载《中国史研究》2001年第4期）

1　吴传钧主编：《中国人文地理·中国经济地理》，科学出版社1998年，第253页。

我国早期经济区的形成

——春秋战国至汉武帝时期

一、我国早期经济区域形成历史和地理背景

我国自新石器时代以来，由于各地的自然条件不同，虽然黄河流域大部分地区已进入农业社会，但在其周边或者更远的漠北、江淮以南，以至岭南地区，渔猎、采集仍然在产业中占有十分重要的地位。商周以后华夏地区显然已经以农耕为主，但畜牧和狩猎、采集在经济生活中还占相当的比重。据杨升南研究，商王朝建立后，畜牧业成为一个独立的经济部门，其标志是它已作为当时人们食物的主要来源之一，[1]各地区之间的经济分工还不甚明确。西周时期农耕经济地位上升，畜牧业衰退，但华夏境内，夷狄杂居，农耕、畜牧、狩猎生产混杂在一起，区域间分工边界模糊，因此很难说有明晰的经济区存在。春秋以后，东部季风区范围内的各诸侯国为了战争需要和增强自己的国力，纷纷致力于经济的发展，其中主要发展农耕业，国与国之间的大批荒地被垦殖。同时各国因地理条件的差异，产业经济有所侧重，产业分工比较明显，列国诸侯为本身利益，鼓励国与国之间商旅贸易，如卫国“通惠工商”[2]，晋国“轻关易道，通商宽农”[3]，齐桓公“通齐国之鱼盐于东莱，使关市几而不征，以为诸侯利”[4]。各国工商业都十分发达，出现了不少富埒王侯的大工商业者，涌现了一批以商品贸易为中心的商业都会，这些商业都会成为某一经济区的中心城市和与其他经济区间的联系纽带，逐步出现了比较明显的地域分工差异，经济区才逐渐形成。北方草原地区，据佟柱臣研究，由狩猎经济转向游牧经济开始于春秋战国青铜时期。[5] 因此，大致可以认为从春秋开始，我国经济区域雏形逐步形成。

---

1 杨升南：《商代经济史》第四章，贵州人民出版社 1992 年。

2 《左传》闵公二年。

3 《国语・晋语四》。

4 《国语・齐语》。

5 佟柱臣：《中国古代北方民族游牧经济起源及其物质文化比较》，《社会科学战线》1993 年第 3 期。

秦汉以来，中央集权专制主义政府更为注重农耕业。汉初社会经过长期的战乱，人口损失，耕地荒芜，造成社会动荡不稳。贾谊、晁错力主加强农业生产，稳定社会经济。文、景、武诸帝都十分重视农耕业。文、景帝都曾多次说："夫农，天下之本也。"在全国大力提倡和支持农耕业，粮食生产逐渐在各地占据主要地位。经汉初七十余年的积累，至汉武帝时"民人给家足，都鄙廪庾尽满，而府库余财，京师之钱累百巨万，贯朽而不可校，太仓之粟陈陈相因，充溢露积于外，腐败不可食"[1]。汉武帝就是在这样的物质基础上穷兵黩武，四出征伐，兴师动众，开疆拓土。当时全国国力空前强盛，特别是适宜于农耕的地区有了充足的余粮，可以提供本区和他区非粮食生产者从事其他产业。全国各地一些具有特色的产业和专业化产品相继兴起，其中较多为人们生活必需的地区性的经济作物和农副产品，如"陆地牧马二百蹄，牛蹄角千，千足羊，泽中千足彘，水居千石鱼陂，山居千章之材。安邑千树枣；燕、秦千树栗；蜀、汉、江陵千树橘；淮北、常山以南，河济之间千树萩；陈、夏千亩漆；齐、鲁千亩桑麻；渭川千亩竹；及名国万家之城，带郭千亩亩钟之田，若千亩卮茜，千畦姜韭：此其人皆与千户侯等"[2]。这些经济作物和农副产品由于地区自然条件的差异，地区间价格差异比较明显，促进了地区间贸易的发展，于是产业各异而又相互沟通的经济区才最后形成。因此可以说，我国经济区的形成，从春秋中期至汉武帝时代，大约经过了三四个世纪。

《史记·货殖列传》："夫山西饶材、竹、榖、纑、旄、玉石；山东多鱼、盐、漆、丝、声色；江南出楠、梓、姜、桂、金、锡、连、丹沙、犀、瑇瑁、珠玑、齿革；龙门、碣石北多马、牛、羊、旃裘、筋角；铜、铁则千里往往山出棋置：此其大较也。皆中国人民所喜好，谣俗被服饮食奉生送死之具也。故待农而食之，虞而出之，工而成之，商而通之。此宁有政教发征期会哉？人各任其能，竭其力，以得所欲。故物贱之征贵，贵之征贱，各劝其业，乐其事，若水之趋下，日夜无休时，不召而自来，不求而民出之。岂非道之所符，而自然之验邪？"

司马迁写《货殖列传》本意是介绍春秋战国以来的商品贸易和由商品贸易致富的人，以供后人学习，所谓"请略道当世千里之中，贤人所以富者，令后世得以观择焉"。所以这段记载，主要分述战国至汉初各地具有商品意义的特产，其中就没有粮食，因粮食处处皆有，非为特产也。根据这些特产，分为四大区域：山西、山东、江南、龙门碣石以北。这四大物产区实际上就是当

1　《汉书》卷24《食货志上》。

2　《史记》卷129《货殖列传》。

时的四大产业区，大致上而言，即农耕区、农牧交错区、渔猎采集区和畜牧区。不过由于生产力不很发达，这种地区的产业差异，基本上决定于自然条件，因此这种经济区仍属于自然经济区。当时尚未形成单一产业的经济区，例如农耕为主要产业的地区也不是完全没有畜牧业，畜牧区也有少量农业，有的地区还处于农、牧、渔、采集业混合状态，这是区域经济从原始状态向专业状态发展过程中的必然现象。这四大产业区中成熟得最早的为农耕区和畜牧区，由于这两大区间产业差别最大，互补性最强，所以大区域间贸易反映最为突出。《盐铁论·力耕》："汝、汉之金，纤微之贡，所以诱外国而钓胡、羌之宝也。夫中国一端之缦，得匈奴累金之物，而损敌国之用。是以骡驴骆驼，衔尾入塞。驒騱騵马，尽为我畜，鼲鼦狐貉，采旃文罽，充于内府，而璧玉珊瑚琉璃，咸为国之宝。是则外国之物内流，而利不外泄也。异物内流则国用饶，利不外泄则民用给矣。"这种两大经济区间的互市贸易，虽说有些并不是等价交换，但是实际上双方都还是有利的。不过由于这种贸易含有政治因素，禁律较多，进出口商品都有限制，且随着政治形势的变化而变化，因此这两大区经济上的融合较慢。在大农耕区中的各亚区间，产业也是各有特色，又没有政治上的隔限，因此贸易流通甚畅。司马迁说到这些区域之间的物产流通，由于大多是人民生活的必需品，而地区之间的价格差异，引起商人在其间贱买贵卖，"若水之趋下，日夜无休时，不召而自来"，所谓"富商大贾周流天下，交易之物莫不通"。《盐铁论·力耕》："自京师东西南北，历山川，经郡国，诸殷富大都，无非街衢五通，商贾之所凑，万物之所殖者。"可以说到了秦、汉初时期，全国性市场雏形基本形成，经济区间商品流通加强，促进了区域间经济的发展。这种经济区的形成是春秋以来数百年以华夏族为中心，与周围其他少数民族长期交流融合的结果。到了汉武帝时代，由于秦、汉初政局变化和中央集权政府发展经济的种种政策，在全国形成若干各具特色的经济区。

二、经济区域及其不同特色

从春秋至汉武帝时代，在政治上是从一百多个大小诸侯国竞相争雄，经过战争并合，到春秋时代出现最强大的五霸，以后形成战国七雄，最后出现秦汉统一局面，这是一个漫长的过程。在这个过程中，各国为了本身的利益，根据各自的地理条件，发展自己的经济，地域政治在经济发展中起着很大的作用，因此各国大多有自己特色的经济形态。同时为了经济上的需要，各国间也进行频繁的商业贸易，以补充需求的不足。而各国在贸易中获利，反过来更加强了自身的经济特色。由于经济特色的改变滞后于政治，因此即便到了秦始皇统一后一百多年的汉武帝时代，地区经济还保留着战国时代的区域经济特色。所以《史记·货殖列传》、《汉书·地理志》后序中分析当时区域地理时，习惯以“秦地”“韩地”“赵地”划分。本文分析经济区时一般采用自然地理名称，但随着中央集权的加强，有时区域自然地理界线不明确，不如政区反映的经济区更为明确，则以政区名之。

关于战国至汉初经济区的划分，前人已有提及。田昌五、漆侠主编的《中国封建社会经济史》(第一卷)提出：“战国时代的经济区，大致可按方位划分为东、南、西、北、中五个。东方经济区指齐鲁地区，基本上包括今天山东省全境和河北省东南部，以齐地为主，鲁国与齐相邻，大不过一县，经济与齐相似”“南方经济区指长江中下游及其以南广大地区，包括淮河下游地区在内，即原来的楚、吴、越三国，是五大经济区最为辽阔的一个”“西方经济区指函谷关以西地区，包括关中、巴蜀和西北地区”“北方经济区包括燕赵北部和中山地区，这一地区人口密度相对较小，和肃慎、林胡、东胡、匈奴、楼烦等游牧民族相连，农业比较粗放，牧业发达”“中原经济区即以当时的三河即河东、河内、河南为中心，也就是黄河中游地区包括洙水、泗水、濮水、洛水等流域在内相当于现在的河南北部、山东西南、山西南部地区。有龙门以南的赵国地区，韩、魏、宋、卫等地”。[1] 这种按方位任意划分的经济区，似乎失之过粗。试问商鞅变法后的关中地区怎能与还在匈奴控制下的河西地区成为一个经济区？洙、泗流域是鲁国所在，按上文就应在东方经济区，怎么又到了中原经济区里去了呢？巴蜀与关中虽同在西方，关中以农业为主，而巴蜀除了成都平原外，矿业、畜牧、狩猎(川东、川西)在产业中占十分重要的地位，又怎能划分在一个经济区内呢？总之，完全按照方位划分经济区是不科学的。史念海先生在《中国历史地理学区域经济地理的创始》一文中，完全按照司马迁在《史记·货殖列传》中山东、山西、江南和龙门碣石以北划分四个经济区，以后又据司马迁所提到的文化风俗区作为大区下的亚经济区，如三楚、三河、郑卫、梁宋、颍川、南阳等，但文化风俗区不等同于经济区，史先生自己也说：“这样不同的风俗区似与当地的经济未必能联系得上。当然也并不是就了然无所区分，譬如西楚地薄，致使其人难得有很多余财，陈夏之交的人擅长从事商业，因为当地能够有鱼盐之货，可以贩卖。这样的事例虽有数则，可能无关乎大局，似不能作为划分经济区的根据。”[2] 林甘泉主编的《中

1　田昌五、漆侠：《中国封建社会经济史》(第一卷)，齐鲁书社 1993 年，第 23—28 页。

2　史念海：《中国历史地理学区域经济地理的创始》，《何兹全先生八十五华诞纪念文集》，中国社会科学出版社 1997 年。

国经济通史·秦汉经济卷》也是根据司马迁划分为山东、山西、江南、龙门碣石以北四大基本经济区。作为一部通史这样划分，也无可厚非。如果专门谈经济区，则似显得粗略了一些。本文上面谈到，司马迁将全国分为山东、山西、江南和龙门碣石以北四大区，主要从当地具有商品意义的特色物产而言，其中就很少提到农作产品，而当时农作业在产业中占主要地位，因此仅据司马迁的物产区定为当时的经济区，也就很难看出不同经济区的经济作用及其在全国范围内的地位，因此还得根据不同地区的产业发展情况来划分。在这四大区下面再分若干区，又不能仅以风俗区为准，因而对于战国至汉初经济区的划分，还是需要根据历史事实，作进一步的深入探讨。以下是本文认为的自春秋战国以来至汉武帝时代形成的经济区。

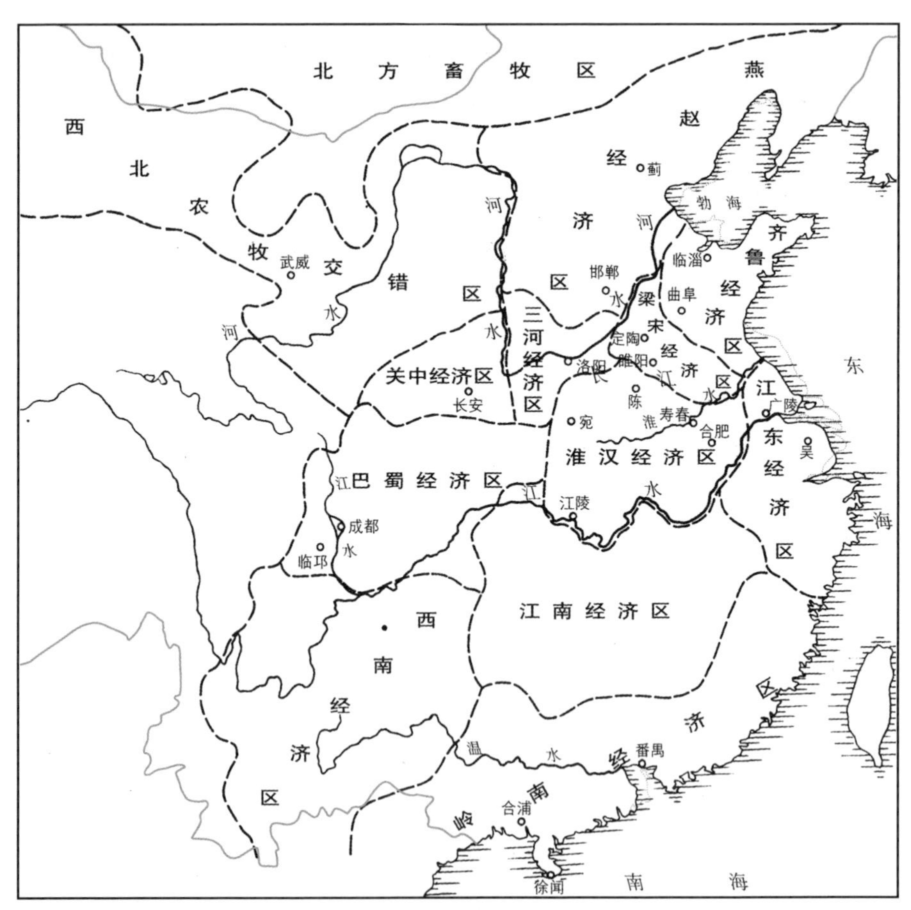

战国至秦汉经济区示意图

（一）关中经济区。本区西自陇山，东至函崤，北抵北山，南届秦岭，即所谓四塞之地，自战国秦至汉初，一直是西部以至全国的政治中心、京畿之地。

本经济区从西周开始奠定了以农业为主要产业的基础，周人先世后稷时，已是以农耕业为主要产业的民族，迁至周原后，利用其地的优越自然条件，更是大力发展农业。《诗经》里关于粮食种植的诗句很多，如“黍稷重穋，禾麻黍麦”[1]“黍稷茂止”[2]“丰年多黍多稌”[3]“滮池北流，浸彼稻田”[4]等，都是关中地区水旱作物丰富的证明。正如《汉书·地理志》所说，秦地“其民有先王遗风，好稼穑，务本业”。不过其时关中地区荒地尚多，土地资源尚未充分利用。其后至汉武帝时代农耕业发展大致有三个明显的阶段。秦孝公时商鞅变法，主要内容之一就是发展农耕业，因为关中劳动力不够，遂招徕三晋人民以补充农业劳动力，又规定“秦四境之内，陵、阪、丘、隰，不起十年征”[5]，于是关中农业大兴。这是第一阶段。春秋战国时期铁器工具的广泛使用，使兴建大型农田水利工程成为可能。战国末年郑国渠的开凿，是金属工具威力的表现。该渠引泾入洛，全长三百多里，渭北平原大片盐碱化农田受灌溉改土之利，史载“溉舄卤之地四万余顷，收皆亩一钟。于是关中为沃野，无凶年，秦以富强，卒并诸侯”[6]。这是第二阶段。秦汉统一帝国建立，先后从关东迁入大批人口，关中地区劳动力空前增加，人密地稠，耕地不够，高帝二年（前205）即令开垦“秦苑园池”。[7] 从此关中的农耕业在全国已占有十分重要的地位。至汉武帝时，对外开疆拓土，对内大兴土木，最需要的是劳力和粮食，所以关中地区的农田水利获得格外的重视。元光六年（前129）开凿兼灌溉和航运之利的漕渠，其时大司农郑当时建议“引渭穿渠起长安，旁南山下，至河三百余里，径，易遭（漕），度可令三月罢；而渠下民田万余顷又可得以溉。此损漕省卒，而益肥关中之地，得谷。上以为然，令齐人水工徐伯表，发卒数万人穿漕渠，三岁而通。以漕，大便利。其后漕稍多，而渠下之民颇得以溉矣”。元鼎六年（前111）开六辅渠，以溉郑国渠旁高卬之田。太始二年（前95）又开白渠，引泾注渭，袤200里，形成郑国渠以南渭北平原最大的灌溉渠道，溉田四千五百余顷，民歌之曰：“田于何所？池阳、谷口。郑国在前，白渠起后。举臿为云，决渠为雨。泾水一石，其泥数斗。且溉且粪，长我禾

1 《诗经·豳风·七月》。

2 《诗经·周颂·良耜》。

3 《诗经·周颂·丰年》。

4 《诗经·小雅·白华》。

5 《商君书·徕民》。

6 《汉书》卷29《沟洫志》。

7 《汉书》卷1《高帝纪上》。

黍。衣食京师,亿万之口。”[1]此外还有龙首、灵轵、成国等渠的开凿,形成了以长安为中心,以渭、泾为干渠的水利灌溉系统。同时汉武帝时代在耕作制度上推行代田法,“河东、弘农、三辅、太常民皆便代田,用务少而得谷多”[2]。这是第三阶段。经过这三个阶段,关中地区完全成为发达的农耕区。考古出土的大量西汉时期的铁犁铧,最集中的是陕西关中地区。新中国成立后至 1988 年考古出土汉代犁铧及牛耕画像砖、石共 94 处,其中关中地区有 18 处,占有 19.1%,而 18 处中只有 2 处可以确定为东汉时期,西汉时期占 88.9%。由此可以看出,这一时期关中地区铁器、牛耕的普及程度远远高于其他地区[3]。农作物中粮食作物黍、稷、麻、粟、稻、菽、大小麦俱全。元狩三年(前 120)又接受董仲舒的建议,关中盆地开始种植冬小麦。[4] 其后的两千多年中,关中地区始终是冬小麦的主要产地。

不过汉武帝时代,关中地区之所以富庶,除了作为主要产业的粮食种植业外,也还有多种经营的产业。《汉书·地理志》说:“有鄠、杜竹林,南山檀柘。号称陆海,为九州膏腴。”《史记·货殖列传》亦云“渭川千亩竹”。故所谓“陆海”也并非仅指种植业。当时汉武帝要扩建上林苑,占有了鄠、杜的农田,有人建议将京畿草田作为补偿,“时(东方)朔在傍,进谏曰:……夫南山,天下之阻也,南有江淮,北有河渭,其地从汧陇以东,商雒以西,厥壤肥饶。汉兴,去三河之地,止霸产以西,都泾渭之南,此所谓天下陆海之地,秦之所以虏西戎兼山东者也。其山出玉石,金、银、铜、铁、豫章、檀、柘,异类之物,不可胜原。此百工所取给,万民所卬足也。又有秔稻梨栗桑麻竹箭之饶,土宜姜芋,水多蛙鱼,贫者得以人给家足,无饥寒之忧。故酆镐之间号为土膏,其贾亩一金。今规以为苑,绝陂池水泽之利,而取民膏腴之地,上乏国家之用,下夺农桑之业,弃成功,就败事,损耗五谷,是其不可一也。且盛荆棘之林,而长养麋鹿,广狐兔之苑,大虎狼之虚,又坏人冢墓,发人室庐,令幼弱怀土而思,耆老泣涕而悲,是其不可二也。斥而营之,垣而囿之,骑驰东西,车骛南北,又有深沟大渠,夫一日之乐不足以危无堤之舆,是其不可三也。故务苑囿之大,不恤农时,非所以强国富人也……然遂起上林苑,如寿王所奏云。”[5]东方朔虽然没能阻止上林苑的扩建,但由此反映了关中地区优越的自

1 《汉书》卷 29《沟洫志》。

2 《汉书》卷 24《食货志上》。

3 林甘泉主编:《中国经济通史·秦汉经济卷》,经济日报出版社 1999 年,第 142 页。

4 《汉书》卷 24《食货志上》。

5 《汉书》卷 65《东方朔传》。

然环境，丰富的物产资源和多种农副产品、手工业产品，为与邻近经济区的交换贸易提供了物质基础。所以《史记·货殖列传》说："关中自汧、雍以东至河、华，膏壤沃野千里，自虞夏之贡以为上田，而公刘适邠，大王、王季在岐，文王作丰，武王治镐，故其民犹有先王之遗风，好稼穑，殖五谷，地重，重为邪。及秦文、孝、缪居雍，隙陇蜀之货物而多贾。献公徙栎邑，栎邑北却戎翟，东通三晋，亦多大贾。武、昭治咸阳，因以汉都、长安诸陵，四方辐凑并至而会，地小人众，故其民亦玩巧而事末也。"

本区的经济中心，也就是历代政治中心，自周代的丰、镐到秦朝的雍、栎阳、咸阳，汉代的长安，除了雍地偏西外，其余都是位于关中平原的中部即区域中心，地理位置十分优越，便于与其他经济区之间的物资交流。如雍，"隙陇蜀之货物而多贾""栎邑北却戎翟，东通三晋，亦多大贾"，咸阳、长安及周围诸陵，为秦汉都城所在，更是"四方辐凑并至而会"。全国的水陆交通路线均以此为中心向四周辐射，不仅沟通了农耕区和农耕区之间，还沟通了农耕区和游牧区之间以及农耕区和西南狩猎、采集、原始农耕区之间的商品交流，同时还是中外交通"丝绸之路"的起点，对中外经济文化交流起了重大作用。汉代长安是全国政治、经济、文化中心，也是全国交通、商业贸易中心。班固《西都赋》记长安城"内则街衢洞达，闾阎且千，九市开场，货别隧分。人不得顾，车不得旋。阗城溢郭，旁流百廛，红尘四合，烟云相连"，其交通则"东郊则有通沟大漕，溃渭洞河，泛舟山东，控引淮湖，与海通波"。所以本区是秦汉时代我国最重要的经济区。

（二）三河经济区。指河南、河东、河内，即今河南省洛阳盆地、黄河以北地区和山西省西南部霍山以南地区。以地貌分区而言，是汾涑河流域、伊洛河下游冲积平原、沁丹河洪积冲积倾斜平原。《史记·货殖列传》："昔唐人都河东，殷人都河内，周人都河南。夫三河在天下之中，若鼎足，王者所更居也，建国各数百千岁，土地狭小，民人众，都国诸侯所聚会，故其俗纤俭习事。"本区是夏、商、周三代的政治中心，也是传统的农耕区。不过在汉武帝时代以前，在本区边缘山地仍有发达的畜牧业，如以畜牧业发财致富的河南人卜式，"入山牧，十余年，羊致千余头，买田宅。而弟尽破其产，式辄复分与弟者数矣……初式不愿为郎，上曰：吾有羊在上林中，欲令子牧之。式既为郎，布衣中蹻而牧羊。岁余，羊肥息。上过其羊所，善之"[1]。河东地区"土地

1　《汉书》卷58《卜式传》。

平易，有盐铁之饶”[1]，在春秋战国也有发达的畜牧业，《史记·货殖列传》："猗顿用盬盐起。"集解："《孔丛子》曰：猗顿，鲁之穷士也。耕则常饥，桑则常寒。闻朱公富，往而闻术焉。朱公告之曰：子欲速富。当畜五牸。于是乃适西河，大畜牛羊于猗氏之南，十年之间其息不可计，赀拟王公，驰名天下。以兴富于猗氏，故曰猗顿。"《汉书·酷吏传·咸宣》："咸宣，杨人也。以佐史给事河东守。卫将军青使买马河东，见宣无害，言上，征为厩丞。"这说明三河地区中的河东地区在汉武帝以前仍有相当规模的畜牧业。

到了汉武帝时代本区农耕业逐渐取得主要地位，所谓"秦、夏、梁、鲁好农而重民。三河、宛、陈亦然，加以商贾"[2]。与北部畜牧区间商品贸易有所发展，于是形成不少区间经济贸易中心。洛阳以其优越的地理位置，成为本区最大的经济中心，"周人既纤，而师史尤甚，转毂以百数，贾郡国，无所不至。洛阳街居在齐秦楚赵之中，贫人学事富家，相矜以久贾，数过邑不入门，设任此等，故师史能致七千万"[3]。以后周人行贾，成为当地的习俗。又如其北部的杨、平阳成为"西贾秦、翟，北贾种、代""陈掾其间，得所欲"，[4]即农耕区和畜牧区之间的贸易中心；洛阳北面的"温（今河南温县西南）、轵（今河南济源市东南轵城），西贾上党，北贾赵、中山"。当时赵、中山的农业不如三河地区发达。《史记·货殖列传》"洛阳东贾齐、鲁，南贾梁、楚"，这里反映了三河地区在春秋战国以来是传统农耕区和畜牧区交界地带。

（三）齐鲁经济区。本区自然境域大致相当于今山东省的泗水流域及其以东至海和济水下游以南地区。春秋时为齐、鲁地。泰山以北为齐，以南为鲁，在春秋早期并未形成同一经济区。齐国靠海，重视鱼盐之利，又有发达的纺织业，利于发展工商业。《史记·货殖列传》："故太公望封于营丘，地潟卤，人民寡，于是太公劝其女功，极技巧，通鱼盐，则人物归之，繦至而辐凑。故齐冠带衣履天下，海岱之间敛袂而往朝焉。"《汉书·地理志》也说："齐地负海舄卤，少五谷而人民寡，用劝以女工之业，通鱼盐之利，而人物辐凑。后十四世，桓公用管仲，设轻重以富国，合诸侯成伯功，身在陪臣而取三归。故其俗弥侈，织作冰纨绮绣纯丽之物，号为冠带衣履天下。"故在齐国建国之初，经济上即"通商工之业，便鱼盐之利"[5]。《汉书·货殖传》载："齐俗贱奴

---

1 《汉书》卷28下《地理志下》。
2 《史记》卷129《货殖列传》。
3 《史记》卷129《货殖列传》。
4 《史记》卷129《货殖列传》。
5 《史记》卷32《齐太公世家》。

虏，而刀间独爱贵之。桀黠奴，人之所患，唯刀间收取，使之逐鱼盐商贾之利，或连车骑交守相，然愈益任之，终得其力，起数千万。”所以可以说，鱼盐之利是齐国的传统产业，但农耕业不发达。这是说在春秋早期，齐国因自然条件决定，不以种植业而是以渔盐业为主要产业，同时因蚕桑之利发展丝织业，所谓“齐阿之缣”[1]，由于其生产专门的丝织品，为他地所无，于是成为各国所需，共趋贸易，成为全国丝织业中心，而齐地也由此而富。鲁地则不同，因地处泗水流域，最早受周人农耕文化的影响，加上泗水流域具备给排水自然条件的优越，早被誉为“膏腴之地”[2]，有利于发展农耕业。故《史记·货殖列传》：“沂泗水以北，宜五谷桑麻六畜，地小人众，数被水旱之害，民好畜藏，故秦、夏、梁、鲁好农而重民。”《汉书·地理志》也说：鲁地“地狭民众，颇有桑麻之业，亡林泽之饶”。鲁国同时也是以冶铁业中心，曹邴氏以冶铁业起家，“富至巨万”。

以后管仲任齐相，在齐国发展农耕业，“实圹虚，垦田畴，修墙屋，则国家富”[3]“使万室之邑必有万钟之臧，臧䌰千万；千室之邑必有千钟之臧，臧䌰百万。春以奉耕，夏以奉耘，耒耜器械，种饷粮食，必取澹焉”[4]。齐威王时即墨大夫治即墨，“田野辟，民人给，官无留事，东方以宁”，齐威王赏他万家食邑；阿大夫治阿，“田野不辟，民贫苦”，齐威王将阿大夫及其周围称誉他的人一起烹了，[5]可见春秋以来，齐国大力发展农耕业。到了战国中期，齐国土地大辟，“鸡鸣狗吠相闻而达乎四境”[6]。汉武帝时代全国大规模兴修水利，“东海引巨淀，泰山下引汶水，皆穿渠为溉田，各万余顷”[7]。所以到了武帝时代，齐地已经以农耕业为主要产业，与鲁地合为一个经济区。可能是由于自然条件的因素，以及人民的传统习俗，直到汉宣帝时，齐地的农业还不及鲁地。《汉书·循吏传·龚遂》：“宣帝即位……遂见齐俗奢侈，好末技，不田作，乃躬率以俭约，劝民务农桑，令口种一树榆、百本䪥、五十本葱、一畦韭，家二母彘、五鸡。民有带持刀剑者，使卖剑买牛，卖刀买犊，曰：何为带牛佩犊！春夏不得不趋田亩，秋冬课收敛，益蓄果实菱芡。劳来循行，郡中皆有畜积，吏民皆富实。”

1 《盐铁论·本议》。
2 《战国策》卷6《秦策四》。
3 《管子·五辅》。
4 《汉书》卷24下《食货志下》。
5 《史记》卷46《田敬仲完世家》。
6 《孟子·公孙丑》。
7 《汉书》卷29《沟洫志》。

本区有两个经济中心：一个是齐都临淄，利用当地所产丰富的鱼盐之利，发展商业，战国时已成为东方一大都会。《战国策·齐策一》："临淄之中七万户，臣窃度之，下户三男子，三七二十一万，不待发于远县，而临淄之卒，固已二十一万矣。临淄甚富而实，其民无不吹竽、鼓瑟，击筑、弹琴，斗鸡、走犬，六博、踏鞠者；临淄之途，车毂击，人摩肩，连衽成帷，举袂成幕，挥汗成雨；家敦而富，志高而扬。"《汉书·地理志》："临淄，海、岱之间一都会也，其中具五民云。"五民指士农工商贾，由于临淄是当时东西部交通贸易的东端中心，所以五民杂处，商品经济发达，商业税收很高。《汉书·高五王传》："主父偃……因言：齐临淄十万户，市租千金，人众殷富，巨于长安。"一个是鲁都曲阜，鲁人"好贾趋利，甚于周人"，对外销售的商品主要是铁器。曹邴氏以冶铁致富，"然家自父兄子孙约，俯有拾，仰有取，贳贷行贾偏郡国"[1]。

（四）梁宋经济区。本区在古代自然境域为河济流域，即今豫东黄河冲积平原和山东南四湖西堆积平原，为春秋时宋、卫、郑国旧地，西汉时为豫兖二州之地。这里地势平坦，河流密布，给排水条件良好，是理想的农耕区。《管子·治国》："常山之东，河汝之间，早生而晚杀，五谷所以蕃孰也。四种而五获""夫鸿沟以东，芒、砀以北，属巨野，此梁、宋也"。自春秋以来，宋国"其俗犹有先王遗风，重厚多君子，好稼穑，虽无山川之饶，能恶衣食，致其蓄藏"[2]。战国时代魏国所修的鸿沟水系，"通宋、郑、陈、蔡、曹、卫，与济、汝、淮、泗会"[3]。就是将黄河水流与河淮间河流全部沟通，这些河流既可灌溉，又可通航，对河、淮间的生产发展起了重大作用。汉初为梁孝王封地，"居天下膏腴地。北界泰山，西至高阳（今河南杞县西南），四十余城，多大县"，是一片人口稠密，农业发达的地区。[4]《盐铁论·通有》称："宋、卫、韩、梁好本稼穑，编户齐民，无不家衍人给。"

本区有两个经济中心，一个是位于东西交通干道上的陶（今山东定陶县）。其东有渔盐桑麻之利的齐鲁经济区，其西为有深厚农耕传统的关中、三河经济区，定陶即位于两个经济区的交通中心。《史记·货殖列传》："陶，天下之中，诸侯四通，货物所交易也。"范蠡在此"十九年之中三致千金""子孙修业而息之，遂至巨万"，史称"陶朱公"。孔子的学生子赣退而仕于卫，"废著鬻财于曹、鲁之间"，也就是往来于以定陶为中心的东西交通道路上。

---

1 《史记》卷129《货殖列传》。

2 《史记》卷129《货殖列传》。

3 《史记》卷29《河渠书》。

4 《汉书》卷47《梁孝王传》。

另一个是从关中、三河地区通往东南交通干道上的睢阳(今河南商丘市南)。故《货殖列传》中称“陶、睢阳亦一都会也”。

(五)燕赵经济区。本区自然区划大致相当于今山西中北部、京津地区、河北中北部和辽东地区,春秋时为燕、赵和中山国地。燕国旧地是“南通齐、赵,东北边胡”“北邻乌桓、夫余,东绾秽貉、朝鲜、真番之利”“上谷至辽东,地踔远,人民稀,数被寇,大与赵、代俗相类,而民雕捍少虑”。本区由于北部为丘陵山地,南部为平原地带,东部地近海,整个来说是平原少而山地多,故“有鱼盐枣栗之饶”。[1] 晋北“钟、代、石、北,迫近胡寇,民俗懻忮,好气为奸,不事农商,自全晋时,已患其剽悍,而武灵王又益厉之。故冀州之部,盗贼常为它州剧”[2]。《史记·货殖列传》:“杨、平阳陈西贾秦、翟,北贾种、代。种、代,石北也,地边胡,数被寇。人民矜懻忮,好气,任侠为奸,不事农商。然迫近北夷,师旅亟往,中国委输时有奇羡。其民羯羠不均,自全晋之时固已患其僄悍,而武灵王益厉之,其谣俗犹有赵之风也。故杨、平阳陈掾其间,得所欲。”《汉书·叙传》:“始皇之末,班壹避坠于楼烦,致马牛羊数千群。”谭其骧先生说:“杨在今山西洪洞县东南,平阳在今临汾县西南,秦指关中盆地,翟指陕北高原故翟地;种、代在石北,石指今山西吉县北石门山,石北,约相当于现在的晋西北。这条记载生动地说明了当时晋西北人民的经济生活与风俗习惯。”[3]可见当时的晋西北无论生产方式、生活习俗都明显带有胡风影响。所以在春秋时期,本区的北部是畜牧区而南部则以农耕为主。到了战国修建长城以后,沿边地区因自然和传统人文条件的影响,畜牧业还是占主要地位,直至汉武帝时代,《盐铁论·西域》仍说:“长城以南,滨塞之郡,马牛放纵,蓄积布野。”所以燕赵经济区整个说来是农耕区和畜牧区的交接、过渡地带,北部以牧为主,南部以农为主。

本区有南北两个经济中心,一个在南部,是赵国的都城邯郸,《史记·货殖列传》:“邯郸亦漳、河之间一都会也。北通燕、涿,南有郑、卫。”邯郸不仅是交通、贸易中心,同时也是春秋战国时代的冶铁中心,《货殖列传》:“邯郸郭纵以铁冶成业,与王者埒富”“蜀卓氏之先,赵人也,用铁冶富”;一个是北部的燕,即蓟,今北京城西南部,“燕亦勃、碣之间一都会也。南通齐、赵,东北边胡”。前者是沟通农牧交接地带和农耕区之间的商品交流,后者是沟通农牧交接地带和畜牧区间的商品交流。

---

1 《史记》卷 129《货殖列传》。

2 《汉书》卷 28《地理志》。

3 谭其骧:《何以黄河在东汉以后会出现一个长期安流的局面》,《长水集》(下),人民出版社 1987 年。

（六）江东经济区。本区也可谓吴越经济区，大体上指春秋时吴越故地，约相当于今长江下游地区的上海、苏南、皖南地区，也包括钱塘江流域。因为芜湖至南京间长江作西南南—东北北走向，这段河道在秦汉时为两岸南北交通要道，因中原人渡江而东，故视为江东。三代以来，被中原人视为"夷蛮"之地。《史记·吴太伯世家》："中国之虞灭二世，而夷蛮之吴兴。"春秋时吴越地区还处于草莱初辟阶段，"仓库不设，田畴不垦"[1]"人民山居……乃复随陵陆而耕种，或逐禽鹿而给食"[2]，反映了当时还处于游耕农业和狩猎经济阶段。据《越绝书》和《吴越春秋》记载，到了吴王夫差和越王勾践时代，大力开发荒田，修作陂塘，种植稻粟、葛麻，吴王在摇城东南有"稻田三百顷"，桑里东有"吴所畜牛羊豕鸡也，名为牛宫"。[3] 越国农作物品种繁多，有粢、黍、赤豆、稻、粟、麦、大豆、穬、果等。[4]《汉书·五行志》说："吴地以船为家，以渔为食。"《太平御览》卷935引《吴越春秋》："越王既栖会稽，范蠡等曰：臣窃见会稽之山有鱼池上下二处，水中有三江四渎之流九溪六谷之广，上池宜于君王，下池宜于民臣，畜鱼三年，其利可以致千万，越国当富盈。"越地森林密布，"勾践善伐材，文刻献于吴"[5]。此外铸铜、制盐业都十分兴旺。近年来江浙地区出土不少青铜农具。《周礼·考工记》郑注："粤（越）地……山出金锡，铸冶之业，田器尤多。"总之，当时吴越两国经济上是农牧林渔多种经营，铸冶业发达，国力都已十分富强。吴国"城厚而崇，池广以深，甲坚士选，器饱弩劲"[6]，越国"内实府库，垦其田畴。民富国强，众安道泰"[7]。以后越灭吴，"中国皆畏之"。所以战国以后，中原诸雄对江东都怀有戒备之心。秦末江东子弟反秦，使汉初刘邦对江东人民颇有戒心。初封吴王濞时，即谓"汉后五十年东南有乱者，岂若邪？然天下同姓为一家，慎无反"[8]！《汉书·武五子传》："广陵厉王胥赐策曰：呜呼！小子胥，受兹赤社，建尔国家，封于南土，世世为汉藩辅。古人有言曰：大江之南，五湖之间，其人轻心。扬州保强，三代要服，不及以正。"《汉书·严助传》："……越，方外之地，劗发文身之民也。不可以冠带之国法度理也。自三代之盛，胡越不与受正朔，非强弗能

1 《吴越春秋·阖闾内传》。

2 《吴越春秋·越王无余外传》。

3 《越绝书·越绝外传记吴地传》。

4 《越绝书·计倪内经》。

5 《越绝书·越绝外传记吴地传》。

6 《吴越春秋·夫差内传》。

7 《吴越春秋·勾践归国外传》。

8 《史记》卷106《吴王濞列传》。

服，威弗能制也，以为不居之地，不牧之民，不足以烦中国也。故古者封内甸服，封外侯服，侯卫宾服，蛮夷要服，戎狄荒服，远近势异也。自汉初定以来七十二年，吴越人相攻击者不可胜数，然天子未尝举兵而入其地也。"可见秦汉以来，江东地区被中原王朝视为王畿以外的五服之地。所以汉初对江东地区的经济并不支持，控制也较松弛。"会孝惠、高后时，天下初定，郡国诸侯各务自拊循其民。吴有豫章郡铜山（三家注以为此豫章当指故鄣，即秦鄣郡，汉丹阳郡，今苏皖浙三省交界地），濞则招致天下亡命者盗铸钱，煮海水为盐，以故无赋，国用富饶。"[1]《盐铁论·错币》："文帝之时，纵民得铸钱，冶铁、煮盐。吴王擅鄣海泽，邓通专西山，山东奸猾咸聚吴国，秦雍汉蜀因邓氏，吴邓钱布天下。"《盐铁论·禁耕》："异时盐铁未笼，布衣有朐邴，人君有吴王，皆盐铁初议也。吴王专山泽之饶，薄赋其民，赈赡穷小，以成私威。"正由于中央控制的薄弱，地方经济伺机得到了充分的发展。《汉书·吴王濞传》："为吴王，王三郡五十三城……会孝惠、高后时天下初定，郡国诸侯各务自拊循其民。吴有豫章郡铜山，即招致天下亡命者盗铸钱，东煮海水为盐，以故无赋，国用饶足（如淳曰：铸钱煮海，收其利以足国用，故无赋于民也。）……吴得释，其谋亦益解。然其居国以铜盐故，百姓无赋。卒践更，辄予平贾。岁时存问茂材，赏赐闾里。它郡国吏欲来捕亡人者，颂共禁不与。如此者三十余年，以故能使其众……孝景前三年正月甲子，初起兵于广陵……吴国虽贫，寡人节衣食用，积金钱，修兵革，聚粮食，夜以继日，三十余年矣。"由于地方财富的积累，才有力发动叛乱，并为叛军的首领。这些物产对当时整个社会经济未必有重大影响，但对南方地区财富集中在少数人手中，则起了一定的作用。总之，到了汉武帝时代，江东地方经济已有相当发展，成为农业、渔业、冶铁、铸钱、煮盐多种经营的经济区。

本区经济中心，一为广陵（今江苏扬州市），长江北岸一都会，是江东地区进入中原的始发地，也是当时采铜、铸钱、煮盐中心。《史记·三王世家》："夫广陵在吴越之地……三江五湖有鱼盐之利，铜山之富，天下所仰。"一为吴（今苏州市），即西汉会稽郡治。吴地处五湖三江之会，有陆道、水道通中原。不过，其时江东商品经济不如中原经济发达，其都会繁荣程度也不如中原诸地。

（七）淮汉经济区。本区大致相当于汉代颍川、汝南、淮阳、南阳、江夏、九江、庐江诸郡，约相当于今淮河以北颍、汝河流域、江淮之间和南阳盆地。

1 《史记》卷106《吴王濞列传》。

本区是黄河和长江两大流域之间的过渡地带，因此经济上也有明显的过渡色彩。北部受华夏文化影响，以农业为主，《史记·货殖列传》："秦、夏、梁、鲁好农而重民，三河、宛、陈亦然。"南部受楚越文化影响，特别是汉武帝时期两次迁东瓯、闽越人至江淮间，所以司马迁说寿春、合肥一带，"与闽中、干越杂俗"。经济特色是多鱼盐之利，因此本区是梁宋经济区和江南经济区的过渡地带。本区南部商品经济不发达，经济中心全在北部，一是江陵，即楚都郢，是长江中游地区的经济中心。《史记·货殖列传》称郢："西通巫、巴，东有云梦之饶。"桓谭《新论》："楚之郢都，车毂击，民肩摩……号为朝衣新而暮衣蔽。"[1]二是陈（今河南淮阳市），地处"楚夏之郊，通鱼盐之货，其民多贾"。三是南阳盆地的宛（今河南南阳市），"西通武关、郧关，东南受汉、江、淮。宛亦一都会也"。南阳盆地是当时冶铁中心之一，"宛孔氏之先，梁人也，用铁冶为业。秦伐魏，迁孔氏南阳，大鼓铸，规陂池，连车骑，游诸侯，因通商贾之利"，"家致富数千金"。四是战国末年的楚都寿春，地处淮河南岸，是南北交通干道上一都会。五是合肥，地处江淮地区中部，有南北肥水沟通，所谓"合肥受南北潮，皮革、鲍、木输会也"[2]。皮革是北方产品，鲍、木是南方产品，可见合肥是南北商品的交流点。本区经济不发达，而经济都会却多于他区，其原因就是本区的经济特色主要是沟通南北的商品交流，是典型的过渡经济地带。

（八）江南经济区。战国秦汉时所谓"江南"的地域范围，在历史文献上所指不很明确。据周振鹤《释江南》考证：当时所谓"江南"，主要是指长江中游以南地区，大致相当于今长江以南的两湖和江西地区，汉代的豫章、长沙二郡，有时也包括会稽、丹阳郡，即今苏南、皖南，如所谓"江南丹徒"，但此例少见。[3] 黄今言《秦汉江南经济述略》一书认为当时"江南""通常是泛指岭南以北、长江流域及其以南的广大地区。它包括会稽、丹阳、豫章、南郡、江夏、长沙、桂阳、零陵、武陵等郡，还有沿长江南岸的巴蜀之地也在其列。也就是荆、扬二州的大部分和益州的一部分地区"，[4]范围似乎过于广了一些。然综观当时记载，战国秦汉时期"江南"一词，除了指今两湖和江西地区外，在言者心目中，还有一种含义就是指大江以南经济比较落后的地区，故吴楚七国之乱平定后，吴王濞败走，"保于江南丹徒"，即指远离中原的荒蛮之地。与

1　《太平御览》卷 776《车部五》引。

2　以上均见《史记》卷 29《货殖列传》。

3　周振鹤：《释江南》，《中华文史论丛》第 49 辑。

4　黄今言：《秦汉江南经济述略》，江西人民出版社 1999 年，第 2—3 页。

唐代以后指经济比较发达的地区迥然不同，当时长江中下游流域处在一种河湖纵横、沼泽遍地的环境之下，多雨潮湿的气候和茂密的森林杂草，滋长了各种威胁人类生存的细菌和疾病，人的平均寿命很短。司马迁说“江南卑湿，丈夫多夭”，就是说不少男子未长成年即已夭折。这种情况至西汉时尚未改变，《汉书·严助传》中描述南方的环境时说：“入越地……夹以深林丛竹，水道上下击石，林中多蝮蛇猛兽，夏日暑时，欧泄霍乱之病相随属也……南方暑湿，近夏瘅热，暴露水居，蝮蛇蠚生，疾疠多作，兵不血刃而病死者什二三。”中原人将江南视为畏途。本来就稀少的人口，再加上成年劳动力的不足，使长江中下游地区经济的开发不可能迅速地发展。再说长江中下游地区自古农业以种水稻为主，多水虽有利于水稻，但水稻需要灌溉，既需要灌也需要排，同样要讲究水利。但南方多丘陵、斜坡，不能蓄水，洼地需要排水，否则作物会被水所淹。长江中下游的土壤是黏质湿土，《禹贡》扬州“厥土惟涂泥，厥田惟下下”，荆州“厥土惟涂泥，厥田惟下中”，面对这种卑湿的黏土，木石工具是很难有大作为的。这就使早期南方的经济发展的步伐不可能很快。

到了春秋后期至战国时代，铁器工具广泛使用，对长江中下游地区社会经济的发展起了决定性的作用。至迟在春秋战国之际，即公元前五六世纪间，冶铸生铁已应用于生产，这比欧洲至少要早 1 800—1 900 年。而块炼铁的出现，仅略早于生铁，约在春秋后半叶，即公元前六七世纪之间。至于我国最早冶炼和使用铁器的地点，考古学者多认为是在楚国。[1] 铁器工具的出现，使辟草莱、砍森林、筑沟渠、修海堤成为可能，使南方湿润的气候，肥沃的黏土，密布的湖沼，那些原先不利的自然环境一下子变为优越的自然条件，大大加速了南方经济开发的进程。但总的来说，江南地区相对还是落后的，正如《史记·货殖列传》：“楚越之地，地广人希，饭稻羹鱼，或火耕而水耨，果隋蠃蛤，不待贾而足，地艺饶食，无饥馑之患，以故呰窳偷生，无积聚而多贫。是故江淮以南，无冻饿之人，亦无千金之家。”《史记·货殖列传》又说：“其俗剽轻，易发怒，地薄，寡于积聚……江南、豫章、长沙，是南楚也。”正义曰：“此言大江之南豫章、长沙二郡。”《汉书·地理志》亦云：“江南地广，或火耕水耨。”总之，当时江淮以南地区经济生产较为落后，但当地有丰富的自然资源的产品作为商品交流，如“多竹木。豫章出黄金，长沙出连、锡，然堇堇物之所有，取之不足以更费”。正如《集解》引应劭曰：“堇，少也。更，偿也。言金

1 夏湘蓉等编著：《中国古代矿业开发史》，地质出版社 1980 年，第 27 页。

少少耳，取之不足用，顾费用也。”但是由于生产力不高，未得到充分开发，所以对当地经济未见重要影响，也未形成重要经济中心。

（九）岭南经济区。本区指五岭以南到海南岛的岭南地区，相当于今两广和海南三省，还包括今越南北部地区。战国时期岭南为土著越人居地。秦统一岭南，使岭南地区归属中央王朝直接控制之下，特别是灵渠的开凿，加强了南北经济文化交流。赵佗南越国时期，中原地区铁器农业工具传入，促进了当地的农业生产。《汉书·两粤传》：“高后时，有司请禁粤关市铁器。”考古发现战国秦汉时岭南地区使用的铁器有斧、锄、锸、镰、铲、犁、耙等农具，有利于砍伐森林、铲除草莱、开辟荒地，当地的经济有明显发展。汉平南越，秦时曾迁入大批汉人，《汉书·晁错传》：“秦之戍卒不能其水土，戍者死于边，输者偾于道。秦民见行，如往弃市，因以谪发之，名曰谪戍。先发吏有谪及赘婿、贾人，后以尝有市籍者，又后以大父母、父母尝有市籍者，后入闾，取其左。”所以《史记·货殖列传》说：“九疑、苍梧以南至儋耳者，与江南大同俗。”《汉书·高祖纪下》：高帝十二年（前195）诏云：“粤人之俗，好相攻击，前时秦徙中县之民南方三郡（桂林、南海、象郡），使与百粤杂处。会天下诛秦，南海尉它居南方长治之，甚有文理，中县人以故不耗减，粤人相攻击之俗益止，俱赖其力。今立它为南粤王。”大量汉人进入岭南地区，汉族与越人本来就都是农业民族，因此其间文化交流、民族融合较易。岭南地区居民根据当地的自然条件，创造了潮田，“交趾昔未有郡县之时，土地有雒田。其田从潮水上下，民垦食其田，因名为雒民”[1]。同时从近年来在两广地区汉墓中出土的铁制农具、陶制水田模型，都反映出岭南地区农业已不下于江南地区。汉武帝破南越，“起扶荔宫，以植所得奇草异木：菖蒲百本，山姜十本，甘蕉十二本，留求子十本，桂百本，蜜香、指甲花百本，龙眼、荔枝、槟榔、橄榄、千岁子、甘橘皆百余本。上木，南北异宜，岁时多枯瘁”[2]。《后汉书·和帝纪》：岭南进贡龙眼荔枝，“十里一置，百里一候，奔腾阻险，死者继路”。东汉末年交趾刺史士燮为讨好孙权，“奇物异果，蕉、邪、龙眼之属，无岁不至”[3]。反映岭南地区的农业是多种经营。海南岛地区“男子耕农，种禾稻纻麻，女子桑蚕织绩。亡马与虎，民有五畜，山多麈麖”，颜师古注：“五畜，牛、羊、豕、鸡、犬”，[4]反映武帝前海南岛地区已进入以农业为主、多种经营副业的家庭

1 《水经·叶榆水注》，引《交州外域记》。

2 《三辅黄图》卷3。

3 《三国志》卷49《吴志·士燮传》。

4 《汉书》卷28《地理志》。

式小农经济，并且是我国纺织业的发源地。

岭南地区对外贸易主要通过海路，位于今天广州的番禺，成为该经济区的中心。《史记·货殖列传》："番禺亦其一都会也，珠玑、犀、瑇瑁、果布之凑。"其贸易半径，已扩大到东南亚地区。《汉书·地理志》："处近海，多犀、象、毒冒、珠玑、银、铜、果布之凑，中国往商贾者多取富焉。番禺，其一都会也。"其中的"果布"，过去传统的说法果是指龙眼、荔枝等，布指葛布。据现代学者研究，"果布"是马来语"果布婆律"上半的音译，学名龙脑香，又称冰片，是名贵药材和高级香料，产于东南亚，[1]可见其时海外交通贸易已很发达。1974年在广州发现的秦汉造船工场遗址，[2]说明岭南地区的经济已与海外有联系。多年来在岭南地区发掘的秦汉墓葬，出土大量器物中有不少形制与黄河、长江流域同时期出土的文物相同。《汉书·地理志》又云："自合浦徐闻南入海，得大州，东西南北方千里，武帝元封元年略以为儋耳、珠崖郡。民皆服布如单被，穿中央为贯头。男子耕农，种禾稻纻麻，女子桑蚕织绩。亡马与虎，民有五畜，山多麈麖。兵则矛、盾、刀，木弓弩，竹矢，或骨为镞。自初为郡县，吏卒中国人多侵陵之，故率数岁壹反。元帝时，遂罢弃之。"又说"自日南障塞、徐闻、合浦"出海可至东南亚各地贸易，可见徐闻、合浦也是岭南经济区对外贸易的重要港口。

（十）巴蜀经济区。本区相当于今重庆市、四川省和陕西汉中盆地。在地理上跨青藏高原、横断山地、秦巴山地、湘鄂西山地四大自然区，自然要素的过渡性、多样性、差异性是本区的特点。产业构成：中部四川盆地以农耕业为主要产业，东部川陕地区农耕、养畜、渔猎、经济作物业兼营，川西则高原畜牧、狩猎业为主。本区原为巴蜀旧地，现发现的三星堆文化为早蜀文化，大致上相当于公元前16世纪至前8世纪，已有发达的青铜文化。据郭声波研究，相当于原始社会后期的广汉三星堆遗址第三期出土文物，表明当时人仍过着畜牧和狩猎为主的生活，农业不占多大比例。到了三星堆四期，杜宇时代成都平原的旱地农业开始有了发展。而川东巴地，则还处在以渔猎为主、农业为辅的时代。[3] 从战国末年秦灭巴蜀，后经秦汉两代统一王朝在川陕交通上的开发，从而在政治、经济、文化上的整合，包括两代人从中原大量移民入蜀，遂使蜀地区成为汉文化圈的一部分。唐代卢求《成都记序》说

1　何清谷：《试论秦对岭南的统一与开发》，《人文杂志》1986年第1期。

2　广州市文物管理处、中山大学考古专业75届工农兵学员：《广州秦汉造船工场遗址试掘》，《文物》1977年第4期。

3　郭声波：《四川历史农业地理》，四川人民出版社1993年，第5—13页。

秦惠王并巴蜀后移民的目的是"皆使能秦言"，也就是说，从生产方式到风俗习惯，都要利用移民的影响去加速其变革。根据史籍调查，秦代移民在四川的分布是北起今青川、广元，南到荥经、洪雅一带狭长的带状地区，向东未超过涪江中游和沱江中游，基本上就是当时蜀郡的范围。他们与东部巴人、赍人的交界线，可视作农耕区与半农半渔猎区的分界线。秦虽在巴郡设置郡县，但仍保留巴人的酋长，未实行直接统治。而川西为羌人所居，以畜牧为主而兼有种植。[1] 如川西北汶山郡冉駹夷"土地刚卤，不生谷粟麻菽，而宜畜牧"[2]。武都郡白马氐"出名马、牛、羊"[3]。在蜀地区经济方面，成都平原由于都江堰的开筑，较早以农耕业为主要产业。汉初，"诸侯并起，民失作业，而大饥馑，凡米石五千，人相食，死者过半。高祖乃令民得卖子，就食蜀汉"[4]。刘邦伐楚，"萧何收巴蜀租，给军粮食"[5]。说明汉初，蜀汉地区的粮食还是有余的。同时蜀汉物产丰富，有多种资源。《汉书·地理志》："巴蜀、广汉本南夷，秦并以为郡，土地肥美，有江水沃野，山林竹木疏食果实之饶。南贾滇、僰僮，西近邛、莋马旄牛。民食稻鱼，亡凶年忧，俗不愁苦，而轻易淫泆，柔弱褊阨。景、武间文翁为蜀守，教民读书法令，未能笃信道德，反以好文刺讥，贵慕权势。及司马相如游宦京师诸侯，以文辞显于世，乡党慕循其迹。"《华阳国志·蜀志》："孝文帝末年，以庐江文翁为蜀守，翁穿湔江口，灌溉郫繁田千七百顷。"《史记·货殖列传》："巴蜀亦沃野，地饶卮、姜、丹沙、石、铜、铁、竹、木之器。南御滇僰、僰僮。西近邛笮，笮马、旄牛。然四塞，栈道千里，无所不通。"据《汉书·地理志》记载，巴蜀地区有铁官四处：蜀都临邛、犍为郡南安和武阳、汉中沔阳；盐官也有四处：蜀郡临邛、犍为南安、巴郡朐忍、益州郡连然；工官二处：蜀郡成都、广汉郡雒；木官一处：蜀郡严道。陈直《汉书新证》据西安汉代出土封泥"严道橘丞"，认为严道还有橘官。这些都是官营手工业，按官方需要生产，商品意义不大。但既然有了较大规模的官方手工业场，有了原料和技术工人，就有可能诱发私人经营。《史记·西南夷列传》："及汉兴，皆弃此国而开蜀故徼。巴蜀民或窃出商贾，取其笮马、僰僮、旄牛，以此巴蜀殷富。"所谓"窃出商贾"，就是商人采购了产品后，逃避关税私自贸易。任乃强《华阳国志校补图注》说："当时蜀中商贾以奴隶、旄牛、笮

1 郭声波：《四川历史农业地理》，四川人民出版社1993年，第14—19页。
2 《后汉书》卷86《西南夷传》。
3 《后汉书》卷86《西南夷列传》。
4 《汉书》卷24上《食货志上》。
5 《汉书》卷1上《高帝纪》。

马为主要商品。”筰马的主要市场在邛都(越嶲郡治,今四川西昌市),旄牛的主要市场在筰都(沈黎郡治,今汉源县附近)[1],当时以这两个边城为西南夷与蜀地商品贸易的城市。由于蕴藏丰富的铁矿,从中原迁往蜀地的工商业者由此大显身手,赵人卓氏秦时迁至临邛,冶铁致富,“倾滇蜀之民,富至僮千人”。从山东迁往临邛的程氏也以冶铁为业,“富埒卓氏”。由于有充足的粮食生产,可以维持多余的劳力去从事其他手工业生产,用商品去交换其他必需品,如在云南昭通、鲁甸、丽江,四川的西昌都发现过铸有“蜀郡”字样的汉代铁锸。可知蜀地即以铁器与西南夷换取旄牛和筰马,蜀地还有不少土特产销往外地,如“枸酱”秦汉时已为商品,向北远销至中原各地,向南由牂柯江运入番禺;又如“蜀郡之布”[2],据《史记·西南夷列传》载,在汉武帝前已有蜀布、邛杖远销至大夏,即阿富汗。《史记·大宛列传》载,当时有“蜀贾奸出物者”至印度、缅甸等地。所谓“奸出物者”,就是偷越关徼,逃避征税,做走私贸易。《蜀都赋》:“邛杖传节于大夏之邑,枸酱流味于番禺之乡。”当时巴蜀地区虽然内部各地区生产不一,但商品经济还处于初步阶段,还只能自成一区,形成了具有自己特色的经济区。

巴蜀地区的经济中心,第一当数成都,这是从其处在成都平原中心的地理位置而言,但司马迁《史记·货殖列传》里讲的名都大邑没有提到成都,可能武帝以前成都与内地的商品联系还不很紧密。西汉后期,成都才明显发展起来,《汉书·地理志》几个大城市的户口数中,成都的户口数仅次于长安。第二则是临邛(今四川邛崃市),地处四川盆地西南边缘,其西为邛崃山,南为大相岭,属于纵贯南北的横断山系。由其区位所决定,临邛自古即是良好的农业区,又是西南冶铁中心。其西、南是高原畜牧区和山地半农半牧区,而临邛则成为成都平原农业经济、城市手工业经济同川西高原畜牧业经济和南中地区半农半牧经济进行交流的中心。[3] 所以临邛“民工于市,易贸”[4],中原迁来冶铸者程氏、卓氏“俱居临邛”,以便将商品销售给边缘的非农耕民族。

(十一)西南经济区。本区相当于今四川南部和贵州、云南两省,为云贵高原区。在汉武帝以前,本区处在原始农业和游牧阶段。川西、黔西、滇东、滇中的夜郎、靡莫、滇、邛都等数十个部落,已进入有“耕田,有邑聚”的定居

---

1 任乃强:《华阳国志校补图注》,上海古籍出版社 1987 年,第 116 页。

2 《盐铁论·本议》,为麻布。

3 段渝:《论秦汉王朝对巴蜀的改造》,《中国史研究》1999 年第 1 期。

4 《史记》卷 129《货殖列传》。

农业社会。如"滇池地方三百里,旁平地,肥饶数千里"[1]。据考古资料,新石器时代开始已有种植水稻的痕迹。[2] 而滇西还处在落后"随畜迁徙,毋常处,毋君长"的较为原始的游牧阶段,范围很大,"地方可数千里"。楚威王时庄蹻入滇池一带,后因秦夺楚巴郡、黔中郡,道塞不通,于是王滇,"变服,从其俗,以长之",并未改变当地的生产方式。[3] 汉武帝开西南夷后,《史记·平准书》载:"当是时,汉通西南夷道,作者数万人,千里负担馈粮,率十余钟致一石,散币于邛、僰以集之。数岁道不通,蛮夷因以数攻,吏发兵诛之。悉巴蜀租赋不足以更之,乃募豪民田南夷,入粟县官,而内受钱于都内。"《华阳国志·南中志》晋宁郡载:汉武帝元封二年(前109),"因开为郡,治滇池上,号曰益州……汉乃募徙死罪及奸豪实之"。《三国志·蜀志·吕凯传》裴注引孙盛《蜀世谱》:"初秦徙吕不韦子弟宗族于蜀汉。汉武帝时,开西南夷,置郡县,徙吕氏以充之,因曰不韦县。"有人根据西南夷地区发现的汉墓地点指出了当时汉人分布的情况,即今四川西北部、云南、贵州大部分地区都曾有汉人迁居,分布特点是主要在自然条件较好的小型盆地和一些较平坦的河谷地带,以及交通要道的沿线地区。[4] 秦汉时代汉民的迁入,对当地的经济应有一定影响。尤其是"巴蜀民或窃出商贾,取其笮马、僰僮、旄牛,以此巴蜀殷富",同时也促进了西南地区商品经济的兴起。但由于地形复杂,盆地狭小而分散,故未形成统一的经济区,所以也未出现经济中心。

(十二)西北农牧交错区。本区指今陕北、陇东、内蒙古河套地区及其以南鄂尔多斯高原、河西走廊和晋北、晋西北地。春秋时期为羌胡所居,具体而言有大月氏、乌孙、诸羌,战国后期匈奴强大,西北地区为其控制,原是游牧产业区。战国末年和秦汉时期汉族政权北逐匈奴据有其地后,开始大规模移民实边,设置郡县,发展农耕业。但因当地自然环境所决定,除河谷平原外,不少地方仍以畜牧为主。内蒙古河套以南、陕北、陇东,在秦时为九原、上郡、北地、陇西郡地,秦始皇时北地郡境内乌氏倮因畜牧业致富,其"畜至用谷量马牛。秦始皇帝令倮比封君,以时与列臣朝请"[5]。西汉时在该地有安定、北地、天水、陇西、上郡、西河六郡,《汉书·地理志》说此六郡,"皆迫近戎狄,修习战备,高上气力,以射猎为先……汉兴,六郡良家子选给羽林、

1 《史记》卷116《西南夷列传》。
2 云南省文物工作队:《云南滇池周围新石器时代遗址调查简报》,《考古》1961年第1期。
3 《史记》卷116《西南夷列传》。
4 罗二虎:《秦汉时代的中国西南》,天地出版社2000年,第77页。
5 《史记》卷129《货殖列传》。

期门，以材力为官，名将多出焉”，“天水、陇西多材木，民以板为室屋”。《史记・货殖列传》云：汉武帝时“天水、陇西、北地、上郡与关中同俗，然西有羌中之利，北有戎翟之畜，畜牧为天下饶”，又曰“然地亦穷险，唯京师要其道”。其意谓这里对外交通不便，只靠京师控制其对外贸易。武帝时徙贫民70万于朔方以南的新秦中，起初“衣食皆仰给县官。数岁假予产业，使者分部护之，冠盖相望”[1]。侯仁之先生在20世纪60年代，在乌兰布和沙漠北部发现了汉代垦区，并发现了汉代属于朔方郡的临戎、三封、窳浑三座古城废墟和分布很广的汉墓群。《汉书・匈奴传上》载：卫青、霍去病北逐匈奴后，“匈奴远遁，漠南无王庭。汉度河，自朔方以西至令居，往往通渠，置田官吏卒五六万人”，证明汉代乌兰布和沙漠地区第一次出现大规模的农业垦殖。[2] 河西走廊本为匈奴昆邪王、休屠王地，完全是畜牧区。汉武帝占河西走廊后，初置河西四郡，并将关东地区下贫、犯有罪过的人迁往河西走廊，《史记・平准书》记“初置张掖、酒泉郡，而上郡、朔方、西河、河西开田官，斥塞卒六十万人戍田之”，为河西地区提供了劳动力，开始了大规模屯田。但本区为干旱半干旱区，雨量稀少，无灌溉不能有农业，故《史记・河渠书》也说：“自是之后，用事者争言水利，朔方、西河、河西、酒泉皆引河及川谷以溉田。”河西地区自迁入汉人后，也开始有了农耕业，因为有祁连山雪水可以灌溉，故“是以其俗风雨时节，谷籴常贱，少盗贼，有和气之风，贤于内郡”[3]。《汉书・食货志上》述武帝末年行赵过代田法，“又教边郡及居延城”。据近年在居延出土的汉简可知，汉时在居延地区置有居延都尉、肩水都尉两军事机构，居延都尉驻破城子，下辖居延、遮虏、殄北、甲渠、卅井候官及居延田官；肩水都尉驻大湾，下辖肩水、橐他、广地、仓石、庾候官及骍马屯田官。北部以甲渠塞、卅井塞和居延泽包围了居延屯田区，简文中还有“遮虏田田舍”“中部田舍”“宜谷田舍”“当道田舍”等文字，陈梦家先生认为“皆可证居延于当时为屯田的中心”[4]。虽然有了相当规模的农耕业，然而这里“地广人稀，水草宜畜牧，故凉州之畜为天下饶”[5]。《汉书・百官公卿表上》载，汉置“边郡六牧师菀令，各三丞”。师古注：“《汉官仪》云：牧师诸菀三十六所，分置北边、西边，分养马三十万头。”可见畜牧业在地区产业中仍占十分重要的地位。晋西北、晋北

---

1 《史记》卷30《平准书》。
2 侯仁之：《历史地理学的理论与实践》，上海人民出版社1979年，第69—94页。
3 《汉书》卷28下《地理志》。
4 陈梦家：《汉简缀述・汉简考述》，中华书局1980年，第28页。
5 《汉书》卷28下《地理志下》。

地，即西汉时定襄、云中、五原、雁门等郡，原亦为戎狄地，赵武灵王北逐胡后，秦汉时燕、赵、卫、楚等地人口迁往，由于当地环境和传统文化的影响，“其民鄙朴，少礼文，好射猎”[1]。总之，从战国时至汉武帝时，因汉人势力的进入，这里从原先的畜牧区开始发展为半农半牧的农牧交错区，也是农耕区和畜牧区的过渡地带。《汉书·货殖传》载：“乌氏赢畜牧，及众，斥卖，求奇缯物，间献戎王。戎王十倍其偿，予畜，畜至用谷量。”不过这时本区与内地和域外的贸易还处于开始阶段，尚未形成显著的经济中心，其时中心城市，当以凉州武威为首。

（十三）北方畜牧区。这里指河套、阴山以北的蒙古高原，是典型的干旱区和半干旱区，战国秦汉时为匈奴族活动之地。匈奴为“逐水草迁徙”的游牧民族，“其畜之所多则马、牛、羊，其奇畜则橐驼、驴、骡、駃騠、騊駼、驒騱”[2]。“骡驴骆驼，北狄之常畜也”[3]，是蒙古高原典型的畜牧经济区。匈奴“无城郭常居耕地之业”，又“好汉缯絮、食物”；而汉朝也需要其所产牛马、皮革、羊毛，双方都有商品上的需要，于是北方畜牧区与中原农耕区之间“通关市不绝以中之”。[4] 当然匈奴也不是绝对没有农耕业，如《史记·卫将军骠骑列传》载，霍去病追击匈奴，“至寘颜山赵信城，得匈奴积粟食军。军留一日而还。悉烧其城余粟以归”。说明匈奴也有一定规模的农耕业，但其无商品意义。

漠北地区又因降水不同，可以大漠沙碛为界，分为南北两部。南部漠南地水草丰美，为理想的畜牧处。《汉书·匈奴传下》：“元帝以后宫良家子王嫱字昭君赐单于……(侯)应曰：……臣闻北边塞至辽东，外有阴山，东西千余里，草木茂盛，多禽兽，本冒顿单于依阻其中，治作弓矢，来出为寇，是其苑囿也。至孝武世，出师征伐，斥夺此地，攘之于幕北。建塞徼，起亭隧，筑外城，设屯戍，以守之，然后边境得用少安。”漠南也有少量微弱的农业，如“其冬，匈奴大雨雪，畜多饥寒死”“会连雨雪数月，畜产死，人民疫病，谷稼不熟（师古曰：北方早寒，虽不宜禾稼，匈奴中亦种黍穄），单于恐，为贰师立祠室”“是岁也，匈奴饥，人民畜产死十六七”。[5] 北部漠北情况有所不同，如今蒙古国境内，气候干旱，年降雨仅一百多毫米，戈壁占全国领土的1/3，史载“幕北

1 《汉书》卷28下《地理志下》。

2 《史记》卷110《匈奴列传》。

3 《盐铁论·崇礼》。

4 《史记》卷110《匈奴列传》、《汉书》卷94上《匈奴传上》。

5 《汉书》卷94上《匈奴传上》。

地平，少草木，多大沙，匈奴来寇，少所蔽隐，从塞以南，径深山谷，往来差难”[1]，“是时天子巡边，亲至朔方，勒兵十八万骑以见武节，而使郭吉告单于……单于见吉，吉曰：南越王头已悬于汉北阙下。今单于即能前与汉战，天子自将兵待边；即不能，亟南面而臣于汉。但何远走，亡匿于幕北寒苦无水草之地为”[2]？因而幕北气候条件恶劣，不用说农耕业，即使主要产业——畜牧业，因受自然条件的影响而极不稳定，故时而要南进农耕区。

三、本时期经济区反映的商品经济的特点和地位

本时期是我国经济区的形成和确立时期，这种经济区格局的确立及其过程，反映了当时我国区域经济发展的不平衡性和区域间相互依存的统一性，也是秦汉的大统一帝国形成的经济地理基础。同时这种区域经济格局还反映了当时的经济地理背景：

（一）自春秋战国至汉武帝时代是我国黄河中下游地区从农牧业混合经济向单一农耕经济发展的过渡时代，最早形成单一农耕经济的是黄河中游的关中平原和下游的兖豫平原。如关中经济区、梁宋经济区，到了汉武帝时代基本统一为单一农耕经济。这与两个经济区地势平坦、河湖密布的地理条件有关。同时由于这两区以粮食种植业为主，所以其特点是输出商品较少，而输入商品最多。关中为首都长安所在，对商品的需求大于他区，理所当然；且区内生产的手工业商品主要在区内流通，很少流向他区。而兖豫平原向关中输出粮食，主要是政府的调拨，而非商品；其当地所谓“兖豫之漆丝絺纻”，在全国并非十分著名。所以在该区内流通的商品，主要是东西部流通的过境商品。其经济中心定陶、睢阳都是交通性城市而非产业性城市。

（二）秦汉王朝特别重视农业生产，不论维持政府机构的正常运行，或是抵御外来侵略，以及对付内部反王朝势力，都需要粮食。当时汉王朝中央政府的粮食来源，除了就近的关中平原和三河地区外，主要来自黄河下游的兖豫平原。关中、三河地区平原狭小，所产有限。所以秦汉时代的基本经济区除了首都所在的关中地区外，就是兖豫平原。秦汉时代著名的粮仓——敖仓（今河南荥阳市东北敖山上），就位于兖豫平原进入关中平原的咽喉处。所以关中经济区和兖豫经济区是秦汉王朝的两个基本经济区。西汉末年赤眉军活动的主要地区在兖豫平原和关中平原，社会经济遭到严重破坏，加上

1　《汉书》卷94上《匈奴传上》。

2　《汉书》卷94上《匈奴传上》。

新莽政权的倒行逆施，西汉王朝即由此衰亡。

（三）春秋战国时期区域间商品经济已经相当发达，至汉朝统一，区域间商品经济有进一步发展。《史记·货殖列传》："汉兴，海内为一，开关梁，弛山泽之禁，是以富商大贾周流天下，交易之物莫不通，得其所欲，而徙豪杰诸侯强族于京师。"其"时民近战国，皆背本趋末"[1]，由此促进了经济区域间商品经济的繁荣。司马迁在《货殖列传》里列举了不少以商业致富的巨商后说："皆非有爵邑奉禄弄法犯奸而富，尽椎埋去就，与时俯仰，获其赢利，以末致财，用本守之，以武一切，用文持之，变化有概，故足术也。若至力农畜，工虞商贾，为权利以成富，大者倾郡，中者倾县，下者倾乡里，不可胜数。"这些富商大贾贩卖的商品主要是人民生活、生产必需的盐、铁。官营手工业生产的铁器，"大抵多为大器，务应员程，不给民用。民用钝弊，割草不痛""多苦恶，用费不省"，而民间所生产铁器"器利而中用"。[2] 当武帝实行盐铁官营和重农抑商政策以后，给民间生产带来很大不便。因此可以估计，除了盐铁以外，其他纺织、农副、经济作物等产品，主要在区内或区间流通，尚未形成全国性商品市场。

（四）当时区域间贸易，主要是农副、手工业产品盐铁和畜产品间的贸易，而不是粮食的贸易。当时各地区人口还未出现饱和状态，除了政府调拨，民间所需粮食由自己生产，不求他区，所谓"百里不贩樵，千里不贩籴"也。这种商品贸易的加强，促使区域经济特色更为显著。蜀汉的金银扣漆器业、南阳的冶铸业、齐地临淄的丝织业、襄邑、睢阳的织锦业以及《史记·货殖列传》所记各地具有特色的农副产品，都是在商品贸易中获利而发展的产业，这对后代地域经济的发展具有重要的意义。

（五）当时各地区产品的交换，主要表现为东、西和南、北地区间特产的贸易。如以洛阳为天下之中，地处"齐、秦、楚、赵之中"，但东西部贸易占主要地位。《史记·货殖列传》：子赣"废著鬻财于曹、鲁之间"，陶为"天下之中"。说明春秋以来东西部贸易十分活跃，当时主要商业都会，如长安、洛阳、睢阳、定陶、临淄等大都市大多在东西交通要道上，主要是农副产品与鱼、盐、铁制品间的贸易。《盐铁论·本议》："陇蜀之丹漆旄羽，荆扬之皮革骨象，江南之楠梓竹箭，燕齐之鱼盐旃裘，兖豫之漆丝絺纻，养生送终之具也。待商而通，待工而成。"荆扬、江南之产品，并非人民生活必需，且当时南

1 《汉书》卷24上《食货志上》。

2 《盐铁论·水旱》。

方经济尚未发展到在全国举足轻重的地位，而南方的奇珍异物除了进贡统治阶级外，商品意义还不重要。北部与游牧民族的商品交换，如粮食、铁器与皮毛等畜产品的交换，主要还是政府行为，民间的贸易固然存在，但是还不占重要地位。

（六）从春秋战国至汉武帝时代，以农业生产而言，黄河流域胜于长江以南地区。以蕴藏资源而言，长江以南地区胜过黄河流域。当手工业、商业还不很发达的时期，全国的经济中心必然在黄河流域。当手工业技术大大发展，产品增加，商品经济发展了，南方经济地位的上升是必然的事。武帝以后，南方社会相对稳定，经济逐渐上升。唐宋以后经济重心的南移和南方经济地位之上升，是我国经济地理环境所决定的必然结果。

总之，自春秋战国至汉武帝时代，我国经济区的基本格局已经形成。以后随着政治局面、民族迁移、人口分布、经济发展种种因素的变化，经济区随之发生变化。但是本时期经济区格局的奠定，对以后的变化具有重要意义。

（原载《历史地理》第18辑，上海人民出版社2002年版）

先秦两汉时期黄淮海平原的农业开发与地域特征

黄淮海平原是我国主要粮食生产基地之一，从新石器时代开始，即以农耕业为主要产业；商周以降，一直是我国的主要粮食产区。但数千年来几度兴衰，经历了曲折迂回的过程。本文就公元3世纪以前，黄淮海平原农耕业发展的过程及其区域特点为内容，作一番概括的论述。

一

近几年考古发现的成果，显示出黄淮海平原在新石器时代早中期聚落分布的地理特征：首先，相对集中在太行山东麓东北延伸至燕山南麓的山前洪积冲积扇地带，分布在今京广线左右；其次，黄河以南伏牛、熊耳、嵩山山脉的东麓洪积冲积扇与河北太行山东麓连成南北带状分布区，其中以发源于熊耳、嵩山山脉的汝、颍河上游最为集中；再次，鲁中山地周围山麓地带也是聚落集中地。这些地区的共同特点是地势高爽，坡降适度，水源丰富，排泄良好。近山林有利于采集和狩猎经济，但又有平敞的土地宜于耕种。于是先民们就在这里居留下来，在七八千年前已进入以农耕业为主的社会经济阶段。因此可以说，黄淮海平原上新石器时代早中期的聚落分布地带，也就是该平原最早出现农业的地区。

到了新石器时代晚期，黄淮海平原上的聚落分布出现了新的情况，即呈散状分布形态，并大多出现在河流两边的台地上，反映了当时人们已从山麓地带向平原中部比较高敞的台地迁移，以寻觅更多更好的农耕地。可是引人注目的是在当时河北平原中部，大致由京广线以东、徒骇河以北，西东约相去百数十公里至三百公里间，却始终是一片极为宽广的空旷地带，没有任何新石器时代遗址发现，直至商周时代仅太行山东麓的聚落稍有东移外，平原中部空白区仍达百数十至二百数十公里。这是因为从史前至春秋时代黄河下游河道在河北平原中部长期任意泛滥，河道呈扇形摆动，地面上形成许多沙岗、洼地以及史前时代残留下来的大片沼泽，以致早期人类无法在这片土地上长期居留形成聚落。[1]

河北武安磁山遗址和河南新郑裴李岗遗址是黄淮海平原早期新石器时代遗址的代表。磁山遗址在今武安市西南洺河北岸的台地上，高出现代河床25米，C^{14} 测定约公元前6000—前5600年间，考古学界称此时为前仰韶期文化。在遗址发现的80个窖穴中存有腐朽粮食的堆积，有的厚达2米以上，经过鉴定为粟。同时出土的还有不少农业生产工具以及家畜猪、狗、鸡和鹿、鱼、蚌、鸟类的遗骸，还有炭化了的果实，如榛子、胡桃、小叶朴等，反映当时种植业已为主要生产部门，并有余粮储藏，渔猎、采集经济仍有较重要的地位。[2]

裴李岗遗址在今新郑市西北约7.5公里处，位于双洎河拐弯处北岸一个岗地上，高出现代河床约25米。文化面貌与磁山颇多相似之处，经济也以种植业为主，作物有粟，并兼营渔猎、采集，出土较多的农业工具，其中有带锯齿的石镰，较磁山为精致。据 C^{14} 测定时间约公元前6000年以前，与磁山遗存时代相当或略早。裴李岗类型遗址除新郑外，在河南中牟、新密市、登封、巩义市、鄢陵、长葛和郏县、郑州等地陆续有所发现，说明豫西山麓地带是黄淮平原上前仰韶期人类聚落之地，也是当时的农业区。[3] 不过前仰韶期遗址文化堆积都很薄，最厚不过2米，这说明当时地广人稀，生产水平低下，农耕制度还处于比较原始的田莱制，就是在一块土地上耕作了一二年后，即将其抛荒，另外新辟耕地。因此人们固定居住在一个地点的时间不长。同时从聚落的微观分布来看，大多处在河流沿岸的高地上，可见都是经过选择的。[4]

仰韶文化是黄河中下游地区典型的新石器时代文化，时间约公元前5000—前3000年，在黄淮海平原上有大量发现。今河北省境内有曲阳钓鱼台（今属唐县），正定南杨庄、西杨庄，武安赵窑，邢台柴庄，磁县下潘汪、界段营，永年台口，邯郸百家村，北面还扩展到了桑干河流域，如蔚县四十里坡、桃花嘴，涿鹿下水磨等。河南省仰韶文化遗址也十分丰富。郑州东北6公里的大河村遗址是比较典型的，其他还有安阳后岗、高井台子、大正集、大司空村以及浚县大赉店等。

仰韶文化时期居民已进入定居阶段，文化堆积层普遍较厚，并出现半穴

1　谭其骧：《西汉以前的黄河下游河道》，《历史地理》创刊号，上海人民出版社1981年。

2　严文明：《黄河流域新石器时代早期文化的新发现》，《考古》1979年第1期。

3　开封地区文物管理委员会、新郑县文物管理委员会、郑州大学历史系考古专业：《裴李岗1978年发掘简报》，《考古》1979年第3期；李友谋、陈旭：《试论裴李岗文化》，《考古》1979年第4期。

4　王妙发：《黄河流域史前聚落》，《历史地理》第6辑，上海人民出版社1988年。

居及地面房屋，社会经济以农业为主，同时也饲养家畜，兼营渔猎、采集。郑州大河村遗址出土一瓮炭化粮食，有人鉴定为高粱。[1] 当时的一个遗址往往就是一个农业聚落。而这种农业聚落分布地理特点，显然是前仰韶分布点向洪积冲积扇前缘发展的结果。

黄淮海平原东部地区有代表性的新石器时代文化为大汶口文化，主要分布在泰山山脉周围山麓地带，向东发展至黄海之滨，北抵渤海南岸，西至鲁西平原东部边缘，南及江苏淮北一带。豫东南、安徽淮北地区也有零星发现。这种以泰山周围山麓地带为中心向四周扩散分布的格局，与黄淮海平原西部太行山、豫西山地东部山前地带分布的格局如出一辙。大汶口文化分早中晚三个时期，约当公元前 4300—前 2500 年，稍晚于仰韶，社会经济也以农业为主，种植物为粟。在胶州市三里河遗址的一个窖穴中出土约一立方米的朽粟，[2]说明当时粮食生产已有相当的贮存。兖州市西南的王固遗址属大汶口文化，遗址周围地势平坦，中心部位高出周围平地 1.5 米，有房址十余座，窖穴和灰坑近百所，墓葬八百余座，是一个不小的农业聚落。[3]

大汶口文化发展为典型的龙山文化，年代相当公元前 2500—前 2000 年，地域分布较大汶口文化更广。迄今为止发现的典型龙山文化有二百余处，很多在大汶口文化堆积之上，并有逐渐由山麓地带向河流、平原中部发展的趋势。

黄淮海平原西部的龙山文化，分布在冀南、豫北、豫东、鲁西及安徽淮北西北部等地，社会生产均以农业为主。邯郸涧沟遗址出土了不少当锄用的扁平方形石铲和方形厚壳蚌，收割工具的大量出土，也证明农业生产较前发展。人口也随之繁殖，村落的规模相应增大，汤阴白营在 1 400 平方米的范围内，清理出 62 座房屋基址。安阳后岗遗址在 600 平方米范围内，发现了 38 座房基，反映了一个人口密集的原始村落遗址，这与当地农业的发展有密切关系。[4] 引人注目的是当时人们已发明了凿井技术。邯郸涧沟发现了两口井，汤阴白营发现一口，都在住址附近。井的发明是人类改造自然的一大进步，主要是解决人类的饮用问题，但也不排斥有用来浇灌园圃的可能。龙山文化聚落分布的微地貌特点已不像仰韶期那么有限制，可以选择远离水

1　中国社会科学院考古研究所：《新中国的考古发现和研究》，文物出版社 1984 年，第 69 页。

2　《中国大百科全书・考古学卷》，大汶口文化条，中国大百科全书出版社 1986 年，第 81 页。

3　中国社会科学院考古研究所山东工作队、济宁地区文化局：《山东兖州王因新石器时代遗址发掘简报》，《考古》1979 年第 1 期。

4　中国社会科学院考古研究所：《新中国考古发现和研究》，文物出版社 1984 年，第 83 页。

源的地方，与凿井技术发明有关。同时也扩大了人们农作的范围，对黄淮海平原农业开发有重要的促进作用。

从前仰韶期到龙山后期，经历了数千年的演变，黄淮海平原农业开发已到了相当的水平。农业工具已分为农耕、收割和加工三类，定居更趋稳定，出现了大规模的聚落，遗址面积从一二万到数十万平方米不等，有很多的房屋、窖穴等遗迹和一定的村落布局，居住地附近即其耕地。因此新石器时代的聚落分布本身也就是当时农耕区分布的反映。

黄淮海平原在新石器时代农耕区的扩展有一个很明显的趋势：开始发生在山前洪积冲积扇平原，以后向冲积平原中部延伸。以太行山东麓为例，从前仰韶期（磁山）—仰韶期（后岗、大司空村，均属安阳）—龙山期（后岗二期），遗址分布时间大致自西向东发展。河南龙山文化自西向东发展的趋势更为明显。大汶口文化、山东龙山文化则自东向西推进。豫东、鲁西、淮西北是这两个方向农耕区的交接带。新石器时代农业聚落的另一个地理特征是，向冲积平原中部推移时大多选择较高的河流阶地和平原的岗丘上。如河南永城黑堌堆、王油坊，商丘坞墙，汤阴白营等遗址都是高出周围平地，显然是为了避免洪水的淹没；近河流目的是提供水源，虽然当时还不可能有人为的灌溉工程，但引用天然河流进行灌溉的可能性也不能排斥。

但是河北平原中部在京广线以东，徒骇河以北的一片的广阔地区内至今尚未发现新石器时代遗址，说明在这一漫长时间内，以黄河为主的平原河流的泛决、湖沼密布的情况始终没有改变，人类尚不能在此进行农耕，是黄淮海平原农业发展最为迟晚的地区。

二

商代是以农业为主要生产部门的社会已经是考古和文献资料所证实了的。中华人民共和国成立以来在黄淮海平原上发现的商代遗址数量很多。就河北省而言，涿州、满城、保定、蠡县、平山、曲阳、定州、石家庄、藁城、宁晋、赵县、内丘、隆尧、邢台、邯郸、磁县、涉县、安新等地境内均有发现。分布的特点仍然是沿着太行山麓一带比较稠密，如邢台一地仅市郊就有十余处。这些遗址都不同程度上反映了商代定居农业为基础的社会经济。属于先商时代的邯郸涧沟遗址出土了大量石器工具，其中农业工具多于狩猎工具，又发现狗、猪、水牛等骨骼，说明当时人们以农耕为主，狩猎已退至次要地位。[1]

1　河北省文物局文物工作队：《河北邯郸涧沟村古遗址发掘简报》，《考古》1961年第4期。

磁县西南下七垣遗址在漳河北岸，也是一处以商代为主的遗址，出土的工具中以用于农业收割的石镰为最多。[1] 邢台附近商代有十余处遗址，车站西南1公里的曹演庄为典型的遗址之一，在一窖穴内曾发现一装满谷物的陶罐及种过谷物的土层。[2] 藁城台西遗址也是一处十分重要的商代遗址，出土过336件石镰，还有房子14座，为夯土土坯做法，有水井二眼，为一重要农业聚落。[3]

河南省商代遗址集中在豫西、北、中，在黄淮海平原范围内，比较典型的是偃师二里头、郑州二里冈和郑州商城、安阳殷墟三大处的发掘，从中可以看出黄淮海平原商代早中晚三期农业发展的概貌。偃师二里头早商遗址生产工具还是以石制为主，农业工具尤以石铲、石镰较多，蚌铲、蚌镰、骨铲也有发现；有觚、爵、盉等酒器出土，反映粮食生产较前有发展；青铜器有锛、凿、刀、锥等，使用在农业上显然不多，不过青铜工具的发明和运用，对农业生产工具的制作和技术提高，无疑是有促进作用的。郑州二里冈和郑州商城遗址的发现使我们对殷墟前商代社会生活有了具体了解。例如制铜技术有明显的发展，发现两处铸铜遗址，南关外一处铸铜遗址多出镬范，说明了已有铜制农具。殷墟出土的遗物很能反映当时农作的规模，石镰共有三千六百余件，宫殿区一个窖穴出土440把石镰，小屯村大连坑一处堆积中出土上千把石镰，说明有大量奴隶从事农业劳动，耕种的规模及其所开辟的农田已相当可观。卜辞中记录了殷人有相当丰富的天文历法知识，也是农业发达的一种反映。文献记载商汤灭夏前居亳。后人皇甫谧有“三亳”说。三亳之今地，诸说纷纭，迄无定论，不过都不出黄河下游扇形冲积平原上端的范围。近人认为汤灭夏以前，活动中心在内黄、浚县、濮阳三县之地。即今冀、豫交界一带，与后来的殷墟相近。[4] 由此可见，漳卫河下游洪积冲积扇是商代农业的中心地区。有人根据甲骨文卜辞中从事田猎农作的地名分布及遗址进行分析，认为以殷墟一带为中心的太行山东麓地区在当时广布着常绿阔叶林、针叶或混合林为主的植被，农耕地散布于丛林之中，一个农业点的范围，因人口、地势不同而异，可大至二三十平方公里，小至三平方公里以下，在农业据点内并非纯一色耕地，而是耕地与丛林杂处。[5] 甲骨文中田字作“⊞”“⊞”“⊕”，“疆”字作“[illegible]”形，反映当地的耕田已经过规划，非随便

1 河北省文物管理处：《河北磁县下七垣遗址发掘报告》，《考古学报》1979年第2期。

2 河北省文物管理委员会：《邢台曹演庄遗址发掘报告》，《考古学报》1958年第4期。

3 河北省文物管理处台西考古队：《河北藁城台西村商代遗址发掘简报》，《文物》1979年第6期。

4 孙淼：《夏商史稿》，文物出版社1987年，第291页。

5 顾音海：《从卜辞地名看商代的耕田规模》，《农业考古》1988年第2期。

开垦。这种规划必先以固定农耕地为前提。在甲骨文中还出现了许多有名称的农耕区，如名、娟、阁等，虽不知其今地所在，但这些都是比较固定的农业中心当属无疑。[1] 固定耕地的出现，对农耕业的发展有重要意义，明显一点就是水利建设的开展。甲骨文中已经出现了"㽃"字，即田间的灌溉渠道。自觉地引用河水进行灌溉可能始于商代，地点也应该在太行山东麓漳河洪积冲积平原，这里河流众多，地面微有倾斜，有利于引水灌溉。

胡厚宣先生在半个世纪以前就已经指出："殷代之农业区域，西至今陕西兴平县境，东至今江苏睢宁县境，南至今河南之淅川，东北至今山东之临淄，俨然据今黄河流域苏、皖、鲁、豫、晋、陕六省之地。"[2] 近几十年考古新发现说明还应该包括冀南地区。换言之，今黄淮海平原大部分地区在殷代已为农业区。不过当时的农田还处于分散状态，各视其自然条件而定，没有像后代阡陌相连的情景。

三

西周春秋时代，黄淮海平原上农业在商代基础上有了进一步的发展。

周人原是农业民族，相传其祖先名后稷，年轻时就"好种树麻、菽，麻菽美。及为成人，遂好耕农，相地之宜，宜谷者稼穑焉"[3]。在灭商以前，根据地陕西周原一带已经有了相当发达的农业。"周原膴膴，堇荼如饴"[4]，即其写照。灭商以后，其势力扩展至黄淮海平原，同时也将先进的农业技术传播至东部地区，大力开辟荒地，促进了黄淮海平原农业的发展。[5]

周人原先就有许多重视农业的规定和措施。《国语・周语中》单襄公曰："周制有之曰，列树以表道，立鄙食以守路。国有郊牧，疆有寓望，薮有圃草，囿有林池，所以御灾也。其余无非谷土，民无悬耜，野无奥草，不夺民时，不蔑民功。有优无匮，有逸无罢。国有班事，县有序民。"所谓"无非谷土，民无悬耜"，未必一定是事实。但周朝政府十分重视农业并采取了许多相应措施是无可怀疑的。西周末年，宣王即位，不籍千田，虢文公谏曰不可，以为"民之大事在农""王事唯农是务"[6]，反映了以农立国的思想，所以当其控制

1 于省吾：《从甲骨文看商代农田垦殖》，《考古》1972年第4期。

2 胡厚宣：《卜辞中所见殷代农业》，《甲骨学商学论丛二集》，成都齐鲁大学1945年。

3 《史记》卷4《周本纪》。

4 《诗经・大雅・绵》。

5 《左传》昭公十六年，子产曰："昔我先君桓公与商人皆出自周，庸次比耦，以艾杀此地，斩之蓬蒿藜藿，而共处之。"

6 《国语・周语上》。

了黄淮海平原后，平原农业发展出现了新的局面。

西周春秋时代黄淮海平原农业发展的一个重要标志，就是农田规划和整治的技术在平原上的推广。周族先人公刘自豳迁至周原后，为安置部落生活和农业生产，根据日影来确定向阳向阴的方位，观察泉源的流向，丈量低湿和高敞的土地，在选择好的土地上进行烧荒开垦，形成了一批固定的耕地，保证了粮食的来源。[1] 这种田亩规划和整治方法带到东部地区与原先殷商农田整治的经验相结合，必然大大推进了平原农田的开发。

《诗经》里保留了许多反映当时农田开辟的资料。《周颂·载芟》："有略其耜，俶载南亩。"《周颂·良耜》："畟畟良耜，俶载南亩。"《小雅·信南山》："我疆我理，南东其亩。"高亨注："周人称南北陇为南其亩，称东西陇为东其亩。"南亩指向阳的耕地，日照长，土温高，土壤细菌活跃，对作物生长有利，是理想的农田。所以南亩以后成为农田的通称。《史记·平准书》"而民不齐出于南亩"，即是。

在耕作前先对农田进行规划时代整治的方法，春秋初年已相当普遍。《诗·齐风·南山》："艺麻如之何？衡从其亩。娶妻如之何？必告父母。"郑玄注云："艺，树也。树麻者必先耕治其田，然后树之，以言人君娶妻，必先议于父母。"这说明春秋时东方齐国对农田的整治已被视为理所当然的事。春秋时鲁国也是一个农业很发达的国家。鲁僖公时已将农田和牧地划分得很清楚。《诗·鲁颂·駉》："駉駉牡马，在坰之野。"诗序云："駉，颂僖公也。僖公能遵伯禽之法，俭以足用，宽以爱民，务农重谷。牧于坰野，鲁人尊之。"郑玄注："坰，远野也。邑外曰郊，郊外曰野，野外曰林，林外曰坰。"孔颖达疏曰：这首诗歌是颂鲁僖公"务勤农业，贵重田谷，牧其马于坰远之野，使不害民田"。鲁国为了保护已开辟的农田，将牧地迁至距农田很远的地方。

《春秋》《左传》中"田"字有两种含义。一作狩猎解，这为众所周知。另一个含义指经过悉心整治的农田（熟田）。《释名·释地》："田，填也。五谷填满其中也。已耕者曰田。"《禹贡·冀州》："厥田惟中中。"郑玄注："能吐生万物者曰土，据人功作力竞得而田之，则谓之田。"《说文》："田，陈也。树谷曰田，象形□十，阡陌之制也。"《国语·周语下》："民力雕尽，田畴荒芜。"韦昭注云："谷地为田，麻地为畴。"

这类经过对自然条件的选择（水源、日照），再经过修治阡陌，平整土地，

1 《诗·大雅·公刘》："笃公刘，既溥既长，既景廼冈，相其阴阳，观其流泉，其军三单。度其隰原，彻田为粮。"

开挖沟洫等整治过的农田，在春秋时期的黄淮海平原已经出现不少，现将见于文献记载熟田列表于下：

今省名	古农田名	相应方位	今　地	资料出处
山东	郓田	济水、大野泽侧旁	今山东郓城县东北一带	《左传》昭公元年
	邾田	邾，今山东滕州市。“取邾田自漷水”。漷水，今滕州市南城河，古时流入泗水	今山东滕州市一带	《左传》襄公十九年
	汶阳之田郓、讙、龟阴之田	杜注：汶阳，汶水之北也；杜注：三邑皆汶阳田也	汶水，今山东汶河	《左传》僖公元年，成公二、三年，定公十年
	济西田(鲁地)	济，济水，古黄河南岸一大分流，单独入海。今堙	约今山东鄄城县、郓城县一带	《春秋》宣公元年、《左传》僖公三十一年
	漷东田	漷水见上	今山东滕州市以东	《春秋》哀公二年
	沂西田	沂水，今山东沂河	今沂河以西一带	同上
	鄫田	鄫，今山东苍山县西北。“莒人伐我东鄙，以疆鄫田。”莒国，今山东莒县	今山东枣庄市、苍山县间地	《左传》襄公八年
	莒田		今山东莒县附近沂、沭河流域	《左传》昭公六年
	祊田	祊，今山东费县东南	今祊河北岸	《左传》桓公元年
	杞田	杞，今山东安丘县东北	今潍河流域	《左传》襄公二十九年、昭公七年
河南	阳樊、温、原、攒茅之田(又称南阳之田)	阳樊，今河南济源市西南。温，今河南温县西。原，今济源市西北。攒茅，今焦作市东南	今沁河下游冲积扇及豫北沙河流域	《左传》僖公二十五年、昭公六年，《国语·晋语四》
	苏忿生之田：温、原、絺、樊、隰郕、攒茅、向、盟、州、隤、怀	温、原、樊、攒茅，已见上。隰郕，今河南武陟县南。絺，今河南沁阳市西南。向，轵县西。盟，洛阳北。州，今温县北。隤，今河南修武县北。怀，今武陟县西南	今沁河下游冲积扇	《左传》隐公十一年

续 表

今省名	古农田名	相应方位	今　　地	资料出处
河南	制田	《水经·河水注》记今新郑市旁有制泽	今河南新郑市东北	《左传》成公十六年
	许田	杜注：近许之田	今河南许昌市东南	《左传》隐公八年、桓公元年、成公四年
	州田		今河南温县北	《左传》昭公三年
	戚田	古黄河侧旁	今河南濮阳市北	《左传》文公元年
	汝阴之田	楚地	今河南汝河北岸	《左传》成公十六年
	鄇田	杜注：鄇，温别邑	今河南武陟县西南	《左传》成公十一年
	犨、栎之田地	郑邑。犨，河南叶县西。栎，今河南禹州市	今河南颍河上游、沙河南岸	《左传》昭公十三年
安徽	濮西田	在濮水之田，濮水古沙水别称，见《水经·渠水注》	今安徽茨河一带	《左传》昭公九年
	州来田	州来，今安徽凤台	今安徽淮河和茨河间	《左传》昭公九年

从上表中我们可以看出春秋时代黄淮海平原农田开辟的地理特征：

（1）经过整治的"熟田"，主要分布在豫西山地和齐鲁山地之间的冲积平原上，当时的郑、齐、宋、卫、曹、鲁等国境内，相当今豫东、豫北、鲁西、淮北地区。这说明农田的开辟已从山麓洪积冲积地带向冲积平原中部推进。

（2）在冲积平原上开发是一个渐进的过程。起先为避免洪水淹没，先选择比较高亢的"丘"作为定居点。《说文》："丘，土之高也。"见于《春秋》《左传》称丘的有48处：宋十一、齐十、鲁七、卫六、晋四、曹郓各三、楚二、莒陈各一。《尔雅·释丘》："天下有名丘五，三在河南，其二在河北。"这些"丘"都是当时的政治中心，或为都城所在，或为会盟地点。如楚丘、营丘、顿丘、商丘等。这些地方开发最早。以后洪水渐平，遂下丘而居平地，即《禹贡·兖州》"是降丘宅土"的意思。[1] 退居平地后则选择近河流、湖沼的阶地上进行垦殖，以便利用丰富的水源进行灌溉，"汶阳之田""济西田""漷东田""沂西田"

1　顾颉刚：《说丘》，《禹贡》半月刊1卷4期。

“制田”大多类此。黄淮海平原南端著名的有“州来之田”，在楚国境内。公元前6世纪末，楚相孙叔敖在今河南固始一带“决期思之水，而灌雩类之野”[1]，开辟了史灌河流域的农田。

(3) 河北太行山东麓冲积平原上没有良田的记载。其原因主要是平原中部仍然是一大片河流泛滥、湖沼密布的地区，大致是古代“九河”之域，影响了农耕业的推进。而平原南部的“邯郸之仓库实”，[2]反映该地的农业还是相当发达的。

(4) 这时期黄淮海平原的农业开发超过河北平原，是当时主要粮产地。《左传》隐公六年：“冬，京师来告饥，公为之请籴于宋、卫、齐、郑，礼也。”其间则尤以东部泗水流域的鲁国最为发达。除了自然条件外，与鲁国私田数量最多有关。如前594年鲁国实行“初税亩”，[3]即按亩征税，废除了奴隶制所有制的“籍田法”，促进了农业生产的积极性。此外，郑国也十分重视农田管理，禁止进入农耕区进行采樵、放牧。[4] 上述各处良田大多分布在黄淮海平原，与当地各国都十分重视农业不无关系。

但总的说来，西周春秋时代黄淮海平原农田开发只限于一部分地区，就是经过选择自然条件较好的地方被开发为农耕地。这些耕田被视为一个国家的财富，往往用来馈赠、贿赂或交换，因此不一定连成一片，很多是插花地。平原上还有相当多的土地处于灌木密布、蓬蒿丛生，草莱未辟的状态。《孟子·滕文公上》所说“草木畅茂，禽兽繁殖，五谷不登，禽兽逼人”“兽蹄鸟迹之道，交于中国”的情形，依然存在。春秋前期，燕齐之间，相当今德州以北地区有一片隙地，以至燕庄公送协助伐山戎的齐桓公回国，误入齐境而不知。齐桓公遂将燕庄公所到的齐境割让给燕，[5]可见这是一片未经开辟的荒地。春秋末年，宋郑之间有隙地，经当地人开垦，形成了弥作、顷丘、玉畅、嵒、戈、锡六个聚落。但宋郑两国都不要，肯定是比较差的土地，不值得为其防守，以后在宋郑之间战争中，“六邑为墟”。[6] 因此，西周春秋时代黄淮海平原上畜牧业仍是一个重要的生产部门。一方面是平原地区还杂居着狄、戎、夷等仍以畜牧为主的民族，[7]另一方面是华夏各国还相当重视牧业。鲁国在

1 《淮南子·人间训》。
2 《国语·晋语九》。
3 《左传》宣公十五年。
4 《左传》昭公六年。
5 《史记》卷32《齐世家》，齐桓公二十三年。
6 《左传》哀公十二年、十三年。
7 春秋时中原齐、卫、曹、鲁、郑、邢等国多居有狄、戎、夷人，见《左传》，不详列举。

城市的远郊辟有牧场。《诗·鲁颂·有駜》描述当时贵族拥有很多强壮的雄马。郑国的商人弦高以贩牛为业，鲁僖公三十三年路遇伐郑的秦师，“以乘韦先牛十二犒师”[1]。鲁宣公二年郑宋战争，宋华元杀羊食士，以后华元被郑国所获，“宋人以兵车百乘，文马百驷，以赎华元于郑”[2]。总之，当时中原各国拥有大量的牛、羊、马，畜牧业在国民经济中占有一定的地位。

四

从战国中期至西汉的二百多年里，黄淮海平原的农业有突破性的发展。其根本原因在于：一是生产力的发展，二是经济政策的变化。

先讲第一条，战国中期开始铁制工具已广泛使用于农业生产。据雷从云20世纪80年代初不完全的统计，我国河南、河北（含天津）、山西、陕西、辽宁、山东、安徽、江苏、浙江、江西、湖北、湖南、广东、广西、四川诸省区都有战国时期的铁器出土，器类有农具、手工业工具、兵器、生活用器和装饰品等，而以生产工具为大宗。在黄淮海平原的冀、豫、鲁、皖四省出土的铁制农具的地点约占全国出土农具地点的三分之一强。铁农具的器类有犁铧、镬、铲、锸、镰多种，基本已适应农业生产的需要。如河南辉县固围村战国晚期的五座魏墓，出土铁器95件，其中农具有犁铧7件、镬4件、铲10件、锸33件、凹字形铁口锄3件、镰1件。这些铁器的冶炼工艺水平相当高，具备了坚硬、锋利和耐用的性能。同时考古工作者还在黄淮海平原上发现多处冶铸遗址，规模都不小。如齐临淄故城发现西周冶铁遗址6处，分布面积竟达90余万平方米。[3] 河南郑州西北20多公里汉荥阳城西墙外有一处约西汉中期至东汉的冶铁遗址面积约12万平方米。《汉书·地理志》里置有铁官的有48处，在黄淮海平原内有22处，几占二分之一。“铁耕”[4]从战国开始为普遍的事，铁制工具的使用“使更大面积的农田耕作，开垦广阔森林地区成为可能”[5]。到了西汉铁制农具更为普及。《盐铁论·水旱》：“农，天下之大业也。铁器，民之大用也。器用便利，则用力少而得作多，农夫乐事劝功。”黄淮海平原农业发生突破性进展是必然的事。

再说第二条，战国中期各国竞相变法，其中主要的内容就是奖励垦荒，

1 《左传》僖公三十三年。

2 《左传》宣公二年。

3 雷从云：《战国铁农具的考古发现及其意义》，《考古》1980年第3期。

4 《孟子·滕文公上》。

5 《马克思恩格斯选集》第4卷，人民出版社1972年，第159页。

发展农业，增加租税收入，推动粮食生产，充实各国战争中的粮秣需要。魏文侯任用李悝变法，就是“尽地力之教”“必杂五种以备灾害”“力耕数耘，收获如寇盗之至”，[1]都与农耕有关，魏国由此富强。魏襄王时，“田舍庐庑之数，曾无所刍牧”[2]，说明在魏国境内已是单一农耕业经济了。齐国早在春秋桓公时管仲为相，即力主发展农业，“实圹虚，垦田畴，修墙屋，则国家富”[3]。其名言“仓廪实而知礼节”“一夫不耕，或受之饥；一女不织，或受之寒”，正是男耕女织小农经济社会思想的反映。到了战国时，齐国富强可与秦国匹敌，史称“东秦”。秦国商鞅变法主要内容也是重农抑商，奖励垦荒，发展农业，“为田开阡陌封疆，而赋税平”[4]。虽然发生在关中，但对关东六国的影响是很大的。荀子初次到秦国，看到当地社会经济的发展甚为感叹，[5]正是这方面影响的反映。

以上讲了战国中期至西汉时期黄淮海平原农业发展的内在原因，而其具体表现有下列两个方面。

（1）大片荒地的垦辟和农耕地扩展。战国时期各国在变法过程中垦辟了许多荒地。比较有代表性的就是自新石器时代以来一直是人迹稀少的河北平原中部，到战国末年出现了令卢、高唐、平原等地城邑市五十七。[6] 这是因为战国中期赵、魏、齐国在黄河下游两岸修筑了千里长堤，堤距较宽，东西五十里，黄河河床可以在宽堤内游荡，不至任意泛滥成灾，堤外平地因此而得到开发。以后由于黄河河床在大堤内作游荡性摆动，“时至而去，则填淤肥美，民耕田之。或久无害，稍筑室宅，遂成聚落。大水时至漂没，则更起堤防以自救，稍去其城郭，排水泽而居之，湛溺自其宜也”[7]。到了西汉末年黄河滩地上民间自修的民埝有数重，近者去水数百步，远者也只仅数里。这样不仅堤外平地得到了开垦，在堤内滩地上也种了庄稼，形成聚落。内黄县境黄泽在先秦时为一著名湖泊，方圆数十里。到西汉末年魏郡太守也将湖滩租给人民，以收赋税。民“起庐舍其中”，变成了农耕区。[8] 所以从战国中期至西汉末年，黄淮海平原上出现了许多新的聚落，其中不少已为某一区域的

1 《太平御览》卷821，引《史记》。

2 《史记》卷69《苏秦列传》。

3 《管子·五辅》。

4 《史记》卷68《商君列传》。

5 《荀子·强国》。

6 《战国策》卷21《赵策四》：“赵王因割济（按：疑应作河）东三城令卢、高唐、平原陵（疑衍）地城邑市五十七命以与齐。”

7 《汉书》卷29《沟洫志》。

8 《汉书》卷29《沟洫志》。

政治中心(县治)。

根据《汉书·地理志》记载,西汉末年全国共设103个郡国,地处黄淮海平原的有43个,约占40%。又据不很精确的统计,平原地区共有606个县,约占全国1 587个县的38%。户数约630余万,约占全国1 200余万户的52%;口数约3 000余万,约占全国5 700余万的50%余。土地面积约占全国的25%。以上数字虽不很精确,但与实际情况相差不致太远。西汉元始二年(公元2年),全国人口密度,除了长安附近三辅地区外,数黄淮海平原最为密集。[1] 可见到了西汉末年黄淮海平原已得到全面开发,成为全国最大的农业区。

(2) 水利工程的大力兴建,促进了平原农业的发展。众所周知,水利是农业的命脉。黄淮海平原属暖温带半湿润季风气候,雨量不足,分配不均。特别是平原北部、中部年降水量偏少,完全靠天然降水,极不稳定,需要有人工设施加以调节。可是在铁制工具出现以前,光靠木石制工具是不可能的,所以到了战国中期平原上开始出现了规模的水利工程。

首先,是修筑黄河大堤包括黄淮海平原其他一些容易泛滥河湖的大堤,疏浚河道,消弭水患。《汉书·沟洫志》载贾让说:"盖堤防之作,近起战国,壅防百川,各以自利。"《禹贡》冀州"覃怀底绩,至于衡漳","恒卫既从,大陆既作"。兖州"九河既道","雷夏既泽,雝沮会同","桑土既蚕,是降丘宅土"。徐州"淮沂其乂,蒙羽其艺,大野其猪,东原底平"。豫州"伊洛瀍涧既入于河,荥波既猪。导菏泽,被孟诸"。又导河、导洛、导淮,最后"九州涤源,九泽既陂",以上都是战国时期黄淮海平原的排除水患的工程,于是平原水患消弭,为大力发展农耕业创造了条件。

其次,是魏文侯时邺令西门豹在今冀豫交界的磁县、临漳一带引漳水凿十二渠以溉民田,即著名的"漳水十二渠"灌溉系统,史称"西门豹引漳水灌溉邺,以富魏之河内"。[2] 河内即当时的黄河以北大致相当今河南省黄河以北、河北省南部的漳卫河冲积扇,从此成为黄淮海平原上农业最发达的地区。漳水十二渠灌溉系统在以后的一千多年里,为历代政府所重视,经不断改建修缮,为发展河北平原南部的农业起着重要的作用。魏惠王时代在黄淮海平原上开凿的鸿沟,即在今河南原阳县北引河水南流入圃田泽(今河南郑州、中牟间),又自圃田泽开凿名为大沟的渠道引水东流至大梁(今河南开

1 葛剑雄:《西汉人口地理》附图,人民出版社1987年。

2 《史记》卷29《河渠书》。

封市），折而南流至今淮阳入颍水，沿线沟通济、汝、淮、泗等河流，形成了以鸿沟为干渠的水运兼灌溉网络。这一系统流经的宋、郑、陈、蔡、曹、卫诸国，除了水运外，"有余则用溉浸，百姓飨其利。至于所过，往往引其水益用溉。田畴之渠，以万亿计，然莫足数也"[1]。这就是说从大河引水至干渠，由干渠再引至支渠，由支渠引水至每一块农田间沟洫，即指"田畴之渠"，使这一水利灌溉系统，如同人身上动静脉，伸入每一部位，为黄淮海平原农业生产提供了良好的条件。汉武帝时，"同事者争言水利"，黄淮海平原上的"汝南、九江引淮，东海引巨定，泰山下引汶水，皆穿渠为溉田，各万余顷"。[2] 元光年间，黄河下游两岸"人庶炽盛，缘堤垦殖"[3]。

司马迁《史记·货殖列传》将西汉疆土分为山西、山东、江南、龙门碣石以北四大经济区，并列举各区特产，以示各区经济的特色。这种格局是战国以来至汉武帝时二百多年演变而形成的。其中所谓"山东"，即以今黄淮海平原为其主要部分。在这个大区内还可以分成若干亚区，其农业发展的程度也各有不同。

（1）三河地区，即河东、河南、河内，大致即今山西西南部、河南洛阳地区和河南省黄河以北部分。以地貌而言，为汾涑河流域、伊洛河下游冲积平原、沁丹河洪积冲积倾斜平原。这里是华夏文化的发祥地。夏、商、（东）周三代政治中心，"土地小狭，民人众，都国诸侯所聚会"[4]，是有着悠久历史的传统农业区。

（2）以邯郸为北界的河北南部，今漳、卫河洪积冲积扇平原区。是殷代以来传统农业区，包括殷墟和战国邺地。其俗与南面的"郑、卫相类而近梁、鲁"。

（3）河北中部的赵、中山故地的东部，今滹沱河、唐河（古滱水）、子牙河洪积冲积扇平原区。原为"九河"的上部；战国中期修筑黄河大堤后，水患平息，渐次开发，至西汉成为一重要农业区。

（4）渤碣之间的燕国为黄淮海平原最北部，今潮白河、永定河洪积冲积扇和渤海滨海海积平原、滦河洪积冲积平原，气温低、近山区，农业不发达。南端又为"九河"下游，河流支岔分歧，沼泽密布，土壤碱化，不宜种植。故本区主要依靠"鱼盐枣栗之饶"。苏秦说燕文侯曰："民虽不由田作，枣栗之实，

1 《史记》卷29《河渠书》。

2 《史记》卷29《河渠书》。

3 《后汉书》卷76《王景传》。

4 《史记》卷129《货殖列传》。以下凡见同书的，不再出注。

足食于民矣。”[1]

(5) 齐鲁地区。齐国带山靠海，在黄淮海平原范围内是鲁北山前洪积冲积倾斜平原区。“膏腴千里，宜桑麻，人民多文彩布帛鱼盐。”以农业为主，兼营鱼盐，尤为富庶。邹鲁地区为鲁西北山前洪积冲积倾斜平原，古代为泗水流域，是传统农业区。地滨洙泗，“地小人众”“颇有桑麻之饶”“沂泗水以北，宜五谷桑麻六畜”。

(6) 梁宋地区。“自鸿沟以东，芒、砀以北，属巨野，此梁宋也。”即今天的豫东黄河冲积平原区和南四湖西堆积平原区，自战国以来即被全面垦辟，最早成为单一农耕经济区。当时宋国境内已“无长木”[2]。魏国境内都是“庐田庑舍，曾无所刍牧牛马之地”[3]。西汉时“其俗犹有先王遗风，重厚多君子，好稼穑，虽无山川之饶，能恶衣食，致其蓄藏”。《盐铁论・通有》云：“曹、卫、梁、宋，采棺转尸。”可见森林树木砍伐殆尽，均被农作物所替代。

(7) 西楚地区。司马迁说：“自淮北沛、陈、汝南、南郡，此西楚也。”(按：南郡与沛、陈、汝南相隔殊远，应属南楚，此处有误)。大致即今豫西山前洪积倾斜平原、淮北冲积平原和大别山麓洪积波状平原区。西汉时为一重要农业区。

(8) 东楚地区。司马迁说：“彭城以东，东海、吴、广陵，此东楚也。其俗类徐、僮。”大致即今沂、沭河、废黄河冲积平原和洪泽湖、里下河堆积平原区。战国以来也是传统重要农业区。

以上将黄淮海平原分为八个小区。如以西汉刺史部区域揆之，则(1)区为司隶之东偏，(2)、(3)区为冀州之域，(4)区为幽州南部，(5)区为青南兖东之域，(6)区为兖州主要部分，(7)区为豫州之域，(8)区则为徐州中南部。由此可见，西汉刺史部区域的划分与农业生产有着一定的内在联系。

以上各区在西汉时都是主要粮食产地，畜牧业已退居末位。《盐铁论・未通》云：“内郡人众，水泉荐草，不能相赡，地势温湿，不宜牛马。”这里生产的粮食对秦汉统一政权具有十分重要的意义。秦代在荥阳以西置敖仓，就是为储藏关东转输去关中的粮食。楚汉之际刘项几次为争敖仓而战，目的就是欲控制这里的粮食。洛阳居“齐秦楚赵之中”“转谷以百数，贾郡国，无所不至”，其粮食主要来自东部平原。汉武帝时伐匈奴、筑边塞，岁漕山东粮

---

1 《战国策》卷29《燕策一》。

2 《战国策》卷32《宋卫策》。

3 《战国策》卷22《魏策一》。

食六百万石。由此可见,到了西汉中期黄淮海平原已是全国最大的粮食生产基地。

再就整个黄淮海平原而言,又以黄淮之间的兖豫大平原农业最为发达。这里气温、降水条件均优于河北的冀幽平原。《管子·治国》云:"嵩山之东,河汝之间,早生而晚杀,五谷之蓄熟也。四种而五获。"《史记·货殖列传》云:"沂、泗水以北,宜五谷桑麻六畜,地小人众,数被水旱之害,民好畜藏,故秦、夏、梁、鲁好农而重民,三河、宛、陈亦然。"夏指颍川,梁、鲁、陈等地都是兖、豫二州之域。

武帝以后,黄河决溢频仍,洪水常泛滥于兖、豫二州境内,农业数年不登,谷价腾涌,人或相食,灾民流徙。昭帝时,河患稍息,流民稍还,田野益辟,颇有蓄积。宣帝时岁漕关东谷四百万斛以给京师。可见黄淮海平原的农业已有恢复。但到了元帝以后,成、哀间灾情加剧,特别是王莽始建国三年(11)黄河决而不塞,兖、豫二州之民遭受了七十年的灾难,农业生产受到严重破坏。"北边及青徐地人相食,雒阳以东米石二千""流民入关都数万人"。[1]

五

东汉初年,黄淮海平原不论是自然环境还是人文环境,都处于极其混乱状态之下。王莽以来河失故道,泛滥于兖、豫之地数十年,战争使人民流徙、死亡,地方豪强又乘乱打家劫舍,杀害长吏,"青徐幽冀四州尤甚"。社会不安宁,农业生产难以恢复。刘秀即位采取了一系列对付豪强的政治手段,使社会渐趋安定。[2] 明帝永平十二年(69)由王景主持堵塞了决溢六十九年的黄河,开辟了一条新的河道,河济之间、兖豫平原"渐就壤坟"[3]。于是政府招抚流民,开垦荒地,经营水利,农业生产较快地得到了恢复和发展。

东汉时期黄淮海平原得到进一步发展的一个重要因素,就是大规模地兴修水利和推广水稻种植。

东汉历朝政府都十分重视本平原水利的兴修。除桓帝外(可能记载有脱漏),每个皇帝在位期内都有比较重大的水利设施。光武帝建武年间,渔阳太守张堪"于狐奴开稻田八千余顷,劝民耕种,以致殷富。百姓歌曰:桑无

1 《汉书》卷24上《食货志上》;卷29《沟洫志》。

2 《后汉书》卷1下《光武帝纪下》。

3 《后汉书》卷2《明帝纪》。

附枝，麦穗两岐。张君为政，乐不可支”[1]。狐奴县在今北京市顺义区东北，处于潮白河流域。这是黄淮海平原种植水稻的最早记载，也是本平原水稻的北界。这是一次十分大胆的尝试，使本平原北端农业发展有了良好的开端。此外，建武中汝南太守邓晨兴修鸿郤陂，灌溉周围水田数千顷，“汝土以殷，鱼稻之饶，流衍它郡”[2]。明帝永平五年(62)鲍昱为汝南太守，“郡多陂池，岁岁坏决，年费常三千余万。昱乃上作方梁石洫，水常饶足，溉田倍多，人以殷富”[3]。章帝建初元年(76)山阳太守秦彭在境内“兴起稻田数千顷”[4]；八年王景任庐江太守，“郡界有楚相孙叔敖所起芍陂稻田。景乃驱率吏民，修起芜废，教用犁耕，由是垦辟倍多，境内丰给”[5]。章帝元和、和帝永元初(84—90)鲁丕先后任赵相、东郡太守，“在二郡，为人修通灌溉，百姓殷富”[6]。元和三年(86)张禹“迁下邳相。徐县北界有蒲阳陂，傍多良田，而堙废莫修。禹为开水门，通引灌溉，遂成熟田数百顷。劝率吏民，假与种粮，亲自勉劳，遂大收谷实。邻郡贫者归之千余户，室庐相属，其下成市。后岁至垦千余顷，民用温给”[7]。李贤注引《东观记》说蒲阳陂“水广二十里，径且百里，在道西，其东有田可万顷”。《续汉书·郡国志》下邳国取虑(今江苏睢宁西南)有蒲姑陂，疑即蒲阳陂。章和元年(87)马棱任广陵太守，“兴复陂湖，溉田二万余顷”[8]。永元中何敞任汝南太守，又修理鲖阳(今安徽临泉西)旧渠(约今汾河、洪河间)，垦田增三万余顷。[9] 安帝元初二年(115)又兴修战国西门豹所开漳水十二渠，以溉民田。[10] 顺帝时崔瑗为汲令，开稻田数百顷。[11] 灵帝建宁年间又修复新息、褒信一带的青陂，灌溉五百余顷。[12] 献帝建安年间，夏侯惇为陈留、济阴太守时，堰太寿水为陂，“率将士劝种稻，民赖其利”[13]。

以上列举的史实，说明东汉始终十分重视黄淮海平原的农田水利，且多以发展水稻种植为目的。这一方面反映本平原水资源的丰富和劳动力的充

1 《后汉书》卷31《张堪传》。
2 《后汉书》卷15《邓晨传》。
3 《后汉书》卷29《鲍昱传》。
4 《后汉书》卷76《秦彭传》。
5 《后汉书》卷76《王景传》。
6 《后汉书》卷25《鲁丕传》。
7 《后汉书》卷44《张禹传》。
8 《后汉书》卷24《马棱传》。
9 《后汉书》卷43《何敞传》。
10 《后汉书》卷5《安帝纪》。
11 《后汉书》卷52《崔瑗传》。
12 《水经·汝水注》。
13 《三国志》卷9《魏志·夏侯惇传》。

足，另一方面说明黄淮海平原的农业经济对一个以河北平原为根据地起家的东汉政权的重要性超过了西汉政权。章帝元和年间黄淮海平原“肥田尚多，未有垦辟，其悉以赋贫民，给与粮种，务尽地力，勿令游手”[1]，不久整个平原的农业发展水平已超过了西汉时期。桓帝时崔寔《政论》说：“青徐兖冀，人稠土狭，不足相供。”王符《潜夫论·实边》：“中州内郡……田亩一金。”献帝初平元年(190)时中原尚未扰乱，董卓举刘馥为冀州牧。当时冀州“民人殷盛，兵粮优足”[2]。

东汉末年黄巾起义，军阀混战，袁绍、曹操、吕布争战于兖、豫、青、徐、冀诸州境内，各有部众十余万、数十万，其破坏性之大可知。曹操在济北一次收编了黄巾军降卒三十余万，男女百余万口。这些都是因战争被迫离开土地的农民，以致土地荒芜、农业凋敝。粮秣奇缺，以致出现袁绍军队在河北“仰食桑椹”，袁尚部众在江淮取给蒲蠃，“民人相食，州里萧条”的局面。[3] 但由于自然条件尚好，所以一旦战争平息，招徕流亡，农民重新回到土地上来，农业生产很快得到恢复。三国曹魏杜恕上疏曰：“冀州户口最多，田多垦辟，又有桑枣之饶……今兖、豫、司、冀，亦天下之腹心也。”[4]卢毓《冀州论》，冀州“天下之上国也……东河以上，西河以来，南河以北，易水以南，膏壤千里，天地之所会，阴阳之所交，所谓神州也”[5]。河北平原农业到东汉末年已发展到相当繁荣阶段。西晋以后，八王之乱、永嘉之乱使黄淮海平原农业陷于衰落的境地，那是后话了。

六

根据考古资料，黄淮海平原上史前的农作物主要是粟。河北武安磁山遗址、河南新郑裴李岗遗址，仰韶文化、大汶口文化、龙山文化遗址都有发现。最近华北仰韶文化、龙山文化和大汶口文化出土若干人骨的 C^{13} 测定食谱表明，也是以粟为主要食物。由此表明至少从距今八千年起，粟已在华北大平原上大量种植，远比其他地区为早，成为当地的主要粮食。[6]

粟即稷，[7]其株茎称禾，去壳者俗称小米。在新石器时代，稷不仅是黄淮

1 《后汉书》卷3《章帝纪》。

2 《三国志》卷1《魏志·武帝纪》，裴注引《英雄记》。

3 《三国志》卷1《魏志·武帝纪》，裴注引《魏书》。

4 《三国志》卷16《魏志·杜恕传》。

5 (唐)徐坚：《初学记》卷8。

6 安志敏：《中国的史前农业》，《考古学报》1988年第4期。

7 关于粟与稷是一种作物还是两种作物，农史学界争论不一。笔者信从粟即稷说。

海平原同时还是整个黄河流域最主要也是最普遍的一种作物。除稷外，另一种旱作就是黍。黍，古今同名，俗称黄米，另一名称为穄，是黍的不同品种，黏者曰黍，不黏者曰穄。虽然至今考古发现不多，但从后代文献记载来推断，黍是新石器时代黄河流域仅次于稷的主要粮食作物是毫无疑问的。

商代黄淮海平原粮食作物种类较多，后世的所谓“五谷”都有了。在殷墟甲骨文中，黍、稷都有记录。黍字出现次数最多，三百余见；“受黍年”上百条。邢台曹演庄、藁城台西遗址都有黍类遗物。[1] 黍在商代粮食中占很重要地位，恐与当时饮酒成风有关。在台西遗址发现过一座相当规模的酿酒作坊。[2] 稷在甲骨文中记载也不少，“受稷年”不完全统计约二十余条，“受稷”至少也有十五六条，如果加上其他有关稷的记载，据不完全统计，少说也在半百以上，与黍比占第二位。但言“登稷”比“登黍”为多，反映稷仍是商人的主要粮食作物。[3]《尚书·盘庚》“不服田亩，越其罔有黍稷”，《酒诰》“妹土嗣尔股肱，纯其艺黍稷”。这些都说明黍稷是商代黄淮海平原上主要粮食作物。

麦在卜辞中已经出现，多作“登麦”“告麦”“食麦”。麦的生长需要一定的灌溉条件，在当时生产力条件下还不可能广泛种植，但在粮食作物中已有其地位。稻在卜辞中也已出现。郑州白家庄商代早期遗址中也发现过稻壳的遗迹，甲骨文中“受稻年”约近三十见，仅次于黍稷。[4] 当时水稻生产只能在低洼水泽地带种植，因品位较高，为统治者所重视。

甲骨文中还有“受畣年”的记录。“畣”当为一种作物。彭邦炯谓此处“畣”借为“苴”。苴是一种麻类作物。《诗·豳风·七月》：“九月叔苴。”《传》云：“苴，麻子。”《笺》云：“麻之有实者。”麻的籽可以食用，其皮可纺织为衣。

综上所述，我们可以知道商代黄淮海平原大田的主要粮食作物已有黍、稷、麦、稻、麻数种，其中以黍、稷为主，稻、麦次之，而麻食用价值较差，疑以其纤维织衣为主。

西周春秋时代黄淮海平原上的主要粮食作物，可从《诗经》中得到反映。《诗·小雅·甫田》：“黍稷稻粱，农夫之庆。”《诗·王风·黍离》：“彼黍离离，彼稷之苗”“彼黍离离，彼稷之穗”“彼黍离离，彼稷之实”。《王风·丘中有麻》：“丘中有麻，彼留子嗟”“丘中有麦，彼留子国”。《鄘风·桑中》：“爰采麦

1　唐云明：《河北商代农业考古概述》，《农业考古》1982年第1期。

2　邢润川、唐云明：《从考古发现看我国古代酿酒技术》，《光明日报》1980年4月1日。

3　彭邦炯：《商代农业新探》，《农业考古》1988年第2期。

4　彭邦炯：《商代农业新探》，《农业考古》1988年第2期。

矣，沫之北矣。"《魏风·硕鼠》："硕鼠硕鼠，无食我黍""无食我麦""无食我苗"。《唐风·鸨羽》："王事靡盬，不能艺稷黍，父母何怙""不能艺稻粱，父母何尝"？《鲁颂·閟宫》："降之百福，黍稷重穋，植穉菽麦，奄有下国，俾民稼穑。有稷有黍，有稻有秬。"《鄘风·载驰》："我行其野，芃芃其麦。"

仅据以上数条，则黍、稷、稻、粱、麦、菽、麻等都已有了。据刘毓瑔统计，[1]《诗经》中黍出现 28 次，稷 16 次，黍稷连称或同时出现 16 次，粟 10 次，麦 11 次，稻 6 次，菽 9 次，麻 7 次，黍和稷出现的次数最多，散见《周颂》《大雅》《小雅》《鲁颂》《王风》《唐风》《曹风》《豳风》等篇，所记地域范围包括了黄淮海平原。

西周春秋时代黄淮海平原粮食作物中黍、稷仍占主要地位，这是新石器时代以来的传统。因为，一是黍稷作物耐旱，吸水量少，蒸发量低；二是耐碱，对土地要求不高；三是生长期短，一般为 80 天左右。虽喜温，由于生长期短，在高寒地带也可种植。《孟子·告子下》："夫貉，五谷不生，唯黍生之。"由而可知。其他作物麦，也是主要粮食之一。《史记·宋微子世家》载，箕子朝周，路过殷墟，感宫室毁坏，生禾黍，箕子伤之，作"麦秀之诗"，其云："麦秀渐渐兮，禾黍油油。"但其地位不如黍稷重要。《春秋》庄公七年（前 687）"秋，大水，无麦、苗"。《左传》："秋，无麦、苗，不害嘉谷也。"杜注："黍稷尚可更种，故曰不害嘉谷。"稻在西周春秋时期的黄淮海平原仍有种植。《左传》昭公十八年（前 524）六月"鄅人藉稻"。鄅，妘姓小国，今山东临沂北，属沂河流域。然《论语·阳货》子曰"食夫稻，衣夫锦"，可见仍然是一种珍贵的粮食。麦在华北大平原无灌溉不能种植，稻更需要丰富的水源。因此，春秋以前这两种作物大多分布在水资源条件比较好的地方，不如黍稷种植普遍。

进入战国秦汉时期，由于铁制工具的普遍使用，水利灌溉系统的建设，大田的主要粮食发生了一些新的变化。

（1）粟仍然在粮食作物中占主要地位。郑玄注《周礼·地官·仓人》："九谷尽藏焉，以粟为主。"《孟子》一书中提到粮食，往往称"粟"或"菽粟"并称。《梁惠王上》："河内凶，则移民于河东，移其粟于河内。"《滕文公上》："许子必种粟而后食乎？"《滕文公下》："农有余粟。"《离娄上》："赋粟倍于他日。"《万章下》："君馈之粟。"《尽心上》："圣人治天下，使有菽粟如水火。"《尽心下》："粟米之征。"以上所列各篇中提到的粟，有的指具体的粟，有的则为粮食的通称，难于区分。《战国策》里以粟作为粮食的通称例子很多，不能一一

1　刘毓瑔：《诗经时代稷粟辨》，《农史研究集刊》第 2 集，科学出版社 1960 年。

列举。《管子》里提到粟的有“金与粟争贵”(《权修》),“菽粟不足,末生不禁”(《重令》),“壤可以为粟”(《中匡》),“辟土聚粟多众”(《小匡》)等。《韩非子》提到粟的有“吾马菽粟多矣”(《外储说左》),“子路以其私秩粟为浆饭”(《外储说右》)。《墨子》:“耕稼树艺,聚菽粟”(《尚贤中》),“畜种菽粟,不足以食之”(《七患》)。《淮南子》:“然民有糟糠菽粟不接于口者”(《主术训》),“量粟而舂,数米而炊”(《诠言训》)。《史记·项羽本纪》:“章邯军其南,筑通道而输之粟。”《平准书》:“汉兴……转漕山东粟以给中都官,岁不过数十万石。”汉文帝时从晁错建议输边粟者拜爵。汉武帝以桑弘羊为治粟都尉。《后汉书·光武帝纪》:“王莽末,天下旱蝗,黄金一斤,易粟一斛。”《说文》:“粟,嘉谷实也。”以上仅举一部分文献记载,仅此已足够说明粟(也即稷)从春秋战国到秦汉始终是广大人民的主要口粮,也是大田中主要作物。

(2) 黍在战国秦汉时仍普遍种植,但多用于酿酒。战国时祭祀时常用黍,《仪礼·特牲馈食礼》:“佐食持黍授祝。”郑玄注:“独用黍者食之主。”贾公彦疏:“独用黍食之主者,案上文云尔黍于席上,不云尔稷者,以稷虽五谷之长,不如黍之美,故云食之主。”平时黍还被用来待客。《论语·微子》:“子路宿,杀鸡为黍而食之。”《管子·轻重》:“天子祀于太祖,其盛以黍。黍者,谷之美者也。”《韩非子·外储说左》:“孔子侍坐于鲁哀公。哀公赐之桃与黍。哀公曰:‘请用。’仲尼先饭黍而后啖桃,左右皆掩口而笑。哀公曰:‘黍者,非饭之也,以雪桃也。’仲尼对曰:‘丘知之矣。夫黍者,五谷之长也。祭先王为上盛。果蓏有六,而桃为下,祭先王不得入庙。”《淮南子·时则训》:天子“以雏尝黍”,天子“食黍与彘”。可见黍是比较好的主食。《吕氏春秋·审时篇》《氾胜之书》《四民月令》都有种黍的记载。但《齐民要术·黍穄》:“凡黍,黏者收薄;穄,味美者,亦收薄。”因其产量不高,人们多用来酿酒,其在粮食中地位已不如稷。

(3) 菽即大豆。《管子·戒》载,齐桓公北伐山戎,“出冬葱与戎菽,布之天下”。可能于此时广泛种植于中原。但起先种植并不普遍。到了战国,大豆在黄淮海平原有了进一步的推广,不过菽是劳动人民的粮食,不是贵族阶级餐桌上的食品。《战国策·韩策一》,张仪说韩王曰:“韩地险恶,山居,五谷所生,非麦而豆;民之所食,大抵豆饭藿羹。”韩地大部分不在黄淮海平原,不过从中得知菽在当时被视为一种粗粮是无疑的。《礼记·檀弓下》:孔子曰:“啜菽饮水,尽其欢,斯谓之孝。”战国时代许多文献里常“菽粟”连称,如上文所引。《管子·重令》:“菽粟不足……民必有饥饿之色。”可知为广大人民生存之必需。有人说战国以后菽渐替代黍,与粟成为当时人民的主食是有根据的。《氾胜之书》云:“大豆保岁易为,宜古之所以备凶年也。谨计家口数种大豆,率人五亩,此田之丰也。”《后汉书·陈蕃传》:“又青徐旱,五谷损伤,民物流徙,茹菽不足。”可见直至两汉时,菽仍然是大田的一种基本作物。

(4) 麦有春种秋收的春麦和秋种夏收的冬麦之分。春麦又称旋麦(《氾胜之书》),冬麦又称宿麦(《淮南子·主术训》《汉书·武帝纪》)。战国时春、冬麦都有种植。《战国策·东周策》记载,位于洛水下游今巩义县的东周欲种稻,而位于洛水上游今洛阳的西周控制水源不让其种稻,东周只好改种麦。据《氾胜之书》:“三月种秔稻,四月种秫稻。”东周本欲种稻而改种麦,则必为春小麦无疑。另外《左传》隐公三年四月,“郑祭足帅师取温之麦,秋又取成周之禾”。杜预注:“四月,今二月也。秋,今之夏也。麦禾皆未熟,言取者,盖芟践之。”可见所种为冬小麦。

春秋以降,黄淮海平原有部分地区已实行春种秋收,秋种夏收,再夏种秋收的二年三熟制。《吕氏春秋·任地》:“今兹美禾,来兹美麦。”《氾胜之书》:“区种麦,区大小如中农夫区。禾收,区种。”《周礼·地官·稻人》郑玄注:“今时谓禾下麦为荑下麦,言芟刈其禾,于下种麦也。”由此可知,麦与其他夏作的轮栽在秦汉时代已经比较普通。

西汉时黄淮海平原种植的主要是冬小麦。汉武帝时董仲舒上书,以为“今关中俗不好种麦”,“损生民之具”,建议诏大司农,“使关中民益种宿麦”。[1] 这也从侧面反映关东地区已普遍种植冬小麦。这是因为冬小麦可以在水旱灾后,接种以供翌年夏秋青黄不接时的需要。所以汉武帝元狩三年(前120)“劝有水灾郡种宿麦”[2],后汉永初三年(109)“诏令种宿麦,务尽地力”[3]。

粟麦轮种的两年三熟制或一年两熟制,大大提高了黄淮海平原农业的产量。从《吕氏春秋》《氾胜之书》《四民月令》《齐民要术》等农书来看,麦的地位始终未超过黍稷。但从具体史实来看,从西汉到东汉,黄淮海平原上麦的生产有很大的发展。刘秀起兵河北,至饶阳无蒌亭,冯异上豆粥,至南宫又进麦饭。[4] 陈留外黄人范冉与王奂友善,“及奂迁汉阳太守,将行,冉乃与

1 《汉书》卷24《食货志》。

2 《汉书》卷6《武帝纪》。

3 《后汉书》卷5《安帝纪》。

4 《后汉书》卷17《冯异传》。

弟协步赍麦酒，于道侧设坛以待之”[1]。建武末，沛王辅等五王邀井丹，“设麦饭葱叶之食。丹推去之，曰：以君侯能供甘旨，故来相过，何其薄乎”[2]？可见麦饭在当时被视为粗食，是广大人民餐桌上的主食。《三国志·魏志·武帝纪》裴注引《曹瞒传》：曹操在兖州行军麦中，令“士卒无败麦，犯者死”，曹操自己的马腾入麦中，割发置地以自刑。《太平御览》卷838引《英雄记》载吕布遣部将取刘备地麦以为军资，时刘备在下邳一带。以上记载说明东汉末年兖、徐一带也普遍种植麦子。

（5）水稻种植自战国以后在黄淮海平原上有显著发展。笔者在《历史时期黄河流域水稻生产的地域分布和环境制约》一文[3]中有详细论述，此处只作概述。

战国至秦汉时期黄淮海平原上水稻种植有几处比较集中。

（1）三河地区。战国时位于巩义县的东周有种水稻的习惯，已见上述。河内地区的沁丹河下流冲积扇是传统水利区。东汉安帝元初二年（115）下诏修理这里的旧渠，“通利水道，以溉公私田畴”[4]。袁准《观殊俗》将河内青稻和新城白粳并举。[5] 新城位于洛阳西南河谷地区，所产水稻曾被曹丕誉为“上风炊之，五里闻香”[6]的上等秔稻。清淇水流域的汲县一带泉流丰富，陂塘众多，是理想水稻种植区。东汉顺帝时，崔瑗为汲县令，“为人开稻田数百顷”[7]。今河北西南部临漳县西南，自战国西门豹引漳灌田以来，以盛产水稻著称。东汉安帝元初二年修复了西门豹所开支渠，以溉民田。[8] 东汉末曹操都邺，更注意周围的农业生产。《文选·魏都赋》云：“西门溉其前，史起灌其后，墱流十二，同源异口”“水澍粳稌（稻），陆莳稷黍”“雍丘之粱，清流之稻”。李善注：“清流，邺西，出御稻。”

（2）黄淮海平原在先秦时期零星地区有过水稻种植，但大规模开展实始于西汉武帝以后，淮、汝之间，鸿郤陂是主要水利灌区。汉末毁坏。东汉建武时重修，起塘四百余里，于是“汝土之殷，鱼稻之饶，流衍它郡”[9]。以后明

---

1 《后汉书》卷81《范冉传》。

2 《后汉书》卷83《井丹传》。

3 邹逸麟：《历史时期黄河流域水稻生产的地域分布和环境制约》，《复旦学报（社会科学版）》1985年第3期。

4 《后汉书》卷5《安帝纪》。

5 （唐）欧阳询：《艺文类聚》卷85。

6 （唐）欧阳询：《艺文类聚》卷85。

7 《后汉书》卷52《崔瑗传》。

8 《后汉书》卷5《安帝纪》。

9 《后汉书》卷15《邓晨传》。

帝、章帝时在汝、淮之间多次修缮堤塘，开发水利，种植水稻，上文多有论述，此处不赘。汝水以东，颍、涡、睢、汴等河之间的水稻生产，则是自东汉起勃兴，自建武初山阳太守秦彭在境内起稻田数千顷，至东汉末建安年间曹操在许下屯田，引颍水灌田。终东汉一代，颍、汴之间水利屡兴，水稻生产较前大有发展。

(3) 幽蓟地区。今河北省涿州市、高碑店市一带是战国时代著名的督亢陂水利区。荆轲刺秦王，即以督亢地图为进献礼。东汉建武年间张湛在狐奴开稻田八千余顷。幽蓟地势偏北，气温较低，但只要有丰富的水源，也完全可以种植水稻。

总之，战国至两汉时期黄淮海平原粮食作物有明显发展，其表现：一为两年三熟制推广，提高了亩产量；二是水稻生产的扩展，冬小麦在粮食作物中地位逐渐提高，代替了黍，成为广大人民的主要口粮之一。

（原载《历史地理》第 11 辑，上海人民出版社 1993 年版）

历史时期黄河流域水稻生产的地域分布和环境制约

黄河流域(历史时期包括黄河下游河道变迁所及的海河流域和黄淮平原)种植水稻大致已有三四千年的历史了。由于气候、降水、土壤等自然条件的限制,水稻生产始终没有在当地的粮食作物中占主要地位。不过,黄河流域开发较早,耕种技术比较先进,唐代中叶以前是我国农业生产最发达的地区,所以水稻生产曾有过相对发展的时期。以后,由于自然环境和社会因素的变化,水稻生产渐趋衰落。今天秦岭、淮河一线以南的长江流域、华南和西南诸省,稻田面积和产量约占全国的90%以上,而黄河流域仅占2%—3%。[1] 这种南北悬殊的比例,是历史发展的结果。本文即就黄河流域水稻种植地域分布的历史变迁和兴衰问题,试作初步探讨。

一

根据近几十年的考古发现,多数学者认为我国水稻种植起源于长江三角洲和杭州湾地区,以后逐渐向西向北传播,大约在新石器时代晚期,黄河流域也有了水稻的种植。过去一直将1921年瑞典人安特生在河南渑池县仰韶文化遗址中一块粗陶片上发现的稻谷痕迹,作为黄河流域开始有稻作的证据。1957年在安徽五河县濠城镇(今属安徽固镇县)新石器时代遗址炭灰土中发现有烧焦了的稻粒。[2] 1958年在陕西华县泉护村仰韶文化遗址中发现了有类似稻壳的遗迹,[3]但未经进一步核实。此外,陕西户县八丈寺、河南郑州大河村仰韶文化遗址,山东栖霞龙山文化遗址,据说都曾发现过稻谷和稻壳痕迹,[4]不过,后二处尚未见考古报告。但近年来有人指出,当年渑池县仰韶村层位是混乱的,存在不少问题,对仰韶文化时期是否有水稻栽培表示

1 中科院地理所经济地理研究室:《中国农业地理总论》,科学出版社1980年,第123页。

2 修燕山、白侠:《安徽寿县牛尾岗的古墓和五河濠城镇新石器时代遗址》,《考古》1959年第7期。

3 黄河水库考古队华县队:《陕西华县柳子镇考古发掘简报》,《考古》1959年第2期。

4 吴梓林:《从考古发现看中国古稻》,《人文杂志》1980年第4期;严文明:《中国稻作农业的起源》,《农业考古》1982年第1期。

怀疑。[1] 因此目前只能说黄河流域很可能在新石器时代已经有了水稻种植，确实的证据还有待于以后的考古发现。

20世纪30年代在河南安阳小屯村殷墟曾经发现过稻谷的遗存，出土的甲骨文卜辞中常有“稻”字的记载。郑州白家庄早商遗址中也曾经发现稻壳痕迹，[2]说明殷商时期黄河流域已有水稻栽培是确凿无疑的，不过种植的范围不广。到了西周时代黄河流域水稻种植的地域有了进一步扩展。春秋战国时黄河流域水稻种植的范围，西面到了渭水中游，北面到了关中盆地的北缘、汾水中游，东面到了泗水流域，主要分布在下列几个主要农业区。

首先是关中地区。周代以来水稻种植就比较发达。我国最早一部诗歌总集《诗经》中就有了丰富的记载，《豳风·七月》：“十月获稻，为此春酒。”《小雅·甫田之什·甫田》：“黍稷稻粱，农夫之庆。”《小雅·鱼藻之什·白华》：“彪池北流，浸彼稻田。”彪池在今西安市西丰、镐之间。《周颂·臣工之什·丰年》：“丰年多黍多稌。”稌，古稻字。《说文》：“稻，稌也；稌，稻也。”这些都说明西周时代关中地区的水稻种植在农作物中已具有相当重要的地位。战国末年秦国修郑国渠，“渠成，用注填阏之水，溉泽卤之地四万余顷，收皆亩一钟”[3]。虽然没有明确的记载是为了种植水稻，但这样大型的灌溉工程兴建在有水稻栽培传统的地区，不可能没有水稻。

其次是三河地区。《史记·货殖列传》：“昔唐人都河东，殷人都河内，周人都河南。夫三河在天下之中，若鼎足，王者所更居也。”河内相当于今河南省黄河以北部分和河北省南部，安阳殷墟即在此地区内。战国魏时邺（今河北临漳县西南）令西门豹、史起先后“引漳水溉邺，以富魏之河内。民歌之曰：邺有贤令兮为史公，决漳水兮灌邺旁，终古舄卤兮生稻粱”[4]。河南指今洛阳地区。战国末年有东、西周两个小国。东周都巩（今河南巩义市西南），西周都河南（今河南洛阳市西），共临一条洛水。东周种水稻，西周截搁了上游水源，影响了东周的水稻灌溉。[5] 河东大致即汾水中下游地区。《诗经·唐风·鸨羽》：“王事靡盬，不能艺稻粱。”唐国就在今山西翼城附近。战国时智伯在今太原晋阳壅晋水“注入晋阳城，以周灌溉”[6]，所种亦为水稻。据《水

1 黄其煦：《黄河流域新石器时代农耕文化中的作物》，《农业考古》1982年第2期。

2 许顺湛：《灿烂的郑州商代文化》，河南人民出版社1957年。

3 《史记》卷29《河渠书》。

4 《汉书》卷29《沟洫志》。

5 《战国策》卷1《东周策》。

6 《水经·晋水注》。

经·河水注》记载，汾水入河处有瀵水，“古人壅其流以为陂水，种稻”。所谓“古人”也很可能指春秋战国时代。

再次是泗沂水流域的鲁国“颇有桑麻之业”，[1]先秦时也是农业发达区。《诗经·鲁颂·閟宫》：“有稷有黍，有稻有秬。”《左传》僖公十三年（前647）冬，“王使周公阅来聘，飨有昌歜、白黑、形盐。”杜预注：“白，白熬稻。”《左传》昭公十八年（前524）载“鄅人藉稻”。鄅在今山东临沂东北，春秋小国，后属鲁。可见沂水流域也种水稻。

《周礼·职方》青州谷宜稻麦，豫州谷宜五种，兖州谷宜四种，幽州谷宜三种。郑玄注都包括稻谷在内，可知战国时黄河流域水稻种植已相当广泛。其北界大致在关中盆地北缘、汾水中游以及河北平原中部一线，南面抵黄淮平原。在今河南淮阳县的陈国，也种糯稻，用以酿酒。[2] 但各地种植面积不大，产量少，所以只能少数贵族阶级享用。黄河流域的农作物以黍稷等旱作为主。

二

汉唐时期黄河流域的农业有了长足的发展。除了关中地区仍然保持着农业优势外，黄河中下游平原的农业逐步发展到了举足轻重的地位。唐代安史之乱以前，当政治中心在长安或洛阳的时候，中央政府的粮食供应往往取给这个地区。此外，由于开疆拓土，移民戍边，将原来的畜牧区变成了农耕区，黄河流域农业区域向四周扩大。水稻作为重要的粮食作物，无论在种植的区域和面积方面都比先秦时期有较大的发展。[3] 现将几个主要产区介绍如下：

（一）关中地区，这是先秦以来传统的水稻种植区。自汉武帝开始陆续修建了漕渠、龙首渠、六辅渠、白渠、灵轵渠、成国渠、沣渠等。其中白渠延袤二百里，溉田四千五百顷，与郑国渠齐名，故常合称郑白渠。民歌云：“田于何所？池阳谷口。郑国在前，白渠在后。举臿为云，决渠为雨。泾水一石，其泥数斗。且溉且粪，长我禾黍。衣食京量，亿万之口。”一系列人工溉灌渠道的兴建，使农业用水充足，水稻生产大为发展。汉武帝说：“左右内史地，名山川原地甚众，细民未知其利，故为通沟渎，畜陂泽，所以备旱也。今内史

1 《史记》卷129《货殖列传》。

2 《左传》哀公十一年：“夏，陈辕颇出奔郑。初，辕颇为司徒，赋封田以嫁公女。有余，以为己大器。国人逐之，故出。道渴，其族辕咺进稻醴、粱糗、腶脯焉。”杜预注：“醴，以稻米为醴酒。”

3 本节曾参阅张泽咸《试论汉唐间的水稻生产》一文，见《文史》第18辑。

稻田租挈重，不与郡同，其议减。”[1]左右内史即太初元年（前104）以后的三辅（京兆尹、右扶风、左冯翊）之地，相当今关中盆地。因物产丰富，“有秔稻梨栗桑树竹箭之饶”，而号称“陆海”。汉武帝建元三年（前138）游猎于长安周围渭河南北一带，“驰骛禾稼稻秔之地”。[2] 可见水稻种植已经相当普遍。班固《西都赋》云：“郑白之沃，衣食之源……沟塍刻镂，原隰龙鳞……五谷垂颖，桑麻铺菜。”《说文》：“塍，稻田之畦也。”西汉成帝时（前32—前7）反映关中地区农业生产技术的《氾胜之书》中，提出用控制水流来调节稻田水温的办法，足以证明关中地区已有长期栽培水稻的经验。

到了东汉末年，关中地区经军阀混战，水利工程遭到严重破坏，水稻生产受到影响。曹魏青龙元年（233）扩建成国渠，将渠道向东、向西延伸了二百里地，“溉舄卤之地三千余顷”[3]。十六国前秦时又重修郑白渠，“以溉冈卤之田”[4]，使水稻生产有所恢复。唐初永徽年间，关中富僧大贾在郑白渠沿岸竞造碾硙，影响了灌溉面积，虽经下令拆毁，但不久皆复。广德（763—764）年间又拆毁了王公寺院的碾硙七十余所，“以广水田之利，计岁收粳稻三百万石”[5]。岁余，“私制如初”。至大历中，郑白渠溉田仅六千二百余顷。[6] 终唐一代郑白渠沿线的私家碾硙未能拆尽，灌溉面积比汉时大为缩小（汉时溉田四万顷）。不过就整个关中平原而言，水稻生产仍有相当的规模。如同州朝邑（今陕西大荔县东朝邑）有通灵陂，开元（713—741）初灌稻田二千余顷。[7] 王铁在开元年间为鄠县（今陕西户县）尉、京兆尹稻田判官，管理京畿附近水稻生产。[8] 政府还将京兆府新辟稻田，散给贫人。[9] 五代后周时疏浚泾水以溉稻田，[10]永兴（即京兆府，治长安）御田所产红秔米为上好贡品。[11]

（二）伊洛河流域。洛阳附近自战国以来就是水稻产区。20世纪50年代在洛阳烧沟汉墓出土的稻米，颗粒肥大，[12]很可能就是本地所产。洛阳西

1 《汉书》卷29《沟洫志》。
2 《汉书》卷126《东方朔传》。
3 《晋书》卷26《食货志》。
4 《晋书》卷113《苻坚载记上》。
5 （宋）王溥：《唐会要》卷89，磑碾。
6 《元和郡县志》卷1，京兆府云阳。
7 《元和郡县志》卷2，同州朝邑。
8 《旧唐书》卷105《王铁传》。
9 《旧唐书》卷9《玄宗纪下》。
10 （宋）王溥：《五代会要》卷27，疏凿利人。
11 《旧五代史》卷110《周太祖纪一》。
12 中尾佐助：《河南省洛阳汉墓出土的稻米》，《考古学报》1957年第4期。

南的新城县(今河南伊川县西南)也以盛产稻米著称。魏文帝曹丕《与朝臣书》:"江表唯长沙名有好米,何得比新城秔稻耶!上风炊之,五里闻香。"[1]桓彦林云:"新城之秔,既滑且香。"袁准云:"新城白粳,濡滑通芬。"[2]无疑是水稻中上品。西晋初年,还以郧奚官奴婢著新城代田兵种稻。[3] 唐时伊洛河流域的水稻生产经久不衰。永徽五年(654)洛阳附近秔稻丰收,斗仅十一钱。[4]洛阳西南陆浑一带山区河谷地带也种有水稻,唐人有诗云"秔稻远弥秀"[5]"红粒陆浑稻"[6]。五代后唐时在洛阳城南设稻田务,管理水稻生产。[7]

(三)河内地区,即今河南省黄河以北部分和河北省南部。今河南省黄河以北沁丹河流域水利条件优越,很早就发展为水利区。东汉安帝元初二年(115)下诏修理这里的旧渠,"通利水道,以溉公私田畴"[8]。袁准《观殊俗》将河内青稻和新城白粳并举。[9] 可见这里生产的水稻质量可与新城秔稻比美。曹魏时在野王(今河南沁阳市)置典农中郎将,曾修建沁丹河灌溉枢纽,发展水稻生产。以后北魏、隋代都在这里兴修渠道,开发水田,种植水稻。[10]进入唐代更是屡有兴修。广德元年(763)杨承仙为怀州刺史,"浚决古沟,引丹水以溉田,田之污莱遂为沃野"[11]。太和七年(833)节度使温造又修枋口堰,"役工四万,溉济源、河内(今河南沁阳市)、温县、武德(今河南沁阳市东南)、武陟五县田五千余顷"[12]。可见,河内一带自汉魏以来一直是水稻生产比较发达的地区。

清淇水流域的汲县一带泉流丰富,陂塘众多,是理想的水稻种植区。东汉顺帝时,崔瑗为汲县令,"为人开稻田数百顷"。[13] 共城县(今河南辉县市)西有百门陂,"百姓引以溉稻田,此米明白香洁,异于他稻",自北魏、北齐以至唐代,常以此为贡品。[14] 五代后周广顺三年(953)废共城稻田务,任人佃

---

1 (唐)欧阳询:《艺文类聚》卷85秔条引、徐坚《初学记》卷27五谷第十引。
2 (唐)虞世南:《北堂书钞》卷142《酒食部》,引桓彦林《七设》、袁准《招公子》。
3 《晋书》卷26《食货志》。
4 《资治通鉴》卷199,唐高宗永徽五年。
5 (唐)宋之问:《游陆浑南山自歇马岭到枫香林以诗代书答李舍人适》,见《全唐诗》卷51。
6 (唐)白居易:《饱食闲坐》,见《全唐诗》卷453。
7 《旧五代史》卷43《唐明宗纪九》。
8 《后汉书》卷5《安帝纪》。
9 (唐)欧阳询:《艺文类聚》卷85。
10 《魏书》卷61《沈文秀传》、《隋书》卷38《卢贲传》。
11 (唐)独孤及:《故怀州刺史太子少傅杨公遗爱碑》,《毗陵集》卷8。
12 《旧唐书》卷17《文宗纪》。
13 《后汉书》卷52《崔瑗传》。
14 《元和郡县志》卷20,卫州共城县。

莳。[1] 可见这里有着长期种稻的历史，并由政府管理。

今河北省西南部临漳县西南古邺城附近，自战国西门豹、史起以来，引漳灌田，盛产水稻。东汉安帝元初二年，修理西门豹所分漳水为支渠，以溉民田。[2] 东汉末，曹操都邺，成为北中国政治中心，更注意水稻的生产。《文选·左思〈魏都赋〉》云："西门溉其前，史起灌其后。墱流十二，同源异口。畜为屯云，泄为行雨。水澍粳稌（稻），陆莳稷黍。黝黝桑柘，油油麻纻……淇洹之笋。信都之枣。雍丘之粱。清流之稻。"李善注："清流，邺西，出御稻。"以后东魏、北齐也都建都于此，改建过引漳灌溉渠道。唐代在邺城附近开凿过金凤渠、菊花渠、利物渠、万金渠等，都是引用漳水以灌稻田。[3]

（四）黄淮平原。先秦时期零星地区有过水稻种植，但大规模的开展是在西汉武帝以后。武帝时代全国大兴水利，黄淮平原也是重点地区之一。今淮河和汝河之间，在汉代有个鸿郤陂，成帝时因"关东大水，陂溢为害"，丞相翟方进将陂塘平毁。至王莽时大旱，当地失去灌溉之利，造成严重灾害。[4] 东汉建武（25—55）时，重修鸿郤陂，起塘四百余里，灌溉周围农田，累岁大稔。[5] 于是"汝土之殷，鱼稻之饶，流衍它郡"[6]。明帝时，汝南太守鲍昱因"郡多陂池，岁岁决坏"，用石料修建渠道，加固堤段，使"水常饶足，溉田倍多，人为殷富"。[7] 章帝永元二年（90）汝南太守何敞又修鲖阳（今安徽临泉县西）旧渠，"百姓赖其利，垦田增三万余顷"。[8] 今阜阳县南，东汉时有个富陂县，因境内"多陂塘，以溉稻"而得名。[9] 这里"津渠交络，枝布川隰"[10]，是两汉时期黄淮平原上最大的水稻区。

汝水以东，颍、涡、睢、汴等河之间的水稻生产，也是东汉开始勃兴的。东汉初年，山阳（郡名，治昌邑，今山东金乡县西北）太守秦彭在境内起稻田数千顷。[11] 建安初，曹操屯田许下（今河南许昌市），引颍水灌溉。后来邓艾

1 《旧五代史》卷 113《周太祖纪四》。

2 《后汉书》卷 5《安帝纪》。

3 《新唐书》卷 39《地理志三》。

4 《汉书》卷 84《翟方进传》。

5 《后汉书》卷 82《许杨传》。

6 《后汉书》卷 15《邓晨传》。

7 《后汉书》卷 29《鲍昱传》。

8 《后汉书》卷 43《何敞传》。

9 《水经·淮水注》，引阚骃《十三州志》。

10 《水经·汝水注》。

11 《后汉书》卷 76《秦彭传》。

说:“陈蔡之间,上下田良,可省许昌左右诸稻田,并水东下。”[1]可见在许下屯田所种即为水稻。同时夏侯惇在襄邑(今河南睢县)一带截拦了太寿水作陂,也是种植水稻。[2] 黄初(220—226)时,沛郡太守郑浑在汴睢之间的萧(今安徽萧县西北)、相(今安徽濉溪县西北)二县境界,“兴陂遏,开稻田”。在此前他任下蔡(今安徽凤台县)长、邵陵(今河南漯河市东北)令时,就在当地“课使耕桑,又兼开稻田”[3]。此外,邓艾屯田使淮颍之间的水田发展到了顶峰。时魏欲伐吴,需广田畜谷,使邓艾从陈(今河南淮阳县)、项(今河南沈丘县)以东至寿春(今安徽寿县)进行实地勘察,并“兼修淮阳、百尺二渠,上引河流,下通淮颍。大治诸陂于颍南颍北,穿渠三百余里,溉田二万顷,淮南淮北皆相连接。自寿春至京师,农官兵田,鸡犬之声,阡陌相属”[4],淮北平原上的水田因此空前发展。这些沟渠陂塘至6世纪《水经注》时代大多还势如连珠,仍然起着灌溉作用。直至唐末,忠武军节度使赵珝仍在陈州(治今河南淮阳县)按邓艾故绩,决翟王渠溉稻田以实仓廪。[5]

南北朝时黄淮平原为战场,水利破坏,水稻种植势必衰落,至唐代逐渐恢复。开元年间张九龄充河南开稻田使,在陈、许、豫、亳、寿等州开置稻田。[6] 贞元(785—804)时,陈许节度使曲环使大将孟元阳董理西华屯田,“元阳盛夏芒屩立稻田中,须役者退而后就舍,故其田岁无不稔,军中足食”[7]。当时汴州(今开封地区)也有水田五百顷[8]。

(五)幽蓟地区,今北京地区及河北省涿州、高碑店一带。《战国策·燕策》说燕“北有枣栗之利,民虽不田作,枣栗之实,足富于民矣”。《史记·货殖列传》也只说燕“有鱼盐枣栗之饶”。东汉建武年间,渔阳太守张堪“于狐奴(今北京市顺义区东北)开稻田八千余顷,劝民耕种,以致殷富”[9]。这是北京地区种植水稻的开始。曹魏时,驻守蓟城(今北京城西南部)的镇北将军刘靖在漯水(今永定河)上筑戾陵遏,开车箱渠,下游入高梁河,灌溉蓟城南北的二千顷水稻田。[10] 不久,谒者樊晨又加改进,灌田万有余顷。西晋时一

1 《三国志》卷28《魏书·邓艾传》。

2 《三国志》卷9《魏书·夏侯惇传》。据同书《武帝纪》建安四年,太寿水在襄邑附近。

3 《三国志》卷16《魏书·郑浑传》。

4 《晋书》卷26《食货志》。

5 《旧五代史》卷14《赵珝传》。

6 《旧唐书》卷9《玄宗纪下》。

7 《旧唐书》卷151《孟元阳传》。

8 (唐)韩愈:《崔评事墓志铭》,《韩昌黎集》卷24。

9 《后汉书》卷31《张堪传》。

10 《三国志》卷15《魏书·刘靖传》。

度被洪水摧毁,重加修复,继续种植水稻。[1] 北魏时因戾陵遏年久失修,又整修了一番。[2] 唐永徽年间幽州都督裴行方引卢沟水(今永定河)开稻田数千顷,也属于这一灌区。[3] 北京地区以南的涿州、高碑店一带,战国时是著名的督亢陂水利区。荆轲刺秦王,即以督亢地图为进献礼。北魏时幽州刺史裴延儁使卢文伟主持整修督亢陂,溉田万余顷,积稻谷于范阳城(今北京城西南部)。[4] 不久废坏。北齐显建中,平州刺史嵇晔重开督亢旧陂,"岁收稻粟数十万石"[5]。

除了上述主要水稻区外,还有几处先秦时期以来就有水稻生产传统,汉唐时期仍有零星的水稻种植。例如隋文帝时在蒲州引瀵水开稻田数千顷。[6] 开皇六年(586)在晋阳(今山西太原市晋源区)引晋水灌溉稻田,周回十一里。[7] 唐代文水县(今山西文水县东)"城甚宽大,约三十里,百姓于城中种水田"[8]。河套平原、宁夏平原、河西走廊等地,自汉魏至唐代先后在此屯田,都有水田开发。《史记·河渠书》云:"朔方、西河、河西酒泉皆引河及川谷以溉田。"曹魏时徐邈在凉州"广开水田"。[9] 北魏孝文帝诏"六镇、云中、河西及关内六郡,各修水田"[10]。近年出土的敦煌文书中常有"稻谷""艾稻""粳米稻"等记载。[11]

综上所述,汉唐时期黄河流域西起河西走廊,北抵河套、燕山南麓,南至秦岭、淮河,东至于海,普遍开发了水稻田。其中关中平原、三河(河东、河内、河南)地区和黄淮平原种植面积较广且集中;其余地区则分布比较分散,种植的面积也小。但由于自然条件的限制,直到解放以前,黄河流域的粮食还是以粟、麦、菽为主,稻米所占的比例很少,仍是只供给少数统治阶级享用的珍贵食品。

三

经过唐末五代的长期战乱,黄河流域水稻种植范围显然是缩小了。宋

1 《水经·鲍丘水注》。
2 《魏书》卷 69《裴延儁传》。
3 《册府元龟》卷 497,河渠。
4 《北齐书》卷 22《卢文伟传》。
5 《隋书》卷 24《食货志》。
6 《隋书》卷 46《杨尚希传》。
7 《元和郡县志》卷 13,太原府晋阳县。
8 《元和郡县志》卷 13,太原府文水县。
9 《三国志》卷 27《魏书·徐邈传》。
10 《魏书》卷 7《高祖纪下》。
11 中国科学院历史所资料室:《敦煌资料》第 1 辑,中华书局 1961 年。

初端拱(988—989)年间,“诸谓江北之民杂植诸谷,江南专种秔稻。虽土风各有所宜,至于参植以防水旱,亦古之制。于是诏江南、两浙、荆湖、岭南、福建诸州长吏劝民益种诸谷。民令粟麦黍豆种者,于淮北州郡给之。江北诸州亦令就水广种秔稻,并免租税”[1]。这道诏令对恢复黄河流域的水稻生产究竟起了多大作用,尚不清楚。不过以后宋代在黄河流域局部地区大面积推广水稻种植,并不是从“以防水旱”角度开发的,而是为了防边的需要。

北宋时代在河北平原上与辽以白沟为界。白沟上游为拒马河,流至今雄县北白沟(镇),折而东经霸县北、信安镇北,再东至天津入海,史称界河。界河以南是一条东西狭长的凹陷洼地(即今白洋淀、文安洼凹陷),凡逢河北频年霖雨,处处蓄为陂塘。淳化四年(993)知雄州何承矩建议利用这片淀泊,“大兴屯田,种稻以足食”,且又有阻御辽骑南下的作用。于是在雄州(今河北雄县)、莫州(今河北任丘市)、霸州(今河北霸州市)、破虏军(今霸州市东信安镇)、平戎军(今河北文安县西北新镇)、顺安军(今河北高阳县东旧城)等州军境内淀泊之处,兴建堤堰,设置斗门,引淀水灌浇新辟的稻田。[2]第一年稻种是江南九月熟的晚稻,恰逢河北霜早,没有收成,引起很多非议。第二年改种江南七月熟的早稻,结果“承矩载稻穗数车,遣吏部送阙下,议者乃息”。于是从顺安军以东濒海广袤数百里间,悉为稻田。咸平五年(1002)自静戎军(今河北徐水县)东将鲍河引入顺安军、威虏军(今河北霸州市信安镇)以资济运,又在渠旁开置稻田。[3] 六年自保州(今河北保定市)决鸡距泉向西至满城县,向东注入边吴泊(今河北安新县西南北边吴、南边吴一带),开置水田。景德元年(1004)自嘉山(今河北曲阳县东)引唐河至定州(今河北定州市),又东分渠至蒲阳(今河北安国市)注入沙河,下游经边吴泊入界河,在沿岸隙地“开田种稻”。[4] 宝元元年(1038)又将永济渠、界河水引入淀泊,以增加水量。[5] 到了熙宁年间,界河南岸洼地接纳了滹沱、漳、淇、易、白(沟)和黄河诸水,形成了由三十处大小淀泊组成的淀泊带,西起保州(今河北保定市)西北沈苑泊,东至沧州泥沽海口,八百余里。宋朝政府就在这片淀泊地带广开稻田,颇见成效。[6] 至于河北平原上其他地方,在宋初尚稀有种植。至景祐年间(1034—1038)才遣尚书职方员外郎沈厚载去怀、卫、磁、

1 《宋史》卷173《食货志一・农田》。
2 《续资治通鉴长编》卷34,淳化四年;《宋史》卷176《食货志四・屯田》。
3 《续资治通鉴长编》卷51,咸平五年。
4 《续资治通鉴长编》卷56,景德元年;《宋会要辑稿》卷340《食货六十》之90。
5 《宋史》卷95《河渠志五・塘泺》。
6 《宋史》卷95《河渠志五・塘泺》;《梦溪笔谈》卷13《权智》。

相、邢、洺、镇、赵州等处，教民种水田，[1]而这些州境汉唐时是水稻生产比较兴旺的地区。这说明河北平原水田在宋代除淀泊一带比较兴旺外，他处已少有种植。

黄淮平原自唐末以来原有的水稻田均已荒废。至道年间（995—997）陈尧叟等"自陈、许、邓、颍，暨蔡、宿、亳至于寿春"，寻访汉唐以来水利旧迹，兴办水田，[2]其效果如何，史文阙载。以后到熙宁年间，王安石变法时，成立了"提举沿汴淤田""都大提举淤田司"等机构，大力开展淤灌治碱，掀起了一场引浊放淤的高潮。从首都开封起沿汴河一带很快扩展到了豫北、冀南、冀中以及晋西南、陕东等广大地区，淤灌的水源主要有黄河、汴河、滹沱河、漳河、葫芦河、洛河（陕东）、涑水（晋西南）等。[3] 这些淤灌的农田中有一部分水利条件较好，均辟为水稻田。熙宁三年（1070）九月从陈州、颍州至寿春的颍水沿岸，修复了南北朝以来的陂塘沟渠，导水通渠，复为稻田；十一月又在许州长社（今河南许昌市）等地，引潩水等河，"溉种稻田"。[4] 六年开发共城县（今河南辉县市）境内的稻田。七年在沧州引黄河水淤田种稻。八年在开封、陈留、咸平（今河南通许县）三县种稻，引汴水进行灌溉。一时水稻种植的地域大有扩展。可惜随着政治斗争形势的变化，"熙宁初修水土之政，元祐例多废弛"。[5] 黄河流域的水稻生产再度衰落。

辽代在其统治的南京道地区（大致相当今北京市和唐山地区），为便于辽骑活动，禁止决水种稻。[6] 例如《辽史·高勋传》载，保宁中（969—978），高勋"以南京郊内多隙地，请疏畦种稻"，结果未被采纳，原因是"果令种稻，引水为畦，设以京叛，官军何自而入"？清宁十年（1064）重申"禁南京民决水种粳稻"。咸雍四年（1068）禁令稍弛，"诏南京除军行地，余皆得种稻"。[7] 不过种植的面积毕竟不大。金熙宗时（1135—1140）开始注意在部分水利条件较好的地区，恢复生产水稻。大定时在燕京（今北京）城内太宁宫旁引流泉溉田，岁获稻万斛。[8] 贞祐（1213—1216）中，在京东西南三路开水田，"杭稻之

1 《宋史》卷173《食货志一》，农田。

2 《宋会要辑稿》卷341《食货六十一》之89。

3 朱更翎：《北宋淤灌治碱高潮及其经验教训》，水电部科学研究论文集第12集（水利史），水利水电出版社1982年。

4 《宋会要辑稿》卷341《食货六十一》之98。

5 以上均见《宋史》卷95《河渠志五·河北诸水》。

6 《辽史》卷22《道宗纪二》，清宁十年。

7 《辽史》卷22《道宗纪二》。

8 《金史》卷133《张仅言传》。

利，几如江南”[1]。明昌六年(1195)十月定制“县官任内有能兴水利田及百顷以上者，升本等首注除。谋克所管屯田，能创增三十顷以上，赏银绢二十两匹，其租税止从陆田”[2]。尽管政府奖励开发水田，因为水利灌溉设施大都破坏，无条件大面积种植，只有在某些低洼积水之处暂时种植水稻，水退后仍还种麦。[3] 如兴定四年(1220)河南大水，遂命唐、邓、裕、蔡、息(今河南息县)、寿(今安徽凤台县)、颍(今安徽阜阳市)、亳(今安徽亳州市)及归德府(今河南商丘市)有积水处种稻，[4]即是一例。而在汉唐时期上述地区正是水稻最发达的地方。

四

元明清时期黄河流域水稻生产更趋衰落，其表现为三个方面：一是种植地区极为零星分散，没有范围较大的产区；二是种植时间很短，屡兴屡衰，没有形成长期持续的产区；三是没有获得中央政府的强力支持，往往人去政息，水田荒芜也无人过问。

元一代在黄河流域开设的屯田，大部分是陆田而非水田，只是在大都(今北京)附近有少量固定的水稻田。[5] 中统三年(1262)应广济河渠司王允中之请，曾在邢(治今河北邢台市)、洺(治今河北永年县东南)等处引漳、滏、澧河及达泉灌溉水田。至元元年(1264)因为引漳、滏、洹水灌田后，影响了御河的流量，使漕运不通，于是就堵塞这些河流上的分水渠口，恢复接济御河的原状，[6]原先开辟的水田又失去了灌溉之利。泰定年间，虞集曾建议在“京师之东，濒海数千里”“用浙人之法，筑堤捍水为田”，[7]但未被采纳。元末，顺帝听从了丞相脱脱的建议，在京畿周围屯田，所种仍以粟麦为主。

明代前期黄河流域种植水稻的地方仍然十分分散，种植面积也不大。以北京、天津和河北地区为例，生产水稻比较集中的地区是河间府(大致相当今沧州地区)，[8]其他地区种稻很少。今存残本永乐《顺天府志》(北京大学出版社出版)记有大兴、宛平、固安、永清、香河、良乡、昌平、东安等县物产，其中只有宛

1 (清)孙承泽：《天府广记》卷36《水利》。

2 《金史》卷50《食货志五·水田》。

3 《金史》卷50《食货志五·水田》：贞祐四年利用单州砀山诸县湖陂，水至则畦为稻田，水退种麦。

4 《金史》卷47《食货志二·田制》。

5 《元史》卷64《河渠志一·通惠河》。

6 《元史》卷5《世祖纪二》。

7 《元史》卷181《虞集传》。

8 嘉靖《河间府志》卷7《风土志》。

平、昌平二县有水稻生产。弘治《保定府志》载府境内（相当今保定地区）部分地区只产旱稻，“植于旱地，不须水灌，其味美甘”。唯雄县因众水所汇，才盛产水稻。[1] 赵州领柏乡、隆平、高邑、临城、赞皇、宁晋六县，“水稻惟隆平有之”。[2] 位于今河北省西南部和南部的广平府、大名府均不产稻。[3]

明代后期一部分士大夫阶级深感每年从东南地区转漕，所费太大。万历以后为免南粮北调之劳曾几次尝试在京津渤地区发展水稻生产，然效果均不显著。

万历三年（1575）徐贞明任工部给事中，他目睹漕政之弊，曾亲历京畿诸地，进行实地勘察，上书建议兴修京畿附近水利。他主张先在京东兴办水田，然后推而广之。十三年（1585）领垦田使，先诣永平府（今河北唐山地区）一带募南人开垦水田，次年开出水田三万九千余亩，不久因朝廷阻挠，流言四起而罢。[4] 万历三十年（1602）汪应蛟在天津葛沽、白塘一带斥卤之地，“募民垦田五千亩，为水田者十之三四（共二千亩），亩收至四五石，田利大兴”；又建议用引易、滹沱、唐、滏、漳等河流以及其他地下泉水灌溉太行山东麓冲积扇的农田，“一准南方水田之法行之”，可是建议未获中央同意，“后卒不能行”。[5] 他所开辟的二千亩水稻田，到了天启年间也多荒废。天启元年（1621）左光斗出理屯田。在他的努力下，京畿附近“水利大兴，北人始知艺稻”。邹元标曰：“三十年前，都人不知稻草为何物，今所在皆稻，种水田之利也。”[6]天启年间还有董应举经理天津至山海关屯务，开垦了十八万亩农田，水田只是其中一部分。[7] 明末徐光启也曾在天津搞过水田，但限于个人力量，影响不大。总之，明万历以后，虽屡次在京畿地区兴办水田，但都是人去政息，成效短暂。以后清人入关，政权更迭，也无人顾及水田之事了。

清初曾有过在北京附近兴办水田的考虑。但康熙认为“水田之利，不可骤兴”[8]，被搁置下来了。直到雍正三年（1725）在怡亲王允祥主持下，在河北省境内开始大规模的水田开发，设立了营田四局：京东局统辖丰润、玉田、蓟州、宝坻、宁河、平谷、武清、滦州、迁安九州县营田，于雍正四年开始，至七

1　嘉靖《雄乘》卷上《土产》。

2　隆庆《赵州志》卷9《物产》。

3　嘉靖《广平府志》卷16《风俗志》，正德《大名府志》卷3《物产》，《天下郡国利病书》第2册，北直隶中引《大名府志》：“土无秔稻，故酒多黍酿。”

4　《明史》卷223《徐贞明传》。

5　《明史》卷241《汪应蛟传》。

6　《明史》卷244《左光斗传》。

7　（明）董应举：《请修天律屯田疏》，见《畿辅水利辑览》。

8　《清史稿》卷129《河渠志四》。

年，共营建水田630顷，80％集中在水利资源比较丰富的丰润、玉田、宝坻、宁河四县（雍正十到十一年又在丰润、玉田境内新辟水田480顷）；京西局统辖宛平（治今北京城）、涿州、房山、涞水、望都、唐县、安肃（今河北徐水县）、安州（今河北安新县西安州镇）、新安（今河北安新县）、霸州、文安、大城、任邱、定州、行唐、新乐、满城十七州县的营田，自雍正五年开始营田，至七年共辟官私稻田1 410顷，70％集中在新安、安肃二县（雍正十到十一年又在文安、大城开辟水田452顷）；京南局统辖正定、平山、井陉、邢台、沙河、南和、磁州（今河北磁县）、永年、平乡、任县十州县的营田，于雍正五至七年（1727—1729）共建官私水田1 836顷，磁州一地有1 010顷，占60％；天津局统辖天津县和静海、沧州部分滨海地区及兴国、富国二场营田。地域虽狭小，也开辟水田452顷。四局共开辟官私水稻田5 600余顷。可是好景不长，雍正八年允祥逝世，"司局者无所承禀，令不行于令牧，又各以私意为举废"。[1] 除了少数水利资源条件较好的地区仍保持着一定数量水田外，其余均渐荒废或改为旱田。清末林则徐又提出在河北平原上发展水稻的建议，也未见成效。至于黄河流域其他地区，也只是在河湖边滩、沼泽洼地有零星分布。

五

综合上述，可知黄河流域大约早在新石器时代晚期已有了水稻种植，发展到了汉唐时期出现多处种植比较普遍的主要产区。但宋金以后水稻生产日趋衰落。元明清时代虽曾多次争取在河北平原推广水稻，结果都收效甚微。经过长期努力而水稻终究未能在黄河流域持久地发展起来。究竟是什么原因呢？我们认为原因是多方面的，但主要有下列几点：

（一）据地理学家研究，历史时期黄河流域气候和降水条件有过波动性的变化。竺可桢先生在《考古学报》1972年第1期《中国近五千年来气候变迁的初步研究》中指出，距今3 000至5 000年间，黄河流域年平均温度比今约高2℃，冬季温度则高3℃—5℃，相当于今天长江流域。3 000年前至今，温度波动明显，周期长度约400年至800年，年平均温度振幅约为1℃—2℃。20世纪60年代以来大量考古发现和孢粉分析资料表明，黄河流域在新石器时代晚期存在着反映温暖气候的阔叶树种和喜暖动物，西安半坡遗址的动物遗骸中有以食竹笋根为主的竹鼠和喜居于河湖沼泽地带的獐和貉

1 以上均见吴邦庆《水利营田图说》，见《畿辅河道水利丛书》。

等动物。[1] 20 世纪 30 年代在山东历城龙山文化遗址中发现过炭化的竹笋；在安阳殷墟发现的动物遗骸中不仅同半坡一样有竹鼠和獐，还有水牛和象。从甲骨文记载中得知殷人阳历三月开始种水稻，播种期比现在早一个月，[2] 这些都说明古代黄河流域的气候较今温暖。西周早期有一段时间，大约一两个世纪，黄河流域气候比较寒冷，但进入春秋战国时代又开始转暖。《孟子·告子上》提到当时齐鲁地区一块土地上同年可以栽作两季作物。《荀子·富国》："今是土之生谷也，人善治之，则亩数盆，一岁而再获之。"说明齐鲁地区有的地方比较温暖，作物生长期较长。[3] 进入公元以后，黄河流域的气候又有转寒趋势，但也包含温暖期。如汉唐时期梅树生长遍布了黄河流域。大面积竹类种植也不乏见。隋唐时代河南博爱、陕西盩厔（今陕西周至县）、鄠县（今陕西户县）均设有司竹监，长安附近还可种柑橘。10 世纪下半叶开始，中国气候转冷；11 世纪时，北方已没有大片梅林生长了；[4] 15 世纪以来气候迅速寒冷，到 17 世纪下半叶达顶峰；19 世纪末气候又开始升高；至 20 世纪 40—50 年代达到了高峰。以上是我国五千年来气候变化的大趋势。

随着气候温暖寒冷的变化，相应也出现了一个湿润和干燥的变化。郑斯中等根据地方志中 36 750 次旱涝记载，分析了我国东南部地区（指华北平原及其以南的地区，向西至甘、川、滇的东界）的湿润情况，发现自公元初以来，水灾相对减少，旱灾相对增加。如果以公元 1000 年作为界线，把前后分成两段，则前一千年的旱期持续时间短，湿润期持续时间长；后一千年正相反。[5] 中央气象局气象科学研究院的同志查阅了 2 100 多种地方志及明清实录、正史、故宫档案，整理出自明成化六年（1470）以来近五百年的旱涝资料，发现近五百年内南涝北旱连续出现的情况最多，干旱发生的频次北方高于南方，连续性干旱大多发生在北方，而华北平原干旱往往与淮河以北或东北、西北的干旱连片出现。因而华北干旱的变化在一定程度上反映了全国干旱的变化。[6] 近五百年内，京津渤地区总旱年数为 173 年，平均两年多出

1 《中国田野考古报告集：西安半坡》，文物出版社 1963 年。

2 龚高法、张丕远：《气候寒暖变化及其对农业生产的影响》，《纪念科学家竺可桢论文集》，科学普及出版社 1982 年。

3 潘鸿声、杨超伯：《战国时代的六国农业生产》，《农史研究集刊》第二册，科学出版社 1960 年。

4 《中国自然地理·历史自然地理》第二章第一节，"历史时期的温度变化"，科学出版社 1982 年。

5 郑斯中、张福春、龚高法：《我国东南部地区近两千年旱涝灾害及湿润状况变化的初步研究》，《气候变化和超长期预报论文集》，科学出版社 1977 年。

6 张先恭、张家诚：《竺可桢对历史气候的研究与我国五百年旱涝资料的初步分析》，《纪念科学家竺可桢论文集》，科普出版社 1982 年。

现一次，特别是经常发生连旱，其中连旱两年和两年以上的有103年。[1] 龚高法等同志分析了北京地区259年降水资料，表明自1724年以来，北京共出现过四次干旱时期(不包括1971年以来一次)，每次持续年数分别为17、20、48、51年。这259年中有34个枯水年。[2] 明万历、清康熙都曾对臣下指出过：北方气候干燥，水量少而不均，不能大规模种植水稻的道理。总之，黄河流域在这二千年来气候逐渐转寒，温度下降，降水量显著减少，干燥程度增加，这就根本上影响了水稻的种植。

(二) 宋元以后黄河流域河湖湮废，水利系统破坏。黄河流域降水既少，又有年内分配不均的特点。所以精心管理蓄泄的灌溉工程是发展水稻生产必不可少的条件。从先秦迄汉唐，黄河流域规模较大的水利工程，大多是为灌溉水田而兴修的。同时，宋代以前黄河流域许多河流流量丰沛，不仅可航运，也可灌溉。还分布着许多湖泊、沼泽，可为蓄水之用。仅《水经注》记载，6世纪前黄淮海平原上有大小湖泊、沼泽和人工陂塘一百八十余处，大多数至唐初还存留于地面。这些都为水稻生产提供了丰富又稳定的水源。因此，在汉末、南北朝时，黄河流域因战争破坏，水利失修，水稻种植一度衰落；当政局重新稳定，如曹魏、西晋和唐初，水利工程修复后，水稻生产仍然能够恢复旧观。宋元以后，黄河流域自然环境日趋恶化。黄土高原森林植被遭到破坏，水土流失加剧，黄河下游河道和海河水系诸大河频繁决口和改道，造成黄淮海平原上河流普遍淤浅，甚至成为悬河。先秦以来许多著名湖沼也被淤为平地，使暴雨季节来水无处蓄积，到处泛滥成灾。汉唐以来的水利工程有的已完全圮毁，有的虽经修复，其灌溉效益也大大减低了。如宋时关中地区的郑白渠因泥沙淤积，渠口抬高，难以引水。其灌溉面积不及西汉时二十二分之一。战国以来以水利著称的督亢陂地区和宋代在界河以南兴修的塘泊水利，到元代均遭湮废。黄淮平原的水利灌溉工程也因金元以后黄河长期南泛而湮废殆尽。

元明清三代政府着重注意淮河以南、南方诸省的农田水利，因为这里是国家经济命脉所在。黄河流域的水利工程主要或者几乎全部(如山东省)集中在黄河和运河的治理上。只有直隶(今河北省)是京畿所在，所以比较注意海河流域水利的开发。无奈自然条件所限，收效甚微。光绪七年(1881)直隶总督李鸿章说："近畿水利，受病过深，凡永定、大清、滹沱、北运、南运五

1 北京水利科技情报站：《水利科技简报》，1981年10月。

2 龚高法等：《北京地区气候变化对水资源的影响》，《环境变迁研究》第1辑，海洋出版社1984年。

大河，及附丽之六十余支河，原有闸坝堤埝，无一不坏，减引河，无一不塞，而节宣诸水之南泊、北泊、东淀、西淀，早被浊流填淤，仅恃天津三岔口一线海河，迤逦出口。平时既不能畅消，秋冬海潮顶托倒灌，节节皆病。”河南省境内“河道半皆淤滞，沟渠亦多荒废”。[1] 处于这样水文条件之下，要想普遍发展水稻已属不可能的事了。

（三）唐宋以后，我国经济重心转移到了东南地区，每年漕运成了封建王朝头等大事。为了保证漕运畅通，必须使运河经常保持足够的流量。因而经常发生漕运和灌溉争水的矛盾。明清时严禁河北、山东境内的农民引用运河沿线支流、湖泊和地下泉水溉田，以致造成大片水田改旱，甚至抛荒，东部平原的农业生产大受影响。对此，笔者已有专文详论。

（原载《复旦学报（社会科学版）》1985 年第 3 期）

1 《清史稿》卷 129《河渠志四・直省水利》，光绪七年李鸿章奏，光绪十年河南巡抚鹿传霖言。

有关我国历史上蚕桑业的几个历史地理问题

关于我国蚕桑丝织事业的历史，前人已经发表过不少研究成果。章楷、史念海、夏鼐、周匡明、郭郛诸先生均有精湛的论文发表，[1]另外还有几本有关中国纺织科技史方面的专著出版，基本历史情况已经比较清楚了。但笔者从历史地理角度来学习前人成果时，发现有些问题还可以进一步明确，有的现象还有待深入探讨其原因，故不揣浅陋，草就此篇，以求正于专家同行。

一、我国早期蚕桑丝织业的起源及其地域分布

我国是世界上最早从事蚕桑事业的国家，似已成定论。抛开神话传说不谈，根据考古资料，迟至新石器时代，我国人民已经开始种桑育蚕，抽丝织衣了。1926 年在山西夏县西阴村新石器时代遗址中发现过半个人工割裂的蚕茧。这个遗址属仰韶文化系统，由此有人认为公元前五千年我国已经有了蚕桑事业。但当时的考古报告记录得不清楚，因此不少同志对此持怀疑态度；待 1960 年山西芮城县西王村仰韶文化晚期遗址中发现了一件陶蛹，[2] 1980 年在河北正定南杨庄仰韶遗址发现了两件陶蚕蛹后，大家感到山西夏县的半个蚕茧很可能是新石器时代的遗存。此外在齐家文化甘肃永靖大河庄遗址出土了加捻、牵伸的陶纺轮和为数较多的薄片条形骨匕，被认为是大河庄已有育蚕织绸的佐证。[3] 更有意思的是，在我国长城外辽宁锦西地区红山文化遗址中发现了玉蚕，证明红山文化也有了养蚕业。[4] 长江流域的早期蚕桑业则更为明确。马家浜文化（前 3670—前 2685）崧泽时期有桑树发现。1958 年在吴兴钱山漾新石器时代遗址中曾出现丝织品的实物，一批盛在竹

1 章楷：《我国蚕业发展概述》，《农史研究集刊》第 2 册，科学出版社 1960 年；史念海：《黄河流域蚕桑事业盛衰的变迁》，《河山集》，生活 · 读书 · 新知三联书店 1963 年；夏鼐：《我国古代蚕桑、丝绸的历史》，《考古》1972 年第 2 期；周匡明：《养蚕起源问题研究》，《农业考古》1982 年第 1 期；郭郛：《从河北正定南杨庄出土的陶蚕蛹试论我国家蚕的起源问题》，《农业考古》1987 年第 1 期。

2 中科院考古所山西队：《山西省芮城东王庄和西王村遗址的发掘》，《考古学报》1973 年第 1 期。

3 唐元明：《我国育蚕织绸起源时代初探》，《农业考古》1985 年第 2 期。

4 唐元明：《我国育蚕织绸起源时代初探》，《农业考古》1985 年第 2 期。

筐里的丝织品，包括丝带、绢片和丝线，经鉴定，原料用的是家蚕丝，绢片是平纹组织，经纬密度每平方厘米 48 根。[1] 这是我国至今发现年代最早的丝织品实物。1959 年吴江县梅堰镇新石器时代遗址出土的黑陶上有蚕的图案。[2] 综上所述，可知早在新石器时代我国大河上下、长城内外、长江南北，普遍开始了蚕桑生产。有人认为长江三角洲是我国蚕桑业的起源地，因为这里自然条件可能滋生大量野蚕昆虫，人们在偶然的机会发现了野茧可以抽丝织衣，以后取来驯养成家蚕，又栽植桑树，开始了大规模的育蚕事业，然后传布到北方各地。这种说法目前尚未找到强有力证据，然聊备一说，未尝不可。

到了商周时代，黄河流域育蚕缫丝事业已有相当的规模和水平。安阳殷墟出土过一个雕琢成形态逼真的玉蚕；安阳武官村发现的戈援上残留着绢纹或绢帛；甲骨文上已有蚕、桑、丝、帛等文字，还有祭祀蚕神的记载，这些都是大家所熟知的。从殷商遗址出土的丝绸实物的研究，那时已有简单提花装置的织机。[3] 夏鼐先生更进一步分析，当时已有三种主要织法：(1) 普通平纹组织，经纬线数字大体相等；(2) 畦（音其，菜圃间长行）纹的平纹组织，经线比纬线多一倍，由经线显出畦纹；(3) 文绮，地纹是平纹组织，而经线多上几倍，由经线显露凸形的花纹。这就需要简单的提花装置的织机。[4] 由此可见，殷商时代黄河流域的丝织业水平已经相当高了。然而由于资料缺乏，蚕桑业在地域分布上的情况，我们知道的还很少。

西周春秋时代，蚕桑业的地域分布，可从《诗经》中窥知其概貌。今录其有关蚕、桑、丝织资料如下：

《召南・羔羊》："羔羊之皮，素丝五紽""羔羊之革，素丝五緎""羔羊之缝，素丝五总"。

《召南・何彼襛矣》："其钓维何？维丝伊缗。"

《邶风・绿衣》："绿兮丝兮，女所治兮。"

《邶风・简兮》："有力如虎，执辔如组。"

《鄘风・桑中》："期我乎桑中。"《定之方中》："降观于桑""说于桑田"。《干旄》："素丝纰之""素丝组之""素丝祝之"。

《卫风・硕人》："衣锦褧衣。"《氓》："抱布贸丝""桑之未落，其叶沃若"。

1　浙江省文管会：《吴兴钱山漾遗址第一二次发掘报告》，《考古学报》1960 年第 2 期。

2　江苏省文物工作队：《江苏吴江梅堰新石器时代遗址》，《考古》1963 年第 6 期。

3　胡厚宣：《殷代的蚕桑和丝织业》，《文物》1972 年第 11 期。

4　夏鼐：《我国古代蚕桑丝绸的历史》，《文物》1972 年第 11 期。

《郑风·将仲子》:“无折我树桑。”《丰》:“衣锦褧衣,裳锦褧裳。”

《魏风·汾沮洳》:“彼汾一方,言采其桑。”《十亩之间》:“十亩之间兮,桑者闲闲兮。”

《唐风·鸨羽》:“肃肃鸨行,集于苞桑。”《葛生》:“锦衾烂兮。”

《秦风·终南》:“锦衣狐裘”“黻衣绣裳”。

《曹风·鸤鸠》:“鸤鸠在桑。”

《豳风·七月》:“女执懿筐,遵彼微行,爰求柔桑”“蚕月条桑”。《东山》:“烝在桑野。”

《小雅·黄鸟》:“黄鸟、黄鸟,无集于桑。”《巷伯》:“萋兮斐兮,成是贝锦。”《隰桑》:“隰桑有阿,其叶有沃。”《白华》:“樵彼桑薪。”

《大雅·瞻印》:“妇无公事,休其蚕织。”《丝衣》:“丝衣其紑。”

以上所载依次而言,邶在今河南安阳或卫辉市一带;鄘,今河南卫辉市东北;卫,今河南淇县、滑县一带;郑,今河南新郑;魏,今山西芮城;唐,今山西翼城;秦,今陕西关中地区;曹,今山东定陶西北;豳,即邠,今陕西彬县、郇邑一带;《大雅》《小雅》《召南》大致均出于东西周故地。可见在西周春秋时代,黄河中下游地区普遍种植桑树,育蚕缫丝,生产各种丝织品,由《诗经》所示已有丝带、丝质的纽扣、丝绸衣服、彩色的织锦、丝织马缰绳以至丝质钓鱼绳等,用途十分广泛,工艺也相当考究,丝织技术已很成熟。长江流域在西周春秋时代丝织业水平虽不及黄河流域,但也有相当的规模。《史记·吴太伯世家》记载,王僚九年(前518),“公子光伐楚,拔居巢、钟离。初楚边邑卑梁氏之处女与吴边邑之女争桑,二女家怒相灭,两国边邑长闻之,怒而相攻,灭吴之边邑。吴王怒,故遂伐楚,取两都而去”。居巢、钟离均在今安徽省江淮之间。吴楚二国女子争桑当然是为了养蚕,由争桑而引起两国之间战争,说明当时蚕桑事业在吴楚二国社会经济生活中已占了相当重要的地位。《左传》襄公二十九年(前544)吴公子札献吴国特产缟(素色丝织品)给郑国子产,亦足见其有相当数量之丝织品。越国亦有蚕桑。计倪对越王说:“省赋敛,勤农桑。”[1]相传春秋时今浙江诸暨苎罗村为西施浣纱处,亦可为一佐证。长江上游的蜀国很早已知蚕桑。汉代扬雄《蜀王本纪》[2]云:“蜀王之先名蚕丛。”任乃强氏认为“窃疑蚕丛之义,谓聚蚕于一箔饲养之,共簇作茧,非如原蚕之蜎蜎独生,分散作茧,是原始人类一大发明创造,故成为氏族

1 《越绝书》卷4。

2 《文选·左思〈蜀都赋〉》,刘渊林注引。

专称也”[1]，袁珂认为“蚕丛者，实亦蜀古之蚕神”[2]。此二说未必即可视为定论，但从战国以后蜀锦品位之高这一事实来看，春秋时期蜀地已有蚕桑丝织业是毫无问题的。长江中游楚地在春秋时丝织业必然已很发达，这从战国时楚国精美的丝织品可以推知，详见下文。

综上所述，我们对春秋时代我国蚕桑事业的地域分布有了轮廓的概念。黄河中下游、长江上中下游普遍发展了蚕桑丝织业，各地的生产水平不同，但都有着欣欣向荣的发展势头，这种格局到了战国秦汉时代更为明显，并形成了几个丝织业中心，为以后的发展奠定了基础。

二、战国秦汉时代几个丝织业中心地区

从战国至两汉，蚕桑丝织业是我国除粮食业外与国民经济关系最为密切的产业。丝绵、丝织品不仅是皇室、贵族、显宦、富商等上层社会的衣着原料，也是当时对外贸易的主要产品。丝织品的种类繁多，质地精良，产量也高，在社会生产领域里占着重要的地位。由于各地自然条件和传统影响的差异，在黄河、长江两大流域普遍从事蚕桑业的基础上，还形成了几个中心地区。

（一）齐鲁地区，这是传统蚕桑丝织业的发达地区。《史记·货殖列传》：“齐带山海，膏壤千里，宜桑麻，人民多文彩布帛鱼盐”“邹、鲁滨洙、泗……颇有桑麻之业”“沂、泗水以北，宜五谷桑麻六畜”“齐鲁千亩桑麻”。《管子·山权数》云：“民之通于蚕桑，使蚕不疾病者，皆置之黄金一斤，直食八石，谨听其言，而藏之官，使师旅之事无所与。”这些都说明齐鲁地区蚕桑业在社会经济生活中占有十分重要的地位，防治蚕疾已被列为一种重要的国家政策，其受重视可知。到了秦汉时代齐地的丝织业的水平很高，能“织作冰纨绮绣纯丽之物，号为冠带衣履天下”[3]。颜师古注：“冰谓布帛之细，其色鲜洁如冰者也。纨，素也；绮，文缯也，即今所谓细绫也。纯，精好也；丽，华靡也。”“东阿之缯”[4]“亢父之缣”[5]均为汉代特产。《汉书·地理志》载有服官的仅襄邑、临淄二处，临淄即齐国旧都。《汉书·元帝纪》初元五年（前44）四月诏罢齐三服官。颜师古注引李斐曰：“齐国旧有三服之官，春献官帻縰为首服，纨素为

1 任乃强：《华阳国志校补图注》，上海古籍出版社1987年，第220页。

2 袁珂：《中国神话传说词典》，上海辞书出版社1985年，第318页。

3 《汉书》卷28下《地理志下》。

4 《盐铁论读本》，郭沫若校订，科学出版社1957年，第4页。

5 罗振玉、王国维：《流沙坠简考释》卷2，民国三年影印本。

冬服，轻绡为夏服，凡三。”《汉书·禹贡传》：“齐三服官作工各数千人，一岁费巨万。”可见规模之大。《论衡·程材》：“齐部世刺绣，恒女无不能。”两汉时期齐鲁地区的丝织刺绣制品无论从数量、质量而言，都是黄河流域一大中心。

（二）兖豫地区，大致为古代河济之域。《禹贡》兖州，“桑土既蚕，是降丘宅土”“厥贡漆丝，厥篚织文”。豫州“厥贡漆枲絺纻，厥篚织纩”。河南襄邑（今睢县）是当时织锦的主要产地。西汉时置有服官。锦是用不同色彩的丝线交织而成的高级织物。战国时多用“锦绣”两字连称美丽的织物。《后汉书·明帝纪》永平二年条李贤注引董巴《舆服志》载：“显宗初服冕衣裳以祀天地。衣裳以玄上纁下，乘舆备文日月星辰十二章，三公、诸侯用山龙九章，卿已下用华虫七章，皆五色采。乘舆刺绣，公卿已下皆织成。陈留襄邑献之。”《论衡·程材》：“襄邑俗织锦，钝妇无不巧。”襄邑东南“睢涣之间出文章，天子郊庙舆服出焉”[1]。襄邑地方所织之锦绣，供皇家、显宦、公卿作为朝服，其工艺之精良，可以想见且为当地妇女普遍所能，亦知其整个水平在全国占领先地位。

另一处为卫国旧地，大约即今河南濮阳一带，亦为兖豫地区重要丝织业中心。《左传》哀公二十五年卫国曾爆发“三匠”起义（有人认为即织、染、缝三匠），声势浩大，亦见其丝织业规模不会很小。《诗·卫风·氓》说过“抱布贸丝”，足证春秋时代卫国已有丝的贸易。《禹贡》兖州“厥篚织文”。蔡沈传云：“织而有文，锦绮之属。”江声《尚书集注音疏》：“织文是五色相错而有文彩者，先染素色之丝，间错而织成文也。”兖州在河济之间，正是卫国所在，蚕桑业有优良传统，且地处中原交通要道，商业贸易发达。战国时与定陶均为中原地区商业都会，故史有“富比陶卫”[2]之说，当与其丝织业发达有关。

（三）楚国旧地。楚国的蚕桑丝织业起源可能较晚，但后来居上。到战国时代，楚国的丝织业已十分发达。《管子·小匡》载，楚国“贡丝于周室”，说明楚已有质地精良的丝的生产。1957 年长沙左家塘楚墓出土的一批丝绢物，有各种颜色的绢和纹样繁缛的纹锦，如“深棕地红黄菱纹锦”“朱条暗花对龙对凤纹锦”等，染织技术达到很高水平。[3] 1982 年江陵马山砖瓦厂一号楚墓出土的一大批丝织品，有衣物三十五件，按其织造方法和组织结构，可分为绢、绨、纱、罗、绮、绦、组等类，其品种之繁多，工艺之精湛，保存之完整，

1 《水经·淮水注》引《陈留风俗传》。

2 《战国策》卷 13《齐策六》。

3 熊传新：《长沙新发现的战国丝织物》，《文物》1975 年第 2 期。

均前所未见。[1] 1972年长沙马王堆出土的丝织品已举世瞩目，其中一件素纱单衣，薄如蝉翼，轻柔明光，衣长128厘米，袖长190厘米，总重49克，以今日工艺水平衡之，也堪称奇迹。其他如丝织绣袍、彩绘帛书，均堪称绝世珍品。总之，战国秦汉时期，长江中游的楚地，已成为长江流域丝织业一大中心。

（四）四川盆地。本区蚕桑业起源也很早，到了秦汉时代当地著名的丝织品是锦，天下无处可以匹比。扬雄《蜀都赋》云："若挥锦布绣，望芒兮无幅。尔乃其人，自造奇锦。纨缳緟缬，缕缘庐中，发文扬采，转代无穷。"《西京杂记》还记载：汉成帝曾令益州留下三年税输，为宫廷织造"七成锦帐，以沉水香饰之"。用一州三年的赋税制造一床锦帐，其精致豪华可以想见，亦反映饰织工艺水平之高。谯周《益州记》云："锦城在益州南笮桥东流江南岸，蜀时故锦官也，其处号锦里，城墉犹在。"[2]成都别称锦城由来于此。

以上所述是战国秦汉以来，黄河、长江两大流域蚕桑业普遍发展的基础上，形成了几个重要丝织业中心地区。从已有的资料来看，长江三角洲地区蚕桑虽然很发达，所产的丝质地也好，但丝织工艺尚未形成具有特色的产品，总的说来还不及齐鲁、兖豫、楚、蜀等地。

三、魏晋时期我国蚕丝业的发展

魏晋南北朝时期我国蚕桑丝织业在原有基础上，无论生产规模和布局、产品的特色等方面都有了进一步发展。

（一）东汉末年开始，全国按户抽调，所谓户调，即以绢、绵为对象。《三国志·魏书·武帝纪》建安九年(204)下令"其收田租亩四升，户出绢二匹，绵二斤而已"[3]。西晋时户调"丁男之户，岁输绢三匹，绵三斤"[4]。北魏太和年间规定户调各随其土所出。其司、冀、雍、华、定、相、泰、洛、豫、怀、兖、陕、徐、青、齐、济、南豫、东兖、东徐十九州贡绵绢及丝。[5] 这十九州正是黄河中下游地区，可见蚕桑已普及家家户户了。

（二）当时丝织业比较发达的还是在黄河流域。曹魏时何晏《九州论》称道的是"清河缣、房子绵"。清河，即今河北清河；房子，今河北高邑。《文选·左思〈魏都赋〉》提到北方名产有"锦绣襄邑，罗绮朝歌，绵纩房子，缣总

1　张正明：《楚文化史》，上海人民出版社1987年，第161页。

2　（唐）徐坚：《初学记》卷27。

3　裴松之注引《魏书》。

4　《晋书》卷26《食货志》。

5　《魏书》卷110《食货志》。

清河”。其他如赵郡(治高邑),中山(治定县)、常山(治正定)等郡都是盛产绢、缣。[1] 十六国后赵时邺城亦为一织锦中心,城内设织锦署,署有数百人,专织各种花色的锦,举世闻名。时人为别于蜀锦,称其产品为“北邺之锦”。[2] 北齐颜之推《颜氏家训·治家篇》:“河北妇人织纴组紃之事,黼黻锦绣之工,大优于江东也。”可见当时长江三角洲的丝织业是远不及河北地区的。

(三) 长江流域丝织品最著名的仍是蜀锦。上文已述,西汉以来蜀锦生产已闻名全国。东汉末刘备入主四川,赐诸葛亮、法正、张飞、关羽各“锦千匹”。[3]《文选·左思〈蜀都赋〉》描述成都城内蜀锦生产时说:“阛阓之里,伎巧之家,百室离房,机杼相和,贝锦斐成,濯色江波。”蜀锦生产已成为蜀国国民经济中主要产业,国库所资,亦为出口的主要产品。诸葛亮教令:“今民贫国虚,决敌之资,惟仰锦耳。”[4] 蜀国向魏、吴输出商品即以锦为主。刘宋山谦之《丹阳记》云:“江东历代尚未有锦,而成都独称妙,故三国时,魏则市于蜀,而吴亦资西道。”[5] 环氏《吴记》:“蜀遣使吴,赍重锦千端。”[6] 魏国也经常从蜀国得到蜀锦,品种繁多。魏文帝诏群臣曰:“前后每得蜀锦,殊不相似。”[7] 说明蜀锦产品在不断翻新,正是发达兴旺的反映。

(四) 蚕桑事业在地域上的扩展。战国秦汉以来蚕桑业主要分布黄河、长江两大流域。魏晋以来由于人口大迁徙,各地经济文化相互交流。《晋书·慕容宝载记》云:“先是辽川无桑,及廆通于晋,求种江南,平州桑悉由吴来。”时慕容廆占据辽东,与黄河流域的石勒政权为敌,而与东晋政权关系良好,故由海路从江东输入桑种。有人据此以为江南桑种较黄河流域为优,是不对的。《读史方舆纪要》卷 52 引郭仲产《秦州记》云:“度汧陇,无蚕桑。”史念海先生指出《晋书·刘曜载记》甘肃临洮县境有桑城,可能与桑树有关。此说如能成立,则至东晋十六国时蚕桑业的地域分布东北已达辽河流域,西面拓至陇山以西。不过这二处自然条件不宜蚕的生长,即有育蚕业也不会发达。更可以考虑的一点是桑树除育蚕外,其果实桑椹可以疗饥。东汉末年,中原群雄混战,逢饥荒之年,即以桑椹为军粮,曹操、袁绍、刘备的军队都曾以桑椹解救饥困。《齐民要术·种桑柘》:“今自河以北,大家收(桑椹)百

1 (唐) 徐坚:《初学记》卷 27,绢、锦。
2 (唐) 欧阳询:《艺文类聚》卷 85,锦。
3 《三国志》卷 36《蜀书·张飞传》。
4 (三国) 诸葛亮:《诸葛亮集》卷 6。
5 《太平御览》卷 815,锦,引《丹阳记》。
6 (唐) 欧阳询:《艺文类聚》卷 85,锦,引《吴记》。
7 (唐) 欧阳询:《艺文类聚》卷 85,锦。

石，少者尚数十斛。故杜、葛乱后，饥馑荐臻，唯赖以全躯命，数州之内，民死而生者，干椹之力也。”因此边地桑树的种植除育蚕需要外，以桑椹备饥荒，恐亦为重要原因。

四、唐宋以后我国丝织业南盛北衰局面的形成

唐宋时期我国蚕桑丝织事业在地域差异上开始有了新的变化，由于蚕桑、缫丝、丝织是技术性较强的工种，因此这种变化是缓慢的，细微的。现将《唐六典》《通典》《元和郡县志》《新唐书·地理志》中各府州贡、赋丝、绵、丝织品记载作一统计（表格过长从略）并绘制分布图如下：

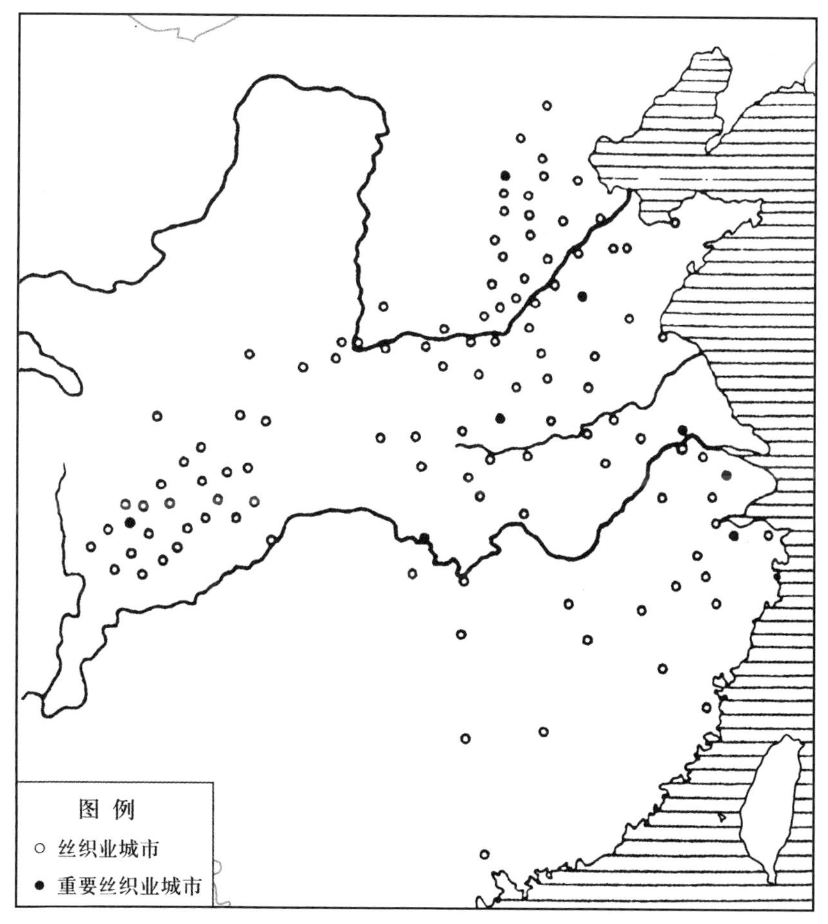

唐代丝织业中心分布图

从地图中很清楚地显示出唐代蚕桑丝织业主要分布在黄河下游（河北、河南、山东）、四川盆地、太湖流域和钱塘江流域三大地区。其他如关中盆地东部、山西西南部、长江中游、浙西地区也有零星府州生产丝或丝织品，但远

不及上述三大地区普遍、集中。这种分布格局基本上是战国秦汉以来形成的，至唐代约千年而无显著变化。

根据文献记载，丝织品的质量各地不一。以绢为例，这是当时用途最广泛的一种，国家征收赋税以绢为主可知。《唐六典》卷 20 太府寺云："凡绢布出有方土，类有精粗，绢分为八等。"

第一等　宋　亳

第二等　郑　汴　曹　怀

第三等　滑　卫　陈　魏　相　冀　德　海　泗　濮　徐　兖　贝　博

第四等　沧　瀛　齐　许　豫　仙　棣　郓　深　莫　洺　邢　恒　定　赵

第五等　颍　淄　青　沂　密　寿　幽　易　申　光　安　唐　随　黄

第六等　益　彭　蜀　梓　汉　剑　遂　简　绵　襄　褒　邓

第七等　资　眉　邛　雅　嘉　陵　阆　普　壁　集　龙　果　洋　渠

第八等　通　巴　蓬　金　均　开　合　兴　利　泉　建　闽

据上可知，第一、二、三、四等，都在今河南、河北、山西境内，第六、七、八等，主要在今四川、福建境内。太湖流域竟无一州在等内，可见该地基本上不产绢，或绢在所产丝织品中占很小比例。

丝织品中高档产品是绫、锦、罗等。白居易《缭绫》诗云："缭绫缭绫何所似，不似罗绡与纨绮。应似天台山上月明前，四十五尺瀑布泉。中有文章又奇绝，地铺白烟花簇雪。织者何人衣者谁，越溪寒女汉宫姬。去年中使宣口敕，天上取样人间织。织为云外秋雁行，染作江南春水色。……春衣一对直千金。汗沾粉污不再著，曳土蹋泥无惜心。缭绫织成费功绩，莫比寻常缯与帛。丝细缲多女手疼，扎扎千声不盈尺。昭阳殿里歌舞人，若见织时应也惜。"从白居易这首诗里我们可以知道绫是一种十分珍贵、费时费工的高级织物。据《元和郡县志》《新唐书·地理志》记载，绫的主要产地是蔡州（今河南汝南）、兖州（今山东兖州）、定州（今河北定州）、江陵（今湖北江陵）、扬州（今江苏扬州）、润州（今江苏镇江）、杭州（今浙江杭州）、越州（今浙江绍兴）八处。其中三处分别在河北、河南、山东，一处在长江中游湖北，四处均在长江三角洲及钱塘江流域。另一种高档锦产地有两处：一是传统的成都，一是新兴的扬州。

这里我们已可觉察到高档丝织业向东南移动的信息。这种情况究竟开始于什么时候呢？李肇《国史补》卷下："初，越人不工机杼，薛兼训为江东节制，乃募军中未有室者，厚给货币，密令北地娶织妇以归，岁得数百人，由是越俗大化，竞添花样，绫纱妙称江左矣。"薛是大历时人，可见此前江东的丝织业还是赶不上黄河流域的，与《颜氏家训》中所言无异。又《元和郡县志》越州载："自贞元之后，凡贡之外，别进异文吴绫，及花鼓歇单丝吴绫、吴朱纱等纤丽之物，凡数十品。"宣州（今安徽宣城）："自贞元后，常贡之外，别进五色线毯及绫绮等珍物，与淮南、两浙相比。"所以我们推断自大历年间北方精良的丝织技术传到江东以后，经过当地人的努力改进提高，到贞元年间丝织业的水平已超过了北方。时在8世纪中叶。

据《宋会要辑稿》食货64之1—9匹帛记载，宋代各路缴纳租税的丝织品有罗、绫、絁、绡、绸、丝、绵七种，从地域分布来看与唐代并无二致。仍然是河北、河南、山东的黄河下游平原和四川盆地、太湖流域、钱塘江流域。但在缴纳的数量上已有变化：

(1) 所缴纳绢数在十万匹以上的有京东东路、京东西路、京西北路、河北西路、两浙路、江南东路、江南西路、荆湖北路、梓州路、利州路十路。二十万匹以上有京东东路、京东西路、河北西路、两浙路、江南东路、梓州路六路。其中两浙路、江南东路最多，前者六十七万余匹，后者三十八万余匹。

(2) 绸一项也是两浙路、江南东路二路缴纳最多。前者十万余匹，后者六万余匹，其余均在五万匹以下。

(3) 丝绵一项以两计算，两浙路二百万两，江南东路一百一十万两。其余均在一百万两以内，较多者为河北西路九十五万两，成都府路八十三万两。此外各路上供丝织品数量情况与租税相同，两浙路、江南东路也占首次二位。

(4) 黄河下游地区河北、河南、山东丝织品生产仍有一定规模。宋庄季裕《鸡肋编》卷上："河朔山东养蚕之利，逾于稼穑。"秦观《蚕书》序言中说："今余所书有与吴中蚕不同者，皆得之兖人。"又云："九州蚕事，兖为最乎！"然而究属强弩之末，已不能与长江三角洲、太湖流域匹比了。

明清时期长江三角洲地区蚕桑丝织业达到了空前的发展。前人有关研究成果甚多，此处不便详述。今略作概括言之。

(1) 明清时期长江三角洲地区育蚕缫丝业极为普遍，成为常见的家庭手工业，育蚕缫丝业与丝织业已基本分离，是产业发展的一种标志。蚕桑业以湖州为最著。明王士性《广志绎》卷四云："浙十一郡，惟湖最富。盖嘉湖泽国，商贾舟航易通各省，而湖多一蚕，是每年有两秋也”“故丝绵之多之精甲天下”。徐献忠《吴兴掌故集》卷12：“蚕桑之利，莫盛于湖。”朱国桢《涌幢小品》卷2：“湖地宜桑，新丝妙天下……湖丝惟七里者尤佳，较常价每两必多一分，苏人入手即织，用织帽缎，紫光可鉴……其后益加讲求，为法愈密，所产益良，前后几二十年，岁无败者，时谓得养术焉。”宋应星《天工开物》“乃服”：“屯、漳等绢，豫、蜀等绸，皆易朽烂，若嘉、湖产丝成衣，即入水浣濯百余度，其质尚存。”湖丝既名闻天下，境内南浔、双林、菱湖、练市以及与相乡交界的乌青等镇均成为湖丝的集散地，商业繁荣超过一般县治。

(2) 明清时期丝织业则以苏杭为最。明时上供龙袍即由杭、苏染织局所造。明张瀚《松窗梦语》卷4：“大都东南之利，莫大于罗、绮、绢、纻，而三吴为最。即余先世亦以机杼起，而今三吴之以机杼致富者尤众。”三吴地区应运而产生一批以丝织业为主的市镇。如吴江震泽镇，乾隆《震泽县志》卷25风俗生业：“绫绸之业，宋元以前惟郡人为之，至明(洪)熙、宣(德)年间，邑民始渐事机丝，犹往往雇郡人织挽；成、弘以后，土人亦有精其业者，相沿成俗。于是震泽镇及近镇各村居民，乃尽逐绫绸之利，有力者雇人织挽，贫者皆自织。”又如吴江县盛泽镇“居民以绸绫为业……迄今日民齿日繁，绸绫之聚，百倍于昔，四方大贾，辇金至者无虚日”[1]。其时“吴人织作为业，即士大夫家，多以纺织求利”[2]。这些城镇乡村居民均以蚕丝织造为业，俱“不产米、仰食四方，夏麦方熟，秋禾既登，商人载米而来者，舳舻相衔也。中人之家，朝炊夕爨，负米而入者，项背相望也”[3]。这时长江三角洲地区蚕丝织造业已独占天下鳌头，黄河流域的蚕桑丝织业已难以望其项背了。

五、蚕丝业南盛北衰的原因探讨

上文已述，北宋时期我国蚕桑丝织业南盛北衰的局面初见端倪，到南宋已成定局。从先秦以来黄河流域蚕桑丝织业一般说来是超过长江流域的，为什么两宋之际有此变化，且从明清以降直至近代，长江中下游继续处于遥遥领先的地位呢？这是农学史家和历史地理工作者十分感兴趣的问题，以往学者也发表过不少意见。黄世瑞同志还写了以《我国历史上蚕业中心南移问题探讨》为题的长文，在《农业考古》(1985/2、1986/1、1987/2)上连载，作了详细的论述。但读后感到似乎还没有把问题讲得很清楚，还有些令人

1 沈云：《盛湖杂录》，引自谢国桢《明代社会经济史料选编》，福建人民出版社1980年，第69页。
2 (明) 于慎行：《穀山笔麈》卷4。
3 (明) 顾炎武：《天下郡国利病书》卷20。

疑惑的地方。因此也想谈谈个人一些粗浅的看法。

蚕业中心的南移是由多种因素促成的。包括自然、经济、政治等诸方面，因此也要从多角度加以探索。为了叙述方便起见，即以黄世瑞《我国历史上蚕业中心南移问题的探讨》(下简称黄文，《农业考古》1987 年第 2 期)为对象，逐一讨论，间以己见。

黄文在最后部分谈道："太湖地区蚕业在唐以前还远逊于北方，到了宋代，特别是南宋，竟然发生了翻天覆地的变化，取黄河流域而代之，一跃而为全国蚕业中心，黄河流域则从此江河日下，再也恢复不过来，其原因何在，有无内在规律可寻，这些问题值得研究。有些学者认为北宋以后黄河流域衰退的原因是由于少数民族(女真、蒙古)入主中原普遍进行的破坏。我们认为这是不公允的。过去人们常有一种传统的观念，认为中国皇帝的宝座是容不得少数民族来坐的，他们一坐就必然会破坏农业生产，因此总爱把农桑生产的衰退归咎于少数民族的入主。其实这是一种偏见，不符合历史事实。"当然，笼统地说少数民族入主中原，对农桑就起破坏作用，显然是不对的。其实稍有历史知识的人恐怕不会有此看法，清朝也是少数民族入主中原，谁能否认康、雍、乾三朝中国农桑蓬勃发展的历史事实呢？可见具体事物要具体分析。从历史事实来看，契丹、女真族对黄河流域蚕桑业有过一度的破坏是毋庸怀疑的。史载，契丹骑兵多次从广信军(今河北徐水)、雄县、霸州(今霸州市)一线进入北宋国境，"沿途民居，园囿、桑柘，必夷伐焚荡。至宋北京(今河北大名东)，三路兵皆会，以议攻取，及退亦然"，"其打草谷家丁，各衣甲持兵，旋团为队，必先斫伐园林，然后驱掠老幼，运土木填壕堑……又于本国州县起汉人乡兵万人，随军专伐园林，填道路。御寨及诸营垒，唯用桑柘梨栗。军退，纵火焚之"。[1] 这是契丹南进的基本行军制度，非偶然行为。据《辽史·本纪》粗略统计，从契丹会同七年(944)开始有七次大规模进军河北平原的军事行动。经过七次毁灭性的砍伐焚荡，桑树受到的摧残应该是很严重的。女真人以猛安谋克组织形式进入黄河流域。猛安谋克是女真人传统的军政合一组织，他们不谙农耕，分给他们的农田，未获很好的利用。《金史·食货志二》田制："猛安谋克民户不自耕垦，及伐桑枣为薪鬻之""民桑多为牧畜啮毁"。女真人带着本身的民族习性，不事育蚕，无视桑树的重要，任意砍伐，正反映女真人本身是不事蚕桑的。当然金政府也曾下令禁止这种行为。如明昌元年六月"尚书省奏：近制以猛安谋克户不务

1 《辽史》卷 34《兵卫志上·兵制》。

栽植桑果,已令每十亩须栽一亩,今乞再下各路提刑及所属州县,劝谕民户,如有不栽及栽之不及十之三者,并以事怠慢轻重罪科之"。明昌元年为公元1190年,距靖康南渡已经六十四年了,黄河流域还普遍缺乏桑树,其对育蚕事业的影响是不可避免的。再说女真人传统的习俗也对黄河流域蚕桑业产生过影响。《大金国志》卷39《男女冠服》:"至于衣服,尚如旧俗,土产无桑蚕,惟多织布,贵贱以布之粗细为别。又以化外不毛之地,非皮不可御寒,所以无贫富皆服之。富人春夏多以纻丝绵绸为衫裳,亦间用细布,秋冬以貂鼠、青鼠、狐貉皮或羔皮为裘,或作纻丝四袖。贫者春夏并用布为衫裳,秋冬亦衣牛、马、猪、羊、猫、犬、鱼、蛇之皮,或獐、鹿皮为衫。裤袜皆以皮。"可见丝织品在女真人中间只是富人春夏时期衣着原料的一部分,且在其统治下的汉人,"民亦久习胡俗,态度嗜好与之俱化,最甚者衣装之类,其制尽为胡矣"[1]。我们似不能否认在北中国穿着丝织衣服的人比北宋时明显减少的事实。当然我们仍可在历史文献中(如《金史·食货志》)找出不少黄河流域生产丝织品的府州,但这只能说明当时北方的丝织业仍有一定的规模,而不能否定它的衰落呀?有人根据楼钥《北行日录》[2]记载金国的绢价较南宋便宜为例,以为金朝统治地区纺织技术也是相当高的。[3] 但如果我们理解为供过于求而形成的低价,不也是可以的吗?

黄文反对的第二种意见是"认为北方蚕丝的衰败,主要是由于棉花传入取代了蚕丝的缘故。其实这只是一种推测,并无事实根据",并引证了宋元之际棉花种植业开始传入黄河流域,到明清时华北地区棉区才形成的事实来否定棉业对丝织业的影响,同时还强调明清时松江为棉织业中心,而嘉湖一带仍为丝织业中心,两者并不相悖。固然在棉花传入黄河流域之前,蚕桑业已趋衰落。但是棉织业的形成和发展,怎么说也不可能对蚕桑业没有影响。当然蚕桑业的衰落并不是棉织业产生直接促成的,但棉织业的发展影响丝织业的不能衰而复苏可以说是肯定的。王祯《农书·木棉序》云:"且比之蚕桑,无采养之劳,有必收之效,埒之枲苎,免绩缉之工,得御寒之益,可谓不麻而布,不茧而絮,虽曰南产,言其适用,则北方多寒,或茧纩不足而裘褐之费,此最省便。"丘濬《大学衍义补》:"其种乃遍布天下,地无南北皆宜之,人无贫富皆赖之,其利视丝枲,盖百倍矣。"《农政全书》卷31郭子章(明隆庆进士)《蚕论》:"今天下蚕事疏阔矣。东南之机,三吴、越、闽最多,取给于湖

---

1 (宋)范成大:《揽辔录》。

2 (宋)楼钥:《北行日录》,《攻媿集》卷112。

3 张博泉:《金代经济史略》,辽宁人民出版社1981年,第65页。

茧；而西北之机，潞最工，取给于阆茧。予道湖、阆，女桑、姨桑，参差墙下，未尝不羡二郡女红之廑；而痛四远之惰也。”这些说明当时浙江湖州、四川阆中、吴越、闽中之外地区蚕桑业的衰落，说得不一定全面，但这种事实是不能抹杀的。南方尚且如此，对棉花生长尤为有利的黄河流域更不必说，怎能说棉织业的发展与丝织业的衰落全无关系呢？犹如现代化纤织品的问世，无疑对棉布生产有巨大的冲击力，虽然织布厂并未全部倒闭，我们可不能说两者之间毫无关系。

黄文在否定了上述两种看法后，提出了自己的观点，主要有：

(1) 北方战乱频繁，南方相对安定，经济中心南移。文章列举了东汉以来北方频繁战乱，社会经济遭受严重破坏，人口大批南徙，而南方社会经济相对稳定繁荣的史事，认为：“两浙的确已成为经济中心，因此蚕业中心形成于两浙也是很自然的了。因为蚕桑生产需要一定的投资，人力充足，经济富裕，无疑是发展蚕桑的有利条件。”当然，从一般意义上讲，我们无法否认整个中国经济重心南移对蚕桑事业的影响。但这只是一种影响整个中国经济大气候，怎能说明蚕桑事业的具体变化呢？我们认为这种观点原则上是对的，但说服力不够。如同一个人长期疲劳、营养不足，就可能生病，但为什么生甲病而不生乙病，那还得具体问题具体分析。

(2) 黄文认为：“造船航海技术的提高，海上丝绸之路的兴起，交通外贸的便利，极大地刺激了太湖地区的蚕丝。”并指出“自汉至唐丝绸外贸一直依靠陆上丝绸之路”，唐后期吐蕃兴起占领河西，以后西夏立国，西北陆上丝绸之路受阻，海外贸易转而以南方海路为主，故而刺激了南方的丝织业。我们认为这一条理由是能够成立的，可惜作者列举事例仅私人出海一条，[1]远不足令人信服。其实这方面史料是很多的。例如写于9世纪至10世纪初的《中国印度见闻录》中说：唐末黄巢将广州附近的桑树都砍光了，影响了育蚕事业，“因此，这一事件，就是阿拉伯各国失去货源，特别是失去丝绸的原因”。[2] 作者对事件原因的分析恐怕是错的。因为广州在唐末并非丝绸的重要产地，但阿拉伯商人需要的丝绸是从广州海上运去的事实，却是可以肯定的。《真腊风土记》载，当时中国输往柬埔寨的货物中，以“金银为第一，五色轻缣帛次之”。《宋会要辑稿》蕃夷四之九九真里富（在今暹罗湾东北岸）“所用绯红罗绢、瓦器之类，皆本朝商舶到彼贸易”。《岛夷志略》载真腊有“建宁

1 (宋)罗大经：《鹤林玉露》卷14《老卒回易》。
2 《中国印度见闻录》，中译本，中华书局1983年，第96页。

锦”,加将门里(苏继庼以为今东非达累斯萨拉姆)有“苏杭五色缎”,其他南海诸岛均记有“绵、绢、缎”,未注明出自何地,疑多从我国沿海各地运往。甘埋里(今伊朗霍尔木兹)也有“苏杭五色缎”。明张燮《东西洋考》大泥(北大年)有华人贩湖丝至彼处,再转卖给荷兰人。到了明清时代,江南丝绸市场之繁荣以及丝织品出口之盛况,更是史不绝书。清康熙中叶以来,丝成为次于茶的主要出口商品,乾隆年间每年从广州出口的湖丝约数十万两至百余万两,“其货均系江浙等省商民贩运来粤,卖与各行商,转售外夷,载运四国”[1]。明清两代东南沿海大部分时间实行海禁,广州为唯一可以对外贸易的港口,故太湖流域蚕丝及丝织品均由此出口。上海开埠后,太湖流域丝货多由上海出口。湖州南浔镇有许多丝商长驻上海经营湖丝出口事业,“一日贸易数万金”。[2] 由于丝绸外贸可以带来的大量利润,对太湖流域蚕桑、丝织业的发展起了很重要的刺激作用。

(3) 黄文提出的第三条原因是“自然条件的变迁更是蚕丝中心南移的重要内在原因”,作者指出“为什么北宋末年的战乱却使北方蚕业一败涂地,再也不能恢复起来了呢”? 他根据竺可桢先生的研究成果,认为“十二世纪初至十三世纪初(南宋时期),为我国历史上最冷时期,大寒年数骤增”,“南方尚且如此,北方之寒更是可想而知”。“由于气候寒冷影响了桑树的产量,影响到春蚕入眠和产量”。

关于13世纪南宋时代气候状况问题,近几年来有了新的进展,不少研究成果对竺可桢先生的部分观点作了修正。例如认为13世纪我国处于一个温暖期,年平均气温较今上升1.4℃。[3] 不论这个看法,黄世瑞同志能否接受,即按竺老的看法,杭州在宋时候(12世纪),四月份的平均温度比现在要冷1—2℃。[4] 我们知道魏晋时期是一个寒冷期,但辽西地区引进了桑树,可见桑树气温适应度是很宽的。而家蚕饲养的温度一直是由人为调节的,与生长在野外的植物不同。因此即便气温有1—2℃的差异,对黄河流域蚕桑事业不可能有明显的影响。因此这一观点是很难成立的。

我认为两宋以后黄河流域蚕桑业衰落的另一个重要原因是江南地区蚕桑技术的显著提高。不少学者撰专文指出南宋以后江南蚕桑技术有明显改进。楼璹《耕织图》就是反映南宋时期江南育蚕的全过程及缫丝织造的先进

1 李侍尧:《奏请将本年洋商已买丝货准其出口折》,故宫博物院《史料旬刊》1930年10月第15期。
2 民国《南浔镇志》卷31《农桑》。
3 满志敏、张修桂:《中国东部十三世纪温暖期自然带的推移》,《复旦学报(社会科学版)》1990年第5期。
4 竺可桢:《中国近五千年来气候变迁的初步研究》,《考古学报》1972年第1期。

技术，“其工艺之完善，设备之进步，说明我国古代蚕桑丝绸生产技术至此已基本定型，元明清三代并无大变”[1]。周匡明指出：“众所周知，南北宋是我国古代经济重心南移完成的时代，在蚕桑生产方面，南盛北衰的局面也已相当明显。所谓盛，不仅意味着宋代以来南方（江南）蚕茧产量多于北方，即在生产技术方面也显示出‘青出于蓝而胜于蓝’的优势。”[2]王祯《农书·蚕桑门》也记载到南北方不同的育蚕方法及工具，大多南方优于北方。如用“蚕网”抬蚕，“比之手替，省力过倍，南蚕多用此法，北方蚕小时，亦以用之”。如用以遍布桑叶的“蚕杓”，“此南方蚕法，北方箔簇颇大，臂指间有不能周遍，亦宜假此，以便其事，幸毋忽诸”。又如“蚕簇”，“南方蚕簇止就屋内蚕架上布短，草簇之人既省力，蚕亦无损”。又如蚕种“北蚕多是三眠，南蚕俱是四眠，日见有老者，量分数减饲，候十蚕九老，方可入簇，值雨则坏茧。南方例皆屋簇，北方例皆外簇。然南簇在屋，以其蚕少易办，多则不任。北方蚕多露簇，率多损压壅阏”[3]。我们知道四眠蚕比三眠蚕体大、茧量多，丝质佳。但四眠蚕比三眠蚕难养且易得传染病，南方蚕农敢饲养四眠蚕，反映其技术之高。

从宋代开始植桑业、育蚕业、缫丝和丝织业渐为分离，这是商品经济发展的表现。例如明清时代南方出现了很多育蚕专业户，如“看缫丝之人，南浔为善，以日计，每日庸金四分”[4]。同时江南地区出现了许多以蚕桑、丝织事业为主的市镇。如苏州的震泽镇、盛泽镇，湖州的南浔镇、菱湖镇、双林镇，嘉兴的王店镇、王江泾镇，桐乡的濮院镇等。农村中也涌现了大批蚕桑、织造的专业户。上文引到清乾隆《震泽县志》所载震泽镇的各村居民竞相以织造绫绸为业，并非个别情况。

鉴于上述情况，我们可以设想两宋以后黄河流域蚕桑业是无法与之竞争的，其衰落而一蹶不振，是很自然的事情。所以，我们认为宋元以后黄河流域蚕桑业的衰落原因，归纳起来主要有四点：

（1）初期是异族入侵时的人为破坏；

（2）后期是由于棉花种植业的形成和发展；

（3）西北丝绸之路的阻断和东南海上丝绸之路的开辟；

（4）南方蚕桑、丝绸技术的提高，商品化、专业化的发展，国内外市场的

1　赵丰：《〈蚕织图〉的版本及所见南宋蚕织技术》，《农业考古》1986年第1期。

2　周匡明、陈锡潮、徐近智：《方格蔟的渊源考——兼论我国蔟具的历史演变》，《农业考古》1985年第2期。

3　（元）王祯：《农书》卷6。

4　（明）徐光启：《农政全书》卷31。

占领，使得黄河流域蚕桑业无法与之竞争，逐渐趋于衰落。

六、余论

蚕桑事业是我国数千年来主要产业，它在我国社会经济、文化的发展过程中有过十分重要的地位。同时它还是我国文化走向世界的载体。古代西方称我国为丝国，最早通过西方世界的交通道路，被称为丝绸之路。据季羡林先生研究，最迟到公元前 4 世纪中国的丝绸便输入了印度。[1] 这走的是川、滇、缅、印的西南丝绸之路。西北丝绸之路也并非始于张骞，实际上在汉武帝前，中国已有零星丝绸传入西域一些地区。[2] 近年来在中亚地区，考古学家发现了许多春秋战国时代中国丝绸的遗物，充分证明了这一点。[3] 中国丝绸传入西方，对西方的政治、经济也起过一定的影响，起初安息（今伊朗高原北部）以其地理位置的优越，控制了中西丝绸贸易，安息用汉代的缯彩与大秦（罗马帝国）贸易，便阻止大秦与中国直接通商。东汉桓帝延熹九年（166）大秦从海上来华，才得与中国通。[4] 大秦得到中国缣素后，又将丝拆下再织成胡绫、绀纹，与安息等国交市于海上。[5] 宋代以后中国的丝绸产品遍及东南亚各国，代表了华夏文化向外的传播。因此，我们有充分理由可以说，蚕桑业不仅是我国历史上重要产业，作为一种物质文明其具有世界意义。当然要真正讲清楚这个问题是一个重要的研究课题，非本文和笔者所能做到的了。

（原载《选堂文史论苑》，上海古籍出版社 1994 年版）

---

1 季羡林：《中国蚕丝输入印度问题的初步研究》，《中印文化关系史论文集》，生活·读书·新知三联书店 1982 年。

2 蒋致洁：《试论丝绸之路贸易的衰落》，《兰州学刊》1989 年第 2 期。

3 蓝勇：《南方丝绸之路》，重庆大学出版社 1992 年，第 5 页。

4 《后汉书》卷 88《西域传》。

5 （元）马端临：《文献通考》卷 339《四裔考·大秦》。

辽代西辽河流域的农业开发

西辽河水系位于今内蒙古自治区东部昭乌达盟和哲里木盟境内，主要由西拉木伦河、老哈河、教来河和新开河等河流组成；其北部的乌力吉木伦河今虽为内陆河，据实地考察，下游有古河道流入新开河，在历史上亦当属西辽河水系。水系西面为大兴安岭南段，南面为七老图——努鲁尔虎山脉，构成一个比较完整的流域，面积为 85 500 平方公里。诸水除上游所经为山地和丘陵外，均流经沙地和冲积平原，河道坡度平缓，两岸有宽广的河漫滩和阶地。流域内年平均降水量为 314 毫米，分配极不均匀，每年五至九月集中了全年降水量的百分之八十以上，故夏季往往造成河流泛滥，而冬季则有断流之危。水系各河流含沙量普遍很高。西拉木伦河，蒙古语意为“黄色的河”，旧称潢水，有时径称“黄河”。老哈河也是含沙量很高的河流。两河在历史上洪水季节改道频繁，今地面上留下许多枯河道，即其遗迹。在废弃河道两侧，沙地裸露，每逢大风，就地起沙，形成无数沙垄，如乌力吉木伦河右岸沙垄长达一百公里，宽一至五公里。今本区内大小湖沼共六十余个，大多数是在风蚀坑基础上发展起来的。因而沙垄、湖沼、洼地相间分布是本区地貌的主要特征。[1]

历史上本区的自然条件与现在没有本质的差异，唯草原地带较现在宽广，故长期为游牧民族活动的场所。公元 10 世纪辽代开始才有较大规模农业的开发，对自然环境产生了一定的影响。本文即就此问题作一个概括的介绍。

一

根据解放以后的考古调查，在昭乌达盟北部西拉木伦河流域以及哲里木盟的西辽河和新开河流域发现了大批原始文化遗址，有的相当于仰韶文

1　内蒙古师范学院编：《内蒙古自然地理》，内蒙古人民出版社 1965 年；中国科学院内蒙古宁夏综合考察队编写：《内蒙古自治区及东北西部地区地貌》，科学出版社 1980 年。

化时期，有的相当于龙山文化时期。这些遗址中出土不少石制的农具，如石犁、石锄、石锹、石镐、石斧、石铲等，还有粗制的陶器和圆形的房基，说明当时人们已经过着相对定居的生活，并有了原始农业。在相当于中原春秋战国时代的夏家店(属赤峰)上层文化遗址中，石制的农具出土更多，同时还出土一批青铜器和陶器。从出土文物分析，当时居住在这里的人们的经济生活中，农业生产已处于相当重要的地位。[1] 但据现有的资料来看，这种农业文化在以后一段历史时期内，似乎没有得到充分的继承和发展。战国秦汉时代居于西拉木伦河流域的是乌桓、鲜卑族。乌桓"随水草放牧，居无常处"。汉武帝时，霍去病击破匈奴，迁乌桓于上谷、渔阳、右北平、辽东、辽西五郡塞外，为汉侦察匈奴动静。东汉以后屡寇边郡。[2] 建安年间，曹操大破乌桓，幽州、并州境外的乌桓悉徙部众入居塞内，因为以畜牧为业，故当时的三郡(辽东、辽西、右北平)乌桓为天下名骑。其时鲜卑领袖轲比能强大，"尽收匈奴故地，自云中、五原以东抵辽水，皆为鲜卑庭"，西拉木伦河(时称饶乐水)为其政治中心，习俗与乌桓同，从事"田畜射猎"。[3] 当然，与其他游牧民族一样，乌桓与鲜卑并非绝对没有农业，如乌桓所处"土地宜穄及东墙，东墙似蓬草，实如穄子，至十月而熟"[4]。不过这种极少量的耐旱作物，在乌桓族整个经济生活中仅占很小的比重。总之，直至三国时代，西辽河流域无疑仍是以牧业为主兼有少量粗放农业的经济区域。

公元4世纪兴起于西拉木伦河流域的契丹族和居于老哈河流域的奚族都是以"逐水草畜牧"为主要产业的游牧部族。不过他们密迩汉族，"每请入塞，与民交易"[5]，不能不受到汉族农业文化的影响。例如，北魏时，契丹一度告饥，拓跋宏"听其入关市籴"。[6] 隋开皇末，契丹背突厥来附，隋朝"悉令给粮还本"。[7] 五代时，契丹南下，常在幽州、涿州间掠夺粮食。[8] 这些都反映了他们对粮食的兴趣逐渐增强，同时也可能发展了少量农业。奚族的农业，《新唐书·北狄传》记载其"稼多穄，已获，窖山下，断木为臼，瓦鼎为饘，杂寒水而食"。穄即糜子，一种北方的耐旱作物，适宜当地种植。契丹有农业的

1 《内蒙古文物考古工作三十年》，刊《文物考古工作三十年》，文物出版社；《内蒙古文物资料选辑》，内蒙古人民出版社1962年。

2 《后汉书》卷90《乌桓传》。

3 《三国志》卷30《魏书·乌丸鲜卑》及裴注引《魏书》。

4 《后汉书》卷90《乌桓传》。

5 《魏书》卷100《库莫奚传》。

6 《魏书》卷100《契丹传》。

7 《隋书》卷84《契丹传》。

8 《资治通鉴》卷278。

记载较迟，约公元9世纪，耶律阿保机的祖父匀德实为大迭烈府夷离堇时，“喜稼穑，善畜牧，相地利以教民耕”。[1] 在阿保机叔父述澜时，“教民种桑麻，习织组”。[2] 到阿保机时代，契丹部落的畜牧业有很大发展，《辽史·食货志下》载当时“群牧蕃息，上下给足”。至于农业的显著发展，则是在南侵中原和东征渤海战争开始以后，大量汉族和渤海族人口的迁入，带来了先进的耕种技术和工具，租税的收入和农产品刺激了契丹统治者的兴趣，促进了契丹本土的农业开发。

二

汉族和渤海族人口大量进入西辽河流域是当地农业生产得以发展的主要因素。这种进入大致通过两种途径：

一种是自愿迁入的，或者是随同投奔契丹的汉族将领进入契丹境内的。例如唐末战乱，民不聊生。割据河北北部的刘仁恭、刘守光父子为政暴虐，民不堪命，“幽、涿之人，多亡入契丹”。[3] 五代梁末，唐庄宗即位，卢文进、王郁相继入辽，皆驱率数州士女“为虏南藩”。[4] 这种情况为时不长，人数不多。因为契丹统治者“虐燕人”“燕人最以为苦”。[5] 所以自愿迁入者有限，被胁趋行的也往往乘隙逃回。

另一种是契丹南侵战争中虏掠去的汉人。史载唐末中原战乱之际，“阿保机乘间入塞，攻陷城邑，俘其人民”“以长绳连头系之于木”，驱使而北。[6] 直至宋初，河北地区还不断有大批汉人在契丹南侵战争中被虏掠而去，[7] 致使五代以来幽、蓟一带，“荆榛满目，寂无人烟”。[8]

现将史籍中有关南侵俘掠汉族人口的记载，转录如下：

唐天复二年(902)	(阿保机)以兵四十万伐河东代北，攻下九郡，获生口九万五千，驼、马、牛、羊不可胜计(《辽史》卷1《太祖纪上》)。

1 《辽史》卷59《食货志上》。
2 《辽史》卷2《太祖纪赞》。
3 《新五代史》卷72《四夷附录第一》。
4 《辽史拾遗》卷1，引《唐明宗实录》。
5 (宋)苏辙：《栾城集》卷41《北使还论北边事札子》。
6 《新五代史》卷72《四夷附录第一》。
7 《宋会要辑稿·蕃夷》一之一九。
8 《辽史拾遗》卷1，引《唐庄宗实录》。

三年(903)	冬十月,引军略至蓟北,俘获以还(同上)。天祐二年(905)冬十月,及进兵攻仁恭,拔数州,尽徙其民以归(同上)。
梁贞明三年(917)	(契丹以卢文进)为卢龙节度使,文进常居平州,帅奚骑岁入北边,杀掠吏民(《资治通鉴》卷269)。
辽神册五年(920)	冬十月辛未,攻天德……丙子,拔其城,擒宋瑶,俘其家属,徙其民于阴山南(《辽史》卷2《太祖纪下》)。
六年(921)	十一月,分兵略檀、顺、安远、三河、良乡、望都、潞、满城、遂城等十余城,俘其民徙内地(同上)。
天赞二年(923)	梁灭,阿保机率兵直抵涿州。时幽州安次、潞、三河、渔阳、怀柔、密云等县,皆为所陷,俘其民而归,置州县以居之,不改中国州县之名(《辽史拾遗》卷1,引《阴山杂录》)。
三年(924)	夏五月,徙蓟州民实辽州地(《辽史》卷2《太祖纪下》)。
晋天福十二年(947)	三月壬寅,契丹主发大梁,晋文武诸司从者数千人,诸军吏卒又数千人,宫女、宦官数百人,尽载府库之实以行,所留乐器、仪仗而已(《资治通鉴》卷286)。
辽天禄四年(950)	冬十月,自将南伐,攻下安平、内丘、束鹿等城,大获而还(《辽史》卷5《世宗纪》)。
宋乾德三年(965)	冬,契丹来寇易州,略居民(《辽史拾遗》卷5,引《太平治迹统类》)。
辽乾亨元年(979)	秋七月癸未,(耶律)沙等及宋兵战于高梁河。……八月乙丑,耶律沙等献俘(《辽史》卷9《景宗纪下》)。
宋雍熙四年(987)	虏势滋振。长驱入深、祁,陷易州,杀官吏,虏士民。所过郡邑,攻不能下者,则俘村野子女,纵火大掠,辇金帛而去(《辽史拾遗》卷7,引《太平治迹统类》)。

以上仅限所见资料,难免挂一漏万,不过已可窥其概貌。在这近九十年的时

间里，契丹南侵虏掠汉族人口之多，规模之大，实属空前。涉及的地域也很广，南面深入河北中部。但前后被虏去的汉人究竟有多少，已无法统计出确切的数字。不过我们通过史书的记载，仍可寻得一些痕迹。

《资治通鉴》卷291载，后周广顺二年(952)十月，"契丹瀛、莫、幽州大水，流民入塞，散居河北者数十万口。契丹州县亦不之禁。诏所在赈给存处之。中国民被掠后归者十五六"。引文中所说的幽州治今北京市，莫州治今任丘北，瀛州治今河间县，均为当时契丹虏掠汉族人口最多的地区。一次逃归的有数十万，若据《契丹国志·穆宗纪》载此事作"四十万"，占被掠去的十分之五六，由此推测被掠去的约略有七八十万以上。当然其中一部分被留在燕、云地区，迁至长城以外辽河流域的可能有三四十万。这样一大批以农业生产为主的汉族人口的迁入，势必对当地的社会经济产生巨大的影响。

强边渤海族人民迁入西辽河流域的为数也不少。史载渤海物产"与高丽同"，[1]是以定居农业为主要经济的民族，其特产有显州之布、沃州之绵、龙州之绸和庐城之稻，都是定居农业民族的产品。[2] 926年为契丹所灭后，就有大量渤海人民被迫远离家园，迁往西辽河流域。开泰八年(1019)五月乙亥，"迁宁州渤海户于辽、土(今老哈河)二河之间"[3]。即其一例。天庆五年(1115)饶州(治今内蒙古巴林右旗西南)渤海古欲等起兵反辽，[4]就是迁居在西拉木伦河流域渤海人的一次复国运动。当然，渤海人迁居于西辽河流域的人数可能略低于汉族，但他们对这一带农业开发的影响是不容忽视的。

三

契丹在耶律阿保机以前原是以畜牧为主要产业的游牧部族。到阿保机时为什么要虏掠这么多的汉人和渤海人，又用什么来养活这么一大批以农作物为主食的人口呢？答案就是利用汉人战俘和渤海迁民进行垦殖，开展草原上的农业，以加强自己的军事实力。阿保机能够统一诸部，从某种意义说，接受汉化和发展农业是一个很重要的因素。

阿保机创业之初，即以汉俘为私奴，建立汉城，从事农业生产。史载在他立为可汗后九年，"诸部以其久不代，共责诮之。阿保机不得已，传其旗鼓，而谓诸部曰：'吾立九年，所得汉人多矣。吾欲自为一部以治汉城，可

1 《新五代史》卷74《四夷附录三》。
2 《新唐书》卷219《渤海传》。
3 《辽史》卷16《圣宗纪七》。
4 《辽史》卷28《天祚纪二》。

乎?'诸部许之。汉城在炭山东南滦河上,有盐铁之利,乃后魏滑盐县也。其地可植五谷,阿保机率汉人耕种,为治城郭、邑屋、廛市如幽州制度,汉人安之,不复思归"[1]。汉城在今独石口北三十余里滦河上源附近,确址无考,这里是阿保机兴办农业的开创之地,以后更是"专意于农"。[2] 随着汉族人口的增加,农业生产得到进一步发展。

辽朝开国之初,契丹贵族将战争中所虏掠来的人口作为私奴,在自己领地上建立所谓"头下(投下)军州"。《辽史·地理志》云:"又以征伐俘户建州襟要之地,多因旧居名之;加以私奴,置投下州。"又云:"头下军州,皆诸王、外戚、大臣及诸部从征俘掠,或置生口,各团集建州县以居之。横帐诸王、国舅、公主许创立州城,自余不得建城郭。朝廷赐州县额。"头下军州按其规模分成州、军、县、城、堡五等,"不能州者谓之军,不能县者谓之城,不能城者谓之堡"[3]。这些战俘中主要是汉人(也有部分渤海人),具有丰富的耕作经验,是理想的农业劳动力。他们被指定在草原上某个地方进行耕植,将其收获所得,"输租为官,且纳课给其主,谓之二税户"[4]。

西辽河流域处于辽代上京道东南部和中京道的北半部。今将《辽史·地理志》这个地区中以汉、渤海人设置的州县列于下方,以观汉人和渤海人的地理分布。

上　京　道

临潢府

临潢县　太祖天赞初南攻燕、蓟,以所俘人户散居潢水之北,县临潢水,故以名。地宜种植。户三千五百。

长泰县　本渤海国长平县民,太祖伐大諲譔,先得是邑,迁其人于京西北,与汉民杂居。户四千。

定霸县　本扶余府强师县民,太祖下扶余,迁其人于京西,与汉人杂处,分地耕种。户二千。

保和县　本渤海国富利县民,太祖破龙州,尽徙富利县人散居京南。户四千。

潞　县　本幽州潞县民,天赞元年,太祖破蓟州,掠潞县民,布于京东,

1　《新五代史》卷72《四夷附录一》。

2　《辽史》卷59《食货志上》。

3　《辽史》卷48《百官志四》。

4　《辽史拾遗》卷15,引《中州集》:"辽人掠中原人及得奚、渤海诸国生口,分赐贵近或有功者,大至一二州,少亦数百,皆为奴婢,输租为官,且纳课给其主,谓之二税户。"

与渤海人杂处。户三千。

易俗县　本辽东渤海之民,太平九年,大延琳结构辽东夷叛,围守经年,乃降,尽迁于京北,置县居之。是年,又徙渤海叛人家属置焉。户一千。

迁辽县　本辽东诸县渤海人,大延琳叛,择其谋勇者置之左右。后以城降,戮之,徙其家属于京东北,故名。户一千。

渤海县　本东京人,因叛,徙置。

宣化县　本辽东神化县民,太祖破鸭渌府,尽徙其民居京之南。户四千。

祖州　原上京西楼,后因建城号祖州,中国人并、汾、幽、蓟为多(胡峤《陷虏记》)。

长霸县　本龙州长平县民,迁于此。户二千。

咸宁县　本长宁县。破辽阳,迁其民置。户一千。

怀州　天赞中,破扶余城,下龙泉府,俘其人,筑寨居之。会同中,掠燕、蓟所俘亦置此。

扶余县　本龙泉府。太祖迁渤海扶余县降户于此。世宗置县。户一千五百。

显理县　本显理府人,太祖伐渤海,俘其王大諲譔,迁民于此。世宗置县。户一千。

庆州　置蕃、汉守陵三千户。

富义县　本义州,太宗迁渤海义州民于此,重熙元年降为义丰县,后更名。

泰州

兴国县　本山前之民,因罪配递至此。兴宗置县。户七百。

长春州

长春县　本混同江地。燕、蓟犯罪者流配于此。户二千。

乌州

爱民县　拨剌王从军南征,俘汉民置于此。户一千。

永州

长宁县　本显德府县名。太祖平渤海,迁其民于此。户四千五百。

义丰县　本铁利府义州。辽兵破之,迁其民于南楼之西北,仍名义州。重熙元年,废州,改今县。户一千五百。

龙化州　唐天复二年,太祖为迭烈部夷离堇,破代北,迁其民,建城居之。明年,伐女直俘数百户实焉。

龙化县　太祖东伐女直,南掠燕、蓟,所俘建城置邑。户一千。

降圣州

永安县　本龙泉府庆州县名。太祖平渤海,破怀州之永安,迁其人置寨于此,建县。户八百。

饶州

长乐县　本辽城县名。太祖伐渤海,迁其民,建县居之。户四千,内一千户纳铁。

临河县　本丰永县人,太宗分兵伐渤海,迁于潢水之曲。户一千。

安民县　太宗以渤海诸邑所俘杂置。户一千。

壕州　国舅宰相南征,俘掠汉民,居辽东西安平县故地。户六千。

原州　国舅金德俘掠汉民建城。户五百。

福州　国舅萧宁建。南征俘掠汉民,居北安平县故地。户三百。

顺州　横帐南王府俘掠燕、蓟、顺州之民,建城居之。户一千。

镇州　渤海、女直、汉人配流之家七百余户,分居镇、防、维三州。

防州　同上。

维州　同上。

中　京　道

大定府　统和二十五年,城之,实以汉户,号曰中京,府曰大定。

恩州　太宗建州。开泰中,以渤海户实之。

惠州　太祖俘汉民数百户兔麝山下,创城居之,置州。

武安州　太祖俘汉民居木叶山下,因建城以迁之,号杏埚新城。复以辽西户益之,更曰新州。统和八年改今名。

榆州　太宗南征,横帐解里以所俘镇州民置州。

泽州　太祖俘蔚州民,立寨居之。开泰中置泽州。

北安州　圣宗以汉户置北安州。

兴中府

兴中县　太祖掠汉民居此。

黔州　太祖平渤海,以所俘户居之。安帝置州,析宜、霸二州汉户益之。

盛吉县　太祖平渤海,俘兴州盛吉县民来居,因置县。

宜州　兴宗以定州俘户建州。

弘政县　世宗以定州俘户置。

锦州

岩州　太祖平渤海,迁汉户杂居兴州境,圣宗于此建城焉。

建州　　汉乾祐元年，故石晋太后诣世宗，求于汉城侧耕垦自赡。许于建州南四十里给地五十顷，营构房室，创立宗庙。

我们根据上述资料，对辽代西辽河流域农业人口的分布，可获知下列几点：

(1) 史籍中明文记载有汉人和渤海人迁入在西辽河流域(包括滦河上游、大凌河上游部分地区)的州县共有四十七个，大多集中在上京临潢府(治今内蒙古巴林左旗南)附近，即西拉木伦河流域。这些州县的居民，有以汉人为主，有以渤海人为主，也有汉、渤海、女直杂居的。其中有户数记载的有三十个州县，都在上京道境内。以汉族为主的有八个州县，共一万四千户，若以每户五口计，有七万口。汉与渤海或女直杂居的有八个州县，共一万三千户左右，以汉人占半数计，有六千五百户，每户以五口计，有三万二千五百口。这两部分汉民合起来已有十万余口。以渤海人为主要居民的有十四个州县，有二万八千三百户，倘每户亦以五口计，有十四万一千五百口。另外还有十七个州县无户数记载，其中以汉民为主的十一个州县，有十个在中京道境内。倘每州(县)平均以千户计，则有一万一千户，五万五千口。以渤海人为主的有五个州县，如亦以上述办法计算，有五千户，二万五千口。综合上述，可知迁入西辽河流域的汉人约有十五六万，渤海人约略十六七万。这显然是比较保守的计算法(比如每县以千户计)，因为中京道迩近中原，汉族人口当不止此数。

此外，不属于西辽河流域的东京道，辖有以汉俘设置的辽阳府(汉蕃杂居，四万六百户)、定州等二十一个州县城，因土地所宜，汉民当不少于西辽河流域，估计约有十余万。然则上、中、东京三道合起来少说也有三四十余万汉族人口，与上文推测大致吻合，其他州县中实有汉民而没有记载的，还未计算在内。

(2) 我们从中可以看出，有三十余万汉和渤海农业人口的四十七个州县，大多集中在灌溉和土壤条件比较好的河流中上游地区，既可灌又可排，符合发展农业的需要。如契丹政治中心上京临潢府城，即在当时称为狼河(今乌力吉木伦河)上游、今内蒙古巴林左旗林东镇南与另一条小河合流的平原上。这里土壤肥沃，“地宜种植”。契丹从今山西、河北境内虏掠去的汉人多数迁居于此，“分地耕种”。[1] 临潢府城内“有绫锦诸工作，宦者、翰林、伎

1　《辽史》卷37《地理志一》上京临潢府临潢县、定霸县。

术、教坊、角抵、秀才、僧民、道士等皆中国人,而并、汾、幽、蓟之人尤多”。[1]临潢府治周围还有长泰县、定霸县、潞县等,都是汉人和渤海人杂居之地。凡是农业民族所到之处,一俟定居下来,由于生活习俗的关系,势必在其所居周围开展农耕。后晋被契丹灭亡后,皇族被迫迁于建州(今大凌河流域),即在建州城外开垦农田五十余顷,“令从者耕其中以给食”,[2]就是一个典型例子。可见这时的西拉木伦河流域成了契丹境内的农业中心,也是汉族文化的中心。

土河(今老哈河)上游的中京大定府附近。辽中京城址位于老哈河上游北岸冲积平原上,即今昭乌达盟宁城县大明城。城址所在土地肥沃,气候良好,更因地近中原,易于接受汉族文化。史载大定府城即为燕、蓟良工所筑。[3] 今长城喜峰口(古松亭关)向北沿老哈河流域至潢水(今西拉木伦河)一带,原为奚族所居,辽时“汉民杂居者半”。[4] 奚族原已有粗放农业,现加入大批汉族居民,农业当更为发展。大定府所辖有劝农县,无疑是为发展农业而命名的。其他州县大多设置在西拉木伦河、老哈河及其支流沿岸,均与农业生产有关。

总之,自耶律阿保机时代开始,汉人和渤海人大量迁入西辽河流域,在南起滦河、大凌河,北面和西北至永安山(今内蒙古巴林左旗和乌珠穆沁旗间的大兴安岭),[5]东北至松花江上游的洮儿河一带;以当时的政区而言,则为上京道东南部(也是上京道的中心区)和中京道,在此范围内第一次出现了由汉和渤海劳动人民共同修筑的城市和开辟的耕地。契丹贵族在获得了农产品后,主要经济产业畜牧业也得到了发展,因此,在社会经济领域中,积极推行保护和奖励农业的政策。会同年间曾下令:“兵行有伤禾稼损租赋者,以军法论。”[6]乾亨四年(982)因“山后诸州给兵,民力凋敝,田谷多躏于兵。乃诏复今年租。又敕诸州有逃户庄田,许蕃汉人承佃,供给租税。五周年内归业者三分交还二分,十周年内还一半,十五周年内三分还一分。诈认者罪之”[7]。与此同时,还将农业生产界线向北推进,凡原牧区内有可供耕

1 《新五代史》卷73《四夷附录二》,引胡峤《陷虏记》。

2 《资治通鉴》卷288。

3 《辽史》卷39《地理志三》,京大定府条。

4 《辽文汇》卷7,引《贾师训墓志》。

5 (宋)沈括:《熙宁使虏图抄》(《永乐大典》卷10877虏字):“永安山,契丹之北部。……永安地宜畜牧,牧宜马牛羊,草宜荔梃臬耳,谷宜粱荞,而人善艺,四月始稼,七月毕敛。”

6 《辽史拾遗》卷3,引《宣府镇志》。

7 《辽史拾遗》卷6,引《宣府镇志》。

植的土地，也辟为农田，以至黑龙江上游的海拉尔河和胪朐河（今克鲁伦河，在蒙古国境内）一带也出现了农田，并获得较好的收成。[1] 蒙古高原东部地区在汉人和渤海人的共同努力下，农业开发达到了空前的程度。

四

上面我们介绍了辽代西辽河流域农业开发的概貌。这里需要着重指出的是：本地区所谓农业发展，是与这一片以畜牧业为主的茫茫草原的过去相对而言的，不能以中原地区的标准去衡量。首先，契丹在草原上农业地区所置的州县，除了上、中京等几个主要城市外，其规模是不能与中原地区相提并论的。许亢宗《宣和乙巳奉使行程录》云："所谓州者，当契丹全盛时，但土城存居民数十百家及官舍三数椽，不及中朝一小镇，强名为州。"胡峤《陷虏记》载上京临潢府城以东的卫州，"有居人三十余家，盖契丹所虏中国卫州人，筑城而居之"。开泰二年（1013）一次以二万五千四百余户在上京附近分置了十个县。[2]

其次，从现有资料来看，辽代西辽河流域的自然环境，与今天并无质的差异。契丹在其本土（即西拉木伦河流域）总的说来仍以畜牧为主要产业。[3] 汉、渤海人开辟的农耕地，由于自然条件的限制，都是草原上的插花地，不像中原地区那样有大片农田连在一起。这从宋人使辽旅途所见可知。老哈河时称土河，原为奚族居地，后为契丹所并。这里有奚、契丹、汉、渤海等人杂居。奚族原与"契丹不同，善耕种"[4]。自汉、渤海人入居后，"亦务耕种，但无桑柘，所种皆从陇上，盖虞吹沙所壅"[5]。可见限于条件，不能随处耕种。耕地比较集中在南北交通要道上的牛山一带（今承德市北），此处"耕地甚广，牛羊遍谷"[6]。

---

1 《辽史》卷 4《太宗纪下》：会同三年八月"丙辰，诏以于谐里河、胪朐河之近地，给赐南院欧堇突吕、乙斯勃、北院温纳河剌三石烈人为农田"；卷 33《营卫志下》：会同"三年益以海勒水（即今海拉尔河）之地为农田"；卷 91《耶律唐古传》："西蕃来侵，诏议守御计，命唐古劝督耕稼以给西军，田于胪朐河侧。是岁大熟。明年移屯镇州，凡十四稔，积粟数十万斛，斗米数钱。"

2 《辽史》卷 15《圣宗纪下》：开泰二年夏四月甲子，"诏从上京请，以韩斌所括赡国、挞鲁河、奉、豪等州户二万五千四百有奇，置长霸、兴仁、保和等十县"。

3 （宋）沈括：《熙宁使虏图抄》："单于庭依犊儿山之麓，广荐之中，毡庐数十，无垣墙沟表，……大率其俗简易，乐深山茂草与马牛杂居，居无常处。"（宋）苏颂：《契丹帐诗》："行营到处即为家，一卓穹庐数乘车。千里山川无土著，四时畋猎是生涯。"（《魏公集》卷 13）

4 《续资治通鉴长编》卷 97，引宋绶《上契丹事》。

5 《契丹国志》卷 24，引《王沂公行程录》。

6 苏颂使辽诗《牛山道中》题注，见《魏公集》卷 13。

在山坡上开辟了梯田，而山谷中仍作为放牧场所。[1] 其余地方则“聚沙成墩，少人烟，多林木”[2]。宋臣使辽，“离中京皆无馆舍，但宿穹帐，至木叶山(南)三十里许，始有居人瓦屋及僧舍，又历荆榛荒草，复渡土河至木叶山”[3]。由于草原上耕地有限，中京一带契丹贵族食用的“粟果瓠皆资于燕，粟车转，果瓠以马，送之虏廷”[4]。

综上所述，可见从10世纪开始，汉和渤海人民大量进入西辽河流域，对当地的农业开发起了较大的作用。不过这种开发所及的地域是有限的。农田大多集中在水土条件较好的沿河流地区，也出现了星点农家村庄。苏颂《过土河诗》云：“白草悠悠千嶂路，青烟袅袅数家村。”[5]正是这种情况的真实写照。辽代以前，燕山山脉原是一条天然的农牧分界线。此后，农业进入了草原地区，使西辽河流域成了半牧半农区，或称农牧交错区，在我国农业区域变迁史上算得上是件大事。女直灭辽，仍然重视这一带的农业生产。大定二十一年正月，金世宗问臣下云：“女直人徙居奚地者，菽粟得收获否?”左丞守道对曰：“闻皆自耕，岁用亦足。”上曰：“彼地肥美，异于他处，惟附都民以水害稼者，赈之。”[6]无疑是受了契丹的影响。

[原载《辽金史论集》(第二辑)，书目文献出版社1987年版]

1 苏颂使辽诗《牛山道中》：“田畴高下如棋布，牛马纵横以谷量。”其《过打造部落诗》云：“曲塍开垦随高下，樵路攀援极险深。”见《魏公集》卷13。

2 《契丹国志》卷224，京本末。

3 (宋)宋绶：《上契丹事》。

4 (宋)沈括：《熙宁使虏图抄》。

5 《辽史拾遗》卷13。

6 《金史》卷47《食货志二》。

略论历史上交通运输与社会经济发展的关系

1840 年前，我国长期处于封建社会阶段，商品经济不发达，因而没有出现过近代资本主义社会那种发达的交通运输事业。但是我国在两千多年前已开始形成了大一统的国家，以后虽有过分裂时期，但大一统的趋势，始终是历史的主流。在封建社会里，历代统治者为了加强其辖区范围内的统治，掠夺当地的财赋，以至扩展新的领土，往往借助于水陆交通路线的开辟，以达到其目的。因而开辟和维护水陆交通道路，成为历代政府的重要职责。早在公元前 2 世纪秦汉帝国时代，我国已形成以首都为中心辐射到四边地区的水陆交通网。这种全国性交通网络的出现，客观上促进了各地区经济发展，加强了各地区之间的经济联系和相互依存，最终有利于大一统国家的巩固和发展。因而回顾一下历史时期交通运输事业与社会经济发展的关系，可能对今天我们考虑中国交通运输发展的战略问题会有一定的参考意义。

一、交通运输与地区经济发展的关系

众所周知，黄河流域是中华民族发祥地之一，最早的夏商周奴隶制国家就是在黄河中下游地区建立和发展起来的。远的不说，西周春秋开始，就不断地向四围地区开拓交通道路，发展了农耕民族区与从事游牧、渔猎民族区之间的经济文化联系。战国时期中原魏、齐、赵三国之间就存在着许多纵横交错的交通大道，当时称之为“午道”。在南方则主要发展水运，长江、汉水、湘水、赣水都是主要航道。历史记载，秦始皇在统一六国后的第二年（前220），就在全国范围内修筑了供帝王出巡使用的驰道，“东穷燕齐，南极吴楚”“道广五步（一步为五尺），三丈而树”，这无疑是在春秋战国发展地区交通道路的基础上，加以统一规划的结果，否则在短短一年里修筑规模如此之大的交通道路是不可想象的。

后来的历史事实证明，发展交通是地区开发的先决条件。现举数例说明之。

四川地区在先秦时代存在着巴、蜀两个国家。蜀国在川西，巴国在川东。春秋以前,因为崇山峻岭所阻,交通未辟,与中原很少交往。到战国时铁器工具普遍使用,对山区道路的开辟有了可能。战国时秦国修筑了从汉中至成都的道路,史称金牛道(或称石牛道,大体即今川陕公路的前身),从而一举而灭巴蜀,将四川地区收入版图;秦始皇统一六国后,又开了一条从四川宜宾至云南曲靖的五尺道;汉武帝时开了从四川大渡河至西昌的灵关道;隋唐时在此基础上开了一条延伸至昆明的石门道。从黄河流域通往川滇地区的陆路交通,从秦汉至隋唐基本上奠定了规模。所谓"栈道千里,无所不通",从而加速了对西南地区的经济开发。秦有蜀地后,对当地最有影响的建设,是蜀郡守李冰主持修建的都江堰水利工程,使成都平原农业生产达到当时国内最高水平,致有"天府之国"的誉称。秦始皇时代开始,就有不少中原人迁居四川,包括一些具有专门技术并善于经营的人才,推动了当地经济的发展。例如从原赵国迁去的卓氏和从山东迁去的程氏,原先都掌握先进的冶铁技术,入川后仍从事冶铁业而成巨富,推动了当地冶铁业的发展。四川是我国茶叶原产地之一,秦通巴蜀后,茶叶开始传入中原,唐宋时为我国人民日常饮料,需要量很大,从而刺激了四川茶业的繁荣,宋时四川为全国产茶量最多的地区。当地生产的蜀锦,东汉以后传入黄河流域和长江中下游地区,成为富有阶级追求的珍贵奢华服饰材料。汉唐时期每逢中原有战乱,就有大批人士避乱由蜀道入四川,使蜀地成为全国文化的重心之一。这些人大多居于城市,促进了城市经济的繁荣。唐代成都的经济地位已进入全国的首列,有"扬(扬州)一益(成都)二"之称。

长江流域及其以南地区的经济发展,也离不开与黄河流域之间的交通开发。春秋以前,居于南方的楚、吴、越等国相对而言,经济文化比较落后,被中原华夏诸国视为"蛮夷"之地。春秋末年,居于长江下游的吴国开凿了沟通江、淮两大流域邗沟运河(今苏北里运河的前身),积极与中原诸国交往。战国时魏国又在其都城大梁(今开封市)附近开凿了沟通黄、淮两大水系的鸿沟运河。于是黄、淮、江三大水系经人工运河的连接,形成了东部平原上的水运交通网。秦始皇时开凿的沟通湘、漓二水的灵渠,又将珠江水系纳入全国水运网之内。东汉末年,曹操在河北平原上修建了白沟、利漕渠、平虏渠、泉州渠、新河等一系列运河,将运河的东北端延伸到了河北东北部的滦河下游。于是在3世纪初,东部平原曾出现滦、海、黄、淮、江、珠六大水系相连的局面,这是我国水运史上的壮举。以后,隋唐时代开凿的西起长安、北达北京、南抵杭州的南北大运河,元明清时的京杭大运河,都是举世闻名的水运工程。这一次又一次沟通南北的大运河出现,对促进南北经济文化交流和南方经济的发展，起过积极的作用。9世纪以后，长江流域的经济地位超过了黄河流域，南北交通的发展是重要原因之一。有一事例可佐说明，唐天宝元年（742）曾在首都长安城下广运潭举办过一次南方物资展览会，即利用水运之便，将长江流域和珠江流域各地的手工业品、土特产陈列于二三百艘小船上，每艘船上挂上物品出产的地名，并伴以歌舞，以招徕观众，“连樯弥亘数里，观者山积，京城百姓多不识驿马船樯竿，人人骇视”[1]。这次展览会的直接影响如何，史无记载，不过由此加深了京城长安人民对南方物质财富的认识则是可以肯定的。可以估计到北方的先进生产技术和南方蕴藏的丰富资源的结合，无疑会对南方社会经济产生巨大的推动作用。

五岭以南的经济发展，直接与水陆交通的开辟有关。秦汉时代已经开辟了四条通往岭南的道路：(1) 从湖南逾岭顺连江而下；(2) 从江西越大庾岭，过梅关，至昭关；(3) 从湖南零陵走灵渠至梧州；(4) 从贵州沿北盘江而下。四路都会合于番禺（今广州市）。岭南缺铁，铁器多从北部传入；而岭南地区的特产，尤其是从广州对外贸易港进口的商品，也都从上述数道输往中原。唐朝开元年间宰相张九龄主持开拓大庾岭道很能说明地区经济发展与交通的关系。原先逾岭的几条道路都是蜿蜒小径，运货不能车载，只能人力背负，效率极低。唐时广州为全国最大的对外贸易港口，来往外商、货物增多，原先的道路已不能满足经济发展的需要。张九龄新开大庾岭道后，“海外诸国，日以通商”，大大促进了海外贸易的发展。

在罗盘、指南针发明以前，我国的对外交通，主要依靠西北的陆路。大致从汉武帝张骞通西域后，中西陆路交通开始发展。当时的路线是从首都长安出发西行，逾陇山或六盘山，经河西走廊，出玉门关、阳关，由塔克拉玛干沙漠的阻隔分为南北二道，北道经天山南麓，南道经昆仑山北麓，均逾葱岭（帕米尔），进入中亚、地中海，至大秦（罗马），成为沟通欧亚大陆的交通大道。以后又增加了天山北麓一道。还开辟从青海经西藏至印度、从云南经缅甸至印度的陆路交通，大大加强了东西方经济文化的交流。中国运往西方的以丝绸为大宗，这些道路又被称为“丝绸之路”。西方传入的主要为毛皮，还有后来对我国衣着影响最大的中亚棉花；其他如葡萄、石榴、苜蓿、胡麻（芝麻）、核桃、豌豆、大蒜等瓜果菜蔬，以及文化方面的佛教、乐器等，都是两汉以后传入我国的。处于中西交通要冲的河西走廊地区，由于地理位置的优越，在十六国隋唐时期成为全国最富庶的地区之一。宋代以后，中西陆

1　《旧唐书》卷105《韦坚传》。

路交通衰落,海上交通得到空前发展。适宜于海运的瓷器,此时成为出口的大宗,英语中称瓷器为 china,可见影响之大。沿海地区经济和城市如明州(今宁波)、泉州、广州等都因对外贸易兴旺,促进了本身的繁荣。

总之,历史的经验告诉我们,开发边缘地区、增强各地区之间的经济合作和联系,必须把交通建设放在十分重要的地位。同时还应根据地区经济发展趋势,不断地设计新的交通运输路线,以与发展规模相适应。只有这样,地区经济的发展才有持续的生命力。因而投资交通事业和投资地区的农工业建设,应被视为同样重要。

二、交通路线的变迁和城市的兴衰

我国古代大多数城市与交通路线有着密切的关系。一个城市往往是因为地处交通要道上,才由聚落逐渐发展起来成为通都大邑的;同样也往往由于交通要道的变迁引起了城市地位的衰落。在我国的河北平原上,很早就形成了一条沿着太行山东麓贯通南北的大道。古代河北平原中、东部,河流纵横、湖泊成群、地势低洼,被人们视为畏途,故而太行山东麓的大道成为南北交通的必由之路。河北平原早期著名城市几乎都分布在这条南北大道上。大道的北端有一座著名城市,就是今天的北京城,战国时称蓟,为燕国国都。它的地理位置正位于南北大道渡过了永定河后的分岔口上,由此向西北,可出南口,进入内蒙古高原;向东北出古北口,进入东北大平原;向东出山海关,至辽河平原。北京城就是位于这样一个交通枢纽点上发展起来的,经数千年不变,一直是河北平原上的政治、经济中心。在这条大道南端有历史上著名的邯郸城,战国时为赵国国都,手工业、商业十分发达,汉代为五大都会之一,直至东汉末年,仍保持着河北平原南部最大都会的地位。3世纪初,曹操建都邺城(今河北临漳西面),并修建了白沟、利漕渠、平虏渠等运河,形成了一条贯通河北平原的水运航道。邺城地处在这条运河的旁近,于是替代了邯郸的地位,成为河北平原南部的第一都会。曹魏政权移都洛阳后,邺城仍为陪都;十六国北朝时期为后赵、前燕、东魏、北齐几个政权的都城;隋文帝灭北齐,毁了邺城。邺城衰落,其地位遂为附近的安阳所替代。隋炀帝开永济渠后,唐宋时代河北平原南部第一都会地位为永济渠(今卫河)所流经的大名府(今河北大名东)所占有,这显然是水运交通改变所致。元明清时运河主线虽然东移,但卫河仍然是河北平原水运干道,故大名经久不衰。

江淮地区是黄河流域和长江流域交通的过渡地带。隋唐以前,南北交通经常走颍、涡等水，渡淮由南北淝水抵江，因而寿春（今寿县）、合肥、历阳（今和县）成为这过渡地带的重要城市。项羽败走乌江自刎，就在和县东北。隋唐时南北大运河开通后，连接黄、淮的通济渠从洛阳经开封、商丘、宿州（今宿县），至泗州（今江苏盱眙县对岸）入淮，再走邗沟运河至扬州入江。于是泗州成为南北的水运码头，代替了寿春的地位，扬州兴起代替了历阳。唐代扬州因处长江与运河的交会处，成为全国第一经济都会。江南运河开凿后，杭州也因地处运河和钱塘江的交会处，由一个偏僻小县，一跃为名噪全国的东南一大都会。南宋时还做了一百五十多年的首都。

元明清时代建都北京，为了搜刮东南财富，修建了一条全长一千多公里的京杭大运河。由于淮河以北运河路线的东移，原先运河所经的一些城市相对衰落，如洛阳、开封、商丘、宿州等，而新建京杭大运河所经山东、河北地区，沿着运河又新兴起了一批大小城市，如淮安、清江浦、王家营、济宁、东昌（今聊城）、临清、德州、天津、河西务、通县等。比较典型的如临清，原先只是鲁北的一个小县，京杭大运河建成后，因地处会通河与卫河的交会处，四方百货，汇集于此，城内商店鳞次栉比，十分繁荣，岁征关税达八万三千余两。济宁也因运河所经，南往北来的漕船均在城南汇集，候水过闸，成为南北货物集散地。清江浦（今淮阴市）在明初连一个村庄也不是，永乐年间开了清江浦河以后，这里成为南北运输的渡口，逐渐形成聚落，以后发展成集镇，仍以清江浦为名。清乾隆年间因其地位日见重要，将清河县迁治于此，并为河道总督驻地，一时成为江淮巨邑，与扬州并为苏北两大都会。与清江浦隔淮相对的王家营（今淮阴县），明初只是一个兵站。清江浦兴起后，王家营也遂趋重要。明清时淮河以北的大运河主要通行漕船，平民百姓北上自清江浦渡淮后多走旱路，江南士生入京赴试，渡淮至王家营为第一站，多在此整理行装、打点干粮、购置笔墨、雇佣车马，然后启程，于是云集了四方商贾，市面繁荣，清初竟与北京、西安、开封、樊城合为“北道五都会”，可见其地位之重要。天津附近的河西务，在明时为“京东第一镇”。其他如张家湾、通县等都是运河沿线的重要城镇，不一一详述。

晚清运河淤浅，部分漕粮改由海运。咸丰五年（1855），黄河在河南兰阳铜瓦厢决口，改由山东入海，南北运河山东段被拦腰截断，运河被阻，漕粮大多改为海运。1900 年漕粮全部改折银两，漕运停止，大运河不再修浚，迅速淤废。1908 年时，长江以北运河唯天津至德州 508 里、扬州至清江浦的 300 里尚可通行小轮，其余河段均不能通航。接着近代铁路和海运的兴起，引起了东部地区城市布局的改变。主要表现为三个方面。一是一批原先比较繁荣城市的衰落。如因运河的淤废，清河县沦为下邑，王家营变为僻壤，张家湾、河西务已鲜为人知，临清和济宁在解放前都是比较衰落的县城，扬州也因运河不能沟通南北而降为地区性城市。二是原先一些地位并不显要码头的兴起。历史上长江许多水陆码头，或因原先不是很重要的城市，因海运的兴起和铁路的修建，成为某地区的中心城市。如郑州因地处京汉线和陇海线的交会点，地位超过了洛阳、开封，成为河南省第一都会。山东的兖州因沿铁路代替了济宁的地位，德州代替了临清。河北大名府在明清时为冀南首府，因运河淤废又远离铁路而衰落，安阳、邯郸、邢台均因沿京汉线而仍保持河北平原南部重要城市的地位。安庆原为安徽省会，长江航道上一大码头，由于铁路的兴起，地位逐渐次于合肥、芜湖。上海、天津、青岛、大连等城市的兴起，无疑与海运发达有关。三是铁路沿线出现了一批新兴的工商业城市。如石家庄、唐山、蚌埠、抚顺、哈尔滨等，原先或为集镇，或是村落，或是驿站，均因铁路运输的发展，短期内一跃为大中型城市。

由此可见，交通路线的开辟或变迁，与城市的布局关系极大。当我们今天考虑中国交通运输的战略部署时，必须注意到交通运输网的布局与城市布局的关系，从整个地区经济发展的角度考虑枢纽点的部署，这样更有利于城市经济的发展。

三、发展内河航运的历史经验

水运是最廉价的运输方式。我国有许多源远流长的河流，给予我们以发展水运的有利条件。我们的祖先很早就知道利用天然河流进行航运。早在公元前647年的春秋时代，晋国发生饥荒，秦国将大批粮食从今陕西凤翔南的雍（秦国都），利用渭水、黄河和汾水，运到晋国国都，即今山西翼城县东的绛，航程达千里以上，是为先秦时代一次大规模的水上运输活动。

黄河在今天缺乏航运之利，但在古代却是北方贯通东西部主要水运航道，至少在战国秦汉时代开始，黄河干流自潼关以下除了三门峡一段以外，全线可以通航。黄河自荥阳、郑州以下存在着许多岔流，如漯、济（二水今堙）、颍、涡、浍、睢、汴（今淤黄河）等，都曾经是沟通南北的水运航道。历史上各个时期著名的南北大运河，完全由人工平地开挖的只是一小段，大多是沟通天然河流或湖泊而成的。春秋时吴国开挖的邗沟，主要是利用里运河地区原有的一连串天然湖泊进行航行的。战国时魏国所开鸿沟运河，也只有从郑州北至开封一段系人工开挖。其余均利用接通淮河北岸支流颍、涡等天然河流和原来的黄河分流济水等，组成一个鸿沟水运网。曹操开白沟主要是利用天然河流白沟及其下游清河。隋炀帝时开的永济渠仅是在沁河下游开挖渠道，引沁水东北流会天然河流清水注入白沟，以达于今天津。沟通黄、淮的通济渠工程也只是在开封附近引渠利用原有的汴水、蕲水河道加以疏浚和开拓，以达于淮。镇江、杭州间的江南运河更是全部利用天然河流，不过加以统一整治而已。就是被誉为世界奇迹工程的元明清大运河，也只有济宁至聊城、通县至北京两段是人工开挖的，其余均利用天然河流作为航道。由此可见，古代人们发展水运，主要立足于充分发挥天然河流的作用。

长江流域及其以南地区，由于流量丰沛，大多数河流终年可以通航，水运更为发达。战国以后，长江干流自宜宾以下，岷江自成都以下均可通航；其他支流如嘉陵、湘、资、沅、澧、赣等江，都是南方交通运输的干线。唐时"凡东南郡邑，无不通水，故天下货利，舟楫居多"。长江流域就出现了终年生活在水上的船民，"养生送死嫁娶悉在其间（船上）"，有的专门从事水运事业，"操驾之工数百，南至江西，北至淮南，岁一往来，其利甚大"。洪州（今南昌）、鄂州（今武昌）一带这样的水上居民竟与陆上居民相半。[1] 明清时期，由于商品经济的发展，书坊间出现了一种商人编纂的《路程图记》，是专供士商外出的行旅指南，记载着几乎遍及全国的水陆路线。从这些资料来看，南方除了部分山间河流湍急难以行舟外，交通行旅主要利用天然河流。俗语所谓"南船北马"，正是反映这种情况。

根据历史的经验，我国今后交通运输的布局，南方应该首先发展内河航运，特别是应该将开发长江这条黄金水道的水运资源，放在首要的地位。其次，在开发长江水运资源的同时，还须将长江支流的水运开发结合起来，以求形成以长江为干道的水运交通网络。其三，华北地区的一些较大的河流，在水资源条件可能范围内，尽力开展季节性通航。此外，在进行规划时还应注意到下列几个问题：

（1）开发长江航运与长江河道整治工作结合起来。长江虽不像黄河在历史时期河道有很大的摆动，但不同河段河床的演变，还是十分显著的。中游自枝江至城陵矶的荆江河段，历史时期河曲活动十分频繁，几乎数年一变，河槽极不稳定，现存宋代以后各种行记，记载这一段航道，多有不同。其余江段江岸涨坍靡定，江中沙洲变化频繁，主泓道迁移无常，严重影响长江航运的开展，以及沿江港洲并岸，或因江岸坍塌，而失去其经济地位。这是

1 《唐国史补》卷下《叙舟楫之利》。

应该引起我们注意的。

(2) 在发展内河航运工作中，应强调统一规划、统一管理。在规划一条河流的航运时，必须对这条河流的水利资源作全面的统一的规划。具体而言，就是正确处理如航运、水力、灌溉、城市给水之间的关系。对河流上任何一项工程设施也都需要从全局出发加以考虑。特别是跨省、跨地区、跨县的河流，绝不能部门管部门、地区管地区，各行其是，否则必将自食其果。历史上这方面的教训是很多的。唐宋时代沟通黄、淮的通济渠是运输东南粮食至京城长安、洛阳或开封的主要航道，为政府命脉所系。为了保证运输的安全，沿河驻扎了许多军队；同时又在运河沿线开辟了许多屯田，以给军粮。每年春上正是农业用水需要量最大的时候，也正是漕运最繁忙的季节，往往引起用水的矛盾。时常出现上游放水灌溉，下游猝不及防顿时缺水，使成队的漕船中途搁浅，造成严重的损失。明清时期山东运河水源缺乏，将泰山山脉西麓的全部泉源通过明渠囊括入运，以供漕运，不准农民引水灌溉，迫使人民逃亡，土地荒芜。五代十国的吴越在太湖流域进行了大规模的水利整治，形成了七里一纵浦、十里一横塘的水利灌溉网络，对当地的农业生产的发展，起了很大的作用。进入北宋以后，由于私商逃避税卡，或贪图近便，任意开挖堤岸，以通私船，破坏了水利系统，造成了严重后果。

(3) 根据目前华北地区水资源的情况，要恢复古代内河普遍通航的局面，在短时期内恐怕是很难做到的。但是华北地区的河流普遍的特点是全年水量大多集中在七、八、九三个月，而这时又以排洪为主。我们应该考虑在洪水季节将这些洪水拦蓄起来，洪水过后，按需要放水以付航运。一年内如果能有半年可以通航，华北平原的交通将有很大的改观。为此，我曾经建议现今黄河下游河道的治理方法，由堤防、排洪为主，逐渐改变为分洪分沙。即在洪水季节，通过引渠，将洪水泥沙分给两岸天然河流，一方面可以由各河引淤灌田，一方面可以利用黄河多余的水进行季节通航。当然这个问题十分复杂，需经过详细的实验和论证才可实施。不过作为一个方案提出来，供大家参考而已。

总之，我国历史悠久，劳动人民有数千年改造自然的经验。在发展水陆交通方面，我们的历史经验和教训也是十分丰富和可贵的。今天我们在讨论中国交通运输战略问题时，如果能考虑到历史上的经验教训，结合今天的客观实际，可以将工作做得更好些。

（原载《复旦学报(社会科学版)》1991 年第 1 期）

淞浦二江变迁和上海港的发展

上海是一个港口城市。上海城市的兴起和发展是建立在港口发展的基础之上，而城市的发展又反过来促进了港口的发展。以港兴市，依市促港，是上海城市发展历史的特色。港口的生成依托于河流，上海港的形成至今约有一千年了，前400年依托于吴淞江，后600年依托于黄浦江。因此，吴淞江和黄浦江的变迁与上海港的兴衰有着密切的关系。

一、吴淞江孕育了上海港

上海以港兴市，它的兴起与发展离不开吴淞、黄浦二江。概言之，吴淞江孕育了上海港，而黄浦江则为上海港的发展提供了优越的条件。

上海港地处我国东部海岸线的中心部位，太湖流域的前哨，长江入海口的咽喉。特定优越的区位条件，是上海港兴起的地理背景。当唐、宋之际长江中下游商品经济发展到一定程度时，上海港就应运而起。但最初的上海港并不在今天的上海老城（旧南市区），而是在今天的青浦区吴淞江畔的旧青浦，名曰青龙镇。

古时太湖由松江（今吴淞江）、娄江（流路大致上为今浏江）和东江分泄入海，合称三江，所谓“三江既入，震泽底定”。大约到了唐代，娄、东二江即已淤废，时人已难以确指故道所在。唐陆广微《吴地记》：“松江，一名松陵，又名笠泽。其江之源接太湖。一江东南流，五十里入小湖；一江东北流，二百六十里入于海；一江西南流，入震泽，此三江之口也。”这里记载有误，如第一条应指东江，第二条应指娄江或吴淞江，第三条入震泽，显然是搞错了。这说明唐人已弄不清娄、东二江的流经，但太湖水分三条泄水道入海的格局并未改变。宋代朱长文《吴郡图经续记》里讲得明白些了，其云：“松江出太湖入于海……今观松江正流，下吴江县，过甫里，过华亭，入青龙镇，海商之所凑集也。《图经》云：松江东泻海曰沪渎，亦曰沪海。今青龙镇旁有沪渎村是也。江流自湖至海，凡二百六十里，岸各有浦，凡百数，其间环曲而为汇者其多，赖疏瀹而后免于水患。或传松江口故深久淤而不治，稍稍乃浅，故可为梁以渡，然或遇大水不能遽泄者，以此也。”其次为“谷水，据郦善长云：松江东南行七十里入小湖，自湖东南出，谓之谷水。谷水出小湖，径由拳县故城下，即秦之长水县，又东南径嘉兴县城西，盐官县故城南，过武原，出为散浦，以通巨海……盖此渠足以分震泽松江之水南入于海也。后世谷水堙废，人不复知其名，故吴中多水。尝质于老儒长者，谓松江东流聚为小湖，西北接白蚬、马腾、谷、玳瑁四湖。盖所谓谷湖者，即谷水之旧迹也。又南接三泖，泖有上中下之名……泖之狭者犹且八十丈，又下接海盐之芦沥浦，海盐即武原也。行二百余里，南至于浙江。疑此即谷水故道”。再次为“昆山塘自娄门历昆山县而达于海，即娄江也”。[1] 以上太湖的三条泄水道中，以吴淞江为主干。唐宋时代的吴淞江大体上在今嘉定区黄渡、江桥一带与今道分出经西虬江、虬江（即旧吴淞江）、虬江路，在今复兴岛附近截过范家浜（今外白渡桥至复兴岛段的黄浦江），经浦东新区高桥镇南的老家浜、东虬江、北虬江一线，至今顾路一带入海。[2] 古代吴淞江下游入海口处名曰沪渎，沪是捕鱼的工具，就是今天的竹栅。人们在吴淞江下游海口捕鱼为业，故称沪渎。沪渎的位置由海岸线的延伸而推移。六朝时沪渎在今青浦区的旧青浦西、古时青龙镇旁，见上引《吴郡图经续记》所谓“今青龙镇旁有沪渎村是也”可知。六朝建都建康（今江苏南京市），太湖流域为心腹之地，沪渎成为海防要地，曾在此修筑沪渎垒，以防海寇。从六朝至唐代，太湖流域商品经济还不发达，吴淞江下游还不可能出现贸易港口。不过那时吴淞江已是苏州地区一条重要的出海航道，是可以肯定的。日本学者木宫泰彦《日中文化交流史》中说，公元732、753、778年三次遣唐使返日，都是从苏州出海的。杜甫《昔游》诗有“吴门转粟帛，泛海陵蓬莱”句，皮日休《吴中苦雨因书一百韵寄鲁望》诗：“全吴临巨浸，百里到沪渎。海物竞骈罗，水怪争渗漉。”说明在唐代吴淞江不仅是苏州地区的出海航道，还是一个良好的渔港。

唐末五代以后，随着太湖流域商品经济的发展，需要寻找一个海上贸易的港口，上海地区第一个对外贸易港青龙镇就应运而生。青龙镇具有良好的海上贸易的地理条件。《绍熙云间志》卷上云：“青龙镇去（华亭）县五十里，居松江之阴，海商辐辏之所。”当时的吴淞江是一条深阔的大江，所谓“吴淞古江故道，深广可敌千浦”，南北两岸的“塘浦阔者三十余丈，狭者不下二

---

1 上引均见朱长文《吴郡图经续记》中。

2 祝鹏：《上海市沿革地理》，学林出版社1989年，第40—41页；傅林祥：《吴淞江下游演变新解》，《学术月刊》1998年第8期。

十丈，深者二三丈，浅者不下一丈”。[1] 两岸众多支流汇入吴淞江后，江面浩瀚，自青龙镇以东江面呈一喇叭形，海面称华亭海，海潮自吴淞江口至此形成涌潮。宋梅俞圣《青龙海上观潮》诗有“百川倒蹙水欲立，不久却回如鼻吸”句[2]，是对吴淞江口汹涌潮水的生动描述。青龙镇北濒吴淞江，向西可以上溯至太湖地区的政治、经济中心苏州吴县，向东可以通往大海；南面与华亭县城（今上海市松江区域）之间也有极为便利的水运交通，庆历二年（1042）章岘《重开顾会浦记》云：“直（华亭）县西北走六十里趋青龙镇，浦曰顾会，南接漕渠，下在松江，舟艎去来，实为冲要。”乾道二年（1166）许克昌《华亭县河置闸碑》：“浚通波大港以为建瓴之势……乃浚河自竿山达青龙江口二十有七里，其深可负千斛之舟。”[3]顾会浦或称通波大港，即今通波塘，是宋代沟通华亭县与青龙镇之间的内河航道。总之，作为一个海上贸易港口所需要的地理条件，青龙镇全都具备了，因而就成为上海地区的最早海上贸易港。

青龙镇设置确切年代已无可查考。据《绍熙云间志》记载，北宋景祐（1034—1037）改由文臣理镇事。众所周知，作为地方行政制度的镇，始于北魏，是一种军事性质的行政区划，沿袭到唐代。北宋景祐年间改由文臣理镇事，说明此前是由武臣理镇事的，估计初置于五代或宋初（10 世纪）。明嘉靖《上海县志》说置于唐朝天宝五载（746），恐失之过早。华亭县是天宝十载才置的，青龙镇不可能早于华亭县。

青龙镇地属秀州华亭县。宋人说华亭县据江瞰海，富室大家、蛮商舶贾交错于水陆之道，为东南第一大县。[4] 它的海上港口就是境内的青龙镇。其实青龙镇不仅是华亭县的海上贸易港，也是当时整个太湖流域的海上贸易港。唐宋时太湖流域的经济中心在苏州，但苏州东不临大海，北不濒长江，海上交通靠的是福山、青龙两个港口，而青龙港的港口条件远胜于福山，所以远洋而来的“珍货远物”，大多通过青龙镇“毕集于吴之市”。[5]

11 世纪中叶（北宋嘉祐年间）青龙镇的商业海上贸易已经相当发达了。据嘉祐七年（1062）青龙镇上《隆平寺宝塔铭》记载：周边杭、苏、湖、常等州几乎每月都有船只前来贸易，稍远的福、建、漳、泉、明、越、温、台等州，一年也

1　（宋）范成大：《吴郡志》卷 19《水利》，引郏亶、郏侨语。

2　（宋）梅尧臣：《宛陵先生集》卷 10。

3　《绍熙云间志》卷下。

4　（宋）孙觌：《宋故右中奉大夫直秘阁致仕失公墓志铭》，《鸿庆居士文集》卷 34。

5　《吴郡图经续记》中。

至少来两三次，两广、日本、新罗每岁一至。[1] 熙宁年间秀州辖区的9个税场中，青龙镇的商税额仅次于州城（秀州城），占第二位，超过了华亭县税场。[2] 到元丰年间，青龙镇的贸易有进一步的发展，陈林《隆平寺藏经记》云："青龙镇瞰松江上，据沪渎之口，岛夷、闽、粤、交、广之途，途所自出，风樯浪舶，朝夕上下，富商巨贾，豪宗右姓之所会"，成为四周"海商辐辏之所"。[3] 因对公私均有所惠，故在大观年间（1107—1110）改名通惠镇（南宋绍兴元年复旧）。青龙镇海上贸易的兴盛，引起了北宋政府的关注，政和三年（1113）就在华亭县置设立了管理海上贸易的市舶务，是两浙市舶司下的分支机构，职掌来港外商船舶，征收商税，收购政府专卖品和管理外商事务，青龙镇的海外贸易即受其管辖。以后海外来青龙镇贸易的船舶越来越多，每每要派华亭市舶务去青龙镇抽解、榷货，十分不便。南宋建炎四年（1130）就将原置于华亭县的市舶务迁往青龙镇。[4] 绍兴二年（1132）又将两浙市舶司从杭州迁至华亭县。[5] 绍兴三年（1133）记载，两浙提举市舶司下有临安府、明州、温州、秀州华亭、青龙镇五个市舶务（场）。[6] 南宋青龙镇因海上贸易兴盛，镇市规模相当可观。据文献记载，镇上有36坊，有镇学，有酒坊，茶、盐、酒等务都在镇上置有税场，并置有水陆巡检司。镇治堂宇及市坊中坊巷、桥梁、街衢井序，犹如一县城。人口杂处，百货交集，所谓"市廛杂夷夏之人，宝货当东南之物"，市容繁华，时人誉为"小杭州"。[7]

南宋中叶以后，青龙镇的海上贸易渐趋衰落，其表现为乾道二年（1166）六月撤销了设在华亭县的两浙市舶司，其辖下的五个市舶务（华亭、青龙二务合一，置在青龙镇；绍兴十五年又于江阴军增置市舶务，另为临安府、明州、温州三务）的管理事务由两浙路转运使兼任。[8] 不久，两浙市舶司贸易中心移至明州（今浙江宁波市）；绍熙元年（1190）后，临安府市舶务撤废；庆元元年（1195）后，秀州、温州、江阴三处市舶务也撤销，两浙地区的市舶机构只剩下明州一处了。[9] 但不久即复。开禧元年（1205）有"明、秀、江阴舶司巧作

1 正德《松江府志》卷20《寺观下》。
2 《宋会要辑稿》卷296《食货十六》之9。
3 《绍熙云间志》卷下，引。
4 《宋会要辑稿》卷187《职官四四》之13。
5 《宋会要辑稿》卷187《职官四四》之14。
6 《宋会要辑稿》卷187《职官四四》之16。
7 弘治《上海县志》卷2《镇市》、嘉靖《上海县志》卷8《青龙镇学记》、清光绪《青浦县志》卷2《青龙赋》。
8 《宋会要辑稿》卷187《职官四四》之28。
9 宝庆《四明志》卷6《市舶》。

他物”的记载，[1]说明开禧以前秀州又恢复了市舶务。

市舶机构的设置变化有多种原因，在此不论，今就上海地区青龙镇而言，吴淞江的变迁是重要原因。众所周知，太湖地区是一个四边高、中间低的碟形盆地，其中心部位自地质时期以来一直在缓慢下沉，唐代以前太湖地区的积水由三江排入大海，故唐前太湖地区无大患。从11世纪初开始，气候转暖，气温增高，海平面上升，河流的侵蚀基准面抬高，造成河道比降减小，曲流发育，再加上东边沿海因泥沙的堆积和海塘的修筑，北宋以后太湖三条排水道的格局发生变化，东北的娄江和东南的东江已完全淤塞，太湖地区排水道唯吴松江一道。[2] 宋人郏亶言：“今二江已塞，而一江又浅。傥不完复堤岸，驱低田之水尽入于松江，而使江流湍急，但恐数十年之后，松江愈塞，震泽之患，不止于苏州而已矣。”[3]这时吴淞江下游河道呈现两个特征：一是江身多曲，水道迂回，泄水不畅，有所谓“五汇四十二湾”之说，“五汇”指安亭、白鹤、盘龙、河沙、顾浦，[4]这五汇造成大量河曲，引起太湖地区排水不顺，例如从白鹤汇至盘龙浦之间一段河道介于华亭、昆山之间，“步其径才十里，而洄穴迂缓逾四十里，江流为之阻遏”[5]。由于河道多曲，“水行汙滞，不能径达于海”。北宋嘉祐（1056—1063）、崇宁（1102—1106）年间曾先后开浚，截弯取直，以泻太湖之水，“无汙滞处，是以吴中得免水患”[6]。于是这一段吴淞江就有新、旧江之分，新江在北，即今吴淞江道，旧江中靠近青龙镇的一段曲流在新江之南，因非主流所经，逐渐束狭，变成岔流，因靠近青龙镇，被名为青龙江。以后史书上常见疏浚的青龙江，即指此段，如崇宁二年（1103），“时又开青龙江，役夫不胜其劳”[7]。但日久河道仍生河曲，汙滞不能根治。再是庆历二年（1042），“以松江风涛，漕运多败官舟，遂接续筑松江长堤，界于江湖之间，堤东则江，堤西则湖，江之东即大海，堤坝横截江流五六十里。震泽受吴中数郡之水，乃遏以长堤，虽时有桥梁，而流势不快；又松江至海浦诸港，复多泥沙涨塞，茭芦丛生，堤旁亦沙涨为田……今欲泄太湖之水，莫若先开江尾茭芦之地，迁沙村之民，运其涨泥；凿吴江堤为木桥千所，以通陆行。随桥碶开茭芦，为港走水，仍于下流开白蚬、安定二江，使太湖水由华亭青龙以

1 《宋会要辑稿》卷187《职官四四》之33。

2 满志敏：《黄浦江水系：形成和原因》，《历史地理》第15辑，上海人民出版社1999年。

3 （宋）范成大：《吴郡志》卷19《水利》引。

4 正德《松江府志》卷2《水上》。

5 《吴郡图经续记》下。

6 《绍熙云间志》卷中。

7 《宋史》卷96《河渠志·东南诸水上》。

入海，则三州无水患”[1]。由于吴江石桥的阻塞，使江艰噎，水流无力，积沙难去，以至水患不息，江身浅淤。二是长江水面高，吴淞江水面低，形成了吴淞江下游东高西低的地势。吴淞下游泄水不畅，“所谓东导于海而水反西流者是也……所谓欲北导于江者而水反南下者是也”[2]。江口常为“潮沙之所积，久则淤淀”[3]。北宋以后吴淞江口已淤出积沙，称为清洲，将江口分成二支，东支即旧吴淞江道，走今浦东新区老界港、虬江、北虬江一线入海；北支即走今黄浦江至吴淞口入海。大约至南宋初年清洲南面的东支旧吴淞江旧入海道逐渐淤浅，清洲与南面陆地连成一片，吴淞江由今吴淞口入海的局面已定，刻于南宋绍兴七年（1137）的《禹迹图》中的吴淞江已明确东流折北入于长江。[4] 吴淞江口积沙的生涨，江身的迂回多曲，必然影响到通航，加上其他的因素，当庆元元年（1195）华亭县市舶司撤销后，外商不至，青龙镇的海外贸易也就骤然衰落，镇市的繁荣顿时失色。元时镇市规模尚存，然已“无复海商之往来矣”[5]。明嘉靖二十一年（1542）分华亭、上海二县地置青浦县，治所设在青龙镇。过了十年，嘉靖三十二年（1553）青浦县撤销。二十年后的万历元年（1573）重置青浦县时，治所就设在唐行镇（旧青浦县治）了，不久青龙镇撤镇改建新泾巡检司，时人称其地为旧青浦，[6]这都是后话了。

正当青龙镇衰落之际，位于长江口南岸的黄姚港兴起，成为上海地区长江航运进出的重要港口，沿海各地海商辐辏于此。《宋会要辑稿》食货十八之二九：“臣僚言：黄姚税场，系二广、福建、温、台、明、越等郡大商海船辐辏之地，南擅澉浦、华亭、青龙、江湾牙客之利，北兼顾泾、双浜、王家桥、南大场、三槎浦、沙泾、沙头、掘浦、萧泾、新塘、薛港、陶港沿海之税，每月南货商税动以万计。”黄姚因而设镇。12世纪、13世纪，长江主泓逼近南岸，江岸内坍，黄姚镇逼近江岸，无避风港，不利海舶寄椗。于是海商逐渐转移至青龙镇下游、吴淞江岸的上海务。[7]

上海最初兴起于上海浦（今自龙华以北至外白渡桥一段黄浦江的前身）岸上，[8]聚落因浦得名。大约北宋天圣（1023—1032）年间以前，在上海设酒

---

1 （宋）范成大：《吴郡志》卷19《水利》，引单锷《吴中水利书》。

2 （宋）范成大：《吴郡志》卷19《水利》，引郏亶言。

3 《吴郡图经续记》下。

4 傅林祥：《吴淞江下游演变新解》，《学术月刊》1998年第8期。

5 至元《嘉禾志》卷3《镇市》。

6 万历《上海县志》卷1《疆域》、康熙《青浦县志》卷1《沿革》。

7 参阅王文楚：《上海市大陆地区城镇的形成与发展》，《历史地理》第三辑，上海人民出版社1983年。

8 （宋）郏亶《水利书》：吴淞江南岸有大浦十八条，其中有上海浦、下海浦。见《吴郡志》卷19《水利》引，弘治《上海志》卷3《田赋志》：“上海浦在县治东。”

务收税,《宋会要辑稿》食货十九之十三(酒曲杂录)记载,秀州有 17 务,上海为其一。以后随着商业的发展,在咸淳三年(1267)以前上海建镇。[1] 此时设在青龙镇的市舶务已迁至上海镇。[2] 弘治《上海县志》卷 1:"上海县……当宋时蕃商辐辏,乃以镇名,市舶提举司及榷场在焉。"但是宋元之间吴淞江"潮沙壅聚,随浚随塞,屡为浙西之患"[3]。《元史·河渠志》吴松江:"浙西诸山之水受之太湖,下为吴松江,东汇淀山湖以入海,而潮汐来往,逆涌浊沙,上湮河口,是以宋时设置撩洗军人,专掌修治。元既平宋,军士罢散,有司不以为务,势豪租占为荡为田,州县不得其人,辄行许准,以致湮塞不通,公私俱失其利久矣。"据任仁发《浙西水利议答·至元二十八年庸田司大德八年行都水监集吴中之利》记载,元代吴松江口河沙汇至赵屯浦约七十里,河沙汇塞江心,两岸又有分庄嘴、严家嘴等沙洲,泥沙淤积几与岸平。吴松江航运之利几乎丧尽。这时浏河的太仓开始兴起,元代和明初的太仓,"粮艘海舶、蛮商夷贾辐辏而云集,当时谓之六国码头"[4]。郑和七次下西洋,均由浏河出海,浏河替代了吴松江成为太湖地区的出海口。元世祖定江南,市舶司"大抵因宋旧制而为之法焉"[5]。至元二十九年(1292)于上海镇置上海县,县署"以旧榷场为之"。到大德二年(1298)将上海市舶司并入庆元市舶司,县署才迁到原市舶公署。[6] 虽然县城内仍有昔日风光,所谓"襟海带江,舟车辏集……廛贾肆,鳞次而栉比,实华亭东北一巨镇也"[7],但海上贸易远非昔日青龙镇可比了。

上海港海上贸易的再度兴起,则依靠黄浦江水系的形成,吴淞江成为黄浦江的支流。江、浦移位是上海港再度发展的决定性因素。

二、黄浦江水系的形成挽救和发展了上海港

据满志敏研究,自北宋后期和南宋开始,太湖水系东北古娄江排水道已丧失功能,东南东江故道也完全淤废,吴松以南淀、泖一带湖水已改由东北

1 谭其骧:《上海得名和建镇的年代问题》,《长水集》下集,人民出版社 1987 年。

2 弘治《上海县志》卷 5,董楷《受福亭记》:"咸淳五年八月楷忝命舶司,既逾二载""丹凤楼在县治东北,宋咸淳八年孟秋青龙市舶三山陈珩书建"。按青龙镇属华亭县,青龙市舶不可能在上海县城内建楼,此青龙市舶,实为上海市舶。由青龙镇迁来,因袭旧名。原青龙镇属华亭,吴淞江上不能同时有两市舶。

3 弘治《上海志》卷 2《山川志》。

4 弘治《太仓州志》卷 1《沿革》。

5 《元史》卷 94《食货志二·市舶》。

6 弘治《上海县志》卷 5。

7 弘治《上海县志》卷 5,引唐时措《记》。

折入吴松江入海。[1] 正德《松江府志》卷3引任仁发言："三江已塞，仅吴松江一江"，即指此。而当时吴松江下游河道因海潮带来泥沙大量淤积，江中沙洲发育，元时下游江口段又出现河沙汇，任仁发《浙西水利议答》卷3："今有河沙汇者，涨塞江心，阻水太甚，民尤病之。不比昔年诸汇近在岸旁，可以浚治。"由于吴松江中沙洲发育，水力分散，下游更淤废不堪，疏浚工程太大，一时不能见效；而太湖之水不能畅排，三吴地区经常发生水灾，于是就放弃对吴松江下游的疏导，改引水从刘家港入海。元至元二十四年(1287)太湖地区水涝为灾，宣慰朱清喻上户开浚吴松江，自苏州"娄门导水由娄江以入于海，粗得水势顺下，不致甚害"[2]。当时的舆论都认为吴松江下游已无法开浚，决定避开吴松江下游，使太湖之水由刘家港、上海浦等分泄入海。如正德《松江府志》卷3载："(元)都水书吏吴执中言顺导水势：吴松江旧云故千浦，今则东自河沙汇，西至道褐浦六七十里之间，两岸涨沙将与岸平。其中仅存江洪阔不过三二十步，湖水所至比之旧时，万不及一，虽汪洋之势，见于上海、新泾、太仓、刘家港通达入海，岂能尽泄浙西诸郡之水……吴松古江已被潮沙堙涨，役重工多，似非人力可及，其淀山旧湖多为豪户围裹成田，恐亦未易除毁，即目太湖之水迂回宛转，多由上海、新泾、太仓、刘家港等处流注于海。"大德年间都水庸田使麻合马集议吴松江堙塞合拯治方略："吴松江原受太湖淀山湖诸处湖泖，上源急流，冲散潮沙，自古可敌千浦，浙西之水来既是有源，去亦有委，是以不成水患。近年来，因上源吴江州一带，桥洪塘岸，桩钉坝塞，流水艰涩，又因沿江水面并左右淀山湖泖等处，权豪种植芦苇，围裹为田……以致湖水无力，不能渲涤潮沙，遂将东江泥沙塞满，江边虽有江洪，水势不能全复古道……今太湖之水不流于江，而北流入不敷出于至和等塘，由太仓出刘家等港注入大海。并淀泖之水望东南流于大曹港、柘泽塘、东西横泖，泄于新泾，并上海浦注江达海。"于是刘家港在元代和明初便成为太湖的主要泄水道和主要海上贸易港，已见上述。

上述局面如果长期维持下去，太仓、刘河将替代上海成为太湖地区的对外贸易港，上海不可能再有以后的地位。使上海再度兴起的，则是明初永乐年间黄浦江水系的形成。

虽然元代已开刘家港为太湖主要泄水道，但至明初，"虽有刘家港可以

1　满志敏：《黄浦江水系：形成和原因》，《历史地理》第15辑，上海人民出版社1999年。

2　洪武《苏州府志》卷3《水利》。

达海，奈以一港难泄众流之横溃，由是田畴时被浸没”[1]。于是永乐二年(1404)为消弭浙西水患，尚书夏原吉“自昆山东南下驾浦掣吴松江水入刘家河，挑嘉定西顾浦引吴松江水贯吴塘，由刘家河入海；浚常熟白茅塘引太湖诸水入扬子江；于上海东北浚范家港接黄浦，通流入海”[2]。为将夏原吉治水的问题讲清，不得不在此引一下正德《松江府志・水下》记载引夏原吉尚书治水奏的原文：“按吴松江旧袤二百五十余里，广百五十余丈。西接太湖，东通大海，前代屡疏导之。然当潮汐之冲，沙泥淤积，屡浚屡塞，不能经久。自吴松长桥至下界浦约百二十余里，虽云疏通，多有浅窄之处。自下界浦抵上海县南跄浦口可百三十余里，潮沙壅障，茭芦丛生，已成平陆，欲即开浚，工费浩大，且滟沙淤泥，浮泛动荡，难以施工。臣等相视得嘉定之刘家港，即古娄江，径通大海；常熟之白茅港，径入大江，皆系大川，水流迅急，宜浚吴松江南北两岸安亭等浦港以引太湖诸水入刘家、白茅二港，使直注江海。又松江大黄浦乃通吴松要道，今下流壅塞，难即疏浚，傍有范家浜至南跄浦口，可径达海。宜浚令深阔，上接大黄浦，以达泖湖之水，此即《禹贡》三江入海之迹。俟既开通相度地势，各置石闸，以时启闭，每岁水涸灭时，修筑圩岸，以御暴流。如此则事功有成，于民为便。”

这里需对夏原吉的治水工程略作一些说明。上述白茅港即今常熟白茆塘，刘家港即今太仓刘河，这是以舒吴松江之急，主要工程则是开浚大黄浦。弘治《上海县志》卷2：“范家浦在县东北，旧名范家浜。洪武间，吴松江淤塞，潮汐不通。永乐元年华亭人叶中行上言，疏浚通海引流，直接黄浦，阔三十余丈，遂以浦名。《通志》：永乐元年户部尚书夏元吉奏云：松江大黄浦乃通吴松要道，今下流壅塞，难即疏浚，傍有范家浜至南跄浦口，可径达海。宜浚令深阔，上接大黄浦，以达泖湖之水，此即《禹贡》三江达海之迹。俟既开通，相度地势，各置石闸，以时启闭，每岁水涸之时，修筑圩岸，以御暴流，如此则事功有成，于民为便。上从其言，命集民丁开浚。”黄浦之名，始见《宋会要辑稿》食货八之二八记南宋乾道七年(1171)丘密年言，当时是吴松江南岸的一条小河，指今自龙华至闸港的一段黄浦江前身，下接上海浦注入吴松江；上海浦即今黄浦区南部(原南市区旧城)至苏州河口的一段黄浦江前身，所以黄浦和上海浦是一条河流不同河段的异称，正如正德《松江府志》卷2所言：“上海浦即大黄浦下流合江处。”至于范家浜原为吴松江下游入海口一段岔

1　洪武《苏州府志》卷3《水利》。
2　正德《松江府志》卷3《水下》。

流，即今苏州河口至复兴岛南端、浦东庆宁寺一段黄浦江前身。今庆宁寺至虬江口的一段黄浦江为南跄浦的前身，今虬江口码头当为南跄口所在。[1] 永乐二年夏原吉开浚黄浦江，就是自大黄浦、上海浦与吴松江会合处（今苏州河口）向东接通范家浜，至南跄浦口，下走吴松江北支在今吴淞口入海。[2] 至此，太湖之水分三条入海道的格局再次恢复。黄浦江成为太湖地区的主要泄水道，[3] 吴松变成黄浦江支流，所以明人说："今吴松江口，即为黄浦口子。"[4]

至于当时的吴淞江，因江中沙洲聚积，明时人称为"沙洪"，将江道分为新江、旧江二支。嘉靖《上海县志》卷1《山水》说得比较清楚：吴松江"自吴江长桥东流至长洲尹山北流，至甫里东北流，又过华亭淀山乃入县境。是江历宋宝元、嘉祐、宣和开浚盘龙、白鹤诸汇，略变取直，有新江、旧江。江北嘉定，地名老鸦窠，有旧江形迹。今指其南通行为江。皆江中沙洪，江上之人，直以沙洪呼之，东流与黄浦会处，别名宋家港，又名减水河，又东为范家浜，以抵南跄浦口，即永乐初夏尚书原吉疏浚黄浦下流接济达海。时人概谓之江。此境内松江之始末也"。新江即宋家港，为明代以来的主泓，即今苏州河道，旧江因非主泓所经，逐渐淤浅，成为断续的残存河道，即今虬江。[5]

黄浦水系形成之后，对上海港的再度兴起具有关键意义。清代康熙二十四年（1685）在上海设立江海关，此后"往来海舶，俱入黄浦编号。海外百货俱集，然皆运至吴门发贩，海邑之民，殊无甚利"[6]。这时上海港还是苏州地区的外港，是海外贸易的转运港。到了乾隆年间，上海港的地位渐次重要，"闽、越、浙、齐、辽间及海国船舶，虑刘河淤滞，辄由吴淞口入，城东船舶如蚁，舳舻尾接，帆樯如栉，似都会焉"[7]"凡运货贸迁皆由吴淞口进泊黄浦，城东门外舳舻相衔，帆樯比栉，不减仪征、汉口"[8]。嘉庆年间，上海港已发展成内贸的枢纽港。"其海舶帆樯足以达闽、广、沈、辽之远，而百货集焉""诚

1 祝鹏：《上海市沿革地理》，学林出版社1989年，第49页。

2 祝鹏以为即郏亶《水利书》中的北及浦，满志敏从之。然此说不能解释为何洪武年间即在今吴淞口置吴松所。

3 正德《松江府志》卷2《水上》：黄浦"为（松江府）南境巨川……比吴松、娄江皆阔大。"嘉靖《上海县志》卷1《山川》："黄浦自永乐疏凿以来，凌驾东南，不特可与江并称，而且过之。或以浦夺江权为词。呜呼！陵谷变迁，固有数存焉，而安知其来者何如耶！"

4 （明）方廉：《江南海防论》，《明经世文编》卷284。

5 傅林祥：《吴淞江下游演变新解》，《学术月刊》1998年第8期。

6 （清）叶梦珠：《阅世编》卷3《建设》。

7 嘉庆《上海县志》卷2《水利志》。

8 乾隆《上海县志》卷1《风俗》。

江海之通津，东南之都会也”。[1] 此后上海港成为南北数省商舶交会之地，已不仅为苏州地区的外港，本身已自成一商贸都会了。1832 年英国东印度公司职员林德赛（H. H. Lindsay），中文名胡夏米，受公司派遣，乘坐“阿美士德”号帆船从澳门出发沿中国东南沿海进行考察，从吴淞口进入上海城，他们看到在上海城外（黄浦）江面上停泊着无数大小、式样不一的中国帆船。宽敞的码头和巨大的货栈占据了江岸，泊岸的水深足能使帆船停靠和沿码头卸货。他们连续观察的 7 天时间内，经吴淞驶向上海，100 吨至 400 吨不等的船在 400 艘以上，多数来自天津和东北各地，运的是面粉和大豆，自福州来的每天也有三四十艘，其中不少来自台湾、广东、东印度群岛、交趾支那和暹罗。于是感叹道“上海事实上已成为长江的海口和东亚主要的商业中心，它的国内贸易远在广州之上”[2]。

当时上海港区主要集中在原南市旧城区的大、小东门和大小南门外沿黄浦江的弧形圈内，亦即今起南码头，北至十六铺这一地段。鸦片战争前，从十六铺到南码头二三公里长的黄浦江西侧，建有公私码头二十余座。由于邻近港区，货物交易频繁，于是从十六铺至南码头就形成繁荣昌盛的商业区，街道纵横，店铺林立，并与各地商行来沪贸易有关的牙行、会馆、公所在 1841 年前就有六十余所。[3] 总之，鸦片战争以前上海因黄浦江的贸易发达，成为东南一大都会。

1843 年上海开埠以后，外国航运势力竞相进入上海港。1843 年底到上海港的有 7 艘外国货轮。1844 年抵港的外轮就有 44 艘，共 8 548 吨。1845 年增至 87 艘，共 24 396 吨。1852 年为 182 艘，共 78 165 吨。1855 年 7 月至 1856 年 6 月，到上海港的外轮急增至 489 艘，合计 155 587 吨。由于十六铺至南码头一带已为中国船只停泊之处，舳舻相接，密无隙地。于是划定今北京路至延安东路（原名洋泾浜）之间 2 900 英尺沿黄浦江西岸一侧江面，为外轮的抛锚、靠泊、装卸的区域，[4] 上海港区渐次向北黄浦江下游延伸。

从 1858 年签订《中英天津条约》到 1895 年签订《中日马关条约》的近四十年中，上海港发生了重大变化。具体表现为外轮骤增，黄浦江几乎成了外轮的天下。而且外轮多为轮船而非过去的帆船，对码头的要求也高。这时

1 嘉庆《上海县志》卷 2《水利志》。

2 《“阿美士德号”1832 年上海之行纪事》，张忠民译，《上海研究论丛》第 2 辑，上海社会科学院出版社 1989 年。

3 茅伯科：《上海港史（古、近代部分）》，人民交通出版社 1990 年，第 83、88 页。

4 茅伯科：《上海港史（古、近代部分）》，人民交通出版社 1990 年，第 109、115 页。

从南码头至北京路一带外滩已无隙地再可建造码头、仓库，只有向外滩以北黄浦江岸发展。1861年，英商宝顺洋行在虹口建造宝顺码头，美商旗昌洋行在虹口建造旗昌码头。1864年在虹口建成公和祥码头。到1870年左右虹口一带建立了十处近代化大型码头。以后因浦西岸线有限，外商又向浦东沿江建造码头、仓库。浦东原非租界，外商无权在此建造码头、仓库。然而外商依靠强权和领事的支持，强迫上海道台同意在浦东购置地皮，兴建码头和仓库。1873年招商局成立，也是在浦西和浦东建造一系列码头和仓库。于是从南码头至虹口港的黄浦江东西两岸形成上海港的中心区。到20世纪30年代的抗战前夕，上海港的吨位仅次于纽约、伦敦、神户、洛杉矶、汉堡、大阪港，占第七位。上海港已跻身世界大港之列。

新中国成立后，上海港区进行大规模的改造。先是建成了12个装卸区（上港1区至12区），以后又成立14个装卸公司，除宝山集装箱装卸公司在长江口，其余均在黄浦江两岸，其中吴泾、开平、复兴、高阳、汇山、共青、军工路、张华浜8个装卸公司在浦西，木材、煤炭、东昌、新华、民生5个装卸公司在浦东。上海港区已扩展至黄浦江口（吴淞口），20世纪90年代以来，由于航道淤浅，船舶吨位增大和外贸比重增大等因素，上海港区重心已移至长江口岸的外高桥，1993年建成投产，目前上海港外高桥码头为全国第一大港，2001年吞吐量逾2.2亿吨，集装箱吞吐量为633.4万箱，已稳居世界第三大港的位置，并成为世界第五大集装箱港。

从1404年黄浦江水系形成，开始支撑上海再度兴起成为东南海上贸易港，直至20世纪90年代上海港区重心下移至长江口外。黄浦江为上海港服务了近六百年，为上海的繁荣和发展做出了重大贡献。上海人民将永远记住孕育和哺育我们的吴淞江和黄浦江。今天，淞、浦两江已经完成历史使命，最近上海市政府宣布吴淞江、黄浦江两岸将由航运、仓储、码头区功能改造为居住、休闲、游览区。2002年2月1日浦江开发打响了第一炮，有一百多年历史的原招商局杨栈码头、新中国成立后上港1区在一声巨响中夷为平地。浦江两岸的仓库、码头都将建成高级住宅、游览、风景休闲区，黄浦江作为贸易港口的历史任务已经完成了，标志着黄浦江及其两岸的功能已从原来的交通运输、仓储码头、工厂企业为主，转换到金融贸易、旅游文化、生态居住区，吴淞江、黄浦江两岸将谱写新的历史。

（原载《上海市历史博物馆馆刊》第1辑，上海社会科学出版社2002年版）

环境变迁研究篇

有关环境史研究的几个问题

环境史研究，在我国大体上是从20世纪80年代开始的，二十多年来，国内外召开过多次研究我国环境史的学术讨论会，出版过不少高质量的环境史论文集。近年来，国内一些高校历史系博士生也有以环境史作为论文题目的。这些都是可喜的现象，说明环境史研究已经引起学术界的充分重视。特别是广大史学界同仁深刻认识到要真正剖析历史的真相，环境史研究是不可或缺的重要部分。同样，研究当前环境问题的学者也很想知道今天我国的环境是如何发展演变来的。至于有关环境史理论方面，最近梅雪芹有详尽的论述。[1] 总之，环境史的研究在我国已经开始进入蓬勃发展的时期。

环境史研究牵涉的学科面很广，除了基本的一些学科，如地理学、生态学、农学、历史地理学、考古学外，还涉及民族学、民俗学、人类学、社会学、气候学、地貌学、生物学等各门自然和人文、社会科学，是一门多学科综合的系统学科。一个人的知识和专业有限，每个人只能就自己专业学科的角度，对环境史的某方面问题进行探讨，不免有偏颇或不全面之处。因此，环境史研究需要多学科的交叉和合作，经过一系列的实证研究，最后才能建成一门理论体系完整的独立学科。

笔者因为专业是历史地理学，必然会在研究中涉及环境史问题。20世纪90年代以来，也曾写过一些环境史的论文，今天看来内容十分粗浅，谈不上有什么价值。不过在此过程中产生一些想法，提出来供大家讨论，也是希望得到批评。

今天研究环境史的最终目的是什么？以笔者目前的浅见，简单地说，从物质层面讲，通过探索人与自然之间关系的历史发展过程，认识过去的利弊得失，避免重蹈覆辙，防患于未然；从精神层面讲，可以从中观察到我国两千多年来，社会体制上存在的一些问题以及中华民族具有的许多精神面貌，如艰苦奋斗、忍辱负重、吃苦耐劳、听天由命以至生活习俗等一些积极或消极

1 梅雪芹：《中国环境史研究的过去、现在和未来》，《史学月刊》2009年第6期。

特征的根源。这对了解中国和中华民族历史的深层次内涵有十分重要的意义。

因此，研究我国环境史，应该探讨几个问题：第一，我国的环境(无论以全国还是局部地区为范围)是如何演变来的？第二，这种演变(不论积极或消极的)的原因(自然、人文)是什么？第三，这种演变究竟是必然的，还是偶然的？第四，我们能在其中汲取哪些经验和教训，如何指导我们今后的环境行为？因此，就我国具体的环境和历史而言，应该注意以下几个问题：

(一) 人口与土地利用问题。这个问题在环境史研究上的重要性自不待言。这方面已有不少学者做了大量工作，但要将这个问题的前因后果讲得很清楚，难度很大。首先，讲清楚历代人口和耕地(全国或局部)的实际数字很难。这是大家都明白的，无须赘言。其次，即便是已将这些问题讲得比较接近历史事实了，我们的研究也还未完成，还得对此历史事实进行评论和分析，或从中汲取有价值的东西，这就更难了。

以我国自然环境而言，960多万平方公里的国土中，西北干旱和半干旱区与青藏高寒区占全国陆地面积的55%，这里气候寒冷，雨量稀少，或多沙化，或多冻土，故人烟稀少，全部人口约占全国人口的5%；另外95%的人口，居住在占全国陆地面积45%的东亚季风区。这里又以秦岭、淮河为界，分为南北两大部分。北部除黄土高原外，大部分为平原地区，然而受季风影响，雨量极不均匀，全年降雨集中在夏秋季节，诸多河流发源于黄土高原，暴雨来临，洪水与泥沙俱下，故多泛滥成灾。南部降雨丰沛，气候温湿，植被良好，却是高山丘陵多，而平原少。在这样的自然条件下，历史上有三起大规模的土地利用对我国总体环境影响最大。一是北部黄土高原农牧交错带农耕地的开发。这里雨量稀少，一般年降雨量不到400毫米，气候干旱，日照强烈，水汽蒸发量大，环境非常脆弱，不适合大规模开发农田。但是从战国秦汉开始，直至明代(元代九十年不计)的一千多年里，这里却是北方游牧民族和南方农耕民族长期对峙之地。从匈奴到鞑靼，不断地侵扰南面的农耕区，因此，从秦汉长城到明代长城，在河套地区、鄂尔多斯高原、河西走廊等干旱不适合农耕地区，进行大规模屯垦戍边，成为历代汉族王朝的定制。由于当地环境脆弱，一旦破坏，无法逆转。千年开发农耕地的结果是造成环境恶化。近几十年来，在河套地区、河西地区的沙漠里发现西汉时代的城市和垦区，此后再无人居住，可以为证。而黄河流域水土流失日益严重，成为我国历史上最大的环境隐患。宋代以后，汉唐时期在黄河流域所兴建的大型水利工程，不是淤废，就是效力大减，至今无一存者，充分说明黄河流域的环境在此千余年间变化之大。二是宋代以后，南方大兴围湖造田，修造梯田。我国历来人口分布极不均匀。据人口史专家研究，汉代时我国人口大体是五六千万，经过东汉末年至魏晋南北朝长期战乱，到唐朝也不过七八千万。到了宋朝，如果加上前辽、后金，大约超过一亿人口。至清前期，全国人口超过二亿。19世纪中叶，达四亿多。如按今天（清末被帝国主义列强割去大量国土）960余万平方公里平均而言，人口载负量也不能算很高。问题是我国自汉代以来，人口分布极不均匀，绝大部分人口聚居于东部地区，且集中于几个条件优越的盆地。如在宋代，全国人口不过一亿多，当时西北、东北、中部等大部分地区人烟稀少，而成都平原和东南地区却已经是人口密集，耕地紧张。苏轼说："臣闻天下之民常偏聚而不均，吴蜀有可耕之人，而无其地；荆襄有可耕之地，而无其人。"[1]苏辙说："吴越巴蜀之间，拳肩侧足，以争寻常尺寸之地。"[2]围湖造田、修造梯田，成为南方一时之风。虽有识之士大声呼吁，朝廷也曾三令五申禁止，却终成一纸空文。于是长江中下游地区河湖淤浅，蓄水无着，以致水旱频繁。三是明清时期随着人口骤增，耐旱作物传入，无地农民转向西部开发山区，以及清代雍正年间云贵高原的移民、冶矿业的开发和改土归流，长江上游地区的耕作方式发生改变，于是这里也开始了水土流失。这些都曾有不少学者著文评论其失。然平心而论，这些都出于历史的无奈。试问，秦汉以来，如不屯垦戍边，如何保住比较先进的农耕文化长期延续？宋代以后，南方不围湖造田；明清以后，不开垦山地，如何来养活数亿人口？生存、发展和环境是我国两千多年的两难抉择，我们如何在对这些问题的研究中获得一些启示，为我国今后环境的演变提出一些指导性的意见？

（二）以我国范围而言，对历史时期水环境变化的研究，应占有十分重要的地位。众所周知，自周秦以来，我国是以农业为主要产业的国家。在当时政治、经济、文化中心的黄河流域，以其自然条件，无灌溉就不能有好收成。因此，先人很早就知道水资源的保护和利用。笔者曾著文《我国古代的环境意识和环境行为——以先秦两汉时期为例》[3]，说明我们祖先很早就认识到水资源保护的重要性。但是从战国中期至西汉武帝时代，黄河中下游地区单一农耕经济确立，开始了全国性的农田水利开发。笔者曾著文说明自周

1　苏轼：《御试制科策·第一道》，《经进东坡文集事略》卷20，《四部丛刊初编·集部》第158册，上海书店出版社1989年影印本。

2　苏辙：《进策五道·民政下·第二道》，《栾城集应诏集》卷10，《四部丛刊初编·集部》第162册。

3　林甘泉主编：《庆祝杨向奎先生教研六十年论文集》，河北教育出版社1998年。

秦以来，黄河流域水稻种植的地域相当普遍，早于小麦成为仅次于稷粟的主要农作物。[1] 秦汉时代全国水利开发的重点地区是关中平原，除了郑国渠、白渠、龙首渠外，还有用于漕运的关中漕渠，用于训练水军的昆明池，等等。如果没有充足的水资源，是不可想象的。东汉三国时期黄淮海平原上水利更为发达，海河平原和黄淮平原上，水利渠道密布，或用以运输，或用以灌溉，农业十分发达。唐代前期黄河中下游地区水利建设为全国中心。汉唐时期经济繁荣、文化辉煌，就是建立在发达的水利建设基础上。而宋以后渐趋衰落、黄河下游水患不断，灾害连年。明清更甚。当时为避免漕运之劳，不少志士曾试图在京津地区种植水稻，最后或因成本过高，或因收效不著而罢。其主要原因为水资源缺乏。而水资源缺乏，除了与全球气候变化有关外，人类活动究竟在其中有何失当之处？

（三）研究中国环境史，一定不能忽视整个社会体制的影响。秦始皇在全国推行郡县制，建立中央集权的政治体制，以后汉武帝“罢黜百家，独尊儒术”，思想上统一为儒家思想，经济上确立单一农耕经济。这政治、经济、文化三方面体制的确立，统治了中国两千多年，对我国环境变迁产生极大影响。高度集权的政治体制，可以动员全国之力，大规模地对自然进行干预，如筑长城、开运河、修大型灌溉工程等；单一农耕经济思想确立后，农耕成为社会稳定唯一产业的观念，在人们（从帝王到平民）思想里根深蒂固，当政权初建和巩固后，历代帝王的主要政策就是招徕人口、恢复农业生产、扩大耕地。而广大汉族人民除了农耕也不知其他生产手段。与小农经济相配合的儒家思想和实际有关劳动力的“无后为大”观念，逐渐使我国历史上所谓政治昌盛和经济繁荣的直接表现就是人口不断增加和耕地不断扩大。然而在上述我国特定的地理环境条件下，在数千年来耕作技术又无质的突破的情况下，其结果只能是耕地从平原向山地、湖滩发展，由此引起环境不断恶化。数千年来中央集权的政治体制，对环境影响十分明显的一点，就是都城所在之地，往往是环境破坏最严重之地。关中平原建都千年，对秦岭、陇右森林的破坏，有史为证。元明清三代建都北京，太行山、军都山的植被砍伐，多有专题论文。因此，环境史的研究，不能离开与政治体制史关系的研究。

（四）环境史与社会史研究的结合。从环境史的探索中，会发现中国人民许多传统的人生观念、民间信仰、生活习俗的地域差异十分明显，而这种

1　邹逸麟：《历史时期黄河流域水稻生产的地域分布和环境制约》，《复旦学报（社会科学版）》1985年第3期。

差异又与不同的生态环境有密切关系。这是研究社会史的专家所共知的。笔者也曾撰文[1]加以讨论。因此，研究环境史，不仅能够认识我国环境的变化，同时也能理解中华民族精神面貌的地区差异和变化。

（五）最后，笔者想谈的一点是，自从日本学者内藤湖南和宫崎市定提出“唐宋变革”说以来，八十多年里中外学者对此都有讨论，虽然具体观点上有所不同，但认为从唐至宋，中国社会在政治、经济、文化方面都发生过巨大变化，这一点似无异议。[2] 有意思的是，从中国环境史角度考察，可以发现大致从晚唐至北宋中期我国环境也经历了巨大变化，大体表现为：(1) 黄河为患日益严重，从唐末宋初至清末，黄河为患愈演愈烈，这与从东汉至唐末的一千年里黄河基本安流的局面大不相同。(2) 黄河流域环境日趋恶化，经济衰退，从宋代经元明至清，中央王朝漕粮、财赋主要来自东南地区，经济中心南移。黄河流域的经济已支持不了庞大的中央集权政治体制的正常运行。(3) 长江中下游地区从宋代起环境开始恶化，到了清代江汉流域水土流失也是十分严重，江湖淤浅，灾害频发。(4) 东南地区从单一农耕经济，发展为多种经营，棉花、瓷器、造纸、印刷、制茶诸业兴起，商品经济发展。市民阶级兴起，平民参政意识加强，由此科举制度更加成熟。这些与黄河流域经济衰退、贵族政治依附的经济背景失落，似有一定关系。

总之，环境变迁与中国社会变迁的各个方面都有非常密切的联系。环境史研究的深入开展，必将为我们大大开拓认识五千年中华民族历史的视野，许多问题可能会产生新的理解，对当前我国社会政治、经济的发展，无疑会有重要的借鉴意义。

（原载《历史研究》2010 年第 1 期）

1　邹逸麟：《“灾害与社会”研究刍议》，《复旦学报（社会科学版）》2000 年第 6 期；《江淮平原与人文》，谢觉民主编：《自然 · 人文 · 人地关系》，科学出版社 1999 年，第 68—89 页。

2　柳立言：《何谓“唐宋变革”?》，《中华文史论丛》2006 年第 1 辑。

我国环境变化的历史过程及其特点初探

20世纪90年代以来,黄河断流,华北干旱,水资源贫涸,沙暴频发,沙地扩展等环境恶化的现象,已经引起人们的警觉。1998年汛期,我国长江流域发生了1954年以来又一次大洪水,东北地区的松花江、嫩江也出现了百年一遇的洪水。虽然经过党政军民、全国上下的一致努力,抗洪抢险斗争取得了最后的胜利,但所付出的代价也是十分沉重的。这场洪水无疑是进一步向我们敲响了警钟,让我们清醒地知道,改善我国生态环境已是刻不容缓、迫在眉睫的事了。所以近年来,从中央到地方各级党政领导、学者都十分注意我国环境问题,将经济、文化建设和环境问题结合起来,这是值得庆贺的事。

对于中国的环境问题,应该从历史角度进行考察。过去研究中国历史往往忽视人与自然环境之间关系的变化和发展,如果要全面地考察和认识中国社会的历史,这无疑是个缺陷。其实人类社会的政治、经济、文化等种种活动都在一定程度上受到自然环境的制约,这种制约直至今天人类科技水平发展到有能力登上月球的时代,也还没有发生根本的改变。以历史为例,考古工作证明,中国文化起源是多源的,但为什么中华民族的核心华夏族最早在黄河中下游地区形成,这就与古代黄河中下游气候温和、雨量适中、土地平衍、交通便利有关。为什么我国历史上的分裂往往是南北分裂而不是东西分裂?这无疑与中国南北自然环境和文化差异有关。为什么中国历史上统一帝国的政治中心都在北方而不在南方?为什么中国历史上的边疆纠纷总是发生在西部或北部而不是在东南沿海的边区?为什么中国小农经济能稳定数千年,而广大人民温饱问题始终未能解决?以今天的现实而言,新中国成立以来,农业经济无论从生产力还是生产关系而言,无疑有了极大的改善,为什么至今还有相当地区和人口的温饱问题没有解决?同样,在改革开放的政策下,东西部地区的经济差距不仅没有缩小反而在加大的原因是什么?如此等等,不一而足。能说这些历史和现实问题与中国的地理环境没有密切的关系吗?

因此,我们可以说,我国今天的环境问题的形成,并非始于当代,实是积渐所至，有着悠久的历史根源。一般而言，一国一地环境形成的主要因素有三：一是一国一地的自然条件，二是人口载负量，三是生产配置和产业结构。平心而论，我国的自然条件并不理想，人均资源也比较贫乏，人口分布又极不均匀。虽然疆土辽阔，但在 960 万平方公里的国土上，西北干旱半干旱区和青藏高寒区占了全国陆地面积的 55%，这里气候寒冷，雨量稀少，土壤或多沙化，或多冻土，故人烟稀少，全部人口只占全国的 5%；另外 95%的人口居住在占全国陆地面积 45%的东部季风区，这里又以秦岭、淮河一线为界分为南北两大部分，北部除黄土高原外大部分为平原，然受季风影响，雨量极不均匀，全年降水多以暴雨形式集中在夏秋季节，诸多河流发源于黄土高原，暴雨来临时，洪水泥沙俱下，故多泛溢成灾；南部降雨丰沛，气候温湿，植被良好，却又是高山丘陵多，平原少，且同样因降水不均，引起水旱不时。数千年来我国人民为求生存和发展所处的地理背景如下：一是人口众多而又分布不均；二是耕地不足，高产稳产的耕地更少；三是自然环境脆弱，各种自然灾害频发，生产的社会财富往往为灾害所抵消。有史以来我国人口数量虽然不断在增加，但分布的基本格局没有明显的变化。从公元前后相当于汉朝时期的 0.5 亿人口，到 19 世纪下半叶我国人口增至 4.5 亿，95%的人口始终分布在东部季风区。新中国成立后，边区得到了空前的开发，经济发展，人口增加。1994 年我国人口已达 12 亿，20 世纪末普查为 13 亿多，但分布格局基本未变。两千多年来，人口成倍地增长，而可耕地却因城市建设、工业发展、交通开辟等原因在不断地缩小。东部季风区的自然条件虽然远胜于上述西北干旱区和青藏高原区，但由于降水年际、季际变化大，旱涝灾害时有发生，可以说历史上是无年不灾；再加上山地丘陵多、平原少、人口密集等因素，我国人民为求温饱，要比自然条件好的国家付出更多的劳动。今天我国耕地面积仅有 15 亿亩，只占全部国土面积的 11%，草地、草山、草坡约占国土面积的 34%，森林约占国土面积的 13%，而沙漠、荒漠、寒漠、戈壁、石骨裸露山地、永久积雪和冰川等完全不能农牧的土地却有 30 亿亩，占全部国土面积的 22%。在古代，耕地当远较今日为少，而森林草地面积远较今日为多，这是可以肯定的。但人口则从公元初的 5 000 万，发展到今天的 13 亿，在农业技术没有质的突破以前，要供应这么多人口的粮食，怎么可能不去开发森林、草地和湖荡？由此可见，我们的祖先为了求生存、发展，处在相当困难的地理背景条件之下，有时甚至处于两难的境地。我们应该如何恰当地处理我们的环境，是不是可以从反思中得到一些启示？现在我们往往很自豪地说，我国耕地只占世界总耕地 206 亿亩的 7%，养活着世界 22%的人口，是个了不起的奇迹；但也要承认，这对亿万农民来说，无疑是一种十分沉重而又悲壮的负担。

我国自古以农立国。大致从战国中期至西汉中期，黄河中下游地区从农主牧副兼营林渔的经济格局，转变为单一农耕经济格局。这种局面奠定后的历史时期里，农耕成为社会稳定的唯一产业的观念在人们思想里根深蒂固。当由于战争、饥荒、灾害、人口等因素引起社会动荡时，单一农耕经济思想就在人们头脑里占主导地位。千百年来一直为中国人民所称颂的汉武盛世，北逐匈奴，将今天内蒙古河套地区和鄂尔多斯高原以及陕北高原、河西走廊等数十万平方公里土地，从匈奴控制下解脱过来，将汉王朝的疆土北拓至阴山，西扩至玉门关，从而保护了原有的农耕地免受匈奴的侵扰，使华夏文明得以延续，其功固不可没。但是为了保卫这一胜利果实，不得不移民百万，设置五十余县，在阴山、河套以南包括鄂尔多斯高原进行屯垦戍边，将数十万平方公里原先畜牧游猎的干旱区开辟成农耕区，砍伐森林、铲除草被，使原来广漠的森林草原变为阡陌相连、村落相望的农耕区，被誉为“新秦中”，意即新的关中地区。鄂尔多斯的环境原来就十分脆弱，气候干旱，土壤沙质，植被稀少，多风暴，当地表一经开垦，无植被保护，随即水土流失，遇风起沙。近年来在内蒙古乌兰布和沙漠考古发现的西汉古城和屯垦遗址，说明西汉以后，这里从此被遗弃，未曾再次开垦，证明环境恶化已不可逆转。东汉以后，虽一段时间内畜牧业又成为当地主要产业，但遭破坏的环境已难以恢复，迟至公元6世纪，库布齐沙漠和毛乌素沙漠已经出现。隋唐时代，继秦汉以后鄂尔多斯高原上又一次兴起农垦高潮，原先沙地均有扩大。汉唐是封建文明鼎盛时期，久为我国人民所称道，其经济背景是黄河流域大规模农业开发，天然植被全为人工植被所替代。在当时的生产力条件下，可开发的水土资源开发殆尽。因此到了公元10世纪的宋代以后，黄河流域环境恶化趋势已不可逆转，留给子孙的是黄土高原上沟壑纵横、水土流失，黄河含沙量与日俱增，下游泛滥决口连年不断，土壤沙碱化，农田被淹，城镇被毁，东部平原河流湖泊淤浅湮废，农业生产力低下，人民贫困，昔日黄河流域的辉煌业绩最终成了梦痕。

今陕西省西安所在的关中平原在唐代以前是生态环境最好的地方，战国时“沃野千里，蓄积饶多，地势形便，此所谓天府，天下之雄国也”[1]。故早有“天府”“陆海”之誉。首先表现为气候温湿，“渭川千亩竹”是《史记·货殖

1 《史记》卷129《货殖列传》。

列传》中的名句；其次是土壤肥力高，在《禹贡》九州土壤分级中，雍州黄壤肥力为上上，属九州土壤第一等；再次是水资源丰沛，所谓“八川绕长安”，八川即泾、渭、灞、沣、滈、浐、潏、涝，这些河流都有丰富的水资源，均有灌溉之利。战国末年的郑国渠，汉代以来的漕渠、白渠、六辅渠、龙首渠、灵轵渠、成国渠、蒙笼渠等都是引泾、渭河为水源的。两千年前已形成了关中平原的灌溉网络。汉代长安城周围的环境十分优美，城西的上林苑是天然和人工合作的自然保护区，周围三百余里，是皇家游猎之所，其中有离宫 70 所，奇草异木三千余种，稀兽珍禽不知其数；苑中有昆明池，周围 40 里，初建时是为了汉武帝训练水军之用，以后实际上也成了帝王游乐和皇家饲养鱼鳖的场所。昆明池北还有镐池，长安城内有沧池、太液池，整个长安城内陂池密布，花木茂盛。总之，西汉的长安自然生态优越，加上人工修饰，自然成为天下最美之处。唐代长安八水仍旧，但水资源已明显有所减弱。郑国渠初开时溉田 40 000 余顷，汉白渠溉田 4 500 顷，到了唐初郑、白两渠仅溉田万余顷，晚唐减少至 6 200 余顷，较汉时几乎少了十分之八。所以唐代关中帝王经常往洛阳就食，成了“逐粮天子”。但整个环境尚未完全破坏，曲江游赏，禊饮踏青，是长安人的岁时习俗。杜甫《丽人行》“三月三日气象新，长安水边多丽人”之句，反映了唐代长安的风景线。但自唐末五代以来，关中平原环境恶化的端倪已见。这是因为长期作为首都，大修宫殿，渭南秦岭、渭北北山的大批森林被砍伐，上林苑等皇家苑囿因人口骤增、耕地不足而被辟为农田，水资源已被开发殆尽。黄土高原自汉代以来农耕的开发，而使水土流失加剧，泾、渭等河泥沙量日增，河湖淤废。宋代以后，郑、白渠因渠身淤高灌溉作用已很小，其灌溉面积不及西汉的 1/20，无法与汉唐相比。明清时关中平原虽然仍为我国小麦的主要产区，但其经济地位远不如前。近几十年来，西安地区环境恶化以致严重缺水，与当代人的不合理行为有关。但从历史长河观之，实有数千年的渊源。

自西汉武帝以后，黄河下游平原的原始森林、草地已开伐殆尽，连河湖滩地也都辟为耕地，西汉中期“内郡人众，水泉荐草，不能相赡，地势温湿，不宜牛马，民跖耒而耕，负担而行，劳罢而功寡”。出于缺乏畜力，生产力难以提高，同时因粮食紧张，“六畜不育于家”。[1] 于是单一农耕成为黄河中下游地区唯一的生产方式。在这种农耕经济思想指导下，不断无序地开垦一切可耕土地，并且大兴水利以维持农业的高产，引起环境和产业结构的变化。

---

1 《盐铁论·未通》。

以后魏晋南北朝时期，虽因游牧民族的进入，单一农耕经济有所变化，但汉化是当时各民族政权的共同倾向，加强农耕经济成为政权能够站住脚的关键。所以当政权稳定以后，首要任务仍然是扩大农耕地。隋和唐代前期，黄河下游平原是全国粮食主要基地，也是水利事业最兴旺的地区。汉唐是我国封建社会鼎盛时期，黄河流域是当时人口最集中，经济、政治、文化最发达、最辉煌的地区。这种鼎盛和辉煌就是建立在黄河中下游地区农耕地的不断扩大和向自然大量索取的基础之上。换言之，就是以环境的失衡为代价的。中唐以后，黄河流域长期处在战乱状态，人口逃亡，水利失修，加上中游黄土高原的长期过度开发，引起水土流失加剧，下游河湖被淤被垦，最终引起环境的恶化。所以 10 世纪以后，黄河流域虽然在政局上处于和平环境之下，但河患日益严重的趋势已不可逆转，灌溉系统的破坏难以修复，土壤沙碱化，水旱渐趋严重，整个生态环境不断恶化，造成经济逐渐衰落，以致近代成为我国灾害频发、经济贫困的地区。

我国历史上曾经有过三次黄河流域向长江流域大规模移民的浪潮，那是西晋末年的永嘉之乱、唐代中期的安史之乱至唐末、两宋之际的靖康之乱。这些移民迁徙的方向主要是长江流域，据粗略估计，第一次移民从北方迁往南方的大约为 90 万，第二次大约有 650 万，第三次约有 1 000 万。这三次大规模北方人口南移的结果，造成南方土地的大量开辟。第一次北人南迁时，长江以南尚有许多荒地，北来居民在地广人稀处建立起侨州郡县，王公贵族尚可以广据田宅，占而不垦，发展起庄园经济。第二、三次北人南迁至长江流域及其以南地区，数量数倍于前，又主要集中在西部的成都平原和三峡以东的东部地区，人口密度大增，人多地少的矛盾十分突出，苏轼说“吴、蜀有可耕之人，而无其地”，苏辙也说“吴越巴蜀之间，拳肩侧足，以争寻常尺寸之地”。当时东南地区平原地带已“野无闲田，桑无隙地”。于是人们将目光投向不宜开垦的山地与湖滩，开始了大规模的以围江、湖为主的造田运动。宋代长江中下游两岸圩田不知其数，如皖南、江西鄱阳湖区的圩田即始于此时，东南的太湖流域和宁绍平原更是大兴围湖垦田之风，绍兴的鉴湖、上虞的夏盖湖、镇江的练湖、余姚的汝仇湖、宁波的广德湖都在这时被垦成平地。太湖流域在宋前无大灾，围湖造田后，“涝则水增溢不已，旱则无灌溉之利”。当时人就指出东南水旱之灾，“弊在于围田”，南宋政府也三令五申禁止围田，但由于人口压力和豪门霸占，且湖田高产，故政令如一纸空文，两浙地区的围田反而愈演愈烈，直至宋亡。至于无湖滩可围的丘陵地区，则以垦辟山地为主。江西、福建因平原狭小，寸土皆耕，“步丘皆力穑，掌地也成田”，出现了“一寸之土，垦辟无遗”“寸壤以上未有莱而不耕”的现象。进一步解决人稠地狭矛盾的唯一出路，就是将丘陵山地都辟为梯田，于是“山化千般障，田敷百级阶”“岭阪上皆禾田，层层而上至顶”成为赣、闽山地的普遍景观。湖田的围垦、山地梯田的普遍开发，对农业发展起了重大的推进作用，使东南地区成为全国粮食生产基地。宋代江西、福建经济文化比较发达，当与农耕业发展有关，而太湖流域更有“苏湖熟，天下足”之誉。其代价则是上游水土流失加剧，下游河湖围垦为田，蓄水面积缩小，洪水来时泛滥成灾。

明清时期长江流域环境进一步恶化，其原因是16世纪中叶美洲耐寒、旱、瘠作物玉米、番薯、马铃薯等的传入，使灾害之年死亡率降低，人口增长迅速。17世纪初中国人口约有1.5亿，至18世纪中叶达到了3亿。人口大幅度增加，而耕地却没有增加，再加上土地兼并、赋役繁重等原因，有大批失去土地的农民离乡背井形成一股流民浪潮，成为全国性的社会问题。流民主要趋向是进入南方山区，成为棚民，从事伐木、造纸、烧炭等生业，北部的秦岭、大巴山，南方的浙西、闽西、赣南、湘西等山区大批原始森林被毁，引起长江各支流上游的水土流失严重，加速了沿江河道和湖泊的淤浅，成滩与长洲相继被垦成田。以两湖地区为例，明清以前两湖地区人口稀少，荒地甚多，农业不甚发达。入明以来大量移民进入湖广，移民主要来自江西，有所谓“江西填湖广”之说。移民首先进入江汉—洞庭平原，在洞庭平原大量兴建垸田，改造湖区，变湖荒为湖田，使元末以来人口稀少的地区，一下子成为人齿日繁的经济繁荣区。清代还向荆江、汉江大堤外洲滩进发，荆江“九穴十三口”和汉江“九口”的消失，改变了河湖的关系，“往日受水之区，多为今日筑围之所”，清代后期荆江四口分流格局形成，使华容、安乡、汉寿、武陵交界湖区淤出大片洲滩，两湖人大批进入围垦，垸田扩大。明代开始有“湖广熟，天下足”谚语的背景，标志着两湖地区已成为全国经济发达区和商品粮生产基地，养活了数千万人口。清乾隆年间，湖北江汉两岸“百姓生齿日繁，圩垸日多，凡蓄水之地，尽成田庐”。清代前期（顺治至嘉庆）洞庭湖区10县有大小垸田544个，共有湖田122万余亩，对湖区的稻米生产起了重大的推动作用。当长江三角洲地区因种植棉花耕地减少时，两湖地区成为全国粮食输出大省。明中叶开始即出现“湖广熟，天下足”之谚；清代“湖广为天下第一出米之区”，平均出境大米在600万石以上，最高时可达1 000万石。其后果则是江汉穴口堵塞，河汉消失，湖泊数量减少和湖面缩小，水灾频发。1644年至1820年，湖北共发生各种自然灾害129次，其中水灾83次，占64.3%；湖南共发生各种自然灾害92次，其中水灾60次，占65.2%。所造成的损失也很大,所谓"纵积十年丰收之利,不敌一年溃溢之害"。清代乾隆年间湖北巡抚彭树葵就指出:"人与水争地为利,水必与人争地为殃。"

20 世纪 50 年代开始曾经有过"以粮为纲""大炼钢铁"的政策失误,再加上人口的压力,造成全国性围湖造田、毁林造田的局面。据官方统计,1949 年至 1981 年全国毁林造田及火灾损失林地至少有 670 万公顷;有人认为有近 1 000 万公顷。不论怎样,我国林区在近四十年来不断地缩减是不可否认的事实。虽然中华人民共和国成立以来也在不断地造林,但由于缺乏科学指导或管理不当,存活率仅三分之一。另外,据报载有关文章,长江中下游湘、鄂、赣、皖、苏五省湖泊资料统计,新中国成立之初有湖泊面积 28 859 平方公里,而目前只有 20 134 平方公里,消失了 8 700 平方公里,大多为人为围垦所致。仅湖北一省自中华人民共和国成立初至今因围垦而减少的湖泊面积就有 6 000 平方公里。洞庭湖面积由 20 世纪初的 6 000 平方公里,缩小至 50 年代的 4 350 平方公里,80 年代为 2 691 平方公里,90 年代为 2 145 平方公里,容水面积也由 293 亿立方米减至 174 亿立方米。浩渺的洞庭湖原是我国第一大淡水湖,已退居第二。江苏省自 1957 年以来因围湖造田所消减的湖泊面积为 700 平方公里。湖区蓄水面积的缩小,引起溃涝灾害不断,反过来又限制了农业的发展。

20 世纪 70 年代以来,黄河多次断流,1972 年至 1996 年的二十五年内有十九年发生断流,断流时间长达一百余天;1996 年断流河段从河口向上延伸至封丘县,长达 622 公里。黄河流域大中城市普遍缺水,造成生产、生活的困难;北京市遭受沙暴的频次增加。这些都是森林过度开伐,草地过量放牧,水资源过度开采,不知节制,人们头脑里缺乏可持续发展观念的结果。

考察了历史时期中国环境变迁的特征和原因后,对 21 世纪我国将出现的环境问题有必要作认真的思考。

第一,从历史上看,毁林造田、围湖垦田并非始于今日,至少也有一二千年的历史了。只是人口数量、科学技术等背景不同,于今为烈而已。历史上有识之士对毁林造田、围湖垦田的危害也曾多次呼吁过,政府也曾三令五申下过禁令,最后都成一纸空文。中华人民共和国成立后,社会制度变了,1979 年出台了《森林法》,专家学者对毁林围湖的危害也多次在各种场合呼吁过,为什么这个宿疾始终不能治愈?这说明像我国这样一个地域广大、人口众多、自然环境复杂的国家,我们的祖先为求生存走过一条何等曲折、艰难的道路!试想如果当年汉武帝据有黄土高原后,不推行农耕,而仍然发展畜牧业,恐怕难以守住这条国防线,最终华夏地区难逃匈奴铁骑的蹂躏!宋代以后南方人口增加，如果不围湖造田，而是在湖荡发展水产业，能不能维持增加的人口？如此说来，今天看来非常不合理的环境行为，在当时实为无可奈何的事。我国历史上固然有不少昏庸的帝王和黑暗的时代，但也不乏励精图治的君主和清明的时代，他们为了本阶级的私利也想将国家的经济搞上去，使人民过着较安定的生活，可以使他们的政权长治久安。但总是顾此失彼，发展的结果带来的是停滞，昌盛的代价是环境的恶化，繁荣以后是衰败，循环往复，难以跳出怪圈。其原因究竟何在？现在从人地关系这一层面考察，是不是可以说三四千年来问题的症结，还是我们今天同样最关心的人口、资源和环境问题！对中华民族来说，这似乎是永恒的课题。

第二，大家已经认识到保护森林、草原，遏制沙化、荒漠化速度，是保护我国环境不至继续恶化的重要措施。目前我国森林总面积约 20 亿亩，覆盖率约 13％，主要分布在东北和西南地区。虽然近几十年来人工造林取得不少成绩，但存活率低，破坏的速度超过种植的速度，致使全国水土流失面积不断扩大。现在全国水土流失面积已达 367 万平方公里（包括水、风蚀），高达国土面积的 38％。黄河、长江上游地区草原退化、湖泊减少，土地沙化严重。全国荒漠化土地已达 262 万平方公里，而且还在加速扩大。最近我国政府下令禁止砍伐天然森林，林区只养不砍。这个政策非常正确。21 世纪的主要任务除保护好现有森林外，同时还有 20 多亿亩宜林的荒山荒地需要植树造林，再覆盖 13％。以我国自然条件而言，森林覆盖率能达到 26％，环境当有明显改善。但以过去四十多年造林的速度，需要一百零四年才能完成 20 亿亩造林任务。因此，发展林业科学，大力开展西北地区防护林的建设，对当地人民进行环境意识教育，抓好山区综合开发治理，帮助山区人民走上合理开发的道路等，将是治理西北地区的关键。这些工作都是相互关联的。如果仅仅着眼于加速建设好防护林，而没有帮助山区、林区人民脱贫致富，结果森林还是不能保护好。因为山区人民如无合理的生产之道，为了生存不得不砍伐林木。虽有法律，但法能治贪难治贫。因此，综合治理西北山区森林、荒漠地带将是 21 世纪的重大任务。

第三，水资源、水环境的保护将是改善我国环境的重要国策。21 世纪全球将有 27 个国家遭受缺水之苦，中国亦在其列。目前我国水资源总量为 2.8 万亿立方米，居世界第六位，但人均仅 2 340 立方米，排第 88 位，已被列入世界 12 个贫水国之内。以国内情况而言，据统计，全国有 300 多个城市缺水，每年影响工业产值 2 300 亿。全国农村每年缺水 300 亿立方米，造成粮食减产 400 亿斤，并有 6 000 多万人口常年饮水困难。预计 2010 年将缺水

315亿立方米，若不采取强有力的措施，我国21世纪的可持续发展将因水资源的不足而受到阻碍。我国水资源不足有其自然和社会原因，已无须追究。问题是目前在水资源如此缺乏的条件下，水资源浪费现象却十分严重。我国农业用水占全国用量的80％左右，但有效率仅30％—40％，与发达国家70％—80％的利用率相差甚远。我国工业用水重复利用率为50％，发达国家已达80％以上。我国城市工业万元产值耗水量近200立方米，发达国家仅20—30立方米。其他如城镇居民生活用水跑、冒、滴、漏和浪费现象十分严重。这些都使有限的水资源不能充分发挥其应有的作用，这是一个方面。另外，近几十年来，水污染情况十分严重。据统计，全国三分之二的河流和50％的城市地下水受到污染，78％的城市河段水不能饮用，使有限的水资源更加短缺。进入21世纪后，随着工业、科技的发展，生活水平的提高，中国城市用水量将更为增大。面对我国水资源紧缺、水质污染的严峻局面，我们应该思考的问题有：一是水资源的开源与节流；二是加强水资源保护的宣传和教育；三是加强水资源管理；四是加强对水污染的监督和执法力度、能力。

第四，加速环境科学发展。世界各国治理环境的经验证明，对环境的投资与投资教育一样是一种效率最好的投资，一分的投资，将可在物质上、精神上获得十分的回报。但这种投资数额较大，见效较慢，需要政府有长远的眼光。同样，改善环境需要依靠环境科学，其理自喻，无须说明。但环境科学是一门综合性学科，它的发展要依托其他相关的自然、社会、人文科学的发展。因此，环境科学的发展又牵涉到一系列学科的发展，也需要大量的投资。这些对今天中国的国力来说无疑存在一定的困难。21世纪如何在这些方面有突破性进展，将是全社会共同考虑的问题。

总结上文所述，今天我们对中华民族所经过的道路进行反思，似应站在历史的高度，纵观前后，俯仰古今，总结其中的前因后果，考虑在我国这样自然条件和人口众多的国家里求得发展的最佳途径。21世纪中国环境问题不容乐观，但也不必悲观。主要是中国政府已经十分重视改善环境和可持续发展问题，这一点十分重要。但环境问题的落实并不能仅靠中央政府，还需各级地方政府和广大人民共同配合。这就需要加强对各级政府和广大人民的环境教育和加深地方政府和人民的环境忧患意识，进行长期持续的宣传教育工作和政府的身体力行，其实这就是两个文明建设中很重要的一部分。能做到这一点，到21世纪中叶，中国将是世界上环境优美、生态合理、高度文明的国家之一。

（原载《安徽师范大学学报（人文社会科学版）》2002年第3期）

我国古代的环境意识与环境行为

——以先秦两汉时期为例

一、我国古代的环境意识

根据历史气候的研究，我国在新石器仰韶文化时代，黄河流域曾经处于温暖湿润的气候环境，降水比较丰沛，植被比较茂盛，人们就在这样的环境之下，生产劳动、繁衍生息，产生了先进的黄河文明，这样的气候环境大约持续了几百年。西周以后，黄河流域的气候渐趋寒冷干燥，降水显得缺乏而不均；以后虽然仍有几个转暖的阶段，但始终没有出现过像仰韶时期的温暖环境。但黄河流域文明产生以后，具有强大的生命力，其发展趋势已不可逆转，人口的迅速增加，生产力的发展，以及政治集团之间争斗的需要，人们不断地向自然界进行索取。于是在一些环境比较脆弱的地区，自然生态开始失去了平衡，到了一定的临界度，就发生突变，这种突变对人口集中的地区就造成灾害，而灾害对人类社会带来的影响是不言而喻的。我们从历史文献中，可以发现我国古代统治阶级较早地认识到无节制地向自然界的索取，必将带来自然界的不平衡，最终引发出灾害，而灾害又与社会动荡联系起来，形成了对统治阶级的威胁。因此他们十分强调其统治地区环境的平衡，先秦时代许多哲学家、思想家在他们的著作中提出的天人关系的种种观点，就是人们在实践中对环境认识的反映。这种强烈的环境意识，成为我国传统文化的一个重要部分。无疑这种环境意识客观上是符合自然规律的，可是由于统治阶级集团私利和社会制度所决定，人们的实践只能是不顾环境的短期行为，以致造成环境的不断恶化，灾害不断发生，出现了反复的恶性循环。

在我国古代人们观念里的环境，指的是人们生活周围的自然资源，主要是水、土(土地与土壤)和草木植被以及由此而滋生的万物。《管子·水地》："地者，万物之本原，诸生之根菀也。水者，地之血气，如筋脉之通流者也。"特别是对水资源的重要给予高度的评价，认为水是"集于天地，而藏于万物，产于金石，集于诸生，故曰水神"。万物的生长，特性都是由水决定的。宇宙间万物之所以形形色色，“是故具者何也，水是也。万物莫不以生，唯知其托者能为之正，具者水是也。故曰水者何也，万物之本原也，诸生之宗室也，美恶贤不肖愚俊之所产也”。这是我国最早一篇专门论述水资源的文章，它的产生反映了黄河流域人们对水资源的重视。《吕氏春秋·尽数》里也有相似的议论，其云：“轻水所多秃与瘿人，重水所多尰与躄人，甘水所多好与美人，辛水所多疽与痤人，苦水所多尪与伛人。”这是说不同的水环境对人们的健康有直接的影响。直至汉代，人们对水资源仍十分重视。《盐铁论·刺权》：“今夫越之具区，楚之云梦，宋之巨野，齐之孟诸，有国之富而霸王之资也。”当时人们头脑中的环境意识，就是水、土等资源与人们生活之间的协调。我国最早的一部地理书《禹贡》，假托大禹治水的故事，记述当时人们地域观念中九州的地理环境，其中特别指出每州的土壤与植被，如冀州“厥土惟白壤”，兖州“厥土黑坟，厥草惟繇，厥木惟条”，徐州“厥土赤埴土卉贝，草木渐包”，扬州“厥草惟夭，厥木惟乔，厥土惟涂泥”等，其导山导水目的就是治理好人们生存的环境，最后“九山刊旅，九川涤源，九泽既陂，四海会同”。

人们既然认识到水、土、草木植被是人们生存所依赖的物质之源，所以协调的生态环境，则是国家、社会、人民生活安定的基本保证。《国语·周语上》：“民之有口，犹土之有山川也，财用于是乎出；犹其有原隰衍沃也，衣食于是乎生。”《淮南子·时则训》《管子·四时》两篇都是专门讲不同季节时令统治阶级的行为规范，认为人们不同季节不同的时令里的行为要符合自然的生态法则，否则社会就要发生灾害，社会就会动荡不安。例如“孟春行冬令，则风雨不时，草木旱落，国乃有恐。行秋令，则民大疫，飘风暴雨总至，黎莠蓬蒿并兴。行冬令，则水潦为败，雨霜大雹，首稼不入”，“是故圣王务时而寄政焉”。

因此对自然界的索取，应该有时有节。相传黄帝教民“节用水火财物”，帝喾教民“取地之财而节用之”。[1]《国语·周语下》：“灵王二十二年，谷洛斗，将毁王宫，王欲壅之，太子晋谏曰：不可。晋闻古之长民者，不堕山，不崇薮，不防川，不窦泽。夫山，土之聚也；薮，物之归也；川，气之导也；泽，水之钟也。夫天地成而聚于高，归物于下，疏为川谷，以导其气；陂塘污庳，以钟其美。是故聚不阤崩，而物有所归；气不沈滞，而亦不散越。是以民生有财用，而死有所葬。然则无夭、昏、札、瘥之忧，而无饥、寒、乏、匮之患。故上下

1 《史记》卷1《五帝本纪》。

能相固，以待不虞，古之圣王惟此之慎。”《国语·鲁语上》：“宣公夏滥于泗渊，里革断其罟而弃之。曰：古者大寒降，土蛰发，水虞于是乎讲罛罶，取名鱼，登川禽，而尝之寝庙，行诸国，助宣气也。鸟兽孕，水虫成，兽虞于是于禁罝罗，矠鱼鳖以为夏犒，助生阜也。鸟兽成，水虫孕，水虞于是禁罝罜䍡，设阱鄂，以实庙庖，畜功用也。且夫山不槎蘖，泽不伐夭，鱼禁鲲鲕，兽长麑麌，鸟翼鷇卵，虫舍蚳蝝，蕃庶物也，古之训也。今鱼方别孕，不教鱼长，又行网罟，贪无艺也。”《孟子·梁惠王上》：“不违农时，谷不可胜食也。数罟不入洿池，鱼不可胜食也。斧斤以时入山林，材木不可胜用也。谷与鱼，不可胜食，材木不可胜用，是使民养生丧死无憾也。”

如果违反自然规律，无节制地向自然界进行索取，则必将受到自然界的报复，甚至导致政权崩溃。《国语·周语上》：“幽王二年，西周三川皆震，伯阳父曰：‘周将亡矣，夫天地之气，不失其序；若过其序，民乱之也。阳伏而不能出，阴迫而不能烝，于是有地震。今三川实震，是阳失其所镇阴也。阳失而在阴，川源必塞；源塞，国必亡。夫水土演而民用也。水土无所演，民乏财用，不亡何待？昔伊、洛竭而夏亡，河竭而商亡。今周德若二代之季矣，其川源又塞，塞必竭。夫国必依山川，山崩川竭，亡之征也。川竭，山必崩。若国亡不过十年，数之纪也。夫天之所弃，不过其纪。’是岁也，三川竭，岐山崩。十一年，幽王乃灭，周乃东迁。”《左传》昭公十六年：“九月，郑大旱，使屠击、祝款、竖柎有事于桑山，斩其木，不雨。子产曰：‘有事于山，艺山林也；而斩其木，其罪大矣。夺之官邑。’”

春秋时已经有因环境问题而迁都的事。《左传》成公六年：“晋人谋去故绛。诸大夫皆曰：必居郇瑕氏之地，沃饶而近盬，国利君乐，不可失也。……对曰：不可，郇瑕氏土薄水浅，其恶易觏，易觏则民愁，民愁则垫隘，于是乎有沉溺重膇之疾。不如新田，土厚水深，居之不疾，有汾浍以流其恶，且民从教，十世之利也。夫山、泽、林、盬，国之宝也。国饶则民骄佚，近宝，公室乃贫，不可谓乐。公说，从之。夏四月丁丑，晋迁于新田。”

《周礼》是反映战国时代职官制度的作品。《周礼·地官·大司徒》的职责是：“以土会之法，辨五地之物生。一曰山林，其动物宜毛物，其植物宜早物，其民毛而方；二曰川泽，其动物宜鳞物，其植物宜膏物，其民黑而津；三曰丘陵，其动物宜羽物，其植物宜核物，其民专而长；四曰坟衍，其动物宜介物，其植物宜荚物，其民皙而瘠；五曰原隰，其动物宜蠃物，其植物宜丛物，其民丰肉而庳。”又有“山虞”：“掌山林之政令，物为之厉而为之守禁。仲冬，斩阳木；仲夏，斩阴木；凡服耜，斩季材。以时入之。令万民时斩木材，有期日。

凡邦工入山林而抡材，不禁。春秋之斩木不入禁。凡窃木者有刑罚。若祭山林则为主而修除，且跸。若大田猎，则莱山田之野，及弊田，植虞旗于中，致禽而珥焉。""林衡"："掌巡林衡之禁令而平其守，以时计林麓而赏罚之。若斩木材，则受法于山虞，而掌其政令。""川衡"："掌巡川泽之禁令而平其守，以时舍其守。犯禁者，执而诛罚之。祭祀、宾客，共川奠。""泽虞"："掌国泽之政令，为之厉禁，使其地之人守其财物，以时入之于玉府，颁其余于万民。凡祭祀、宾客，共泽物之奠，丧纪，共其苇蒲之事。若大田猎，则莱泽野，及弊田，植虞旌于以属禽。"不论这种职官制度当时是否严格执行，但从中可以看出人们理想中有一套管理班子，对人们生存的周围环境实行有效的管理，形成一种人与自然的协调环境，这正是当时人们有强烈环境意识的集中反映。

二、环境意识产生的历史地理背景

先秦时期黄河流域的人们产生如此强烈的环境意识是经过一段相当长的历史时期，与当时黄河流域地理环境和社会经济的变化有关。

先秦西汉前期黄河中下游地区虽然还没有完全形成单一农业经济，但农业在社会生产经济部门中占主导地位是毋庸置疑的。商代以来黄河流域开始以农业生产为主，畜牧业还占有一定地位。周族起源于黄河中游地区，自后稷开始即以农业为主，从公刘到古公亶父在关中地区大兴农业，以后周族灭商主要生产部门还是农业，畜牧业只在西部边区为主要产业，秦国先人就是在周孝王时为周人养马于"汧渭之间，马大蕃息"[1]。春秋和战国前期，黄河流域的农业有了显著的发展。中原诸国的综合国力强弱的标准在于农业，特别是在战火纷飞年代，粮食成为在战争中取胜的重要条件。所以《管子·正世》说："是以善为国者，必先富民，然后治之。昔者七十九代之君，法制不一，号令不同，然具王天下者何也？必国富而粟多也。夫国富多粟生于农，故先王贵之。凡为国之急者，必先禁末作文巧，末作文巧禁则民无所游食，民无所游食则必农，民事农则田垦，田垦则粟多，粟多则国富，国富者兵强，兵强者战胜，战胜者地广，是以先王知众民强兵广田富国之必生于粟也。"

但从总的方面来说，春秋时期黄河中下游地区尚未形成单一农业经济。其表现为：

1 《史记》卷5《秦本纪》。

一是当时黄河下游大平原上虽然已经出现不少经过选择(水源、日照),再经过加工(修治阡陌开沟挖洫、平整土地)的良田,如在今山东境内的郓田、郲田、汶阳之田、龟阴之田、济西田、漷东田、沂西田、鄟田、莒田、杞田,今河南境内的阳樊之田、制田、许田、州田、戚田、汝阴之田、濮西田等。[1] 但这些农田多属插花地,尚未连成一片,其中还有不少瓯脱地、荒地。

二是中原诸国,如秦、齐、卫、曹、鲁、郑、邢等国之间杂居着许多以畜牧业为主的戎、狄、夷。

三是即使中原诸国,牧业也还是国民经济中重要部分,如鲁国在城市远郊也辟有牧场,《诗·鲁颂·有駜》就描述当时贵族就有很多强壮的雄马。郑国商人弦高以贩牛为业,鲁僖公三十三年路遇伐郑的秦师,“以乘韦先牛十二犒师”。鲁宣公二年郑宋战争,宋华元为郑国所俘,“宋人以兵车百乘,文马百驷,以赎华元于郑”。[2] 晋国有“屈产之乘”[3],屈在今山西中部的吉县北。陶朱公在定陶父子“耕畜”,“候时转物,逐什一之利”[4],牲畜当为商品之一。即使到了汉武帝时代,河南人卜式以经营牧业致富,以家财输边。[5] 可以推断在汉武帝以前黄河流域的经济是虽以农为主,但畜牧业还占有相当重要地位的阶段。所以当时对一个国家经济实力的估算,不仅要看农业也要看畜牧业。《管子·八观》:“行其山泽,观其桑麻,计其六畜之产,而贫富之国可知也。夫山泽广大,则草木易多也。壤地肥饶,则桑麻易植也。荐草多衍,则六畜易繁也。山泽虽广,草木毋禁,壤地虽肥,桑麻毋数,荐草虽多,六畜有征,闭货之门也。故曰:时货不遂,金玉虽多,谓之贫国也。故曰:行其山泽,观其桑麻,训其六畜之产,而贫富之国可知也。”同书《侈靡》:“六畜遮育,五谷遮熟,然后民力可用。”说明在当时黄河流域的人们的观念里畜牧业也是国民经济中的一项主要产业。这些史实都反映武帝以前黄河中下游地区畜牧业还占有相当重要的地位。

自春秋以来,我国有两次大规模的农业开发高潮。一次开始于战国前期。战国前期开始,各国为了富国强兵,推行变法,变法中一个重要内容就是发展农业。魏文侯时李悝为相,推行变法。他主张“尽地力之教”[6],就是充分发挥土地的作用,增加农业产量,同时还提出“必杂五种,以备灾害”“力

1 邹逸麟主编:《黄淮海平原历史地理》,安徽教育出版社 1993 年,第 281—282 页。
2 均见《左传》。
3 《史记》卷 39《晋世家》。
4 《史记》卷 41《越王勾践世家》。
5 《史记》卷 30《平准书》。
6 《汉书》卷 24《食货志》。

耕数耘，收获如盗寇之至”。[1] 邺令西门豹引漳十二渠，以富魏河内。于是魏国富强。魏襄王时“田舍庐庑之数，曾无所刍牧”[2]。秦孝公时商鞅变法的主要内容，即重农抑商，奖励耕织，特别奖励垦荒。秦国地广人稀，荒地颇多，所以商鞅将奖励垦荒作为发展农业的重点。《商君书・徕民》：“今秦之地方千里者五，而谷土不能处二，田数不满百万，其泽薮、溪谷、名山、大川之材物货宝又不尽为用，此人不称土也。”于是采用“徕民”政策，招“徕三晋之民”至秦国境内垦荒，并给以“利其田宅而之三世”的优惠条件。此外，凡“本业耕织致粟帛多者，复其身”，可以免除其本身的徭役。[3] 于是秦国农田大辟，国以富强。正如王充所说“商鞅相孝公，为秦开帝业”[4]。以后韩国水工郑国又为秦开郑国渠，“溉泽卤之地四万余顷，收皆亩一钟。于是关中为沃野，无凶年，秦以富强，卒并诸侯”[5]。从商鞅变法至统一六国前夕，关中地区农业得到充分开发，成为全国农业最发达的地区之一。齐国变法中发展农业也是一个重点，齐国原先“地负海舄卤，少五谷而人民寡”[6]。齐桓公用管仲为相，力主发展农业，“实圹虚，垦田畴，修墙屋，则国家富”[7]；齐威王时即墨大夫治即墨“田野辟，民人给，官无留事，东方以宁”，齐威王赏他万家食邑；阿大夫治阿，“田野不辟，民贫苦”，齐威王将阿大夫及周围一起依靠他的人一起烹了。[8] 由此可见，齐国的变法发展农耕业也是重点。到了战国中期，齐国土地大辟，“鸡鸣狗吠相间，而达乎四境”[9]。

另一次是西汉文帝至武帝时代，这有一个较长的过程。经过秦末楚汉战争，中原地区人口死亡流散，土地荒芜。西汉初，“大城名都，民人散亡，户口可得而数，裁什二三，是以大侯不过万家，小者五六百户”[10]。如河北曲逆县，秦时有三万余户，到汉初只有五千余户。[11] 汉高祖时期即推行奖励生育、恢复生产的政策。到文帝时代社会出现了一个大问题，主要是人口大量增加情况下，发生了粮食奇缺的危机，造成社会的不稳定。“汉兴，接秦之敝，

---

1 《太平御览》卷 821。
2 《史记》卷 69《苏秦列传》。
3 《史记》卷 68《商君列传》。
4 《论衡・书解》。
5 《史记》卷 29《河渠书》。
6 《汉书》卷 28《地理志》。
7 《管子・五辅》。
8 《史记》卷 46《田敬仲完世家》。
9 《孟子・公孙丑》。
10 《汉书》卷 16《高惠高后文功臣表》。
11 《汉书》卷 40《陈平列传》。

诸侯并起，民失作业，而大饥馑。凡米石五千，人相食，死者过半。”[1]

据《史记·货殖列传》记载，西汉初年，北中国的主要农业区还限于战国以来的三晋、齐鲁、梁宋和秦国的关中地区，在北部、西北部的干旱半干旱区仍以畜牧业为主，“龙门、碣石北多马、牛、羊、旃裘、筋角”；天水、陇西、北地、上郡“畜牧为天下饶”，安定乌氏倮畜牧，“畜至用谷量牛马”；北端燕地“民雕捍少虑，有鱼盐枣栗之饶”，而农业不发达。由于地域之间经济差异很大，所以自战国以来，各地区之间互通有无的商业贸易十分发达，特别是农业区与畜牧区、鱼盐区之间交换频繁，地处两区之间的交通要道因商业发达而兴起许多大都会，许多从事工商业的人都成了富商大贾，埒于王侯的“素封”，“天下熙熙，皆为利来；天下攘攘，皆为利往”，已成一种社会风气。汉初“时民近战国，皆背本趋末”。[2] 文帝时贾谊指出“今背本而趋末，食者甚众，是天下之大残也”，时汉兴已有四十年，“公私之积犹可哀痛。失时不雨，民且狼顾；恶岁不入，请卖爵子”，应“驱民而归之农，皆著于本，使天下各食其力，末技游食之民转而缘南亩，则畜积足而人乐其所矣”。接着晁错也指出：“今海内为一，土地人民之众不避汤、禹，加以亡天灾数年之水旱，而畜积未及者，何也？地有遗利，民有余力，生谷之地未尽垦，山泽之利未尽出也，游食之民未尽归农也。”[3]文帝后元年也曾下诏：“间者数年比不登，又有水旱疾疫之灾”[4]，既不是天道不顺、地利不得、人事不和，也不是百官奉养和无用之费过多，也不是农田过少，“以口量地，其于古犹有余”。那么究竟是什么原因呢？“无乃百姓之从事于末以害农者蕃，为酒醪以糜谷者多，六畜之食焉者众欤？”就是说商业、制酒业和畜牧业影响了粮食生产。[5] 总之，西汉文帝开始，当时社会最突出的矛盾是粮食不足，威胁着新生的西汉政权。

汉文帝在位二十三年，景帝在位十六年，在这三十九年时间里国内政治比较稳定，但其中有二十年发生水旱风蝗雹等灾害，再加上当时匈奴屡侵边，屯戍者增多，“边粟不足以当食者，于是募民能输及转粟于边者拜爵，爵得至大庶长”[6]。可见当时社会粮食紧张已到十分严重的地步。文、景帝在位期间屡屡强调农业的重要性。如文帝即位的第二年（前 178）春正月即下

1 《汉书》卷 24《食货志》。
2 《汉书》卷 24《食货志》。
3 《汉书》卷 24《食货志》。
4 《汉书》卷 4《文帝纪》。
5 《汉书》卷 4《文帝纪》。
6 《史记》卷 30《平准书》。

诏云："夫农，天下之本也，其开藉田，朕亲率耕，以给宗庙粢盛。民谪作县官及贷种食未入，入未备者，皆赦之。"同年九月又下诏云："农，天下之大本也。民所恃以生也，而民或不务本而事末，故生不遂。朕忧其然，故今兹亲率群臣农以劝之。其赐天下民今年田租之半。"十二年（前168）又下诏曰："道民之路，在于务本。朕亲率天下农，十年于今，而野不加辟，岁一不登，民有饥色，是从事焉尚寡，而吏未加务也。吾诏书数下，岁劝民种树，而功未兴，是吏奉吾诏不勤，而劝民不明也。且吾农民甚苦，而吏莫之省，将何以劝焉？其赐农民今年租税之半。"十三年六月又下诏曰："农，天下之本，务莫大焉，今勤身从事，而有租税之赋，是谓本末者无以异也，其于劝农之道未备。其除田之租税。"[1]景帝即位当年（前156）即下诏强调农业重要性，下令将土地贫瘠地区的农民徙往农耕条件较好的地区。后二年春，以岁不登，禁止内郡马食粮食。三年又下诏曰："农，天下之本也。"劝民农桑，禁止官吏向人民征取作为货币的黄金珠玉，也就是不鼓励人民经商。[2] 文景二帝在位期间屡屡下诏强调农业，反映了灾害频发，粮食奇缺，已成为当时社会的首要问题。因此采取了一系列重农抑商的政策，于是全国上下对粮食生产大为重视，不久就大见成效，"民人给家足，都鄙廪庾尽满，而府库余财，京师之钱累百巨万，贯朽而不可校，太仓之粟陈陈相因，充溢露积于外，腐败不可食"[3]。汉武帝就在这样财力的基础上穷兵黩武，连年征伐，四处出巡。时桑弘羊为治粟都尉，领大农，国家连年用兵，所"费皆仰给大农"，武帝"北至朔方，东到泰山，巡海上，并北边以归。所过赏赐，用帛百余万匹，钱金以巨万计，皆取足大农"[4]。最后又造成国库空虚，粮食紧缺，增加粮食生产又成了当务之急，办法之一就是扩大耕地，而当时中原可耕地大多已经开辟，只有西部北部以及东部沿海地区尚未开辟，而这些地区无灌溉是不可能有稳定的产量，于是在全国大兴水利，"朔方、西河、河西、酒泉皆引河及川谷以溉田；而关中辅渠灵轵引诸水，汝南、九江引淮；东海引巨淀；泰山下引汶水，皆穿渠为溉田，各万余顷。它小渠披山通道者，不可胜言"[5]。这样全国再度兴起发展农业的高潮。桑弘羊"又请令吏得入粟补官，及罪人赎罪。令民能入粟甘泉各有差，以复终身，不告缗。他郡各输急处，而诸农各致粟，山东漕益岁六百万

1 《汉书》卷4《文帝纪》。
2 《汉书》卷5《景帝纪》。
3 《汉书》卷24《食货志》。
4 《史记》卷30《平准书》。
5 《史记》卷29《河渠书》。

石，一岁之中太仓、甘泉仓满”[1]。到西汉昭帝时代“内郡人众，水泉荐草，不能相赡，地势温湿，不宜牛马，民跖耒而耕，负担而行，劳罢而寡功”[2]。同时由于粮食紧张，“一马伏枥，当中家六口之食；一豕之肉，得中年之收”[3]，于是“六畜不育于家”[4]。黄河中下游地区经过战国至汉初二三百年农业开发，至西汉中叶从农主牧副的经济格局，发展为单一农耕经济。这是我国黄河流域经济史重大转折，对以后社会政治、经济、思想、文化的发展都有重大影响。

由于农业是一种季节时令性很强的产业，季节时令的误差关系到一年产量的丰歉。因此各朝统治者十分重视季节时令，希望有一个风调雨顺的环境。惜乎处于东亚季风区的黄河流域自然环境并不理想，旱涝灾害时有发生。由于“天人感应”观念，人们就将统治阶级的行为规范与季节时令联系在一起，希望人们的行为不要破坏自然界的平衡。在科技不发达的时代，农业是受环境影响最敏感的产业，因此产生强烈的环境意识。

三、不合理的环境行为及其后果

虽然自春秋战国以来，人们已具有强烈的环境意识，但受到统治阶级集团私利的驱使，以及日益增加的人口压力，不可能不加紧对自然界的索取，其表现可归纳为两个方面。一是对森林的砍伐。关中地区森林的大规模砍伐大约开始于秦始皇时代。秦始皇三十三年“除道，道九原抵云阳，堑山堙谷，直通之”[5]。这就是历史上的“直道”。这条直道，据史念海先生的考察，今尚有部分遗迹可寻，大致南起陕西旬邑北的云阳，向北经子午岭、横山山脉，越过鄂尔多斯草原，北至河套北岸的九原郡，所经地区在先秦时期分布着相当面积的森林，“堑山堙谷”，必定要砍伐去大批森林。史念海先生在实地考察后说：“单说在遍地森林的子午岭端剪除丛生在路基上的树木，也非易事。”[6]秦始皇都咸阳，以为“先王宫廷小”，“乃营作朝宫渭南上，先作前殿阿房东西五百步，南北五十丈，上可以坐万人，下可以建五丈旗，周驰为阁道，自殿下直抵南山，表南山之颠以为阙。为复道，自阿房渡渭，属之咸阳，

1 《史记》卷30《平准书》。
2 《盐铁论・未通》。
3 《盐铁论・散不足》。
4 《盐铁论・未通》。
5 《史记》卷6《秦始皇本纪》。
6 史念海：《秦始皇直道遗迹的探索》，《河山集四集》，陕西师范大学出版社1991年，第453页。

以象天极阁道绝汉抵营室也"。时发动徒刑者七十余万人,除筑阿房宫外,还修骊山墓,"发北山石椁,乃写蜀、荆地材皆至。关中计宫三百,关外四百余"。[1] 既然下"蜀、荆地材",说明关中秦岭一带高大适合修建宫殿的柱梁建材已经砍伐殆尽,否则不必远道取之于蜀、荆。其次要的建材必取之于秦岭、北山,这样大规模的宫殿建设所消耗的材木之多可以想见。汉初刘邦都关中,因秦宫室经战火已毁,萧何建未央宫,"立东阙、北阙、前殿、武库、太仓,高祖还,见宫阙壮甚,怒"[2]。汉初的未央宫的规模当远逊于秦宫,但在起于布衣的刘邦眼中已经十分壮丽,这一次兴作还不至于取蜀、荆之材,但对秦岭一带森林的砍伐,当属情理中事。

二是农田的开辟。从战国开始,黄河中下游平原地区可耕地逐渐开发殆尽。关中地区从西周开始已辟为农耕区。由于人口稀少,荒地尚多。商鞅变法诱三晋人民移民关中,耕地大辟。秦始皇时代迁入关中地区的人口大约有六十余万,汉高祖开始至汉末从关东迁入关中地区的人口累计约三十万,使关中地区人口达到一百二十一点六万,[3]可耕地开发殆尽,当地人民"好稼穑,殖五谷",是单一的农耕区。黄河下游平原地区,自战国开始农耕地日益扩展,魏国境内都是"庐田庑舍,曾无所刍牧牛马之地"[4],宋国境内已"无长木"[5],到了汉代"曹、卫、梁、宋采棺转尸"[6],这是因为"田中不得有树,用妨五谷"[7]。就是说凡作农耕地,森林、草原均需开伐殆尽。所以大约到西汉中叶,黄河下游平原地区已完全没有原始植被了。不仅如此,到西汉末年黄河下游河道内滩地都被开垦,加重了决口的危险。内黄县有个黄泽,先秦以来就是河北平原上重要湖泊,西汉末魏郡太守将湖滩地租给人民,以收赋税,民"起庐舍其中",由湖滩变成耕地,由此减少了平原蓄水面积。[8]

在西部和北部地区,许多传统畜牧区也逐渐为农耕地所替代。从秦始皇开始对北边的大量移民,三十三年在河套地置四十四县,有十万人左右。西汉一代从武帝开始向西北北方大量移民,有文献可考的迁往北边河套、西北河西地区的有八十余万,至汉末达一百二十万。据《汉书・地理志》记载,

1 《史记》卷6《秦始皇本纪》。
2 《史记》卷2《高祖本纪》。
3 葛剑雄等:《简明中国移民史》,福建人民出版社1993年,第66页。
4 《战国策》卷22《魏策一》。
5 《战国策》卷32《宋卫策》。
6 《盐铁论・通有》。
7 《汉书》卷24《食货志》。
8 《汉书》卷29《沟洫志》,贾让言。

西汉末年山陕峡谷流域，泾、渭、北洛河上游、晋北高原以至河套地区，人口竟然达三百一十万。这些从内地迁去的移民主要从事农耕业，除此不会其他生业。当他们在边地定居以后，必然开垦相当数量的土地，否则无法生存。武帝元封时农垦区向北推进，“北益广田，至眩雷为塞”[1]。眩雷塞在今伊克昭盟杭锦旗东部。河西、河套地区原为匈奴游牧之地，部分地区分布有森林，大部分为草地，原是可耕可牧地区。但是这里日照强烈，气候干燥，降水极少，多风，环境十分脆弱。土地经过大规模农田的开辟，地表原始植被全受破坏，代之以人工植被。一旦耕地废弃，立即就地起沙，形成荒漠的景观。由于自然条件的限制，环境难以恢复。

据《汉书・地理志》记载，西汉末年有一千五百八十七个县，[2]据谭其骧主编《中国历史地图集》，有一百二十个县方位无考，其中三十二个县是在朔方刺史部的北地、上郡、西河、五原四郡境内，大部分是西汉后废，从此数千年再没有复置过县，故城遗址已消失在荒漠之中。为什么？原因就是当地环境被破坏后，后人无法再在这里进行耕种，也不可能再居人设县了。

又如关中地区原有很好的自然环境，长安附近的上林苑在秦朝就是皇家圃苑，[3]地处关中平原中部，北临渭河，南靠秦岭，苑中湖沼密布，草木茂盛，野生动物栖息繁衍。班固《两京赋》、张衡《西京赋》都有详尽的记述。据《三辅黄图》记载，上林苑有严格的管理制度。但到西汉末年，由于关中粮食的紧张和失去土地的人口增加，不得不开垦上林苑地。

黄河中下游地区森林、草原植被的广泛辟除、湖泊沼泽的淤塞，其直接的后果是生态环境的恶化，造成灾害的频发。最明显的反映是黄河河患的增多。西汉一代包括王莽执政时期共二百二十九年共发生河患十次，平均二十二点九年一次。每次决口泛滥都造成数郡、十数郡的灾害。汉武帝元光三年(前132)一次河决，在黄淮海平原上泛滥了二十余年，给人民生命财产带来了巨大损失。《汉书・贡禹传》云：“今汉家铸钱，及诸铁宫皆置吏卒徒，攻山取铜铁，一岁功十万人以上，中农食七人，是七十万人常受其饥也。凿地数百丈，销阴气之精，地藏空虚，不能含气出云，斩伐林木亡有时禁，水旱之灾未必不由此也。”这种说法是十分中肯的。

上文已经提到，我国古代人民环境意识是很强的，这也反映了我国自然资源并不是取之不尽、用之不竭，很多地方环境还十分脆弱，索取稍有过分，

1　《汉书》卷94《匈奴传》。

2　《汉书》卷28《地理志》。

3　《史记》卷87《李斯列传》。

就会得到环境的报复。这一点应该有清醒的认识。但是在封建社会里，统治阶级无理的索取，社会人口的增加，战争的频繁，就不可能不加剧对自然界索取，这是封建社会里无法解决的矛盾。我们今天对历史上环境恶化过程的研究，并不是一味责备古人，而是了解环境恶化的内在原因，根据今天科学技术水平，改造和保护我们的环境，为子孙后代留一个可持续发展的环境。

（原载《庆祝杨向奎先生教研六十年论文集》，河北教育出版社 1998 年版）

对21世纪中国环境问题的思考

一、历史时期中国环境变迁的过程及其特点

20世纪80年代美国学者瓦格纳·斯密尔(Vaclav Smil)向世界银行提供了一份报告,题为“中国生态环境的恶化”,在世界范围内引起了广泛重视,1988年出版了中文本。该书对近40年来中国环境存在的问题,作了全面的阐述。虽然其中某些数字不够精确,但基本情况符合实际,在国内也引起了强烈的反响。中国今日环境所存在的问题,实为积渐所至,有其悠久的历史根源。时下对21世纪中国环境和可持续发展问题作认真规划之际,回顾一下历史上环境变迁的过程和特点,从中可以发现一些值得思考的问题。

中国文化起源多元,已经发现的新石器时代遗址有七八千处,地域遍及全国各地。考古证明,距今8 000—5 000年前中国处于温暖湿润的气候环境之下,发生在黄河流域的仰韶文化就是这种环境下的产物;以后又发展起来的有龙山文化、大汶口文化,最后产生了夏商文明。长江流域的农业文明起源也很早,浙江余姚河姆渡即可为证,但其进程不如黄河流域。因为黄河流域的降水、气温、土壤条件最适合原始农业的发展。华夏文化肇始于此。西周以后,气候转寒变干。此后虽然出现过转暖时期,然为时不长,总的趋势是日益干寒,直至20世纪初。三四千年来,自然环境本身向不利于人类生存的方向发展;而社会则由于人口的增长,对自然界的索取加倍增长,于是人地矛盾日趋尖锐,遂使环境渐趋恶化,具体表现为历年灾害不断,社会矛盾尖锐,人地关系紧张,社会长期动荡不安。这对矛盾在整个历史时期循环往复出现,似无穷尽。

在近代工业出现以前,农业是对环境影响最大的一种产业。中国农业起源很早,但发展缓慢,原因是中国特定的自然和社会背景,简言之:地处东亚季风区,降水不均,旱涝不时;人口众多,耕地偏少,沃土不多,大部分地区农业技术粗放。在中国近代化前的三四千年历史里,由于人口不断增长,农耕地也无序扩大,同时又因耕作制度的不合理,给环境以极大的影响。中国环境变迁的历史绵长而复杂,难以在一篇短文中详述清楚。现介绍其中几

个对中国环境变迁有重大影响的时期和地区，以窥探其概貌。

（一）黄河中下游地区单一农耕经济局面的确立（从战国至西汉武帝时代，公元前 4 世纪至前 2 世纪）

商周春秋时期，黄河中下游地区经济是大农业类型，即农林牧渔混合产业。战国时期各国为富国强兵，推行变法，其中一项重要内容就是发展粮食种植业。魏文侯时李悝为相，推行变法，主张“尽地力之教”，就是充分发挥土地的作用，以增加农业产量。魏文侯时邺令西门豹引漳水十二渠，发展冀南地区农业，魏以富强。到战国后期，魏国境内“田舍庐庑之数，曾无所刍牧牛马之地”。宋国境内已“无长木”，森林、牧地全为农田所占。秦国商鞅变法，大力发展农业，招徕三晋人民来垦辟关中地区荒地，于是关中田莱大辟。在统一六国前夕郑国渠的开凿，正是顺应了已辟高地灌溉的需要。齐国在春秋时农业并不发达，“地负海泻卤，少五谷而人民寡”，主要依靠的是渔盐之利。齐桓公以管仲为相，“实圹墟，垦田畴”，力主发展农业，至战国中期，齐国境内已“鸡鸣狗吠相间，达乎四境”，完全是一派农耕景象了。秦汉统一，为了保持帝国的边疆军事实力，在黄河中游半干旱的黄土高原地带进行屯垦，将原来匈奴的牧地尽辟为农田，发展农业。秦始皇时大量移民戍边，在河套地区移民数十万，置 44 县。汉武帝时规模更大，迁往河套、西北河西地区的移民有 80 余万，至汉末达 120 万。西汉末年，黄河中游地区总人口达 310 万。[1] 黄河中游河套地区原为匈奴游牧之地，分布有森林，大部分为草地，是可耕可牧区，但这里降雨稀少，日照强烈，蒸发强，气候干燥，多风，环境脆弱。土地经过大规模农田开辟，地表植被全受破坏，代之以人栽植被，一旦废弃不耕，立即就地起沙形成荒漠的景观，因自然条件不利，难以恢复。武帝时不仅在北方边区大兴垦殖，同时在全国大兴水利，兴起发展农耕业的高潮。汉代黄河下游平原的“曹、卫、梁、宋采棺转尸”[2]，就是无材可作棺木。原因是“田中不得有树，用妨五谷”[3]，就是说凡作为农耕地，森林、草原都得开伐殆尽。总之，从战国中期至西汉武帝时的二三百年的时间里，黄河中下游平原地区土地已经垦辟完毕，下游平原已经没有原始植被了，为了扩大耕地，连河湖滩地也在垦辟之列。西汉末年，黄河下游河道内河漫滩上都被沿河人民辟为耕地，连关中上林苑原为皇家苑囿，为了解决关中因人口增长而出现的粮食紧张问题，不得不下令开垦上林苑地。内黄县境内的黄泽，原为

1　谭其骧：《何以黄河在东汉以后会出现一个长期安流的局面》，《长水集》（下册），人民出版社 1987 年。

2　《盐铁论・通有》。

3　《汉书》卷 24《食货志》。

下游平原上的重要湖泊，西汉时将湖滩地租给人民，以收赋税，民“起庐舍其中”，[1] 变湖滩为耕地，减少了平原蓄水的面积。下游平原包括河湖滩地，尽辟为耕地后，环境和产业结构都起了变化。西汉中期，“内郡人众，水泉荐草，不能相赡，地势温湿，不宜牛马，民耒而耕，负担而行，劳罢而寡功”。由于缺乏蓄力，劳动生产力也难以提高。同时由于粮食紧张，“一马伏枥，当中家六口之食；一豕之肉，得中年之收”，于是“六畜不育于家”。[2] 由此可见，从战国中期至西汉中叶，黄河中下游地区从农主牧副兼营林渔的经济格局，转变为单一农耕经济格局。这是我国黄河流域经济史上的重大转折，也是环境变迁史上一个关键时期。这种局面在以后的历史时期内虽有一定程度的改变，如魏晋南北朝隋唐时期，但这种格局奠定日久，在人们观念里根深蒂固。当社会出现粮食问题时，单一农耕经济思想就占主要地位。黄河流域尤其是中游黄土高原地区自然环境原已不甚理想，在单一农耕经济思想指导下，不断无序地开垦使环境日趋恶化。公元 10 世纪以前，黄河中下游地区是我国粮食基地，政治、经济和文化中心；10 世纪以后，经济逐渐衰落，以至近代成为我国灾害频发、经济贫困地区，与环境演变有直接关系。

（二）东南地区生态平衡的破坏（11 至 13 世纪，两宋时期）

东南地区较大规模的开发始于 3 世纪吴国，后经东晋南北朝至 6 世纪，由于战争频繁，人口增殖不多，开发适度，生态环境处于相对稳定状态，农业经济也比较发达。自 8 世纪中叶唐代安史之乱以后至 12 世纪 20 年代北宋靖康之乱的将近四个世纪的时间，先后大约有 1 000 余万人口从北方迁至秦岭、淮河一线以南的长江流域，并经过繁息，到了 11 世纪，全国人口已经突破 1 亿，秦岭、淮河一线以南占 60%以上，比较集中的是长江流域的东南地区和四川盆地。东南地区人口密度达 100 人/km^2 以上，南宋时期在都城杭州地区人口密度最高，竟达 270 人/km^2。这与今天长江三角洲地区 700 人/km^2 相比，当然不能算高。但在 800 年前的生产力条件下考虑，这种密度已是很高了，于是出现可耕地不足的现象。[3] 苏轼说“天下之民，常偏聚而不均。吴蜀有可耕之人，而无其地”。为维持这些人口的生计，在生产力又没有质的改变的情况下，只有扩大耕地面积解决困境。太湖平原湖荡密布，在平原耕地已开辟殆尽的情况下，围湖造田成了扩大耕地的唯一出路。绍兴的鉴湖、

1 《汉书》卷 29《沟洫志》。

2 《盐铁论·未通》。

3 吴松弟：《中国移民史》（第四卷），福建人民出版社 1997 年。

上虞的夏盖湖、宁波的广德湖、镇江的练湖，几乎都是这个时候被围垦殆尽的。这样做在一定程度上缓解了粮食紧张的矛盾，但由此带来的生态环境的恶化，已不可逆转。当时就有人指出，围湖造田之后，“涝则水增溢不已，旱则无灌溉之利”。农民岁被水旱之灾。另外，太湖流域自五代吴越以来，有一套完整的水利系统，所谓“七里一纵浦，十里一横塘”的塘浦圩田制度，对太湖流域的排灌蓄泄起着良好的作用。入宋以后，由于漕运、商业市镇的出现，荡洼地开垦等原因，引起破堤航行、逃避关税、决坑引水等行为，造成太湖流域水利系统的破坏，以致太湖地区水灾连年，这在郏氏父子《水利书》和单锷《吴中水利书》说得很清楚，于是中国原本生态环境最好、生产水平最高的太湖地区生态也遭到破坏。以后由于全国经济重心所在，历代政府力图治理好太湖水利，无奈利益所驱，压榨愈重，破坏愈甚，明清两代太湖水利和水患，始终是政府最头痛的事。而浙江、江西、福建丘陵地区平原耕地很少，则以开辟梯田为主。东南地区以福建开辟梯田最早，“山化千般障，田敷百级阶”，范成大眼中的江西梯田，是“岭阪上皆禾田，层层而上至顶”。这种在丘陵地带毁林开荒造田的结果，必然造成水土流失。当暴雨来临，浮沙随流而下，淤塞溪流，舟楫不通，田畴失溉。于是在黄河流域环境破坏以后，原本生态良好、经济富裕的东南地区的环境也同样遭到破坏。时间在 13 世纪中叶。

（三）南方森林山地的开发（15 世纪以后，明清时期）

明代以前，黄河流域原始森林已经开发殆尽，但南方地区还保持有相当规模的原始森林。如南北交界的秦岭、大巴山区、闽西北山地、浙西山地、皖南山区、云贵高原等，森林覆盖率很高。自明代中叶开始，人口压力增大，社会矛盾尖锐，出现了大批逃避赋役、失去土地的流民，进入山区垦荒耕植，史称棚民。原先因粮食问题不能在山区久留。16 世纪中期美洲玉米、番薯等耐旱作物传入以后，大批失去土地的流民涌入南方山区政府管辖不到的地方，结庵相居，官吏不科税，里甲不敢差遣，进行长期开垦，造成南方森林的大面积消失，加剧了水土流失，出现了严重的环境危机。据研究，从明宣德以后、清乾隆以后，全国各地几乎都有流民进入南方山区进行垦殖。仅明宣德至成化年间（1426—1487），从晋、鲁、陕、豫、南北直隶、湖、川、赣等省进入秦岭、大巴、伏牛、熊耳山区的流民大约有二三百万，他们除了开山耕种外，还从事林木、造纸、烧炭等产业，大批原始森林被伐，引起严重的水土流失，使渭河、汉江流域航运受阻，灌溉失利。[1] 明清时期，赣、粤、浙的流民流入闽

1 邹逸麟：《明清流民与川陕鄂豫交界地区的环境问题》，《复旦学报（社会科学版）》1998 年第 4 期。

西北山区，主要从事茶叶和林业。砍伐大批林木的结果使山势陡峻的闽西山地水源失去涵养，每当夏季暴雨来临，山洪奔腾下注，泥石俱下，淹埋农田、淤塞港道，使原来就缺乏耕地的福建，更受其害。清嘉庆、道光年间，浙西、皖南山区原来有茂密森林的山地都为童秃，暴雨来时，山土崩溃，沙石随之，河道壅塞，坝岸倾陷，桥梁堕圮，农田淹没。赣南山区不少县在乾隆以后流民多于土著，无山不垦，无坡不种。云贵川是我国原始森林最茂密的地区之一，唐宋时代这里的森林覆盖率在50%—70%以上。但自明清以来，西南高原上的原始森林被开采的数量十分惊人。黔北、川西、滇东北原来都是森林密布区，清代以来，大批山区开发，林木大为减少。开发最晚的西双版纳地区，20世纪上半世纪森林覆盖率还在50%—70%上下。近半个世纪中滥开滥伐的情况十分严重，森林覆盖率下降至34%。除了农业开发外，名贵木材的采伐速度也十分惊人。如楠木是中国西南的名贵木材，据统计，明清两代皇家在四川采办皇木23次，运走楠木5.3万余根块，乾隆、道光时铜仁楠木已伐尽，川南已无成材者。南方山区原始森林大量破坏始于16世纪，至今未已。[1]

原始林区的大面积破坏，其危害不限于林区，而是给整个流域的环境带来严重的后果：(1) 山区土层变薄，肥力下降，成为石山硗瘠之地，影响山区农业。(2) 整个流域水旱灾害加剧。(3) 水土流失淤塞下游河道、湖泊、陂泽，减少了蓄泄灌溉、调节能力，影响了平原地区的农业。(4) 洪水泛滥季节淹没农田和村庄，人民生命财产受损。(5) 影响流域小气候。总之明清以来南方山区的不合理无序开发，使秦岭、淮河以南山区丘陵地带长期处于贫困状态。

以上三个关键时期在三个关键地区造成的环境变化，是我国历史时期环境变化格局的主体表现。以后的政府虽然注意到这个问题，并有所改善，然而在西北环境脆弱的地区已无法复苏，只有日益恶化，而自然条件较好的东南地区环境复苏也十分缓慢。近50年来，由于人口骤增，政策失当，对林区、山地滥伐滥垦的情况更为严重，森林减少、沙地扩大、草原缩减、山地剥蚀、湖泊缩小、土壤退化、水源枯竭，对社会生产和生活造成严重后果。

总结三千多年来我国环境演变的过程和区域特点，可清楚地看到造成环境恶化的原因有：(1) 人口的膨胀。我国在公元初的汉朝时期(不包括今天的边区)大约0.5亿人口，以后长期徘徊在0.5亿—0.8亿，12世纪时突破

1　兰勇：《历史时期西南经济开发与生态变迁》，云南教育出版社1992年。

1亿,16世纪70年代中国人口约有2亿,19世纪下半叶中国人口是4.5亿。而我国可耕地有限,人口成倍地增长,对环境造成很大压力。(2)秦汉以来形成的长期单一农耕经济格局,使中国人食品结构以粮食为主,人口的增长必然要增加粮食产量,在中国长期封建社会时期农业技术进步十分缓慢条件下,只有扩大耕地面积,才是增加产量的唯一出路。(3)自然环境自身的变化。据历史气候研究,五六千年来,我国气候变化的总趋势是从温暖转向寒冷。在转冷的大背景下有几次起伏,但自3 000年前转冷以来,较温暖期仅500年左右。所以我国气候常常显得极不稳定。自5 000年前仰韶温暖湿润期后,气候逐渐转为干燥;自公元初以来,水灾相对减少,旱灾相对增多。如以公元1000年为界,前1 000年旱期持续短,湿润时期长;后1 000年相反,气候变干,降水减少,对环境转化是不利的。(4)科技落后。农业技术除了个别地区外,大部分还处于原始粗放阶段,灌溉技术也比较原始,水资源浪费很大。在包括土地、水等资源贫乏的条件下,过度的开发,只有带来环境进一步恶化。

二、21世纪环境问题的思考

考察了历史时期中国环境变迁的特征和原因后,对下一世纪我国将出现的环境问题有必要作认真的思考。

第一,人口将仍然困惑着环境问题。据统计,1994年中国人口为12亿,1997年大约达13亿,预计到下一世纪二三十年代,中国人口可能达16亿。现今我国耕地约1亿hm^2(15亿亩),人均不到0.1 hm^2,仅为世界人均数的1/4。部分南方省区人均还不到0.07 hm^2。同时因基本建设等原因,每年还以46.67万hm^2的速度锐减。短期内尚不可能遏制这种发展势头,预计下一世纪人均耕地面积减少的矛盾将更为突出。现今中国以世界上7%的耕地,养活世界上22%以上的人口,实为十分艰巨的壮举。为了保护环境不使其进一步恶化,除了控制人口增加和耕地减少外,提高单位面积产量,改变人们饮食结构,向海洋、草原和其他动植物索取蛋白质方为上策,而扩大耕地、开发四荒(荒山、荒坡、荒沟、荒滩)则为下策,因为四荒地往往是水源缺乏、土壤贫瘠、环境恶劣的地区。任其处于自然状态,危害不大,如开发不当,反而危及周围地区。

第二,保护森林、草原,遏制沙化、荒漠化速度。目前我国森林总面积约1.33亿hm^2(20亿亩),覆盖率约13%,主要分布在东北和西南地区。虽然近几十年来人工造林取得不少成绩,但存活率低,破坏的速度超过种植的速度,致使全国水土流失面积不断扩大。现在全国水土流失面积已达367万

km^2(包括水、风蚀),占国土面积38%。黄河、长江上游地区草原退化、土地沙化严重。全国荒漠化土地已达262万km^2。最近我国政府下令禁止砍伐天然森林,林区只养不砍。这个政策非常正确。下一世纪主要任务是保护好现有森林外,同时还有1.33多亿hm^2宜林的荒山荒地需要植树造林,再覆盖13%。以我国自然条件而言,森林覆盖率能达到26%,环境当有明显改善。以过去40多年造林的速度,需要104年才能完成1.33亿hm^2造林任务。因此,发展林业科学,大力开展西北地区防护林的建设,对当地人民进行环境意识教育,抓好山区综合开发治理,帮助山区人民走上合理开发道路等,将是治理西北地区的关键。这些工作相互关联。如果仅着眼于加速建设好防护林,而没有帮助山区林区人民脱贫致富,结果森林还是不能保护好。虽有法律,但法能治贪难治贫。综合治理西北山区森林、荒漠地带将是21世纪重大任务。

第三,水资源、水环境保护。联合国粮农组织最近提醒国际公众,到2000年,亚洲人均水资源最低,只有3 300 m^3。全球将有27个国家遭受缺水之苦,中国亦在其列。目前我国水资源总量为2.8万亿m^3,居世界第6位,但人均仅2 340 m^3,排第88位,已被列入世界12个贫水国之内。以国内情况而言,据统计,全国有300多个城市缺水,每年影响工业产值2 300亿。全国农村每年缺水300亿m^3,造成粮食减产200亿kg,并有6 000多万人口常年饮水困难。预计2010年将缺水315亿m^3,若不采取强有力措施,我国21世纪的可持续发展将因水资源的不足而受到阻碍。问题是目前在水资源如此缺乏的条件下,水资源浪费现象却十分严重。我国农业用水占全国用水量的80%左右,但有效率仅30%—40%,与发达国家70%—80%利用率相差甚远。我国工业用水重复利用率为50%,发达国家已达80%以上。我国城市工业万元产值耗水量近200 m^3,发达国家仅20—30 m^3。其他如城镇居民生活用水,跑、冒、滴、漏和浪费现象十分严重,使有限的水资源不能充分发挥其应有作用。另外,近几十年来,水污染情况十分严重。据统计,全国2/3的河流和50%的城市地下水受到污染,78%的城市河段水不能饮用。结果使有限的水资源更加短缺。预计进入21世纪,中国城市用水量将更为增大。面对我国水资源紧缺、水质污染的严峻局面,应该思考的问题是:(1)水资源的开源与节流。当前中国主要应着眼于节流,主要是如何提高农业、工业、城市生活用水的利用率,包括重复利用率。政府应该将此类科研项目列为国家重点。如果这方面能够达到目前先进国家的水平,我国水资源情况将有可能大为改善。(2)对全社会进行水资源危机意识和价值意识的宣传和教育。改变无偿或低价用水的状况,依法治水,加强水资源管理,使保护和合理利用地表水、地下水成为全民的自觉行动。(3)加强对水污染的监督和执法力度。

第四,加强城市环境保护。21世纪中国城市人口将有较大幅度的增加,城市环境的好坏将是一个国家经济、文明程度的集中体现。目前我国大中城市工农业造成的水质污染、能源造成的空气污染已经十分严重,直接影响到人们正常生活和健康。在下一世纪人口进一步增加的情况下,治理城市环境较治理农村环境更难更复杂,牵涉的面很广,需要整个社会共同配合,这主要靠政府在其中协调和地方政府的施政能力。

第五,加大改善环境投资,加速环境科学发展。世界治理环境的经验证明,对环境的投资与投资教育一样是一种效率最好的投资,一分的投资,将在物质上、精神上获得十分的回报。但这种投资数额较大,见效较慢,需要政府有长远的眼光。改善环境需要依靠环境科学,但环境科学是一门综合性学科,它的发展要依托其他相关的自然、社会、人文科学的发展。因此,环境科学的发展又牵涉到一系列学科的发展,也需要大量的投资。这些对今天中国国力来说无疑存在一定的困难。21世纪如何在这些方面有突破性进展,将是全社会共同考虑的大问题。

第六,加强监督、严格执法。近年我国政府出台了一系列有关环境的法规,这些法规都比较适合中国国情,也是可操作的,但是监督不力,执法不严。关键是体制问题,如地方保护主义,国家向企业罚款等于自己罚自己,厂长重视产值轻视污染,老百姓受污染无处申告等。要改善城市环境必须下决心改变这种状况。

1998年夏季长江流域和东北地区的洪灾,为我们敲起了警钟。改善中国的环境已刻不容缓。回顾历史,展望未来,应该说21世纪中国环境问题不容乐观,但也无须悲观。中国政府已经十分重视改善环境和可持续发展问题。但环境问题的落实,需要中央政府、各级地方政府和广大人民共同配合,需要加强对广大人民的环境教育和加深地方政府和人民的环境忧患意识,进行长期的宣传教育工作和政府的身体力行,要意识到改善我们的环境需要做长期、艰苦、踏实的工作,有时不得不牺牲局部、短期的利益,这是两个文明建设中很重要的一部分。全国上下共同努力,到21世纪中叶,中国将是世界上环境优美、生态合理、高度文明的国家之一。

(原载《地理学与国土研究》第14卷第4期,1998年11月)

“灾害与社会”研究刍议

——以中国为例

灾害与社会,这个题目在含义上是有重复的。灾害本身就有自然和社会的双重性。所谓灾害,是指当自然界的变异,对人类社会造成不可承受的损失时,才称之为灾害。干旱、洪涝、地震、海啸,如果发生在荒无人烟的地区,也就不称其为灾害。但随着人类数量的不断增加,人类活动地域的扩大,自然界各种较大程度的变异,都会直接或间接地影响到人类的社会生活,另一方面,不少自然变异本身就是人类破坏性活动所引起的。因此灾害的社会属性就更为明显了。

自然灾害的社会属性,表现得十分广泛。首先,自然灾害不仅决定于作为其原动力的自然界,还决定于其承受体的人类社会。同样程度的自然变异,发生在不同历史时期,不同经济实力的社会、地区或国家,就可能有不同的反映。同样震级的地震,在原始社会时期,可能不造成灾害,而在今日人口密集、高楼成群的大都市里就会造成严重的灾害;同样程度的一次暴雨,发生在水利设施完善的地区或国家就根本不会成灾,而在水利失修、河湖淤废的地区或国家就可能形成一次洪涝灾害。其次,人类社会经济、文化、科技的发展,一方面对某些自然变异有控制灾害的作用,另一方面又可能加剧自然变异变成灾害,如自然资源过度开发而引起的自然界变异形成灾害等。其三,社会各级管理制度的效率对成灾的程度有加剧或减轻的作用,如防灾、救灾制度的管理和实施效果,而社会各级管理制度的效率又与整个社会政治、经济制度有关。其四,研究灾害的最终目的,是防灾、减灾和救灾,因此需要对灾害进行分级,这是自然灾害给人类社会带来损失的重要指标,是救灾行动和灾后恢复工作的依据。但灾害的分级又与不同社会条件有密切关系。今天一般都以经济损失和死亡人数来定级,但同样的经济损失和死亡人数在不同经济地区和范围,由于反映不同,可能有不同等级。其五,长期、频繁的自然灾害不仅对人类社会公私财产和人民生命造成损失,同时对社会的方方面面都会发生影响。我们如果仔细考察,就会发现各历史时期的社会政治(包括战争)、人口分布、产业配置、社会组织、文化艺术、民间信仰、价值观念等方面,都可以找到灾害影响的痕迹。综上所述,可以认为研究自然灾害社会属性的重要性从某种角度来说超过自然灾害本身。

中国是一个灾害频发的国家,这一点无论从历史文献考察,还是现实生活中的深切感受,已无须多加论证了。在我国历史上,广大人民当然希望灾害尽量少发生,灾后尽快恢复正常的生活。就是统治阶级也同样希望消弭灾害,一方面从"天人感应"观出发,怕是上天对他们统治的惩戒,所以往往在灾情发生后下罪己诏;另一方面也怕灾害引起社会动荡,人民起义,江山不保。因此历代统治阶级也十分重视防灾和减灾,甲骨文里已有不少关于灾害性天气的占卜记载,先秦文献如《春秋》三传对灾害记录尤为重视,二十五史中大多有《五行志》,《十通》中有关于灾异的专志,地方志中《灾异志》几乎必备,明清实录、故宫明清档案中就有许多关于灾情的记录,其他如官牍奏稿、公私文书、文集笔记、信札日记中均有灾害的记录。对灾害的关注和研究,成了中国传统文化的一个重要组成部分。中国社会种种现象,或多或少留下灾害影响的痕迹,换言之,可以说灾害曾渗透到中国人民的社会生活的每一个角落。因此对中国历史和现实生活中自然灾害与社会的种种关系,作比较深入细致的研究,是认识当代中国的重要方面。

一、自然灾害的时空分布

近代以来,学界对与国计民生息息相关的自然灾害研究更为重视。20世纪30年代邓云特先生所著《中国救荒史》,是我国第一部系统研究我国灾害历史的专著。在该书中对中国灾害发生频次和时间上的分布,有下列论述:

> 我国历史上水、旱、蝗、雹、风、疫、地震、霜、雪等灾害,自公元前1766年(商汤十八年)至公元1937年止,计3 703年间,共达5 282次,平均约每六个月强便有灾荒一次。拿旱灾来说,这3 703年间共达1 074次,平均每三年四个月强便有一次;拿水灾来说,这同时期中共发生1 058次,平均每三年五个月便有一次。如果说汉以前的记载,可靠性过小,那么,我们就从汉立国以后计算,即从公元前206年起计算。到1936年止,共计2 142年。这时期灾害总数已达5 150次,平均约每四个月强便有一次。就旱灾来说,共计1 035次,平均每两年强便有一次;

就水灾来说，共计 1 037 次，平均每约两年便有一次。[1]

从该书所制各个世纪各种灾害频次表看出：公元前 2 世纪以前，每一百年发生的灾害不超过 30 次；公元前 2 世纪以后至公元 10 世纪，每一百年都在 150 次至 200 次之间（仅 3 世纪 140 次）；11 世纪 263 次；12 至 14 世纪每百年超过 300 次；15 世纪 272 次；16 至 19 世纪末，每一百年超过 400 次。

再是作者引用 1926 年竺可桢先生发表的自然灾害空间分布表，从公元 1 世纪至 19 世纪，水灾发生最多的是河北、山东、河南、江苏、安徽、浙江六省，总数都在 100 次以上，特别是冀、豫、苏三省在 150 次以上，最少是浙江省 104 次；其下依次是湖北、陕西、江西、湖南、山西五省，都在 60 至 90 次间；40 次以下的依次为福建、甘肃、云南、广东、四川、广西、贵州。旱灾发生最多的还是河北、山东、河南、江苏、浙江五省，特别是冀、豫二省都在 140 次以上；湖北、陕西、山西、安徽四省则在 80 次至 90 余次之间；50 次以下依次为福建、湖南、江西、四川、甘肃、广西、云南、广东、贵州。[2]

我国对灾害的研究开始于 20 世纪二三十年代，70 年代以来，对灾害的专题和分区的研究有了空前发展，新的研究成果发现以上一些数字还都偏低。如研究西北五省（陕、甘、宁、青、新）的《西北灾荒史》，统计出隋至民国时期（581—1949）的 1 369 年中，陕西地区发生旱灾 652 次，甘宁青地区发生旱灾 601 次，[3]远远超过邓著的统计。其他分省区（如浙江省）、断代（如明清）有关灾害的专题研究著作还有不少，其统计数字也都超过邓著。之所以出现此类差异，一方面固然有资料齐备与否的原因，另一方面也因为对灾害的评估有不同的标准，这样就很难对灾害的时空分布作科学的分析。因此对不同历史时期社会条件下灾害的定性和定量分析，是研究灾害时空分布的基础。

在详尽的时空研究基础上，我们将探索：一是频繁、连续的自然灾害的成因是什么，其中自然和社会因素相互交织、错综关系如何；二是灾害类别、级次、频次的地域差异内在的自然和社会因素；三是随着科学技术的突飞猛进，自然灾害与人类社会将出现何种新情况。这些问题对我们认识历史上灾害的特点、规律和今天的防灾、减灾、救灾工作都具有十分重要的意义。

1 邓云特：《中国救荒史》，生活・读书・新知三联书店 1961 年重版，第 38 页。

2 邓云特：《中国救荒史》，生活・读书・新知三联书店 1961 年重版，第 38—43 页。

3 袁林：《西北灾荒史》，甘肃人民出版社 1994 年，第 71 页。

二、灾害与人口

人口是一切社会人文要素的载体。历史人口变化的主要表现是人口数量的增减和人口群体的迁移。在我国历史上，影响人口这两大变化最主要的原因是战争和灾害。在冷兵器时代，灾害对人口变化的影响有时超过战争。而战争期间人畜死亡未能及时处理，往往也会导致瘟疫流行，因此“天灾人祸”往往相连。在我国，不同灾害所造成的人口死亡的情况有所不同。地震是突发性灾害，无法预防，男女老少无一能免，但在近代化以前平民居住建筑简单，地震造成的死亡不会很多。而水旱灾害造成人口死亡的情况就严重了，水灾以后又往往诱发瘟疫，造成大量绝户。旱灾后人口因安土重迁的意识不强，交通不发达，不能迅速转移，接着往往蝗灾连发，就造成大批人口死于饥荒，农村经济在数年内不得恢复。我国在公元初大致有人口6 000万，到了7世纪初的隋朝还没有超过这个数字，8世纪中叶盛唐时期全国人口是8 000万—9 000万，以后一直要到公元11世纪辽宋时期人口总数才超过1亿。就是说在长达千年的时间内，中国人口长期徘徊在6 000万—10 000万之间，这里除了战争因素外，灾害究竟起多大作用是值得研究的问题。此后中国人口的增长仍然不快，一直到17世纪初中国人口才达到2亿，可是到18世纪末超过3亿，19世纪中叶太平天国起义爆发前夕已达到4.3亿。这个时期战争、灾害并未减少，人口增长的速度为何如此惊人。除了人口基数大以外，16世纪以后，美洲耐旱、耐碱玉米、番薯作物的传入，17世纪开始逐渐推广，18世纪以后在各地普遍种植，使灾荒期间饿死人口降低，由此也从另一角度反映灾害对人口的影响。19世纪中叶以后，中国人口又出现一次大规模减耗，太平天国、捻军起义和清廷的镇压，估计消耗人口约1.12亿，[1]故1912年全国人口才达4亿。在此期间，灾害造成人口锐减比较典型的例子，有清光绪丁戊（1877、1878）奇荒，以直隶、山西、河南、山东为主，北至辽宁、西至甘陕、南达苏皖、东至大海的范围内，出现一片广袤大旱区域。旱情稍解以后，接着就是瘟疫，造成大批人口死亡。据估计，受灾人数约在1.6亿到2亿，约占当时全国人口的一半，直接死于饥饿和瘟疫的人口在1 000万左右。[2] 所以有人认为19世纪50年代，中国人口出现了突降，由1851年的43 600万，在19世纪80年代后期下降到37 600万，[3]原因除了战争以外，灾荒应是一个重要因素。近年有人统计，仅明清两代各种自然灾

1 葛剑雄：《中国人口发展史》，福建人民出版社1991年，第253页。

2 李文海等著：《中国近代十大灾荒》，上海人民出版社1994年，第98页。

3 章有义：《近代中国人口和耕地的再估计》，《中国经济史研究》1991年第1期。

害所造成的人员死亡有 5 762.6 万人。[1] 如果我们多做一些个案研究，将会发现这些数字都是偏低的。进入 20 世纪，由灾害引起的人口消耗，仍然十分严重。1920 年直隶、河南、山东、山西、陕西五省大旱灾和甘肃大地震，据不同统计，造成灾民总数约有 2 000 万—5 000 万，直接死亡人数不详，由于当时现代交通工具已经出现，给逃荒的灾民提供了求生的机会。1931 年江淮流域大洪水，波及鲁、豫、苏、浙、皖、鄂、湘、赣八省，受灾人口 5 300 余万，有 42 万人被夺去生命。不论以上数字是否确切，灾害对人口数量的影响是必然无疑的。

人口迁徙是人口变迁的重要方面。我国历史上曾经出现几次较大规模的人口迁徙，如西晋末年永嘉之乱、唐安史之乱至唐末、宋代靖康之乱，以及明洪武初年的大移民。这几次人口大迁徙，主要是战争造成的，或是政府行为。因为迁徙的幅度大、人口多，再就是对中国历史产生过巨大影响，因此为史学界所重视，也颇多研究。事实上历史上因灾害引起的人口迁徙，也不乏其例。如 15 世纪末的干旱使北方大批人口脱离土地成为流民，成为当时社会动荡的一个因素。17 世纪开始的全国性大旱灾带来的社会动荡更为激烈。这次全国范围的大旱灾直接导致全国大蝗灾，也引发出整个华北地区的鼠疫大流行，大批人口死亡，灾民大量离乡。[2] 但灾害性移民迁徙的地域距离不很远，一旦迁到免于死亡的地区，也就停留下来，而灾后又往往返回家乡。因此研究者往往不认为是移民，缺乏对其研究。其实在一定时期内不论对迁出地还是迁入地，影响还是很大的。如光绪丁戊奇荒，从重灾区逃往外地的灾民不少于 2 000 万，灾后豫、晋、陕等省人口大减。特别是近代交通工具出现后，加速了灾民的流徙。如 1920 年北五省大旱灾后，京汉、津浦、京奉、京绥、陇海各铁路沿线麇集了大批流民，都是等待逃荒的灾民，据统计，1920 年至 1921 年从关内迁往东北的流民超过 30 万大关。还有一种是灾情严重时期，鬻妻卖子的情况十分普遍。1920 年北五省大旱灾，顺德一府有 25 443 名幼童被出卖。年轻妇女也多被贩卖外地，辗转他乡，这些妇女往往不再返回故土，造成当地性别比例失调，影响灾后人口的增长。另一方面，灾民迁移地起初往往是人口比较多的地区或城市，以求得暂时的生存。在农业社会城市内工商业不发达，灾民入城并无生计，灾后如果不回故乡，就必然迁往人烟稀少的宽乡，所以宋以后灾民往往趋向山地和丘陵地带，从

1　高建国：《自然灾害基本参数研究（一）》，《灾害学》1994 年第 4 期。

2　葛剑雄主编：《中国移民史》，曹树基著，第五卷“明时期”，福建人民出版社 1997 年，第 18—19 页。

事垦荒，砍伐森林，引起水土流失，环境恶化，从而又易引起水旱灾发生的高频率，造成恶性循环的怪圈。近代工业化出现后，灾民进入城市求得生计的机会增多，于是大批灾民进入城市，城市人口骤增，拉大了城乡差别的距离，产生了新的社会矛盾。

总之，灾害对中国人口数量的增减和分布都产生过重大影响，而人口增减和地域布局变化必然影响到中国地域社会的方方面面。因此灾害与人口课题的研究，对认识中国社会的许多深层次问题具有重要的意义。

三、灾害与社会经济

灾害给社会经济带来的损失，是不言而喻的。但灾害与传统农业社会与近代工业社会之间相互影响的关系是不同的。

在传统农业社会，农业经济是国民经济的主要产业，灾害无疑直接摧残农业。历史上每一次重大的洪涝、干旱、雨雹、蝗灾、瘟疫等灾害，对中国传统农业社会都产生过巨大的破坏影响。如历史时期黄河的不断泛、决、改、徙，对黄河下游平原农业经济造成无法逆转的损害。豫东、鲁西南、皖北、苏北地区在古代是我国农业经济最发达的地区之一，自金、元黄河南泛以后至1855年改徙山东。黄河在这一地区的泛、决、改、徙达700年之久，遂使这一带沙荒、盐碱、内涝不断，成为我国最贫困的地区之一。如豫东新乡地区的原武、延津、封丘三县是元明以来河决最多的地方。封丘县自金代至清顺治年间曾6次被河水淹没，水退沙留，全县土地沙居其六。康熙年间县境“飞沙不毛，永不堪种”的田地有两千余顷。今延津县是黄河故道所经，沙丘连绵，清康熙时全县土地“尽为沙碱”“四野多属不毛之地”。1841年、1843年黄河两次在豫东决口，开封、中牟间数百里地皆不毛，至咸丰年间仍不见恢复。朝廷叹道：“两次黄河漫溢，膏腴之地，均被沙压，村庄庐舍，荡然无存，迄今已及十年。何以被灾穷民，仍在沙棚栖止，形容枯槁，凋敝如前?”鲁西南地区自道光二十六年(1846)以来，“水旱频仍，十室九空”。1855年黄河在铜瓦厢决口，河徙山东，省内受灾七分以上的村庄有7 000余，灾民达700万人之多。光绪丁戊奇荒，直、鲁、豫、晋数省人亡地荒，存者流徙，无人耕种的土地随处可见，华北农村经济空前凋敝。河北古为冀州，号称富庶，所谓“天下之上国”“膏壤千里，天地之所会”[1]，唐时“河北殷实，百姓富饶，衣冠礼乐，天下

1 (唐) 徐坚:《初学记》卷8，引卢毓《冀州论》。

莫敌”[1]。但自宋代以后，黄河、海河水系在这一平原上不断泛、决、改、徙，水患连年，土地皆“斥卤不可耕”[2]，农业生产显著衰落。今天华北平原上很多城镇都曾为黄水所吞没，河北巨鹿县1108年一次黄河决口，泥沙将整个县城埋入地下，1919年民间掘井才发现宋城在今城底下6米。最突出的可以开封城为例，开封城古今同址，在历史上曾7次被洪水所淹。明崇祯十五年(1642)黄河决入开封城，全城为洪水所淹，水深数丈，仅相国寺、周王府顶露出水面，全城308 000余人，幸存者仅30 000余人。清道光年间河水又多次决入城中，将宋代开封城埋在今城底下10米左右。其他如开封附近历史上有名的万胜镇、朱仙镇，都因河水泛决而衰落。明清时期海河平原旱涝灾害十分频繁，近代以来，由于记载详尽，更可知灾害给中国农村带来的巨大损失。1931年江淮流域大洪水，水稻损失90亿斤，高粱、小麦损失10亿斤，相当于损失了1 800万人口的全年口粮。1938年蒋介石以水代兵，扒开黄河花园口，豫、皖、苏三省大片土地被淹，受损最严重的是河南省，扶沟、西华、尉氏、太康等县境内，黄土堆积浅者数尺，深者逾丈，城镇房屋、庙宇、坟墓全被埋入土中，致使农村经济长期不能恢复。据统计，自1470年至1949年的480年中，有四百余年遭到不同范围的旱涝灾害，农村经济处于崩溃的边缘，人民生活极端贫困。中国封建社会生产力发展十分滞缓，这与一次次灾害有关。每次大灾以后，农村中土地荒芜，千里无人烟，农村重建，一切从头开始，迫切需要解决的是维持生命，何暇顾及生产力的提高？

两宋以后，南方人口迅速增长，耕地不足，农民们将目光投向不宜开辟的山地和湖滩，开始了大规模的以围垦江湖为主的造田运动。在江西、皖南地区的圩田即始于此时。太湖流域和宁绍平原更是大兴围湖造田之风。绍兴的鉴湖、上虞的夏盖湖、镇江的练湖、宁波的广德湖、余姚的汝仇湖都是在这时被垦为平地的。太湖流域宋前无大灾，围湖造田以后，“涝则水增溢不已，旱则无灌溉之利”。南宋淳熙十年(1183)大理寺丞张抑指出：“陂泽湖塘，水则资以潴泄，旱则资以灌溉，近者浙西豪宗，每遇旱岁，占为湖田……于是旧为田者，始隔水之出入。苏、湖、常、秀昔有水患，今多旱灾，盖出于此。”[3]至于无河湖滩地可垦之处，则以垦辟山地丘陵为主。江西、福建山地丘陵宋后皆被垦辟梯田，“山化千般障，田敷百级阶”“岭阪上皆禾田，层层而

1 (宋)司马光：《资治通鉴考异》卷14。
2 《续资治通鉴长编》卷104，天圣四年。
3 《宋史》卷173《食货志一·农田》。

上至顶”是闽、赣山地农村的普遍景观。湖田的开垦、梯田的开发，增加了粮食生产，其代价则是山区的土壤侵蚀，下游湖区蓄水面的缩小，东南地区水旱灾害的加剧，农业环境与灾害无疑是有着直接的关系。近几十年来，农业环境仍有继续恶化的趋势。1998 年长江流域大洪灾与江湖水面缩小、山地开垦过度有关，可见这个矛盾至今未能解决。因此研究农业与灾害的关系问题，其现实意义是十分明显的。

近代工业化出现后，灾害对社会经济影响的反映与农业社会有所不同。随着近代工业化的出现，城市人口增加，医药、交通技术提高，水旱、瘟疫、蝗蝻灾害死亡人数相对减少，而经济损失则反而增加，地震造成的人口死亡和经济损失明显增加。同时由于工业的发展，采伐加剧、环境污染、资源衰竭、温室效应所引起的森林缩减、水源枯竭、土壤退化引起的灾情却在加剧。

因此近年来可持续发展的呼声很高，但具体运作中许多问题有待研究。例如中国的河流大部发源于中西部，中西部多高山、森林，东部多平原、湖沼，东部的环境需要中西部的支持，而目前的状况是东部和中西部的经济发展差距很大。东部较富裕，中西部较贫困。于是怎样使中西部不过多地索取自然资源，如伐林、垦田、过度开采等，而在经济上仍然可以逐渐向富裕的东部靠拢。这就涉及环境、资源、发展如何协调的问题，也属于灾害与社会经济关系的重要课题。

四、灾害与社会政治

灾害与社会政治的关系，古人早有觉察。《管子·度地》：“善为国者必先除其五害。……水，一害也；旱，一害也；风雾雹霜，一害也；厉（瘟疫），一害也；虫，一害也。此谓五害。五害之属，水最为大。五害已除，人乃可治。”汉代董仲舒更从“天人感应”说出发，认为“国家将有失道之败，而天乃先出灾害以谴告之”。[1] 事实上灾害与社会政治确实有密切的关系，灾害的发生根源于自然，但其促发往往是由于社会政治腐败，战争频繁，剥削严酷所引起的。例如战争是造成灾荒的人为条件之一。历史上黄河有几次重大决徙是人为扒堤造成的：923 年五代梁军决河东注以隔唐军，使河泛决于豫东、鲁西南地区；北宋党争引起北、东流之争，造成黄河频繁决徙 80 年之久，直至北宋亡国；1128 年南宋东京留守杜充决河，以阻金军，造成黄河南泛长达 700 年之久；1938 年蒋介石扒开花园口，企图抵挡西进的日军，造成黄淮流域的

1 《汉书》卷 56《董仲舒传》。

大洪灾。又如，明清时期政治赋役繁重，特权阶层土地兼并，促使大批贫苦农民脱离土地，成为流民，开山伐林，造成黄河、长江、珠江流域水土流失，加剧了旱涝灾害的发生。有时开始仅引起小灾，处理得当，原可消灾弭祸。可是腐败的政治，使小灾酿成大灾。汉武帝时河决瓠子，丞相田蚡因为河决而南，他在河北的封邑不受影响，就提出“江河之决皆天事，未易以人力强塞，强塞未必应天”的论调，不主张堵塞决河，结果河水泛滥于今豫东、鲁西南、皖北、苏北一带二十余年，一二千里范围内，数年不登，人相食。公元 11 年，西汉末王莽时黄河决口，因决河东去，王莽的祖坟不忧水，“遂不堤塞”，且当时正处于政局纷乱时期，社会上又崇尚阴阳五行学说，不塞决河，结果河水在河淮间泛滥 60 年，直至东汉明帝时才堵塞决河。而一次大规模的严重灾害、饥荒发生后，大量的饥民、流民产生，被迫铤而走险，甚至引发起大规模的人民起义，最后造成改朝换代。汉末、隋末、元末、明末的大起义都是灾害诱发的。有人指出，明末政权灭亡与崇祯年间的疫灾有密切关系。清代咸、同年间捻军的迅速壮大，与 1855 年河决造成大批难民有关。

清代嘉、道以后，政治处于黑暗时期，灾害的发生，只能加剧社会的矛盾，爆发更大的社会危机。有人分析，“丁戊奇荒”这样的千古巨祲，不仅仅是由于气候的异常变化引发的偶然现象，即所谓“天祸晋豫”，它实际上是这一时期中国社会内部危机的一种特殊表现形式。因为长时间大面积的干旱固然可以造成农产绝收、粮食不足，但最终导致奇灾大祸，应是当时中国社会内在政治、经济条件所决定的。从某种意义上来说：“丁戊奇荒”正是近代中国半殖民地半封建化历史进程中经济凋敝、政治腐败等社会危机演化发展的必然产物。[1]

由于灾害与政权有如此密切的关系，所以我国历代中央和地方政权都比较重视灾害的发生，将灾前的防灾和灾后的救灾工作都列为政府的重要职能。防灾减灾和备荒赈济成为我国历代政权的重要职能，中央和地方都有专司职守。例如历代都有兴修水利、赈济、借贷、蠲缓钱粮、安辑流民、以工代赈、灾情勘报等制度，并编写《救荒本草》等书，总可谓之曰荒政。

今仅以赈灾和仓储制度为例。由于我国是多灾国家，所以古代早有储仓思想。《礼记・王制》：“国无九年之蓄，曰不足；无六年之蓄，曰急；无三年之蓄，曰国非其国也。三年耕必有一年之食，九年耕，必有三年之食，以三十年之通，虽有凶旱水溢，民无菜色。”《周礼・地官》有“廪人”掌“九谷之数”，

1　李文海等著：《中国近代十大灾荒》，上海人民出版社 1994 年，第 107 页。

“以治年之凶丰”；“仓人掌粟入之藏，有余则藏之，以待凶而颁之”。西汉宣帝时开始，政府置常平仓，储谷备荒。以后常平仓制度虽有兴废，但作为中国古代积储制度中最基本的形式，为后世历代所沿袭。隋代开始民间还共设义仓，以后渐归地方管理。宋代直接用于备荒的有义仓、常平仓、惠民仓、广惠仓、社仓等，其中社仓是民间自建的一种社区储仓。明清时期地方仓储制度更为完备，民间的义仓即社仓，为民间自行输纳，清代社仓设于乡村，义仓设于镇市。历代政府将各种仓储的效果作为对地方官政绩的考核。这种社、义仓制度加深了灾时人民对政府的依赖，对巩固封建统治起了一定的作用。

从先秦时代开始，我国就有政府的赈灾措施，如某地区有灾，即命地方官开仓赈灾民，有时地方上储食不够，或流通不便，即以钱帛赈民；还有组织灾民兴修农田水利，以工代赈，近代以来以工代赈的方法更为流行。但由封建制度性质所决定，赈灾制度常诱发官场上的腐败。每当大灾之后，封建政权也会有减免赋税、赈灾救灾的工作，但地方官虚报灾情，中饱冒取，克扣不发，以及各种腐败弊端，难以尽述。所谓“上有政策，下有对策”，其效果与造成的灾难相比，仍是微乎其微。秦汉以来，还有输粟纳官的事例，如秦代就有灾时百姓纳粟千石，拜爵一级的规定，历代都因袭了这种制度。以后甚至授以实官，已有官职的还可以迁职升官，这些虽然一时解决了赈灾问题，但客观上助长了吏治的腐败。清代竟有卖灾、例灾的弊政，在秋成时，往往有绅董勾结胥吏，设簿卖灾，出费者乃得入册，无钱者仍需纳粮，有势者既免粮且受赈济，而且往往甲年报灾，乙年即视为定例，虽大熟，仍以偏灾虚报，请缓带征，积欠累年。民国时期仍因清制，勘灾实权尽在书吏之手，各县卖灾案件层见叠出，真正受灾的贫苦农民反而得不到赈济。[1] 1929年西北大旱灾，国民党政府乘机加捐加税、地方官贪污赈款、克扣赈粮、增息迫租，商人、地主、军阀、官僚乘机掠夺土地，使灾民如雪上加霜，无法生存。赈灾原是一件好事，可是政治统治的腐败，结果加重和扩大了灾情，这是封建社会灾害与政治关系的典型现象。

中国封建社会长期停滞，原因很多，其中重要的原因之一，就是一次又一次的战争和灾害对社会能源（劳力与财富）的消耗极大，每次大规模战争和灾害以后，社会像生了一场大病，元气大伤，一切从头开始。因此研究长期封建社会遗留的政治上的腐败影响，对今天的防灾、减灾、救灾工作仍有

1　丛翰香主编：《近代冀鲁豫乡村》，中国社会科学出版社1995年，第510页。

一定的意义。

五、灾害与社会文化

这里所谓文化含义较广泛,包括社会组织、民间信仰、社会习俗、文化等方面。

在封建社会时代救灾往往被认为只是政府行为,但是依靠中央政府的救灾经常是效率低、受益慢。民间社区的社仓、义仓却能够直接使灾民受惠。而这种社仓、义仓往往以宗法血缘家族为核心组织,在灾情发生后,起了互助互济的作用,由此加强了中国宗法社会的凝聚力。同样,近代中国农村的基层组织形式与自然灾害也有关系,如长江三角洲有些乡的形成始于救灾活动。道光三年(1823)水灾时,在宝山知县的带领下,由当地的士绅组织了独立于月浦外的煮粥活动,即作为一个"地域社会"而独立。民国初年,在施行地方自治制度时变为"乡"。福州农村社、境形成和组织也直接产生于祭神赛神、消灾避祸的民间活动。[1] 明代以来华北平原村落规模较大也比较集中,这种大型的集庄较有利于抵御洪水。协同治水加强了村庄形态的内聚。北京地区永定河附近有较多的千人以上的大村,这种集庄的一个重要作用在于协作和防水。一直到清代永定河束堤之后,一些治水官员在考虑沿河地区水灾泛滥的防御时仍提倡小村附大村或建护村月堤等以防水灾。如云:"两岸城郭及大村庄,浑水经过地,恐水涨之年,或有淹浸。应请各建护城护村月堤,以资捍卫。其零落小村,若概筑堤埝,不无繁多。小民或愿垫高地基居住,或愿迁附大村,量给资用。"[2]"附大村"的过程无疑促进了村庄的内聚;另外,护村月堤也有利于村落结构的内聚。故永定河附近多形成较大村庄的原因除了与土壤条件有关外,还与协同治水有关。另外,华北平原许多沿河村庄也有类似的防水之工程,清代束鹿县滹沱河沿岸地区"历来不设堤岸,河道迁徙靡常,沿河村民各筑壕墙以防浸漫"。关于卫河流域的情况,1889 年倪文蔚的奏折中这样反映滑县、长垣县的水灾情况:"卫辉府之滑县,地居直隶长垣县之下游,该县桑园村近接滑境。六月下旬,河水盛涨,桑园民埝被冲,黄水奔腾下注,循滑堤东北,由老安镇一带直趋卫南坡出境。滑堤内外两面皆水……北面寨墙早坍,居民筑有圈堤一道,水至堤面仅余尺许,情形岌岌可危。"在以上的描述中,"民德""寨墙""圈堤"都是村庄

1 王振忠:《近 600 年来自然灾害与福州社会》,福建人民出版社 1996 年,第 186 页。

2 《皇朝经世文编》卷 110《工政十六》。

所兴修的工程，其中寨墙的功能主要用于防匪，防水的功能是次要的。这三项工程中都利于村庄结构的内聚。[1] 今天中国不少农村聚落开始于明代，从这些农村聚落的分布、形态、管理、组织中可以探索其与灾害的关系，并由此考虑如何改造使之更增加防灾、救灾的能力。

近代资产阶级出现以后，灾后出现一种区别于官赈的社会义赈。如1920年以后由商人、中产阶级、华侨、洋人组织的“中国北方救灾总会”“中国华洋义赈救灾总会”等，加强了士商在社会中的地位，出现了不少游离于政府之外的社会组织和力量。

中国人民由于长期遭受自然灾害，社会心理上常怀对灾荒的恐惧。但在不同时代和不同地区，民间心理反应不同。在农业生产比较稳定的地区，因为平时生产稍有积蓄，故民间多讲勤俭节约，积谷以备荒歉。《史记·货殖列传》说黄河中下游地区人民“数被水旱之害，民好畜藏”。近代东南一带民间就有这种心态，所谓“养儿防老，积谷防饥”。但在自然环境十分恶劣，灾害又过于频繁，人民流徙成为常态的条件下，民间心理又出现另一种状态。如明清以后，黄河中下游地区旱涝灾害十分频繁，平年尚难温饱，灾年更无法存身，民间产生一种破罐破摔的心理。明人王士性在《广志绎》中说：“宛、洛、淮、汝、睢、陈、汴、卫自古为戎马之场，胜国以来，杀戮殆尽。郡邑无二百年耆旧之家，除缙绅巨室外，民间俱不立祠堂，不置宗谱……闾阎不蓄积，乐岁则尽数粜卖以饰裘马，凶年则持筐携妻子逃徙趁食。”其实中州地区除了战争的原因外，屡年的灾荒，也是造成民间只顾眼前，不事积藏的习俗的原因。有人也指出：华北平原开垦较早，但由于天灾人祸（旱灾、水灾和王朝更替之间的连年战争，皆可造成赤地千里，荒无人烟），村落几经兴灭。现在华北平原的村落，其起源大多只可追溯到明代，而且多为山西移民建立。[2] 例如十年有九年荒的凤阳地区，逃荒成了地方上的一种民俗。明人张瀚《松窗梦语》说嘉靖年间凤阳一带多荒地，“间有耕者，又苦天泽不时，非旱即涝，盖雨多则横潦弥漫，无处归束，无雨任其焦萎，救济无资，饥馑频仍，窘迫流徙，地广人稀，坐此故也”。黄河滩地的民居极为简陋，室内更无陈设，其谓所得尽入腹中，不知下一场洪水，又徙往何处。这就是民间消极对待人生的态度产生的根源。同时由于外出逃荒所承受的屈辱和苦痛，必然形成一种暴戾躁动的心态。

1　王建革：《华北平原内聚型村落形成中的地理与社会影响因素》，载《历史地理》第16辑，上海人民出版社2000年，第89—96页。

2　丛翰香主编：《近代冀鲁豫乡村》，中国社会科学出版社1995年，第61页。

灾荒对民间信仰的影响十分显著。如全国各地普遍建有祭蝗虫的八蜡庙和祭驱蝗的刘猛将军庙，这种民间信仰，完全是由频繁的蝗蝻之灾所引起的。福建是我国民间信仰最繁多的省份之一。据《八闽通志·祠庙》记载，具有各种职能的民间俗神多达119个，主要与古代福建旱涝、瘟疫和寇盗这三种主要灾害相关。明清时期福州地区多巫风淫祠，其中最为盛行的是信奉有驱瘟神的五帝，这与福州地区经常流行瘟疫有关，当地还举行各种赛神会，以祈求驱瘟保平安。

随着民间逃荒习俗的普遍化，应运而生一种民间说唱，凤阳花鼓、打莲响、莲花落、黄梅调等民间说唱，就是人民在灾荒连年，逃荒在外，无法生存的情况下，以耍猴、打花鼓卖唱行乞，逐渐发展而成的。

总之，研究灾害对人们文化心理上产生的种种阴影的背景，是使多灾地区人们消极的人生态度变为积极向上进取的态度的前提。

灾害与社会研究是一个领域十分广阔、内涵十分丰富的课题，希望大家从宏观和微观的不同角度进行深入的研究。这无论对了解中国历史和改造中国今天环境都有十分重要的意义。

（原载《复旦学报（社会科学版）》2000年第6期）

历史时期华北大平原湖沼变迁述略[1]

华北大平原，又称黄淮海平原，西抵太行山脉和豫西山地，东至渤海、黄海，北界燕山山脉，南至桐柏山、大别山和淮河，面积约三十万平方公里，是我国第二大平原，它是由黄河、海河、滦河、淮河诸水系冲积平原联合而成，地势低平，微有起伏，海拔大部分不到一百米。先秦时期，这里气候温暖湿润，植被覆盖良好，地表水来源充分。在微度起伏的广大平原上存在着许多湖泊和沼泽。其后，随着人类活动对自然界影响的加深，特别是农业发展以后对耕地的要求，以及自然界本身的变化，平原湖沼的分布和兴废发生过较大的变迁，直接影响到人们的生存环境。因此，对这一大平原上湖沼变迁的特点和规律的探索，不仅可以加深对黄淮海平原整个环境变迁的理解，对今天的四化建设也有一定的现实意义。

笔者目前所掌握的资料，只能对这个问题做一个粗略的轮廓描述，以冀引起有关同志的兴趣和关注。

一、先秦、西汉时代湖沼的地域分布及其特点

根据目前掌握的文献资料，得知周秦以来至西汉时代，黄淮海平原上见于记载的湖沼有四十余处，列表如下：

地区	名　称	方　　位	资　料　出　处
河北平原	大陆泽	今河南修武、获嘉间	《左传》定公元年(前509)
	荧泽	今河南浚县西	《左传》闵公二年(前660)
	澶渊	今河南濮阳市西	《左传》襄公二十年(前553)
	黄泽	今河南内黄县西(西汉时方数十里)	《汉书·地理志》《汉书·沟洫志》
	鸡泽	今河北邯郸市永年区东	《左传》襄公三年(前570)

1　本文初稿草就后，承张修桂同志提了不少宝贵意见，特此致谢。

续 表

地区	名 称	方 位	资 料 出 处
河北平原	大陆泽	今河北任县迤东一带	《左传》定公元年(前509)、《禹贡》、《尔雅·释地》、《汉书·地理志》
	泜泽	今河北宁晋县东南(相当明清时宁晋泊西南部)	《山海经·北山经·北次三经》
	皋泽	今河北宁晋县东南(相当明清时宁晋泊西北部)	同上
	海泽	今河北曲周县北境	同上
	鸣泽	今河北保定市徐水区北	《汉书·武帝纪》
	大泽	今河北正定县附近滹沱河南岸	《山海经·北山经·北次三经》
黄淮平原	修泽	今河南原阳县西	《左传》成公十年(前581)
	黄池	今河南封丘县南	《左传》哀公十三年(前482)
	冯池	今河南荥阳市西南	《汉书·地理志》
	荥泽	今河南荥阳市北	《左传》宣公十二年(前597)、《禹贡》
	圃田泽(原圃)	今河南郑州市、中牟县间	《左传》僖公三十三年(前627)、《水经·渠水注》引《竹书纪年》、《尔雅·释地》、《周礼·职方》
	萑苻泽	今河南中牟县东	《左传》昭公二十年(前522)
	逢泽(池)	今河南开封市东南	《汉书·地理志》
	孟诸泽	今河南商丘市东北	《左传》僖公二十八年(前632)、《禹贡》、《尔雅·释地》、《周礼·职方》
	逢泽	今河南商丘市南	《左传》哀公十四年(前481)
	蒙泽	今河南商丘市东北	《左传》庄公十二年(前682)
	空泽	今河南虞城县东北	《左传》哀公二十六年(前469)
	菏泽	今山东菏泽市定陶区东北	《禹贡》《汉书·地理志》
	雷夏泽	今山东鄄城县南	《禹贡》《汉书·地理志》
	泽	今山东鄄城县西南	《左传》僖公二十八年(前632)
	阿泽	今山东阳谷县东	《左传》襄公十四年(前559)
	大野泽	今山东巨野县北	《左传》哀公十四年(前481)、《禹贡》、《汉书·地理志》

续 表

地区	名　称	方　　位	资　料　出　处
黄淮平原	沛泽	今江苏沛县境	《左传》昭公二十年(前 522)
	丰西泽	今江苏丰县西	《汉书·高帝纪》
	湖泽	今安徽宿州市东北	《山海经·东山经·东次二经》
	沙泽	约在今鲁南、苏北一带	同上
	余泽	同上	同上
	浊泽	今河南长葛市境	《史记·魏世家》
	狼渊	今河南许昌市西	《左传》文公九年(前 618)
	棘泽	今河南新郑市附近	《左传》襄公二十四年(前 549)
	鸿隙陂	今河南汝河南、息县北	《汉书·翟方进传》
	洧渊	今河南新郑市附近	《左传》昭公十九年(前 523)
	柯泽	杜注：郑地	《左传》僖公二十二年(前 638)
	汋陂	杜注：宋地	《左传》成公十六年(前 575)
	圉泽	杜注：周地	《左传》昭公二十六年(前 516)
	鄟泽	杜注：卫地	《左传》定公八年(前 502)
	琐泽	杜注：地阙	《左传》成公十二年(前 579)
	大逕泽	约在今山东济南市历城区东或章丘北	《山海经·东山首经》
	小逕泽	约今山东淄博市迤北一带	同上
滨海地区	巨定(泽)	今山东广饶县东清水泊前身	《汉书·地理志》
	海隅	莱州湾滨海沼泽	《尔雅·释地》

以上仅限于文献所载，事实上古代黄淮海平原上的湖沼，远不止此。例如河北平原中部和东部，即所谓“九河”地区，在战国中期黄河下游全面修筑堤防以前，河道决溢频繁，迁徙游荡无定，留下的废河床、牛轭湖和岗间洼地，为湖沼的发育提供了条件。《左传》庄公十七年(前 677)有“冬，多麋”的记载。中华人民共和国成立以后在河北平原、滨海地区发现过很多适应生活在温暖湿润的沼泽环境下的四不像麋鹿，反映了华北平原地区早期沼泽密布、洼地连片，盛产芦苇和香蒲等水生植物的自然景观。又如我们从《汉书·翟方进传》知道汉成帝时(前 32—前 7)在今

河南汝河以南、息县以北有个鸿隙陂，因“关东数水，陂溢为害”。东汉初年修复时，“起塘四百余里”[1]，可见规模很大，它的形成估计至迟也在汉武帝时代（前140—前87）。战国末年，督亢地区是燕国最富饶的水利区，在今河北涿州市、固安、高碑店等市县界，后世记载这里有一个“径五十里”的督亢陂。[2] 战国末年，燕太子丹派荆轲刺秦王，即以督亢地图为进献，可以推断督亢陂在当时已经出现。在豫东南、淮北平原还有一些沼泽，可能因水体随季节变化较大，尚无固定名称。如秦始皇东游，刘邦隐芒、砀山泽间（今河南夏邑、永城间）[3]；秦末陈涉起于大泽乡[4]，在今安徽宿州市东南。这些地方都可能有沼泽地存在。总之，先秦西汉时代，华北大平原的湖沼十分发育，分布很广，可以说是星罗棋布，与今天的景观有很大的差异。至于当时湖沼分布的规律，由于资料缺乏，尚难论定。

这些湖沼大多是由浅平洼地潴水而成的，因补给不稳定，所以湖沼水体洪枯变率很大。许多湖沼中滩地、沙洲和水体交杂，湖沼植物茂盛，野生动物如麋鹿之类大量生长繁殖，[5]成为各国诸侯田猎的场所。例如鲁定公元年（前509），魏献子田猎于河北的大陆泽；鲁哀公十四年（前481）在大野泽狩猎，二十六年（前469）游猎于空泽；鲁昭公二十年（前522）齐侯田猎于沛泽等[6]。西汉武帝征和四年（前89）时还曾耕于巨定的滩地上。[7]

二、《水经注》时代湖沼的分布及其特点

根据反映6世纪前我国河流地貌的《水经注》记载，当时黄淮海平原上被称为湖、泽、陂、塘、渊、淀、渚、池、潭、薮、坑的大小湖沼、积水洼地竟有一百八十余处之多。先秦西汉时代出现的湖沼绝大部分还存在着。我们有理由相信这一百八十余的湖沼中的大多数，在先秦时代已经形成，只是因为当时没有一部像《水经注》那样专门记述河流湖沼的专著流传下来罢了。

现在我们根据《水经注》资料绘制了一幅粗略的分布示意图（见图），从图中可以看出当时湖沼地理分布的特点。

---

1 《后汉书》卷82《许杨传》。

2 《水经·巨马水注》，《魏书》卷69《裴延儁传》。

3 《汉书》卷1《高帝纪》。

4 《史记》卷48《陈涉世家》。

5 《左传》宣公十二年：“楚潘党逐之，及荧泽，见六麋。”杜注：“荧泽在荥阳县东。”哀公十四年：“逢泽有介麇焉。”僖公二十八年：“孟诸之麋。”僖公三十三年：“郑之原圃……吾子取其麋鹿以间敝邑，若何？”

6 均见《左传》。

7 《汉书》卷6《武帝纪》。

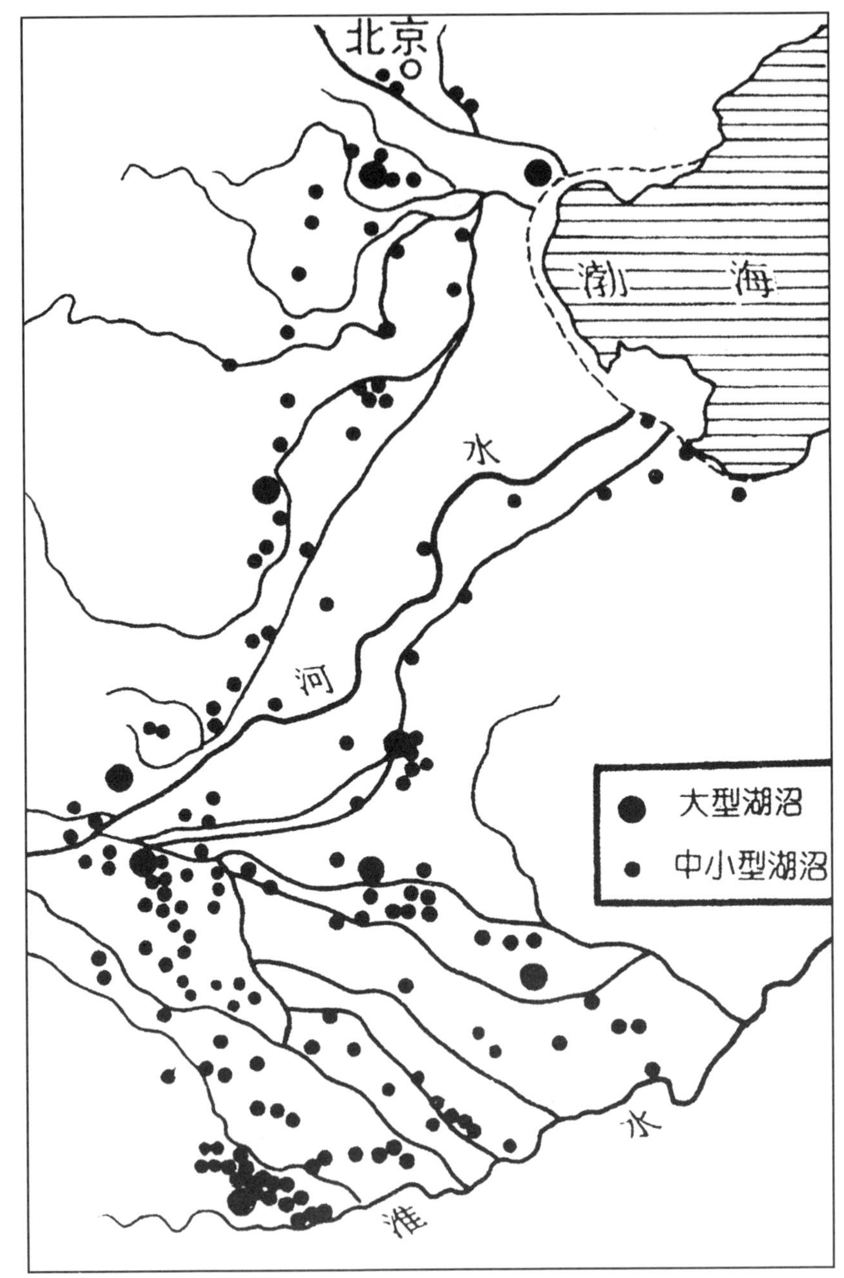

《水经注》时代华北大平原湖沼塘泊分布图

(一)太行山、燕山山前平原存在一条自南向北的湖沼带,有吴泽、同山陂、白祀陂、黄泽、鸬鹚陂、林台泽、澄湖、大陆泽、泜湖、博广池、大埿淀、小埿淀、督亢陂等,是太行山、燕山山前洪积冲积扇和古大河(《山经》大河)西、北侧自然堤之间交接的洼地,由发源于太行山、燕山各河流潴淤而成。《禹贡》大河沿岸的武强渊、张平泽、郎君渊和滹沱河沿岸的狐狸淀、大浦淀等,也是由堤外洼地积水而成。

（二）豫西山地东麓洪积冲积扇和鸿沟之间交接洼地有胡城陂、制泽、白雁陂、蔡泽陂、南陂、护陂、庞官陂、宣梁陂、青陵陂等十余个塘陂，由洧（今双洎河）、溵（今溵水河）等河流下游宣泄不畅、聚积而成。

（三）今豫东、鲁西南和皖北平原有一片东西向排列的湖沼，是由济水、濮水、汴水、睢水、泗水等河流的河间洼地和河口洼地以及平原东缘与泰山山脉西麓之间的交接洼地等各种低凹地貌壅集积水而成的湖沼，著名的有圃田泽、孟诸泽、菏泽、雷泽、巨野泽、空桐泽、梧桐陂、滭湖等，今天古汴堤两岸自然堤和剥蚀平原交接处常有这种洼地存在。

（四）淮北低洼平原区的汝淮、汝颍、颍涡之间，支流众多，下游宣泄不畅，沿河壅塞成一连串湖泊，除最大的由人工围堤的鸿隙陂外，还有规模较小的数十处，形成分布极密的西北—东南向的湖泊带。

（五）自渤海湾至莱州湾沿海地带由海退后留下的滨海沼泽、潟湖，如北运河和蓟运河之间的雍奴薮、今天津市宝坻区西北“渺望无垠”的夏谦泽[1]、今黄河入海口附近的马常坑、小清河入海口附近的皮丘坑、今山东广饶县东北的巨淀湖和潍坊市寒亭区以北的别画湖等。

综合上述，可知自先秦以来至公元 6 世纪以前大约一千余年时间里，黄淮海平原上的湖泊和沼泽十分发达。如果以东汉以后至《水经注》时代黄河（大致在今山东利津县附近入海）为分界线，河北平原和黄淮平原上湖沼的数量和分布特点有所不同。据今本《水经注》记载，大河以北有大小湖沼五十余处，大河以南有一百二十余处，当然因滹沱水篇、泒水篇的散佚，大河以北湖沼的数字是不足的。不过估计在大河以南的湖沼数字相当于大河以北的一倍，大体上是不错的。再就分布的特点而言，河北平原的湖沼主要集中在古大河（《山经》大河，存在于春秋战国时代）自然堤西侧和太行山山前洪积冲积的交接处，呈一南北湖泊带。在平原中部和东部，见于记载的湖沼较少，有一部分是由沥水所汇的浅沼，因水体不稳定或形成未久，尚无固定名称。如今冀州、衡水、枣强间的泽渚，今阜城、泊头间的泽薮，今青县、黄骅间的淀等。[2] 大河以南的湖沼，主要集中在今图废黄河一线以南，特别是鸿沟以西、汝淮之间和汝颍、颍涡之间尤为密集。东汉黄河以南、今图废黄河以北、泰山山脉和泗水以西三角形冲积平原上，相对而言湖沼比较稀疏，其中

1 《水经·鲍丘水注》。

2 均见《水经·浊漳水注》。

最大的即著名的巨野泽。

三、华北大平原早期湖沼稳定性原因探讨

上面谈到的这一千多年里，华北大平原上的湖沼淤浅的速度比较慢，有的地区还有逐渐增多的趋势。这究竟是哪些因素促成的呢？下面试图从几个方面进行探讨。

（一）据近年来地理工作者研究，从新石器时代至殷商时代，我国黄河流域气候温暖湿润，年平均温度较现代高出 2℃—3℃。进入周代早期气候开始转寒，大约只延续了一两个世纪。到了春秋时期又趋暖和，这种温暖的气候环境大约持续了几百年，到公元前 1 世纪以后又有转冷的趋势。这种温暖湿润的气候条件，保证了一定的降水量，是先秦西汉时代黄淮海平原湖沼水源条件的保证。[1] 其次，先秦至西汉时代黄河流域植被覆盖良好，森林稠密茂盛，水土流失情况不严重，除黄河外，其他河流中挟带的泥沙与后世相比而言比较少，[2]这无疑也是湖沼淤废缓慢的一个重要原因。另外，东汉以前黄河主要在河北平原上泛滥，有些湖沼当已受到葑淤，因而到《水经注》时代河北平原的湖沼相对较黄淮平原为少。

（二）我国古代文献中往往将湖沼称为“泽薮”或“薮泽”。《周礼·地官》郑注：“泽，水所钟也。水希曰薮。”古代人民从采集、渔猎经济发展起来，对低洼地区的泽薮一直是比较重视的。先秦以来，无论是各国诸侯，还是秦汉中央政府都十分重视其统治境内的湖沼环境。首先因为这些泽薮往往是帝王诸侯游猎场所，其次是泽薮中水生动植物有很高的经济价值，再次是泽薮能对农田灌溉起着良好的作用。《左传》襄公二十五年（前 548），楚芳掩“书土田，度山林，鸠薮泽”。杜注：“鸠，聚也。聚成薮泽，使民不得焚燎坏之，欲以备田猎之处。”商鞅变法，废井田，开阡陌，垦荒地，仍然十分注意泽薮的保护。[3]《禹贡》讲九州平治水土，提到了十一处重要泽薮。《尔雅·释地》《周礼·职方》《吕氏春秋·有始览》和《淮南子·墬形训》都有九薮、十薮的记载。可见先秦时代人们心目中薮泽是自然环境中十分重要的部分，并设有专门管理泽薮的职司。《左传》昭公二十年（前 522），晏子曰：“山林之木，衡

1　中国科学院《中国自然地理》编辑委员会：《中国自然地理·历史自然地理》第二章“历史时期气候变迁”，科学出版社 1982 年，第 16—17 页。

2　史念海：《论两周时期黄河流域的地理特征》（上）（下），载《陕西师范大学学报（哲学社会科学版）》1978 年第 3—4 期。

3　（战国）商鞅：《商君书·算地》：“故为国任地者，山林居什一，薮泽居什一。”《来民》：“其薮泽、溪谷、名山、大川之财物货宝又不尽为用。”

鹿守之；泽之萑蒲，舟鲛守之；薮之薪蒸，虞候守之；海之盐蜃，祈望守之。”杜注：“衡鹿、舟鲛、虞候、祈望，皆官名也。言公专守山泽之利，不与民共。”《周礼·大宰之职》九职中有“虞衡，作山泽之材”，九赋中有“山泽之赋”。《地官》中有“泽虞之官”。《史记·货殖列传》中指了“水居千石鱼陂”。《汉书·地理志》南郡编县有云梦官，九江郡有陂官、湖官。虽然没有记载到华北大平原上的湖陂官，不过《汉志》中盐、铁官脱漏不少，湖陂官也完全可能有脱漏。《盐铁论·刺权》：“今夫越之具区、楚之云梦、宋之巨野、齐之孟诸，有国之富而霸王之资也，人君统而守之则强，不禁则亡。”这里已经将泽薮的存废与政权的兴亡联系起来，可见西汉统治阶级充分认识到泽薮的经济价值。西汉末年贾让治河三策中还提到泽薮对调节河流流量的作用。[1] 总之，先秦以来的统治阶级注意到湖沼的存在有利于他们统治境内的生态环境，并通过行政手段保护湖沼免于湮废；又因为客观条件尚好，如黄河流域植被覆盖良好，下游平原开垦未尽的土地尚多，故有可能使湖沼暂时避免因泥沙填淤和人为垦殖而迅速消亡。

（三）据谭其骧先生研究，[2]黄河下游全面筑堤，始于公元前4世纪中叶（战国中期）。在这以前，黄河在河北平原上改徙无定，其结果是一方面淤高了一些洼地，一方面又形成了许多岗间洼地。公元前4世纪中叶下游河道全面筑堤以后，至公元前2世纪西汉初年，河道改徙有所控制。自西汉文帝十二年（前168）开始至汉末（公元初年）的近二百年里，河患剧烈，共发生过十次较大决口，五次造成改道，平均每二十年一次。决溢地点为：东决都在今原阳、延津以下，北决则在馆陶以下。受灾地区大致在北至滏阳河、南至今废黄河的大三角洲范围内。自东汉明帝时（58—75）王景治河后，直至唐代前期，黄河下游曾经有七八百年的相对安定时期，决溢虽有发生，未造成大幅度河道改徙。因而太行山东麓和豫东南、淮北平原的湖沼基本上没有受到黄河的灌淤，使先秦时已出现的湖沼至6世纪时还存在。即使是在黄泛区内的一些湖沼，如已见于先秦记载的柯泽、雷泽、菏泽、巨野泽、孟诸泽等，均见存于《水经注》。这是因为战国西汉时黄河下游堤距很宽，两岸相距五十（汉）里。大量泥沙随流落淤，决出堤外的泥沙相对减少，故而那些虽经受黄河洪水漫淤的湖沼，尚未遭完全淤平的厄运。如巨野泽在南北朝时湖区辽

---

1 《汉书》卷29《沟洫志》。贾让治河三策云：“古者立国居民，疆理土地，必遗川泽之分，度水势所不及，大川无防，小川得入，陂障卑下，以为汙泽，使秋水多，得有所休息，左右游波，宽缓而不迫。”

2 谭其骧：《西汉以前的黄河下游河道》，载《历史地理》创刊号，上海人民出版社1981年。

阔，“南近洙泗，北连清济”，巨野县为湖水所围。[1] 这恐怕是汉武帝时河水决入巨野泽后，湖底抬高、湖面扩大后因来水不断而长期未消的结果。只有今河南荥阳市北的荥泽，因距济水分河水口最近，又与河济相通，河水泄出的泥沙首先在这里停滞，所以淤浅较早。但也是到东汉安帝时河水南岸修造了八激堤，与河水隔断后才完全淤平的。《水经注》说“民谓其处为荥泽”。

（四）西汉武帝时曾一度兴起大规模的引河灌溉，发展农田水利事业的浪潮。“汝南、九江引淮，东海引巨定，泰山下引汶水，皆穿渠为溉田，各万余顷。它小渠及陂山通道者，不可胜言。”[2]汝南最大的人工塘陂鸿隙陂很可能就形成于这个时候。这种引用河水注入洼地，蓄水为陂塘进行灌溉的措施，东汉三国以后在华北大平原上相当普遍。东汉初建武年间（25—56），汝南太守邓晨修筑的鸿隙陂，溉田数千顷；[3]元和年间（84—87）在今江苏泗洪县境内修筑的蒲阳陂，溉田数百顷；[4]曹魏时邓艾“大治诸陂于颍南、颍北”，兴办屯田。[5]《水经注》记载汝颍之间有数十处连珠式的陂塘，很可能就是邓艾时兴建的遗迹，或者是曾被其利用过。因川渠交错，陂塘连通，日久已无法辨认哪些是天然的、哪些是人工的了。沛郡太守郑浑在萧县（今安徽萧县）、相县（今安徽濉溪县东北）间低洼处兴修郑陂，灌溉稻田。[6] 豫州刺史贾逵在汝南“遏鄢、汝，造新陂，又断山溜长溪水，造小弋阳陂”[7]。永定河冲积平原上的督亢陂，在北魏、北齐时都曾重修过。直至唐代，华北大平原上引渠蓄水，修筑人工陂塘进行灌溉的势头未衰。颍州汝阳（今安徽阜阳市）的椒塘陂，下蔡（今安徽凤台县）的大崇陂、鸡陂、黄陂、湄陂，陈州西华（今河南西华县）的邓门陂，汴州陈留（今河南开封市祥符区东南陈留）的观省陂，怀州修武（今属河南）的吴泽陂，相州安阳（今河南安阳市）的广润陂，冀州信都（今河北衡水市冀州区）的葛荣陂，赵州平棘（今河北赵县）的广润陂、毕泓，沧州清池（今河北沧州市东南）的李彪淀，蓟州三河县（今属河北）的渠河塘、孤山陂等，[8]都是唐代新筑或修复的。如果我们将《元和郡县志》《太平寰宇记》有

---

1 《水经·济水注》，引何承天语。

2 《汉书》卷29《沟洫志》。

3 《后汉书》卷15《邓晨传》。

4 《后汉书》卷44《张禹传》：元和三年“迁下邳相，徐县北界有蒲阳陂，傍多良田，而堙废莫修，禹为开水门，通引灌溉，遂成熟田数百顷”。（唐）李贤注引《东观记》：“陂水广二十里，径且百里，在道西，其东有田可万顷。”

5 《晋书》卷26《食货》。

6 《三国志》卷16《魏书·郑浑传》。

7 《三国志》卷15《魏书·贾逵传》。

8 均见《新唐书》卷39《地理志二》。

关湖沼陂塘的记载与《水经注》核对，将会发现从6世纪初至10世纪，华北大平原上的湖沼虽然有一部分消失了，有一部分水面缩小了，但整个湖沼的布局似无根本性的变化。

四、河北平原湖沼在北宋以后的变迁和淤废

从北宋开始，华北大平原湖沼逐渐发生了较大的变迁。但是变迁时间、变迁原因和特点等方面，河北平原和黄淮平原有所不同，所以必须分别加以论述。

北宋与辽，在河北平原以白沟河（按：上游为拒马河，下游至今雄县北白沟（镇）折东经霸州市北、信安镇北，东流至天津入海）为界，故白沟河又称界河。辽境内的永定河水系南流注入界河。界河以南，今白洋淀至文安洼一线是构造洼陷地带。北宋初年为了防御辽朝骑兵南下，人为地将滹沱、胡卢（今滏阳河前身）、永济（渠）等河引入这一片低洼地带，筑塘蓄水，形成了一条西起今保定市、东至海的淀泊带，南北最宽处达一百三五十里，最狭处也有八里十里，深度三尺至一丈三尺不等。“深不可能舟行，浅不可以徒步”，史称塘泺。[1] 这条北宋北境的潴泽国防线的修筑，开始于太宗淳化四年（993）知雄州何承矩的建议，以后又陆续将沿边诸水引入洼地以填补空白。宝元元年（1038）因天旱水枯，又将北面界河的水也壅汇于塘泊，增加水量。熙宁中（1068—1077）又引“徐、鲍、沙、唐等河，叫猴、鸡距、五眼等泉为之源，东合滹沲、漳、淇、易、涞等水，下并大河，于是自保州西北沈远泺，东尽沧州泥沽海口，几八百里，悉为潴潦，阔者有及六十里者，至今倚为藩篱”[2]。至此，河北平原南北一些主要河流都汇注于这一条湖泊带，原来在中部、南部

1 《宋史》卷95《河渠志五·塘泺》：“其水东起沧州界，拒海岸黑龙港，西至乾宁军（今河北青县），沿永济河合破船淀、灰淀、方淀为一水，衡广一百二十里，纵九十里至一百三十里，其深五尺。东起乾宁军、西信安军（今河北霸州市信安镇）永济渠为一水，西合鹅巢淀、陈人淀、燕丹淀、大光淀、孟宗淀为一水，衡广一百二十里，纵三十里或五十里，其深丈余或六尺。东起信安军永济渠，西至霸州（今河北霸州市）莫金口，合水汶淀、得胜淀、下光淀、小兰淀、李子淀、大兰淀为一水，衡广七十里，或（纵）十五里或六里，其深六尺或七尺。东北起霸州莫金口，西南保定军（今河北文安县西北新镇）父母寨，合粮料淀、回淀为一水，衡广二十七里，纵八里，其深六尺。霸州至保定军并塘岸水最浅，故咸平、景德中，契丹南牧，以霸州、信安军为归路。东南起保安军，西北雄州（今河北雄县），合百世淀、黑羊淀、小莲花淀为一水，衡广六十里，纵二十五里或十里，其深八尺或九尺。东起雄州，西至顺安军（今河北高阳县东旧城），合大莲花淀、洛阳淀、牛横淀、康池淀、畤淀、白羊淀为一水，衡广七十里，纵三十里或四十五里，其深一丈或六尺或七尺。东起顺安军，西边吴淀（河北安新县西南北边吴、南边吴一带）至保州（今河北保定市），合齐安（一作女）淀、劳淀为一水，衡广三十余里，纵百五十里，其深一丈三尺或一丈。起安肃（今河北徐水）、广信军之南，保州西北，畜沈苑河为塘，衡广二十里，纵十里，其深五尺，浅或三尺，曰沈苑泊。自保州西合鸡距泉、尚泉为稻田、方田，衡广十里，其深五尺至三尺，曰西塘泊。”

2 （宋）沈括：《梦溪笔谈》卷13《权智》。

的一些湖沼大多被排干而逐渐枯涸。但自庆历八年(1048)以后黄河三次北决,流经平原中部,夺御河入海,前后六十余年,侵犯塘堤,"浊水所经,即为平陆"[1]。"沧州北三堂等塘泺,为黄河所注,其后河改而泺塞。"[2]此外,导入塘泺的"漳水、滹沱、涿水、桑干之类,悉是浊流"[3],自然也带来大量泥沙。所以自徽宗(1101—1125)以后,塘泊"淤淀干涸,不复开浚,官司利于稻田,往往泄去积水,自是堤防坏矣"[4]。当海河水系河流涨水时,积水四溢,一片汪洋,浩渺无际,人民不胜其害。

白沟以北的永定河冲积平原上,在《水经注》时代还存在不少大小湖泊和沼泽洼地。著名的有雍奴薮、夏谦泽、督亢陂等。唐代开始逐渐被永定河水系的泥沙所淤没。在北魏、北齐时尚起灌溉作用的督亢陂区,在唐太和六年(832)设置了新城县,属涿州。[5] 到了元代,欲寻这些淀泊的故迹已不可得。宋本《都水监事记》:"古燕赵之壤,吾尝行雄、莫、镇、定间,求所谓督亢陂者,则固已废,何承矩之塘堰亦漫不可迹,渔阳燕郡之戾陵诸堨,则又并其名未闻。豪杰之意有作以兴废补弊者,恒慨惜之。"[6]辽代在漷阴县境(今北京市通州区东南)有一个延芳淀,方数百里。[7] 到了明代仅数百亩。[8] 清乾隆以后则完全被淤废了。[9] 原在宝坻、武清间的雍奴薮,因受永定河水系泥沙的淤积,水面缩小并且下移至武清东南,即明清时代的三角淀。

原先在河北平原中部的大陆泽,在北宋以后也发生重大变迁。大陆泽在西汉时为漳北、泜南诸水所汇,[10]蓄集了相当于今巨鹿、隆尧、平乡、任县数县境内的地表径流而成一大湖泊。唐代后期湖区缩小,仅"东西二十里,南北三十里,葭芦、茭莲、鱼蟹之类充仞其中"[11]。北宋大观二年(1108)一次黄河北决淹没了巨鹿城,[12]波及隆平县(今河北隆尧县),大陆泽也因而淤浅,

---

1 《宋史》卷91《河渠志一·黄河上》。

2 《宋史》卷95《河渠志五·塘泺》。

3 (宋)沈括:《梦溪笔谈》卷24《杂志》。

4 《宋史》卷95《河渠志五·塘泺》。

5 《新唐书》卷43《地理志三》;(清)顾祖禹:《读史方舆纪要》卷11,引《括地志》云"督亢陂径五十余里",今赵万里辑校本未见。

6 (元)苏天爵:《元文类》卷31。

7 《辽史》卷40《地理志四》,"数百里"疑有误。

8 《明一统志》卷1,京师山川。

9 光绪《通州志》卷1《封域志》,山川。

10 《汉书》卷28《地理志下》。

11 《元和郡县志》卷16,邢州巨鹿。

12 《宋史》卷93《河渠志三·黄河下》。1919年在今巨鹿县地下七米多处发现宋代故址,见梁启超:《中国历史研究法》。

湖底抬高，积水顺着葫芦河（今滏阳河）向下游推移至今宁晋县东南《水经注》所载的泜湖地区，蓄积成为宁晋泊。明初开始为滹沱河南徙所注，湖面不断扩大，而上游的原大陆泽则逐渐缩小。明代中期在洪水季节，宁晋泊和大陆泽连成一片，合称大陆泽。枯水季节则分为二部分，有河道相通。宁晋泊称北泊，大陆泽称南泊，然其主体部分已在宁晋泊。[1] 清雍正年间，导南泊之水注于北泊，南泊继续缩小。以后正定、广平、顺德三府，广开稻田，截河水灌溉，南泊大陆泽的来水大减，渐趋淤平。道光年间"大陆泽在任县，不过一泓宛在"。而宁晋泊自明以后常受滹沱河浊流灌注，也不免"日就高仰"[2]。至清代末年南北二泊随着湖底抬高，积水排入东淀，逐渐在地面上消失。

北宋界河因永定河南徙带来大量泥沙，至明代中叶，故道淤平，附近的地表径流遂汇集于界河南侧的低洼地带。[3] 所以，在宋朝末年以来已经淤废的淀泊原地，又形成了许多新的淀泊，范围更为广大。例如，宋代的白洋淀仅是高阳和雄县之间一个很小的湖泊，而明代中期的白洋淀比宋代扩大了好几倍，跨任丘、新安、高阳三县，周回六十里。[4] 霸州境内的高桥淀周四百里。[5] 武清县东南境的三角淀周回竟有二百余里。[6] 任丘县的五官淀也是众流所汇，东接武清县三角淀。[7] 嘉靖年间雄县境内有淀二十九处，较大的有苍耳淀（周三十里）、马务淀（周三十里）、烧车淀（周三十里）、莲花淀（周三十里），最大的是矛儿湾，下连直沽，周百余里。[8] 这些湖泊被总称为东西二淀。东淀"延袤霸州、文安、大城、武清、东安、静海之境，东西亘百六十余里，南北二三十里及六七十里不等。盖七十二清河之所汇潴也。又永定河水自西北来，子牙河自西南来，咸入之"[9]，大体上即今文安洼和东淀。"西淀跨雄、新

1 隆庆《赵州志》卷1《山川》："大陆泽在宁晋县东南，即《禹贡》大陆泽之地。大河之所经也。受滏、洨、沙、冶、槐、泲诸水，其漳水有时南注之，滹、沱有时北注之，东西径三十里。南接隆平、任县百余里，漳、滹二大水远徙，亦可耕种。"

2 （清）吴邦庆：《畿辅河道管见》，（清）吴邦庆辑，许道龄校：《畿辅河道水利丛书》，农业出版社1964年。

3 按明建文中燕王与李景隆战于白沟河，见《明史》卷4《恭闵帝纪》，则明初北宋以来的界河尚存。然嘉靖《霸州志》卷1《舆地志》云："界河在州北一里……即宋辽分界处，今淤。"嘉靖《雄乘》上《山河第二》亦云："白沟……今不东而南至王克桥。"王克桥在今雄县北五里西侯留村西北，距宋时白沟河有二十余里。

4 嘉靖《河间府志》卷1《地理志》。

5 嘉靖《霸州志》卷1《地理》。

6 万历《顺天府志》卷1《地理志》。

7 嘉靖《河南府志》卷1《山河第二》。

8 嘉靖《雄乘》上《山河第二》。

9 《皇朝经世文编》卷107《工政十三》，畿南河渠通论。

安数邑之境，既广且深，西北诸山之水皆汇焉。”[1]大体上即今以白洋淀为主的湖泊群。所以明代和清前期河北平原上的零星湖泊大多消失，潴水的湖泊唯存南北二泊和东西二淀，南北二泊即上文所说南泊和北泊，到清代后期南泊基本消失，北泊虽存也被淤浅。唯存下东西二淀为河北平原上众水之壑。当时正定、广平、顺德三府（相当今河北省西部）之水过南北二泊之后，又由滏阳河、子牙河归入东淀；顺天、保定、河间三府（相当今河北省中北部）之水毕汇于西淀，又由玉带河、会同河归入东淀，因而东淀“举畿辅全局之水”。康熙三十七年（1698）以前，渺然巨浸，周二三百里。三十七年巡抚于成龙疏筑兼施，将永定河引入东淀，大量泥沙也随之输入，“于是淀病而全局皆病”，东淀湖群相继“尽变桑田”。[2] 明清时随着降水的多年分配不均、来水多寡悬殊，东西二淀湖区时而“弥漫数百里之间，无处无水”[3]“淀水汪洋浩渺，势连天际”[4]，时而湖滩裸露，垦殖日众，湖田弥望。但由于泥沙的充填，总的趋势是日渐淤浅。例如明嘉靖年间（1522—1566）在河间府境内有洋东淀等十多个淀泊，至清乾隆年间（1736—1795）“皆已湮废”。[5] 今肃宁、河间有呈西南东北向展布的若干长条状洼地，在洪涝之秋暂时积水，与文献资料对照，大体是明洋东淀的遗址。任丘县的五官淀，到清代后期也淤平，今为一片盐碱洼地。[6] 三角淀在清雍正年间（1723—1735）已“所余无几”[7]。其余“各淀大半淤塞”[8]，“或仅存浅濑，或竟变桑田”[9]，至 20 世纪初三角淀全被淤平[10]。最近几十年东淀湖群已淤为文安洼。白洋淀从顺治元年至光绪七年（1644—1881）湖区面积缩小了十分之七，泥沙淤积，淀水枯竭。20 世纪以来白洋淀仍继续淤高，进入 80 年代后，已连年干涸，面临着湮废的严重威胁。[11]

五、黄淮平原的湖沼在金元以后的变迁与淤废

黄淮平原上的湖沼，尤其是《水经注》时代的一些天然湖沼，至唐代后期

---

1 （清）陈仪：《直隶河渠志》，《四库全书》本。
2 （清）陈仪：《陈学士文钞·治河蠡测》，《畿辅河道水利丛书》。
3 嘉靖《河南府志》卷 1《地理志》。
4 乾隆《新安县志》，山川。
5 嘉靖《河间府志》卷 1《地理志》；乾隆《河间府志》卷 3《舆地志》，山川。
6 王会昌：《一万年来白洋淀的扩张和收缩》，载《地理研究》1983 年第 3 期。
7 （清）陈仪：《陈学士文钞·直隶河堤事宜》，《畿辅河道水利丛书》。
8 （清）允祥：《怡贤亲王疏钞》，《畿辅河道水利丛书》。
9 （清）陈仪：《陈学士文钞·文安河堤事宜》，《畿辅河道水利丛书》。
10 薛培元：《宋代农田水利的开发》，载《北京农业大学学报》1957 年第 1 期。
11 肖嗣荣：《气候变迁和人类活动对白洋淀的影响》，河北省地理研究所 1984 年油印本。

大多依然存在。如逢泽、圃田泽、孟诸泽、蒙泽、巨野泽、丰西泽、菏泽、雷夏泽、葛陂等先秦两汉以来的一些著名湖沼，均见于《元和郡县志》和《太平寰宇记》。唯由人工围堤而成的鸿隙陂，两书都明确记载“今废”。就个别湖沼而言，即以今郑州、中牟间著名的圃田泽为例，先秦以来为中原地区一大泽薮，《水经注》时代已为由芦苇、沙洲分隔成二十余个各有名称的湖泊群，东西四十余里、南北二十余里；但至唐代后期周围东西仍有五十里，南北二十六里；[1]宋代开始逐渐淤浅，在圃田泽旧址分为数十处大小不一的积水陂塘，称为“房家、黄家、孟家三陂及三十六陂”，起着调节汴河流量的作用，[2]可见尚未完全消失。

黄淮平原上湖沼变迁的转折点，是从宋金之际黄河南泛开始的。南宋建炎二年(1128)东京留守杜充企图以水代兵，阻止金兵南下，在今河南滑县西南河堤上，人工扒口，使滚滚洪水流经豫东南、鲁西南地区，拉开了黄河长期南泛的序幕。从此大河离开了《山经》《禹贡》《汉志》中流经浚、滑地区的故道，改为夺泗入淮。金代开始黄河河道逐渐向南摆动，同时分为几股，漫流于豫东南、鲁西南地区。元时河道更向南摆，进入了淮北平原，屡屡夺颍、涡、濉、浍等河入淮，数股同时并存，相互更迭为主流，决口频繁，漫流无定。明代前期黄河时而北决冲毁运河，时而东决和南决夺汴、颍、涡、濉泗(即运河)入淮；万历以后，经潘季驯治理，黄河河道基本上被固定在今废黄河一线，但南北决口仍时有发生。1855 年铜瓦厢决口，河道改走大清河，于山东利津入海，在 1876 年下游河道全线堤防告成以前的二十年内，洪水在以铜瓦厢为顶点，北至今黄河稍北的北金堤，南至今曹县、砀山一线，东至大运河的三角形冲积扇上自由漫流，从冲积扇的一侧摆向另一侧，水势散漫，正溜无定；1876 年后，从铜瓦厢至陶城埠一段河道也常有决口。1938 年国民政府扒开郑州花园口河堤，企图以洪水阻止日军西进，结果使洪水泛滥于贾鲁河、颍河、涡河地区达九年半之久，受灾面积达五万四千平方公里。总之，金元以后至新中国成立以前长达八百多年的时间内，黄河不断南决，造成黄淮平原上大部分地区都受到黄河泥沙的堆积，洪水所到之处，城庐湮没，良田被毁，河床淤浅，湖沼环境随之而发生了显著的变化。这种变化大体可分为三类：一是湖沼区因泥沙的淤积，由深变浅，由大变小，加上人工围垦，逐渐湮为平地。二是起先湖区受泥沙淤高，但水源条件未变，水体就向相对低洼

1 《元和郡县志》卷 8，郑州中牟县。

2 《宋史》卷 94《河渠四・汴河下》。

处移动。以后因来水短缺，经人为垦殖，最后为农田所代替。三是原为洼地，受黄河洪水灌注后，因下游宣泄不畅，蓄积成新的湖沼。

第一种类型可以豫东南地区的湖沼为代表。因地处黄河下游的上段，距历次决口较近，决后泥沙首先在这一带停滞，所以淤浅较快。上面提到的圃田泽，在宋代已经有了许多沙滩被垦为农田，因为是调节汴河流量的水库，故而北宋政府对圃田泽淤浅十分关注。[1] 金代开始汴河淤废，黄河南岸也修了堤防，圃田泽洼地来水减弱，渐被辟为农田。元明时黄河曾多次夺贾鲁河、颍河入淮，郑州、中牟间洼地又成为大河倾注之处，再度积成大片浅水陂塘。明万历时(1573—1619)，中牟县境内原圃田泽洼地有陂塘一百五十余处，大的周围二十里，小的二三里，秋汛时一片汪洋。[2] 事后水退沙留，淤高的湖滩被垦为田，唯洼地中心仍有积水。清乾隆时分为东西二泽，周围尚有不少陂塘。[3] 晚清以后随着农垦的扩展，东西泽最终也被垦为耕地。其他如河南商丘东北的孟诸泽、蒙泽；山东定陶东北的菏泽；鄄城南的雷夏泽；开封附近的逢泽，好草陂、雾泽陂、西贾陂；[4]江苏丰县的丰西泽，都是由于黄河的南泛，所过之处，"使陂泺悉为陆地"[5]，先后都在地面上消失了。

据史念海先生实地考察，定陶故城(今山东菏泽市定陶区西北四里)毁于1331年黄河洪水。今在地下五米发现了故城东南城角的旧砖，在今地下八米处发现了602年建立的寺院塔基，[6]在定陶故城东南的菏泽的湮废由此可以想见。今开封城在历史上曾七次被洪水所淹没。宋代所建的铁塔原在一座名为夷山的土丘上，如今连塔基全埋地下。元代所建延庆观门已一半被埋入地下。前些年在开封市内某中学挖洞时，在地下三四米处发现明代房顶，城内地下二三米处发现清代地基。有人估计宋代开封城地面在今地下十米左右。[7] 开封地面淤高如此，在其附近的逢泽的消失，也就完全可以理解了。今商丘县城建于1511年，现在城门还不到一人高度，门外高坡竟高出城内地面五米，这是当黄河洪水来时紧闭城门，城外地面淤高的结果。[8]其附近孟诸泽、蒙泽的淤平是势所必然的。其他如河南西华、扶沟道上，路

1 《宋史》卷94《河渠四·汴河下》。

2 (明)陈幼学:《河工申文节略》,同治《中牟县志》卷9《艺文》。

3 乾隆《郑州志》卷3《舆地志》。

4 《宋史》卷95《河渠志五·河北诸水》。

5 《元史》卷65《河渠志二·黄河》。

6 史念海:《历史时期黄河流域的堆积与侵蚀》,《河山集二集》,生活·读书·新知三联书店1981年。

7 笔者1977年实地调查时,开封市博物馆工作人员告知。

8 史念海:《历史时期黄河流域的堆积与侵蚀》,《河山集二集》。

旁墓碑只见顶部，沉积厚度达三米；尉氏县南门，现代沉积在二米以上，城门被淤封，这都是1938年花园口决后成为黄泛区时淤积的。[1] 因而豫西山地以东平原上的湖泊，以及淮北平原上颍、涡、濉诸水间一些湖沼都遭到同样的命运。同样的例子极多，不能备述。总之，由于黄河长期南泛，携带淤泥将地面普遍淤高，原有湖沼洼地均为平陆。

第二种类型可以鲁西南平原上的巨野泽和山东运河济宁以北的北五湖为代表。巨野泽，一名大野泽，历史上与黄河变迁的关系最为密切。它地处山东丘陵西侧、黄河冲积平原的前缘。古时为济、濮二水所汇。汉武帝时河决瓠子，东南注于巨野泽，“吾山（即今鱼山）平兮巨野溢”[2]，巨野泽水面当有扩展。《水经注》时为一漭漭巨浸，“湖泽广大，南通洙泗，北连清济，旧县故城正在泽中”[3]。唐代后期《元和郡县志》载泽面东西达百里，南北达三百里。以后因巨野泽主要水源济水的枯断，南面的岸线内缩，10世纪初以来河水曾多次从浚、滑一带决入鲁西南的曹、濮、单、郓州地区，巨野泽的西南部因受黄河泥沙的淤高，湖区向北面相对低洼处推移。公元944年（五代后晋开运元年）黄河在滑州决口，侵入汴、曹、濮、单、郓五州之地，洪水环梁山合于汶水。梁山原在巨野泽北岸的陆地上，因巨野泽南部淤高，梁山周围相对低洼，故洪水来时即蓄集于此，形成了历史上著名的梁山泊。[4] 宋代天禧三年（1019）、熙宁十年（1077）两次河决，都从澶（今河南濮阳市）、滑东注梁山泊，湖面不断扩大，“绵亘数百里”[5]。但河徙沙留，宋代中叶人们已经指出梁山泊淤淀的事实。[6] 金代黄河逐渐南摆，梁山泊水退，泥沙淤出的滩地被附近居民所开垦。大定二十年（1180）以后金朝政府曾遣使招徕流民，在梁山泊安置屯田，[7]可见已有一片湖面淤成平地；明昌年间（1190—1195）为处置黄河的洪水，曾有决河入梁山泊之议，因湖面缩小、蓄水不多而作罢。[8] 元时黄河多次决入，“有复巨野、梁山之意”[9]，梁山泊又被扩展成为“量深恣包藏”

1 黄孝夔、汪安球：《黄泛区土壤地理》，载《地理学报》1954年第3期。

2 《汉书》卷29《沟洫志》，汉武帝瓠子河歌。

3 《水经·济水注》。

4 《旧五代史》卷82《晋少帝纪二》；（清）傅泽洪：《行水金鉴》卷9，引《谷山笔麈》。

5 《宋史》卷468《杨戬传》。

6 《宋史》卷95《河渠志五·河北诸水》，黄廉言：“梁山、张泽二泺，十数年淤淀，每岁泛浸近城民田。”

7 《金史》卷47《食货志二》。

8 《金史》卷27《河渠志·黄河》。

9 《元史》卷65《河渠志二·黄河》。

"碧阔渺无津"的汪洋巨浸[1]；元末河决白茅，"水势北侵安山"[2]，安山在梁山之北，可见由于梁山泊湖底淤高，水体又向北推移。但至明代前期，梁山泊还是一大片浅水洼地，曾考虑作为黄河北决的滞洪区。[3] 自弘治年间(1488—1505)刘大夏筑太行堤后，黄河多南决入淮，梁山泊来水短缺，湖床干涸。清康熙时梁山周围全成平陆，"村落比密，塍畴交错。居人以桔槔灌禾，一溪一泉不可得"[4]。桑田之变，无甚于此者。梁山泊淤高后，汶水下游北折由长直沟水入大清河。1855 年黄河夺大清河入海，汶水下游壅水形成东平湖。

北五湖形成于明永乐初，即 15 世纪初。最北的安山湖，系元末梁山泊湖水下移至安山以东洼地而形成的湖沼。"湖形如盆碟，高下不相悬。"[5]明初重修会通河，围湖筑堤，以为水柜。南旺以北至卫河的一段运河，"全赖安山一湖以济运"[6]，地位十分重要。南旺湖是明永乐九年(1411)重修会通河时，听从了汶上老人白英的建议，引汶水注入南旺高地，围地束水成湖。南旺地势高亢，汶水在此分流南北济运，因运河中贯，将湖分成东西二部分，西湖称南旺湖或南旺西湖，东湖又为汶水划分为南北二部，北部称马踏湖，南部称蜀山湖。最南部的马场湖是元初开济州河引汶泗水至济州(今山东济宁市)城东会合，环城西南流至城西分水，作为济州河的水柜，形成于分水处的西侧。明初会通河沿线设置的四大水柜，即汶上县境内的南旺湖(包括马踏、蜀山)、东平县境内的安山湖、济宁境内的马场湖和沛县境内的昭阳湖(见下)。

安山、南旺、马场、马踏、蜀山五湖形成后不久，淤浅之势接踵而来。安山湖潴汇时周围一百余里。[7] 明中叶许民佃种。弘治十三年(1500)勘查时，滩地为民垦占，湖区周围止八十里。[8] 以后东平县民以湖地"投献德府，隐占地亩"，故嘉靖年间，湖周回虽有七十三里，而平水时中心水域仅止十余里。[9] 隆庆四年(1570)时明政府为增加租税收入，竟决定将济汶以北各湖田，"宜

1 (元) 袁桷：《清峪集 · 过梁山泊》。
2 《元史》卷 66《河渠志三 · 黄河》。
3 《明史》卷 83《河渠志一 · 黄河上》，景泰四年徐贞明治河三策。
4 (清) 曹玉珂：《过梁山记》，康熙《寿张县志》卷 8《艺文》。
5 (明) 潘季驯：《河防一览》卷 14，引(明) 常居敬：《请复湖地疏》。
6 (清) 靳辅：《治河方略》卷 4。
7 (清) 靳辅：《治河方略》卷 4。
8 (明) 刘天和：《问水集》卷 2，闸河诸湖。
9 (明) 刘天和：《问水集》卷 2，闸河诸湖；(清) 周馥：《治水述要》卷 2，引《北河续纪》。

募民田”。[1] 至万历三年(1575)再次丈量时,湖面高亢处被垦为田地的有七百七十余顷,而低卑处可作水柜的仅四百余顷,2/3 被垦为田。至万历末年满湖成田,禾黍弥望。[2] 崇祯末年安山湖已“久化平陆”。[3] 清雍正年间曾一度想复安山湖为水柜,重筑湖堤,因测得运河淤高,不能放水入运,且又无水源,“不堪复作水柜”,遂听民耕种,“湖内遂无隙地”。[4] 北五湖中安山湖淤废得最早。

南旺湖初作水柜时,南旺西湖周九十三里,马踏湖周三十四里,蜀山湖周六十五里。[5] 由于汶水含沙量较高,南旺三湖沿边很快淤出浅滩,“率皆侵占耕稼其上”。[6] 但南旺湖是会通河的主要水源,对运河通航关系至大。所以明清两代规定每两年大挑一次,每年小挑一次,并三令五申禁民佃种,然而围垦仍在所难免。万历年间勘查时,南旺西湖 1/4 已为民田,蜀山湖 1/9 为民田,马踏湖大部分已为官民占田,可柜者无几。[7] 明政府不得不承认现状,在南旺等湖中高下相承之地,筑一束湖水堤,堤内永为水柜,堤外听民耕种。[8] 清初沿湖又涨出不少新滩,康熙十七年(1678)又划出高亢的两百八十顷为农田[9]。蜀山湖被垦速度较慢,因其在运河之东,作为主要水柜之故。清康熙时周围六十五里,计地一千八百九十余顷,除其中二十顷为民田外,其余均可蓄水。[10] 清末漕运停止后,南旺西湖和马踏湖全淤为平地。仅蜀山湖保留至今。中华人民共和国成立后曾培修南旺西湖堤作为滞洪之用。

马场湖是汶、泗二水通过洸、府二河所汇。明代又从冯家坝承受蜀山湖的余水,周围四十里,内有高阜地九十三顷为民佃种。万历年间责令退田还湖,修堤蓄水。[11] 至清初时周回六十里,是南旺高地以南的重要水柜。[12] 后冯家坝被堵闭,府河又淤浅,泗水入湖不及原来 1/10,湖滩淤出为“官役河棍”所侵占。至康熙中叶时湖区“尽成民田”。[13] 总之,至清末,北五湖中除蜀山

1 (清) 傅泽洪:《行水金鉴》卷 118,《明穆宗实录》,隆庆四年五月乙酉。
2 (明) 潘季驯:《河防一览》卷 14,引(明) 常居敬:《请复湖地疏》。
3 (清) 傅泽洪:《行水金鉴》卷 132,引《崇祯长编》。
4 (清) 陆耀:《山东运河备览》卷 4。
5 万历《汶上县志》卷 2《方域志》,山川。
6 (明) 刘天和:《问水集》卷 2,闸河诸湖。
7 (明) 万恭:《治水筌蹄》。
8 (清) 傅泽洪:《行水金鉴》卷 146,山东全河备考。
9 康熙《汶上县志》卷 3《政纪志》。
10 (清) 张伯行:《居济一得》卷 2,蜀山湖。
11 (明) 潘季驯:《河防一览》卷 14,引(明) 常居敬:《钦奉敕谕查理漕河疏》。
12 (清) 张伯行:《居济一得》卷 2《马场湖》、同卷引《济宁州志》。
13 (清) 张伯行:《居济一得》卷 1《金口闸》。

湖外，都废为低洼的平地。来水缺乏和泥沙淤积是其主要原因，而人为垦种加速了淤废的进程。

第三种类型可以山东苏北南四湖为代表。南四湖北起济宁市以南小口门，南至徐州市以北的蔺家坝，南北长约一百十公里，水面面积在南阳湖水位为三十四米时，约一千两百平方公里。其中以微山湖面积最大，五百余平方公里。四湖的东西宽度，在南阳镇附近最狭，仅三公里，微山湖最宽处则达二十三公里。[1]

昭阳湖在南四湖中出现最早，元时称为山阳湖或刁阳湖。[2] 它是由历史上黄河长期夺泗水下游的洪水，在古泗水以东、山东丘陵西侧之间洼地聚积而成湖。明初济宁以南只有昭阳湖，为四大水柜之一。成化年间开永通河将南旺西湖的水引往东南流，至鱼台县东北南阳闸北入运，积水成为南阳湖。开始时并不大，以后由于泗水下游三角洲的延伸，南阳湖水不能顺利排入昭阳湖，遂使湖面不断向北扩展。隆庆元年(1567)开南阳新河，运道改经南阳湖东出，经昭阳湖东岸南下，于是在南阳湖以东运河东岸独山坡下的低洼处，阻截了来自东面的诸山水而形成独山湖。昭阳湖也由于运河的改道，从原为运河东岸的水柜，变成运河西岸的水壑，承受了洪峰来时运河溢出的余水和西南黄河决来的洪水，湖区不断扩大。清乾隆年间周围扩展至180里。[3]

微山湖区在明朝万历以前，只存在一些零星小湖，有郗山、赤山、微山、吕孟、张庄等名，是由黄河决运而东，在运河东岸低洼处蓄积而成，万历三十二年(1604)修成泇河。运道东移经微山之东，这些小湖被隔在新道之西。运东山洪暴发，通过沿运闸门宣泄于此；西面黄河东决时，洪水以此为壑；再加上南四湖北高南低，南阳等湖涨水时也下泄到这里。这三股水源汇集的结果，使这些小湖泊连成一片，总称微山湖。北接昭阳湖，南以徐州东北至韩庄之间丘陵地带为限，周围百余里，凡郓城、嘉祥、巨野、鱼台、金乡、城武、曹州、定陶、寿张、阳谷、曹、单各州县之沥水皆汇于此，成为兖、徐间一茫茫巨浸。[4] 由于下泄道浅狭，而黄河又不断决入，微山湖水位不断上升。古代高平、湖陆、广戚等土地全部沦为泽国。以后古泗水淤平，微山湖区则成为鲁西南最低洼的地区。微山湖水位抬高以后，又反过来影响到南阳、独山、昭阳等湖的下泄，于是南四湖水位普遍抬高。清末民初时，南阳湖低水位时面积五十

1　任美锷、李海晨、宋家泰：《山东苏北南四湖区域的地理概况》，载《地理学报》1954年第2期。

2　(元)于钦：《齐乘》卷2。

3　(清)陆燿：《山东运河备览》卷4，昭阳湖。

4　(清)靳辅：《治河方略》卷4。

四平方公里，独山湖占一百九十平方公里，昭阳湖有一百六十五平方公里，微山湖有四百八十平方公里，共计近九百平方公里。[1] 因同时也受到泥沙不断地淤积，故湖水很浅。最深处在微山岛以南，水深亦仅三米左右，南阳湖和独山湖湖心最深也不过一点五米左右。四湖的大部分水深一般不足一米，或仅零点五米，还有一部分湖水生植物丛生，[2]故而大水时极易漫溢，成为近代洪涝灾害最严重的地区之一。

黄淮平原东南部的洪泽湖的形成与黄河变迁的关系最大。洪泽湖区在宋代以前存在着一些零星湖泊，如白水陂、破釜塘等，是人工利用洼地修筑进行灌溉的小陂塘。[3] 金元以后黄河夺淮入海，起初分经颍、涡、浍等河，泥沙分散，堆积在淮河干流上的不多。明代后期经潘季驯治理，两岸大修堤防，黄河固定在今废黄河道上，全河至淮阴夺淮入海，淮河以下河道迅速淤高，淮水下游受阻后东溢，将原来的零星小湖和洼地连成一片，遂形成了洪泽湖。大约在隆庆、万历年间，洪泽湖东岸修筑高家堰，[4]一则为防止洪泽湖水决入里下河地区，二则为抬高洪泽湖水位，以达到“蓄清刷黄”的目的。以后高家堰越筑越高，洪泽湖只能向西、北二面扩展。向西扩展最严重的结果是康熙十九年(1680)泗州城的沦没。泗州城原与今盱眙县隔淮相对，至此已成一汪洋。向北扩展的结果，使今溧河、安河、成子三大洼地与洪泽湖连成一片。清康熙前期洪泽湖周围三百余里，湖面高于黄河水面，经常保持五至六尺。[5] 乾隆时汛期往往达到十至十四尺。[6] 1855 年黄河自铜瓦厢改道经山东至利津入海，洪泽湖北部湖面逐渐淤出陆地，水线内缩三十余里。[7]今天洪泽湖最高洪水位时面积约为三千七百八十平方公里，最大库容一百三十多亿立方米，为我国五大淡水湖泊之一。

此外，由于洪泽湖基准面的抬高，淮河上游坡度减缓，各支流入淮的水流受阻，汛期往往倒灌，溢于两岸，形成许多河口洼地湖沼。如北岸北淝河因下游不顺，河身弯曲，“一遇霖潦，即苦泛滥，倘淮淝并涨，两岸田庐尽为泽

1 (清) 武同举：《两轩剩语 · 会勘江北运河日记》。

2 任美锷、李海晨、宋家泰：《山东苏北南四湖区域的地理概况》，载《地理学报》1954 年第 2 期。

3 《太平寰宇记》卷 124，楚州宝应县。

4 (明) 潘季驯：《河防一览》谓高家堰为永乐年间陈瑄所筑；然陈瑄《神道碑》及《明史》卷 153《陈瑄传》均无修高家堰的记载。故有人以为此说不足据，应筑于隆、万间。见郭树：《洪泽湖两百年水位》，载水电科学院：《科学研究论文集》(第 12 集)，水利水电出版社 1982 年。

5 (清) 靳辅：《治河方略》卷 2，高家堰。

6 (清) 康基田：《河堰纪闻》卷 26，乾隆三十四年五月条。

7 武同举：《淮系年表 · 全淮水道编》。

国”[1]。今茨河、北淝河、浍河、沱河下游的一些湖泊如殷家湖、沱湖、天井湖、香涧湖等，都是20世纪以来因此而形成的。

六、余论

上面我们对历史时期华北大平原上湖沼变迁的基本概貌作了介绍。概括言之，6世纪以前，由于那时气候比较温暖湿润，降水量比较丰富，西部山区的森林植被尚未遭到严重破坏，水土流失不是很剧烈，河流的含沙量不如后代那样高，在河流密布的平原上各种湖沼洼地十分发达。6世纪以后，平原湖沼逐渐淤废，但湖沼分布的格局尚未起根本变化。10世纪后河北平原上的湖沼开始发生较大的变化，主要是人为因素促成的，即北宋前期人为地将河北平原的一些河流引向今白洋淀至文安洼的凹陷地带，形成了西起保定、东至渤海的湖沼带。其次是黄河、滹沱河、漳河、永定河等主要河流改道的影响。这些河流从宋代开始上游森林植被遭到严重破坏，河流含沙量增多，改道频繁，淤平了一些湖沼，迫使原先湖沼的水体向相对低洼的白洋淀、文安洼凹陷地带集中。这一湖泊带成为河北平原众水所汇，水面视来水大小和人为垦殖的程度，时大时小，总的趋势是逐渐淤浅、干涸。黄淮平原上湖沼的巨大变迁是从12世纪黄河南泛开始的。以后的变化也主要受黄河和运河变迁的影响。其结果是豫东、豫东南、鲁西南西部、淮北平原北部的湖沼大都被黄河的泥沙所填平，也有一部分是因为人为垦种加速了淤废。平原上的沥水都集中到山东丘陵西侧、黄河冲积扇前缘的低洼地带，形成了今黄河以南、淮河以北长达数百公里的湖泊带。近几十年又有逐渐淤浅的趋势。

以上所述，仅仅是反映了一个变化的概貌，还有许多有关的问题值得进一步探讨。

第一，引起各局部地区湖沼变化的自然因素和人为因素，在不同的历史时期的不同作用及其主次关系，需要进一步探讨，这对今后湖沼的整治和维护有一定的参考价值。

第二，运用钻探资料、航卫相片和考古资料，并结合文献记载，对各具体湖泊面积的大小、形态及其变迁的具体过程，作进一步探索，对当前的生产建设有着重要的意义。

第三，华北大平原湖沼变迁的结果，对各地区小气候，如降水量、干湿度的变化等究竟有多大影响，也是很值得研究的，由此可以弄清华北大平原环

1　武同举：《淮系年表·全淮水道编》。

境变迁的内在原因。

第四，华北大平原上南北两大湖泊带的形成，与附近地区洪涝灾害的关系问题，也是一个重要的课题。

笔者由于知识水平所限，尚无力对上述问题一一进行研究，提出来希望引起大家的兴趣和关注。

（原载《历史地理》第5辑，上海人民出版社1987年版）

论长江三角洲地区人地关系的历史过程及今后发展

去年读到了姚锡棠等同志《从全球角度看长江三角洲地区的经济一体化》(刊《文汇报》2002年3月8日11版)一文,颇受启发。环顾当今中国,可以说,长江三角洲地区是我国经济、文化最发达的地区了。可以预见,在二三十年后,长江三角洲地区还将发展成为世界范围内经济最发达的地区之一。但是,就在这个地区,生态环境还有不少堪忧之处:人口过于密集,耕地日趋减少,河湖逐渐淤浅,水和空气污染严重,自然灾害频发而抗灾能力降低……总之,如果从可持续发展的要求来考察,人地关系矛盾还是比较突出的,这种矛盾有可能阻碍今后三角洲地区经济的顺利发展。冰冻三尺,非一日之寒。今天这种局面的形成是有其历史渊源的。一部长江三角洲地区开发史,也就是一部长江三角洲地区人地关系发展史,本文即想回顾一下这段历史的曲折过程,并对其中有些问题的研究作初步的思考。历史纷繁,只能就几个较大的问题来说。

一、早期开发进程缓慢的环境制约因素

20世纪20年代近代考古学传入中国后,自30年代开始,特别是50年代以来,田野考古工作不断发展,新的考古资料大量涌现,充分证明了长江三角洲地区是中华古老文明发源地之一。撇开旧石器时代不谈,从新石器时代开始,长江三角洲地区一系列史前文化遗址的发现,将长江三角洲的古文明上推到了距今一万年左右。比较典型的有浙江余姚河姆渡文化、嘉兴马家浜文化、太湖地区的崧泽文化、浙江余杭良渚文化、江苏南京北阴阳营文化等。它们共同的特点是:

一是社会经济已经是稻作农业为主。最典型的是距今7 000年的河姆渡遗址第四层内发现大量稻谷遗物,经鉴定有籼稻与粳稻两种,还有大量骨耜的发现,说明农业生产已进入耜(锄)耕阶段。其他如崧泽文化、良渚文化的遗存也都说明农耕业已脱离了原始状态。

二是已有精致的手工业,门类有玉器、陶器、纺织、编织、象牙、漆器等

等。河姆渡、崧泽遗址都有精致的玉器；良渚文化的玉器更是发展到了高峰，举世瞩目。陶器制作是各文化遗址普遍存在的，反映了农业和定居生活。最早的纺织品是在吴县草鞋山马家浜文化遗址出土的三块野生葛制成的纺织品残件；特别是吴兴钱山漾良渚文化遗址出土的残绢片、丝线等遗物，说明距今 5 000 年前长江三角地区已经掌握了育蚕、抽丝、丝织的技术了。河姆渡、马家浜、崧泽、良渚等文化遗址中，先后出土了象牙制品、漆器、榫卯结构的木构件，体现了距今 7 000—5 000 年，长江三角洲地区的手工业生产已经达到了相当的水平。

三是定居生活。从农业在社会生产中占主要地位和陶器的普遍使用来看，新石器时代长江三角洲地区的先民们已经过着定居生活是没有问题的。当时人们逐渐离开了穴居，开始根据所处的自然环境创造了与之相适应的居屋，如河姆渡遗址先民们创造了适应于湖沼地区的干栏式房屋是最典型的例子。其他遗址也有同样为适应于多雨、潮湿的自然环境，创造了防潮、防虫害、加固种种措施的民居建筑。总之，新石器时代长江三角洲地区的先民们创造了与黄河流域相比毫不逊色的高度文明，说长江流域是中华文明的另一发祥地，是当之无愧的。

但是我们也不能回避这样一个事实，就是在新石器时代的晚期，当黄河流域进入夏商周时期时，长江下游地区社会发展的进程，相对而言是比较缓慢的，只有到了春秋战国时期，长江下游的吴越文化才显示其辉煌。其中究竟是什么原因呢?

我想还是应该从当时的人地关系方面去探讨。

首先，学术界已经公认，距今 8 000—3 000 年，大致相当黄河流域仰韶文化时期，中国处于一种温暖湿润气候时期，名之曰仰韶温暖期，当时黄河流域气温较今高出 2—3℃。这在黄河流域新石器时代遗址中发现许多适应于温暖湿润气候条件的动植物的遗骸可以为证。当时黄河流域的自然环境是：气候湿润，雨量适中，森林分布而不茂密，河湖畅流而少沼泽，再加上疏松的黄土，比较适合早期木石器时代的农业耕种。而当时长江三角洲地区则处在一种河湖纵横、沼泽遍地的环境之下，多雨潮湿的气候和茂密的森林杂草，滋长了各种威胁人类生存的细菌和疾病，人的平均寿命很短。司马迁说："江南卑湿，丈夫早夭。"就是说不少男子未长成年即已夭折。[1] 这种情况至西汉时尚未改变，《汉书 · 严助传》中描述南方的环境时说："入越地……

---

1 《史记》卷 129《货殖列传》。

夹以深林丛竹，水道上下击石，林中多蝮蛇猛兽，夏月暑时，欧泄霍乱之病相随属也……南方暑湿，近夏瘅热，暴露水居，蝮蛇蠚生，疾疠多作，兵未血刃而病死者什二三。”[1]中原人将江南视为畏途。本来就稀少的人口，再加上成年劳动力的不足，使长江下游地区经济的开发不可能迅速地发展。

其次，长江三角洲地区的农业以种水稻为主，多水虽有利于水稻，但水稻需要灌溉，既要灌也要排，同样要讲究水利。但南方多丘陵，斜坡不能蓄水，洼地需要排水，否则作物会被水所淹。木石工具很难担负起这种任务，人们只能听天由命，农业经济的发展受到了限制。

其三，长江下游的土壤是黏质湿土，《禹贡》记扬州“厥土惟涂泥，厥田惟下下”，荆州“厥土惟涂泥，厥田惟中下”。面对这种卑湿的黏土，木石工具是很难有大作为的。这就是早期南方经济发展的步伐不可能很快的原因。有的学者认为“夏代，黄河流域的中原地区已经出现了高度的青铜文化，而这一时期的长江流域，由于三苗民族在与北方民族旷日持久的战争中败北及遭受特大洪水的冲击，其文化也遭到了毁灭性的打击”[2]，这个理由是很难令人信服的。在原始社会晚期或是刚进入阶级社会时，氏族、部族之间争斗是很频繁的，但由于武器杀伤力低、战斗人员分散，争斗的规模不可能很大，以致能毁灭一种文化；讲到洪水，那是黄河流域也发生过的，恐怕也难以作为长江流域早期文化发展程度不及黄河流域的理由。

到了春秋后期至战国时代，铁器工具广泛使用，对长江下游地区社会经济的发展起了决定性的作用。至迟在春秋战国之际，即公元前五六百年间，冶铸生铁已应用于生产，这比欧洲至少要早1 800—1 900年。而块炼铁的出现，仅略早于生铁，约在春秋后半叶，即公元前六七百年之间。至于我国最早冶炼和使用铁器的地点，考古学者多认是在楚国。[3] 铁器工具的出现，使辟草莱、砍森林、筑沟渠、修海堤成为可能，使南方湿润的气候、肥沃的黏土、密布的湖沼，那些原先不利的自然环境一下子变为优越的自然条件，大大加速了南方经济开发的进程。战国时代的楚文化、吴越文化的辉煌成就，即在此背景下产生的。

二、长江三角洲地区人地关系发展的几个阶段

上文已述，在漫长的历史时期里，长江三角洲地区人地关系发生过较大

1 《汉书》卷64《严助传》。

2 李学勤、徐吉军：《长江文化史》，江西教育出版社1995年，第108页。

3 夏湘蓉等：《中国古代矿业开发史》，地质出版社1980年，第27页。

的变化。人地关系这一对矛盾中，矛盾的主要方面在人，因为地这方面，也就是自然环境，在这几千年里，并没有质的变化。虽然说起来，在我国近代化以前，生产力也未见有质的变化，但在这三四千年里，人口数量的成倍增长，科学技术和生产力的明显发展，人类活动造成的长江中下游地区人文环境格局的变化仍然是巨大的。这种变化主要反映在土地利用上，以及由此而派生的一系列有关的人文变化。其突出表现是从地广人稀—人地和谐—人地矛盾—矛盾尖锐化的过程。因此，探讨历史时期长江三角洲地区人地关系变迁的背景，还得从人的因素中去寻求。

我国从秦汉开始，整个历史时期就不断有黄河流域人口向南迁徙的史实。但有些时候因为人数不多、规模不大、延续的时间不长，对长江三角洲地区的人地关系并未产生过多大影响，史书上也缺记载。只有南迁延续的时间较长，南迁人口数量庞大，形成浪潮式的移民时，历史文献上才有明确的记载。这种移民才会对长江流域的人地关系产生较大影响。类似这样的移民，我国历史上曾经有过三次，那是西晋末年的永嘉之乱、唐代中期的安史之乱至唐末、宋金之际的靖康之乱。移民迁徙的方向主要是长江流域，据粗略估计，第一次移民从北方迁往南方的大约为 90 万，第二次大约有 650 万，第三次约有 1 000 万。这三次大规模北方人口南移最明显的结果，就是南方土地利用的巨大变化，造成南方平原、丘陵山地、河湖滩地的大量开辟，由此引起一系列的环境变化。综观历史，我们可以将长江三角洲地区人地关系的变化分为几个阶段来考察：

第一阶段为秦和两汉时期。西汉末年黄河流域战火纷飞，不少人士南迁相对安定的长江流域。《后汉书·任延传》云："时天下新定（按：指东汉初年），道路未通，避乱江南者皆未还中土，会稽颇称多士。"[1] 我们将东汉永和五年（140）长江三角洲地区丹阳、吴郡两郡的人口数与西汉末元始二年（2）人口数相比较，就会发现这 138 年里，丹阳郡人口增长率为 156%，吴郡是 136%。[2] 这种增长率的倍数不可能仅仅是自然增长，必定是包含了北方移民的后裔。经过西汉末年至东汉中期的 138 年，南方虽然增加了不少人口，但"地广人稀"的局面仍未改变。据有关研究分析，东汉永和五年（140）时，长江三角洲地区诸郡人口密度还是很低，每平方公里会稽郡 2.53 人，吴郡 18.90 人。[3] 东汉初，扬州的农业经济还不是很发达。建武年间，樊晔为扬州

1 《后汉书》卷 76《任延传》。

2 葛剑雄等：《简明中国移民史》，福建人民出版社 1993 年，第 136 页。

3 葛剑雄：《中国人口发展史》，福建人民出版社 1991 年，第 336 页。

牧，“教民耕田种树理家之术”[1]。东汉初年会稽郡“俗多淫祀，好卜筮。民常以牛祭神”[2]。在黄河流域牛耕、蚕桑已经很普遍了，而长江下游部分地区还在用牛祭神，还需要地方官指导用牛犁耕，其农业生产水平可以想见。东汉永和五年会稽太守马臻在宁绍平原兴建规模很大的水利工程镜湖，地跨会稽、山阴两县，“堤塘周回三百一十里，溉田九千余顷”[3]，说明宁绍平原上还有不少荒地，而江淮之间“地力有余而食常不足”，正是长江下游“地广人稀”的证明。所以，可以认为两汉时期，长江三角洲地区人地关系的主要矛盾还是地广人稀，劳动力缺乏，生产技术落后，土地开发不足。

第二阶段是从六朝到唐初。东汉末年，由于淮河以北长期处于战乱，大批人口南迁至长江下游地区。孙吴时期，对扬州地区开发的进程加速。一是招抚北来人口，如建安十八年（213），曹操“恐江滨郡县为权所略，征令南移。民转相惊，自庐江、九江、蕲春、广陵户十余万皆东渡江，江西遂虚，合肥以南惟有皖城”；三国吴孙韶为广陵太守（辖今江苏扬州市），“青、徐、汝、沛颇来归附”。[4] 二是山越的归附，政治控制力深入苏、赣、浙、皖山地丘陵地区，将山区越人迁往平原进行农业生产。所以吴国不置郡县，而置典农都尉、典农中郎将，实行兵农合一的统治制度。对南方地区影响较大的是西晋末永嘉之乱引起的北方人口大量南迁。据谭其骧、葛剑雄研究，至南朝刘宋时北方南下移民约有 90 万，到大明八年（464）北来移民及其后裔约有 200 万人。[5] 到唐朝初年，北、南方人口已经比较接近，大约为 6∶5。北方人口比较密集的黄河中下游地区每平方公里 38—60 人之间，而南方最密集的江南东道为每平方公里约 30 人。

当永嘉之乱北人南迁时，长江下游今江苏地区的移民最多，比较集中在今镇江、丹阳、常州、无锡一带，“以人事、地形便利之故，自必觅较接近长江南岸，又地广人稀之区，以为安居殖产之所”[6]。唐《元和郡县志》卷 25 也说：“旧晋陵地广人稀。”[7]因为有许多尚未开垦的荒地，遂使北来居民可在此处建立起侨州郡县。长江下游其他地区亦然，故王公贵族可以广据田宅，占而不垦，发展起庄园经济。刘宋时会稽太守孔灵符的产业极广，在永兴（今浙

1 《后汉书》卷 77《樊晔传》。
2 《后汉书》卷 41《第五钟离宋寒传》。
3 《太平御览》卷 66《地部三十一·湖》，引《会稽记》。
4 《三国志》卷 51《吴书六·孙韶传》。
5 葛剑雄等：《简明中国移民史》，福建人民出版社 1993 年，第 152 页。
6 陈寅恪：《述东晋王导之功业》，见《金明馆丛稿初编》，上海古籍出版社 1980 年。
7 《元和郡县志》卷 25《江南道一》。

江萧山市)立墅,周回33里,水陆地265顷,含带2山,又果园9处。[1] 谢灵运在会稽修营别业,傍山带江,尽幽居之美,并作《山居赋》以记其事。他还曾要求会稽回踵湖,岯崲湖,决以为田。会稽太守孟𫖮"以为此湖去郭近,水物所出,百姓惜之,坚执不与"[2]。说明其时尚无围湖垦田之风。《宋书》卷54《传论》云:"自晋氏迁流,迄于太元之世,百许年中,无风尘之警,区域之内,晏如也。及孙恩寇乱,歼亡事极,自此以至大明之季,年逾六纪,民户繁育,将曩时一矣。地广野丰,民勤本业,一岁或稔,则数郡忘饥。会土带海傍湖,良畴亦数十万顷,膏腴上地,亩值一金,鄠、杜之间,不能比也。荆城跨南楚之富,扬部有全吴之沃,鱼盐杞梓之利,充仞八方,丝绵布帛之饶,覆衣天下。"刘宋大明时,"自江以南,在所皆穰"[3]。总之,六朝时代的长江三角洲地区既不像两汉时代的地广人稀,又不如唐宋以后的人稠地狭,土地肥美之处均已开垦,湖沼、丘陵、山地仍处于自然状态,所产足够维持已有人口的生存,是人地关系比较协调的时代。

第三阶段是唐后期至宋元。唐安史之乱、宋靖康之乱导致第二、第三次北人南迁至长江流域及其以南地区,数量数倍于前,又主要集中在西部的成都平原和三峡以东的东部地区,这些地区人口密度大增。据研究,北宋时太湖流域和宁绍地区人口密度每平方公里已达到一百余人,苏州一地人均耕地为3.5亩,[4] 人多地少的矛盾十分突出,苏轼说"吴、蜀有可耕之人,而无其地"[5]。当时东南地区平原地带已"野无闲田,桑无隙地",于是将目光投向不宜开垦的山地与湖滩,开始了大规模以围垦江、湖为主的造田运动。宋代长江中下游两岸圩田不知其数,如皖南、江西鄱阳湖区的圩田即始于此时,东南的太湖流域和宁绍平原更是大兴围湖垦田之风,绍兴的鉴湖、上虞的夏盖湖、镇江的练湖、余姚的汝仇湖、宁波的广德湖都在这时被垦成平地。太湖流域在宋前无大灾,围湖造田后,"涝则水增溢不已,旱则无灌溉之利"[6]。当时人就指出东南水旱之灾,"弊在于围田",南宋政府也三令五申禁止围田,但由于人口压力和豪门霸占,且湖田高产,故政令如一纸空文,两浙地区的围田反而愈演愈烈,直至宋亡。宋代以前,长江三角洲地区以生产稻米为

1 《宋书》卷54《孔灵符传》。
2 《宋书》卷67《谢灵运传》。
3 《宋书》卷82《周朗传》。
4 韩茂莉:《宋代农业地理》,山西古籍出版社1993年,第95页。
5 (宋)苏东坡:《御试制科策》,《苏东坡后集》卷3。
6 (宋)李光:《乞废东南湖田札子》,《庄简集》卷11。

主，粮食生产在全国占有领先地位，到了北宋开始，长江三角洲已形成一年稻麦二熟制，成为全国的粮仓，故宋时有“苏湖熟，天下足”之誉。其代价则是山区的土壤侵蚀，下游的河湖蓄水面积缩小，水旱灾害的加剧。太湖流域生态变化大致从北宋开始。北宋以前太湖流域无大灾，原因有二：一是唐代太湖流域人口还不密集，农业开发还没有达到充分的高度，环境尚未受较大影响。二是割据太湖流域、宁绍地区86年的吴越政权对太湖地区水利建设做出了重大贡献。当时太湖地区全部水网化、格式化，形成了五里、七里一纵浦，七里、十里一横塘的塘浦圩田系统，太湖流域腹地有塘浦264条，排水蓄水有序，并有十分严格的管理制度。吴越时代是太湖流域水利搞得最好的时期，86年内只发生过4次水灾，1次旱灾，是历史上太湖流域灾害最少的年代。北宋以后，太湖流域水患明显加剧，其原因：一是水网系统被破坏，太湖地区水利从以农田灌溉为主改为以漕运为主，将堤岸堰闸都毁去，以便通漕；二是吴江石堤的修筑，阻碍吴淞江水的下泄；三是人口增加，大规模围湖造田；四也是很重要的是海平面上升，据研究，北宋以来海平面上升了1.5—2米，约高于今天1米。明清时代太湖水利的重点仍在排泄洪涝，为了减轻太湖下游地区的洪水来源，在今江苏高淳县境胥溪上筑东坝，控制长江水进入太湖，同时疏浚太湖下游浏河、吴淞江，排泄洪涝。自明代以来，太湖上下游地区为水的问题，经常发生矛盾。近代以来太湖水利问题一直是一个棘手的问题。

第四阶段为明清时期。明清时代长江三角洲地区成为全国最富庶的地区并非因为粮食生产。当时太湖流域为缺粮区，原因有二：其一是人口增加，耕地减少。宋时太湖流域约有人口300万，明代增加到700万，清嘉庆年间为2 000万；明代人均耕地为2.3亩，清代嘉庆年间为1.4亩。由于耕地不足，苏、湖、常、嘉等地成了缺粮区。二是棉花种植占了耕地，松江、太仓十分之六七种植棉花，农民弃本业转向蚕桑、植棉生产，农村中蚕桑缫丝、植棉织布渐为农民生计产业。而全国粮食基地，转到了湖广地区，所以明代开始有“湖广熟，天下足”的谚语。长江三角洲地区蚕桑、棉花的种植、加工与贸易，带动了商品经济的发展，使该地区成为全国经济最发达的地区。农产品商品化的发展，为手工业提供了原料和市场，形成棉织品和丝织品的专业市镇；河网密布的自然条件，便捷的水运网络，为商品的运输提供了方便，从而形成了以苏、杭为中心的多层次区域市场网络体系。在苏、杭中心城市以下，出现了一批新兴的专业市镇，这些市镇经济的发达，有时超过府、县城，所谓“湖州整个城，不及南浔半个镇”。抗战前夕，长江三角洲地区内部货物交易主要依靠内河水运，分民船和小轮两种。民船无法统计，小轮有定期航线者，计有航线161条，216航班，里程1 300公里，轮数479艘，是为长江三角洲地区经济活动的动脉，对本区生机勃勃的经济起过重大作用。

这时的人地关系矛盾是人口过于集中，耕地利用率过高，土壤肥力下降，河湖面积缩小，洪涝灾害频繁发生，广大最底层的农民生活并未显著提高。

第五阶段为19世纪中叶至20世纪50年代。长江三角洲地区为我国最早进入近代化的地区。西方资本的输入，民族资本的兴起，国际贸易体系的加入，出现了上海这个全国最大的工商业、金融、贸易城市，形成了以上海为龙头的长江流域市场网络。苏、杭降为二级城市。这时的人地矛盾表现了上海城市人口的高度集中，江苏、安徽、浙江等地的精英人口（指智力和体力）大批集中到上海，就业矛盾突出，城市和农村的贫富分化悬殊。传统手工业制品市场占领面缩小，周边城镇经济相对衰落，反映了半封建、半殖民地经济的畸形特征。

第六阶段为20世纪中叶至今。特别是近20年来，在大力发展经济的前提下，不可否认也出现了不少负面效应。如乡镇企业造成水和空气的污染，城市、交通路线扩建，耕地大量减少，农村劳动力外迁，传统农村产业衰落。如棉花、蚕丝、柑橘、茶叶、枇杷、水稻、水产等产业，或因品种衰退，或因质量不高，无法与国内其他地区产品竞争，更不能在国际市场争得一席之地。城市吸引力太大，农村青壮劳力不安于农业生产，而城市就业有限，人地关系矛盾仍十分突出。这些均为目前大家所知，不必赘言。

三、长江三角洲地区人地关系可持续发展的几点认识

从上述六个阶段来看，长江下游地区人地关系有一个“不和谐—和谐—不和谐”的发展过程，这种矛盾的产生和发展，似乎是必然的，不可避免的。但是长江三角洲地区本身所具有的优越的自然和人文条件，使这种不和谐的结果也不都是负面作用，如同严酷的自然环境会造成人们坚强的意志、健全的体魄和顽强的适应能力一样，人地关系的不和谐对长江三角洲地区的影响同样也会派生出一些积极的方面，如农业精耕细作、生产技术提高，商品经济发展，市镇兴起和繁荣，以及富余劳动力促使文化事业繁荣等。但是面对长江三角洲地区目前存在的人地关系矛盾问题，如欲其今后仍然保持可持续发展的势头，应该积极开展下列几个方面的研究：

（一）21世纪全球气候变暖已成定论。1985年10月在奥地利召开的一

次大型国际会议上，专家们估计到2030年全球大气中二氧化碳浓度将增加一倍，从而将使全球平均温度上升1.5—4.5℃。1986年11月欧共体在布鲁塞尔召开世界气候讨论会也认为21世纪全球气温将升高1.5—3.5℃，并估计全球海平面将上升20—165厘米。长江三角洲地区面临东海，上海又是沿海港口城市，如果今后海平面上升50—70厘米，不仅上海地区将受很大影响，原为碟形洼地的太湖流域水位也必然随之升高，则影响更大。据研究，太湖流域水位升高1米，水面积将大致会增加52%，这样，不仅太湖地区将大片受淹，就是上海冈身以西地区也同样会受到影响，给长江三角洲地区的生存环境和工农业生产带来很大问题。因此，我们应该对二三千年来长江三角洲地区河湖变迁的因果、水旱灾害的频率作细致的研究，并探索其规律。根据历史资料，沪、江、浙三地应共同规划沿海塘堤工程和太湖水利，对蓄水、防洪、排涝、航运作全面规划、统一设计。这是长江三角洲地区可持续发展的头等大事。

（二）社会发展的主要动力是人，在传统社会里，一定数量的人也就是劳动力，是社会发展的基本要素。长江三角洲地区早期的开发历史证明，人的因素是决定性的。宋代以后特别明清以来长江三角洲地区人多地少的矛盾日趋尖锐。大家知道人口的增长与粮食需要量的增长是同步的，在传统农业社会里，早期增加粮食的唯一出路就是扩大耕地。当人均可耕地达到当时生产力水平的极限时，其必然趋势，是围湖造田、开山伐林，将非耕地转化为耕地。其代价是水土流失，河湖淤浅，集水面缩小，最后引起环境恶化，自然灾害频发，人地关系紧张。这在我国是传统农业社会无法避免的矛盾。当今人地关系矛盾已非人多地少、耕地不足的问题，而是城镇人口过度集中，居住环境恶化，城市劳动力素质不高，产业配置不当，从而影响了现代化的健康发展。因此，我们应该研究明清以来长江三角洲地区城镇化过程中的历史经验。当时长江三角洲地区经济发展的重要方面即农产品加工业和丝、棉织业的发展，由此造成市镇经济的繁荣，而人口并不都集中在府州县城市。今后长江三角洲地区乡镇产业结构如何调整、配置，应该认真研究。一方面当然要提高科技农业，另外可以继承明清以来生态农业的优良传统，以农养牧，以牧促农；以鱼养桑，以桑养蚕，进行果、茶、树和农产品深加工的多种经营，重新规划三角洲地区的农业配置。这样既能吸引大量人口，又不至于污染环境。这是一个十分重要的课题。

（三）宋代以后东南地区文化高度发展的地理背景与人地关系的紧张不无关系。由于耕地缺乏，多子家庭不能将全部劳动力从事农耕，其出路只有仕途和经商两条。长江三角洲地区在宋后以至明清出现大批文人、学者、商人的事实可以为证。这些人士得志以后,进一步带动当地乡土文化、教育的繁荣。这种现象在黄河中下游地区是不多见的,不能不承认是人地关系不和谐引起的积极后果。由此引发我们设想长江三角洲地区在经济发展的同时,应大力发展各种层次的教育,包括正规教育、成人教育、技术教育,以及为外来民工进行义务的业余文化、技术教育和培训。全面提高长江三角洲地区劳动力的文化素质,是保证长江三角洲地区可持续发展的重要条件。

(四)长江三角洲地区在明代以前一直是在一个高层次的政区管辖之下,而朱元璋硬将嘉兴、湖州两府划给了浙江,于是太湖流域分为两个高层次的政区,不利于当地的管理。但这仍不妨碍自明、清以来长江三角洲地区形成一个自然的经济区,即所谓"杭、嘉、湖、苏、松、常"的说法。出生于昆山的明代大臣顾鼎臣说:"苏、松、常、镇、杭、嘉、湖七府,供输甲天下"[1],乃东南财赋重地。事实上明代苏州一府的税粮占全国将近1/10,而六府(除镇江)税粮占全国1/5至1/4间。这说明当时人们眼中这7个府自成一个整体。近代以来,长江三角洲地区经济发展的特点是上海一枝独秀,其积极方面是上海带动长江流域甚至全国商品经济的发展,其消极方面是上海城市职能的高度膨胀,影响了周边地区和城市的积极性。今天我国国策以经济建设为中心,应该重建长江三角洲经济区。笔者曾在本市《决策参考》1994年第9期上发表《再论上海经济区》的文章,建议应不受行政区的限制,重新成立长江三角洲经济区,以长江三角洲地区强大的经济基础和技术实力,协调发展,可以带动华东地区的经济发展。因此,今后长江三角洲地区可持续发展的前提,仍然是必须发挥三角洲地区农村—市镇—中等城市—大城市—特大城市各级的积极性,组成长江三角洲经济区,各有侧重,各有所长,发挥各自特色,形成农村、市镇、中等城市、大城市、特大城市五级产业、商品、人才市场网络体系,创建以金融业、高科技、轻工业、精品农业、旅游休闲业为中心的产业体系,大力发展对外贸易。以优越的条件吸引各式高级人才,大力发展文化和教育事业。最终使长江三角洲经济区成为全国经济最发达、产值最高、人民最富裕、文化最繁荣、生活质量最高的地区。

(原载《学术月刊》2003年第6期)

1 《明史》卷78《食货志二》。

历史时期黄河流域的环境变迁与城市兴衰

历史时期黄河下游河道以“善淤、善决、善徙”而闻名，据不完全统计，有文献记载以来，黄河的泛滥、决口、改道有1 500余次之多，河道明显的改流有20余次。洪水和泥沙所波及的地区，北达天津，南至长江。所以，本文所谓黄河流域地域较今为广，下游包括整个黄淮海平原。

我国历史上黄河流域城市的兴衰、数量、规制、分布等的变迁，是由自然、政治、军事、经济、交通、文化等，即自然和人文的综合环境因素促成的，是一个十分复杂的历史地理现象。因此，研究黄河流域城市变迁的有关历史地理问题，也可以从一个侧面了解黄河流域社会的历史。

本文不是研究黄河流域城市史，也没有能力研究每一个重要城市发展的具体过程。只是从宏观的角度，考察黄河流域城市兴衰的一般历史地理过程。分析是否恰当，望同行批评指正。

一、春秋以前黄河流域城市的布局与地理环境

从商周至春秋时期的城市，一般说来，应该是从原始聚落逐渐发展起来的。近几十年来，考古学家在黄河流域不少省份陆续发现了数十座原始社会后期或青铜时代早期的筑有坚固城墙的城邑遗址。这些城邑遗址属于不同的史前文化，时代可上溯至四五千年以前。遗址的共同特征自然是有城墙遗迹，所以称它们为“城”。由于这些城邑的性质难断，考古学界有人含混地称它们为“文化城”。从历史地理学视角而言，只能暂置不论。从现存文献包括甲骨文在内的资料而言，我国城市兴起为时很早。据《古本竹书纪年》等历史文献记载，夏代自禹至桀曾多次迁都，有安邑（今山西夏县）、阳城（今河南登封）、阳翟（今河南禹县）、平阳（今山西临汾）、夏邑（今河南禹县）、斟寻（今河南偃师）、帝丘（今河南濮阳）、斟灌（今山东寿光）、纶（今山东济宁）、原（今河南济源）、老丘（今河南陈留）、西河（今豫西陕东，一说今河南内黄）等。商代几次所迁的都城有：亳（今河南偃师，一说郑州商城）、嚣（今河南荥阳东北敖山，一说郑州商城）、相（今河南内黄）、邢（河北邢台）、庇（今山

东郓城)、奄(今山东曲阜)、殷(今河南安阳)等。西周时都城丰、镐以及春秋时代各诸侯国都城,如晋国的绛(今山西翼城县东南)、新田(山西新绛县西南),燕国的蓟(今北京城宣武区)、易(今河北雄县西北),卫国的楚丘(今河南滑县东)、帝丘(今河南濮阳市西南),郑的新郑(今河南新郑),宋国的商丘(今河南商丘县),曹国的定陶(今山东定陶西北),齐国的临淄(今山东淄博市临淄区),鲁国的曲阜(今属山东)等,这些都城都是当时各地的重要城市。其分布的地域特点主要在黄河中下游地区,比较集中在今河南西部的伊洛河平原,山西南部的涑汾河流域,黄河下游平原分布着原封建诸国的国都所在;黄河上游为游牧民族活动地区,尚未出现城市;黄河下游今河北平原中部,由于黄河下游河道的自由决改,洪水任意泛滥,河道分岔众多,即《禹贡》所谓"北播为九河"的状态,人们无法长期定居,因此长期存在一大片空无城邑的地区,当然也不可能出现城市。[1]

为了政治统治和经济交流的需要,各地区城市之间也有了相当发达的水陆交通路线。甲骨文里已有"车""舟"二字。商代不断扩展势力,沟通各地区的交通道路必然逐步形成。商代晚期可能已形成以商都为中心的远方道路系统。据彭邦炯推测,商代远方道路有六条:向东南方,通往徐淮地区的大道,即征人方的往返路线;向东北方,通往今辽宁朝阳地区大道;向东方,通古蒲姑(今山东博兴县一带);向南方,通往长江流域的湖北、湖南、江西等地;向西方,沿黄河、渭水,达于周人丰镐一带;向西北方,入太行,交通𢀛方、土方。[2]《诗经》中所称颂的"周道如砥,其直如矢""周道倭迟",反映了周朝境内已有了坦直绵长的陆路大道。

这个时代的城市,在前期商周时期,主要具军事城堡性质,后期的春秋时代,城市初步有了工商业,人口有所增加,但城市的职能主要还是政治控制,并没有质的变化。

二、战国至西汉时期黄河流域的城市与地理环境

(一)全国水陆交通网络的开辟与形成

战国中期开始,各国竞相变法,其主要内容之一就是发展农耕经济,手工业也随之兴起,出现了我国历史上工商业第一次繁荣时期。列国之间交往频繁,交通路线的大规模兴起和开辟,成为这个时期显著的特征。魏、赵、

---

1 谭其骧:《长水集》下册,人民出版社 1987 年,第 59 页。

2 彭邦炯:《商史探微》,重庆出版社 1988 年。

齐等国间道路交错，史称“午道”，在赵国东、齐国西横竖交错。[1] 在东西方向上，东方各国与西秦之间有一条由成皋沿黄河至函谷关的“成皋之路”。[2] 史称从郑（今河南新郑）至梁（今开封）不过百里，从陈（今南淮阳）至梁二百余里，“马驰人趋，不待倦而至”[3]。在南北方向上，则有太行山东麓大道，是古代华北最重要的南北通道。自黄河流域通向长江流域的楚国，则有从河南中部经伏牛山隘口，通往南阳盆地的“夏路”。[4] 汾水谷地纵贯山西，是略次于太行山东麓大道的南北通道。

在水运方面，公元前647年，秦国沿渭水、黄河、汾水水道，将大量粮食由秦都雍（今陕西凤翔南）运至晋都绛（今山西翼城东），以赈灾荒，史称“泛舟之役”，是先秦史上一次大规模的水运活动。齐国在临淄城西开河沟通济水、淄水。魏惠王迁都大梁（今开封）后开凿的鸿沟是战国时代中原地区沟通河淮的最重要的人工运河，沟通了河淮之间的济、汝、颍、涡、睢、泗等河，形成了以鸿沟为干渠的水运交通网。至此，黄、淮两大水系均有水运可以通达。

秦始皇统一六国，将战国以来零乱错杂的交通道路进行统一规划和改建，大修驰道，自京师可达于四方。汉代兴起，武帝时又开疆拓土，在此基础上加以扩展和延伸，陆路有通往西北的回中道、通往河西走廊以至西域各地的丝绸之路等；水路有武帝时开凿的关中漕渠等。于是到了秦汉时代已经形成了以咸阳、长安为中心向全国辐射的水陆交通网。在黄河流域有下列几条交通干线：(1) 西北干线。由长安向西，沿渭水河谷或泾水河谷，逾陇山或六盘山，贯通河西走廊通往西域各地。(2) 北路干线。有两条：一条是秦始皇为抵御匈奴所开的直道。自咸阳北面淳化为起点，北由子午岭上，进入鄂尔多斯草原，至今包头市西南秦九原郡治所。今尚有断续遗迹可寻，汉时仍被利用。一条从长安（或咸阳）东出，沿渭水至蒲津渡河，沿汾水河谷而上，经平阳、太原，以至云中、代郡。原战国时的秦晋交通本多由此道。(3) 西南干线。由渭水流域向南穿秦岭间河谷，通向西南地区。(4) 南路干线。由长安东南出武关，经南阳盆地出襄阳，下汉水至江陵，通向长江中游。(5) 东路干线。从长安东出函谷关至洛阳，东经成皋、荥阳，循济渎抵定陶，又顺济、淄以达东方大都会临淄。这条路线是战国以来中原地区东西交通

1 《战国策》卷19《赵策二》；《史记》卷40《楚世家》索隐：“午道当在齐西界。一纵一横为午道。”

2 《战国策》卷5《秦策三》。

3 《战国策》卷22《魏策一》。

4 《史记》卷41《越世家》。

干线，也是秦汉帝国的动脉。（6）东北干线。从长安至洛阳，再由洛阳渡河，沿着太行山东麓，经邺、邯郸，以通涿、蓟，复向东北至辽东地区。（7）东南干线。由洛阳东经成皋、荥阳至陈留，沿着战国时魏国所开凿的鸿沟南下，由颍入淮，逾淮由淝水、巢湖以抵达长江下游。

交通路线是维系城市之间联系的动脉，是人类在地理空间内开展社会活动的必要保障条件，它的开辟和畅通与不同时期城市布局和发展变化密切相关。上述全国交通网络的形成，是城市网络发展的必然结果。

（二）黄河下游两岸全面筑堤

战国中期开始，黄河下游河道两岸全面修筑了数百里长的堤防。当时黄河东岸是齐国，西岸是赵、魏，各自为防护自己的疆土，修筑了防河大堤。齐国所修河堤，距河床二十五里，赵、魏修筑的河堤，距河床也是二十五里，两堤相距五十里，洪水来时可以在堤内游荡，泥沙淤落在堤内，不至决出堤外。[1] 从此黄河有了固定的单一河道，结束了多岔分流、决改频繁的局面。黄河下游两岸土地得到了充分的开发，到了西汉末年不仅河北平原人口骤增，连黄河堤内滩地上，也为人们所开垦，为人们经济开发和城市兴起提供了条件。

（三）战国至西汉前期工商业的空前发展

战国中期开始，我国工商业出现了空前繁荣的局面，已为史学界所共识。当时各国所处自然条件不同，所产生的商品各异，山西的材、竹、榖、纑、旄、玉石，山东的鱼、盐、漆、丝，江南的枏、梓、姜、桂、金、锡、连、丹沙、犀、瑇瑁、珠玑、齿革，龙门、碣石以北的马、牛、羊、旃裘、筋角，至于铜、铁等制造金属工具的原料更是到处都有。这些物资都是中国人民喜好、日常生活须臾不可离开的东西。于是各国交易频繁，出现了大批“与王者埒富”的商人。西汉初年，“海内为一，开关梁，弛山泽之禁，是以富商大贾周流天下，交易之物莫不通，得其所欲，而徙豪杰诸侯强族于京师”[2]。

由于上述的历史和地理背景，战国至西汉时期黄河流域城市发展达到空前繁荣。那些位于交通枢纽的城市或者被择为列国中心都邑，或者为商人会聚之所，成为有名的商业都会。这类城市可举出秦之咸阳（今陕西咸阳东北），魏之大梁（今河南开封），赵之邯郸，燕之涿（今河北涿县），蓟（今北京城宣武区），韩之荥阳（今河南荥阳北），郑（今河南新郑），齐之临淄（今山东

1 《汉书》卷29《沟洫志》。

2 《史记》卷129《货殖列传》。

淄博市临淄），周之雒邑（今河南洛阳），楚之郢（今湖北江陵北纪南城）、宛（今河南南阳市）、寿春（今安徽寿县），宋之陶（今山东定陶西北）、睢阳（今河南商丘），卫之濮阳（今河南濮阳南）等。秦汉以后又多是郡级政区的政治中心。

西汉时期随着各地区之间经济交流的加强，原先分布在这些主要交通干线上的城市得到进一步的繁荣和发展。从全国范围来看，长安、洛阳、成都、临淄、邯郸、宛是全国最重要的六大都会，四个在黄河流域。司马迁《史记·货殖列传》对于都市的地理地位十分重视，将一地区的重要商业城市称为“一都会也”。王莽时强化经济集权，于长安及雒阳、临淄、邯郸、宛、成都六大都市立五均官，以统制全国工商业，可见均为当时全国第一流都会。

其余政治地位稍次的城市，因居水陆交通沿线或枢纽，而成为一方的商业中心。除上述六大都会外，当时主要的都会还有温、轵、杨、平阳、蓟、荥阳、睢阳、陈、阳翟、定陶、寿春、合肥、江陵、吴、番禺等。它们大多为郡国首府，并多数集中于黄河流域。

据《汉书·地理志》记载，汉平帝元始二年（公元 2 年），全国有 103 个郡国，其中 70 个郡国在黄河流域，换言之，即全国三分之二郡级政治中心城市在黄河流域。有县级政区（县、道、邑）1 587 个，其中 1 132 个县在黄河流域，也占全国县级政区的三分之二。虽然有些侯国的规模很小，有的是一个乡升格的，但总的来说，黄河流域是当时城市最发达的地区。它的分布已从黄河中游、下游的上端延伸发展到下游河北平原，原先荒无人烟的地方，也密布着县级政区，这可从谭其骧主编《中国历史地图集》西汉冀州幅图得到证明。

总的说来，秦汉统一局面的确定，为富商大贾的周流天下、沟通货物提供了良好的社会条件。正如《盐铁论·力耕》所云：“自京师东西南北，历山川，经郡国，诸殷富大都，无非街衢五通，商贾之所臻，万物之所殖者。”充分说明了商业城市地理位置与交通路线的关系。从战国至秦汉时期，黄河流域城市分布已遍及整个流域，城市的等级已有国都、郡治和县级之分，除了政治中心性城市外，还有商业、交通、贸易性城市的出现，如定陶、平阳、杨、温、轵等，是我国封建社会早期城市最发达的时期。

三、东汉魏晋南北朝时期城市分布格局的变化

西汉末年的战争，给黄河流域的城市带来严重破坏。京师长安所在“三

辅大饥，人相食，城郭皆空，白骨蔽野”[1]，而黄河下游的“山东饥馑，人庶相食，兵所屠灭，城邑丘墟”[2]。人口大量死亡、城邑毁灭，促使东汉初光武帝建武六年(30)时诏曰：“今百姓遭难，户口耗少，而县官吏职所置尚繁，其令司隶、州牧各实所部，省减吏员，县国不足置长吏可并合者，上大司徒、大司空二府。于是条奏并省四百余县，吏职减损，十置其一。”[3]东汉一代城市经济远不如西汉。魏晋南北朝时期的长期战争破坏了社会正常的经济秩序，城市成为军事攻击的主要对象，尤其是大城市，更是屡遭战火的破坏。东汉末年，董卓作乱，火烧洛阳，造成“洛阳何寂寞，宫室尽烧焚”。李傕、郭汜混战于关中，长安城内“白骨委积，臭秽满路”。其他如宛城、徐州等“名都空而不居，百里绝而无民者，不可胜数”[4]。“中国萧条，或百里无烟，城邑空虚。”[5]昔日都市繁盛的景象在中原大地上扫荡殆尽，留下的是一座座空城的残破丘墟。除政治军事的因素以外，因为东汉亡后，生产力遭到巨大破坏，商业衰落，自然经济完全占据了统治地位。在这样的社会经济环境下，自战国以来，从王侯营垒基础上发展起来的商业城市，日益丧失其经济支持而走向衰落。与此同时，由于战争和分裂局面的形成，原先畅通的交通路线也因而受阻。

这个时期的交通路线和城市分布，因政治格局的变化出现了新的情况。东汉末建安年间，曹操为了征伐乌丸和控制河北地区，主持兴修了白沟、利漕渠、平虏渠、泉州渠、新河以后，河北平原上增添了一条贯通南北，起自河南淇门，东北直达今天津并东抵滦河下游的水运航线，特别是引漳水入白河以通漕的利漕渠的开凿，使从白沟上游来的漕运，可由此渠折入漳水，西溯邺城(今河北临漳西南)，使原来已处在南北陆路交通要道上的邺城，更添了水运的方便，遂使其地位日显重要，终于替代邯郸，成为河北平原上第一都会。曹操称魏公都于邺城。以后的后赵、前燕、东魏、北齐均在此建都。东汉末年兴起的都会还有许(今河南许昌东)。建安初曹操因洛阳残破，迎献帝都许，并屯田许下，得谷百万斛，许成为曹操争雄河北的根据地。

长安至洛阳一线，曾是全国城市体系的轴心地带，在魏晋南北朝的战乱时期，自然成为军事争夺的主要战场，受创最重，再加上政治格局的变化，其

1 《后汉书》卷11《刘玄刘盆子传》。

2 《后汉书》卷13《公孙述传》。

3 《后汉书》卷1《光武帝纪一》。

4 《后汉书》卷49《仲长统传》。

5 《三国志》卷56《吴书・朱治传》，裴注引《江表传》。

城市体系的轴心地位大为削弱。长安虽然仍被一些政权选作都城,如西晋、前赵、前秦、西魏、北周等,但其稳定性与繁荣程度均不如往昔。洛阳在北魏时获得四十余年的繁荣,但遂又毁于战火。与此同时,由于长期战争的环境,黄河流域出现了一批军事性质的堡垒城市——坞壁。最著名的有关中董卓的郿坞(今陕西眉县东北);黄河下游平原更多,如升城(今山东长清南)、筑城(今鱼台东南)、白骑坞(今河南孟县西北)、苑乡(今河北任县东北)、辟阳(今冀县北)等;在河济流域坞壁甚多,都是大小军阀聚屯自保,多者四五千家,少者千家五百家,并无经济意义,随着北魏政权的统一,这类坞壁也就消亡了。

在中原地区城市衰败的同时,黄河上游原先城市经济比较落后的地区却出现一批新兴的城市。如原本经济比较落后的河西走廊,由于中原战乱,"中州避难来者日月相继"[1]。在十六国时期河西走廊为前凉、西凉、北凉等政权所割据,其中心城市姑臧(今武威)也得以迅速发展,北凉时人口达20多万。文化事业也有良好发展,成长起一批具有全国影响的河西学者,带出一代河西学风,撰写出很有影响的学术著作。山陕高原的北部地区,有鲜卑族北魏政权的平城(今大同)和匈奴族夏政权的统万城(今内蒙古乌审旗南白城子)。

总的来说,在魏晋南北朝时,黄河流域原有的城市体系全遭破坏,仅存的城市也是此起彼伏、动荡不定,没有出现较为稳定的新局面。北魏放弃平城、迁都洛阳一事,说明洛阳所处的传统的轴心城市地带的位置,仍具有旺盛的生命力和强大的吸引力。所以,长安、洛阳之类的城市,虽然屡毁,依然屡建,人们最终并不愿意撤离这块充满"帝王之气"的土地。但自战国以来黄河流域城市繁荣的景况已不复再现。已有的城市除了政治中心的职能外,经济繁荣也仅是政治的副产品,纯粹商业、交通性城市已不复存在,是我国古代城市经济最衰落的时期。

四、隋唐五代时期黄河流域城市体系的重建与发展

隋文帝统一全国,结束了长达数百年的分裂动乱。隋唐两代均以长安(大兴)为首都(西京),洛阳为东都(东京),长安和洛阳重新构成了黄河流域城市体系的轴心。

隋唐统一帝国的出现,为全国交通的重新畅通提供了条件。中国举世

1 《晋书》卷86《张轨传》。

闻名的南北大运河即形成于这个时期。隋初建都大兴(今西安),因渭水流曲沙多,不利航行,为解决都城的漕运问题,即于开皇四年(584)自大兴城西北凿渠引渭水东流注入黄河,名广通渠。开皇七年(587)为平陈需要,重新开凿了江淮之间的邗沟,改称山阳渎。炀帝即位,营建东都洛阳,大业元年(605)开通济渠,从洛阳西苑引榖、洛水东至偃师入洛,由洛入河,再由板渚(今河南荥阳县汜水镇东)引河水东流,经今开封、睢县、商丘、宿县,至今盱眙县对岸入淮,是炀帝大运河中最重要的一段。大业四年(608)用兵辽东,又开永济渠,引沁水与清、淇水相接,以下大致循白沟故道及今南运河,至今大清河折入㶟水(永定河前身),直抵涿郡治所蓟县(今北京)。大业六年(610)又重新修凿京口(今镇江)至余杭(今杭州)的江南河,至此,南北大运河告成。大运河西抵长安,北达涿郡,南至余杭,总长2 000余公里,沟通了河、海、江、淮、钱塘江五大流域,再连上秦始皇时期开凿的灵渠,形成了以政治中心长安、洛阳为轴心,向东北、东南、南方扇形辐射至全国的水运交通网。由于黄河流域的水运航路可以通往全国各地,于是运河沿线的城市的辐射力和影响半径就大为扩展了。

唐代建都关中,其漕运路线与隋代基本相同,故没有较大规模新运河的开凿,仅在隋代运河基础上加以疏浚和扩建而已。陆路交通方面,唐代曾在开元年间开大庾岭道,贞元年间开蓝田至内乡新道350公里等,但对整个陆路交通的布局影响不大。唐代驿路贯通全国,每30里设驿站。按照《通典》的说法,驿路体系以长安为中心,"东至宋、汴,西至岐州,夹路列店肆待客,酒馔丰溢。每店皆有驴赁客乘,倏忽数十里,谓之驿驴。南诣荆、襄,北至太原、范阳,西至蜀川、凉府,皆有店肆,以供商旅,远适数千里"[1]。在内河水运方面,不仅南北大运河,就间与大运河相通的颍、涡、潍、汝诸水都可以通航,充分说明了唐代南北水陆交通十分发达,全国四方无不通达,以长安、洛阳为轴心的交通网又重新建成。

南北大运河的开凿,大大促进沿线城市商业的繁荣,形成了运河沿线的城市带。从长安、洛阳轴心向东延伸,有郑州、汴州(今开封)、宋州(今商丘),汴水与泗水交会的徐州,汴水与淮河交会的泗州(今江苏盱眙县对岸,清康熙时没入洪泽湖中)等;从汴州分出支线,向南沿着颍、涡、汝诸水,经亳州(今安徽亳州)、陈州(今淮阳)、颍州(今阜阳)、豫州(今河南汝南),进入淮河流域,或自汴州向西南,许昌、襄城,进入南阳盆地。自洛阳向东北的永济

1 《通典》卷7《历代盛衰户口》。

渠沿岸的魏州(今河北大名东)、贝州(今清河),被称为“天下北库”,还有北端的幽州(今北京)。从洛阳向北渡黄河,经卫州(今河南汲县),沿着太行山脉东麓向北有相州(今安阳)、邯郸、赵州(今河北赵县)、恒州(今正定)、定州(今定县)、易州(今易县)。从长安沿渭水而下,渡过黄河,东北沿着涑、汾流域向北有绛州(今山西新绛)、晋州(今临汾)、汾州(今汾阳)、太原、忻州(今忻县)、朔州(今朔县)、代州(今代县)、云州(今大同),可进入蒙古高原。自长安向西溯渭水而上,经上邽(今甘肃天水)、渭州(今陇西)、兰州,或向西经鄯州(今青海乐都)进入青藏高原,或向西北经凉州(今武威)、甘州(今张掖)、肃州(今酒泉)、沙州(今敦煌),出河西走廊进入新疆地区。我们按之地图,就很明显地感觉到,唐代黄河流域的交通、城市的布局,已经奠定了今天交通城市分布的格局,充分说明该时期交通的开辟和城市分布的奠定,对今后一千多年历史的发展有多么重要的意义。

安史乱后,北中国又陷入长期战乱之中,交通阻塞,城市破残。唐末长安城又沦为起义军与唐军的交战之地,宫庙寺署遭重创。公元901年,朱温劫唐帝,毁长安宫室民舍,“长安自是遂丘墟矣”。这一次长安的毁灭,是中国城市史上的标志性事件,自此,盛达千年的名都长安再没有机会重现汉唐时代的辉煌。

五代时期,北方城市的分布格局受到新政治局势的影响,开封(汴)、洛阳、太原为北方政权的都城,所以获得相对稳定的发展。其中开封的发展最为重要,除后唐而外,后梁、后晋、后汉、后周均立都于此,所以,开封成了北方最重要的城市。开封在水运上的有利地位,是其发展的重要地理条件,而都城地位的确立,又在政治上获得了推动力量。后周时期的开封,华夷臻凑,水陆会通,日增繁荣。后周显德二年(955)下诏扩建开封罗城,致使开封的城市面貌大为改观,规模扩大四倍,城内道路拓展,这为后来宋代开封城的大繁荣打下了基础。

总之,隋唐五代黄河流域城市的发展,可以安史之乱分为前后两个时期。前期的城市十分繁荣,其表现为数量多,分布广,今天黄河流域城市分布的主要格局当时已经形成。原因有二:一是政治局面稳定,经济发展,为城市发展和稳定带来有利条件;二是黄河在东汉以后,出现一个近八百年的安流局面,安史之乱以前,黄河很少有河患,使城市避免了洪水之灾。两者相较,还是政治稳定为主要原因,因为魏晋南北朝时黄河也是很少河患,但城市却因战乱而衰落。晚唐五代时期,黄河下游河患有所增加,但黄河流域整个环境尚未恶化,几次河患还不至严重影响城市的发展,城市的衰落,主要是政治动乱，战争频繁所致。由此可见，我国封建社会前期，政治因素是造成城市兴衰的主要原因。

五、宋辽金时期黄河流域城市性质、格局的变化和环境因素

自北宋开始，全国政治局面产生了新的变化。西北地区为西夏王朝所统治，旧称富庶的关中地区成为国防前线，长期处于战争状态，城市经济日趋衰落；山西大茂山、河北白沟以北为辽所据，河北地区“宋初募置乡义，大修战备，为三关，置方田以资军廪”[1]，也是军事要地。宋代承五代局面，国势远不及汉唐，建都开封为当时最佳选择。与此同时，淮南、两浙、荆湖、福建地区的农业、手工业、商业却直线上升，经济空前高涨。这一形势决定了宋代黄河流域城市格局变化的历史地理背景。

宋代以首都开封为中心，大力发展水运交通，在运河方面有所建树。通济渠（汴河）在唐末淤废。建隆二年（961）即加疏浚并引索、须等水入汴河，以加强水源。同年开闵河，自新郑导洧、潩二水为源，开渠经新郑、尉氏，入开封城与蔡河相接。蔡河在战国时为鸿沟，西汉名狼汤渠，魏晋以来称蔡水，自来以汴河为源，因汴河本身水源不足，宋初开始即以闵河为源。开宝六年（973）改闵河名为惠民河，以后闵蔡两河合称惠民河。同年又重浚了五代后周所开的五丈河，改名广济河，以通山东漕运。宋初重浚时改引今郑州市的京、索水为源，过中牟，至开封城西架槽横绝汴河，东汇于五丈河，名金水河。这样，就形成了以汴京开封为中心的四条人工运河：汴河、惠民河、金水河、五丈河（广济河），史称漕运四渠。其中金水河为五丈河的水源渠道，不通漕运。而另一条通漕的则为黄河，故历史上又合称为漕运四河。开封城内四水交会，成为水运枢纽。其中汴河即隋通济渠，是沟通江淮的水运干道，交通地位极为重要，所谓“唯汴之水，横亘中国，首承大河，漕引江湖，利尽南海，半天下之财赋，并山泽之百货，悉由此路而进”[2]。在开封市场上，有来自江淮的粮米，沿海水产，北方的牛羊，洛阳、成都的酒，南方的果品名茶，西北的石炭，成都的纸，福建、成都、杭州的印本书籍，耀州的陶瓷等。由于城市经济生活的民间化，连通城郊远近地区的各类交通通道，也自然加强了其对于基层经济活动的意义，《清明上河图》所描绘的就是北宋开封城内外、大道两侧、河桥上下的商业繁忙景象。

---

1 《宋史》卷 86《地理志二》。

2 《续资治通鉴长编》卷 38。

北宋时期整体而言，黄河流域城市经济发展不及南方。主要原因：一是北宋一代黄河河患十分严重。从10世纪初至11世纪40年代（五代末至北宋庆历年间）的140年中，决溢共95次，而到了庆历八年（1048）以后，黄河下游发生了北流、东流之争，黄河时而决而北流（48），时而决而东流（16），时而两股并存（15）。决溢地点主要在河北平原，平原上的滑县、浚县、顿丘、濮阳、灵河、大名、朝城、馆陶、冀县、枣强、深县、沧县、东光、青县、河间、信都、清河、衡水、南宫、南皮等数十个县城都受过黄河的侵犯，最严重一次，大观二年（1108）黄河北流一次决口，一夜之间泥沙将整个巨鹿城给埋了。[1] 直至宋亡，河患未止。其对黄河下游平原城市的破坏，可以想见。二是对辽对夏战争形势对黄河流域城市经济发展的负面影响不可低估。北宋在陕西、河东缘边修筑大量城、寨、堡，主要对付西夏，这些城、镇、堡、寨密度很高，都是军事据点，虽在和平时期也有过茶马贸易，但规模极为有限。而西夏境内自然经济居统治地位，物物交换的方式盛行于各地，[2]除首都兴庆府外，没有像样的城市经济。河北地区在“澶渊之盟”（1004）后，社会形势趋于稳定，北宋曾努力恢复北方的经济，如塘泊水田的开发、淤灌淤田的实施。另外，出于军事防御的目的，又全面修葺河北城池，自景德、大中祥符、明道、庆历以后，北宋对河北城池的修葺未曾中断。如庆历元年（1041）一次修河北21州城，对保卫城市的安全起了重要作用。同时，北宋初年，即与辽开展边境贸易，在镇（正定）、沧、易、雄、霸诸州设榷务互市。澶渊之盟后，于雄州、霸州、安肃军、广信军设置四榷场，辽亦开新城为贸易之所。依照盟约，宋每年赠辽绢二十万匹，银十万两，均在雄州白沟镇交接。雄州“最当北边要冲”，是双方使臣、商旅来往的必经之路，城市规模较大，人口亦较多，成为北部边境上重要城市。而1126年靖康之乱，宋室南渡，淮河以北为金所有，南北漕运断绝，汴河等人工运河不加疏浚，不久均遭淤废。沿线城市经济也随之衰落，北中国城市和交通路线的布局发生了变化。三是宋代开始城市经济产生了新的情况。首先是由于宋代商品经济远较前代发展，大中城市数量和规模也较前代繁荣，如10万户以上的城市，在唐代有一二十座，而宋代膨胀到四五十座。北方的秦州、太原、真定、京兆、大名（北京）、洛阳（西京）、密州、晋州等都是大城市，南方更不用说了。同时开始出现了以工商贸易业为主的府州县以下的聚落——市镇。镇自魏晋以来至唐五代时期多为军事据点，

---

1 《宋史·河渠志》。

2 吴天墀：《西夏史稿》，四川人民出版社1980年，第187页。

宋代开始逐渐演变为成为工匠、商人、小贩会凑的工商业小城。《太平寰宇记》《元丰九域志》等书记录了大量镇名。从地理位置上观察，新兴市镇大多位于交通要道、水陆码头、沿海口岸、大城市四周。运河、汴河、淮河以及长江下游沿岸，分布的小城镇较多。据傅宗文《宋代草市镇研究》著录，见于文献记载的宋代市镇（包括墟、场、铺、店、坊）有 3 653 个，黄河流域仅 941 个，仅据全国的四分之一。[1] 可见黄河流域经济性城市的数量远不如南方各地。

北方的契丹族原为游牧民族，其先世“未有城郭沟池宫室之固，毡车为营，硬寨为宫”。以后取幽蓟十六州农耕区后，特别是辽朝建立之后，契丹社会发生了巨大变化，在境内开始出现了城市。除原皇都为上京（今内蒙古巴林左旗南林东镇南古城），此外还设有中京（今昭盟宁城县西）、东京（今辽阳）、西京（今大同）、南京（今北京），为五京制。

女真族所建立的金朝占领黄河流域以后，采取了一系列稳定社会，发展经济的措施，东北地区、黄河流域的经济得到一定的恢复，在战乱中被毁的城市得到重建。金代城市大多是在辽、宋城市的基础上重建和发展，交通亦有所发展。天会二年（1124）即自京师至南京，从上京到春泰之间设置驿站。迁都燕京之后，又沿旧黄河、漳水、衡水等水道开通漕运。不过，金代漕运，因河道管理不善，运道多淤塞不畅，常以陆挽辅助。

总之，宋金时代由于整个社会商品经济有所发展，黄河流域的城市经济虽有所发展，但由于环境的恶化和战争的频繁，就全国而言，其繁荣程度已不如南方，经济重心的南移已成定局，长安、洛阳城市轴心已不复存在，城市分布的重心移至黄河下游地区，为元明清时代黄河流域城市的格局奠定了基础。

六、元明清时期黄河流域城市重心东移和京杭大运河城市带的形成

元朝疆土辽阔，全国遍设驿站，据成书于至顺二年（1331）的《经世大典》记载，总数达 1 500 多处，构成以大都为中心的稠密交通网。元朝驿路系统向东北可通奴尔干（今黑龙江口），北可远达吉利吉思部落（今叶尼塞河上游），西面则到达乌思藏（今西藏），规模之大，为前所未有。明清两代又在元代驿站基础上再加以扩展，几乎无处不可通达，形成较汉唐更为稠密的全国交通网络。本时期在交通事业上最大的建树，则是举世闻名京杭大运河的

1　傅宗文：《宋代草市镇研究》，福建人民出版社 1991 年，第 369—550 页。

开凿。

元朝定都大都城(今北京),需要大批江南漕粮。平宋之初,从江南北运的漕运,一为海运,一为河运。河运的路线是由浙西入江淮,再从黄河(当时黄河东南夺淮入海)逆水而行至中滦(封丘)旱站上岸,然后陆运 180 里至淇门入御河,再顺御河(今卫河)而下至直沽(今天津),转达大都。这条漕运路线既绕远道,时日延宕,一路上又水陆转运装卸,劳资甚巨,很不理想。至元十八年(1281)采纳韩仲晖、边源的建议,开凿了自济州治任城(今济宁)至安山的济州河,全长 75 公里;河成后,南来漕船自淮溯泗,由此河出大清河入海,转趋直沽(今天津),仍有蹈海之险。至元二十六年(1289)又开凿了起自安山西南济州河,北经寿张、东昌(今聊城)至临清入御河的会通河,全长约 125 公里。自后江淮漕粮可由水路直抵直沽。最后从通州至大都一段仍需陆运,路虽不远,亦颇费力。至元二十九年(1292),又采郭守敬建议,引大都西北昌平县白浮村诸泉水为源,东南流入大都城内,汇为积水潭(今什刹海),再循金代运粮河旧道,东至通州高丽庄入于白河(今潞河),全长 164 里,次年告成,命名为“通惠河”。至此,南起杭州,北抵大都的京杭大运河全线贯通,全长 1 700 余公里。

但元代的会通河、济州河水运并不理想,原因一是经常遭受黄河北决的冲毁,漕运受阻,二是水源不足,不胜重载。所以终元一代漕粮多以海运为主。末年竟废弃不用,至明初会通河已淤断约三分之一。明永乐年间迁都北京,漕运为国家急务。永乐九年(1411)命工部尚书宋礼主持修浚运河,在东平县东戴村(今汶上县东北)筑坝,遏汶水入南旺湖分流南北济运,于沿岸设置安山、南旺、马场、昭阳四湖为水柜,“柜以蓄泉”,西岸设陡门,“门以泄涨”,全线设闸以通运,故又称“闸河”。永乐十三年(1415)运河大通,“逮会通河开,海陆并罢。南极江口,北尽大通桥,运道三千余里”[1]。此后,为避开徐州至淮阴 300 公里一段的黄河之险,从明代中叶至清康熙中的百余年间,不断在这一带开挖新河,有嘉靖四十五年(1566)开的南阳新河,万历三十二年(1604)竣工的泇河,天启三年(1623)开的通济新河,清康熙二十七年(1688)开的中河。从明代中叶至清康熙中,前后经历了百余年,终于使京杭大运河全线基本为人工河道,全长 1 900 公里,沟通海、黄、淮、江、钱塘五大水系,成为其后数百年间南北水运大动脉。[2] 元明

---

1 《明史》卷 85《河渠志三 · 运河上》。

2 邹逸麟:《山东运河历史地理问题初探》,《历史地理》创刊号,上海人民出版社 1982 年。

两代的大运河工程主要在黄河流域，对黄河流域的城市布局具有重大影响。

明清时期商品经济得到空前发展，水陆交通发达，由此在全国范围内出现大批大小工业城市。一类是从中央到地方各级政治中心，如首都北京和陪都南京以及各省省会和府州治所，均是大小地区的中心都会。此类不必赘述。当时城市布局的情况：

一是京杭大运河沿线因水运交通发展起来商业城市，如通州、直沽、沧州、德州、临清、东昌、济宁、徐州、淮安等。这些城市大多原先已为府州治所，后因大运河所经，更趋繁荣。如临清因元开会通河后，为舟航之所必由，商贾萃止，骈樯列肆，岿然一重镇。在运河沿线也有一些小镇，由于交通地位重要而形成较大的商业市镇，在地区之内产生较大影响，如河西务、南阳镇、清江浦（淮阴）、王家营等。

二是由于南北交通路线重心的东移，中西部原先发达的城市由此衰落。如大名府（今河北大名县东）在唐宋时为永济渠所经，是河北平原上的大都会，大运河东移后，其地位为临清所替代。邯郸、安阳、邢台、正定为传统太行山东麓南北大道必经之地，商业也较繁荣，然自从低廉的水运交通路线东移后，其经济地位也渐为德州、临清、东昌所替代。

三是元明清三代频繁的黄河泛滥、决口、改道，对黄河下游城市产生巨大影响。河南豫东各县在明清两代几乎都被黄河洪水淹没过。其中以开封城最为严重，据文献记载，从元初至清末，开封城曾七次被河水所淹。考古学家估计，宋代开封城地面在今城地下十米左右，地下三四米见明代屋顶，地下二三米为清代地基。封丘城从金代至清初，曾六次为河水所淹，全县土地沙居其六。[1] 其他黄河下游沿河城市均曾被黄水之祸，不胜枚举。

总之，元明清三代黄河流域城市布局、规模，由于政治和自然的原因，产生了新的变化：一是城市重心东移，主要分布在大运河一线；二是中部城市由于黄河的泛决，经济明显衰落；三是西部城市亦因黄河流域整个环境的恶化和经济重心的东移，也渐趋衰落，长安、洛阳、太原、开封，均不如汉唐时代。

1840年鸦片战争以后，中国社会产生了巨大变化。原有的经济格局、交通体系，在诸多新的因素的干预下，发生了深刻变化。中国城市的布局与发展随之出现激变，其中口岸城市与铁路沿线城市的迅速发展是其主要特征，

1　顺治十六年《封丘县志》卷8。

与其相对照，许多地区的传统城市停滞不前，导致了全国范围内城市分布的更大的不平衡性。因已超出本文主题，就不再赘述了。

（原载《江汉论坛》2006 年第 5 期）

明清流民与川陕鄂豫交界地区的环境问题

明代宣德以后、清代乾隆以后，在我国大部分省区内发生过规模巨大的流民浪潮。这些流民的出现，其根本原因是皇族、勋戚、官僚地主通过赐田、投献、圈占等手段，侵吞小农土地，苛重的赋役，尤其是已逃亡农民的赋役转加在未逃亡农民身上的“陪纳”制度，使农民不堪负担而逃亡。其直接诱因是全国范围内大部分地区不时出现严重自然灾害，迫使无数失去土地的农民扶老携幼、背井离乡，汇集成一股洪流，涌向各处地广人稀、尚未开发的山区或林区，对当时社会产生巨大影响。对此，傅衣凌、樊树志、李洵等同志先后有过专题论述，无须赘言。本文主要着重从历史地理角度，考察流民进入陕、川、鄂、豫四省界的秦岭、大巴、伏牛山区后进行的开发过程及其对环境的影响问题谈一些粗浅的看法。

一、流民徙移过程及其规模

我们翻开《明实录》，洪武以后自然灾害连年不断，不是南涝北旱，就是南旱北涝，不时还间有蝗雹之灾。小农经济十分脆弱，一经罹难，只有逃亡一条出路。明成化元年户科给事中袁芳等言：“比年以来，救荒无术，一遇水旱饥荒，老弱者转死沟壑，贫穷者流徙他乡。”[1]

永乐以后，发生户口逃亡的地方，南北各省皆有，即以富庶闻名的太湖流域也不例外。洪熙元年(1425)“苏州等处人民多有逃亡者”[2]；福建连江县洪熙元年与永乐初相比，“户口什去三四”[3]；南直隶池州所属六县，洪武年间户口“二百七十余里，岁办绢六百匹。自宣德以来，户口止存三分之一”[4]。北方诸省因灾害频繁，逃亡更为严重。宣德五年(1430)报告直隶易州一地

1 《明宪宗实录》成化元年秋七月辛未。

2 《明宣宗实录》洪熙元年闰七月丁巳。

3 《明宣宗实录》洪熙元年九月乙巳。

4 《明英宗实录》正统三年九月癸未。

逃户有1 229户，山东潍县报告有3 407户“流移外境，田土荒芜”。[1] 同年直隶大名府魏县逃民998户，山西浮山县有1 764逃户在外。[2] 宣德六年(1431)山西安邑县复业流民3 071户。[3] 山东沾化、寿光、乐安三县复业流民5 280余户。[4] 正统三年(1438)山西临晋县人民逃移者有4 570余户；[5]这一年晋北代州繁峙县因“霜雪先降，岁时少半”，编民2 166户，逃亡过半。[6] 以后各地流民不断增加，天顺元年(1457)山东济南、武定、德州、东昌等府州县缺食贫民和流移饥民竟有1 451 400余口。[7] 同年直隶顺天府、河间府等处饥民并流移人口共265 420余口。[8] 以上仅举数例，反映明代前期南北各省均有农户逃亡，各县在千户以上，口数合群甚至达至数十万、百万，流民问题之严重由此可见。

然就全国范围而言，以北方各省流民为最多。《明会要·食货二》，成化二十一年(1485)诏曰：“往者灾沴迭兴，天时亢旱，岁竟不登。河南、山东、畿内率多饥馑，陕西、山西尤剧，至有弃恒产家室不顾者。”这些逃户的流动方向，首先是渡河而南进入河南地区。宣德三年(1428)山西省三十三个县，从二年九月至该年三月连续下雨，“麦豆焦枯，人民缺食”，至河南南阳诸郡的流民不下十余万口。[9] 正统年间山西流民大量流入河南，[10]同时陕西、山东也有大批流民进入河南，山东诸城一县逃移者竟有10 300余户。[11] 正统十年(1445)时在河南湖广交界地区就有山东、山西、陕西多处逃亡来的流民70 000余户。[12]

为什么首先进入河南地区呢？原因：一是明代前期河南荒地甚多。正统二年(1437)二月河南右参政孙原贞奏：“陈州项城县南抵颍州，归德州鹿邑抵太和县，地方数百里，田土膏腴，亡命者多聚居焉。近令占籍，此县追之，则称占籍于彼，彼州追之，则称占籍于此。互相影射，有违国法。”[13]二是

1 《明宣宗实录》宣德五年九月辛亥、壬子。
2 《明宣宗实录》宣德五年闰十二月壬寅。
3 《明宣宗实录》宣德六年春正月庚寅。
4 《明宣宗实录》宣德六年夏四月壬戌。
5 《明英宗实录》正统三年春正月辛亥。
6 《明英宗实录》正统三年八月乙卯。
7 《明英宗实录》天顺元年九月丙寅。
8 《明英宗实录》天顺元年九月壬午。
9 《明宣宗实录》宣德三年闰四月甲辰。
10 《明英宗实录》正统六年八月丙戌：“山西频岁旱荒，民多转徙河南。”
11 《明英宗实录》正统十二年四月戊申。
12 《明英宗实录》正统十年冬十月庚申。
13 《明英宗实录》正统二年二月己丑条。

河南地区在明初公私均有余粮。据于谦报告，河南省近陕西、山西的河南、怀庆二府地方上积有仓粮六十万石，故“山西陕西人民饥窘，俱往河南地方趁食”[1]。民间也有余粮，于谦报告里也提到陕西、山东饥民至河南，“多持物货易米度日”[2]。

但这些条件没有能够使流民安居下来。正统十二年（1447）于谦报告说：“河南田地有限而逃民之来者日益众，公私储积有数而逃民之食者日益多，食不足以给，地不足以容。”[3]同时河南又为河患频繁之地，当河水横溢，流民“多转徙南阳唐、邓，湖广襄樊、汉沔之间趁食”[4]。于是流民进一步向深山密林、人烟稀少的荆襄山区移动。

明代大批流民进入秦岭、大巴、伏牛山区，大约始于宣德年间，即15世纪20年代。[5] 首先进入的是荆襄地区。所谓荆襄地区，是指荆州府的西部山区，即今湖北宜昌、长阳、秭归、兴山、巴东等县和襄阳府的西部山区，即今南漳、光化、谷城、保康、房县、均县、郧县、郧西、白河、竹山、竹溪，还包括河南南阳府西部熊耳山区的邓县、内乡、西峡、淅川等县。这里“介湖广河南陕西三省间，又多旷土，山谷阨塞、林菁深密，中有草木，可采掘食”[6]，因而“南北流民侨寓于此者，比他郡为多”[7]。天顺八年（1464）升工部员外郎刘子钟为湖广布政司左参议专抚治荆襄汉阳流民，[8]可见当时荆襄流民已成为政府重视的严重社会问题。

从宣德至成化，涌入荆襄地区的流民究竟有多少，已难究出一个确切的数字。因为各种记载往往所指仅局部地区，各地统计报告，多有重复，且失之笼统，各地招抚官吏往往为邀功而谎报数字。总之，从书面上很难找出具体的数据。因此我们只能根据已有的材料，作粗略的估计。

---

1 《明英宗实录》正统十年秋七月乙未。

2 《明英宗实录》正统十年二月壬戌。

3 《明英宗实录》正统十二年五月壬子于谦奏。

4 （明）孙原贞：《大戒》，《明经世文编》卷24。

5 《明宪宗实录》成化七年秋七月甲午：“荆襄总督军务右都御史项忠、镇守湖广总兵官右都督李震以抚捕荆襄流民事竟遣百户李升等以闻，且言荆襄地连河南川陕延蔓数千里，山深地广，易为屯聚。自洪武初命申国公邓愈诛夷之后，禁革山场，无人敢入。永乐、宣德迨今流移之众，岁集月聚。”《明经世文编》卷46，项忠《抚流民疏》：“流贼啸聚山谷……自宣德至今四十余年。”《明宪宗实录》成化十二年七月丙午：“北京兵马指挥使司带俸吏目文会所言：荆襄自古用武之地，宣德间有流民邹百川、杨继保等聚众为患。”

6 《鸿猷录》卷11。

7 （明）丘濬：《屯田》，《明经世文编》卷72。

8 《明宪宗实录》天顺八年十一月癸丑。

据成化元年记载，进入南阳、荆襄等处的流民不下十余万人。[1] 我们认为这个数字是很保守的。今举一例，正统十年(1445)，仅湖广上津县、陕西金州洵阳县山沟内就潜居着从各处逃亡来的军民3 000余户，[2]如每户以五口计，就得1.5万口。可见全部南阳和荆襄地区流民绝不止十余万口。此外我们从明政府对荆襄地区流民进行招抚的情况来看也不止此数，如成化四年(1468)河南荆襄流民附籍的有63 000余户，如每户以五口计，则已有300 000口。这还是流民中的一小部分，"未附籍者犹不知数"[3]。成化四年巡抚荆襄右副都御史杨璇有个估计数字，他说"荆襄安沔之间流民亦不下百万"[4]。时隔二年，成化六年(1470)内乡发生过一次以李原为首的流民起义，后为明政府镇压，次年招抚，据记载，该年三月时地方上报，"流民携扶老幼出山，昼夜不绝计四十余万"；同年七月上报，"其有贯址姓氏者，谨依诏旨省谕遣散出山复业者陆续共有九十三万八千人"，"混处贼巢，无籍检查，四处奔走出山者，又莫知其数"；[5]同年十二月荆襄总督军务右都御史项忠再次上报说，他前后已招抚遣回流民150余万。[6] 这个数字，兵部尚书白圭曾表示怀疑，不过我们从其他资料来看，这个数字并不虚妄。原杰《开设荆襄职官疏》说：成化初年受编为户籍的为113 317户，438 000口，都来自山东、山西、陕西、江西、四川、河南及南北直隶等府卫军民等籍。[7] 综合上述资料，我们认为就从比较保守的估计，至成化中叶，各省流入荆襄地区的流民总数在200万左右。

为了加强对荆襄地区流民的统治，成化十二年在荆襄地区新设置了许多行政区划：

一是置郧阳府，领郧县(原属均州)、房县(原属襄阳府)、竹山(原属襄阳府)、竹溪(析竹山县新置)、上津(原属襄阳府)、郧西(析郧县上津地新置)、白河(析洵阳县地新置)、保康(弘治十一年析房县地新置)等八县。二是置湖广行都司(治郧阳府城)、郧阳卫。三是置商州(成化十二年升县为州)，领商南(析商州地新置)、洛南(析商县地新置)、山阳(析商县地新置)等三县。四是南阳府，增领南召(析南阳县地新置)、桐柏(析唐县地新置)二县。五是

1 《明宪宗实录》成化元年七月辛未。
2 《明英宗实录》正统十年十月壬戌。
3 《明宪宗实录》成化四年四月乙卯。
4 《明宪宗实录》成化四年十二月丁酉。
5 《明宪宗实录》成化七年三月壬辰、七月甲午。
6 《明宪宗实录》成化七年十二月辛巳。
7 (明)原杰：《开设荆襄职官疏》，《明经世文编》卷93。

汝州，增领宝丰（析梁县地新置）、伊阳（析嵩县地新置）二县。

从上述建置可知从宣德到成化流民最后集中在鄂西、豫西南、陕东南三省交界处。一旦定居以后，年时日久，人口滋生，梁材《议处郧阳流逋疏》："有先年附籍数姓朋户，今众至二三十丁，或五六十丁。"[1]但成化以后流民移徙又出现了新动向，即为了不受政府的控制，鄂西流民又向西移至川陕交界的秦岭、大巴山区，而陕西和川北的流民也进入秦岭、大巴山区。这种现象在成化七年（1471）已见端倪，该年总督军务右都督李震报告："荆、襄、南阳、河南四府流贼虽已殄除，不得入山。然汉中、西安二府所属商、洵、镇、蓝、金州与四府邻，而陕西近以输边之劳，流民倍于他所。"[2]成化十五年（1479）陕西凤翔、巩昌、汉中等府为安抚流民分给 11 700 户逃户以土地，给予耕种。[3]十七年四川夔州、重庆、保宁、顺庆四府增设按察使一员专抚流民。[4] 十八年夔州府增置万县以置流民。[5] 二十一年地方报告，陕西、山西、河南诸地受灾军民户全家"逃往邻境南山汉中、徽州、商洛，并湖广、四川、利顺等处趁食求活"[6]。弘治年间马文升奏云："汉中府地方广阔，延袤千里，人民数少，出产甚多。其河南、山西、山东、四川并陕西所属八府人民或因逃避粮差，或因畏当军匠，及因本处地方荒旱，俱各逃往汉中府地方金州等处居住，彼处地土可耕，柴草甚便，既不纳粮，又不当差。所以人乐居此，不肯还乡，即自各处流民在彼不下十万以上。"[7]以上信息反映，成化以后流民开始从已置府县的郧阳山区流向统治不及的秦岭、大巴山区。

弘治以后，流民人数不断增加。弘治二年（1489）报告：四川的流民、饥民有 87 万余口，[8]各地流民"在在有之，四川、湖广尤多"[9]。明代后期，湖广及郧阳、襄阳、荆州，河南之南阳，陕西之汉中五府及西安所属之商州五州县的山区，"土著之民仅十分之三四，五方流寓占十分之六七"。嘉靖年间对流民进行安屯，但由于政府的横征暴敛，"百姓输将之困，既倍于前时"，遂使"土著之老户变为逃亡"，"昔日版籍之实民，今多纸上虚数"。万历初年进行勘查附籍，"如河南南阳县旧二十一保，今实不及十保；陕西商南县旧管一十

1 （明）梁材：《议处郧阳流逋疏》，《明经世文编》卷 105。

2 《明宪宗实录》成化七年十一月辛酉。

3 《明宪宗实录》成化十五年二月癸巳。

4 《明宪宗实录》成化十七年冬十月乙巳。

5 《正德夔州府志》卷 1。

6 《明宪宗实录》成化二十一年春正月庚寅。

7 （明）马文升：《马端肃公奏疏》，《明经世文编》卷 62。

8 《明孝宗实录》弘治二年十月壬辰。

9 《明孝宗实录》弘治四年二月庚午。

二里，今止见在三里”。[1]

清初因明末战乱，全国各地人口流亡的问题更为严重，对刚入关的清政府来说是莫大的威胁。为了解决“地荒民逃，赋税不充”[2]，顺治康熙两朝大力推行奖励垦荒政策，规定无主荒地“开垦耕种，永准为业”[3]。康熙四年(1665)为安顿湖广之归州(今秭归)、巴东、长阳、兴山、房县、保康、竹溪、竹山等州县流民，除规定“三年起科”外，还对“苦无农器”者“酌给牛种银两”，对安定流民起了一定的作用。康熙五十一年(1712)玄烨曾说，自平定三藩之后，“人民渐增，开垦无遗，或沙石堆积难于耕种者，亦间有之；而山谷崎岖之地已无弃土，尽皆耕种矣”[4]。但为时不久，到乾隆年间，江汉河防失修，水灾连年，加上土地兼并，高利贷的盘剥，失去土地的农民和破产的手工业者再一次走上逃亡之路，纷纷“襁负而至，佃山结屋，垦土开荒”[5]。自乾隆三十七八年以后，陕南的平利、洵阳、白河、紫阳、石泉、汉阴等县地，接纳了四川、湖广、河南、安徽、江西等省扶老携幼、全家逃亡而来的人口，络绎不绝，栖谷依岩，认地开荒，增至数十余万户。[6] 到了乾隆末年整个秦岭、大巴山区内“广黔楚川陕之无业者侨寓其中以数百万计”[7]，终南山周围数千里崇山峻岭，都被四川、湖广人陆续开垦，处处俱成村落[8]。

二、流民的生计

连续数百年，数以百万计的流民进入鄂、豫、陕三省交界的荆襄地区，以后又扩展至川、陕、豫、鄂交界的秦岭、大巴山区，究竟何以为生呢？

秦岭、大巴山区在明以前原是一片原始森林。自陕西的略阳、凤县迤逦而东，经宝鸡、眉县、周至、洋县、宁陕、孝义、镇安、山阳、洵阳至湖北的郧西，中间高山深谷，千枝万派，统谓之南山老林。由陕西的宁强、褒城迤逦而东，经四川的南江、通江、巴州、太平、大宁、开县、奉节、巫山，陕西的紫阳、安康、平利至湖北的竹山、竹溪、房县、兴山、保康，中间高山深谷，千峦万壑，统谓

1 (明) 吴桂芳：《条陈民瘼疏》，《明经世文编》卷342。

2 《清世祖实录》卷43，顺治六年四月庚子。

3 郭松义：《清初封建国家垦荒政策分析》，《清史论丛》第二辑，中华书局1980年。

4 《清圣祖实录》卷249，康熙五十一年二月壬午。

5 (清) 严如熤：《三省边防备览》序。

6 (清) 毕沅：《兴安升府疏》，《三省边防备览》卷17，艺文下。

7 (清) 卓秉恬：《川陕老林情形亟宜区处》，《三省边防备览》卷17，艺文下。

8 (清) 毕沅：《兴安升府疏》，《三省边防备览》卷17，艺文下。

之巴山老林。[1] 明代开始大批流民进入山区后，“或开山耕种，或结庵居住”，“官吏不收科征，里甲不敢差遣”。[2] 首先是放火烧山，然后是粗放耕作。如洵阳县一带，“江楚民之来寓者，诛茅定居，从土人租一荒山，名之曰稞。其初灌木林列，足不能驻也。则芟夷而蕴崇之法，先斩其卑植者，然后用高岗所伐之木击之使下，其不能下者，则用薙氏火化之法，沃之使肥而已”[3]。李洵在《试论明代的流民问题》一文中指出，据明代成化十三年（1477）一次官方统计，招抚流民 190 170 余户，垦荒田 14 300 余顷，每户平均垦田 7.52 亩，如以每户 3.9 人计，则每人平均垦田 1.9 亩。由此推算，荆襄流民共垦田 72 万多亩。我们在上文提到，进入荆襄地区流民总数估计在 200 万左右，则被开垦的荒田约在 400 万亩。

明代前期进入山区的流民主要种植荞麦、燕麦，产量不高，如逢歉收年份，“荆襄山林之间树皮草根食之已尽，骨肉自相啖食”[4]。流民流动性很大，并往往相聚起义，所以弘治以后荆襄流民起义频繁。自嘉靖以后，玉米、甘薯传入中土，对进入山区的流民长期滞留起了一定的作用。清代乾隆时除汉中少数地区外，秦岭、大巴山区各县“山坡硗确，绝少稻田”，均以玉米或称包谷为主食。以汉中府而言，仅南郑、褒城、城固、沔县几个县有水稻田，留坝、凤县、宁羌、略阳、定远、洋县“均以包谷杂粮为正庄稼”。兴安府的汉阴、平利、安康有些水田，而石泉、紫阳、洵阳、白河等县小块平原上有零星水田外，山民全资包谷杂粮。此外，秦岭山区的镇安、山阳，郧阳山区的竹溪、房县、保康、兴山，“崇山峻岭，平畴水田十居一二”，所产稻米“惟土官与市廛之民得食”。四乡之民都以包谷为主食，夔州府太平等县，川北保宁府的广元、南江、通江均以包谷为主。“山内溪沟两岸及浅山低坡，尽种包谷、麻豆，间亦种大小二麦，山顶老林之旁，包谷、麻豆，清风不能成，则种苦荞、燕麦、洋芋。”[5]玉米对自然条件要求较低，容易种植，产量也高。“凡苞谷既种，惟需雨以俟其长，别无培护。岁稔时每市斗仅值钱三十文，市斗较食斗一倍有奇。中人日食需钱数则无饥矣。故熙熙攘攘皆为苞谷而来也。”[6]于是四方饥民都拥入山区种植苞谷，吸引了大批流民进入林区。

---

1 （清）卓秉恬：《川陕老林情形亟宜区处》，《三省边防备览》卷 17，艺文下。

2 （明）王恕：《处置地方奏状》，《明经世文编》卷 39。

3 乾隆《洵阳县志》卷 11，物产。

4 《明宪宗实录》成化二十一年春正月己丑。

5 《三省边防备览》卷 9，民食。

6 乾隆《洵阳县志》卷 11，物产。

种植苞谷，首先要砍去树林，除去杂草，“始得沃土”。有人作《苞谷谣》：“苞谷苞谷，蜀黍维玉，天降嘉种，不择硗确，陟彼高岗，林有朴樕，镈刈其草，火焚其木，芟夷蕴崇，火耕锄劚，土膏其动，来艺苞谷。”时山区高高下下，全种上苞谷。[1] 凡流寓稞山，乡俗先贽山主银数两，谓之进山礼。然后议稞租，招佃户耕种。又有一种称“揽头”，包垦一山，招徕众工垦殖，往往整个山头放垦，以至不数年境内诸山尽为童山。

流民进入山区除种植杂粮以维持生计外，还兼营多种手工业，开设了许多工厂。“山内木、笋、纸、耳、香蕈、铁、炭、金各厂，皆流寓客民所籍资生者。”[2]据严如熤《三省边防备览》记载，有下列各种工厂：

(1) 木厂。这是林区内规模最大也是破坏最严重的一种产业，采伐林木后，制成圆木、枋板、猴柴、器具四种产品。“其材质长三五丈者作圆木，长一丈内外者锯作枋板，拥肿不中绳尺者劈作猴柴。”资产大的木厂，圆木、枋板、猴柴三种都经营。因圆木需进入老林开采，人力较多。资产小的只经营枋板、猴柴二项。一个大的圆木厂“匠作水陆挽运之人不下三五千”。清代道光初年秦岭山区周至县境内的黄柏园、佛爷坪(今清水河上游)、太白河一带，“大木厂所伐老林，已深入二百余里”。汉水上游勉县以西黑河山区，较少参天巨树，一般高度均在四丈以下，作圆木的有黄松、油松、稀叶松、野杉；作枋板多用杂木，如椴木、化木、黄肝桃、红白桃、插柳木、艾药杉、大叶炮、红椿等。猴柴厂不须美材，凡圆木、枋板不取者，取作猴材，“长不过二三尺”。这样南山中的树木，均在开采之列。

(2) 炭厂。这种产业在山区十分普遍，有木材之处皆有之。其木不必大，“山民于砍伐老林后，蓄禁六七年，杈长至八九围，即可作炭”。乾隆年间南山一带，“借烧炭营者数千人”。这样一支烧炭队伍，足够将南山次生幼林采伐殆尽。

(3) 铁厂。南山的铁矿比较丰富，黑河的铁炉川、略阳的锅厂、定远的明洞子、宁羌的二郎坝、留坝的光化山、镇安的黑洞沟、洵阳的骆家河都是产铁地。明时在“南召、卢氏之间，多有矿徒，长枪大矢，裹足缠头，专以凿山为业。……其开采在深山大谷之中，人迹不到，即今之官采，亦不敢及”[3]。当时开采铁矿后，即在当地冶成铁块，所以铁厂都设在老林之旁。“如老林渐次开空，则虽有矿石不能煽出，亦无用矣。”道光年间，洵阳路家河、留坝光化

---

1 乾隆《洵阳县志》卷11，物产。

2 《三省边防备览》卷10，山货。

3 (明) 王士性：《广志绎》。

山一带老林开发殆尽，铁厂均关闭歇业。可见铁厂对老林破坏后的复苏，阻碍甚大。大巴山区的兴安（今安康）原不产煤，“盖山泽未启，林薄尚多樵，足给炊”。乾隆五十年（1785）后，“深山邃谷，到处有人，寸地皆耕”。林木砍尽，燃料缺乏，于是当地人即挖浅层煤炭。[1]

（4）造纸厂。定远、西乡一带大巴山区颇多，原料取之于竹，虽对森林的破坏不如木厂，但对次生竹林破坏却十分严重。西乡有纸厂二十余座，定远纸厂逾百所，洋县华阳镇有小纸厂二十余座。大者匠作佣工必得百数十人，小者亦有四五十人。山内居民借以为生的常以数万计。

（5）盐厂。四川井盐丰富，但大部分不在本区之内。本区仅川东有部分井盐。如太平（今万源）的明通井在万山之中，城口亦有二三产盐处。开县的温汤井规模最大，“所用夫匠水陆运煤及商贩运背之人，井旺时日以万计”。云阳县的云安厂有井116眼，为川东大盐厂。如大宁（今巫溪）盐厂“逼近老林，薪柴甚便”，这些“蜀井开近山林，有煤，有火，出自井，煎熬视海盐为易”。

（6）香蕈、木耳及药厂。生产木耳需要选择花栗、青㭎、梓树等木，每年十月内将树木伐倒，纵横在山坡上，雨淋日晒，至次年二三月间，将木立起二三十根，攒为一架，再经淋洒，四五月内即结木耳。第一年结耳尚少，第二年最旺，每三年树木即朽烂不出木耳。因此每三年就要砍伐一次树木，其破坏程度可以想见。香蕈的生产也是于秋冬砍伐花栗、青㭎、梓树、沙罗等木，必择大者，砍伐后任其堆积，雨淋日晒，三年后即结菌。可收七八年至十年，以后树木坏朽，不再结菌。其对森林的破坏虽较木耳轻，但仍有相当影响。

（7）淘金厂。大多在南郑、城固、洋县滨汉江一带沙滩。厂头出工本，雇夫淘金。每厂约有数十人。略阳嘉陵江、四乡木马河、褒城乌龙江沙滩两岸均有淘金者，赖以为生的不可胜计。这种淘金虽不直接破坏森林，但依靠林区粮食供应，对山区的开发不无影响。

三、环境破坏

明清两代先后数百万流民涌入郧阳、豫西山区、秦岭、大巴山区，繁衍生息，为了生存，从事上述各种生业，于是山区的大批原始森林遭到毁灭性的破坏。道光年间汉口府留坝厅“土著民人甚少，大半川楚安徽客民，均系当佃山地开垦为生”。道光九年（1829）时有人过境内紫柏山，“古柏翳天，无间

1　嘉庆十七年《续兴安府志》卷2，土产。

杂树”;过了十年,复过此地,“山谷依旧,林木全非,究其故,皆佃户希图渔利,私行转佃,一任砍伐,住持亦从中肥己,以致古林荡然”。[1] 有诗云:“在昔山田未辟时,处处烟峦皆奇幻。伐木焚林数十年,山川顿使失真面。”[2] 南郑县汉江以南的南坝一带,“多系四川、湖广、江西等处外来客民佃地开荒”。西乡县西南一带巴山老林“流民迁徙其中,诛茅架屋,垦荒播种,开辟大半”,“境内客民居多,土著不过十之一二”。凤县境内跬步皆山,由于川湖无业游民佃地开垦,“数十年前尽走老林,近已开空”。宁羌州(今宁强)山内老林已开垦殆尽,植被全遭破坏。商州(今商县)以西深山老林“向无居民,乾隆三十三年以后湖广、江西流民始潜入山内伐木支棚,种包谷度日。……自教匪乱后,焚林斩木,一望荡然,梯田板屋,鸠民渐集,数十年后,必尽成熟地,非复昔时陆海矣”。[3] 据道光三年《秦疆治略》一书记载,陕西蓝田县境的南山老林已经开空。周至县南部秦岭与洋县交界处,向是“老林树木丛杂,人迹罕至。自招川楚客民开种山地,近年各省之人俱有。虽深山密箐,有土之处,皆开垦无余”。雒南县山内皆“系川楚客民开垦地苗”。山阳县与湖北郧西县交界,原也是树木丛杂,人烟稀少,人口不过一万余。道光初年,“各省客民渐来开山,人口增十倍之多”。华州境地南山崇岗叠翠,以往居民甚少。乾嘉以来,各处流民迁来,“租山垦地,播种苞谷,伐木砍柴,焚烧木炭”。宝鸡县“山内多系川楚贫民佃种山地糊口,缘山内砂石多而土少,各就有土之处垦种,即于其处茅栖止,零星散处,迁徙无常”。年长日久,境内有土之处皆被垦尽。兴安府汉阴厅境内“南北两山老林,皆垦伐尽”。砖坪厅“境内皆山,开垦无遗,即山坳石隙,无不遍及”。其他如平利、洵阳、白河、紫阳等县山寺森林,均被外来移民垦尽。陕西宝鸡至褒城间栈道穿过秦岭山区,这条道路原是“古木丛篁,遮蔽天日”,乾隆年间“为川楚棚民开垦,路虽崎岖,而林木已稀”。[4] 熊耳、伏牛山区,在明代已有流民进入山区垦殖农田,开发银矿,至清代前期,“各山之荒地易垦者,俱已开垦成熟。间有未垦皆山坡瘠土,树多大,垦之似属无益”。[5] 故而满山树木皆无樵采,其破坏程度不如秦岭、大巴山区。

秦岭山区大量森林破坏后,对南北坡的环境产生很大影响。在北坡,主

---

1 道光《留坝厅足徵录》卷1,文徵。

2 《留坝厅足徵录》卷2,诗徵。

3 陶澍:《蜀輶日记》,《小方壶斋舆地丛钞》第七帙,嘉庆十五年。

4 严如熤:《三省山内风土杂识》。

5 张学林:《今查伏牛山详文》,《三省边防备览》第17,艺文下。

要表现为渭河河道的侧蚀向北摆动，这是由文字记载和大量文物古迹崩塌水中可知，如冲掉了咸阳城南边一部分。据调查，近百年来河道逐年北移达2.5—4公里。其原因是秦岭山区森林破坏后，每逢夏秋季节，洪峰暴发，从秦岭流下来的渭河支流挟带大量巨石粗沙冲入渭河，使河床淤高，并不断向北移动。《续修陕西通志》卷199："南山老林弥望，乾嘉以还，深山穷谷，开凿靡遗，每逢暑雨，水挟沙石而下，漂没人畜田庐，平地俨成泽国。"《咸宁县志》："然闻乾隆以前，南山多深林密嶂，溪水清澈，山下居民多资其利。自开垦日众，尽成田畴，水潦一至，泥沙杂流，下流渠堰易致壅塞。"《光绪高陵县续志》："然自乾嘉而后，河日北徙，沿岸田庐坍陷不少。咸同数十年间北岸田入河者无虑数十百亩，近犹荡激不已。"秦岭南坡也是如此。据解放后实地调查，汉江上游山地坡度大都在25度以上，同时汉江流域七、八、九三个月的雨量往往占全年雨量的50%以上。一次暴雨可达百余毫米，以致山洪暴发，冲刷力量很大，裸露山坡上的表土可被一次暴雨冲刷殆尽。[1] 这种情况并非始于今日。《三省边防备览》卷五"水道"就指出："秦中山多石土相杂，其形方而削，遇霖雨过多，石土中酥，则土石坍堆山沟溪河之中。"

汉中盆地的水田原很发达，坝堰林立，渠道纵横。例如城固县的湑水河是县境内主要河流，历来修筑堰渠，引水灌溉，"流经境内平阳沃壤，在昔留心民事者，相其下之势，障石为堰，凿渠引水灌溉稻田万余顷"。这些沿河的引水渠口都是灌溉系统的紧要咽喉所在。[2] 可是自清初以来，"老林开垦，山地挖松。每当夏秋之时，山水暴涨，挟沙拥石而行，各江河身，渐次填高，其沙石往往灌入渠中，非冲坏渠堤，即壅塞渠口。稻田正含胎扬穗，待泽甚殷。而挖筑之工，所费不赀，民颇病之"[3]。道光年间"因山中开垦既遍，每当夏秋涨发之际，洪涛巨浪，甚于往日，下流壅塞则上游泛滥，沿江居民沈灶产蛙亦其常矣。道光二年八月大雨弥旬，石瓮为木筏横梗，水泄不及，汹涌澎湃，而大坝、饶风、珍珠河之水障于城西，红河之水障于城东，诸水混一，茫无际涯，数十里皆成泽国"[4]。南郑县境内汉水横贯其间，原为水利条件极好的地方，由于秦岭山区水土流失严重，到了民国年间汉水已"无灌溉之利，故有'汉不灌田'之谚"[5]。洋县原先水利设施完好，地方也少争端，到光绪年间因"老林

1　《汉江流域地理调查报告》第51页，科学出版社1957年。

2　光绪重修刻康熙五十六年《城固县志》卷9，艺文《百丈堰高公碑记》。

3　《三省边防备览》卷9，民食。

4　道光二十九年《石泉县志》卷1，地理志汉水。

5　《重修南郑县志》卷一《舆地》。

开垦，土石松浮。每逢夏秋霖雨过多，遇有水涨，溪河拥沙堆而行动，将堰身冲塌，渠口堆塞”，为了修复堰渠摊派经费，地方上常发生争端。[1]

秦岭山区的蓝田县，在道光年间“江楚客民殆居大半……南山一带老林开空，每当大雨之时，山水陡涨，夹沙带石而来，沿河地亩，屡被冲压”[2]。华州近山近渭之处，每遇礤雨，常冲开峪口，水势奔腾，沙石冲压地面，淤塞河身，随即渭水涨发，漫溢田压。华阴境内有河 12 处，每遇大雨，山水涨发，咸归渭河，[3]由此经常造成渭河泛滥成灾，影响航运。汉江也是如此，据《三省边防备览》卷 5 水道记载：“汉江近年来因老林开辟，至夏秋涨发，各山沟辄拥沙堆石，磊积于江中，乱岩险滩，多昔无今有。而河身垫高踩浅，可过者不止著名四五地方。”

郧阳山区的竹山一带，因明清以来人口骤增，虽高岩峻岭，皆成禾稼。每收获必荷锄负笼修治梯田堤岸，可是如逢“夏日淫雨，溪漳涨溢，则千日之劳，一时尽废。是为农家苦况”[4]。

森林植被的破坏，首先造成的后果是水土流失，其次是地区小气候的变化。例如汉水流域原先自然环境相当优越，自清代中期以后，旱涝灾害不断发生。这方面的资料很多，限于篇幅，不能详述。我国历史上有几次环境变化的严重时期，最早发生在黄河中游地区，以后延伸至黄河下游，唐宋以后长江下游生态环境开始遭破坏，而明清以后则发展至长江中下游地区。这种趋势及其对我国社会的影响，是很值得作深入研究的课题。

（原载《复旦学报(社会科学版)》1998 年第 4 期）

1 光绪《洋县志》卷四《水利志》。
2 《秦疆治略》。
3 《秦疆治略》。
4 同治《竹山县志》卷 7，风俗。

明清时期北部农牧过渡带的推移和气候寒暖变化

我国历史上北部农业民族和游牧民族交接地区，由于自然条件影响，存在一条农牧业过渡带。这是一条由于天然水分条件的限制，由旱作不稳产区过渡到气候干旱致使无灌溉、不适宜发展作物种植的地带，是农业生产上一条很重要的界线。在我国北部反映在西起河套、东至大兴安岭南端的地带（此线以东以西农牧界线在历史上没有显著变化）。这条界线的进退，反映了历史上我国北部气候环境以及农业民族和游牧民族之间政治、经济势力消长的变化，这对研究中国北部疆域、政区和产业布局的变化具有很重要的意义。明清时期我国北部的农牧过渡带有过明显的推移，这种推移的内在因素究竟是什么，尚无明确的结论，以致有些历史现象未能解释清楚。本文试图对这一问题作较深入的分析，结论是否正确，尚无把握，不过作为一种看法提出来，希望引起有关同行的讨论。

一、14世纪中叶至17世纪中叶农牧过渡带

据今人研究，13世纪的气候是一个比现在更温暖的气候期，这个温暖期大约结束于该世纪末。在14世纪前五十年，中国东部气候已从温暖期向寒冷期转变。[1] 这种转变在我国北部有明显的反映。例如元朝前期在上都（今内蒙古多伦诺尔西北闪电河北岸）及更北的口温脑儿的黄土山（今查干诺尔南）和应昌府（今克什克腾旗西）都有屯田。至元二十年（1283）、二十二年政府曾出钞四万五千锭在上都、应昌府和籴粮食。[2] 至元二十五年、二十六年还疏浚了怯烈河灌溉口温脑儿黄土山一带民田。[3] 可见这一带农业还是相当可以的。然而到了14世纪初（至大元年，1308），应昌府的屯田撤销了。蒙古高原上的气候有明显转寒的现象。延祐年间（1314—1320）“朔漠大风雪，

1 满志敏等：《中国东部十三世纪温暖期自然带的推移》，载《中国气候与海面变化研究进展》（一），海洋出版社1990年。

2 《元史》卷12、卷13《世祖纪》。

3 《元史》卷15《世祖纪》。

羊马驼畜尽死，人民流散，以子女鬻人为奴婢”[1]。致和元年(1328)、天历元年(1328)蒙古高原上曾发生过两次严重寒潮，“风雪毙畜牧”，[2]造成严重后果；至顺三年(1332)八月山西北部、内蒙古呼和浩特有“陨霜杀禾”的记载。[3]此外，进入14世纪以后，山西北部、河北北部、辽宁西部在五至八月间陨霜、雨雹、风雪记载特别多(详见复旦大学中国历史地理研究所编制《中国历史气候灾害年表》)，可以认为进入14世纪以后北中国气候转寒的事实是有充分材料根据的。

1368年，朱元璋将元朝势力逐出中原，又乘胜追击蒙古残余势力至今蒙古国乌兰巴托的土剌河及其东部的贝尔湖一带，退兵后在其北疆约今蒙古高原的东南缘设置了四十余个卫所(一种军事屯戍组织)，大致沿着阴山、大青山南麓斜向东北至西拉木伦河侧一线，[4]驻兵戍守，屯田养军，形成了一条实际上的农耕区的北界。此线西段和中段显然已较元时南移了一个纬度。当时明朝的势力远不止此，为什么将国防线限制在这条线上，无疑是值得研究的问题。

15世纪初开始，明朝北部实际农耕区北界又发生变化(见图1)。

(1) 农牧过渡带西段

永乐元年(1403)将置在今内蒙古托克托的东胜左卫南撤至今河北卢龙，东胜右卫南撤至遵化。正统三年(1438)虽曾一度在原地复置，未几又撤废，在托克托的卫城遂废。[5]

(2) 农牧过渡带中段

洪武初年，辖有今山西北部和内蒙古和林格尔、集宁一带的大同都卫“屯田二千六百四十九顷，岁收粟豆九万九千二百四十余石”，平均亩产0.37石(约当今30公斤)，与同时期河北平原产量相近，不能算很低。中书省建议乘机将屯军月粮减去三斗，朱元璋不同意，他说：“大同苦寒，士卒艰苦，月粮切勿减，待次年丰熟，则依例减之。”[6]可见这样的产量，根据当地经验也不算丰收年，还有进一步提高的可能。可是到了永乐初年却将置于今内蒙古和林格尔北的云川卫，浑河北岸的玉林卫、镇虏卫，凉城东北岱海附近的宣德

---

1 《元史》卷136《拜住传》。

2 《元史》卷29、卷30《泰定帝纪》。

3 《元史》卷37《宁宗纪》。

4 《明史》卷40《地理志一》。

5 《明史》卷40《地理志一》。

6 《明太祖实录》卷96，洪武八年正月丁丑。

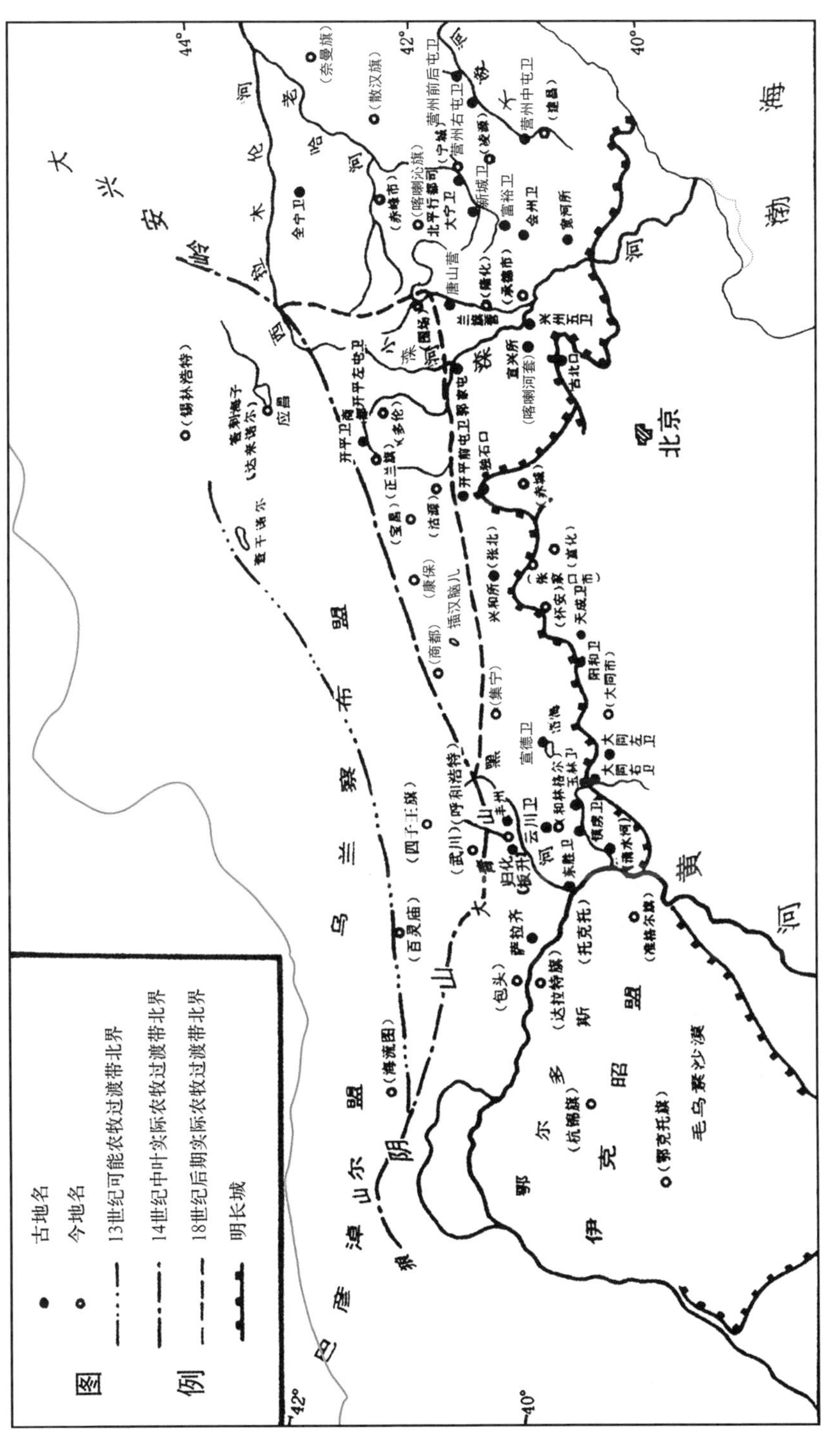

图 1　明代北部农牧过渡带变迁图

卫以及商都东南察罕脑儿卫一起迁入长城以内的大同地区。

(3) 农业过渡带东段

洪武年间在今内蒙古东南部置开平卫(今正蓝旗东闪电河北岸)、全宁卫(今翁牛特旗)、大宁卫(今宁城西)以及所属各所,在西拉木伦河南岸、老哈河流域和滦河上游一带屯田戍守。永乐开始这些卫所也先后迁入了长城以南地区。

15世纪初这次农耕区北界的同时南撤究竟是什么原因引起的呢?传统的说法是由于外围据点远离内地,无民人居住,一旦蒙古入侵,难以固守,故而退据长城为守,而东北部西拉木伦河、老哈河流域则是给了为永乐争位出过力的兀良哈三卫。但是我们细查历史资料,发现实际情况并非如此。

第一,明代的永乐朝国力还是很强大的。永乐七年(1409)朱棣亲征鞑靼,渡胪朐河(今蒙古国克鲁伦河),追至斡难河(今鄂嫩河),大败鞑靼而还。十二年亲征瓦剌,兵锋直指土拉河(今蒙古国图拉河)。二十年亲征阿鲁台,败之于屈列儿河(克鲁伦河)。二十一年又亲征阿鲁台,至长城边上西阳河(今河北怀安县境),闻阿鲁台为瓦剌所败而还。二十二年再次亲征鞑靼阿鲁台,宴群臣于应昌,前锋至答兰纳木儿河(今蒙古国贝尔湖东),未见敌人而还。[1] 历史上称为"五出三犁"之威。由此可见,在永乐初年明朝的北边根本不存在鞑靼、瓦剌势力的威胁。

第二,为报答争夺皇位有功而将大宁都司的土地给兀良哈三卫的说法,见于郑晓《吾学篇·兀良哈》,《明史·鞑靼传》即采其说。以后史家大都沿用这种说法。但明朝人郭造卿对此说已持否定态度,认为这是后代明统治者无力收复土地,嫁祸于祖先。[2] 实际上兀良哈三卫牧地最初远离明边境,泰宁卫在元泰州(今内蒙古洮南一带),朵颜卫在额克多延温都儿(今扎赉特旗北)、搠儿河(今绰尔河)一带,福余卫在瑚裕尔河流域(今齐齐哈尔一带)。[3] 宣德年间始南下,牧马滦河上游。永乐初年并没有占据大宁都司地。近年也有人研究证明,界地之说是一个"冤案",实属子虚乌有。[4] 因论证比较复杂,无法在此详述,不过其结论是可信的。

第三,明朝将北边的卫所南撤之后,原来的地方还是在明朝的势力控制

---

1 均见《明史》卷5—7《成祖纪》。

2 (明)董耀会:《卢龙塞略》卷8《洪宣正景经略》。

3 [日]和田清著:《兀良哈三卫的根据地》,潘世宪译,《明代蒙古史论集》上册,商务印书馆1984年。

4 达力扎布:《有关明代兀良哈三卫的几个问题》,载《庆祝王钟翰先生八十寿辰学术论文集》,辽宁大学出版社1993年。

之下。如永乐初年大宁都司内迁之后约五十年，景泰四年(1453)“三卫乞居大宁废城，不许。令去塞二百里外居住。天顺(1457—1464)后遂入三卫”[1]。又如宣德以后，明朝在长城以外有“烧荒”制度，“每于冬初，命将率兵出塞焚草，名曰烧荒。盖防寇南向且耀兵也”[2]；弘治年间宣府镇(治今河北宣化)一带也实行烧荒，凡每岁七月兵部命“各边遣官军往虏人出没之地三五百里外乘风纵火，焚烧野草，以绝胡马，名曰烧荒”，“使贼马不得久牧，边方易为防守”[3]。这些都说明永乐、宣德时长城以外二三百至三五百里之间仍在明朝势力范围之内，并不存在边墙外直接受到鞑靼、瓦剌威胁的情况。而蒙古人南进直接威胁到明朝北边则是天顺以后的事，弘治、成化年间达到高潮。因此将永乐初年诸卫内迁原因归诸便于防守，恐与事实不符。

我们认为15世纪初诸卫内迁的根本原因是北边地区气候转寒、环境恶化造成的。从以下一些史实可以得到证明：

(1) 开平卫在元为上都路，也是屯田处所。洪武初年建为卫，屯田垦种近半个世纪。至永乐元年(1403)内迁京师，四年还旧治。因“开平以孤城临极边，又无险可恃”[4]，需派大量军士守备，军储供应成了一大问题。如永乐十年六月自宣府镇万全卫运粮二万石往开平以备军；[5]永乐十八年因开平卫粮饷不给，又从“京仓运三万石贮开平，以备军储”[6]。可是“运粮赴开平，每军运米一石，又当以骑士护送，计人马资费率以二石七斗致一石”[7]，所费不赀，政府不胜负担。所以洪熙元年(1425)就有内迁独石口之议。[8] 宣德元年(1426)户部主事王良言：“开平极边之地，岁运粮地，而军士戍守者皆有妻子，粮不足以赡其家。”[9]终于宣德五年因开平“岁运粮四万石，人力不济”，内迁至独石口。[10] 为什么在洪武年间这里的卫所屯田能够维持下去，而到了永乐时期却不能了呢？无疑是因为这里的自然条件发生了变化，气候转寒变干，靠农耕已无法维持军士的基本生活，不得不撤退南迁了。

(2) 上文提到洪武年间山西大同地区与内蒙古和林格尔、集宁一带卫所

---

1 《明史》卷40《地理志一》。

2 《明宣宗实录》卷58，宣德四年九月辛亥。

3 嘉靖《宣府镇志》卷2《诏命考》、卷19《法命考》。

4 《明太宗实录》卷155，永乐十二年九月癸未。

5 《明太宗实录》卷129，永乐十年六月戊寅。

6 《明太宗实录》卷221，永乐十八年春闰正月庚辰。

7 《明宣宗实录》卷108，宣德九年二月丙寅。

8 《明宣宗实录》卷4，洪熙元年秋七月庚寅。

9 《明宣宗实录》卷17，宣德元年五月丙午。

10 《明宣宗实录》卷65，宣德五年四月丁酉。

屯田年产亩0.37石,并不被认为是丰收,可见还有进一步提高的潜力。可是当永乐初年将今内蒙古和林格尔北的云川,浑河北岸的玉林卫、镇虏卫,凉城东北岱海附近的宣德卫以及商都东南的察罕脑儿卫都迁入今长城以内大同地区后,却又感到大同一带土地贫瘠,"大同城北,沙碱苦寒"。[1] 大同镇所辖十卫"地土沙碛",云中一带"风高土燥,物产最薄"。[2] 正德年间宣大总督许论说:"边地瘠薄,风寒霜早,耕作所入,不足供用,全借关南和籴以济其半。"[3]这说明当时长城内外环境起了变化,已非洪武初年设卫时的情况了。东胜卫(今托克托)一带情况特殊,因地处黄河、大黑河流域,有较好的灌溉条件,但在洪武末年也有"天气早寒,田谷少获"[4]之感。虽然以后蒙古人进占这里,在其统治下的汉人仍有农耕,如嘉靖年间在今呼和浩特附近俺答利用汉人开发耕地五六顷,然"所种皆谷黍蜀秫糜子"等耐寒作物。嘉靖三十三年(1554)汉人丘富等"招集亡命,居丰州,筑城自卫,构宫殿,垦水田,号曰板升",也在今呼市附近。嘉靖三十九年(1560)明兵直捣丰州,"焚板升略尽"。[5] 以后万历年间又有大批汉人迁入,人数发展到了十万,开田万顷,"连村数百",从事农业。[6] 所以正统以后明朝边臣多有恢复东胜之议,主要是着眼于这片土地。其实除了这里因有大黑河和黄河的灌溉,汉人到此即可进行农耕外,其他地方既寒又干,没有灌溉条件,就不可能进行耕种。

(3) 黄河以南河套地区为鄂尔多斯高原。在东胜未撤以前,"军士得耕牧套内,益以樵采围猎之利,地方丰庶,称雄镇焉"[7];东胜撤废之初,套内尚未为鞑靼所居,"土地沃衍,草木繁茂,禽兽生息"[8],可见是一片自然环境较好的农牧交错地带。15世纪下半叶开始,蒙古人入居河套地区,"自后常牧套内,侵扰中原"[9],于是全成牧地。在其南面明朝边墙一带,军民"多出墩外种食"[10],"远者七八十里,近者二三十里,越境种田"[11]。其时农牧过渡带的南界大致在今长城一线稍北。可是由于15世纪以来气候趋寒转干,过度的农

1 《明宪宗实录》卷281,成化二十二年八月戊子。
2 《明世宗实录》卷472,嘉靖三十八年五月甲午。
3 嘉靖《宣府镇志》卷22《兵政考》。
4 《明太祖实录》卷237,洪武二十八年三月己亥。
5 《明史》卷327《鞑靼传》。
6 《万历武功录》卷8《俺答列传上下》《扯国克列传》。
7 (明)许论:《边镇论》,《明经世文编》卷232。
8 (明)曾铣:《议收复河套疏》,《明经世文编》卷237。
9 (明)曾铣:《议收复河套疏》,《明经世文编》卷237。
10 《明宪宗实录》卷27,成化二年三月己未。
11 (明)余子俊:《地方事》,《明经世文编》卷61。

耕和放牧都会使脆弱的鄂尔多斯高原的环境很快恶化。所以 16 世纪中叶(万历年间)起，毛乌素沙地不断扩展，“沿边城堡，风沙日积……历年沙壅或深至二三丈者有之，三四丈者有之”[1]，陕北边墙“东自常乐堡起，西至清平堡止，俱系平墙大沙，间有高过墙五七尺者，甚有一丈者……榆林等堡芹河等处大沙北墙高一丈，埋没墩院者长二万三十八丈三尺，响水等堡防胡等处比墙高七八丈，壅淤墩院者长八千四百六十八丈七尺。榆林威武等堡樱桃梁等处比墙高五六尺及与墙平，厚阔不等”[2]。由于边墙外风沙壅积，无法耕种，农牧过渡带的南界退至长城一线。即便在长城以内宣府、大同镇卫所的屯田，“耕耘于砂碛之中，颇多得不偿失”[3]。可知诸卫内迁之后，屯垦种植业反而衰落。其原因无疑与环境恶化有关。隆庆以后，大同地区与蒙古开互市，鞑靼“以牛马易粟豆”[4]。当时的农牧过渡带的南界则在长城一线。

综合上述，我们认为从 14 世纪中叶开始，我国的气温逐渐下降，进入一个寒冷期，气温由湿润转向干旱，北边的农业环境恶化，原先卫所屯田地区已不能维持军士基本的粮食需要，不得不内撤至长城一线。而鄂尔多斯高原地区在 15 世纪中叶以后，因过度耕牧、气候干旱，毛乌素沙地不断扩大，以致在长城北侧数十里地已不能耕种，全为沙土所掩，长城不仅成为当时农牧的分界线，也起着挡沙南侵、保持长城以南农田的作用。这种情况大约延续到了 17 世纪。

二、17 世纪中叶至 20 世纪初农牧过渡带

1644 年清朝统一，长城已失去防御作用，不再成为一条政治界线。清政府为了恢复、发展和保护蒙古高原的畜牧业，划定蒙古各旗盟的游牧界线，禁止越界放牧。又为防止汉蒙联合反清，曾对蒙古地区实行封禁。顺治十二年(1655)下令“各地口内旷土，听兵垦种，不得往口外开垦牧地”[5]。但这只是禁止了官方组织士兵出边垦种，并不能制止人民私自出口垦种。到了康熙年间国内政治稳定，政府开始提倡开垦荒地。康熙二十二年(1683)清政府又规定：“凡内地民人出口，于蒙古地方贸易耕种，不得娶蒙古妇女为妻。”[6]此处已承认赴口外耕种的合法性，等于否定了顺治十二年的禁令。于

1 (明) 涂宗浚：《议筑紧要台城疏》,《明经世文编》卷 447。

2 (明) 涂宗浚：《修复边垣扒除积沙疏》,《明经世文编》卷 448。

3 (明) 卢象升：《经理崇祯十一年屯政疏》,《卢象升疏牍》卷 9。

4 《明史》卷 327《鞑靼传》。

5 《大清会典事例》卷 166，户部十五田赋；《大清会典事例》卷 976，理藩院。

6 《大清会典事例》卷 166，户部十五田赋；《大清会典事例》卷 976，理藩院。

是大批河北、山东、山西失去土地的农民纷纷涌往口外开垦。康熙曾说："蒙古田土高而且腴，雨雪常调，无荒歉之年，更兼土洁泉甘，诚佳壤也。"[1]又说："今巡行边外，见各处皆有山东人，或行商，或力田，至数十万之多"，"今河南、山东、直隶之民往边外开垦者多"。[2] 康熙五十一年(1712)仅"山东民人来口外垦地者，多至十万余"[3]，随着口外沿线大批牧地被开垦，北部农牧过渡带逐渐向北推移。清末曾一度推行新政，主要内容之一即开垦蒙古地，于是农牧过渡带发生了更大的变化。

(一) 农牧过渡带西段

本段地境为内蒙古巴彦淖尔盟、乌兰察布盟和伊克昭盟。正是黄河河套地区，地势平坦，土质肥沃，水利资源丰富，秦汉以来凡汉民族或受汉族影响较大的民族据有此地，都曾开发为发达的农业区。明时后套地区为蒙古人控制，农业衰落。清初李自成余部曾退居河套，以后又有内地人民随征噶尔丹清军进入河套。由于明朝中叶以来农牧业均已衰落，已成荒凉一片，他们"多在野处以柳木为椽，以茅茨为之草庵，卑陋秋隘，无异穴居"[4]。以后内地人民不断移入，到康熙末年至乾隆年间，"山陕北部贫民由土默特渡河而西，私向蒙人租地垦种，而甘省边民亦复逐渐辟殖，于是伊盟七旗境内，凡近黄河、长城处，所在有汉人足迹"[5]。清初规定鄂尔多斯南面长城边墙外50里为禁留地；康熙三十六年(1697)准许蒙汉民在此耕种；五十八年又规定界址，边外开垦有沙地区30里立界，无沙地区20里立界；雍正八年(1730)在旧界外再展二三十里，以原留禁地50里为界。这些规定对鄂尔多斯人口的稳定、植被的保护、沙化的抑制起了一定的作用。康熙末年以后汉人向蒙古人租种渐多，但后套土地皆由河水淤积而成，质软而具碱性，得水则土膏腴美，无水则坚成石田。没有一定规模人工渠道的开修，农业难见成效。所以这里开垦较缓慢。前套土地沙泥相间，气候干燥，雨量稀少，虽不须灌溉也可耕种，但毕竟因自然环境过差，农耕的规模也很小。光绪二十八年(1902)清政府实行新政，其主要内容之一，就是放垦蒙古地。同年设立蒙旗垦务总局，以贻谷为督办垦务大臣，负责动员各蒙旗报垦，以后在察哈尔左右旗、乌兰察布盟、伊克昭盟开垦出大批农田。直至光绪三十四年(1908)四月贻谷

1 《清圣祖实录》卷224，康熙四十五年三月己未。
2 王先谦：《东华续录》，康熙四十六年七月戊寅、康熙四十八年十一月庚寅。
3 《清圣祖实录》卷250，康熙五十一年五月壬寅。
4 (清) 姚学镜：《五原厅志略》，清光绪三十四年刊。
5 潘复：《调查河套报告书》，北平香山慈幼院1930年，第219页。

被撤职以前，共计在内蒙古西部放垦土地约84 000余顷，以后又在乌伊两盟续放垦地3 300余顷。总计在清末新政的十年里，在内蒙古西部新放垦土地共约87 000余顷。这次大规模放垦，内蒙古西部的农耕区有了空前的扩大。察哈尔左右翼（除北部少数地区）、归化城土默特、后套地区，凡属可耕地几乎垦辟殆尽，基本上变成了纯农业区。伊克昭盟中、东部的郡王，扎萨克、准噶尔、达拉特旗，以及大青山后的广漠高原上，也出现了成千顷连绵的大面积农田。[1] 例如在大青山北麓的武川县“昔为蒙民游牧之区，土著者无多，自清季末叶垦殖以来，移民渐多，由晋北、陕北移来者约占十分之七八，冀、鲁、豫各省来者占十分之二三”，“境内居民十之七以务农为业”。[2] 又据民国二十三年（1934）《归绥县志·经政志》记载，乾隆六十年（1795）开垦大青山后牧地4 230顷，嘉庆十二年（1807）续垦地2 725顷；嘉庆七年开垦大青山后四旗空闲牧地766顷。农耕地北界已进入今巴彦淖尔市的乌拉特中旗（海流图）、包头市达尔罕茂明安联合旗（百灵庙）和乌兰察布市的四子王旗（乌兰花），到达了阴山山脉北麓（民国《绥乘》）。南界已进入鄂托克旗、杭锦旗、准格尔旗，隔毛乌素沙漠与陕北相望。但这里的农耕业极不稳定，原因是：

其一，“口外天气极寒，开冻迟而陨霜早，每年庄稼只收一季，每亩丰收不过数斗”。

其二，口外“地皆沙碛”，“而且地广人稀，无从得粪，以沙地而无粪培，耕种久则地力乏，往往种而不生，必须歇一二年后，始种一年，方能收获”。

其三，“口外粮户尽是客民，未编户籍，有利则认粮而种地，无利则弃地而之他”，“则此一年中，地即成无主之地，粮亦为无着之粮”。[3] 特别是河套附近濒黄河的乌拉特、杭锦、达拉特三旗地“淤泥质肥而具胶性，遇水则融化滋长，无水遂坚成石田”，必须开渠引水才能进行耕种，故开垦的成本很高，[4] 经济效益不大。据潘复调查报告，清末后套已垦土地9 709顷，以后由于“渠道淤塞，水不敷用，逐渐荒芜，及民国五年（1916）浇地仅5 000顷，至六年减至4 000顷，七年又减至3 500顷，后套垦务之败坏，概可见矣”[5]。直至20世纪30年代，乌盟各旗和伊盟鄂尔多斯地区均为典型的半农半牧区，[6] 其北界

1 汪炳明：《清末新政与北部边疆开发》，载《清代边疆开发研究》，中国社会科学出版社1990年，第66—67页。

2 民国二十九年《武川县志略》，《社会概况》。

3 以上均见民国《归绥县志·经政志》附录《光绪十二年同知方龙光上归绥道禀》。

4 清宣统二年《西北垦务调查汇册》之《总论西垦》。

5 潘复：《调查河套报告书》，北平香山慈幼院1930年，第46—47页。

6 谭惕吾：《内蒙之今昔》，商务印书馆1934年，第98—100页。

与清末一致，到达北纬 42 度左右。

（二）农牧过渡带中段

内蒙古今土默特左、右旗地区汉人占耕很早，归化城一带大都为山西移民出口垦殖，初为“冬归春往”，以后竟全家移出口外。雍正初，仅大同等府百姓“散居土默特各村落”者，“已不下二千家”，而“归化城外尚有五百余村，更不知有几千家矣”。[1] 据察哈尔都统雍正二年（1724）的调查，察哈尔右翼四旗已有出边汉民私垦农田近 30 000 顷。“自张家口至镶蓝旗察哈尔西界各处，山谷僻隅所居者万余。”[2] 雍正十一年（1733）方观承《从军杂记》[3] 载：“自张家口至山西杀虎口沿边千里，窑民与土默特人咸业耕种，北路军粮岁取给于此，内地无挽输之劳。”雍正十三年清政府曾一次开放归化城土默特地区 40 000 顷土地招民垦种。[4] 雍正二年、十年、十二年先后设置张家口、独石口、多伦诺尔三厅，就是为了管理口外汉民的。[5] 乾隆初，归化城郊“开垦无复隙土，大成村落”；城内除蒙古族外，还有汉族、回族等居民，人烟凑集；出城西行至黄河河套的土默特左右二旗地，“迷漫千里，悉皆腴壤，人居颇广”，向北直到大青山下，皆有“山西人携家开垦”的田地，“散布山谷间，山土饶沃”。[6] 据乾隆八年（1743）的统计，归化城土默特旗的 75 000 余顷土地中，牧地只占 14 268 顷，[7] 说明农耕已占主要地位。乾隆二十五年（1760）在土默特左右旗地区设置了归化厅（治今呼和浩特市）、托克托城厅（今县）、清水河厅（今县）和林格尔（今县）、萨拉齐厅（今土默特右旗），加上乾隆五年（1740）置的绥远城厅（今呼市东北五里），共六厅，[8] 属山西省管辖，反映游牧地向农耕地转化。例如清水河厅“所辖之属，原系蒙古草地，人无土著，所有居民皆由口内附近边墙邻封各州县招徕开垦而来，大率偏关、平鲁两县人居多”。乾隆年间有 1 850 余户，如每户以 5 口计，则有近 10 万人。光绪年间“因所垦熟地或被风刮，或被水冲，是以口内招来人民弃地逃回原籍者，实繁有徒”，当时实在户仅为 900 余，较乾隆时减少了一半。[9] 可见这里的农耕业是极不稳定的。20 世纪 30 年代，“察哈尔八旗中之左翼四旗及四群牧（今多

1 《宫中档雍正朝奏折》第 17 册，台北故宫博物院 1979 年，第 837 页。

2 乾隆《口北三厅志》卷 1《地舆》。

3 （清）方观承：《从军杂记》，《小方壶斋舆地丛钞》第二帙。

4 （清）贻谷：《土默特旗志》卷 5，光绪三十四年刊本。

5 乾隆《口北三厅志》卷 1《经政略》、卷 3《古迹》。

6 （清）夏之璜：《塞外橐中集》，《入塞橐中集》卷 3。

7 《清高宗实录》卷 198。

8 嘉庆重修《大清一统志》卷 95，山西统部。

9 光绪《清水河厅志》卷 14《户口》。

伦、宝昌、康保、商都、沽源）之蒙民，尚完全度其游牧生活，不谙耕种，因南部各地均已设县治，故蒙民已逐渐北移，其生产经济，专赖牧畜”。察哈尔八旗中之右翼四旗境内（今兴和、集宁、丰镇、凉城、察右中旗）其土地已尽数开垦，约 17 万顷。至于归化土默特旗也已尽数开垦，约有 27 000 余顷，境内之蒙民与汉民同事耕种，与内地无异。[1] 其时农牧分界线大致沿大马群山一线，向东至小滦河上游，与东段相接。

（三）农牧过渡带东段

其一，本段在清代地属内蒙古昭乌达盟、卓索图盟和部分察哈尔地，其中卓索图盟喀喇沁地区（今内蒙古赤峰和辽宁凌源、建昌一带）农业发展较早且迅速，因为地近长城，与内地连成一片。早在清朝入关以前，已有“喀喇沁人于法库山耕种”[2]。清初流入蒙古的汉人首先在此耕种定居，虽然清政府对前往喀喇沁的汉人有控制，但趋之日众，到了康熙末年，汉人逾越喀喇沁深入到克什克腾旗、敖汉旗、翁牛特旗、科尔沁及郭尔罗斯。经过清前期一个世纪的辛勤开垦，至 18 世纪中叶，这些地区开始成为较稳定的半农半牧区。[3] 据喀喇沁左旗所藏乾隆十七年（1752）《汉人佃户调查表》，移居该处的汉户中，有 83.8%属于被满洲贵族圈占土地、逐出家园的直隶人。[4] 乾隆四十三年（1778）在喀喇沁地区设置了平泉州（今平泉县）、建昌县（今凌源县），正是为了对汉人的管理。嘉庆初年，清政府放松了边禁，内地农民携眷出口可以不经查验，于是内地大批农民携家带口出口垦耕。嘉庆十五年（1810）“热河迤北一带”，“山广平原，尽行开垦”。[5] 到了道光年间，就连开垦较晚的喀喇沁右旗，也因“商民日集，占垦地亩日广”，终致“蒙古人无地牧放牲畜”。[6] 因此到了嘉道年间，喀喇沁地区完成了半农半牧区向农业区的转化。光绪三十二年（1906），随肃亲王耆善巡察东蒙古各旗的陈元甫在他的《东蒙古纪程》中说：“过毛金坝，入喀喇沁境”，“道路平坦，村民皆垦山为田”，自喀喇沁王府折而东行，“地势平衍，五谷杂粮均能种植”。同年，日本人町田关

1 谭惕吾：《内蒙之今昔》，商务印书馆 1935 年，第 100—101 页。

2 《清太宗实录》卷 11，天聪六年五月戊申。

3 成崇德：《清代前期蒙古地区的农牧业发展及清朝的政策》，载《清代边疆开发研究》，中国社会科学出版社 1990 年，第 177 页。

4 ［日］天海谦三郎：《旧热河蒙地开垦资料二则》，伪满铁调查局昭和十八年（1943）版，第 87 页。转引自王玉海：《清代喀喇沁的农业发展和土地关系》，载《清代边疆开发研究》，中国社会科学出版社 1990 年，第 190 页。

5 《大清会典事例》卷 158。

6 《阿勒清阿奏喀喇沁王控商民不给抽分地铺银两》，中国第一档案馆所藏档案，转引自王玉海：《清代喀喇沁的农业发展和土地关系》，载《清代边疆开发研究》，中国社会科学出版社 1990 年，第 16 页。

吉在他的调查报告中说："喀喇沁现在已完全失去了自古以来的畜牧特色，耕作农业已代替了它。"[1]据宣统元年(1909)统计，喀喇沁三旗共有牛二万头，马一万六千匹，羊五万只，而垦地面积却达 116 400 顷，约占喀喇沁三旗总面积的 1/7，土地利用率几达可耕地的极限。[2]

其二，西拉木伦河南岸的老哈河、教来河流域在清初就是宜农宜牧的地方。康熙曾说："敖汉、奈曼等处，田地甚佳，百谷可种，如种谷多获，则兴安等处不能耕之人，就近贸易贩粜，均有裨益，不须入边买内地粮米，而米价不致腾贵也。且蒙古地方，既已耕种，不可牧马，非数十年，草不复茂，尔等酌量耕种，其草佳者，应多留之，蒙古牲口，惟赖牧地而已。"[3]这里自康熙以后划为木兰围场，成为保护禁地。《热河志》卷 45《入柳条边》诗注云："木兰周围千余里，本喀尔沁、敖汉、翁牛特诸部地，康熙年间其王公等以地进献，遂为围场，并非夺民之产，而近省流民至者不可不防，其垦占每于边界依谷口植柳为援，以示限制，而非申以厉禁，人自不敢潜越耕牧之法，诚尽善也。"卷 46《出伊玛图口》诗注云："木兰周千余里，以山为禁，其外，北则游牧，南则民田，无围场矣。"由此可知，这里原可农耕，因人为禁止才为牧地。西拉本伦河北岸巴林左右旗地在辽金时期有过少量农业，元明时以游牧为主。清前期蒙古族曾在此从事过原始性的种植，所谓"漫撒子"，即没有固定耕地，地随人走，一年一换。当时种地不用犁，只把种子撒在草地上，让牛群或马群在上面来回践踏，将种子埋入地下，遇雨草苗齐长，中间不管理，称作"凭天收"，可见是一种十分粗放的农业。[4] 清季放垦蒙地，这里放垦较晚，据《蒙务公牍汇编》卷一《锡光奏请拣大员专办内蒙展务折》(《满蒙丛书》第四册)记载：光绪三十二年(1906)时，"昭乌达、哲里木二盟之巴林、达尔罕各旗未垦荒地纵横方千余里"。《东三省总督覆奏东省内蒙垦务情形并预筹办法折》云：光绪三十年时"查内蒙东四盟地，除在直隶热河界内及土默特各旗均早经开辟、人民繁聚外，其自潢河以北、索岳尔济山以南，南北八九百里，空旷荒芜，寸土未垦"，"宜一气招垦，次第开通"。因为"论土质则巴林左右两翼及阿鲁科尔沁一旗最为腴美，河流纵横，气候和暖。东西扎鲁特两旗间有沙

1 ［日］町田咲吉：《蒙古喀喇沁农业调查报告》第一编第一章"喀喇沁农业之现况"，明治三十八年(1906)。转引自王玉海：《清代喀喇沁的农业发展和土地关系》，载《清代边疆开发研究》，中国社会科学出版社 1990 年，第 197 页。

2 王玉海：《清代喀喇沁的农业发展和土地关系》，载《清代边疆开发研究》，中国社会科学出版社 1990 年，第 197 页。

3 《清圣祖实录》卷 191，康熙三十七年十二月丁巳。

4 《巴林左旗志》第五编第一章"农业"，内蒙古人民出版社 1985 年。

碛，然可耕之地十七八。乌珠穆沁两旗地势稍高，气候较寒。该二旗产马之区，畜牧最盛”。据1920年时统计，巴林右旗开垦了2 349顷，1923年巴林右旗开放可垦地4 489顷，[1]规模都不大。很清楚，此处当以大兴安岭为农牧过渡带的北界。

其三，长城独石口以北至开平的热河地区“平原旷野，土地肥腴”，“可耕之地不下数万顷”。[2] 康熙四十二年(1703)王灏《随銮纪恩》载：热河一带“皆有皇庄，其种获小黍、高粱、黍子、糜子、稗子、豆、荞麦，凡七种”。今承德市蓝旗营一带“乡村妇孺，鸡犬桑麻，疑是桃源”，完全是一派农村气象。向北到了波罗河屯(今隆化县)“周围约数里，人家村舍，栉比鳞集，烟火周密”，直至过了隆化县北的唐山营，“行宫瓦屋至此而尽，桑麻种植至此而止，前路畋猎之场，杳无村落，人皆野栖营处”，自唐山营北四十里为“汗铁木耳打把汉”，“打把汉者，岭也。自此北行为蒙古界”。这里八月初六(9月27日)已“轻霜初下”，渡岭(约即围场东伊逊河、乌拉岱河的分水岭)而过，进入游牧地带。过岭以后东行，八月初十(10月1日)“霜花如雪，水始冰……过岭微雪，雪止急雨”。[3] 这里一条明显的气候分界线，大致即今隆化、围场两县分界处。同时代人余宷家作《塞程别纪》记载，自今河北滦平县北行至今隆化县西北、小滦河沿岸的郭家屯，沿途散布着不少聚居数家、十数家以“耕牧为业”的村落，并谓“塞外但就现在土著所宜种黍麦之类，俾万人垦之，自食有余矣”为农牧过渡地带的景色。然而沿小滦河北行五十余里，即谓“自此以北，多沙石少土，性地遂寒薄，惟见毡毳，无复村舍篱落矣”，再往北“其山草木多颇茂盛，多野兽，便于色目人打生放牧而已，余无足取”。[4] 这里的农牧分界也正好在围场以南，与上述记载完全吻合。据乾隆《热河志》附图，这条界线正是木兰围场的南界，向东北与西拉木伦河西北侧的农牧过渡带北界大兴安岭相接。

上面介绍了清代北部农牧过渡带推移的情况。这里有一系列问题应引起我们的思考：为什么清初顺治年间边外禁令得以实施，而康熙以后禁令就难以贯彻呢？如果当时塞外的自然条件与明代记载一样，怎么会有大批汉人外出耕作呢？在明时有政府支持的卫所军士尚且不能维持生计，他们是靠什么得以生存的呢？因此我们认为16世纪下半叶开始我国曾经出现一个

1 《巴林左旗志》第五编第一章“农业”，内蒙古人民出版社1985年。

2 (清)孙嘉淦：《请于开平兴和凑驻满兵奏折》，乾隆《口北三厅志》卷12《艺文》。

3 (清)汪灏：《随銮纪恩》，《小方壶斋舆地丛钞》第一帙。

4 (清)余宷：《塞程别纪》，《小方壶斋舆地丛钞》第二帙。

短时期的温暖气候。据文献记载，康熙、乾隆年间木兰围场秋季曾多次出现高温天气，康熙四十二年（1703）康熙曾说："塞外多寒，今年炎热不异六月，向来所未见也。"他十八岁即参加围猎，此说当有所据（《随銮纪恩》）。乾隆在《钦定热河志》所作的诗篇中，以《暖》《秋热》《热》《雨》《秋雨》为题的占了很大比例，反映了当时秋季气温较高、雨水较多的实况。同时他在许多诗句中也多处提到秋暖的情况。如《秋热》："关外逢秋热，忽如夏杪时，葛收箱欲换，扇衍箧重持。"《热》："今秋已过闰，情知凉应速。此热实利稼，秀实催嘉谷。"《暖》（卷7）："今年秋候长，入冬气尚暖。"《雨》："木兰九月雨，秋暖实异常。"乾隆二十八年（1763）作《入古北口即事》注："往岁塞外叶落，入关犹见绿树，今岁秋暖，塞外树亦未凋。"乾隆三十二年九月十九日《入古北口作》中有"秋暖今岁实异哉"，注："每岁关外树叶黄落，入关始见绿树，今秋关外树色尚绿，故云。"乾隆二十三年《出古北口》注："关外山田秋稼多稔，今年倍胜于常，而科尔沁、敖汉诸扎萨克王公等至此迎銮，佥云迤北迤东各部田禾景象较尤丰蔚。"（同上）乾隆三十七年《入古北口》又云："秋暖竟殊常。"注："今岁闰月后节气率早，而秋暖较往岁尤长。"此类诗句颇多，不能备录。其中乾隆有一首以《气候》为题的诗很有意思，其云："气候自南北，其言将无然。予年十二三，仲秋必木兰。其时鹿已呦，皮衣冒雪寒。及卅一二际，依例往塞山。鹿期已觉早，高峰雪偶观。今五十三四，山庄驻跸便。哨鹿待季秋，否则弗鸣焉。大都廿年中，暖必以渐迁。"又在《霜》（八月廿日）诗注云："鹿必待霜降天寒凉后而答鸣。"另在《哨鹿》[作于丁亥，乾隆二十二年]诗注云："二三十年前，鹿鸣以白露前后为候，今率以秋分前后为候，盖天道自南而北，气渐暄暖云。"这些资料充分说明了在18世纪初至中后期，我国北部地区气候有一个由寒转暖的过程，温度大约延迟一个节气。当时北部农牧过渡带的北界应该是自然条件允许的最北界。这种温暖气候大概延续到18世纪末，嘉庆、道光年间河北地区曾出现多次寒冬。[1] 康、雍、乾时期农业很兴旺的归化城一带，到了咸丰年间仍成"苦寒之地，春末开冻，秋初陨霜，统年燠少寒多，禾稼难以长发，稻粱菽麦本非貊地所生，莴子油莜麦皆视为嘉谷，劳于耕作，而薄于收成"[2]。大约到19世纪末20世纪初，又出现短暂的温暖气候，这就是清末光绪年间大规模开垦蒙地的地理背景。

清朝在蒙古高原除了开发农田以外，还设置了若干牧厂。高士奇《塞外

1　邹逸麟主编：《黄淮海平原历史地理》，安徽教育出版社1993年，第62、44—46页。

2　咸丰《归绥识略》卷24《人部》。

观牧并序》:“张家口外皆国家育牧之场,马牛羊不下数千百万,望若云锦。”[1] 牧厂有两种,一种属太仆寺,一种属内务府。太仆寺牧厂分左右两翼,左翼牧厂在张家口东北 140 里,东西 150 里,南北 150 里;右翼牧厂在张家口西 310 里,东西 150 里,南北 60 里。内务府所辖各牧厂分布在今内蒙古商都至西拉木伦河上游一带,地域广大,如其中察哈尔八旗牧厂东至克什克腾旗界,西至归化城土默特左旗,南至太仆寺各牧厂及山西大同府、朔平府边,北至苏尼特及四子部界,绵延千余里。[2] 因此可见,清代长城以北至内蒙古乌兰察布盟、昭乌达盟、哲里木盟一带是典型的半农半牧、农牧过渡地带。农业的比重自南向北递减。

三、小结

(一) 明清时期我国北部农牧过渡带地处长城和阴山、大青山、大兴安岭山脉之间,从气候而言,属温带、暖温带。

由于热量水分条件的不同,湿润程度自东向西由湿润、半湿润、半干旱至干旱过渡。气候特征是冬季严寒且长,夏季短促而温热,春秋温度骤变,无霜期很短。降水大多集中在 6—8 月的夏季,春寒严重,给农牧业带来一定影响。历史时期人们在利用和改造自然过程中,形成了农耕区、牧业区及两者之间的半农半牧区。从历史资料来看,在 14 世纪中叶至 20 世纪初的明清时期,在农耕区和牧业区之间的农牧过渡带有过一定的变化。

(二) 15 世纪初明朝卫所的内迁,其中固然有政治原因,但其主要原因则是由于气候转寒的关系。

据今人研究,14 世纪开始全球进入小冰期,在我国也有所反映,譬如与我国北部农牧过渡带最近的黄淮海平原从 14 世纪开始至 18 世纪就有一个寒冷期。[3] 我们再结合上文所述的史实,完全有理由做出这样的结论。

(三) 大约康熙末期至乾隆中叶的 18 世纪,我国北方气候有一段转暖时期,因此农牧过渡带的北界有可能到达了无灌溉旱作的最西界。

雍乾年间在长城以北设置了一系列与内地体制相同的厅、州、县制,也是农耕区向北发展的反映。20 世纪开始又有一个转暖期,其程度较康乾为

---

1 乾隆《口北三厅志》卷 14《艺文》。

2 成崇德:《清代前期蒙古地区的农牧业发展及清朝的政策》,载《清代边疆开发研究》,中国社会科学出版社 1990 年,第 167 页。

3 邹逸麟主编:《黄淮海平原历史地理》,安徽教育出版社 1993 年,第 62、44—46 页。

弱。这就是光绪末年大力开垦蒙地，将农田推至大青山、西拉木伦河以北的气候背景。

（四）明代初年的农牧过渡带的北界大致为阴山、大青山斜向东北至西拉木伦河上游南侧一线。

15世纪以后因气候转寒有所内缩。18世纪清康熙开始逐渐北移，西段稍北移至阴山、大青山北麓的海流图、百灵庙一线；中段大致以大马群山、小滦河上游一线为界；东段与大兴安岭南端相接，沿岭东斜向东北。至清末基本未变。

（五）据今人研究，今内蒙古地区农业区主要分布在水、热条件稍好的地区，即大兴安岭东侧、阴山山前的丘陵和平原以及鄂尔多斯高原的东部地区；半农半牧区位于农业区与牧业之间交错狭长的过渡地区，也可以说是农牧业的分界线，此界线大致是从呼盟的鄂伦春自治旗东南部经扎兰屯、索伦、乌兰哈达、扎鲁特旗、阿鲁科尔沁旗、巴林左旗、林西县、克什克腾旗、白旗、化德县、察右中旗、四子王旗、武川县、固阳县至伊盟金霍洛旗（指旗、县所在地一带）一带为界。半农半牧区以北及以西为牧区，其以南以东为农区，[1]这是一条呈宽带状的过渡带。明清时期这条过渡带基本上与今天相同，随着湿润状况的变化，有偏东偏西的变化。

（原载《复旦学报（社会科学版）》1995年第1期）

1　中国科学院内蒙古宁夏综合考察队：《内蒙古自治区及其东西部毗邻地区气候与农牧业的关系》，科学出版社1976年，第52页。

历史政治地理研究及综论篇

谭其骧主编《中国历史地图集》编绘始末及其学术意义

首先，请允许我向黄所长和范先生表示感谢，让我有机会在这里向在座各位请教和交流。范先生提出来要我将谭其骧先生主编《中国历史地图集》的编绘过程以及这部地图集的学术价值作一番介绍，我虽然参加过地图集的编绘工作，但限于个人水平，只能简单讲一讲，有些看法也不一定对，敬请各位批评。

一、缘起

首先，我想介绍一下这个工作的缘起。

这项工作发轫于1954年中华人民共和国第一届全国人民代表大会第一次会议的休息期间，毛泽东和时任北京市副市长吴晗的一次谈话，毛泽东说他在读《资治通鉴》时，没有一部详细的历史地图参阅，很不方便。20世纪三四十年代的亚新舆地学社曾出过几本历史地图，但都很简单，一个朝代就这么一幅，很小的一幅，地名很少，不解决问题。所以毛泽东希望有一部好的详细的历史地图集，一有利于阅读《资治通鉴》，二也为研究二十四史提供便利。吴晗就和他介绍，说晚清湖北宜都的杨守敬编过一部《历代舆地图》，内容很详细，正史地理志里县以上的地名基本上都有。这个图集共34册，内容丰富，而且是朱墨套印、古今对照，红色为今地名，黑色为古代地名，一看就明白，可以参考。但这个图也有不理想的问题，第一，它是线装图，分成34册，携带不便；第二，它把全国分成多少格，以北京为"中中"，北京以北为"中一北一"，北京以南为"中一南一"，东面为"中一东一"，西面为"中一西一"，每页分幅即由此依次来排列，查起来很不方便。比如你要查"成都"所在的一幅，你晓得查哪里呀？要前后、前后不断地翻，才会翻到，所以在实际使用上很不方便。当时吴晗就建议，是否可以拿今天就是1954年的地图作为底图，把杨守敬图上的古地名搬到这个底图上，按照现在的制图方法把它印出来。当时毛泽东也同意了这个做法。毛泽东说这个事情就交给你办了。这就确定了。

二、经过

确定以后，吴晗就找了一些专家，成立了一个机构，叫作“重编改绘杨守敬《历代舆地图》委员会”。同时还成立了另一个“标点《资治通鉴》、二十五史委员会”，大家都知道我们大陆中华书局出版的“二十四史”、《资治通鉴》都是标点过的。当时就成立了这两个委员会，都是由国内一流史学家组成，一套班子两个招牌。“杨图委员会”由范文澜、吴晗领衔，尹达、侯外庐、翦伯赞、刘大年、金灿然（时任文化部出版局局长）以及高教部、地图出版社负责人等组成，委员会设在中国科学院下面的学部，当时有自然科学和社会科学两个学部。

那么具体工作由谁来做呢？吴晗就建议谭其骧来做。吴晗和谭其骧在20世纪30年代清华、北大、燕京时候是老朋友，吴晗还是30年代顾颉刚、谭其骧二先生组织禹贡学会的成员，大家都是很熟的。他知道谭其骧先生是搞历史地理的，就请他来主持这项具体工作。那时候谭其骧先生在复旦大学历史系当教授，1951年前是浙大史地系的教授，浙大史地系撤掉了，他就调到复旦历史系任教。于是通过高教部把谭其骧调到北京的中国科学院历史研究所进行这项工作，那是1955年初。调的时候是讲好调一年，当时以为把杨守敬图的地名搬过来，简单得很。不料谭其骧先生在工作中发现问题并不是那么简单，因为杨守敬图的底图用的是同治年间《大清一统舆图》，与1954年的今图地形出入很大，每搬一个古地名，都要重新考订，否则无法上图，根本不可能在一年以内完成。结果到了1956年冬天，已经两年了，只搞了秦和西汉两个朝代的图，还没搞干净，就是有些小问题还没弄清楚。但是复旦大学方面催着要谭其骧回去，说你是复旦的教授，不能长期不教书呀，别的教授会有意见的。科学院和高教部商量是不是再留段时间，高教部不同意。没办法，只好回复旦了。那时候历史所所长名义上是郭沫若，具体管事的是常务副所长尹达，所以谭先生在临走时对尹达说，我要回复旦了，没有办法，但我一个人到上海上课的同时，这个图还是要做的啦，你是不是派给我两个助手，协助我搞图的工作。也巧，我是1956年山东大学毕业分配在科学院历史研究所的；还有一位王文楚先生，是复旦大学毕业分配来的。我们都是上海人，北京不大愿意待，想回上海，就打报告看有没有机会到上海去。尹达看了以后，就对谭其骧说，这两个年轻人刚刚来，也没干什么事，就跟你去吧。那时我们真是很开心！于是我们就只在北京待了半年，1957年1月来上海报到，跟谭先生参加了这个工作。

那时候在上海还是一个独立的编图工作小组，由地图出版社（当时还称新华地图社)管这个事情。当时讲好这个地图最后由地图出版社出版。因此地图出版社就在苏州河北岸河滨大楼里租了一套房子给我们几个人工作。那时候参加编图工作的实际上就 5 个人,一个是谭先生;一个是章巽先生,就是大家都知道的章丹枫先生,搞中西交通史的;一个是吴应寿先生,老浙大史地系毕业,他和我讲他给张其昀先生做过几天助手,毕业后,因浙大史地系撤销,到了复旦;一个王文楚先生,1956 年复旦毕业的;一个是我。还有几个绘图人员。

1957 年七八月份,发生了反右运动,当时学校里有人提出来,说在上海河滨大楼的编绘"杨图"那个组里没有一个共产党员,不行,是"资产阶级独立王国",不能让他们在那个地方干,要我们回复旦,由党组织来领导。谭其骧没办法,我们这个工作组 9 月迁至复旦校内,在历史系领导下工作。1958 年"大跃进"开始,各项工作都要快,特别是我们这个任务是毛泽东交下来的,更需要快。我们一共 5 个人,快不起来呀! 谭先生要上课,章巽先生、吴应寿先生身体又不好,有糖尿病、高血压,我们两个年轻人身体是好的,但业务水平不够,快不起来。复旦党委为了加强编稿力量,就调来了历史系三年级 10 个学生和 1 位青年教师参加我们的工作;当时复旦想发展历史地理学科,就由这批人于 1959 年成立了历史地理研究室,同时还要办历史地理本科专业,因为需要为历史地理专业开地理课,还于 1959、1960 年从华东师范大学、中山大学、西北大学调来十几位地理系毕业的青年教师。后来因为编图任务重,1962 年专业停办,这些年轻人就全部参加历史地图集工作,到这个时候有 20 多个人参加。

1959 年开始,主要工作发生了变化,什么原因呢? 大家知道,那时候中苏、中印发生了边界问题。我们也不了解国外情况,当时学术界传出有这么一个消息,据说国外有些学者写文章说中国历史上的疆域主要限在长城以内,长城以外的蒙古、新疆和西藏历来不是中国的。"杨图委员会"和谭先生认为,在这样形势之下我们还是遵循杨守敬图的编图原则恐怕不行了,为什么呢?

第一,"杨图"只画历代中原王朝疆域,只画中原王朝的直属版图,有时甚至连中原王朝的版图都没有画全。而当时我们认为中国是多民族共同缔造的国家,少数民族在历史时期建立的政权和活动的范围,也是历史上中国的一部分,怎么可以不画呢? 所以不行,不能完全按照"杨图"来,"重编改绘杨守敬《历代舆地图》委员会"原来定下的规矩是不行的。

第二,杨守敬是清代人,他画历史地图当然没有清王朝,我们今天画历史地图就不能没有清王朝。

第三,"杨图"的古今对照底图是1863年同治年间的《大清一统舆图》,离开当时已一百年了,近代测绘技术的地图和《大清一统舆图》已大不一样,所以简单地理解把杨守敬图幅上的地名搬过来根本行不通,山水地形都不一样,没办法搬的,每个地名都得重新考证,才能上图,所以原来估计的工作量完全不合适。

第四,"杨图"的主要资料根据是历代正史地理志。正史地理志有的地名他就画,没有他就不画。大家知道正史地理志断代很不严格,因此杨守敬地图没有一个标准年代,有时候一朝代不同时期的地名都混了画在一起,这是不科学的。现代编地图需要有一个行政建制标准年代,比如我这个地图是反映2007年行政建制的,还是2005年行政建制的,否则人家翻你的地图代表什么时代不知道,显然是不科学的。还有一个问题,就是刚才讲的,"杨图"是以北京为中心将全国疆土分成一块一块的,东一块西一块,查起来太不方便了。这34本图实际上是专为搞沿革地理提供资料的,读史是没办法用的。为什么呢?因为你读《资治通鉴》前一条史实发生在成都平原,后一条史实发生在南京,你怎么查阅呀?所以在具体操作过程中,实际上是无法供读史时查阅的。按照现代制图方法,应该按照行政区划来分幅,或者按照省,或者按照区,这样就容易查阅。所以我们认为要重新改编,我们不能采用杨守敬这一套规格和方法,我们要重新编绘一部我们当代人认可的中国历史地图集。

这在"杨图委员会"里取得一致意见了,于是有一个重大的问题提出来,什么叫中国历史上的疆域?具体而言,什么是"历史上中国的疆域"的范围?你写文章好写,中国古代某朝代疆域东到哪里,西到哪里。你要画地图的话,得有一个框框、一条边界线。那么这个框框画在哪里?这是非常伤脑筋的事。因为过去从来没有一个人对这方面做非常明确的论述。当时大陆史学界(我们对台湾史学界不是太了解)就有两种观点,这倒不是为我们这个图发表的观点,刚才讲了,当时国际上有些学者说历史上的蒙古、新疆不是中国的疆域,于是国内学者针对这些论点写了文章。

当时有两种观点:一种观点以中华人民共和国的疆域为范围,以这个疆域作为中国历史上的疆域范围,在这块土地上往上画。但这里有很大的毛病,那就是承认1840年以后割给沙俄、割给日本的领土从来就不是中国历史上的领土;中国历史上从来就没有过外蒙古土地,没有过黑龙江以北、乌苏里江以东的土地,没有过巴尔喀什湖以东、以南的土地,历史上从来就不是我们中国的，如果本来就不是你的，那怎么叫不平等条约呢？所以这样的观点，对我们学术也好、外交也好都不利。所以这个观点行不通。

第二个观点，以历史上中原王朝的疆域为范围，汉朝疆域范围怎么样就怎么样，唐朝怎么样就怎么样。这个也不行。为什么不行呢？历史上很多中原王朝疆土是没有直接统治到西藏的，西藏入中原王朝的版图是元朝，元朝以前没有一个王朝直辖过西藏；历史上很多王朝就没有直接统治过黑龙江下游，没有直接统治过蒙古。因此这也不对。同时也有一个论点站不住脚，就是我们不是汉朝人，我们不是唐朝人，我们不是宋朝人，我们不能以唐朝、宋朝人的中国为中国呀。我们是今天的中国人，所以我们应该从今天中国人的观点来讲历史上的中国。那么到底应该怎么办呢？你总得有一个框框，没有框框你没办法画图呀。谭先生就写了一篇文章，在当时边疆史地刊物上发表，题目是“历史上的中国和中国历代疆域”。我只能简单介绍一下，他的观点是这样：我们今天的中国人画历史地图应以我们今天的中国人的历史疆域观点出发。这个疆域是什么呢？他认为1840年以前中国乾隆年间定的疆域是中国历史上的疆域范围。为什么这么讲呢？他认为（文章大意）：清朝到乾隆年间定的疆域，是中国历史上两三千年来不断的民族交融、民族汇合的最后结果，是自然形成的。中国地理的情况本身是封闭式的，北方蒙古高原，西面青藏高原，东面是大海，这个封闭式自然环境里头实际上形成三个自然区，一个是西北干旱和半干旱区，一个是青藏高原高寒区，还有一个是东部季风区。这三个自然区在历史上形成三个经济区，游牧、农耕和采集游耕经济区，中国历史上的疆域变化实际上就是三个经济区的互相交融。前期从匈奴一直到突厥，中期的契丹和女真，后期的鞑靼、瓦剌，那个时期就是游牧民族和农耕民族的相互交错，你进来我出去，实际上也就是三个经济区的交融。在不断的交往中有进有退，有时候游牧民族打到长安，有时候农耕民族一直打到贝加尔湖。唐朝的安西都护府，一直管到葱岭以西。谭先生认为这个就是两三千年来三种经济民族不断的交融，有好、有和、有战，最后形成的这么一个清代的疆域，这是自然形成的，这个形成才是中华民族长期斗争、融合形成的结果。因此他认为以这个范围作为中国历史的疆域范围，往上画，才是最科学的。当时经过学术界讨论，认为谭先生的观点是正确的。我们不敢说谭先生的观点是绝对科学的，但它是可操作的，可行的，因为除此之外你没办法可以操作。谭先生还有一个重要的观点是，中原王朝要和中国分开，历史上的中国和历史上的中原王朝是两件事情。起码我们大陆学者认为谭先生的观点是站得住脚的，可以操作的。我们就按照这个观点来做。

所以从1962年开始，中国历史地图的范围完全重新设计，有很大突破。

第一，在各个历史时期增加了蒙古、新疆、青海、西藏、云南和东北三省等边区的少数民族政权的地图，比如说匈奴、突厥、南诏、大理、吐蕃画了，渤海也画了，一直到西辽都画了。这些“杨图”都没有的。还加了原始社会、夏、商、周和清。我们认为既然叫《中国历史地图集》，不仅仅是“历代”要和中国历史系统相符合，所以要有原始社会，要有夏、商、周，最后当然要有清代。

第二，我们不像“杨图”一样根据正史地理志把不同时代的地名都混在一起，而是按照现代地图要一个朝代有一个标准年代。我们画唐图，唐朝近三百年，疆域政区变化很大，你取哪一年呢？你得有个标准。宋朝、明清都一样的。怎么取标准年代呢？这个标准年代的疆域要比较稳定，能够代表这一朝代的基本面貌，比如唐朝我们就取了开元二十九年（741），天宝以后唐朝就乱了。太早期唐朝的疆域还没有稳定，制度也不稳定。贞观年间全国州县多得不得了，没有稳定。所以要取比较稳定、能够代表一个朝代的疆域政区基本面貌的标准年代，各个朝代都有这样的一年，这里不必详细讲了。有这个标准，我们要画出来，就知道这一年的情况，不能乱七八糟的。

第三，刚才也讲了，开始时这个图集是由地图出版社要负责印制出版的，当时地图出版社是一个商业机构，是由解放以前许多私营地图出版社联合起来的，制图方法比较落后。当我们的地图集完全以一个新的面貌出现时，就觉得这个地图的印制仍然交给旧式制图的地图出版社有些不合适了，应该交给在印制方面比较专业的单位，于是就联系了武汉测绘学院来负责制图，真正由测绘地图专家来搞。武汉测绘学院印制技术当然好了，都是专家、教授来搞这个工作。但后来又发现武汉测绘学院是教学机构，他们将此工作作为学生实习的任务，不可能全力以赴。而我们这项任务是赶时间的，不能这样做。最后还是交给国家测绘总局来搞。这对图集的制图方面当然是很好的，但是同时也产生很多麻烦，因为他们从测绘制图角度出发，认为图集的今底图非常重要，随着我国测绘事业的发展，他们要不断地换底图，前后换了4次底图，我专门为这个写了一篇文章，说“谭图”为什么搞30多年，当然有很多原因，其中一个原因就是换了4次底图。每换一次底图，古地名就要“搬家”一次，每“搬家”一次每个古地名要重新考订，非常之麻烦，花了不少时间。但是不换又不行，底图不科学的话，画出来的历史地图也不科学。

第四，由于图幅的增加，内容的扩大，历史时期主要河流、湖泊、海岸线也要根据最新的考古和研究成果进行绘制，"杨图"是没有这么详细的。这样工作量大大增加，我们复旦三十几个人负担不了的，从历史所调了不少年轻同志参加了我们的工作。同时我们这些人里面对边疆史地没有专门研究的，于是就邀请了很多单位共同协作。邀请了中央民族学院傅乐焕先生承担东北部分。这里我插一句，傅乐焕先生是傅斯年先生的侄子，1951 年刚刚从英国回来，年纪很轻，和他一起开会看上去大概就 40 岁出头，但傅先生胆子太小，"文化大革命"一开始 8 月份他就自尽了。后来我问中央民族学院原因，说"文革"一开始并没有斗他，他年纪轻，在中央民族学院还不算是非常大的目标，那时候有费孝通、吴文藻等老先生。可能因为怕牵连到傅斯年的关系受到批判。他胆子小，非常可惜。还有请南京大学韩儒林先生负责蒙古地区，大家知道韩儒林先生是国内蒙元史专家了，他与翁独健、邵循正是中国仅有的三位伯希和的学生。冯家昇先生负责西北地区，他大家肯定都知道。近代史所请王忠先生负责西藏地区。云南大学方国瑜先生负责云南地区，方国瑜先生我们开玩笑说他是"云南王"，龙云时期他就住在龙云家里修云南方志。当然都是专家。考古方面原始社会请夏鼐先生，那当然不用说了，绝对权威了。这些先生参加地图集工作，在当时真是盛极一时呀。我因为参加了这个工作，有幸认识了很多史学界老前辈，否则我们没有机会认识的，潘光旦先生、聂崇岐先生、向达先生，都是那时工作开会时候认识的。由于这样的情形，图名也改了，不叫《重编改绘杨守敬历代舆地图》，叫作《中国历史地图集》。

从 1962 年开始，就这么定了，以后当然开了很多次会，协调工作，大家知道这么多的专家的图要拼在一起，要平衡，要交接，例如蒙古和东北怎么分工、蒙古和新疆怎么分界，体例要讨论一致。我们内地十八省的是比较简单，到了新疆、蒙古、西藏，那就非常复杂，你得要讨论大家怎么样画法，体例如何统一，要求怎么样。所以开过不少次会，差不多每年都开，有时一年开两次，不断地开，当然工作也不断地推进。到了 1966 年 5 月份的时候，绝大部分的图稿已经完成，对历史图的编绘方法也有了一定经验，也培养了一些年轻人。我们那时候 1957 年进去的时候完全不懂的，一窍不通，到 1966 年都多少也知道一点了。料想不到"文革"开始，工作停掉了。

我们还算是很幸运的，因为这个任务是毛泽东交下来的，所以只停工了三年，1969 年 6 月份就恢复了工作。当时上海的领导是"四人帮"的张春桥，毛泽东的任务张春桥当然要抓这面旗帜的。所以这个工作恢复后，当时的市委拨了很多钱。那时候谭其骧和我们都在乡下劳动，工宣队说你们回来搞图，我们都开心得不得了。可是回来也遇到新问题，那时候大学由工宣队领导，所谓工人阶级“上、管、改”大学，制图业务他们当然不懂，但他们知道这是毛泽东交代下来的任务，当然也是非常重视的。不过当时在极“左”思想指导下，说现在不能用“文革”以前一套制度了。“文革”以前有这么一个规定叫主编负责制，就是和出版社讲好的，所有图稿最后由主编谭其骧签字才可付印，没有谭其骧签字他们是不印的，所以叫主编负责制。他们（工宣队）说这个不行，主编负责制是资产阶级对无产阶级的专政，要打破这个资产阶级的专政，将权夺过来，搞无产阶级专政“民主集中制”，要掺沙子，就派了好几个红卫兵参加我们的工作。红卫兵都是一年级、两年级的学生，我们当然也没办法。谭其骧用还是要用的，但不是主编而是专家，当时提出来的口号针对谭先生这位“资产阶级学术权威”是“一批二用”，第一要批，第二才是用，所以不断地边工作、边开批判会。在这么一个“左”的影响下，对图集的工作有很大影响。当时就是反对搞烦琐哲学，要简单，当时我们都没办法反对。

到 1973 年开始，工作基本上完成了，所有的地图统一要由外交部审查，主要是边疆问题。外交部的领导工作极忙，稿子一拖再拖，很长时间都不能定下来。谭先生为此也和外交部有很多矛盾，谭先生讲科学，坚持实事求是，一来一往也搞了很长时间。从 1974 年开始，用中华地图学社的名义出版了 8 册，封面咖啡色，那时叫内部本，又叫试行本。事先发行一下，看看社会反应。讲是讲内部本，但实际上都流传出去了，所以到了 1980 年的时候我们听到这么一个消息，说是香港有关方面想要把我们这个图稿印制出版，当时我们在国际上也没有什么版权的，这使我们大为紧张，我们搞了几十年的成果你香港拿去出版，这还了得?！所以谭先生立刻打了报告给中央，说是我们要立即修订出公开本。所以从 1981 年开始，在谭先生主持下，用了一年多时间，以内部本为基础，进行一次较大的修改和增补。因为我们在修订增补以前就知道图集哪些有问题，当时为了急匆匆出版，顾不了啦，这次增订修补我们要好好搞一下。终于从 1982 年分册出版，到 1987 年 8 册出齐。

在这个过程中，我想有一点要特别强调的，就是我的老师谭其骧先生真正是个学者，他将大半辈子的精力花在这本图集上，我 1957 年开始在谭先生领导下工作，他天天来上班的。他是复旦大学二级教授，其他教授根本不来上班的，他一直上班到 1978 年他小中风一次，那就没办法天天来上班了。“文化大革命”期间我们青年人开“夜班”，白天他天天都来的。但更值得学习的是，他对科学的实事求是态度，他一直和我们讲搞学术求真是唯一目标，只有实事求是，符合历史事实，才是最科学的，才能够立于不败之地；如果暂时符合某些政治需要，篡改或违背历史，最后还是站不住脚的。

第一，比如说在旧版上有一个问题，当时极“左”思想，认为中国历史上的疆域画得越大越好，这样才是爱国主义。结果唐朝的一幅疆域图东面到平壤，西面到帕米尔高原，其实历史上唐朝从来没有一天是这么一个疆域的，西面扩至葱岭时东面还没到平壤，东面到平壤时西面疆域已内缩，实际上没有这么一个事情，根本是不科学的。但当时就觉得这个好，历史上中国疆域越大就越是爱国主义。谭先生说这样拿出去国际上要笑话的，你唐朝哪一年有这么一个疆域的？这些问题修订本都改过来了。

第二，谭先生还有这么一个观点，台湾自古以来就是中国历史上疆域的一部分，但不是中原王朝疆域的一部分，这是两个概念。当然这个观点台湾学者是不是接受，我们不讨论，我们当时是这样认为的。凡是历史上中国的疆域都是着色的，非中国疆域是不着色（白色）的；而台湾地区在清代前虽也着色，但不与大陆福建着一色；清康熙后才与福建着一色，因为此后台湾为福建省属下的一个府。但有人提出来，台湾自古以来就应和福建画成一个颜色，三国吴、隋朝有人去过，说明我们就控制到了。谭先生说你去几个人怎么就说控制到这个地方呢？这是说不通的，所以不能这样画。当时大陆学界有一种叫“台、澎一体论”，就是说南宋在澎湖设巡检司，说明就已经管到台湾了。这是没有根据的，不能那样画。他还是认为我们要实事求是地对待历史事实。这个问题一直和我国有关部门纠缠了两年多，一直不同意谭先生的这个观点，因此也没办法出版。但谭先生非常坚持的，他说：最后只能有两个结果，一个结果就是不出版，我不管了，不出我也无所谓；还有一个结果就是出版可以，但要把我谭其骧主编名字删掉，我不负责任。谭先生对这事态度是很硬的。最后报告打到胡乔木那里，胡乔木最后批示了，他说尊重专家的意见。最后还是根据谭先生的意见出版了。

当然，图集今天还有很多不足的地方，我等一会儿还要简单讲一下，但毕竟是我们历史地理学发展史上的一部巨著。一共 8 册，20 个图组，304 幅图。大概 7 万多个地名，每幅图有山川城邑大概是上百上千。

历史图从开工到完成，前后经历了 33 年之久，前后参加者有 100 余人，可见工作之艰巨。出版后受到学术界的赞誉，曾经说这个是 1949 年以后我国社会科学方面最大的成果之一。两个最大成果，一个历史地图集，一个是甲骨文合集。汇编甲骨文也是个大工程，但学术影响没有历史地图集大，因为能够去看的都是甲骨文专家，我们这些人也不会去看，也看不懂。历史地图集，反正搞历史的都要去看，所以影响比较大。1984 年美国总统里根访问复旦，我们就送了他这套图，当时只有 5 册，还有 3 册没有出齐，现在还保存在美国总统的办公室内。

三、学术贡献与不足

这套图，我刚才讲了编纂的大致过程和内容，那么究竟有哪些贡献，我想简单地讲一讲，讲法不一定正确，大家可以研究批评。

第一，大大推动了我国历史学的发展。这一点我想不必去详细讲了，有这么一部详细的地图，无论如何对搞历史研究的学者太方便了。我们前辈史学家讲过，地理是研究史学的一把很重要的钥匙，你完全不懂地理，没有空间概念，历史是没办法研究的。有空间有地图，特别是边疆这些地图，不是专家是画不出来的，你仅仅读历史文献，怎么知道这些地名在哪里？7 万多个历史地名对历史学家讲起来太有用了。有了这部地图，等于有了一个研究历史的平台，其他的任何历史课题都可以在这个平台上做工作。研究历史经济，研究历史人口，研究历史战争，你都可以在这个平台上反映，没这个平台，你就很不方便了。所以大大推进历史学发展，我想大家都能够理解的。

第二，是历史地理学发展史上里程碑意义的著作。这个不是因为我参加过才这么说，我只是很小一分子。这是史学界的评价。为什么这样？我从几个方面讲：

一是总结了我国传统的沿革地理学。我们都知道我们近代历史地理学源于我国传统的沿革地理学，沿革地理学有两千多年历史了。班固写《汉书·地理志》就讲沿革。沿革地理学到清代乾嘉年间发展成为一门显学了，登峰造极，出了很多名家，钱大昕、王鸣盛、洪亮吉，一直到最后集大成的杨守敬，专家辈出。但是沿革地理学有它的局限性，首先，沿革地理学的研究结果如果不画在图上，很难知道是对是错；只有落实到地图上，你才知道这个考证结论是对还是不对；以往沿革地理学者大多没有画过历史地图，所以他们的考订结论没有经过地图的检验。其次，过去沿革地理专家都有这样的传统，他们往往是有选择性地考订，这个问题我有兴趣就搞一下，没有兴趣就不搞；搞得清楚就搞，搞不清楚我就不搞，所以没有能够将历史上所有沿革问题做过全面的研究。其三，以往沿革地理学者因为不画地图，所以只关注各级政区的统隶关系，而不注意政区的界线。如今画我们历史地图可不行了，一个朝代两千多个地名，不能说这个搞得清楚就搞，搞不清楚就不搞，那是全都要画的。两千多个县都要画的，没有一个县可以不画的。当然实在画不出可以叫“无考”，那是另外一件事情。没有一个沿革地理问题是可以逃避的。所以一定要把以往的沿革地理的东西重新清理一遍。哪些是对的，我们就继承；哪些不对，我们还要考证，要讲出道理的。前人的考订结论为什么不用？你要讲得出他错在哪里。大家都知道，清朝人搞过很多东西，《二十五史补编》里都有，我们都要一一去查考。还有，清朝人讲的都是清朝地名，你要翻译到你今天的地名，到底还有一百多年变化。我们可以说是理清和总结了沿革地理学，理清和总结必然有一部分是往前推进的。所以我们把两千多年的历史沿革总结下来画成地图。还有一个发展，就是历代二级政区的界线。我们历史上专家考订这个郡、这个府管多少县，这个你好弄的，画在地图上，这条线府界怎么画，那非常伤脑筋的。历史上基本没有这么一个界线明确的记载，因此还得专门对政区的界线进行考订。所以说是总结理清了沿革地理学。这是一个大贡献。

二是大大丰富和推动了我国现代历史地理学的发展。我们一般这样看，所谓现代地理学，与沿革地理学有两个方面的差异。一是沿革地理学主要限于政区的变化、名称、方位和隶属关系的变革，还有一部分水道的变革。历史地理学要和现代地理学相结合，要包括自然，气候、沙漠、海岸、湖泊、河流等都要作为研究对象。二是沿革地理只讲“然”，不讲“所以然”，现代历史地理学要讲“所以然”，为什么这样变化，所以我们画历史地图集的时候，你不能只画政区，还要画自然，主要山川框架你得有啊，所以我们花很多功夫把历代的主要河流的变迁考订出来，并在图上显示。比如说最大的是黄河，大家都知道黄河历史上变迁很大，每幅图都要有黄河，你必须把历代黄河变迁理清，糊里糊涂还不行，为什么？我刚才讲过，每个朝代都有一个标准年代。唐图是开元二十九年（741），宋图是政和元年（1111），元图是至顺元年（1330），明图是万历十年（1582）。那你画黄河要把开元二十九年的黄河画唐图上，政和元年的画宋图上，你不能笼笼统统地画，所以一定要把黄河整个变迁弄清楚了，再把你适合的年代配进去，所以必定要搞非常详细的研究了。如果你随便画，将来发现你画的图是万历十年的，你画的黄河是弘治年间的，那就被别人笑话了。画长江也是如此，历史上长江流域的湖泊变迁是很大的，洞庭湖不是现在这样子的，历史上洞庭湖是宋朝以后慢慢扩大起来的，古代洞庭湖很小的。古代在洞庭湖北面江汉平原还有一个云梦泽，怎么样从云梦泽演变为洞庭湖的？彭蠡泽原来在长江北岸的，怎么样从彭蠡泽演变为鄱阳湖的？这些变化一定要搞清楚，最后你才能在不同时期的图上表现出来。还有我们画这么详细的图，没有海岸线不行，古今海岸线不可能完全一样呀，大家都知道苏北范公堤是宋朝的海岸线，那么宋朝以后海岸线到今天怎么涨出去的？所以你必须搞清楚宋朝以前的海岸线到范公堤是怎样发展的，到了南宋时怎么样，元朝怎么样，明朝怎么样，清朝怎么样，到现在怎么样，要把不同时期的海岸线弄清楚，画在图上的就站得住脚了。又比如说大家都知道华北平原上的河流，如永定河、滹沱河、漳河，在历史上变迁大得不得了，那么你也得把它的历代变化搞清楚，如要画清朝嘉庆二十五年(1820)漳河该怎么流，你得将康熙年间以来一段一段的变化理清楚，最后知道这条嘉庆二十五年的漳河是这样的，画在图上就靠得住了。我们为了画历史地图集，把这些主要的自然环境的变化都搞清楚了，确实是不容易的。当然我们搞的不是很细，我们的图比例尺还是几百万的，再细的话也没用处，所以总的说来，真正是把历史地理学发展向前推进了一大步。1982 年中国科学院出了一本《中国自然地理·历史自然地理》，那就是在这个基础上，没有这个工作，这本书写不出来。所以我们说这部图集大大推动了现代历史地理学的发展，并非虚言。

三是推动和发展了清代以来的边疆史地之学。大家都知道，晚清以来中国兴起了西北史地之学、边疆史地之学，那时候很多学者啦，我也不多介绍。因为主要是晚清以来国土沦丧，很多爱国知识分子认为要研究边疆史地；还有很多到边疆去做官的，也注意边疆史地。所以边疆史地之学在晚清是一门显学，出了不少成果。但是这些成果基本上是文献的，地图也有，但是很简单。秦汉以来，我国东北、蒙古、新疆、青海、西藏地区的政区、民族分布情况怎样，从未有详细的地图。所以我们这次画，边疆那些专家接下这个任务感到很为难，没有什么东西可以参考，前人没什么成果留下来，内地毕竟还有“杨图”可以考察，而边疆地区却没有什么可供参考的。新疆除了冯家昇先生主编的有关维吾尔族的一些史料外，没有什么东西可以参考的；吐蕃地区更没有什么东西可以参考。所以他们查阅了大量资料，画出汉代的匈奴图、鲜卑图，唐代的突厥图、安西都护府图、南诏图、渤海图，宋代的西辽图、西夏图、吐蕃图、大理图，元朝的岭北行省图，明朝的奴儿干都司图。明朝奴儿干都司的 384 个卫都画出来，那个多不容易呀。查阅这类资料，还需要十分详细地与地图对照，而且光懂汉文不行，还要懂蒙古文、满文，去核对。负责西藏图的王忠先生懂一点藏文的，但是不专，还专门请了两位懂历史的喇嘛来参加，搞西藏图。吐蕃图搞出来，非常详细。清朝的西藏图也搞出来了。历史上从来没有这么详细的西藏地区历史图，真是花了心血的。现在研究边疆史地都以这些图作为它的基础。也就是说，趁编历史地图集机会才能够做到，假如没有这个历史地图集的话，不会有人花这么大的功夫去做的。当然我们也借助一些政治优势，因为这个是毛泽东交下来的任务，调动人员很方便，叫怎么干就怎么干，经费充足，参加者也很愿意。尤中先生搞云南图，他告诉我，云南边界上不能随便去考察的，他也因为有了这支"令箭"，找了军区，由军区派了个吉普车，云南边界上每一个界碑都去跑过。他说一辈子从来没有这么仔细研究过，今后也不可能这么研究啦，谁可能有这么多钱，部队里头让你坐吉普车边界上一个个这样去看？不可能的。所以这个工作不敢说是绝后嘛，肯定是空前的、伟大的，很多专家通过这个工作把这件事情做出来了。确实是功德无量！

当然，这个工作也奠定了现代历史地图编绘的设计和制图方法。因为编历史地图我们都没经验，地图出版社也没经验。我们地图要求古今对照，古今两种颜色套起来，现在当然电子画图，方便多了，当年是没有的，50 年代、60 年代用的还是老的方法，当时印地图最好的是(上海的)中华印刷厂，北京也不行。中华印刷厂机器并不怎么先进，是老师傅技术高明，老中华厂从 30 年代印地图印到现代，有丰富的经验。我知道当时的方法是制作两块图版，一个古地名版，一个今地名版，把它套起来，要套得好、准，因为古今相同两个圈刚好套在一起，套得差一点分开一点，读者会以为古今不一样，实际上是古今一样的。河流也是这样，两条河流古今一样的话要套在一起，差一点读者以为古今变化了，不行呀。所以做了很多实验，不断地反复，最后套出来比较好的，也就是说印制地图的水平也提高了。

还有呢，培养了一批历史地理工作者。我可以说我国七十岁以上的现在还在搞历史地理工作的，大多参加过这个任务。包括我在内的复旦一批搞历史地理的，云南大学尤中，还包括南京大学的陈得芝，包括中央民族学院的陈连开，搞太平天国的郭毅生等，都参加过这个工作，现在都已七老八十了。

那么我讲了半天这么多好处，这个图集有没有不足呢？有不足。这个不足还不是很小。

首先，由于"文革"期间这个"左"的思想干扰，也造成了不少的损害。举个例子，因为当时有这么一个论点，中国历史上统一时期是光明的、进步的，分裂时期都是黑暗的、反动的，因此我们要强调统一，不要强调分裂，因此统一王朝要画得详细，分裂王朝只画简图、画得简单，所以魏晋南北朝、五代十国都变成简图了。所谓简图，只画府级，没有县一级。当时我们原稿都有的，县级、府级都画好了的，由于工宣队、极"左"思想影响，认为历史上分裂时期的图幅比统一时期的还多呀，所以不行。这个政治倾向不行，要简化，结果分裂时期的图都变成简图。太可惜了！这些 1981 年修订的时候谭先生讲了，工作量太大，无法恢复了。这是一大损失，这就是我们始终感到遗憾的事情。我们心里想有没有机会搞这个工作，当然这个工作可能性已经不大了，因为规模太大。这是一个不足的地方。其实反过来讲，越是分裂的时候读史越需要呀，读魏晋南北朝史的时候，地名很混乱，应该有详细地图，结果没有。这应该是当时极“左”思想影响下的一个不足。

其次，历史地图当然有它的特点，它不像文字，一个地名、一个政区的考订不一样，有三种看法，我们只好画一种，不像文字，这个地名在哪里，一说在哪里，又一说在哪里，都可以反映出来。地图没办法，你不能三种地名都画进去，只好取其一，这种取择只好由作者来判断，作者判断是不是很准确，也很难说，这是没办法的。

还有，我们所谓历史图只能表现一个时代的基本面貌。在封建社会里全国的统治不像现在每个村落都统治到，当时有些地方中原王朝根本管不到的，比如说贵州，可能清朝以前很多地方中原王朝管不到，但贵州当然要画在中原王朝里头。但这个里头大家知道内地很多土司，四川大小凉山地区一直到国民党时期，中央政权势力还没到这些地方，但我们画起来要做中原王朝一块来画，这个没办法，我们也不清楚它到底多少范围是“独立”的。这个当然和历史事实有出入，但这个我想读者都可以理解。

还有随着学科的发展，我们不断地发现我们的图有一些错误。大家都知道 20 世纪 80 年代以来全国修方志，一个地方修它地方上的方志时，对本地的古迹非常认真，有的跑去实地考察，拍照片，那我们当时搞全国的当然不可能这样了，只能吸收人家的成果，人家不讲我们也没办法，只能根据文献记载来考订。现在有一些读者反映我们图里头哪个地方画错了，哪个地方画得不对，完全是有可能的。因为我们当时关在房间里，不可能像县里编方志这样来搞啦，有不少错误、缺点，这个恐怕是不能避免的。希望后来者，我们后代的历史地理学工作者能够有机会把它修订，把它再改过来，我们这一代人是没有办法了。

这个图集出版已经 20 多年了，图集主编谭其骧先生和一批老专家都已先后去世了，当年的一批所谓青年助手像我们这样的也都过了古稀之年了。那么这项工作的学术意义是十分明显的，我想从中国历史学研究发展的角度视之，这个意义恐怕能够永留人间。

（原载《清代地理志书研究》，中国人民大学出版社 2014 年版）

《清史地图集·序》

编纂历史地图是一项崇高的学术事业。它是一门很深的、专门的学问，是一种非常严肃的、艰难的学术研究工作，也是历史地理学从业人员的基本功。华林甫团队是新一代学人，愿意承担编绘研制清代历史地图的学术使命，勇于迎接学术挑战，甘于坐冷板凳，潜心于爬梳文献档案，精神可嘉，而且也做出了成绩，学术事业后继有人。

现代的历史地图事业，要追踪到谭其骧先生主编的《中国历史地图集》（以下简称“谭图”）。“谭图”编绘是从 1954 年开始的。我从 1957 年开始跟随谭先生从事历史地图编绘，到 1987 年结束，历时三十年，甘苦自知。编绘地图是有标准年份的，现代地图也是如此。标准年份的选取，谭先生有三个原则：第一，该年份的政局、社会比较稳定；第二，疆域、政区可以代表这一朝代的面貌；第三，资料要齐全。以此衡量，唐朝图选了开元二十九年（741），因为天宝以后就安史之乱、藩镇割据；宋朝图选的是政和元年（1111），因为那时是澶渊之盟以后，有二十余年比较稳定。清时期的地图，谭先生选定嘉庆二十五年（1820），此时正处于清朝由盛到衰的转变过程中，有《嘉庆重修一统志》为据。这样选都是有道理的。

“谭图”的第八册是清时期图组，包括嘉庆二十五年和光绪三十四年（1908）的两幅全国图和三十来幅分省图（包括省级地域图和单独成图的放大图），展开分省图的标准年份是嘉庆二十五年。八册“谭图”涵盖了中国通史大部分时段，从先秦一直画到清朝，如果加上简明图的话还包括了民国。从整体来说，清时期图组已经是一册了，篇幅占八分之一，图幅数量、详略程度只能如此。如果说“中国通史”是全貌，那么断代史是一个个连续的剖面；因此，历史地图集不仅需要通史式的《中国历史地图集》，新时代也呼唤断代史式的《清史地图集》。

我们都知道，清朝疆域不仅是清朝本身历史发展的结果，更是两千多年来中国疆域发展变化的最终沉淀，奠定了目前国家版图的基础。清朝对内地的统治自不必说，就是对边疆地区的控制也远远比汉、唐时期牢固，治理成就也巨大。例如，清代朝廷与内蒙古的联姻、与外蒙古的结盟，比唐代内地与都护府关系要紧密得多。东北地区，虽然先秦以来就管辖着辽河流域，但中原王朝与松花江、黑龙江流域的联系一直比较松散，如唐代黑水都督府、明代奴儿干都司均属于羁縻性质，清朝设立的盛京、吉林、黑龙江三将军牢牢控制了白山黑水，东北1907年建省时则已经内地化。清朝对于西域新疆、西藏、台湾等边疆地区的控制，均达到前所未有的程度。因此，到了乾隆、嘉庆和道光前期，是中国两千多年来中原与边疆地区关系最紧密的时期。

清代内地与边疆的关系如此巩固，不仅仅是因为武力强大，而更是中国境内各个民族长期相互融合的结果。汉唐以来北方少数民族不断南下，或互市贸易，或“五胡乱华”，中原政权强大时也曾北征朔漠，说明相互之间谁也离不开谁，所以历史发展到了清朝，各个民族的发展是自然而然地结合在了一起，形成中华民族多元一体格局，乾隆时期大一统是历史的必然趋势。清朝在一千三百多万平方公里的广袤国土上遍设驿站台塘，派驻八旗兵丁，有漕八省的滚滚财源也持续输入京师，全国形成一个整体。但是，康乾盛世的全国性历史地图，过去没人做，“谭图”也没有，《清史地图集》画出了乾隆六十年(1795)疆域全盛时期的全国地图，很有价值。

清代的行省体制，也有一个发展、变化的过程。顺治朝，把明朝两京十三布政使司改造为十五省；康熙初江南、湖广、陕西三省各一分为二，形成十八省；乾隆末改掉元朝以来的“属州”，形成整齐划一的省、府、县三级制度(其中直隶厅、直隶州相当于府，散厅、散州相当于县)。道光中期以后，沿海、边疆地位日益重要，光绪年间从福建析出了台湾省，伊犁、盛京、吉林、黑龙江四将军辖地分别改制为新疆省、奉天省、吉林省、黑龙江省，此新建五省意义重大。清代全国的治理体系，除了内地行省制之外，北部边疆是将军制，青藏是朝廷管辖的政教合一体制，而内蒙古则辖属于理藩院，把全国管理得井井有条，均值得用历史地图来直观地反映。

1840年以后，列强入侵导致一系列不平等条约的签订，割地、赔款接踵而至，中国人民经历了深重的苦难。近代史上失去的一百五六十万平方公里的国土，如果没有道光二十年(1840)与光绪二十年(1894)地图的对照就看不清楚。晚清七十年，中国经历了三千年未有之大变局，但此时中国正在逐渐近代化，与嘉庆以前的昔日中国有些不同了，五口通商之后沿海、沿江口岸逐渐开放，与外国打交道过程中知道了“国籍”等新概念，出现一些新生事物如租借地、铁路、新式邮政等。这些都应该可以用地图反映出来。

因此，编绘研制《清史地图集》不仅是清史研究、历史地理研究的需要，也是赓续历史地图事业，学术价值非常高，当然难度也很大。

就具体做法而言，上文提到某标准年份虽然选定了，但是要编出来还是很不容易的。当初，谭先生布置开元二十九年政区图由我来做，他说："老邹，你先要编一个开元二十九年唐朝政区表。"那么，那一年有多少道、多少府、多少州、多少县，都要编出来。因为没有一部地理志书有现成的答案，我用《旧唐书》《新唐书》《通典》《唐会要》《元和郡县志》《太平寰宇记》来编出一个开元二十九年的政区表，有矛盾处还要做考证，十分繁琐；并且，开元二十九年以前、以后的历史都很长，唐朝二百九十年期间曾置或已废的县也要画，做小地名处理，所以唐朝所有县级及其以上的政区我都做过考证。还有，因为唐朝延续时间长，一个年份的图组不够，另外还选了一个大中十三年(859)，那时刚好元和平淮西，藩镇平定，晚唐有一段时期比较稳定。大中十三年的政区表，也是我编的，我也是根据这些典籍编出来的。绘图必须有这个政区表，否则无从下手。

华林甫在项目组会上多次表示，没有我主持的《清史·地理志》，他主持的《清史地图集》画不出来。这是客气话，但是也是事实。编政区表是一个基本功，也不是很容易能做好的事情。《清史地图集》展开的省域图选定宣统三年(1911)，就是因为《地理志》政区框架是以宣统三年列目的，那是清朝疆域、政区发展到最后一年的形态。如今的《清史地图集》，不但真正下功夫编出了详细的政区表，还有一千多万字的《编稿表》各种考证，利用档案、文献、舆图，边疆地区，还利用满文、蒙文资料，对政区治所、河流所经、湖泊范围、地物选取、地名写法、政区边界、草原鄂博、西藏宗谿、海岛名实等做了大量的细致工作，功夫扎实，很好地继承了谭先生的学术精神。

《清史地图集》项目组既有宏大设计、具体入手又非常细致，在《编稿表》阶段做了大量地名考证，在研究清代常规地物如何上图的同时，尤其着重于县级政区界线考证(青藏除外)，把政区界线的研究精度从"谭图"的府界提高到了县界。画出全国的县界，这是个雄心壮志。本来，研制明清县界的任务应由省级尺度的历史地图集来完成，但现有成果不尽理想，如今作为全国尺度历史地图的《清史地图集》初步做了有益尝试，是为学术上一大进步，因而出版之后将是影响一代的学术成果。

当年谭先生教我们画历史地图，虽然是以政区疆域为主，但不能没有山川骨架。山峰简单，古今没有什么大变化的，但河流变化很大，特别是平原的黄河、运河、长江、海河水系等。唐朝以前，河流基本就靠《汉书·地理志》

和《水经注》,《水经注》非常详细,基本都能画出来;唐朝以后就没有这样的材料,仅仅靠《元和郡县志》《太平寰宇记》画不出来。那时,谭先生对我说:"老邹,这个事情你干吧!"所以唐朝以后的河流都是我来弄的,这个也是很难的。历史地图集一个朝代只有一个代表年份,画唐朝的黄河就要画开元二十九年的黄河,宋朝图要画政和元年的黄河,明朝图要画万历十年的黄河;但是要把黄河这两千多年的变迁都逐年考证清楚之后,才能知道哪一年的黄河是怎么个流向。所以,图上画画就这么一条线而已,实际花费了很多功夫。《清史地图集》有若干条线、有一些点修正了"谭图","含金量"是很高的,这几条线、这些个点就是专深的学术研究,没有这样的研究是无法推进学术进步的。

这些《编稿表》的考证和结论,是地名地物编绘上图的依据,是《清史地图集》质量的后盾,将与地图伴随终身。以前"谭图"也设计过《编稿表》,为怕遗失还用蜡纸刻印过前两期,但后来因各种政治运动,地图要先赶进度,导致《编稿表》残缺不全而日后无法出版,成为重大遗憾。所以,希望《清史地图集》把地图部分出版之后,文字部分也尽快整理出来。

项目组通过这次编绘清史地图的实践,我盼望今后陆续有一批扎实的研究成果问世。我一直认为《清代城市研究》是很值得写的一本专著。清代的城市从早期的康、雍、乾时期,到晚清同、光、宣时期发生了本质的变化,非常值得系统研究。同时,清代疆域变迁具有强烈的现实意义,我也很希望项目组能集体写一本比较精确、非常细致、带有精细地图的《清代疆域变迁史》。

现在,《清史地图集》团队有这么多志同道合的成员,取得这么好的成绩,令人振奋,我非常高兴。这个团队是十分有希望的,这项工作也非常有价值。共同参加一个项目是一种缘分。我一直认为,凡是一个大的科研项目都能带动一个学科的发展,培养一批人才。目前,《清史地图集》项目组内已有多人申请到了国家社科基金重大项目、重点项目、冷门绝学项目、青年项目以及各种地方科研项目,今后必将有一批年轻人脱颖而出,这是"既出成果、也出人才"的好兆头。

是为序。

(原载《清史地图集》,中国地图出版社2020年版)

中国多民族统一国家形成的历史背景和地域特征

中国是由多民族共同缔造的统一国家，历史上中华民族大家庭中的每一个成员，在祖国土地上劳动生息的范围及其所建立的政权的疆域和政区，都是中国历史上疆域、政区的一部分。这一观点在今天似乎是没有异议的，但其中所包含的广泛内涵和深邃的历史背景，需要作一简要的阐述。

今天中国国家疆域的形成是有其悠久的历史的。“中国”这个概念，在历史上不是固定不变，而是随着历史的变化而变化的。《诗经·大雅·民劳》：“惠此中国，以绥四方。”这个“中国”是指国都、京师。《诗经·小雅·六月序》：“《小雅》尽废，则四夷交侵，中国微矣。”《礼记·中庸》：“是以名声洋溢乎中国，施及蛮貊。”这里的“中国”是华夏族活动中心的黄河中游地区，因为我国阶级社会初期，华夏族多建都于黄河中游地区，故称这个地区为中国，称陕北、晋北和冀北地区的民族为北戎、山戎，称东部沿海地区和南部长江流域的民族为东夷、南蛮。以后随着华夏族活动范围的扩大和夷戎的华夏化，黄河下游地区也包括在“中国”一词的范围之内。春秋时期黄河中下游的周王朝、晋、郑、齐、鲁、宋、卫诸国都自称“中国”，而将秦、楚、吴、越视为夷狄。《史记·楚世家》：“秦为大鸟……垂头中国。”《索隐》：“言欲吞山东”。春秋时代秦国僻在西隅，“不与中国诸侯之会盟”，但对西戎还是以“中国”自居；楚国在西周末年自称“蛮夷”，到了春秋末年以“华夏”自居；其他中原诸小国，都已华夏化了。秦汉以后，随着华夏族（汉族）统治地域的扩大，“中国”一词指统一王朝的全部疆土。《史记·南越列传》：“高帝已定天下，为中国劳苦，故释（赵）佗弗诛。”以后凡是处于分裂时期，“中国”多指黄河流域。《三国志·蜀志·诸葛亮传》：“亮说权云：若能以吴越之众，与中国抗衡，不如早与之绝。”两晋南北朝时期，东晋人将十六国看成夷狄，南朝人骂北朝为索虏，北朝人骂南朝人为岛夷，都自称中国。唐朝统一，没有这种分野，视这个时期为南北朝，李延寿修南北史，一视同仁，双方都是中国的一部分。宋朝把辽、金、西夏视为夷狄，而元朝则将宋、辽、金、夏均视为中国。明朝人把蒙古视为鞑虏、东北女真为建虏，而清人则将蒙古、新疆、西藏、台湾均视为中国的一部分，从一部记述大清帝国全国总志的《大清一统志》即可知。由此可见，“中国”一词是有其发展过程的，其含义也不断扩大。19世纪中叶帝国主义侵华前的中国是历史发展的结果。“中国”一词作为我们国家主权所达到的范围，是鸦片战争后几十年，中华民族民族意识加强后逐渐形成的。因此我们讲历史上的中国，就应以这个多民族统一国家范围内的中国为中国，凡历史上在这个范围内的一切民族和政权都是中国的一部分。过去有两种观点：一种认为历史上中原王朝、正统王朝的统治范围为中国，其他就不是。这种观点无疑是错的，我们不是宋朝人，不是明朝人，我们是现代中国人，我们不应以古人的“中国”为中国；还有一种观点认为今天中国的范围就是历史上的中国，这也不对，这岂不是承认帝国主义侵华的合法性了吗？总之，我们要分清中原王朝是中原王朝、中国是中国，这是两个不同的概念，不能混同。否则许多问题就讲不通。

那么我国多民族统一国家形成的过程究竟是怎样的呢？

根据我国的自然条件，在古代形成了三大经济区：(1) 内蒙古高原以南，大致上即阴山、长城一线以南，青藏高原边缘以东至海，为东部季风区，其自然条件适宜于农业，是汉族聚居的农耕区；(2) 大兴安岭以西，昆仑山、阿尔金山、祁连山和阴山、长城一线以北为干旱和半干旱区，降雨稀少，分布有草原植被，为游牧民族聚居的畜牧区；(3) 青藏高原高寒地带由于空气稀薄、气候寒冷、植被稀少，当地居民从事狩猎、采集和原始农业的混合经济；大兴安岭以东、长城以北的东北地区，由于气候寒冷，人口稀少，森林密布，17世纪以前当地居民主要从事渔猎、采集和少量农业的混合经济。概而言之，我国历史上可分为农耕、畜牧和渔猎三大经济区。历史上各民族、政权之间势力和疆土的消长，实际就是这三大经济区的交融和消长。

这个发展过程，有几个重要的阶段。

第一阶段，战国秦汉华夏族政权疆域的形成和开拓期。春秋时期中国处于分裂状态，见于《左传》的大小国家有一百二十多个，而其时四周夷狄却伺机强大，交侵华夏，所谓“南夷与北狄交，中国不绝若线”[1]。南北四方夷狄十分强大，中原诸国都受到威胁，甚至为其所灭。战国时期中原形成七雄，纷纷向四周开疆拓土，置郡县、筑长城。当时中原华夏族农耕区的最大威胁是北方游牧民族匈奴。所谓“冠带战国七，而三国边于匈奴”[2]。北部的赵国

1 《公羊传》僖公四年。

2 《史记》卷110《匈奴列传》。

原有山西中、北部，河北中部和西北部，北界至今桑干河一线。赵武灵王时“胡服骑射”，北击林胡、楼烦，疆土拓至河套北面阴山一带，置云中、雁门、代郡，筑长城起自代（今河北蔚县），西傍阴山山脉至高阙（今内蒙古临河县东北狼山口）。燕国原有河北北部和辽南一带，燕昭公时东击东胡，却地千里，设置了上谷、渔阳、右北平、辽西、辽东五郡，筑长城西起造阳（今河北张家口市附近）、东经辽东，又东至满潘汗（今朝鲜清川江一带），与朝鲜分界。秦国拓地最为显著，秦襄王时灭义渠等戎，而置陇西、北地二郡（今甘肃东部），拓地至泾、渭河上游和洮河流域，筑长城西起临洮（今甘肃岷县），沿洮河而上，至今陕北黄河西岸止。楚国在战国时十分强大，向北拓地至淮河流域，向南越过洞庭湖到了湘、资、沅、澧流域，向西占有了湘西、鄂西地区，设置了巫郡、黔中郡，势力还远达广西乐平一带。前279年左右，楚顷襄王还派庄蹻由黔中郡向西南进入贵州夜郎国，直至滇池。总之，到了战国后期，七国的范围，东北超过了鸭绿江，西面抵达了洮河流域，北面到了内蒙古、河北、山西北部和辽宁南部，南面到了浙南、赣北、湖南全省、贵州、四川一部分，为秦朝统一后的疆域打下了基础。

战国中期以来各国竞相变法的内容，主要是发展农耕业。秦国和东方六国都处在温带、亚热带地区，适宜农业，同时战国以来各国又十分注意农田水利工程，农业收成有所保证。于是生产方式的认同，减少了统一的阻力，同时又促进了文化上的认同。所以秦始皇统一后，施行度量衡、货币、车轨、文字、历法的统一，没有遇到阻力。这证明秦的统一是历史发展的产物。

公元前2世纪前后，秦皇、汉武时期汉族王朝统一不久，经济发达，国势强盛，为了保持和巩固已有的农耕区的统治范围，汉政权向四周开疆拓土，蒙恬、卫青、霍去病数次出兵，远征匈奴，匈奴远遁。汉族王朝的疆土北面到了河套、阴山，西面到了河西走廊、青海湖边，包括原为匈奴民族畜牧区的鄂尔多斯高原。这些地区自然条件属干旱半干旱区，可耕可牧，适宜于半耕半牧。汉族政权占有这一大片空旷的地区以后，大量移民，屯垦戍边，多达数十万、上百万，大大超过原有的匈奴人口。大批汉民一到便将可耕地尽辟为农耕地。由于汉民子孙繁衍和当地游牧民族的汉化，自此以后，河套、银川平原、河西走廊的绿洲便成为传统的农耕区。汉武帝时还两次派张骞出使西域，远征大宛，西域诸国纷纷来朝，西汉王朝的势力进拓至新疆地区。汉宣帝神爵二年（前60）任郑吉为第一任西域都护，驻乌垒城（今新疆轮台县东），进行屯田。秦汉王朝向东北则拓土至朝鲜中部，这里原先也是农耕区。

与此同时，汉王朝势力南下据有了闽、浙、粤原先越人居住的沿海地区，西南控制了西南夷族聚居地，开拓至云贵高原、越南北部，这里原先是处于高山深谷中的分散的民族政权、小国，又从事原始的农业，因此未遇到多少反抗。在国势并不十分强大的东汉时期，还开疆拓土至云南西南部的保山地区置永昌郡，这是西南哀牢夷归汉的结果。

总之，从公元前2世纪至公元2世纪的400年，是中国中原王朝疆域奠定的关键时期。从战国以来，农耕区已统一在一个政权之下，秦皇汉武逐匈奴、筑长城、置边郡，对北方主观上并无领土要求，一是为了保护农耕区，正如汉文帝给匈奴单于信中所说："先帝制，长城以北，引弓之国，受令单于；长城以内，冠带之室，朕亦制之。使万民耕织射猎衣食，父子无离，臣主相安，俱无暴逆。"[1]二是打通和巩固对中亚和西南亚的交通，因为在汉武帝前中原人民与中亚和西南亚已有往来。于是在中国历史上形成第一个由汉、匈奴、羌、百越、朝鲜、西南夷共同组成的多民族统一国家。

第二阶段，汉族政权疆域北缩南展期。这个时期大约从东汉前期公元初开始，先有匈奴族的南进，以后南北匈奴分裂，南匈奴附汉。这说明居于蒙古高原南部的匈奴，因长期与汉族交往，受到汉文化的影响，愿意与汉族一起生活，于是公元2世纪开始就有大批匈奴人入居今陕北、晋北和冀北地区，与汉民共处。接着，蒙古高原上鲜卑族的统一，成为北部中国一个强大的政治势力，不断地侵扰汉王朝北部边境，以后又有柔然、突厥兴起；西面则有羌人东侵，成为东汉一代的外患，曾一度威胁到长安的安全。于是东汉先是将沿边诸郡的郡治内迁，以后终于守不住了，放弃了沿边诸郡，北部边界内缩至陇东、陕北和晋北一带。换言之，就是原先半农半牧区又恢复了游牧民族所居而从事了畜牧业。进入4世纪，东汉以来入居北中国的匈奴、鲜卑、羯、氐、羌纷纷在黄河流域建立政权，即历史上所谓五胡十六国时代。这些民族政权的领袖人物，都受到汉化教育，文化上推崇儒学，经济上重视农耕，制度上沿袭汉魏。总之，虽然这些政权统治集团是游牧民族，但被统治的广大人民还是以汉族为主，而政权性质基本上保持了汉魏以来的传统，不过多了农牧民族交融和多种文化融合的特色。例如北齐时邺都城内推行双语（汉、鲜卑）制，充分体现公元4世纪至6世纪末隋统一的300年内，黄河流域成为一个民族的大熔炉，农耕、渔猎、游牧民族进行长期交流和融合，为隋唐统一政权的汉化奠定了基础。

这个时期的南方情况则又不同。东汉末年以来因为黄河流域战乱连

---

1 《史记》卷110《匈奴列传》。

年，北方人口开始南迁，特别是晋末永嘉之乱，晋室南渡，大批世家大族、官宦士庶举家南迁江淮流域，设置侨州郡县，南方人口骤增，平原地区人口已经比较密集，于是向丘陵山区进发，浙、赣、湘、鄂丘陵山区原先是越、蛮等少数民族聚居的地区，东晋南朝时期汉族人口大量进入，同时也带来先进的生产技术，促进了当地经济的发展。三国东晋南朝在这些地区设置了很多郡县，反映汉族王朝统治势力的向南扩展，农耕区的扩大，从而也使原先的蛮夷汉化。当时在西南地区的民族，势力强大的有原由三国蜀汉控制的南中地区爨族的独立，和林邑建国的北进，使汉族王朝控制的越南北部内缩。

这个时期虽然从表面上看，汉族王朝的疆土在北部有所缩小，但从民族交流、融合角度看，则是中华民族形成的重要过程。南方因为没有一股强大的民族势力能与汉族相抗，因此汉族王朝势力的进入，虽然遇有反抗，但最终还是汉王朝得到最后胜利。

第三阶段，隋唐多民族统一国家的鼎盛时期。隋唐政权是黄河流域经过 300 年的民族交融和在南方蛮夷汉化的基础上建立起来的多民族统一国家。唐代在安史之乱前，无论在政治上还是经济上都是我国封建社会的高峰，国势强盛，北征突厥、东灭高丽、西平吐谷浑，疆土空前开拓。由于唐代政权是吸收了多民族、多元文化建立起来的政权，因此与宋、明不同，在民族政策上是兼容并蓄，李渊说："胡越一家，自古未之有也。"[1] 李世民说："自古皆贵中华贱夷狄，朕独爱之如一。"[2] 政治上对少数民族一视同仁，朝廷里不乏蕃将，许多带兵的是胡人，如阿史那社尔、契必何力、黑齿常之、哥舒翰、安禄山等。对新辟的原为少数民族聚居的疆土采取羁縻府州制度，上设由中央派员的六都护府管辖，下设若干羁縻都督府、府州，这些机构的长官均由原部族首领担任，可以世袭，采取与直辖府州的农耕区不同的政策，羁縻地区不纳赋税。这种政策加强了民族的团结，促进了民族的合作，中华民族的阵营大大地扩展。文化上更是无汉胡之防。向达先生说：唐代"长安胡化盛极一时"，洛阳城内"家家学胡乐"。[3] 其他生活习俗如家具、服饰、食品、音乐艺术等方面，更表现出汉胡融合的特色。同时唐代的文化包括政制体制对周边国家，如朝鲜、日本、越南以及东南亚凡是农业文化的国家都有极大的影响。8 世纪中期安史之乱爆发和以后近一百年断续的战争，使唐王朝元气大伤，最终内部分裂为五代十国，边境上少数民族乘机强大，建立了与汉族

---

1 《旧唐书》卷 1《高祖纪》。

2 《资治通鉴》卷 198，唐太宗贞观二十一年。

3 （唐）王建：《凉州行》。

王朝对立的政权，从他们采取的统治制度看，如中央官、地方官的设置，明显受到汉王朝的影响，使其民族意识加强，东北的高丽、南面的越南，纷纷脱离中国而独立。

第四阶段，两宋时期。这个时期前后三百年，中国出现大分裂，先后分为 11 个政权：北宋、南宋、辽、金、西夏、南诏、大理、西辽、吐蕃诸部、西州回鹘、喀喇汗国，这些政权是由汉、契丹、女真、回鹘、党项、白蛮、吐蕃等族所建。于是出现了疆土交错、纷呈繁复的政治局面。这种局面的产生是因为隋唐统一时期，汉族与周边少数民族之间有了长期的政治、经济和文化方面的双向交流，使周边少数民族加强了民族意识和政权意识。当汉族王朝一旦国势衰落，周边少数民族即伺机奋起，加强了疆土的开拓、政权的建设和经济的开发。虽然晚唐以后，中国逐渐趋于分裂，但整个中国的社会进步并未停止。辽、金、西夏、大理等政权的政治体制，明显吸取了汉族政权的统治经验，较原有松散的统治方式有明显的进步，是成熟的汉文化对边区民族政治、文化方面的影响。同时少数民族的文化对汉民族也有较大的影响。这种长期的政治、经济、文化的交融，为元统一帝国的建立准备了条件。

第五阶段，元明统一帝国的重建和再度分立时期。元代是中国历史上又一次疆土拓展期，将原来分裂的 10 个政权统一在一个帝国范围之内。与汉唐不同的是，由边区游牧民族占有全部狩猎区和汉族农耕区，因为是少数民族将其原根据地的广大边区加入了统一的大家庭，故疆域十分辽阔。《元史·地理志》："其地北逾阴山，西极流沙，东尽辽左，南越海表……元东南所至不下汉唐，而西北过之，有难以里数限者矣。"其最大的贡献是将西藏地区的吐蕃收入王朝的直属版图，这对中国疆土的形成具有十分重要的意义。总之，元帝国的统一，使自 8 世纪以来，分裂 4 个世纪的中国又重新统一在一个政权之下，将汉人、契丹人、女真人、党项人、蒙古人、色目人（包括畏吾儿人、西域各部人）的农耕、渔猎、游牧三区融为一体，加强了各区间的经济、文化交流和融合，对整个中国社会的发展和进步，无疑产生重要的促进作用。

元朝统治者虽然统一整个中国，却采取了民族分化和民族压迫、歧视的政策，如根据不同民族和征服先后，把全国人民分为蒙古人、色目人、汉人和南人，以及在官吏任用、法律地位、科举名额和待遇以及其他权利和义务方面的种种不平等规定。这种民族分化和歧视政策，引起了汉人、南人中上层分子的强烈不满。因此，元朝统治不到一百年即崩溃，代之而起的明朝时期，中国又分明朝、鞑靼和察合台后裔的亦力把里等几个政权，使游牧、渔猎和农耕三大区又处于长期分裂的状态。

第六阶段,中华帝国疆域的最后形成——清帝国的建立。18 世纪中叶形成的清代疆域是秦汉以来中华各民族数千年长期交往、融合的结果。清帝国的疆域分为三个部分:以狩猎为主的女真区、以畜牧为主的蒙古区(包括青藏高原)和以农耕为主的明朝区。清代的统一前后经历了一百多年的时间,分为几个步骤:

(1) 从 1583 年努尔哈赤起兵,至 1619 年先后统一了女真诸部。1636 年漠南蒙古归附清朝。1642 年外兴安岭以南整个黑龙江以东地区全部归入清朝版图,统一狩猎区,清朝完全消除了后顾之忧。

(2) 1644 年攻下北京,明亡。1659 年平三藩,消灭南明势力。1683 年收复台湾,统一农耕区。

(3) 1688 年喀尔喀蒙古降清,此后外蒙古为清朝直属领土。

(4) 17 世纪中叶中国西北部出现了以准噶尔部为核心的漠西蒙古,其强盛时,地跨葱岭东西,天山南北,东抵哈密,西达中亚,曾一度进军西藏,占领拉萨。其势力范围不下于清朝,军事上具有游牧民族特性,骁勇善战,并向外勾结沙俄势力,觊觎中华,对清朝政府具有生死存亡的威胁。清廷康、雍、乾三朝前后经过了多次战役,历时近一百年的时间,先后消灭了准噶尔、回部大小和卓的割据势力,统一了西北边疆,有力地抵制了沙俄的扩展,奠定了近代中国的西北疆域,具有十分重大的历史功绩。

清代自 1616 年努尔哈赤建立后金,即有谋图天下之雄心。自后统一大漠南北蒙古,进关与朱明争天下,平南明,削"三藩",收复台湾,平准噶尔、回部,最终统一全国,前后经历了一百四十余年,大小战役数十百次,艰苦卓绝,付出了极大的代价,为今天中国的疆域奠定了格局,其功绩当彪炳史册,永不可没。

总结中国疆域形成的历史过程,可有以下几点认识:

(1) 中国疆域的主体部分,主要指农耕区,早在两千年前的秦汉时代已统一在一个政权统治之下。这是因为在封建社会早期农耕是比较先进的产业,农耕民族成熟得比较早,发展比较快。从西周、春秋、战国到秦汉,以华夏族为核心和杂居在华夏族之间的各少数民族经过交流、融合而逐渐壮大,同时周边夷狄的华夏化,最终形成了以农耕为主的统一政权。由于这种变化是以农耕区为范围,以农耕业为基础的,所以容易认同,变化的过程也是渐进的,平和的,形成以后反复较少。

(2) 我国历史上政权分裂最久,反复最大之缘由,即为农耕、渔猎、游牧三大区的对立。农耕区成熟最早,游牧区次之,渔猎区再次之。因此综观两千多年来的历史，大致前一千年(唐代以前)，与农耕政权对立最强大的势力主要来自蒙古高原的游牧民族，先后有匈奴、鲜卑、柔然、突厥等。这时期，汉族政权势力占主导地位，当汉王朝占有游牧民族地区后，往往采取农耕方式，开辟草原，于是将先进的汉文化传到了草原，同时也大量吸收了游牧民族的文化，唐代文化可为代表。游牧民族中的先进分子入居汉王朝地区后，也愿意吸收汉文化，逐渐形成了双向交流，使中华民族大家庭的阵容不断地扩大。后一千年，边区少数民族因长期接受汉文化，也逐渐成熟起来，加强了民族意识和政权意识，如东北黑龙江、松花江流域由于森林茂密，气候寒冷，人口稀少，长期处于落后的渔猎、采集经济阶段，一直到 8 世纪才出现比较成熟的渤海政权。以后的女真亦源于此。西南的吐蕃也在这时形成强大的政权。这时游牧、渔猎民族对农耕业和农产品也产生了兴趣，如契丹、女真、蒙古都有一定的农耕业，同时对耕地的要求也较以往明显。这些民族强大后，逐渐在历史上居于重要地位。吐蕃曾一度为唐帝国的强大劲敌，占有过河西走廊，威胁到都城长安；契丹曾占有 1/3 的北中国；女真占有了全部北中国，而蒙古最终占有了全部中国。这些民族入主中国的同时，也将他们的根据地畜牧区、渔猎区带进了中国，使中国的疆域不限于农耕区，而有了三大区，实为对中国疆域的重大贡献。在此数百年内，畜牧区、渔猎区和农耕区在一个政权统治之下，对双向交流、互相融合产生过重大影响，为清帝国的统一打下了基础。

(3) 清代的统一并非完全靠军事实力。清廷以渔猎区势力为代表，先笼络内外蒙古，然后再统一农耕区，最后平定西北维吾儿、回部，最终将农耕、畜牧、渔猎三大区统一在一个政权的统治之下，这是历史发展的必然。

其一，自 17 世纪以来，沙俄的东侵和中亚势力的东扩，西北民族因外来势力的干扰和宗教势力的影响，分裂意识较强。然该地自西汉以来即受汉族王朝的统治，当地人民与内地农耕区有千丝万缕的联系，其欲分裂，民心不从。且西部历来为中国军事镇守要地，故清廷不惜花将近一百年的时间，竭尽人、物、财力，最终将西部纳入中国的版图，巩固了中国的西部疆土，对中国社会的稳定和发展，起了极为重要的作用。当时准噶尔势力不可一世，其统治地域不下于清朝。试想如无强有力的手段，东南江山可能为准噶尔所有，则中国政治、经济、文化必将出现大倒退，人民将沦入黑暗残暴的统治之下，其命运当可想而知。

其二，台湾自古为中华民族之一的高山族的居地，明清以来大批大陆沿海居民迁入该地，对传播中华经济文化起了重要作用，然其地远悬海外，与大陆联系不强。明末郑氏驱逐荷人、葡人，据有台湾，然势孤力单，地位终究不稳。清廷一举攻下台湾，设立府州，与内地同制，使中国第一大岛与内地融入同一大家庭中，成为国际上的共识，不可谓不是清廷一大功绩。

其三，清廷统一农耕、游牧、渔猎三大区，并非以统一模式进行统治，而是根据不同民族、地域特点，分别以不同的统治政策和制度，取得较好的效果，其中经验值得研究。19 世纪中叶以后，西方帝国主义势力入侵，加上清廷政治腐败、经济衰退、国力颓落，割地赔款成为国耻。然其前期对中国疆域缔造的功绩是不可埋没的。

其四，自汉朝开始，汉族王朝曾多次统治过非农耕区，开始基本上采取与农耕区同样的统治方法，设置郡县，开辟农田。唐代以后，汉族王朝采取了羁縻政策，即唐宋设置的羁縻都督府、羁縻府州。不上户籍，不纳赋税，由当地民族头人自行管理，即不同民族区和产业区采取不同的统治政策。这种方法对边区民族有很大的启发，契丹、女真有了农耕区后，也采取不同的统治政策，农耕区置郡县，而其根据地则采取原来的统治方法，如契丹的头下军州和女真的猛安谋克。元、明对西南少数民族区则采取土司制度，也即在这些地区由当地民族的头人自行管理，不改变原有的统治体制，不纳税赋，进行自治。清廷在这方面总结了历史上的统治经验，采取了多样的统治政策，对蒙古、西北新疆也采取不同的统治政策。这种政策对民族团结，巩固中华大家庭具有十分重要的意义。西南方面因基本上是农耕区，时间一长，比较成熟，于是自雍正年间开始改土归流。而北方畜牧区，因自然条件，继续采取游牧民族习惯的管理办法。这就使清朝有三百年疆土的稳定，是中国历史上长期对不同生产区域采取不同统治经验的总结。

其五，综观历史，我们可以说今天的中国是二三千年来生活在这块土地上的所有民族共同缔造的，每一个民族在中国历史上建立的政权都是历史上中国的一个政权，每一个民族活动的范围都是历史上中国领土的一部分。今天中国疆域的规模，不仅仅是汉族，而是多民族共同缔造的，某些时期边区少数民族贡献更大。由此我们应该认识到现代化的中国完全应该施行民族平等政策，决不能搞大汉族主义。今天的中国文化也不是汉族文化，而是多民族共同缔造的中华文化。例如我们从音乐、服饰、饮食和其他习俗中都可以看到多民族融合的痕迹。因此我们说今天的中国是多民族共同缔造的统一国家，是有充分的历史根据的。

（原载《历史教学问题》2000 年第 6 期）

从我国历史上地方行政区划制度的演变看中央和地方权力的转化

行政区划是国家对所辖领土进行分级管理的区域结构，是中央集权出现后的产物。我国在商、周时代实行封建制，即采取“封邦建国”办法进行统治，商王和周天子除了王畿周围的土地由其直接统治外，其他土地和人民分给诸侯、卿大夫等各级领主，作为他们的采邑。各级领主除了对天子有少量象征性的贡纳和服役外，在自己的封地内有绝对的主权。天子、诸侯和卿大夫在自己的辖区内各自为政，即所谓“分土而治”。因此，商、周的疆域内无所谓政区。春秋中期以后，兼并战争不断发生，有些诸侯国君逐渐强大，开始发展中央集权，对新开拓的疆土和从私家剥夺来的领土，不再进行分封，而由国君直接进行统治，采取分层划区进行管理，行政区划制度由此产生。

我国历史上行政区划从萌芽、出现到完全确立和全面推行，即从春秋初期至秦始皇统一全面实行郡县制，大约经过五个世纪的漫长历程。其过程与中央集权制度的萌芽、出现和完全确立几乎是同步的。分级行政区划确立后，中央将部分权力下放给地方政府，就必然出现中央和地方在集权和分权上的矛盾，当矛盾尖锐到爆发时，就会出现中央和地方在权力上的调整。一部中国行政区划变迁史，也就是中央和地方权力调整史。

从政治地理角度考察，行政区划基本有四个要素：

一是层次。就是从中央到地方分几个层次进行管理，是行政区划的最基本要素。一般而言，层次少便于中央管理，上情容易下达；层次多，上下阻隔，政令不易通达。中国幅员大，地形复杂，层次不能任意减少，但也不能过多，否则会使地方权力过大，削弱中央权力。因此，中国政区演变的核心，就是层次的调整和变化，集中体现了中央和地方权力消长的演变过程。

二是幅员，即政区的面积范围。《礼记·王制》：“凡居民，量地以制邑，度地以居民。”中国历史上有所谓“百里之县”“千里之郡”“万里之州”的说法，即指不同层次有不同的管理幅员，以便有效地进行统治。

三是边界，即国家内部政区之间的界线。政区既然是中央集权国家为管理地方而设置的一种区划，其边界的划分当然应以有利于中央集权统治为原则，同时为考虑经济的发展，尽可能与地理环境相一致，这也是巩固中央集权的基础。因此历史上出现过“山川形便”和“犬牙交错”两条相矛盾的原则。中国历史上行政区划边界的变化，很大程度上是这两个原则的并存和交替的过程。

四是行政中心。一个政区必定要有一个（有时有两个）行政管理中心。这个中心位置的确定，主要是由地理环境所决定的。但当政治形势、幅员大小或自然环境发生变化时，行政中心也会发生变化。两三千年来，随着国家疆域的变迁，中央权力的兴衰，自然和经济、人口情况的变化，行政区划的层次、幅员、边界和行政中心都有过十分复杂的变化。这种变化十分形象地反映了中央和地方权力的变化。本文因限于篇幅，不能全面论述，仅就政区层次变化来考察中央与地方在权力方面的矛盾和解决。我国行政区划制度的变化，大致上可分为几个阶段：

一、中央集权的确立和完成时期——秦汉时期

秦始皇统一六国，全国实行郡县制。当时秦朝的疆域北至阴山、长城，东至海，西至甘肃东部，南至岭南、交趾。初分天下为三十六郡，末年增至四十余、近五十郡。秦时约有一千个县，每郡辖县二十左右。秦岭、淮河以北的北方诸郡幅员较小，约二至五个郡相当今一省，这是因为黄河流域开发较早，人口较多，管理所需。秦岭、淮河以南的郡幅员较大，一郡相当今一省或数省。如长沙郡相当今大半个湖南省。闽中郡包括了今福建全省和半个浙江省。这是因为南方统治不久，开发较晚，人口稀少之故。郡的边界幅员基本上符合自然条件。如秦岭、淮河、黄河、长江都是郡的天然分界线。秦朝以首都咸阳为中心畿辅之地的内史，就是今天的关中平原，南阳郡就是南阳盆地，三川郡就是洛阳盆地，今山西境内的太原等五郡也完全适合山西省的自然分区。唯长沙郡南端越过五岭而有今广东连县地，这显然是初平南越时，为了控制南越地方而设。秦郡的统治中心大多都是战国以来旧国国都和商业贸易中心。前者如临淄郡治的临淄，邯郸郡治的邯郸，广阳郡治的蓟，三川郡治的洛阳，陈郡治的陈，颍川郡治的阳翟，薛郡治的鲁，南郡治的江陵，会稽郡治的吴，东郡的濮阳，砀郡的睢阳，蜀郡的成都等；后者如九江郡的寿春，南海郡的番禺，南阳郡治的宛等。总之，秦代的政区的层次，郡的幅员、边界、治所与地理环境比较一致，这是郡县制初定时期，尚未受到其他

因素的干扰。

西汉初年在行政区划制度上有两次大的变动。一次是汉高祖刘邦建立政权不久，开始分封在楚汉之争中有功的异姓诸侯，即将东部疆土22郡分封给七个异姓诸侯王国，燕、韩、赵、楚、淮南、梁、长沙。刘邦自领西部24郡，形成中央控制的土地小于诸侯王国的局面，这是与中央集权相矛盾的，于是从高帝六年（前201）开始又逐个翦除异姓诸王国，与此同时又大建同姓诸侯王以为中央政府的屏藩。至高帝十二年（前195）完成，共建同姓诸侯王九：楚、吴、齐、赵、代、梁、淮阳、淮南、燕，另外还留一个异姓诸侯长沙王吴芮。这十个诸侯王共据有40郡，包括了原秦王朝东部大部分土地。这些诸侯王国"大者或五六郡，连城数十，置百官宫观，僭于天子"[1]。如楚王刘交有3郡36县，吴王刘濞有3郡53县，齐王肥有6郡73县。以上同姓和异姓诸侯王又称内诸侯，仍属汉中央政府节制，其封域仍算汉朝版图。同时刘邦还封故越王亡诸为闽越王，王闽中地；封秦南海尉赵佗为南越王，王南海、桂林、象三郡，他们只对汉朝称臣纳贡，不受汉王朝节制，其领土在汉王朝外，故称外诸侯。而刘邦直辖地仅西部15郡。这时汉朝实行双重地方行政制度，东部是王国、郡、县三级制，西部是郡县两级制。刘邦死后，吕氏当政，打击刘氏诸王，又封外戚诸侯王增至14个。吕后一死，文帝即位，铲除诸吕，恢复同姓诸侯王国。但同姓诸侯王地域大，人口众，实力强，对中央政权是莫大威胁。因此从文帝开始接受贾谊以亲制疏、众建诸侯以少其力的建议，分齐为七，分淮南为三，其时诸侯王国增至17个，而中央政府控制24郡。景帝时采纳晁错削藩的建议，借名义将诸侯王国的四边的支郡削除，缩小王国的版图，最后引起吴楚七国之乱。景帝平定吴楚七国后，尽收王国支郡，同时又以部分汉郡和所削支郡置国，王国多达25个，为汉一代最高数。这时王国的势力空前削弱，一是版图大为缩小，除江都国外，一国仅领一郡之地；二是政治上、经济上特权被剥夺，诸侯仅食租税而已。这时中央控制的郡达43个。武帝时又采用主父偃推恩令的建议，即诸侯王位由嫡子继承，余子皆须列土分一县或一乡之地封侯，侯国须属旁郡。这样王国的辖区不断缩小，汉郡扩大。再加上武帝时开疆拓土，郡数有所增加。至汉末为103郡国，其中20王国，全国有县1 587。大郡领县30到50，诸侯王大国领县不过十数，小的只有三四县地。至此郡、国并无二致，同属一级政区，往往郡、国并称，实际上郡大于国。从汉高祖封诸侯王，到武帝施推恩令，王国与郡同一，前后约经

1 《史记》卷17《汉兴以来诸侯王年表》。

历了一百年的时间，恢复到秦始皇时代中央集权的郡县二级制。这是中国传统分封制退出历史舞台后，一次复古尝试的失败。东汉疆域小于西汉，初年因黄河流域久经战乱，人口减少，曾省并四百余县，但南方开发郡县有所增加，至永和五年(140)为105郡国，1 180县。中央集权空前确立。

秦汉时期是我国地方行政区划郡县制的确立和完成时期，由于西汉初年分封诸侯王国和削藩的斗争，郡级政区经过一曲折道路。县级政权主要是劝课农桑，征收赋税，对象是人民，故要求稳定，无须经常变动，以免造成对统治不利。统县政区则是中央权力的分散，中央集权和地方势力加强的矛盾，往往造成统县郡级政区的多变。县级政区的稳定性和统县政区的多变性，是整个封建社会政区变化的基本特征。

二、州郡县三级制的建立和解体——魏晋南北朝时期

西汉初年中央政府直辖15郡，取消秦制郡监，吏治由丞相派员视察，无常设官员。到汉武时增至109郡，丞相无法兼管，于是在元封五年(前106)将京畿附近七郡以外的全国郡国分为13个监察区，这区域称部，每部派一刺史(刺即监察之意)，巡视吏治和豪右强宗，称为行部。刺史所监察的区域称刺史部。为了给每部取一名称，就借用了《禹贡》九州的名称(改雍为凉，改梁为益)，加上《周礼·职方》中两个州名(幽、并)，共为冀、兖、豫、青、徐、幽、并、凉、荆、扬、益11州，外加不在《禹贡》范围内开拓的朔方(河套)和最南的交趾(岭南)，共13刺史部。征和四年(前89)又将京畿七郡置司隶校尉，察举京师百官和近畿七郡吏治和豪右强宗，称司隶校尉部。于是在汉武帝时出现了14个监察区。两汉刺史“位卑权重”，秩六百石，与县令相同，但可省察二千石的郡太守、都尉。每年8月巡行所部，岁终到京师向丞相奏事，由丞相处置，故无固定驻地。东汉初年，匈奴南侵，省朔方入并州，改交趾为交州，洛阳附近为司隶校尉部，东汉为13刺史部。这时因地方多事，加重了刺史的职权。如岁终刺史本人不必诣京师奏事，而由属下替代，于是有了固定驻地；职权不限于监察，还有黜陟之权，成为郡国守相的上司。但毕竟治官不治民，仍算不得地方一级行政机构。东汉灵帝中平元年(184)黄巾起义；五年(188)朝廷派重臣出任刺史称州牧，掌一州军民，余称刺史，职权相同，“州任之重，自此而始”。从此由监察区演变为行政区，地方行政制度由秦汉四百年郡县二级制开始进入此后四百年经魏晋南北朝至隋初的州郡县的三级制。东汉末年州刺史权力甚大，曹操、刘璋、刘备、袁绍、袁术、董卓、吕布都是州牧、刺史起家的。三国西晋时州郡数增加，魏12州，吴3州，蜀1州，

三国共16州，到了西晋末年增至21州。魏郡国90，吴郡43，蜀郡22，共155郡国。县共1 200左右。北方减省，南方增多。此与地区开发有关。

西晋篡魏，怕压不住政局，在建立之初，大封宗室，由诸王出镇都督诸军事，综览民事，以拱卫中央。这是分封制的又一次尝试。结果事与愿违，最后酿成“八王之乱”。从此无人再提封建问题。西晋政权由此大伤元气。晋末永嘉之乱，北中国先后由少数民族建立十六国，各国“务广虚名”，往往在各自很小的区域内随意分置许多州，州制开始混乱。“如石氏建扬州之号，仅得一城；前燕标荆土之名，惟余数县。”[1]又如刘渊在平阳（今山西临汾市西南）置雍州，又在离石（今县）置幽州。前赵以洛阳为荆州，在隔河对岸的怀县（今武陟县西南）又置殷州。北凉仅今甘肃张掖、民乐、山丹数县地，置了沙、秦、凉三州。南燕疆土稍大，也不过山东半岛地，却置了青、并、幽、徐、兖五州。郡的数目更多，不胜枚举。南方的东晋有十余州，南朝宋、齐各二十余州。梁天监十年（511）有州23，以后开疆拓土，析置新州，至大同中（535—545）仅隔二三十年，竟增至107州。陈朝疆土狭小，仅有今长江中下游南岸和珠江流域，却有42州。5世纪中北魏统一北方后，经过一番省并，初年有十余州。至孝文帝太和年间（477—499）有38州，末年增至八十余州。实际当时北中国处于一片混乱，人口大量死亡，所谓“孝昌之际，乱离尤甚。恒代以北，尽为丘墟。崤潼以西，烟火断绝。齐方全赵，死如乱麻。于是生民耗减，且将大半”[2]。在这样的背景下，东西魏分裂时相合还有110余州。以后北齐据有北中国东部地，经省并至末年竟有97州。正如《北齐书·文宣帝纪》所言：“百室之邑，便立州名；三户之民，空张郡目。”北周大象二年（580）有州211。南北朝前期共有州五六十，末年达三百余州。州制之滥，至此已极。州既如此，郡亦相同。南朝宋有郡二百七十余，南齐郡三百七十余，北齐郡160，北周有五百余郡，而县不过1 124个。州郡之滥之原因，是因为战争繁多，有功之臣别无可赏，唯以刺史、郡太守为赏。同时因疆域伸缩不常，人口流动靡定，州郡废置处于混乱之中。

州郡县三级制出现原是为了加强地方权力，以维护地方治安。孰料由此引起军阀混战、地方割据，最终出现三国鼎立的局面。其时制度运行尚属正常。司马晋代魏，为巩固司马集团的统治，大封宗室为王，并令诸王出镇，都督诸州军事，复综民事。不料事与愿违，最终酿成诸王争权的“八王之

1　洪亮吉：《十六国疆域志序》。

2　《魏书》卷106《地形志》。

乱”，同时引起民族矛盾，诱发了规模更大的永嘉之乱，西晋政权在战争烽火中覆灭。东晋十六国南北朝时期，北南中国长期处于一片混乱之下，州郡制度的置、废、改、并，已非出于地方管理的需要，而完全依战争局面变化和人民迁徙所决定。至南北朝末年州郡之滥，无以复加，已到非改不可的地步了。

三、二级制的恢复和三级制的再度出现——隋唐五代两宋时期

上文已述，州郡县三级至南北朝后期已经混乱到了极点，郡一级形同虚设，地方行政制度已经到了非改不可的地步了。隋朝建立后，于开皇三年(583)罢天下郡，以州领县。开皇九年(589)平陈，统一南北，将州县二级制推行到全境。大业三年(607)又改州为郡，变成郡县二级制。从此，州即是郡，郡即是州。《隋书·地理志》是大业五年的制度，故以郡领县。当时有郡190，县1 255，与南北朝后期相比，县的数量基本未变，而县以上政区则大精简了。隋朝实行州县制共24年(583—606)，而实行郡县制仅11年(607—618)。然而大家都以为隋朝实行郡县制，这是受了《隋书·地理志》的影响。

唐武德元年(618)又改郡为州，又恢复了州县二级制。然唐武德年间，天下初定，中原尚有群雄竞逐，李氏政权为了扩展自己势力，对归附者和有军功者，均赐予刺史名号，一时间“权置州郡”大量出现，州竟膨胀至达五六百之数，“倍于开皇、大业之间”。然这是一种权宜之计，当天下大定后，于贞观元年(627)悉令省并。[1] 以后在天宝元年至乾元元年(742—758)间又曾一度改州为郡，实行郡县二级制。但唐一代近三百年，实行郡县制仅16年，所以基本上是州县制。

唐代州一级行政区划中还有府的建制，这是唐代的创制。先是开元元年(713)升首都雍州为京兆府，升陪都洛州为河南府。以后陆续升新建的陪都和皇帝驻跸过的州为府，有太原府、凤翔府、成都府、河中府、江陵府、兴元府、兴德府、兴唐府等。五代十国时期各国的首都、陪都都升为府，在黄河流域的有开封府、大名府、太原府、河南府、京兆府、凤翔府等，在长江流域及其以南地区的有江都府、江宁府、长沙府、成都府、兴元府、兴王府(今广州)等。宋代升州为府的情况更多了，除了首都、陪都建府以外，凡皇帝诞生、居住、巡游过的地方，以及其他地位重要的州均建为府。北宋宣和末全境有府37，

1 《旧唐书》卷38《地理志》。

南宋时全境有府34。[1] 当时黄河、长江流域一些重要城市所在地几乎都建置了府。府虽与州同级然其地位略高于州，以后到了明清时代大部分统县政区都建为府了。

五代两宋时期地方行政区中还出现军和监的建制。军在唐时是军镇，“唐初，兵之戍边者，大曰军，小曰守捉，曰城，曰镇，而总之者曰道”[2]，道就是军区。所以军属军事系统，只管军队，将领称使，多设在边区。五代时军事行动频繁，军不仅管兵马，也辖当地民政。宋代沿袭五代制度，演变成地方行政单位，多设在今山西、河北、陕西沿边地区，统领县、镇、堡、寨；在内地也有因交通要冲或其他重要地点，以及还够不上置州条件的地方置军，如为保护漕运和输纳赋税在定陶县置广济军，在夔州云安县置云安军，为户繁地要在福建建州邵武县置邵武军等，均领县兼民政。与府州同级的军，其地位与下州相等，属府州的军，地位与县等。监是由国家经营的矿冶、铸钱、牧马、制盐等专业管理机构，与国家财政关系甚大，地方官无法兼营，故划出一定地域由监官管辖，如属于荆湖南路的桂阳监（银冶，今湖南桂阳）和属于成都府路的仙井监（制盐，今四川仁寿）各领二县，成为地方行政机构。军、监有领县与不领县两种，领县的军、监与府州同级，其地位同下州；不领县的军、监属府州，与县同级。总之，宋代领县政区有府、州、军、监四种。县级政区除县外，还有城、镇、堡、砦（寨）等军事建置，大多设在西北边防地区。宋代为加强中央集权，刺史等地方长官直属中央，长官由京官出守列郡，是为差遣，故其长官名称都是京官带原衔知某府、州、军、监事，如“权知某府事”“知某州军事”“知某军事”“知某县事”，简称“知府”“知州”“知县”。重臣出任一府之事，称“判某府”。明清时知府、知州、知县才成为正式官名。

唐一代约有三百五十余州，一千五百余县，州县制趋于正常。宋代疆域远较唐代为小，但府州军监也有三百余，辖一千二百多县级政区。唐代疆土与汉代大体相近，但唐代州的幅员仅汉郡的1/3，宋代疆域小于唐代，却仍有三百余州，可见州的幅员更小了。据《宋史·地理志》记载，有将近1/10的领县政区只领一县。同时唐前期和宋代，按制府州直属中央管辖，刺史无兵权，州县属吏均由中央吏部铨选。这是唐人洞察了魏晋以来地方分裂的弊端，宋人接受了唐代藩镇割据的教训，有意强化中央集权，削弱地方势力，使其无法割据一方，然而面对这样庞大的府州，中央实际上是无法直接统治

1 《宋史》卷85《地理志》。
2 《新唐书》卷50《兵志》。

的，但又不愿意在府州上再加一级行政机构，怕地方扩大权限与中央抗衡。于是就设计了一种监司机构，每一机构专司一样事务，直属中央，各司其职，互相牵制，于是就产生了道路制度。

唐贞观元年（627）根据自然山川形势分全国为10个自然区域：关内（潼关以西、秦岭以北，包括河套地区）、河南（当时黄河以南、淮河以北）、河北（当时黄河以北、太行山以东）、河东（黄河以东、太行山以西）、陇右（陇山以西，远及新疆地区）、山南（秦岭以南、长江以北）、淮南（江淮之间）、江南（长江以南）、剑南（剑阁以南）、岭南（五岭以南），称为十道。神龙二年（706）开始曾设过"十道巡察使""十道存抚使""十道按察使"，负有监察任务，皆由中央临时派遣，不常置。开元二十一年（733）分为15道，即将关内道分出首都长安附近地区为京畿道，河南道分出陪都洛阳附近地区为都畿道，又分山南为东西两道，江南为东西两道，另分设黔中道（今贵州大部、川、湘、鄂、桂各一小部）。每道置采访处置使，有固定治所，专检察非法，如汉刺史，正式成为15个监察区。

中唐以后又出现节度使制度。唐初沿袭北朝以来制度，在军事重地置总管，后改为都督，管辖几个州的军事。永徽（650—655）以后为加强防务，给边境诸州都督带使持节（节是权力的凭证），以增其权力，称节度使。景云二年（711）正式命凉州刺都督贺拔延嗣为河西节度使，遂成定制。开元时有沿边八节度，天宝时有沿边九节度使（范阳、平卢、朔方、河东、河西、陇右、剑南、安西、北庭）和一经略使（岭南）。开元末节度使权渐重，除军事外，兼支度使、营田使、采访处置使，已兼及民政、财政和监察。至天宝年间，节度使几乎囊括了边州所有军、政、财、监大权，最终造成尾大不掉之势，爆发了安史之乱。至德以后，内地也遍设节度使，大者领州十余，小者也有三四，节度使权也愈来愈大，位尊权重，俨然一方大员。节度使兼辖区内所驻地的本州刺史，该州称都府，他州称支郡。其辖区称镇、方镇、藩镇或道，比较不重要的地方则置观察使或防御使、经略使统辖一道，与节度使名异实同，唯地位略低。从而形成了道（方镇）、州（府）、县三级地方行政区划。唐朝后期全国有四五十个镇，除首都京兆府和附近几个州、陪都河南府外，其余府州均属方镇。五代十国就是唐末藩镇割据的延续。

唐一代前后期地方行政区划变化，与西汉武帝至东汉末年行政区划的变化十分相似，反映了中国封建社会前期中央和地方权力分配上矛盾的循环。唐初实行州县两级制，削弱刺史权力，原想保持内重外轻、中央权力集中的局面。但州数太多，中央无法控制，早在贞观年间就分天下为十道即十个监察区，推行不定期的监察吏治制度。以后到开元年间设置了15个作为固定监察区的采访使道，主观上就是不愿意推行三级制，希望保持州县两级制，以维护中央的绝对权威，不致引起地方割据。但是像中国这样一个地域广大、人口众多，而又要实行专制主义中央集权体制的国家，地方官权力太小，容易削弱了地方上靖绥御侮和发展经济的能力。例如刺史无兵权，而边防地区又不能没有军事防御，所以在武德初就在缘边及襟要地区的一些州治置总管府，以本州刺史兼总管，总揽附近数州军事，不久改称都督府；后因四边多事，对边区的都督加使持节，增其权力，称节度使，为一方军事大员。以后为了让节度使有更大靖绥地方权力，政府被迫将军、政、财、监大权全集中在节度使一人身上，又因边区联防需要，常使一人兼摄数镇。于是边区因军事上需要实行三级制，而内地还是二级制，保持内重外轻的局面岌岌可危，最终于天宝末年爆发了安史之乱，安禄山即以身兼范阳、平卢、河东三镇节度使起兵反唐的。安史之乱后，为了镇抚叛乱，内地也遍设方镇，至德以后，安史之乱虽然平定，但藩镇割据形势已定，俨然一独立王国，地方行政区划形成了实际上的三级制，中央权力大为削弱，唐王朝在藩镇纷争中覆灭，接着就是半个多世纪的五代十国分裂局面。

宋初汲取了唐代藩镇割据的教训，革除了藩镇的实权，尽罢节度使所辖支郡，节度使只是空衔，不理州事，诸州直属中央。并将全国府州军监划分为若干区域，每一区域设转运使负责征收和转输各地的财赋，既要转输，其必与交通路线有关，故称此区域为路。以后转运使职权逐渐扩大，兼及“边防、盗贼、刑讼、金谷、按廉之任”，控制了地方一切行政事务，形成分路而治的局面。真宗时(998—1022)考虑到转运使权太重，于是增设了提点刑狱使，总揽一路司法和监察，安抚使主持一路军事，提举常平使主管一路储备粮食平抑物价，而转运使专理一路财赋和民政。所以宋代一路有四个长官：转运使(简称漕司)、提点刑狱使(简称宪司)、安抚使(简称帅司)、提举常平使(仓司)，总称监司。

北宋路以转运使为主，初分时极不稳定，省并频繁。有至道三年(997)15路，咸平四年(1001)17路，天禧四年(1020)18路；以后屡有省并增改，元丰八年(1085)定为23路。这是宋代具有代表性的路制。崇宁四年(1105)将首都一府置为京畿路。宣和四年(1122)宋金盟约，约定联合灭辽后，金归还燕云十六州之地，于是北宋预置了燕山府路和云中府路。不料金灭辽后未能践约，仅还六州，未几金人又南侵。所以北宋末年号称26路，实际上只24路。以北宋一代而言，18路、23路的时间最长，为分路的代表。北宋所谓18

路、23路，均指转运使分路而言，宪司、帅司分路则不同。如河北地区转运使分为东西二路，帅司因防御契丹需要分为大名府、高阳关、真定府、定州四路，宪司则合为河北一路。陕西地区转运司分为永兴、秦凤军二路，但为对付西夏，安抚司分为永兴军、鄜延、环庆、秦凤、泾原、熙河六路。全国各路普设漕、宪二司，帅司则不一定每路均设。

南宋建炎元年(1127)诸路遍设安抚司，自后南宋一代因长期处于战争状态，分路均指安抚使为主，虽有分合，然长期稳定为16路。漕司、宪司则不同，如两浙路安抚司分为东西二路，漕司则合为一路。

故宋代地方行政制度的特点：

一是不在府州以上设立一级行政机构和单一的长官，而是将各路不同事务，分为四种监司，各司其职，不集权于一司一人。

二是诸司分路不同，治所不一；有时诸司分路相同，但治所也不在一地。互相牵制，形成复式路制。

三是府州可不通过监司，直接向中央奏事。由此可见，宋代路制完全是为了不使地方形成割据局面，达到中央高度集权、内重外轻的目的。这种强干弱枝的结果，大大削弱了地方对外防务对内镇抚的能力，故宋一代内忧外患不止。

四、三级制定型的行省时代与中央集权的加强

自元代开始，我国实行省(行省)、路(府、州)、县三级地方行政制度，最高一级为行省(省)，故称行省时代。

行省制度实起源于魏晋以来的行台制度，原为中央(台、省)的派出机构。凡地方有事，临时代中央执行任务，事毕即罢。东魏、北齐时曾分道设置过行台省。以后金代初年曾置行尚书省于汴京，以治刘豫伪齐旧地，即陕西、河南地，后罢。金明昌五年(1194)为治理黄河也曾置行尚书省，河工毕即罢。至金朝末年外遭蒙古、西夏、南宋三方面的进攻，境内到处发生农民起义，所设行省渐多，如在北部邻近蒙古边境地区接连设置了临潢、抚州、北京三行省，南面为了备宋，在黄河南北也开始设置行省，如南京行省。末年国势日蹙，置行省更多，稍大的有大名、陕西、河北、河东、辽东、益都等行省，稍小的有关中、徐州、邓州、息州、陈州、陕州等行省，为时都很短。这些行省虽然都是中央临时派出的机构，前期只理民政，不理军事，后期因内忧外患不断，行省兼理民、军政，实际成了地方一级政区，前期行省职官仿中央尚书省而置，官品比中央低一品，出任者由左右丞相、平章政事、左右丞领行省

事，以后行省较多，则以参知政事领行省事，不过因时代动乱，建置没有固定，事毕即还朝。

蒙古占有金地后，也仿金朝实行行省制度，如燕京行省、山东西路行省等。金代称行尚书省，元世祖时将尚书省并入中书省，故称行中书省。起初也是中央临时派出机构，“有征伐之役，分任军民之事，皆称行省，未有定制”；后因军事征伐时间很长（从伐金到灭宋共70年），逐渐形成定制，其职能也由只管军事变为兼及民政；再后因中央宰执行某处省事系衔嫌于外重，其长官由中书省宰执官系衔出领某行省事演变为某处行省某官，不再有中书省宰相职衔，并罢各行省所设丞相，只置平章事为最高长官，以别于都省。行省从都省派出机构逐渐演变为地方最高行政机构，“掌国庶务，统郡县、镇边鄙，与都省为表里”“凡钱粮、兵甲、屯种、漕运、军国重事，无不领之”。这种演变大约完成于平宋以后。

元朝初年全国仅置7个行省的幅员十分辽阔，如中书一省竟包括以后的中书、辽阳、岭北三省之地，陕西行省包括后来的陕西、四川、甘肃三行省，以后行省设置和辖区变化很不稳定，到至元二十七年（1290）在全国范围内调整行省建制，除吐蕃地区直属中央宣政院外，分为中书省和10个行中书省，共11个区域。

元朝末年，农民起义烽火遍地，为了镇压起义和维持地方治安，又分置许多行省。如于中书省境内济宁（今山东巨野）、彰德（今河南安阳）、冀宁（今山西太原）、保定、真定（今河北定州市）、大同等地置中书分省，又分出山东行省；从河南江北行省分出淮南江北行省，从江浙行省分出福建行省，福建行省后又分出建宁、汀州、泉州分省等。总之，到了元末，行省制度已经十分混乱了。

明初一段时间曾沿袭元代行省制度，但元代行省统辖军民，权力太大，不利于中央集权，故不久即进行改革。洪武九年（1376）改行省为承宣布政使司，主管一省民政，分颁天下府州县及羁縻诸司，上与中央六部直接联系。洪武三年（1370）时于各省置一都卫，八年（1375）改为都指挥使司，主管一省军户卫所番汉诸军，上听命于兵部和五军都督府。另有主一省监察司法的提刑按察使司，上听命于刑部、都察院。行省取消后，因名称和辖区未变，故习惯上仍然称省。明代将一省之权分为都、布、按三司，这“三司”既是官府名称，又是省一级民政、军事、监察三区划的名称。这就与元代军政合一的行省制度不同。此外元代行省官制和中央中书省官制相同，而明代则改用地方官名称，如“承宣布政使”的职责即“承流宣播”中央的政令，通达一省民情之事。洪武十三年(1380)为加强皇权,罢中书省,六部直属皇帝,原属中书省的辖区也直属六部,称为直隶。如洪武初建都南京应天府(今南京市);十年改称京师,即以中央直辖的相当今江苏、安徽两省和上海一市的地区为直隶,也称京师。永乐时迁都顺天府(今北京市)为京师,即以相当今北京市、天津市和河北省大部分地区为直隶,仍称京师;原直隶改为南直隶,也称南京。京师、南京既是中央道府的名称,也是中央直辖政区的名称。自宣德三年(1428)以后,全国分为两京十三布政使司,即京师、南京、山西、山东、河南、陕西、四川、江西、湖广(今湖南、湖北)、浙江、福建、广东(含今海南省)、广西、贵州、云南,合称15省,为明一代常制。

明代一般省份都是一都指挥使司辖一省卫所军户。但边区军户多民户少,甚至只有军户没有民户。一个都司鞭长莫及,于是增设几个都司或行都司。明代一共有16都司、5行都司、2留守司。其中13个是与布政使司同名同治的都司,还有3个是北直隶境内的万全都司(治今宣化)、大宁都司(初治内蒙古宁城西,永乐后移治今保定市)和属于山东省的辽东都司(治今辽阳市)。5行都司是陕西(治甘州卫,今甘肃张掖市)、四川(治建昌卫,今西昌市)、湖广(治郧阳卫,今湖北郧县)、福建(治建宁府,今建瓯市)、山西(治大同府,今大同市)。2留守司是洪武年间置于凤阳府(治今安徽凤阳)的中都留守司和嘉靖年间置于承天府(治今湖北钟祥市)的兴都留守司。此外,还有统辖黑龙江、松花江流域和库页岛的奴儿干都司,在政教合一的青藏地区设置有乌思藏、朵干二都司及当地宗教首领八大法王分割各政教中心的寺院,还有各诸侯家属封地,另有置于今甘肃、青海、西藏交界地区的哈密、罕东、曲先、阿端等卫,以上均属羁縻性质,与内地的都司、行都司卫所性质有所不同。

明代都司、行都司卫所的任务是,对外防御侵略,巩固边防;对内镇压人民反抗,维护封建统治。留守司则掌守卫中都、留都之事。明制:大抵5 600军士为一卫,每卫设前、后、中、左、右五千户所,每1 120军士为一千户所,112军士为一百户所。百户所设总旗二(每总旗辖50军士),小旗十个(每小旗辖10军士)。另有守御千户所比一般千户所地位略高,不属卫,直属都司。军士有军籍,父子相继,世为军户。平时在政府拨给的土地上进行屯田和训练,垦种自给;国家有事,由国家命将充任总兵官,统率卫所军士进行征伐,事毕,将还于朝,军士各还卫所驻地。内地9/10土地属府州县民户,卫所杂处其间,土地不能自成一区域,称无实土卫所。如13个与布政使司同名同治的都司绝大多数为无实土卫所,仅陕西、四川、湖广、云南、贵州五都司领有少数实土卫所。边区军户多而民户少，或以军户为主，卫所土地自成一区，称实土卫所。如五行都司中陕西、山西、四川行都司系实土卫所。辽东都司只领卫所，不领府州县，全系实土卫所。万全都司大多为实土。大宁都司原系实土，永乐初内迁后，遂无实土。留守司均无实土。有实土的都司卫所，既管军务，又管民事，实际上成为一种地方行政区划。

明一代一省分置三司，所以一省的辖区并非仅指布政使司辖区，也包括都指挥使司、提刑按察使司的辖区。如山东省不仅包括山东布政使司、山东都司辖区，还要包括辽东都司辖区（因辽东都司的监察由山东按察使管辖）。北直隶包括北直隶和万全、大宁都司。陕西省包括陕西布政使司、陕西都司和陕西行都司辖区。明初实行一省都、布、按三司分立，三司并为封疆大吏，原为避免地方权力过于集中，不久由于阶级矛盾和民族矛盾加剧，内忧外患，三权分立的局面不能应变。于是自宣德以后开始有派部（六部）、院（都察院）大臣以“总督”“巡抚”职衔督抚地方的临时措施，宣德初有陕西、南畿浙西、辽东、宣大等巡抚。正统年间开始置有云南总督、贵州总督。景泰以后，地方多事，逐渐普遍设立，成为常制。嘉靖以后，内忧外患连年不断，全国普遍设立节制都、布、按三司的总督和巡抚。明末增设渐多，崇祯年间“时各督抚四十有一，府之滥极矣”。总督主要署理军务，实际有两种，一种短暂设置、数年即罢的，一种比较长期固定的设置的，有蓟辽保定、宣大山西、陕西三边、两广四总督。巡抚主理民政，兼理军务，每省皆有，辖区大小前后差异很大，有的一巡抚辖两布政使地，如宣德、正统间的山西河南巡抚，有的一省一巡抚，如正统以后的福建巡抚，有的一省有几个巡抚，如北直隶有顺天、保定、宣府三巡抚，陕西有陕西、宁夏、延绥、甘肃四巡抚，有的相邻几个省合一巡抚，如南赣韶汀巡抚，辖江西二府（赣州、南安）、广东二府（南雄、韶州）、福建一府（汀州）、湖广一州（郴州），有的仅辖一州之地，如昌平巡抚、通州巡抚等。总督辖区也有超过一省的，如宣大山西总督即山西省加上宣府镇。总督、巡抚不仅辖区与三司不一致，驻地也不一定在省会。如蓟辽保定总督驻在密云，防秋驻昌平，宣大山西总督先后驻过宣府、怀来、阳和，陕西三边总督驻固原，防秋驻花马池，两广总督先后曾驻梧州、肇庆、惠州、潮州等地。巡抚主民政，故大部分巡抚与布政使司驻省会。但也有例外，如顺天巡抚驻遵化，保定巡抚驻真定，南赣韶汀巡抚驻赣州等。总之，明一代总督巡抚始终是中央派出的钦差大臣，均系兵部尚书、侍郎或都察院都（副、佥）御史衔，总督、巡抚某处地方，与三司之间名义仍是中央官与地方官的关系，重大地方事务三司听其节制，地方上日常事务仍由三司管理。

总督、巡抚成为地方官实始于清。清初为使督抚辖区和省区一致起来，进行了一系列调整工作，例如改变兼制邻省州县和跨省的督抚制度。裁减和新置一些督抚，使督抚和省制协调起来。明中叶以后，内地主要以巡抚统治，边地才设总督。清初因军事需要内地也遍设总督。顺治十八年（1661）肃清了南明势力后，确立了一省一督制，15 省共 15 总督。康熙四年（1665）因各省以巡抚为主，总督无须每省一个，遂裁并为二省或三省一总督，共9总督：直隶山东河南、两江、山陕、福建、浙江、湖广、四川、两广、云南。此后几经裁并改置，至康熙二十二年（1683）开始定为两江、山陕、福建、湖广、两广、云南6总督，至康熙末年不改。雍正年间和乾隆初又有增改，至乾隆二十五年（1760）后，长期固定为直隶、两江、陕甘、四川、闽浙、湖广（湖北、湖南）、两广、云南8总督，为清一代常制。巡抚的调整也很复杂，关键一年是康熙四年。原在康熙元年（1662）时内地 15 省共 23 巡抚。江南省原有江宁（治苏州）、安徽（治安庆）、凤阳（治凤阳）三巡抚，左（治江宁）、右（治苏州）二布政使司。康熙四年裁凤阳巡抚；康熙六年改左布政使司为安徽布政使司，右布政使司为江苏布政使司；康熙二十五年（1686）改江宁巡抚为江苏巡抚，巡抚与布政使司辖区就统一起来了。以后乾隆二十五年又将安徽布政使司从江宁迁往安庆，两者驻地也一致了。陕西一省原有陕西、甘肃、延绥、宁夏四巡抚。康熙元年9月裁延绥，康熙四年裁宁夏，留下了陕西、甘肃二巡抚。康熙三年时陕西分为左右二布政使司，左司仍驻西安，右司驻巩昌。康熙七年改右司为甘肃布政使司，并移驻兰州，与甘肃、陕西二巡抚辖区驻地一致了（乾隆二十九年陕甘总督由肃州移驻兰州）。湖广原有郧阳、南赣、湖广、偏沅四巡抚。康熙三年裁郧阳，康熙四年裁南赣。康熙三年时湖广分左、右二布政使司，左司仍治武昌，右司迁驻长沙，分治湖南。康熙六年改左司为湖北布政使司，改右司为湖南布政使司。雍正初改湖广巡抚为湖北巡抚，改偏沅巡抚（康熙三年时移治长沙）为湖南巡抚。至此 18 省 18 巡抚驻地辖区已趋统一。乾隆十三年（1748）裁四川巡抚，乾隆二十九年（1764）裁甘肃巡抚。直隶巡抚早在雍正二年（1724）时已改为总督兼巡抚事。18 世纪中叶（乾隆中叶）以后，全国确定为8总督、15 巡抚（江苏、安徽、山东、山西、河南、陕西、福建、浙江、江西、湖北、湖南、广东、广西、云南、贵州）。直隶、四川、甘肃三省无巡抚，由总督兼巡抚事。山东、山西、河南三省无总督，由巡抚兼总督职责，成为定制。至光绪年间始有增减：光绪十年（1884）置新疆巡抚；光绪十一年（1885）改福建巡抚为台湾巡抚，移驻台湾；1895 年因中日战后台湾割让日本而裁。光绪三十年（1904）裁湖北、云南二巡抚；1905 年裁广东巡抚；光绪三十三年增设奉天、吉林、黑龙江三巡抚和东三省总督。清末为9总督15巡抚。

明代一省之长为布政使,清代一省之长为巡抚。故分巡抚才算分省。如江苏省在乾隆二十五年分江苏(治苏州府,辖苏、松、镇、常、太四府一州)、江宁(始江宁府,辖江宁及长江以北诸府州)二布政使司,但仍为一省。然以省级长官而言,有督(制台)、抚(抚台)、布(藩台)、按(臬台)四员。总督"常厘治军民,综制文武,察举官吏,修饬封疆",侧重于军事,地位略高于巡抚。巡抚"掌宣布德意,抚安齐民,修明政刑,兴革利弊,考覈群吏,会总督以诏废置",重于民政。布政使"掌宣化承流,帅府州县官,廉其录职能否,上下其考,报督抚上达吏部",按察使"掌振扬风纪,澄清吏治",地位皆次于巡抚。

清代在边疆地区施行与内地不同的行政区划制度,乃由中央委派重臣,授以将军、都统、大臣等官职,推行军政合一的统治制度。如在东北地区设有奉天(又称盛京。驻奉天,今沈阳市)、吉林(驻吉林,今市)、黑龙江(驻齐齐哈尔,今市)三将军,外蒙古设乌里雅苏台(驻今蒙古国扎布汗省省会扎布哈朗特)将军,新疆设伊犁(驻惠远城,今霍城县东南)将军,各有其将军辖区。将军下设副都统、参赞、办事大臣等辖区。设西藏、西宁办事大臣分别驻拉萨、甘肃西宁府(今青海西宁市)管辖西藏、青海地方。内蒙古盟旗地区由中央理藩院直接管辖。以上8个边区加上内地18省,全国共分26个大政区。清末帝国主义入侵,为了加强防务,光绪十年(1884)建新疆省,光绪十一年(1885)建台湾省(《马关条约》后割让给日本),光绪三十三年(1907)改奉天、吉林、黑龙江三将军辖区为省,清末全国为22省。

元帝国的版图本较汉、唐为大,而元代所建行省级政区仅11个,省的幅员十分广袤。如中书一省竟包有今京、津、冀、晋、鲁、豫(绝大部分)等数省之地,辽阳行省、岭北行省更可谓是辽阔无际。其他内地行省也有今数省之地,下辖三十余个路、府、州,管理幅度过大。这种划分显然不是从行政管理出发,而是着眼于军事统治。因为蒙古民族完全用武力手段征服了宋代以来的六个政权(宋、金、西夏、西辽、大理、吐蕃),为了防止被征服民族的反抗,不得不将中枢权力分散到各处,建立起镇抚作用的军事区域,而中枢权力又不宜太多分散,因此行省数目不能过多。同时因为元朝统治者为马背上的民族,日驰千里为寻常之事,所以幅员辽阔也不足为奇。但幅员过大,毕竟不利于行政管理,于是又在行省与路府州之间设置道一级,作为监察区,以辅助行省管理事务,开创了省以下设置监察区的先例。到了元末地方多事,农民起义烽火遍地,不得不从行省中分出分省、行省,以便对付紧急事件。这与历史上其他朝代不同，以往是在末年将小政区合并成大政区，而元末却是将大政区分小，这说明政区过大也不利于中央集权统治。所以明代除了改行省为承宣布政使司外，还将省的幅员调整得比较均匀，唯南北两京辖区过大，这在下面再说。清代沿袭明制，除了将南京、湖广、陕西三省各一分为二外，其余 12 省基本未动。从 12 省变为 18 省的制度，从康熙年间直至光绪年间长达 200 年而无所更张，也为历史上所罕见。于是“内地十八省”的概念，一直深入人心。从清末至今在这 18 省范围内的变化也不大，除分置台湾、海南、宁夏三省区和京、津、沪三直辖市外，未有根本性变化。

上文已述，唐代分道边界原则上是依“山川形便”而定，宋代为了加强中央集权，背离了“山川形便”的原则，不少分路开始发展了“犬牙交错”的原则。元代则是将这种原则发展到极端的时期，不论高层政区的行省，还是统州、县的路、府、州边界，都突出表现了犬牙交错的特点。元代统县的路、府、州不仅幅员大小悬殊可谓史无前例，同时边界的极端犬牙交错，出现许多不相连接的飞地。如长城以南的山西省仅置冀宁、晋宁二路，中书省河间路几乎有今天河北省 1/4 大，而同为统县的恩、威、冠等州只领 1 县，河北南路的大名路却领有河北中部的清河县，广平路隔顺德、真定二路而领有河北西北部的井陉县地，河间路隔德州领有临邑县地，延安路几有今陕西省一半的土地，而同属陕西行省的庄浪、西和、成三州各只领 1 县，这种统县政区大小悬殊、隔有飞地的情况几乎各省都有，不能详列。最突出表现犬牙交错的是行省的边界，元代行省地域广大，行省长官统有军、政、财、监大权，为了防止偌大地方政权出现割据的局面，在规划省区的边界上，采取与汉州、唐道、宋路完全相反的做法，无视大山大河如秦岭、太行、长江、黄河的存在，使每个行省都不成为完整的形胜之地。如陕西行省跨过秦岭而有汉中盆地，湖广行省以湖北、湖南为主而又越过五岭而有广西、海南，江西行省也越过五岭而有广东，河南江北行省则合淮河南北为一，中书省则跨太行山东西两侧，兼有山西高原、华北平原和山东丘陵三个不同的地貌区，江浙行省从江南平原逶迤到福建山地，唯四川稍有四塞之固，然北面失去了秦岭，也难形成割据。中国的主要山川都是东西走向的，故唐代的道大多东西长、南北狭；而元代为破山川之险，结果自然相反，形成南北长、东西窄的形势。原因固然是为了避免割据，出于政治上的需要，其具体划分则是由于蒙古征服金、南宋，其军事行动是从北而南进行的，初期即以兵至为行省范围，就必然要跨越黄河、秦岭、淮河、长江、五岭等天然分界线。元代这种幅员辽阔、犬牙交错的划分弊端是显而易见的，一是地域过大，不得不增加管理层次，施政必然不便；二是不同自然条件带合在一个政区，对农业生产管理也有影响。所以明朝建立后，即对元代的行政区划进行调整，将南方三省都一分为二，江西行省分为江西、广东二省，湖广行省分为湖广、广西二省，江浙行省分为浙江、福建二省，大体上沿袭宋代路的分界，两广沿袭宋代广南东、西路而有所调整，分元代的中书省为北平、山东和山西，将中部的河南江北行省分属南京、河南、湖广三省。以上划分基本上符合自然区划，唯陕西省仍然沿袭元代跨秦岭南北。但朱元璋又创造了新的犬牙交错，如在登位之初，即以首都金陵（今南京）和他的老家凤阳为中心，划出一个包括淮北、淮南、江南三大不同地域的大南京，这种划分是史无前例的。淮河、长江都是自然分界线，宋代以前只有跨淮或跨江政区，元代走得极端，也只是跨淮南北，从未见过有踞江越淮的政区。明代南京地位特殊，幅员特别广大，包括16府、4直隶州，这样显得旁邻只有9府之地的浙江省过于狭小，于是后来将嘉兴、湖州两府划给了浙江省，这样又违背了山川形便的原则，太湖流域自秦汉以来一直是属于一个高层政区，一千多年来不变，这样的划分使太湖流域分属两个高层政区，不利太湖流域的农业开发和水利兴修。此外，另有违背山川形便原则的还有河南省占有黄河以北地，这是因为朱元璋是从南向北征伐的，由河南的军队占有了河北地，即据以划省，这种状况一直沿袭至今；明代分建广东、广西省时，将元代湖广行省的海北海南道宣慰司地划给广东，使广西完全没有海岸线，而使钦廉地区虽属广东，在地域上仅一线与广东相连，这种现象一直沿袭到解放后，几经改隶，钦廉地区最终才属广西。贵州省是永乐年间分湖广、四川、云南三省所置，其边界完全不顾自然山川，形成中间狭、两翼宽的蝴蝶状，直到清雍正年间才调整至今状。清代基本上沿袭了明代体制，稍有改动的有陕西省分置甘肃省，湖广分为湖南、湖北，都比较符合山川形便，还有即上述贵州省，只有江南省（清初改明南京为江南省）分为江苏、安徽时，不依历史上按自然条件南北分界，而是东西划分，使两省都跨有淮北、江南地，有将经济发达和相对贫困地区搭配的意思，至今尚是。

元代在行省以下有路、府、州、县等级行政单位，大致将宋、金时代重要的府均升为路，其统隶关系比较复杂。路设总管府，其长官为达鲁花赤、总管。不设总管的府称散府，长官为达鲁花赤、知府或府尹，府或隶属于路，称属府，或直属于行省。州有达鲁花赤、州尹或知州，大多数领州县，个别不领州县。州或隶于府，或隶于路，或直属行省，或领县或不领县。县有达鲁花赤、县尹等官，或直属于路，或隶于府，或隶于州。边远地区还有军的设置，品秩和设官同下州。路治所在都市，设一个或几个隶事司（大都、上都设巡警院），管理城市居民。《元史·地理志》载，元代有路 185，府 33，县 1 127。其统隶关系大致如下表：

中央——行省┬路——府——州——县
　　　　　　├府——州——县
　　　　　　└州——县

明代省以下行政单位有以下变化：一是改路为府，由省直辖府—州—县；二是州有属省的直隶州和属府的散州二种，直隶州视府，属州视县，均省去附郭县，本县事由知州管辖；三是省不仅包括布政使司所辖府州县，还包括都指挥使司所辖卫所。据《明史·地理志》记载，明代有府 140，州 193，县 1 138，羁縻府 19，州 47，县 6。据《明史·兵志二》记载，明代后期，有都司 16，行都司 5，留守司 2，卫 493，所 359，其隶属关系如下表：

中央——省—（布）府——州——县
　　　　　　　　　州——县
　　　　　（都）卫——所
　　　　　　　　　守御所

清代省以下行政建置基本沿袭明制，但也有改变：（1）废除以卫所管辖部分土地和军户的制度。（2）省以下增加厅一级。厅为府的分支机构，由知府委派同知或通判一员驻扎在本府境内较偏远或新开发地区，其辖区亦即称厅。厅有二种，属省的称直隶厅，绝大多数不领县，属府的称散厅。（3）明代不论直隶州、散州均领县，而清代直隶州领县，属府的散州不领县。由于直隶厅的长官同知、通判地位略高于知州，故清代省以下政区习惯上称为府、厅、州、县。据《光绪会典》卷 4 记载，全国共设府 185，直隶厅 34，直隶州 73，散厅 87，属州 145，县 1 314（台湾 3 府、1 州、11 县未载入）。其统隶关系如下：

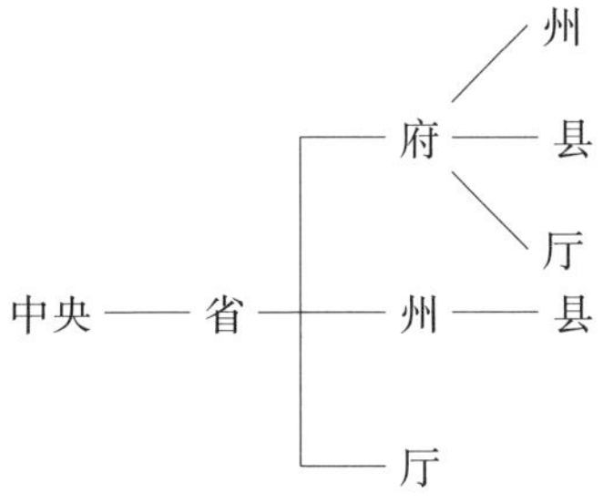

清代在边疆地区部分汉人和少数民族聚居的地方，如有从事农业生产的，也仿照内地置府、州、厅、县。如奉天将军辖区内设奉天府、锦州府，吉

林、黑龙江省内也有个别厅、州。在内蒙古东部置热河厅，张家口以北、察哈尔地区有口北3厅（张家口、独石口、多伦诺尔），今大黑河流域有归化（治呼和浩特）等7厅。在新疆有过镇西厅（治巴里坤）、迪化州（治今乌鲁木齐）、吐鲁番厅等。东北地区的府、厅、州、县，归当地驻防的奉天、吉林、黑龙江三将军管辖。而其他地方的府、厅、州、县，则分别属于相邻的省管辖，如热河厅（承德府）属直隶，归化7厅属山西，新疆州县属甘肃省等。此外，在内外蒙古、东北、青海、新疆等地建立盟旗制度。盟相当于府，旗相当于县。新疆地区除八旗制外，还有回庄制度，由各级“伯克”管理各回城。西藏地方则设城、营进行管理。光绪末年奉天、吉林、黑龙江、新疆建省后，设巡抚代替将军进行统治，副都统、参赞、办事大臣也为府厅州县所替代。

元明清时期还在西北、西南地区进行由少数民族首领世袭充任的土司制度，设置按等级分为宣慰司、宣抚司、安抚司、招讨司、长官司等和土府、土州、土县的土司进行统治，上属省管辖。土司只对中央政府负担规定的贡赋和征伐任务，在其辖区内保持原有的统治机构和权力。明清两代曾在部分地区进行过改土归流，但不彻底。国民政府时代部分地区仍有土司存在。新中国成立后，土司制度才彻底废除。

元明清时期除了上述各种行政区划外，还有介于省和府州县之间的道。元代的道有两种：一是宣慰司道，是中书省、行中书省的派出机构，协助中书省、行中书省分理一部分离省会较远的路、府、州、县。元初宣慰司道废置频繁，延祐以后至至正前较稳定的有11道，分隶中书省和五个行中书省。如中书省境内有山东东西道（分辖今山东境内大部）、河东山西道（分辖今山西和内蒙古一部分），河南江北行省境内有淮东道（分辖今江苏长江以北大部和安徽江北一部分）。一是肃政廉访使道，是主刑名监察的区划，属御史台和行御史台。元初也大有增减。大德年间定为22道。中书省、辽阳行省、河南江北行省三省共有8道，隶御史台，称内8道。江浙行省、江西行省、湖广行省三省共有10道，隶江南行御史台，称江南10道。陕西行省、四川行省、云南行省、甘肃行省4省共有4道，隶陕西行御史台，称陕西4道。明代道也有两种：一由布政使副手参政、参议分管一部的府州县的民政，称分守道，13布政使司共分60道；一由按察使副手副使、佥事分管一部分府州县的刑名按劾之事，称分巡道，13布政使司共69道。此外还有兵备道、水利道、盐法道等专有职司，不普遍设置，不视作行政区划。两京也有分守、分巡道，因不设布、按，守、巡诸员无所属，则寄衔于邻省布、按司官。如北直隶的道寄衔于山东、山西，南直隶的道寄衔于山东、浙江、江西、湖广。清代沿袭明制。乾隆十八年(1753)罢参政、参议、副使、佥事等职,统称道员,但仍有分守、分巡之分。

辛亥革命以后撤废了府、厅、州制度,全改为县,由省直辖县的二级制。1914 年北洋政府期间,曾分一省为数道,取消分守、分巡等名称,设置道尹,实行省、道、县三级制。

元明清三代是中央集权高度发展时期,虽同为行省时代,但在中央和地方分权、集权问题上经过多次反复,其表现为:

(1) 元代地方行政区划突出军事统治,初年全国仅置七个省、行省,幅员无限辽阔,以后分为中书省和十个行中书省,地域还是很大,权力又集中,不能有效管理,于是分为多层次的复式政区,多的竟达五级,层次一多,施政肯定有许多不便,如果地方有事,应变就比较困难。所以末年各地起义,不得不临时分出许多行省、分省,造成地方行政制度上的混乱。明代接受了这个教训,改行省为承宣布政使司,并分置都指挥使司、提刑按察使司,学习宋朝,实行三权分立,避免地方权力过重,形成割据。地方上实行三级管理,比较正常。这种分权确实起过遏制地方权力过大作用,但结果也与宋代一样,如地方出现紧急事件,无专一的权力,于是又不得不推出总督、巡抚制度,虽在明代始终未成正式地方一级政权,然其性质已见端倪,清代总督、巡抚正式成为省一级最高长官。清代各级地方官均由中央吏部铨选,并有期限和回避等制度,十分严格,故总督、巡抚权力虽大,很难形成割据。布政使、按察使名义上虽为督抚的属员,实际上省内具体事务由布、按两司职掌,所以仍是三级制。但清代疆域十分辽阔,人口众多,其统治强度,远过于汉唐,所以三级制管理幅员还是过大,于是又产生了省与府州之间的道,作为省的派出机构分管一部分府州。辛亥革命以后,废府州,由省直接领县,中间置道以承上下,但道始终未成正式一级地方行政区划。国民政府时代为"围剿"苏区先曾在江西设置专区,后推行全国,形成省、专区、县的虚三级。新中国成立后,这种制度被沿袭下来,称为地区或专区,也未曾作为正式一级政区。总之,自元代实行行省制度以来,始终在三四级之间徘徊,在中央和地方分权上始终在集权、分权、集权上循环。

(2) 元代为军事统治,划分行省边界时全不考虑山川形便,于是出现了许多跨山越岭,逾河渡江的政区。这种边界虽可遏制地方割据,然对经济发展显然是不利的。明代虽有南京的不合理边界,但总的情况是经过了调整,渐趋合理。清承明制,略有调整,并对周边的游牧区、渔猎区的划分和建置,都比较符合自然山川形便。明清时期虽有统制一方军政大权的总督、巡抚出现,然其下各级官员均由中央铨选，再则地方经济联系加强，很难形成唐末割据势力。辛亥革命以后，撤府为县，由省直接辖县，时值新旧政权交替，曾一度出现短期军阀混战局面，中央与地方集权与分权的矛盾仍然存在。总之，像中国这样一个地域广大、人口众多、民族复杂、地区差异突出的中央集权国家，在行政区划上如何处理好中央和地方的关系问题，是值得研究的重大课题。

（原载《历史教学问题》2001 年第 2 期）

试论邺都兴起的历史地理背景及其在古都史上的地位

今河北临漳县西南古邺城是我国中古时期的一座名都，自谭其骧先生将其列为我国历史上七大古都之一后，已有不少专题研究论文发表，都具有很高的学术意义。不过尚有两个问题没有交代清楚，一是邺城何以能兴起，二是邺都在我国历史上究竟处于什么地位。笔者不揣浅陋，对这两个问题作一些初步的探索。

一

公元 2 至 6 世纪间，邺城曾经一度为北中国政治、经济、文化中心，是曹魏的陪都，后赵、冉魏、前燕、东魏、北齐的首都，这是大家所熟知的。但是为什么邺城能有此殊荣，取得如此重要的地位？研究者大多以其地理条件的优越论证之。[1] 这种说法诚然是不错的，但是问题是：

(1) 当时在北中国与邺城地理条件相似的城市不止邺城一处，如邯郸便是，并且自战国以来一直是河北平原南部的中心城市，是什么原因使邺城取而代之的？

(2) 邺城有的条件设施是成为政治中心后才创造的，如大家都十分称誉为邺城创造优越地理条件的白沟，修凿于汉献帝建安九年(204)正月，当时曹操是为了攻打袁绍势力控制下的邺城运送军储需要而开凿的，并非主观上为邺创造优越的交通条件。可是早在初平元年(190)韩馥为冀州牧时已镇邺，初平二年(191)袁绍从韩馥手中夺得冀州后，仍驻邺城，日益强大，几成河北地区霸主；兴平二年(195)其部下沮授有“西迎大驾，即宫邺都，挟天子而令诸侯”的建议，[2] 说明当时邺城已是河北平原一大政治中心。由此可见，曹魏以后为邺城的交通便利而修建的一些人工设施如白沟、利漕渠等都是客观上为邺城锦上添花，邺城的兴起还有其更深层次的原因。

1　郭黎安：《魏晋北朝邺都兴废的地理原因》，马志冰：《魏晋南北朝时代邺都兴起的历史原因》，均见刘心长等主编，《邺城暨北朝史研究》，河北人民出版社 1991 年。

2　《后汉书》卷 74《袁绍传》。

邺城是河北平原南部的一个城市，因此它的兴起与整个河北平原的形势有关。

春秋战国以来，河北平原经济得到了长足的发展。西汉末年河北平原人口已相当密集，黄河下游河道两边滩地均已开垦，[1]随着经济的发展，地方势力也相继抬头。再因河北地近北边，人民继承了战国赵武灵王“胡服骑射”的传统，民风强悍骁勇，所谓“河北之地，界接边塞，人习兵战，号为精勇”。[2] 西汉时已称“故冀州之部，盗贼常为它州剧”[3]。王莽末年人民大起义，河北地区义军四起，有“铜马、大肜、高湖、重连、铁胫、大抢、尤来、上江、青犊、五校、檀乡、五幡、五楼、富平、获索等，各领部曲，众合数百万人”[4]。当时的河北成为全国的战略要地，能否控制河北是争夺天下的关键。所以刘秀平定了南阳地区后，更始定都洛阳，他就“持节北渡河，镇慰州郡。所到部县，辄见二千石、长吏、三老、官属，下至佐史，考察黜陟，如州牧行部事。辄平遣囚徒，除王莽苛政，复汉官名。吏人喜悦，争持牛酒迎劳”[5]，目的在于笼络地方势力，以利于他对河北的控制。当时跟随刘秀在河北的耿弇就指出：“今定河北，据天府之地(李贤注《前书》曰：关中所谓金城天府。弇以河北富饶，故以喻焉)。以义征伐，发号响应，天下可传檄而定。”[6]以后他转战河北，连续消灭了铜马、高湖、重连、大肜、青犊、尤来、大抢、五幡等义军，基本控制了河北地区后，才于建武元年(25)六月在鄗(今河北柏乡县北)称帝。[7] 可以说汉光武刘秀是靠河北地区起家的。《续汉书·五行志一》：“更始时，南阳有童谣：谐不谐，在赤眉；得不得，在河北……后更始遂为赤眉所杀，是更始之不谐在赤眉也；世祖自河北兴。”这种谶语式预言，不论其来源如何，却反映了当时的真实情况。以后刘秀又用几年时间继续消灭义军残部，至建武六年(30)才完全控制了河北。然后再回过头来对付西部的公孙述和隗嚣。建武以后，北边有匈奴、乌桓、鲜卑连年犯境，西面有羌人的威胁。河北防守不敢稍有懈怠，建武十四年(38)大修北边障塞，“自西河至渭桥，河上至安邑，太原至井陉，中山至邺，皆筑保壁，起烽燧，十里一候”[8]。永初五年(111)

1 《汉书》卷29《沟洫志》。

2 《后汉书》卷20《铫期传》。

3 《汉书》卷28《地理志上》，引刘向《域分》。

4 《后汉书》卷1《光武帝纪》。

5 《后汉书》卷1《光武帝纪》。

6 《后汉书》卷19《耿弇传》。

7 《后汉书》卷1《光武帝纪》。

8 《后汉书》卷22《马成传》。

又诏沿太行山的魏郡、赵国、常山、中山四郡缮作坞候616所，[1]使河北地区长期笼罩在战争的气氛之下，人民流徙，社会动荡。由于长期战争，北部近边形成一支骁勇善战的劲旅，史称“突骑”，所谓“渔阳、上谷突骑天下所闻”。[2] 河北的豪强地主纷纷“起坞壁，缮兵甲”，[3]形成一股地方上强大的割据势力。总之，终东汉一代，河北的安危，关系到王朝的兴衰，在战略上具有十分重要的地位，为此前所未有。东汉王朝对河北地区经济的发展也十分关注。今查《史记》《汉书》《后汉书》三史地名索引，“河北”作为地区名，《史记》只7见，《汉书》只6见，多指楚、汉之际的旧赵地，而《后汉书》中作为地区名的“河北”凡47见，大多指今天概念中的河北地区。由此也从一个侧面反映河北平原在东汉时代的重要地位。

东汉末年钜鹿人张角起义，十余年间，众徒数十万，“自青、徐、幽、冀、荆、扬、兖、豫八州之人莫不毕应”[4]。河北平原再一次被战火所席卷，其中冀州“带甲百万，谷支十年”“天下之重资也”，成为群雄争夺的要区。控制了河北，不仅占有富庶的黄河下游大平原，更重要的是占有了强大的武装力量，故视得冀州为得天下。袁绍从勃海起兵之初，即觊觎冀州，即使人游说冀州牧韩馥，逼其交出冀州。袁绍轻易获得冀州后，用武力消灭了各路义军，雄视河北。曹操逼汉献帝迁都许，下诏封袁绍为太尉、邺侯。时曹操自为大将军，袁绍耻为其下，不受。操大惧，请汉献帝封其为大将军，赐弓矢节钺，虎贲百人，兼督冀青幽并四州。袁绍才接受。[5] 为什么控制了汉献帝的曹操还这么惧怕袁绍，原因就是袁绍占有了当时重要战略要地河北地区。官渡之战后，袁绍大败，曹操取得冀州，最终控制了整个北中国。由此可见，河北平原自西汉末年以来政治、军事地位日益提高，成为北中国的战略要地。这就是邺城兴起的大环境。

现在我们要探索在广大的河北平原上为什么邺会成为当时的政治中心。邯郸、邺等都是处在太行山脉东麓南北交通的大路上。西汉末年赤眉、铜马大起义，太行山区是河北平原义军屯聚之地，燕、赵间又是豪强势力特别发展的地方。邯郸和邺都是他们心目中希望占有的城市。但是邯郸是秦汉以来赵王国的都城，皇族势力比较强大。更始元年（23）赵缪王子林在赵

---

1 《资治通鉴》卷49，永初五年。

2 《后汉书》卷18《吴汉传》。

3 《后汉书》卷77《李章传》。

4 《后汉书》卷71《皇甫嵩传》。

5 《后汉书》卷74《袁绍传》。

国大豪主持下拥邯郸卜者王郎为天子。王郎被灭。建武五年(29)汉光武帝刘秀封其叔父刘良为赵王都邯郸,终东汉一代都是赵国国都。而邺城则是豪强大族和地方义军相勾结势力的集中地,是新兴统治者的一个心病。更始尚书令谢躬在与刘秀共同攻下邯郸后,因与刘秀有矛盾移屯邺城,后为刘秀将吴汉所杀,收其众数万。更始的侍郎马武归顺刘秀,刘秀"复使将其部曲至邺,武叩头辞以不愿,世祖愈美其意,因从击群贼"[1]。刘秀的本意是试探马武的归顺是否出于真心,故放虎归山,欲擒故纵,令其带部曲去豪族地方势力很强大的邺,如果马武表示愿意的话,恐怕性命难保。但马武知趣得很,叩头表示不愿,于是刘秀就"美其意",对他表示信任。由此可见,刘秀对邺地是很存有戒心的。邺城在王莽末年已是新旧各种政治势力争夺的目标。建武元年(25),魏郡大姓、邺中豪族与更始余部数次反复于刘秀和义军檀乡之间,刘秀以铫期为魏郡太守消灭了这些不安定因素。二年吴汉大破义军"檀乡""于邺东漳水上",降众有十余万;后又率部击破活动在邺西山的义军余部,至河内修武一带,太行山脉南部山区义军的屯聚悉为所破,于是"郡界清平"。[2] 以后东汉一代君主对魏郡都是十分关注的。汉光武刘秀曾两次到邺,明帝刘庄于永平五年(62)与赵王栩会于邺,章帝刘炟于建初七年(82)至邺,"劳飨魏郡守令以下,至于三老、门阑、走卒,赐钱各有差"[3]。到东汉末年人民大起义又一次将邺城卷入军事斗争的漩涡,黄巾起义军置三十六方,方犹将军,大方万余人,小方六七千,各立渠帅。中平元年(184)"大方马元义等先收荆杨数万人,期会发于邺"[4],最后虽然因内部告密而失败,但邺城成为反政府势力的重要堡垒,受到统治者的关注。所以初平元年(190)韩馥为冀州牧时,冀州的治所已从传统的鄗移到了邺;初平四年魏都驻兵反,与起义军黑山部数万人联合共覆邺城,杀郡守,[5]说明这里反政府势力还是很顽强的。后袁绍为冀州牧,仍驻邺,防守甚严,曹操于建安九年(204)围攻邺城三个月,"城中饿死者过半",才将邺城攻下。次年冀州平,为冀州牧,仍驻邺。建安十三年自署丞相,十八年封魏公,"魏国置丞相已下群卿百寮,皆如汉初诸侯王之制"。同年于邺建魏社稷宗庙,置尚书、侍中、六卿等职。二十一年(216)晋爵为魏王,二十二年命王设天子旌旗,出入警跸。曹操在

---

1 《后汉书》卷22《马武传》。

2 《后汉书》卷20《铫期传》,卷18《吴汉传》。

3 《后汉书》卷3《肃宗孝章帝纪》。

4 《后汉书》卷71《皇甫嵩传》。

5 《后汉书》卷74《袁绍传》。

邺城理政。[1] 此后黄河流域名义上虽然还属汉朝，都城在许，但实际上的政治中心则在冀州、丞相府、魏郡所在的邺。邺作为黄河流域政治中心的地位，由此完全确立。

黄初元年(220)曹丕代汉称帝，次年迁都洛阳，以邺为“王业之本基”，遂与长安、洛阳、许、谯并列建为五都。此后邺城虽非首都，但在政治上仍有其特殊的重要地位。曹魏嘉平三年(251)王凌和楚王彪反司马氏不成，凌自尽、彪赐死。司马懿“尽录诸王公置邺，使有司察之，不得与人交关”[2]，以山涛为行军司马，镇邺。司马懿对山涛说：“西偏吾自了之，后事深以委卿”[3]。司马氏代魏，将废魏帝曹奂为陈留王，使出居邺。这说明邺在当时是首都洛阳以外东部地区的另一个政治中心，其任务是控制反政府力量。西晋时邺城仍为魏郡治所，并为河北军事重镇。惠帝时八王之乱，成都王颖据邺，后任丞相，史载：“颖悬执朝政，事无巨细，皆就邺咨之”“制度一依魏武故事、乘舆服御皆迁于邺”，[4]俨然如建安年间的邺，成为西晋王朝的实际权力中心。永兴元年(304)东海王司马越奉惠帝讨颖，兵败，惠帝被颖俘至邺达一月之久。

综上所述，可知自西汉末年以来，河北地区在政治上、军事上、经济上都具有举足轻重的地位。卢毓《冀州论》云：冀州“天下之上国也……东河以上，西河以来，南河以北，易水以南，膏壤千里，天地之所会，阴阳之所交，所谓神州也”[5]。所以欲控制黄河流域首先要控制河北，冀州成为兵家必争之地。而邺又是河北地方反政府势力的集中地，所以东汉末年以来，黄河流域政权往往将邺建为政治中心，以利于控制整个黄河流域。随着都城地位的确立，历代政府通过政治手段采取各种措施，使邺城逐渐成为黄河流域的经济、文化中心。

二

邺都的兴起并发展为北中国的政治、经济、文化中心实始于曹操时代。袁绍于初平二年取冀州有邺，至建安九年为曹操所下，前后虽有十四年时间，对邺城发展似无多大建树。曹操取得邺城以后，因有据以为都之意，开

---

1 《三国志》卷1《魏书・武帝纪》。

2 《资治通鉴》卷75，魏嘉平三年。

3 《晋书》卷43《山涛传》。

4 《晋书》卷59《司马颖传》。

5 (魏)卢毓：《冀州论》，《初学记》卷8引。

始采取一系列措施，提高邺的政治、经济和文化的地位。

首先是扩大以邺为中心的王畿之地。邺原为魏郡治所。建安十七年(212)曹操割河内郡的荡阴、朝歌、林虑，东郡的卫国、顿丘、东武阳、发干，钜鹿郡的瘿陶、曲周、南和，广平郡的任城，赵国的襄国、邯郸、易阳十四个县属魏郡，加上魏郡原有的十五县，共二十九县，成为冀州境内最大的一郡。[1] 以邺都为中心的半径，北至河南中西部，东抵鲁西北，西南包有淇水流域，南达于河。这方圆数百公里的土地，都在王畿范围之内。邺都所在魏郡的行政地位得到了空前的提高。

其次，充实邺都的人口。建安九年曹操围攻邺城时，"城中饿死者过半"，为了充实邺都人口，曹操鼓励向邺都移民。据文献记载向邺都移民主要有下列几次：

右北平无终人田畴，原为袁尚部属，从曹操后，"尽将其家属及宗人三百余家居邺"[2]。

李典"宗族部曲三千余家，居乘氏，自请愿徙诣魏郡""遂徙部曲宗族万三千余口居邺"，受到曹操的赞扬。[3]

建安十六年(211)汉中地区有部分"徙民诣邺"。[4]

建安年间，并州刺史梁习前后将入居的匈奴数万人徙送往邺。[5]

曹操破袁谭于南皮，臧霸"求遣子弟及诸将父兄家属诣邺"[6]。

曹操讨汉中张鲁还，杜袭"留督汉中军事，绥怀开导，百姓自乐出徙洛、邺者，八万余口"[7]。

经过几次较大规模向政治中心充实人口，曹操时代"邺县甚大，一乡万数户"[8]；到曹丕即位时，邺都城内有户数万[9]，即以至少二三万户计，可视为有一二十万人口。据俞伟超考古实测，曹魏邺北城南两条城垣各长 3 024 米，东西两条城垣各长 2 160 米，面积约六平方公里。可见人口是相当密集的，无疑是北中国的第一都会，因为当时的洛阳还没有从战火中恢复过来。

其三，发展邺都水运交通。邺原处在太行山东麓南北大道上，陆路交通

1 《三国志》卷 1《魏书 · 武帝纪》。
2 《三国志》卷 11《魏书 · 田畴传》。
3 《三国志》卷 18《魏书 · 李典传》。
4 《三国志》卷 11《魏书 · 管宁传》，裴注引《魏略》。
5 《三国志》卷 15《魏书 · 梁习传》。
6 《三国志》卷 18《魏书 · 臧霸传》。
7 《三国志》卷 23《魏书 · 杜袭传》。
8 （唐）虞世南：《北堂书钞》卷 77，引魏武帝选举令。
9 《三国志》卷 1《魏书 · 武帝纪》，裴注引《魏略》。

是很发达的。正如左思《魏都赋》所谓:“旁极齐秦,结凑冀道,开胸殷卫,跨蹑燕赵。”但在战争年代,陆路运输极易阻塞且运费浩大,用以运输军队和粮秣效率很低,理想的是水运。建安九年正月曹操为攻打邺城需要,“遏淇水入白沟,以通粮运”,就是在今河南淇水入黄河处下大枋木(称为枋头)成堰,遏淇水东流入白沟,下接清河,成为河北平原上一条贯通南北的主要水运通道。虽然那时邺城尚未攻下(同年八月攻克),但此举对邺都水运交通的发展起着决定性作用。建安十一年(206)曹操又开平虏渠、泉州渠、新河,将白沟水运航路延伸到河北东北端的滦河下游。十八年曹操封魏公,都邺,为发展邺都水运,又在今河北曲周东南凿渠引漳水,东至今大名西北注入白沟,取名利漕渠。邺都濒临漳水,这样白沟的船只可以通过利漕渠、漳水直达邺下。此后邺都水运可由漳水、利漕渠、白沟、平虏渠、泉州渠、新河,向北直抵河北平原北端的滦河下游,向南可由黄河抵达江淮。邺都成为黄河下游大平原上的南北水运交通的枢纽。

其四,繁荣邺都城市经济。邺都是曹氏家属集中之地,又是政府机构所在。贵族显宦,富商大贾为城内主要居民,生活奢华,锦衣玉食,且因交通便利,故商业十分繁荣,《魏都赋》云:“廓三市而开廛,籍平逵而九达,班列肆以兼罗,设闤阓以襟带,济有无之常偏,距日中而毕会”“百隧毂击,连轸万贯,凭轼捶马,袖幕纷半。壹八方而混同,极风采之异观。质剂平而交易,刀布贸而无算”;四方百货,毕集纷陈,有“真定之梨,故安之栗,醇酎中山,流湎千日,淇洹之笋,信都之枣,雍丘之粱,清流之稻,锦绣襄邑,罗绮朝歌,绵纩房子,缣总清河。若此之属,繁富夥够”;城内“街冲辐辏,朱阙结隅”“疏通沟以滨路,罗青槐以荫途”“营客馆以周坊,餝宾侣之所集”。从上述各种物产来看,邺都是当时北中国商业中心。

其五,建安文学的中心。一般来说都城往往是一个国家的文化中心,但曹魏时代的邺都在文学史上有其特殊地位,灿烂的建安文学就产生在邺下。曹氏父子都是大文学家、诗人。史载曹操“御军三十余年,手不舍书,昼则讲武策,夜则思经传,登高必赋,及造新诗,被之管弦,皆成乐章”[1]。曹丕的《典论》是文学创作和文学批评史上的重要作品,他在《论文》中最后强调“文章经国之大业,不朽之盛事”,为千古传诵。曹植在十余岁时即在邺都铜爵台上显露出卓越的才华。在他们的倡导下,四方人才,荟萃邺都,如孔融等建

1 《三国志》卷1《魏书·武帝纪》,裴注引《魏略》。

安七子，均为一时之俊，此外“攀龙托凤，自致于属车者，盖将百计”[1]，形成了一个“邺下文人集团”，诞生了我国文学史上著名的建安文学，留下了大量传世名作，成为我国文学遗产中的瑰宝。曹魏以后，邺都余风未散，北齐时邺下仍然是文人荟萃之地，所谓“邺京之下，烟霏雾集”[2]都是曹氏父子所开创的局面。

曹魏以后，后赵石虎、东魏高欢、北齐高洋都对邺都进行了大规模的修筑和扩建，使其成为当时北中国最雄伟、繁荣的都城。此点因非本文中心，故不在此详述了。

三

曹操自建安九年任冀州牧开始居邺，至公元221年曹丕移都洛阳，邺城为当时北中国实际政治中心共十七年。至咸熙二年(265)司马氏代魏建晋，又作了陪都四十四年。公元334年后赵石虎即位，次年自襄国迁都邺城，至349年为冉闵所灭，共都邺十四年。350年冉闵建国号曰魏，仍都邺，352年为前燕所灭，共都邺两年。357年前燕自蓟迁都邺，至370年为前秦所灭，凡都邺十三年。十六国时邺城为都共二十九年。公元534年高欢挟孝静帝迁都邺，是为东魏。550年北齐建立，仍都邺城，至577年为北周攻克，北齐亡。北朝共都邺四十三年。如自曹操时算起，在魏晋南北朝时期278年时间内做过八十九年都城。历史并不算长，那么它在古都史上究竟有些什么意义、占有什么地位呢？我想从下列几个方面作些分析。

第一，邺城的建立反映了黄河下游平原上第一次出现了能够有效控制整个黄河流域的政治中心。在此以前有过商朝的殷墟，是我国历史上第一个奴隶制国家的都城，但这时黄河上下游尚有许多方国，还有不少地区未经开发，殷墟作为政治中心控制的地域虽广，却不能连成一片，统治的强度也不高。邺城则不然，它是西汉末年以来政治、军事、经济、地理各种因素交叉融合而形成的中心，是河北平原地区政治、经济地位提高的反映。在整个魏晋南北朝时期，就是不在邺城建都，邺城也是控制河北平原的军事中心。出身于关陇集团的杨坚之所以要在灭了北齐后毁邺，目的就是要连根拔掉这枚可能影响他统治河北平原的钉子。邺毁以后，魏州(大名)替代了它的地位，整个唐宋时期河北地区一直是影响政局的敏感地区。此是后话，宜作另

1 (南北朝)钟嵘:《诗品》。

2 《北齐书》卷45《文苑传》，序。

文详述。总之，邺都的出现，是黄河流域政治、经济发展到一个转折时期的表现，在黄河流域地区史上有着重要意义。

第二，邺都是我国历史上第一个由多民族共同统治的大都城。商周秦汉以来，我国的主要都城都是以华夏族、汉族为主要统治者。上文已述，建安年间并州刺史梁习曾迁数万匈奴人于邺，肯定会影响邺都人口的成分结构。后赵石勒是羯人，据谭其骧先生考证羯是中亚一带的伊朗人，随着匈奴迁至蒙古高原，魏晋之际迁入山西中部，[1]所以石勒为上党武乡人。石勒统治集团内有许多胡人，《晋书·石勒载记》："诸胡惧勒威名，多有附者"，其中除羯胡外，还有氐、鲜卑、乌桓、匈奴等。石勒称赵王，设置百官，有"门臣祭酒，专明胡人辞讼"，有"门生主书，司典胡人出内，重其禁法，不得侮易衣冠华族。号胡为国人"。在都城襄国城内除因袭汉人社稷、宗庙外，还置有单于庭，无疑是以胡人为主的政权。石勒以其子石弘镇邺，"以骁骑领门臣祭酒王阳专统六夷以辅之"，证明邺城内也有许多胡人。公元349年冉闵之乱，"率赵人诛诸胡羯，无贵贱男女少长皆斩之，死者二十余万，尸诸城外，悉为野犬豺狼所食。屯据四方者，所在承闵书诛之，于时高鼻多须至有滥死者半"[2]。邺城中的胡人竟有二十余万，估计至少占一半人口，则邺城是以胡人为主的城市，这在黄河流域还是第一次出现。前燕慕容儁自蓟迁都于邺，必定随迁入不少鲜卑人。后苻秦攻入邺城也一定迁入大量氐人。此后邺城人口则又以鲜卑人为主。东魏高欢"号令将士，常鲜卑语，敖曹在列，则为之华言"[3]，足见其部下鲜卑人之多。北齐颜之推《颜氏家训·教子篇》云："齐朝有一士大夫尝谓吾曰：吾有一儿，年已十六，颇晓书疏。教其鲜卑语，及弹琵琶，稍欲通解。以此伏事公卿，无不宠爱，亦要事也。"说明当时邺都的上流社会主要由鲜卑化影响所控制。但是东魏、北齐的统治者又十分仰慕汉化的胡人并重用汉人，邺都城内通行双语制，反映了胡汉文化的大融合。封建社会的都城是最集中反映一个国家政治、经济、文化特色的地方。当时的邺都正是我国中古时期北方各族与汉民族进行经济、文化交流、融合的场所，是民族大熔炉，对中华民族的形成和发展起过重要作用，同时也为以后隋唐开放性社会打下了基础。这在我国都城史上是有其特色的。

第三，邺都的城市布局和规制，在我国古代都城中有着划时代意义。一是首次出现中轴线和对称布局。据《水经注》、《邺中记》、嘉靖《彰德府志》记

---

1 谭其骧：《羯考》，载《长水集》(上册)，人民出版社1987年。

2 《晋书》卷107《石季龙载记下》。

3 《资治通鉴》卷157，梁大同三年。

载，邺都南北城皆正方形，均有中心轴线为干，作为王宫和城市的主脊，中心主干道将城内划成方块，各块分区明确。这对以后都城规制有很大影响。二是宫城。官署与民居截然分开，改变了过去长安、洛阳那种官城和里坊相参的布局，反映了当时阶级对立和封建等级意识的加强，这种格局为以后都城的设计开了先河。三是宫殿和贵戚所居都集中在北部，改变了过去“前朝后市”的传统，这种格局又为隋大兴城所继承。四是邺南城内的东西两市的对称布局也是邺都的首创，并为后世所继承。邺城西北部三台建筑是特定历史和地理条件下的产物。邺城处于平原地带，无险可恃，因筑三台“巍巍崇举，其高若山”，具有象征政治威势和军事堡垒的双重作用，其渊源无疑来自东汉末年中原地区普遍出现的坞壁庄园。因其有象征意义，又有实际作用，故而“自魏至后赵、前燕及东魏、北齐，三台每加修整，甚于魏武初造之时”[1]。

以上数点揭示了邺城故都是我国3—6世纪特定条件下的产物，该时代的许多特征，如长期战乱引起河北平原地位的变化，民族矛盾和统治阶级内部矛盾斗争的消长，民族经济文化融合等，在这里都能得到反映。因此邺都为时虽然不长，但其在我国古都史上却有着很重要的地位。

（原载《中国历史地理论丛》1995年第1期）

1　（晋）陆翙：《邺中记》。

论清一代关于疆土版图观念的嬗变

一、清代大一统疆域的形成

17世纪中叶，统治了中国276年的明朝，为兴起于辽东女真族所建立的清朝所灭，中华帝国的疆域进入了一个崭新的时代。

清代统一疆域的形成，有一个相当曲折和漫长的历史过程。从1583年明辽东建州女真努尔哈赤发难，先统一了东北女真诸部，后又占据了明代辽东都司故地，1644年进山海关，1683年平定台湾，据有明朝全部故土，前后花了整整100年的时间。在此期间，清朝对蒙古地区推行"远交近攻"之策，以"厚赏""联姻"并杂以武力方式，完成了对漠南蒙古诸部的统一。1688年漠北外喀尔喀蒙古举旗投清，外蒙古进入版图。中国历史上除了蒙元朝，蒙古高原从未真正与中原王朝统一在一个政权之下，内外蒙古进入清朝版图，确为旷古未有之盛事。其后雍正帝论及国家统一时指出："历代以来，各蒙古自为雄长，亦互相战争。至元太祖之世，始成一统，历前明二百余年，我太祖皇帝开基东土，遐迩率服，而各蒙古又复望风归顺，咸禀正朔，以迄于今。是中国之一统始于秦氏，而塞外之一统始于元代，而极盛于我朝。自古中外一家，幅员极广，未有如我朝者也。然各蒙古之所以统一者，亦皆天时人事之自然，岂人力所能强乎？"[1]

然康熙以来，西北尚有强大的准噶尔部未入版图，其所控地跨葱岭东西、天山南北，东抵哈密，西及中亚，疆土之广，不下于中原；又勾结沙俄，觊觎中华。后由康、雍、乾三朝，经历大小多次战役，历时数十余年，终于乾隆二十二年(1757)、二十四年先后征服准噶尔和平定天山南路大小和卓木，将巴尔喀什湖以东、以南的广大西北疆域收入版图。同时顺、康年间先后册封达赖、班禅额尔德尼，赐以册印；后又击退准噶尔入藏军，西藏遂入版图。清王朝的疆域达到了中国历史上空前辽阔的范围。史称："自兹以来，东极三

1　《雍正朝起居注册》，雍正七年六月二十六日，中国第一历史档案馆藏。中华书局影印，第四册，第2910页。

姓所属库页岛，西极新疆疏勒至于葱岭，北极外兴安岭，南极广东琼州之崖山，莫不稽颡内乡，诚系本朝。”[1]

我国历史上疆域的变迁，实与所处地理环境有关。我国地处亚洲的东部，北面是蒙古高原的茫茫大漠，向东延伸为外兴安岭，西北为阿尔泰山，西面为帕米尔高原，西南为青藏高原，东部和东南部面临大海。在这样四周封闭的地理环境下，决定了我国历史上疆域的拓展、内缩，基本上在这个范围之内。同时，由于地域辽阔（东西跨62经度，南北跨50纬度），不同的气候和地貌条件，在此范围内形成了东亚季风区、西北干旱半干旱区和青藏高寒区三大自然地理区。这三大自然区内的先民们，根据自身所处的特定地理环境，逐渐形成了从事农耕、畜牧、采集和狩猎三大经济区。在大漠以南、青藏高原以东的东亚季风地区，自新石器时代以来，最早进入农业文明社会；从商周以降，农业生产逐渐占主要地位，到了公元前221年秦统一国家疆域的形成，基本上包含了所有农耕区。换言之，我国最早统一国家疆域的形成是建立在同一农业文明基础之上的。所以秦汉以后，历代汉族王朝的疆域概念，主要是指其统治下的农耕区，以后中原王朝疆域的伸缩变化，主要是与北部干旱和半干旱区游牧民族（匈奴、鲜卑、柔然、突厥、契丹、蒙古）之间，为了争夺生存空间和人口、物资而发生的。八九世纪以后，原处于比较落后高寒区的采集和狩猎经济的民族，逐渐发展为以游耕、狩猎为主，政治上也出现了部落联盟或国家政权的形式（渤海、女真、吐蕃），于是开始与农耕民族和游牧民族发生了土地、资源和人口的争夺。概言之，清代中叶以前我国历史上疆域变化，实质上是由三大自然区决定的三大经济区之间的交融与争斗的表现。

清代前期统一帝国的形成，是将两三千年来，形成的农耕、畜牧、狩猎采集三大经济区融合在一个政权之内，是三大经济区的民族长期相互交流、融合的自然结果。此后对三大经济区的协调，完全可以通过政治手段，而不是军事手段，从而大大减少了对社会经济的破坏性，为各经济区的发展，人民生活的安定，创造了良好的条件。

二、清代以前传统的疆土、版图观念述略

疆土、版图是现代国家的空间特征，不存在没有明确疆土、版图的国家。但是在我国两三千年的传统社会里，由于上文所述，我国处于这样一个封闭

1 《清史稿》卷54《地理志一》。

的地理环境内，只有中国是最强大的政权。因此，在历代中原王朝统治者心目中，认为他们所统治的核心地区即所谓“九州”，为天下之中。“九州”之外有甸、侯、绥、要、荒五服；五服之外为四海，即蛮夷之地。在以农耕为本的古人心目中，其直接统治农耕区是为中国本土，其周围四夷均为臣属之地，所谓“天子有道，守在四夷”[1]。宋人石介《中国论》代表了典型的传统中国疆土观，他说：“天处乎上，地处乎下。居天地之中者曰中国，居天地之偏者曰四夷。四夷外也，中国内也。”[2]又如，中国传统社会里，将农业文明和儒家文化地区视为本土，而此外则视为化外之地。帝国的君主认为只要这些化外的“蛮夷”恭顺臣服，按时纳贡，为中国守四方，就无须有明确的边界线。所谓：“昔帝王之治天下，凡日月所临，无有远迩，一视同仁，故中国奠安，四夷所得，非有意于臣服之也。”[3]王夫之《读通鉴论》中明确表示：“语曰：明王有道，守在四夷。制治保邦之道至矣。”[4]古代王朝所谓守御疆土的主要任务，是保护好所统治的农耕区。如遇北部强大游牧部落时，守护好本土农耕区，即为守好疆土。汉文帝给匈奴单于的信说“先帝制：长城以北引弓之国，受令单于；长城以内冠带之室，朕亦制之，使万民耕织，射猎衣食，父子毋离，臣主相安，俱无暴虐”[5]，是最典型以农耕区为本土的观念。如逢周边无强大劲敌时，则视周边的少数民族为臣服的四夷，四夷的经济、文化远落后于中原，只是臣服朝贡关系，无须有明确的界域，因此当时没有明确的国界线的概念。虽然在历史上曾经有过唐蕃、宋辽、宋金的划界，但实际只是一种临时的军事分界线，在没有对立民族或政权的边区，就没有产生过这种界线。因此这种界线与现代国家的边界线含义不同。

今天大家公认的表示国家疆域领土的“版图”一词，在我国传统社会里主要指中央王朝派官直接控制和治理的人口和土地。《周礼・夏官・职方氏》：“掌天下之图，以掌天下之地。辨其邦国、都鄙、四夷、八蛮、七闽、九貉、五戎、六狄之人民，与其财用、九谷、六畜之数要。周知其利害，乃辨九州岛之国，使同贯利。”《清史稿・何国宗传》论曰：“国家有疆宇，谓之版图。版言

1　《左传》昭公二十三年：“楚囊瓦为令尹，城郢。沈尹戌曰：……古者，天子守在四夷。天子卑，守在诸侯。诸侯守在四邻。诸侯卑，守在四竟。慎其四竟，结其四援，民狎其野，三务成功，民无内忧，而又无外惧，国焉用城？”所以后人发挥为“天子有道。守在四夷，则诸蕃虽地有远近，情有顺逆，正朔有及不及，而凡我行人辙迹曾至者，皆因事备书，以昭国家一统之盛”（《殊域周咨录》卷1）。

2　载陈植锷点校：《徂徕石先生文集》，中华书局1984年，第116页。

3　（明）严从简：《殊域周咨录》卷4《琉球》，余思黎点校本，中华书局1993年，第125页。

4　（明）王夫之：《读通鉴论》（上册），中华书局1975年，第26页。

5　《汉书》卷94上《匈奴传》。

乎其有民，图言乎其有地。”版，即版籍，人口统计簿籍；图即所据有土地的地图。我国数千年传统社会是以农业为基础的社会，土地和人口（劳力）就是国家统治的基础。所以“版图”一词，就是指王朝直接派官治理，所控制的人口和土地，据此按规定征纳赋税和劳（兵）役。但在我国数千年传统社会里，中央王朝所统治领土内的情况非常复杂，有的是朝廷直接控制的人口和土地，有的则是通过边区少数民族首领控制的羁縻地区。因此，历史文献中所谓“版图”，往往包含上述两层意思，没有严格限定为今日国家版图的含义。在统治集团的心目中，前一种含义才是他们最为关注的“版图”。例如，汉武帝西逐匈奴，控制了西域之地，置有西域都护府，但在《汉书·地理志》里只记农耕区的103郡国。唐朝盛时，平突厥，西北诸蕃及蛮夷均已内属，在其地置羁縻都督府州，以其部落首领为都督、刺史，皆得世袭。“虽贡赋版籍，多不上户部，然声教所暨，皆边州都督、都护所领。”[1]就是对中原农耕地区以外周边少数民族地区采取羁縻的统治方式，不纳赋税，不服劳役，与内地农耕区不同。到了明代，“即使在中国的统治已经推到长城以外，并设置戍军以支持的时候，其目的也是不对外发展，而是一种防御性占领，以填充可能被利用来攻击中国边界的缺口”[2]。

三、清代疆土、版图理念的嬗变

清代康、雍、乾三朝大统一帝国疆域的最后形成，使清代统治者面对的是空前辽阔的疆域，扩大了边疆的视野。历史上中原王朝的北边长城已经失去了国防的意义，不过是一条天然农牧分界线而已。康熙三十年（1691年）康熙帝巡幸喀尔喀蒙古地时，踌躇满志地对扈从诸臣说：“昔秦兴土石之功，修筑长城，我朝施恩于喀尔喀，使之防备朔方，较长城更为坚固。”[3]由此可见，清代前期统治者对疆土的视野已超过了以往历朝历代。但是数千年来形成“天子有道，守在四夷”的观念并未完全退出历史舞台，这可以从清代统治者对其领土的管理和对“版图”的观念中反映出来。

清廷统一以后，对辖下广大领土的不同地区，采取不同的统治方式和行政体制，大体上分为三种类型：（1）直省，即内地十八省，为明代故土，是传统的农耕区，清初仍沿明制，采取两京十三布政使司制度，不过改南京为江南，初为十五省，后有所析置。至乾隆中叶定为内地十八省（直隶、江苏、安

1　《新唐书》卷43下《地理志七下》，羁縻州。

2　［美］拉铁摩尔著：《中国的亚洲内陆边疆》，唐晓峰译，江苏人民出版社2005年，第157页。

3　《清圣祖实录》卷151，康熙三十年四月壬辰。

徽、山西、山东、陕西、甘肃、河南、江西、浙江、四川、湖南、湖北、福建、广东、广西、贵州、云南)成为定制。(2) 藩部。指边疆部落地区,包括极东北大小安岭地区的达斡尔、鄂温克、鄂伦春等原始狩猎部落,清代泛称“打牲部落”,还有内外蒙古、回部和西藏等地,属中央理藩院管辖。范围东自黑龙江、松花江,北尽喀尔喀,南以长城为界,西北包括整个新疆和青藏高原,西南直至川滇边区。[1] 各地区的统治模式虽有所不同,但都是清王朝的直属领土。[2] (3) 满洲发祥地东北地区,采取以军政为主、州县为辅的特别行政体制。由于清代疆域空前广大,不同地区、不同民族、不同自然条件的差异很大。清王朝采取不同行政统治方法是符合实际的。

但是,清政权是从一个相对落后的游耕、狩猎民族,经过一百多年的锤炼,最后建立了中国历史上第一个将农耕、游牧、采集狩猎三个不同地区、民族统一在一个政权之下的庞大帝国,面对的是全新的政治局面,对帝国的统治者来说,一方面是要以新的理念来统治辽阔的疆土,一方面还没有完全脱离中国固有传统的国家理念,因此对现代国家政治意义上的疆土、疆域、领土、版图等概念的理解,开始是很不清楚的,甚至是模糊的。

例如藩部各地,在清一代大部分时间属崇德三年(1638)成立的中央理藩院管辖,但理藩院还统辖外藩属国,如俄罗斯事务亦由理藩院柔远司管理,当时清廷也将俄罗斯视为“北蕃”,[3] 这里就有中外分别不清之弊,这种模糊的中外关系,实出于清人对藩部的看法还是传统的“王者守四夷”观念,[4] 对周边四夷主要是“修其教不易其俗,齐其政不易其宜,旷然更始而不惊,靡然向风而自化”[5],还离不开传统的文化疆域的概念。直至咸丰十年(1860),理藩院掌管的外交事务才划归总理衙门管理。

如对“版图”一词,清初观念仍旧。如清初入关占有明朝故土,概谓之

1 张永江:《清代藩部研究》,黑龙江教育出版社 2001 年,第 102 页。

2 详见张永江《清代藩部研究》第四章《藩部政治体制构造的基本原则与行政模式(一)》、第五章《藩部政治体制构造的基本原则与行政模式(二)》。

3 龚自珍《主客司述略》:“我朝藩服分二类:其朝贡之事,有隶理藩院者,有隶主客司者。其隶理藩院者,蒙古五十一旗,喀尔喀八十二旗,以及西藏、青海,西藏所属之廓尔喀是也。隶主客司者,曰朝鲜,曰越南,曰南掌,曰缅甸,曰苏禄,曰暹罗,曰荷兰,曰琉球,曰西洋诸国。……自朝鲜以至琉球,贡有额有朝,朝有期;西洋诸国,贡无定额,无定期。”(《龚自珍全集》第一辑,上海人民出版社 1975 年,第 118 页)

4 (清) 昭梿《啸亭杂录》卷 10《理藩院》:“北人,自秦汉后匈奴、突厥递雄其部,汉、唐主不能与抗,乃至和亲纳币,含垢忍辱,以求旦夕之安,而寇警边烽,又环然至矣。至若本朝,威德伟然,毡庐月窟之长,无不匍匐庭除,争为臣仆。故列圣裂土封之,世为畀其守,作我藩服,朝聘宴享,比隆三代,王者守四夷固如是也。岂汉、唐孱弱之主所能及哉。”(何英芳点校本,中华书局 1980 年,第 336 页。)

5 李兆洛:《皇朝藩部要略》序。

"新入版图"[1],并谓"目今广舆大势,渐次尽入版图"[2]。但又有将原已进入中央王朝统治领域内的少数民族首领管理的土司地区,在改土归流后,才说成是"新入版图",同时在清代还进一步强调对新进入版图的少数民族进行儒家文化的教育。[3] 所以当时内外之分,主要是指是否属于农耕文明和儒家文化圈,如云南、广西明明是边疆地区,却被说成是内地十八省。可见当时所谓"版图",实质就是指王朝在政治、经济和文化能直接控制的地区,并非专指其所统治的所有疆土。

又如,专指今新疆地区的"新疆"一词,出现于乾隆平定天山南北以后,当时尚未成为正式固定的政区名称,有时或称西域,有时专指天山以南回部。正式成为政区名,实在新疆建省以后。但在此前,"新疆"一词在康雍年间已经出现,并非指今新疆,而是对贵州、云南、湖南、四川等改土归流后的地区称"新疆",如《清实录》中有"东川、普洱等处半系新疆",贵州的"古州新疆",湖南"苗疆如辰州府属之乾州、凤凰、永绥三厅……宝庆府之长安厅,俱系新疆""两金川荡平,新疆事件悉由松茂道查办核转"。这些地区清初早已列入版图,为何此时又称新疆?根据史实,实系改土归流后,中央新置官设治的疆土。[4] 所以清代前期的疆土、版图概念与近代民族国家的疆土、版图

1 《清世祖实录》卷17,顺治二年六月己卯:"江南既入版图,天下一统。"

2 《清世祖实录》卷34,顺治四年十月戊子。

3 《清世祖实录》卷5,顺治元年五月己亥:"若二省(指山东、山西)兵民归我版图,则财富有出,国用不匮矣。"《清圣祖实录》卷155,康熙三十一年五月癸酉:"广东广西总督石琳疏言:黎人地方丁田无多,不便设立州县。总兵官吴启爵所奏于黎人地方筑建城垣,添设官兵之处,应无庸议。上曰:阅琼州舆图,周围皆服内州县,而黎人居中,如果此处应取,古人何为将其周围取之,而在内弹丸之地,反而弃而不取乎。不入版图,必有深意。创立州县,建筑城垣,有累百姓。部议不准,良是。"《清世宗实录》卷63,雍正五年十一月戊辰:"云贵总督鄂尔泰疏言:黔省边界生苗,不纳粮赋,不受管辖,随其自便,无所不为,由来已久。……今仰赖圣主声教所讫,莫不愿附版图,但户口必须编造,钱粮自应从轻。且夷民半无姓氏,名字雷同。应行更改姓名,汇册报部,酌为额赋,按年输租,庶几边境长宁,夷民永赖。"同书卷67,雍正六年三月庚辰:"云贵总督鄂尔泰疏报,化导生苗木林工乜等一百一十五寨,输诚纳赋,附载版图。"同书卷101,雍正八年十二月庚戌:"四川巡抚宪德疏言:茂州羌民,久列版图,载粮入册,与齐民无异。请照例与汉民一体应试,科举出贡。卷面不必分别汉羌额数,凭文去取,以广乐育鼓励之意。应如所请,从之。"《清高宗实录》卷61,乾隆三年正月乙亥:"命湖北改土归流之县,贡赋悉照原额。……其余改土地方,新入版图者,该督抚现在查勘,分别升科。"同时对新入版图的番民,进行儒家文化教育,参加科举考试。同书卷264,乾隆十一年四月庚午:"番民既入版图,即与编氓无异,应于该寨适中之地,设立讲约所,该州暨儒学等官。朔望轮往,传集番民,宣讲《圣谕广训》,及整饬地方利弊文告。并于律例中,择其易犯之条,翻译讲解,晓谕化导。其子弟秀异可读书者,送州义学肄业。果能渐通文理。照土司苗瑶子弟应试之例,准其考试。"同书卷315,乾隆十三年五月戊申:"至百夷及川广云贵各省土官,今既改置府州或仍设土官,皆隶版图。"同书卷333,乾隆十四年正月戊辰,在平定大小金川前,谕曰:"金川地势,诘屈幽深,其众如鼠伏穴中,师久粮费,民力艰难。上萦圣虑,即扫穴犁庭,而地不足以入版图,人不足供赋役,于天朝无所加益。"

4 傅林祥:《新疆与旧辖——清代"新疆"一词的含义》,未刊稿。

概念有所不同。

17世纪中叶以前，欧亚各国尚无明确的“领土”“边界”的概念；17世纪中叶以后，随着各国疆域的开拓，相互接触以后，才开始发生边界的交涉。当时代表中国的清帝国，在康熙时，除了西北的准噶尔部以外，周围几乎没有能与清帝国抗衡任何民族或政权。乾隆平定西北后，疆域进一步扩大，自豪地认为“天朝所管地方，至为广远”“天朝抚有四海”，[1]传统的“天子有道，守在四夷”观念仍占主导地位。但是在以后的年代里，随着国内外和世界形势的变化，帝国朝野对版图、疆域、边界等概念随着时代的发展，也逐渐发生了变化。

这种变化是有内外两方面因素促成的。

内因是：经过康、雍、乾三代的经营，政治上采取高压与怀柔相济的政策，经济上奖励发展农业生产，注意百姓生计，社会相对稳定，边区民族融入统一帝国后，内地与边区的交往日益密切，农耕文化和儒家文明地域的扩大，华夷之限的界线逐渐模糊，边疆、内地“一体化”进程加速，真正意义上的大一统观念进一步深入人心，华夷之别逐渐为中外之别所替代。同时清朝统治阶级因是异族入居中原，务须消除“华夷”之别，以证其统治的合法性。康熙帝即强调：“中外同观，罔有殊别。”[2]如针对清初汉族士大夫的华夷观，雍正七年九月谕文武大臣：“徒谓本朝以满洲之君，入为中国之主，妄生此疆彼界之私，遂故为诬谤诋讥之说耳。不知本朝之为满洲，犹中国之有籍贯。舜为东夷之人，文王为西夷之人，曾何损于圣德乎？……非以其为戎狄而外之也。……且自古中国一统之世，幅员不能广远，其中有不向化者，则斥之为夷狄。如三代以上之有苗、荆楚、玁狁，即今湖南、湖北、山西之地，在今日而目为夷狄可乎？至于汉唐宋全盛之时，北狄西戎，世为边患，从未能臣服而有其地，是以有此疆彼界之分。自我朝入主中土，君临天下，并蒙古极边诸部落，俱归版图。是中国之疆土，开拓广远，乃中国臣民之大幸，何得尚有华夷中外之分论哉？”[3]清王朝自认为是多民族统一国家，其国家公文多以汉、满、蒙、藏多种文字颁布，即其明证。特别是到了乾隆中期全国疆域的奠定，至少在朝廷高层次人员中，多民族大一统国家的意识已经形成。其时对疆土、版图的认定，已经不限于传统的版和图了。如蒙古归附后，康熙谕曰：“朕承继大统，数十年来，扩从古未入版图之疆宇，服从古未经归附之喀尔

1　《清高宗实录》卷1435，乾隆五十八年八月己卯。

2　《清圣祖实录》卷151，康熙三十年五月戊子。

3　《清世宗实录》卷86，雍正七年九月癸未。

喀、厄鲁特等。”[1]乾隆时平准噶尔后云：“现今准噶尔尽入版图，其北则俄罗斯境地。”[2]乾隆二十三年五月己丑，谕曰：准噶尔“今既归我版图，即应收其赋税。如有采买，祗当给与平价，不可与外藩交易一例”[3]。十四年平回部后，谕曰：“今统计用兵，不越五载，内地初不知有征发之劳，而关门以西，万有余里，悉入版图。如左右哈萨克、东西布鲁特及回部各城，以次抚定。现在巴达克山诸部落，皆知献俘，自效捧檄前驱。以亘古不通中国之地，悉为我大清臣仆，稽之往牒，实为未有之盛事。”[4]康、雍、乾三朝在蒙古、新疆地区边界上鄂博、卡伦的设置和定期的巡边制度，反映了清代边界意识的加强。乾隆五十八年(1793)英马戛尔尼使团来华，要求在天津、宁波等港口泊船贸易，乾隆答曰：“天朝疆界严明，从不许外藩人等稍有越境掺杂。……天朝尺土俱归版籍，疆址森然，即岛屿沙洲亦必划界分疆，各有专属。”[5]这固然是封闭锁国落后政策，但这里明显反映了强烈的国家版图的意识。

这一种大一统版图意识，还反映在康、乾、嘉三朝《大清一统志》的编撰。中国有撰写全国总志的传统，至少从隋代开始，反映全国疆域、政区、山川、户口、物产、古迹等的全国总志已经出现，其目的是为统治者提供疆土情况，以便治理，同时也有炫耀盛世之意。元代以来即名“一统志”。清康熙在平定“三藩”、统一台湾之后，于康熙二十五年(1686)开始编撰《大清一统志》，修志目的，康熙谕《一统志》总裁勒德洪等云：“朕缵绍丕基，抚兹方夏，恢我土宇，达于遐方。惟是疆域错纷，幅员辽阔，万里之远，念切堂阶。其间风气群分，民情类别，不有缀录，何以周知？顾由汉以来，方舆地理，作者颇多，详略既殊，今昔互异。爰敕所司，肇开馆局，网罗文献，质订图经，将荟萃成书，以著一代之巨典，名曰大清一统志。特命卿等为总裁官，其董率纂修官，恪勤乃事，务求采搜闳博，体例精详。厄塞山川，风土人物，指掌可治，画地成图。万几之余，朕将亲览。”[6]显然是为了炫耀清代疆域之盛。“康熙志”成于乾隆五年(1740)。这一年十一月甲午，乾隆作序文：“圣祖仁皇帝特合纂辑全书，以昭大一统之盛大，卷帙繁重，久而未成。世宗宪法皇帝御极之初，重加编纂。阅今十有余载，次第告成。自京畿达于四裔，为省十有八，统府州

1 《清圣祖实录》卷234，康熙四十七年九月壬午。
2 《清高宗实录》卷519，乾隆二十一年八月壬子。
3 《清高宗实录》卷562，乾隆二十三年五月己丑。
4 《清高宗实录》卷599，乾隆二十四年十月辛丑。
5 《清高宗实录》卷1435，乾隆五十八年八月己卯。
6 《清圣祖实录》卷126，康熙二十五年五月庚寅。

县千六百有奇，外藩属国五十有七，朝贡之国三十有一。……书成，凡三百五十余卷。……书曰：皇天既付中国民，越厥疆土于先王。”[1]乾隆二十九年(1764)因新疆内属，又重修《一统志》，“将西域新疆，增入《一统志》”[2]，完成于乾隆四十九年(1784)。然因其后又有两次平定大小金川之役、两次廓尔喀之役，疆域尚未不稳定。于是嘉庆十六年(1811)开始第三次纂修《一统志》，至道光二十二年(1842)完成，历时三十四年，数据以嘉庆二十五年(1820)为断，故定名为《嘉庆重修大清一统志》。嘉庆志在边疆统部范围、门类、辖境、边界等方面，大大超过“康熙志”“乾隆志”，并附有反映全国疆域的“嘉庆大清一统舆图”，其范围“东尽费雅喀，西极葱岭，北界俄罗斯，南至南海”[3]，为“康熙志”“乾隆志”所未有，故“其质量明显高于前二者。学界公认该志是中国有史以来最完备、质量最好的一部地理总志”。“所以‘嘉庆志’所辑数据终断之年(1820)，当是中国疆域最终奠定的时间坐标。”[4]

外因是：与西方政治势力和文化接触后，开始加强了自我认同的意识，近代民族国家的意识逐渐产生。这种变化，大体上有几个契机：

(1)中俄《尼布楚条约》《恰克图条约》的签订，大大冲击了传统的疆土观念。原先清廷对北方边疆的疆界并没有十分关注。因为那儿居住的是臣服了多年的打牲部落，按时贡赋，边境安定。17世纪中叶，俄国人开始入侵黑龙江地区，并建立了尼布楚、雅克萨等许多据点，对清朝边境发动了挑战，刺激了清王朝边界概念的生成。但那时内地南明未平，后又有“三藩之乱”(1673—1680)，清廷还无暇顾及北边。1681年平定“三藩”后，开始对黑龙江地区的俄国人采取军事行动，以后经过1685、1686年两次雅克萨战争，大败俄军，但清廷还是希望和平解决边界争端，康熙二十五年乘荷兰使团回国之际，委托荷兰使团带信给沙皇，要求“收回雅克萨、尼布潮、罗刹，于何处分立疆界，各毋得逾越，则两界人民，均得安居，不失永相和好之意”[5]。当1688年以索额图为首的第一次中国谈判使团出发前夕，康熙即指示：“朕以为尼布潮、雅克萨、黑龙江上下，及通此江之一河一溪，皆我所属之地，不可少弃之于鄂罗斯。”[6]但是在谈判时，康熙为了求得北边安宁，在条约上作了让步，

1 《清高宗实录》卷131，乾隆五年十一月甲午。

2 《清高宗实录》卷722，乾隆二十九年十一月戊申朔。

3 李兆洛：《皇朝一统舆地全图·例言》，《养一斋文集》卷19，引自《清人文集地理类汇编》第1册，第321页。

4 于逢春：《论中国疆域最终奠定的时空坐标》，《中国边疆史地研究》第16卷第1期，2006年3月。

5 《清圣祖实录》卷127，康熙二十五年七月己酉。

6 《清圣祖实录》卷135，康熙二十七年五月癸酉。

同意尼布楚归俄，以额尔古纳河为界。[1] 这条约在稳定东北部边境起了重要作用，所以康熙"对于谈判的成功深为快慰"[2]。对协助谈判的葡萄牙教士徐日升、法国教士张诚的工作，"觉得事情办得很好，很为满意"[3]。

康熙二十八年(1689)的中俄《尼布楚条约》，是中国历史上第一次按照国际法的规则与外国订立平等互惠的边界条约，确定了中俄东段边界。在《尼布楚条约》里，"清朝"和"中国"已经互称，这时"中国"一词已有近代主权国家的意义。雍正五年(1727)签订的《恰克图条约》，[4] 确定了中俄中段边界。这两个条约的签订，对清朝统治者传统的边疆观念产生了重大的冲击，使清朝统治者明白了一国疆土必须有明确的界线，而传统王朝对所辖领土边疆认识的"天下"观，已经完全不适应当代的形势了。于是康熙帝萌发绘制帝国疆域地图的念头，对边境国界格外注意。例如专门勘察和绘制中朝边界图等。[5] 自后清王朝统治者，对国土、边界以及属民的概念，与前发生重大变化。

(2) 16 世纪西洋耶稣会传教士在地理大发现背景下，带来的地理学知识，对中国固有的天下、中国、疆土的观念产生了极大的冲击。晚明利玛窦《坤舆万国全图》、艾儒略《职方外纪》以及清初南怀仁《坤舆全图》的传入，使一部分中国士大夫阶级知道了地球、五大洲，知道世界上还有这么多高度文明的国家，而中国只是亚洲东部的一块，仅占地球的八十分之一，终于明白

---

1 《清圣祖实录》卷 140，康熙二十八年三月壬辰："鄂罗斯遣使臣费要多罗等至尼布潮地方请议分界事宜。上复遣领侍卫内大臣索额图等赴尼布潮就议。索额图奏言：尼布潮、雅克萨既系我属所居地，臣等请如前议以尼布潮为界，此内诸地，皆归我朝。上曰：今年内以尼布潮为界，则鄂罗斯遣使贸易，无栖托之所，势难相通。尔等初议时仍以尼布潮为界，彼使者若恳求尼布潮，可即以额尔古纳为界。"

2 [法] 张诚著：《张诚日记》(1689 年 10 月 12 日)，陈霞飞译，商务印书馆 1973 年，第 58 页。

3 [葡] 徐日升著：《徐日升神甫的日记》，王立人译，商务印书馆 1973 年，第 214 页。

4 《清世宗实录》卷 60，雍正五年八月乙巳，与俄罗斯"以博木、沙毕鼐岭为界。定界之后，不得混杂居住，……与俄罗斯副使一番一番诺费池等，指定东西界址，议立界石。……立定界石。晓谕喀尔喀汗王、各扎萨克、黑龙江将军等，令其约束属人，不得越界生事，违者从重治罪。至恰克图口定为贸易之所"。

5 《清圣祖实录》卷 246，康熙五十年四月癸巳："自古以来，绘舆图者，俱不依照天上之度数，以推算地理之远近，故差误者多。朕前特差能算善画之人，将东北一带山川地理，俱照天上度数推算，详加绘图视之。混同江自长白山后流出，由船厂打牲乌喇向东北流，会于黑龙江入海。此皆系中国地方。鸭绿江自长白山东南流出，向西南而往，由凤凰城、朝鲜国义州两间，流入于海。鸭绿江之西北，系中国地方。江之东南，系朝鲜地方。以江为界。土门江自长白山东边流出，向东南流入于海。土门江西南，系朝鲜地方，江之东北，系中国地方。亦以江为界。此处俱已明白。但鸭绿江、土门江二江之间地方，知之不明。前遣部员二人往凤凰城会审朝鲜人李玩枝事，又派出打牲乌喇总管穆克登同往，伊等请训旨时，朕曾密谕云：尔等此去并可查看地方，同朝鲜官沿江而上，如中国所属地方可行，即同朝鲜官在中国地方行；或中国所属地方，有阻隔不通处，尔等俱在朝鲜所属地方行。乘此便至极尽处，详加阅视，务将边界查明来奏。"

了国与国之间存在的真正区别，抛弃了外国人都归于蛮夷的错误看法。[1] 这就为中国知识界打开了认识世界的大门，令他们开始有了“世界意识”，并刺激他们想了解中国在地球上的位置，包括它的疆域和领土范围。当时西方各国也开始绘制地图，以证明其国家的领土范围。清王朝康熙帝对西方自然科学很有兴趣，他身边有一批耶稣会传教士，如南怀仁、徐日升、张诚等，康熙即跟随他们学数学、天文学、历学、物理学等，对地理学更是有兴趣，自谓“朕于地理从幼留心”[2]。由于《尼布楚条约》的签订，“这种新出现的条约关系必然使康熙帝以往的疆域观念受到极大冲击，从而渴望对清朝的版图有一个新的更全面的了解，耶稣会士在中俄谈判中的突出表现，使得他像信任西方历法一样开始重视他们的制图学”[3]。于是康熙四十七年（1708）正式开始，在耶稣会传教士协助下，于五十七年（1718）完成了在经过实测经纬度基础上绘制的《皇舆全览图》。康熙五十八年（1719）二月乙卯诏谕：“《皇舆全览图》，朕费三十余年心力，始得告成。……从来舆图所未有也。……东南东北，皆际海为界，西南西北，直达番回诸部，以至瑶池阿耨绝域之国、黄流黑水发源之地，皆琛赆所宾贡，版舆所隶属。举其土壤，惊为创见之名。溯厥道途，即可按程而至。以六合为疆索，以八方为门户，幅员该广，靡远弗届，从来舆图所未有也。”[4] 当时中国尚未统一，所以《皇舆全览图》所示疆域，西仅至哈密。《雍正十三排图》基本上维持康熙图的规模。到了乾隆二十年（1755）五月，“西师奏凯，大兵直抵伊犁，准噶尔诸部，尽入版图。其星辰分野，日月出入，昼夜节气时刻，宜载入时宪书，颁赐正朔。其山川道里，应详细相度，载入《皇舆全图》，以昭中外一统之盛。左都御史何国宗，素谙测量，着带同五官正明安图，并同副都统富德带西洋人二名，前往各该处，测其北极高度，东西偏度，及一切形胜，悉心考订，绘图呈览。所有坤舆全图，及应需仪器，俱着酌量带往”[5]。乾隆二十五年据新平定西域实测资料，绘制了《皇朝西域图志》，又据此补充修订了康熙图，绘制成《乾隆内府舆图》（又称《乾隆十三排图》）。朱希祖《乾隆十三排图》影印本序云：“《乾隆舆图》之所

1 邹振环：《晚清西方地理学在中国》，上海古籍出版社 2000 年，第 43、45、48 页。

2 《清圣祖实录》卷 290，康熙五十九年十一月辛巳：“谕大学士、学士、九卿等，朕于地理从幼留心，凡古今山川名号，无论边徼遐荒，必详考图籍，广询方言，务得其正。故遣使臣至昆仑西番诸处，凡大江、黄河、黑水、金沙、澜沧诸水发源之地，皆目击详求，载入舆图。今大兵得藏边外诸蕃悉心归化，三藏阿里之地俱入版图，其山川名号，番汉异同，当于此时考证明核，庶几可传信于后。”

3 孙喆：《康雍乾时期舆图绘制与疆域形成研究》，中国人民大学出版社 2003 年，第 31 页。

4 《清圣祖实录》卷 283，康熙五十八年二月乙卯。

5 《清高宗实录》卷 490，乾隆二十年六月癸丑。

以胜于《康熙舆图》者，其精彩全在准部、回部即今新疆省及其迤西小部分是也。”有学者认为：“乾隆《内府舆图》不仅是一幅历来被认为是奠定了今天疆域版图基础的中国全图，同时也是当时世界上最早的、最完整的亚洲大陆全图，其覆盖面积远远超过《康熙图》。”[1]但是无论《康熙图》还是《乾隆图》，在两个条约处标有界碑，却都没有标出明确的全部国界。到了《嘉庆重修大清一统志》时所附《皇朝一统舆图》则标出了“盛清疆界：北到外兴安岭，西到帕米尔和后藏的阿里地区，东到库页岛，南到南海。就疆域研究而言，这一点至关重要，因为这是近代民族国家的标志性要素中国生成的写照”。“《嘉庆图》之登场，既是《康熙图》《乾隆图》纂修思想的深化与成果的自然延长，更意味着中国疆域最终形成的空间最终奠定，而且这空间已非中国传统想象的‘天下’，因为这空间的点、面、线已由清帝国军人、官吏、民众与城池、村镇所填充。换言之，这最终奠定的空间已转变成与毗邻国家（或地区）有着清晰界限的领土。所以《嘉庆图》所标示的盛清疆域与疆界，当是中国疆域最终奠定的空间坐标。”[2]

（3）清代中叶以来，有两股学术潮流影响了中国士大夫阶层对疆土、版图的认识：一是清中叶开始，延续至晚清的边疆史地之学。梁启超说：“边徼地理学之兴，盖缘满洲崛起东北，入主中原。康乾两朝，用兵西陲，辟地万里。幅员式廓，既感周知之必需，交通频繁，复觉研求之有借。故东自关外三省，北自内外蒙古，西自青海、新疆、卫藏，渐为学者兴味所集，域外地理学之兴，自晚明西士东来，始知‘九州岛之外复有九州岛’。而竺古者犹疑其诞。海禁大开，交涉多故，渐感于知彼知己之不可以已，于是谈瀛之客，颇出于士大夫间矣。盖道光中叶以后，地理学之趋向一变，其重心盖由古而今，由内而趋外。”[3]这是说清代中叶开海禁以来，开始与西方接触过程中，有感于对自己国家朦胧无知，一部分有识之士对地理学的研究“由古而今，由内而趋外”。当时有不少边疆史地的著作问世，松筠《西招图略》《西陲总统事略》、洪亮吉《伊犁日记》、祁韵士《新疆识略》《藩部要略》、徐松《西域水道记》、张穆《蒙古游牧记》、龚自珍《蒙古图志》等。这些作者“时代相略衔接，相为师友，而流风所被，继声颇多。兹学遂成道光间显学”[4]，从而形成了一个边疆史地的学术群体。而“边徼地理之研究，大率由好学之谪臣或流寓发

1 孙喆：《康雍乾时期舆图绘制与疆域形成研究》，中国人民大学出版社 2003 年，第 62 页。

2 于逢春：《论中国疆域最终奠定的时间坐标》，《中国边疆史地研究》2006 年第 1 期。

3 梁启超：《中国近三百年学术史》，东方出版社 2004 年，第 346—347 页。

4 梁启超：《中国近三百年学术史》，东方出版社 2004 年，第 347 页。

其端”[1]。他们原本就有深厚的传统史地学功底，现身处边疆，更关注当地自然和人文，兴起了对国家边疆地区的关注。19世纪中叶以后，列强势力入侵中华，纷纷视吾为俎上之脔，觊觎其领土而斩割之。从中英《南京条约》，到中日《马关条约》，竟有近二百万平方公里之疆土为列强所割占，为世界史上所罕见。这一系列事件，对中国朝野震动极大，士大夫阶层怀着割地之痛，继续研究边疆史地之热潮，出现大量研究边疆史地的著作，代表作有何秋涛的《朔方备乘》、曹廷杰《东北边防辑要》《西伯利东偏纪要》《东三省舆地图说》等，均为考订边疆史地，以曹廷杰考订“明永宁寺碑”为典型，反映了强烈保卫边疆、抗拒侵略的愿望和爱国主义精神，这时中国士人中现代国家疆域的概念完全形成。如龚自珍在《西域置行省议》一文中，建议新疆地区建省，行与内地一样的政区管理，认为此举是“为天朝中外大疆界处”[2]。又在《上国史馆总裁提调总纂书》中建议在重修乾隆《大清一统志》时，将《西域图志》《平定罗刹方略》等资料补充进去，以补旧志的不足和遗漏。[3] 这类边疆内地化的思想，表示了晚清士大夫阶级，对国家疆土近代观念的逐步确立。

二是鸦片战争前夕，随着西方传教士的东来，一批西方地理学书籍开始传入东南沿海城市，受到了一批意欲了解中国以外世界的中国士大夫的重视。邹振环认为“道、咸年间，吸收和研究西方地理学的成果来撰写世界地理的著作几乎成了一个时代的风气”，形成了“对于某一组问题的特定研究路线有共同信奉而聚集在一起的学术圈子”，称之为“非体制化共同体”。[4] 这批士人学者在了解世界地理的同时，对中国传统国家、疆土、版图的观念又掀起一场重大的冲击浪潮。如林则徐组织编译了《四洲志》，以后又有魏源在《四洲志》基础上整理、扩充的《海国图志》和徐继畬的《瀛环志略》问世。梁启超说：“此两书在今日诚视为刍狗，然士大夫之稍有世界地理知识，实自

1 梁启超：《中国近三百年学术史》，东方出版社2004年，第347页。

2 龚自珍《西域置行省议》：“大清国，尧以来所谓中国也。……我大清肇祖以来，宅长白之山，天以东海界大清最先。世祖入关，尽有唐尧以来南海，东南西北，设行省者十有八，方计二万里，积二百万里。古之有天下者，号称有天下，尚不能以有一海。……今圣朝既是全有东、南二海，又控制蒙古喀尔喀部落，于北不可谓隃。……今中国生齿日益繁，气象日益隘，黄河日益为患(下述社会矛盾尖锐，建议开发西域，内地向西域移民)……设兵部尚书、右都御史、准回等处地方总督一员兵部侍郎、右副都御史、准回等处地方巡抚一员……(在天山南北路设置府州县，一律按内地之制)……应照内地江宁、荆州例，岁一阅，三岁总督一阅，十岁请旨派威重大臣来西一大阅。布鲁特、哈萨克之人咸侍，是为天朝中外大疆界处。”(《龚自珍全集》第一辑，上海人民出版社1975年，第105—111页)

3 《龚自珍全集》第五辑，上海人民出版社1975年，第312页。

4 邹振环：《晚清西方地理学在中国》，上海古籍出版社2000年，第316页。

此始。”[1]

徐继畬《瀛环志略》和魏源《海国图志》是我国近代最早向国人介绍西方世界地理知识的著作，《海国图志》初版完成于道光二十二年(1842)，为50卷，以后扩充为60卷，咸丰二年(1852)增补为100卷。《瀛环志略》出版于道光二十八年(1848)，10卷。其实这两部书并非完全是今日概念的世界地理书，实际上还包括世界各国历史沿革、疆域形势、气候物产、风土人情、典章制度等的史地并重的世界地理著作，其中《海国图志》更是。这两部书的出版，对当时社会起了极大轰动，尤其是在朝野知识界，通过两部著作所绘制的世界各大洲的地图，认识到原来中国传统总认为中国是天下之中，周围全是落后的四夷的观念，以及对国家疆土领域的观念是很落后的。原先“天下有道，守在四夷。王者不勤远略，而德意所涵濡，威灵所震慑，类皆有囊括区夏，甄铸埏垓之势”[2]的观念，是何等的愚昧和落后！如今看到世界原来有五大洲、四大洋，还有这么多的国家，这些国家的历史沿革和自然环境与中国如此不同，而中国不过是亚细亚洲东面的一部分，这对长期以来落后封闭的疆土观念，敞开了明亮的窗户。《瀛环志略》卷一首先讲述中国在亚洲之位置，其云：“亚细亚……居是土者，为中国之十八省、东三省、内外蒙古诸部、新疆、回疆、青海、前后藏。其北际海，为俄罗斯之东境。其东滨海藩国，曰朝鲜。海中三岛，曰日本。又小岛，曰琉球。其南与中国之滇、粤诸省毗连者，曰安南、暹罗、缅甸、南掌。散布南海之中者，曰南洋群岛。其西北与新疆、回疆毗连者，曰西域诸回部。其西与两藏毗连者，曰廓尔喀，曰五印度。再西为阿富汗、俾路芝、波斯诸回部。再西南为阿剌伯回部。再西北为土耳其之东土。再西为土耳其之中土买诺，所谓小亚细亚者也。北距北冰海，东距大洋海，南距印度海，西距红海、地中海、黑海，是为亚细亚之全土。”[3]然后又讲中国之版图，《瀛环志略》中的《皇清一统舆地全图》，就是一幅清代疆域图，其对清代疆域的记述云：“我朝幅员之广，旷古未有。东三省之东北隅，地接俄罗斯。正北之内外蒙古诸部，悉其庭幕，编入八旗为臣仆。西南之青海、两藏，置侯尉而安枕。西北之新疆、回疆，包《汉志》西域诸国之大半，而卡外之哈萨克、布鲁特诸部，岁以牲畜供赋役。东海之朝鲜、琉球，南裔之交趾、暹罗、缅甸、南掌、廓尔喀诸国，修贡职无愆期。是亚细亚一土，未奉我正

1 梁启超：《中国近三百年学术史》，东方出版社2004年，第349页。

2 徐继畬：《瀛环志略》道光二十八年福山鹿泽长序，宋大川校注本，文物出版社2007年，第7页。

3 徐继畬：《瀛环志略》，宋大川校注本，文物出版社2007年，第8页。

朔者，仅有东海之倭奴，北之俄罗斯，极西之弱小诸回部，南荒之印度诸国耳。则中国之在亚细亚，固不止得其半也。”[1]有学者认为：“徐继畬最早向中国人士系统而全面地介绍了人类社会，特别是欧美早期近代化国家的社会变革和社会生产力发展的经验教训。这对被隔绝了几千年的中国人民来说，是头一次获得如此详细而真实的海外知识，从而有了认识自己与世界的比较选择的依据。”[2]

魏源《海国图志》编撰的主旨略有不同，其原叙中说：“是书何以作？曰：为以夷攻夷而作，为以夷款夷而作，为师夷之长技以制夷而作。”第一次鸦片战争的失败，给予魏源以极大的震动。国家政局的突变，萌发了他高昂的爱国主义精神和学习西方和“以夷制夷”的思想。《海国图志》就是在这种抗击外夷思想指导下产生的。要让国人睁眼看世界，认识世界，认识自己，“善师四夷”“师夷之长技”，经便“制夷”。故此书对中国周边国家记述尤详，特别重视海防之要，最附有西洋火炮、火轮、水雷及各种军事器艺之说，充满了保卫国家的爱国主义精神，并引《澳门新闻录》曰：“中国人民，居天下三分之一，生齿之繁，无国可比。即如俄罗斯地方百四十一万四千四百方里，户口不过四千一百九十二万五千名。而中国只湖广一省，广不过十四万四百七十方里，已有户口四千五百零二万名；江南地方九万二千九百方里，户口即有七千二百万名。由此观之，中国只一省，即可抵佛兰西、英吉利、欧罗巴特里阿三国之人民。又《华事夷言》曰：中国繁庶，甲乎四海。但即广东一省之人，可敌他方十余国。各国皆地广人稀，即印度户口最稠，亦尚有旷土。中国则不惟平地皆田，即山巅岭侧，无不层层开垦，寸壤不遗。其散布于海外各国者，尚不知凡几。其繁庶诚四海所未有。由是观之，则东方之宜人，信矣。”[3]这种对祖国的自豪感，激发起广大士大夫知识分子的爱国精神和民族国家的认同感。

到了晚清，朝野对国家疆土、版图已具备了现代民族国家的意识。19世纪中叶以后，中国周边原为朝贡之国，都沦为西方列强的殖民地。西方列强欲蚕食我国领土，往往挑起边界纠纷，有的公然武装入侵。第二次鸦片战争后，西方列强强迫清廷订立一系列不平等条约，如《中俄瑷珲条约》《中俄勘分西北界约记》《中英缅甸条约》《中日马关条约》等，攫取中国大片领土，严重伤害了中国人民的感情，最后均以清廷退让失败告终。然这也强烈激起

1　徐继畬：《瀛环志略》，宋大川校注本，文物出版社2007年，第2页。

2　刘大纯：《徐继畬近代化》，载《徐继畬与东西方文化交流》，中国社会科学出版社1993年，第142页。

3　《海国图志》卷74《国地总论上》，岳麓书社1998年版，第1851—1852页。

了中国朝野的民族国家意识，民族国家疆土观念已经完全确立。在边界谈判过程中，对边界的勘查、界碑的设立、地图的绘制，已十分认真，如光绪七年(1881)，使英、法大臣曾纪泽与俄交涉，改原由崇厚所订条约，争还伊犁南境特克斯河两岸宽二百余里，长四百余里的广大土地，查核地图，重新立碑。[1] 光绪十二年吴大澂勘查咸丰八年《中俄瑷珲条约》珲春与俄国交界地方有界限不清之处，重新立碑、制图。[2] 在对外交涉中，边疆国土的归属已有明确的概念。光绪元年(1875)云南边境上英使马嘉理被杀一案，地方官员为推卸责任，竟然说此为境外野人所为。奕䜣奏曰："滇省野人虽居铁壁关外，其地尚属中国，不得谓非中国管理，设此案非野人所戕而诿诸野人，或实系野人所戕，而谓野人非王法所及，势必如上年台湾番社一案故事。彼族即派兵，自办遂其奸计，大局攸关，实非浅鲜。"[3]说明晚清官吏对国境边界，已具备了现代意义国界的观念。不仅如此，连在野的士大夫阶级也强烈要求国土完整。如洋务思想先驱者郑观应在其《盛世危言》中指出，当时中国"连地广矣，在南则与法之越南、英之缅甸交界，在西则与印度比邻，在东北、西北由东三省、内外蒙古迤逦而至新疆，以在与俄接壤，皆强邻也"，"中国四边，东至库页岛，南至台、琼，西至噶什喀尔，北至外兴安岭，无一不界强邻"，[4]故强调加强边防之重要。另一位洋务家王韬直接提出《宜索归澳门议》，"首宜索还澳门一隅，归我管辖，画疆置守，设官治民，建炮台，戍兵卒，以固我边圉，用资屏蔽"；又在《送黎侍郎回越南前序》中提出对新疆地区，移民实边，"以固我边陲"；[5]在《言战》中提出"中国海疆，南北透迤万有余里"，宜加强驻军，对海疆的防护。[6] 此类思想和言论，充分反映晚清进步思想家和学者对祖国疆土完整的意识已完全近代化了。当时晚清国家机构的改革，也适应了这种趋势，如将第二次鸦片战争后与西方列强交涉的"抚夷局"改为总理各国事务衙门，清末又改为外务部；边疆地区设置行省的内地、边疆的一体化等举措，都是现代民族国家意识的产物。又例如"版图"一词，到了晚清则又具有代表现代一个国家国民法定身份意义"国籍"的含义。同治元年(1862)协助清王朝镇压太平军的美国人华尔，组织洋枪队，1861 年加入

1 《曾纪泽遗集》卷 5《复陈中俄议界情形疏》，岳麓书社 1983 年，第 80 页。

2 吴大澂：《吉林勘界记》，《小方壶斋舆地丛钞》第一帙。

3 《总署奏英员马嘉理在云南被戕一案与该国使臣续行辩论折》，刊《清季外交史料》第一册，第 26 页。

4 《盛世危言・边防》，上海人民出版社 1982 年，第 773—774 页。

5 《弢园文录外编》，上海书店出版社 2002 年，第 176、202 页。

6 《弢园文新编》，生活・读书・新知三联书店 1998 年，第 180 页。

中国籍，史称"愿隶中国版图，在上海随同官军，进攻嘉定太仓"[1]。以后华尔阵亡，美国人白齐文代之，也于1862年加入中国国籍，后因"白齐文不遵调遣……该员已隶中国版图，自应遵中国法律治罪，着革去三品顶戴"[2]。这说明"版图"已从传统的版籍和土地含义中游离出来，发展成为国家法定主权的意义了。

四、小结

清代是我国历史上最后完成中华民族国家的王朝。从康、雍、乾三代三大经济区统一疆域的最后完成，到近代民族国家疆域观念的确立，几乎经历了一个半世纪。这个过程是由内外两种因素互相交织推动的。内因是各民族、各地区经历了长期的交流和融合，多民族统一国家的意识自然而然地萌生和形成，最后达成共识；外因是与西方列强势力的接触和西方科学技术的引进，冲击了数千年中国传统的疆土意识，最后不得不放弃封闭落后的"天下观"，融入世界政局的大潮流中去。按理而言，内因是主导因素，但在中国这样一个特定封闭的地理环境而又有传统强势文化的国家，没有外来更强势力量的冲击，其本身自然发展的动力是微弱的，进度是缓慢的。这几乎与中国近代化的过程有同步之感。虽然中国国家意识萌发很早，但由于在亚洲东部最早崛起帝国周围的民族在经济、文化远远落后于中华，除了朝贡臣服，没有其他关系。故其疆界观念没有形成的条件。进入清代，整个世界发生了巨大的变化，而康熙帝又是我国历史上具有科学头脑而又有世界意识的皇帝，因此，《尼布楚条约》的签订，能对其产生很大的触动。如果遇上一个颟顸昏庸的皇帝，那近代国家疆土观念的萌生，恐怕还要迟上几十年。

19世纪中叶以后，世界的格局已不允许大清帝国仍然沉睡在"天下之中"的美梦中，内外的各种因素不断地刺激和推动着近代国家意识的产生，最后终于产生了具有近代国家意义的中华民国。

（原载《历史地理》第24辑，上海人民出版社2010年版）

1 《清穆宗实录》卷40，同治元年闰八月戊戌。

2 《清穆宗实录》卷51，同治元年十二月辛巳。

清代集镇名实初探[1]

我们在撰写新编《清史·地理志》过程中,发现《清史稿·地理志》《清国史·地理志》某县下均有"镇几:某某镇、某某镇"的记载。我们没有查到原作者选择这几个镇的根据和标准。于是作进一步查考,发现这种选择的标准是很模糊的,也很不确切。为了弄清清代集镇的实体情况,本文想探讨两个问题:(1)清代的所谓"镇",究竟是指怎样的地理实体?(2)它与行政管理系统是怎样的关系?由于清代疆域辽阔,地域差异很大。现选择集镇比较集中的长江三角洲地区为例。

一

在清代,所谓"镇"并不是县以下一级行政机构,也不是地方政府为管理商贸的一种建制。集镇原先只是一种乡间商业比较繁荣、人口比较集中的一种称为市或集(南方多称市,北方多称集)的聚落。后来因为其中一部分市集所在地人口比较密集,商业相当繁荣,治安也开始发生问题。于是地方政权就在该地设置了某种职司,如县丞、典史、巡检司、税课司、千总、把总、营汛等防务、治安、抽税机构进行管理,这些聚落无疑较其他的市集地位重要,于是往往被称为镇。但是民间因习惯也有设置某种职司而仍不称镇者,或有并无职司设置而称镇者。所以在清代对镇的称谓并无严格的标准,有其一定的任意性。

乾隆十一年(1746)《震泽县志·疆土志四·镇市村》:"震泽县之镇市村,旧吴江县镇市村之半也。凡民人所屯聚者,谓之村。有商贾贸易者,谓之市。设官将防遏者,谓之镇。亦有不设官而称镇,既设官而仍称村者,名号正俗不同耳。旧吴江县之称镇者七,称市者十。(按:旧吴江县市镇,其见于《莫志》者,镇曰平望,曰黎里,曰同里,曰震泽。市曰县市,曰江南,曰新

1 本文系教育部人文社会科学重点研究基地重大项目(08JJD770112)"清代地理专题研究"和复旦大学"985工程"哲学社会科学创新基地项目(08FCZD025)"长三角城镇体形成和演变"的阶段性成果之一。

杭。)《徐志》亦载四镇,而市增其七,曰八斥,曰双杨,曰严墓,曰檀邱,曰梅堰,曰盛泽,曰庵村。《屈志》复增黄溪市,而盛泽亦称镇。又增芦墟、章练塘二镇。盖自明初至我朝三百余年间,民物滋丰,工商辐辏,月异而岁不同,故三志所载市镇递有增易也。康熙中以八斥、梅堰为镇,系俗称云。称村者二百四十四。(按:村《莫志》二百十九。《屈志》二百八十五。此从《徐志》实数。)雍正间析县而震管镇一,市四,村九十七。其县市,平望则为两县所分辖。今并列三者于篇,而镇市之先后盛衰及所由始者加详焉。"可见明清以来,江南市镇由于商品经济的发展,数量前后变化很大,不同时期递有增易,同时也显示了一个商业聚落是否称镇并无严格的统一标准。

刘石吉据光绪二十一年(1895)刊本《江苏全省舆图》统计江苏南部各镇及巡检、把总、千总等驻守情况如下:

府　名	所属县(州、厅)数	所辖镇数	各镇所设巡检司数	各镇所设把总、千总、都司、守备、游击数
江宁府	7	62	6	3
苏州府	9	68	13	11
松江府	8	47	9	14
常州府	8	47	10	5
镇江府	4	30	5	0
太仓州	5	43	4	9
总计	41	297	47	42

刘注:《江苏全省舆图》列举江苏南297镇,显然太过低估;惟已可见在这297镇中,只有少数设有巡检司,把总、千总、都司、守备、游击等驻防镇内的也是极少。[1]

为了证明当时志书记录集镇的名数并无统一标准,今以清代市镇经济最发达的苏州、松江两府为例,以大体反映晚清制度的《清史稿·地理志》《清国史·地理志》和光绪二十一年《江苏全省舆图》以及清代方志中有关镇的记载,列出下表。

府名	县、厅名	《清史稿·地理志》《清国史·地理志》	光绪二十一年《江苏全省舆图·乡镇》	有关方志
苏州府	太湖厅			
	靖湖厅			

1　刘石吉:《明清时代江南市镇研究》,中国社会科学出版社1987年,第123页。

续 表

府名	县、厅名	《清史稿·地理志》《清国史·地理志》	光绪二十一年《江苏全省舆图·乡镇》	有关方志
苏州府	吴县	镇三：横塘、横泾、木渎	木渎镇、横塘镇、横泾镇、光福镇、甪头镇	光绪九年《苏州府志》卷29《乡都图圩村镇》：横塘镇、蠡墅镇、横金镇、木渎镇、和桥镇、徐庄镇、西津桥镇、光福镇、东渚镇
	长洲	镇三：陆墓、蠡口、望亭	蠡口镇、陆墓镇、黄埭镇、浒关镇、金墅镇、陆巷镇，城北有南桥、北桥、西永昌等镇，城东北有太平桥、相城、南荡等镇	光绪九年《苏州府志》卷29《乡都图圩村镇》：通安桥镇、金墅镇、望亭镇、黄埭镇、蠡口镇、陆墓镇、相城镇、南塘镇、陆巷镇、强芜镇
	元和	镇二：甪直、维亭	甪直镇、章练塘镇、周庄镇、陈墓镇、唯亭镇、车坊镇、尹山镇，城东有外跨桥、斜塘等镇，城东北有五众泾、田泾等镇，城东南有郭巷镇	光绪九年《苏州府志》卷29《乡都图圩村镇》：徐庄镇、五浴泾镇、甪直镇、唯亭镇、陈墓镇、周庄镇、韩镇、章练塘镇、尹山镇
	昆山	镇三：安亭、泗桥、蓬阆	安亭镇、蓬阆镇、菉葭浜镇、石浦镇、歇马桥镇、千墩镇，城南有周巷、张浦、大慈、浦渡、赵陵等镇	光绪九年《苏州府志》卷30《乡都图圩村镇》：大慈镇、张浦镇、甪直镇、千墩镇、杨襄泾镇、石浦镇、吴家桥镇、陆家浜镇（一作菉葭浜镇）、泗桥镇、安亭镇、天福庵镇、蓬阆镇。光绪《昆新两县续修合志》同
	新阳	镇一：兵墟（《清国史·地理志》作“邱墟”）	真义镇、巴城镇、北陆家桥镇、南新渎镇	光绪九年《苏州府志》卷30《乡都图圩村镇》：石牌镇、巴城镇、真义镇。光绪《昆新两县续修合志》同
	常熟	镇二：庆安、福山	黄泗镇、福山镇、庆安镇	光绪三十年《常昭合志》卷五《市镇志》：“自福山至石牌为常境；自任胜至王墅为昭境。”福山镇、田庄镇、西塘桥镇、鹿苑镇、庆安镇、港口镇、石泉镇、大和镇、羊尖镇、旺儿桥镇、平墅镇、洞港泾镇、强芜镇、石牌镇

续 表

府名	县、厅名	《清史稿·地理志》《清国史·地理志》	光绪二十一年《江苏全省舆图·乡镇》	有关方志
苏州府	昭文	镇二：梅里、许浦	白茆镇、浒浦镇、梅李镇，城北有唐弯、王墅、问村等镇，城东有五集、支塘、窑镇、归家庄等镇	光绪三十年《常昭合志》卷五《市镇志》：五渠镇、支塘镇、窑镇、项桥镇、梅李镇、浒浦镇
	吴江	镇三：简邨、八赤、盛泽	同里镇、黎里镇、芦墟镇、八斥镇、盛泽镇	乾隆十二年《吴江县志》卷三《镇市村》：盛泽镇、黎里镇、平望镇、同里镇、芦墟镇、章练塘镇
	震泽	镇二：平望、严幕	震泽镇、平望镇	乾隆十一年《震泽县志》卷四《镇市村》：震泽镇、平望镇、严幕市
松江府	川沙厅		龚家路镇、曹家路镇、高行镇	光绪五年《川沙厅志》卷1《疆域》：诸家路镇、龚家路镇、曹家路镇、顾家路镇、高家行镇、虹桥镇、四灶镇、车门镇、小湾镇、王家港镇
	华亭	镇五：亭林、叶谢、曹泾、柘林、沙冈	叶谢镇、张泽镇、亭林镇、漕泾镇、莘庄镇	光绪四年《重修华亭县志》卷1《疆域》镇市：张泾堰、后冈、叶谢、亭林、张泽、漕泾、漴阙、车墩、沙冈、莘庄
	娄县	镇一：枫泾	七宝镇、枫泾镇、泗泾镇、天马山镇	
	奉贤	镇三：陶宅、南桥、四团	青村镇、陶宅镇、泰日桥镇、南桥镇、四团镇	光绪四年《奉贤县志》卷1《疆域志市镇》根本没有称镇的地名，有青村、陶宅、南桥、四团地名，并不称镇。仅“泰日桥，俗呼坍石桥，跨运盐河两岸，民居相望，亦东北一巨镇”
	金山	镇一：洙泾	洙泾镇、张堰镇、松隐镇、廊下镇、干巷镇、吕巷镇	光绪四年《金山县志》卷1《疆域表附市镇》：朱泾镇、新镇、吕巷镇、姚家廊下镇、干巷镇、张堰镇、松隐镇

续 表

府名	县、厅名	《清史稿·地理志》《清国史·地理志》	光绪二十一年《江苏全省舆图·乡镇》	有关方志
松江府	上海	镇四：吴淞、乌泾、吴会、闵行	塘桥镇、三林塘镇、高桥镇、陈行镇、法华镇、诸翟镇、龙华镇、漕河泾镇、北桥镇、闵行镇	同治十年《上海县志》卷1《乡保》：塘桥镇、三林塘镇、高桥镇、陈家行镇、法华镇、诸翟镇、龙华镇、漕河泾镇、北桥镇、马桥镇、闵行镇、吴会镇、虹安镇
	南汇	镇一：下沙	周浦镇、下沙镇、新场镇	光绪五年《南汇县志》卷1《疆域志》：周浦镇、御界桥镇、北七灶镇、瓦屑墩镇、横沔镇、黄家楼下镇、陈家桥镇、北蔡镇、张江栅镇、龙王庙镇、新兴镇、新场镇、下沙镇、坦石桥镇、三灶镇、北六灶镇、沈庄镇、杜家行镇、闸港镇、南大桥镇、太平桥镇、中心河镇（金家行镇）、大团镇、三墩镇、二团镇、六灶湾镇、三团二灶镇、四团仓镇、五团竹桥镇、六团湾镇、七团江家路镇
	青浦	镇六：泗泾、金泽、朱家角、赵屯、七宝、白鹤江	七宝镇、朱家角镇、金泽镇、白鹤江镇、章堰镇、重固镇、盘龙镇、赵屯桥镇、旧青浦镇、广富林镇、章练塘镇	光绪五年《青浦县志》卷2《疆域下市镇》：七宝镇、簳山镇、泗泾镇、方家窑镇、徐泾镇、凤凰山镇、佘山镇、辰山镇、广富林镇、陈坊桥镇、沈巷镇、章练塘镇、小蒸镇、珠街阁镇、金泽镇、商榻镇、金家桥镇、赵屯镇、白鹤江镇、章堰镇、重固镇、青龙镇、观音堂镇、盘龙镇、黄渡镇、诸翟镇

从上述表格，可以看出，清代有关志书在记录“镇”的名称和数量时，出入较大，似乎没有统一标准，各志书作者在选择镇的记录时，有一定的主观性和任意性。因为，一方面镇并不是县以下的一种行政建置，故而在人们心目中没有统一的标准；另一方面，清一代近三百年，地方经济有很大变化。特别是长江三角洲地区经过太平军之战，许多集镇经战乱而衰落，从此一蹶

不振，而有的集镇在同光以后再度兴起。[1] 总之，清一代所谓集镇的兴衰变化很大，要确定某一时期有多少市镇的数量没有实际意义。

二

据当时文献记载和近人研究，清代长江三角洲地区，县以下管理体制基本上是：乡—都—图—圩。

乾隆十一年《震泽县志·疆土志三·乡都图圩》："震泽县之乡都图圩，旧吴江县乡都图圩之半也。"雍正二年（1724）分吴江县西偏地置震泽县。"都所领为保为图，俗省作啚。吴江《徐志》云：在郭曰保，在野曰图。今按：云郭者，兼城内外言，非实有郭也。《莫志》云：附郭十里为保。保一十二，图五百四十九。保、图所领为圩，圩三千二百一十。"其关系大致如下：

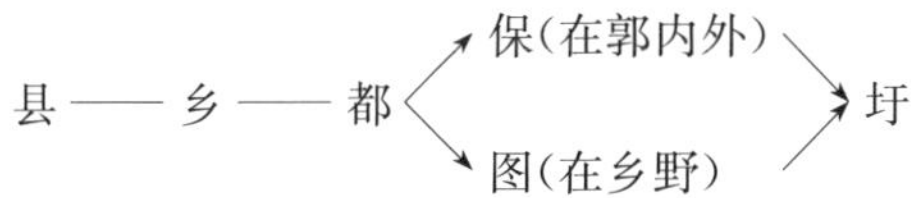

光绪四年（1878）《重修华亭县志·疆域》："国朝递分上海、青浦、娄、奉贤后，止管五乡，皆他县共之。凡为保十有二，为区二十有九，为图一百九十有二。仙山乡有保二：七保、八保。七保有区二：四区、五区。四区有图十二。"其县以下统辖当是：县—乡—保—区—图。光绪五年（1879）《南汇县志·疆域志》载：县以下亦为乡—保—区—图。由此可见，清一代县以下无镇一级行政建置。

既然清代镇非县以下一级行政建置，为什么有些镇在文献记载里会有辖区的记载呢？

例如，道光徐傅《光福志·沿革》："光福镇……隶吴县长山乡，一名志里。吴邑镇凡六，光福吴邑之一镇也……里至：东至灵岩山麓二十四里……西至西华三洋村十八里贡湖为界……南至香山南址南宫诸乡十三里宫湖为界……北至阳山二图十八里……东南至采香泾即箭泾二十里直出胥口……东北至贺九岭十四里……西南至渔洋山之二十四里斗入湖中……西北至龙塘桥十二里……按四乡隶光福镇者共计五十里。"

据考察，原来文献记载中有一定区域范围的镇，实际上有两种情况：

1　光绪五年《青浦县志》卷2《疆域志市镇》："黄渡镇，在三十一保，县治东北三十六里……北岸属嘉定县，俗呼新街，商贩颇盛，粤匪乱毁，瓦砾无存，今渐复""金泽镇，在四十二保四区三十二图，县治西南三十六里……元设淀山巡检司于此。有颐浩寺，颇庄丽。今自被寇后，胜概罕存""金家桥镇……县治西北十二里，西界昆山、元和两境，为一省孔道，故居五要镇之一。咸丰时寇毁，今渐成市"。

一种是设有官司管理地方治安的集镇，如设有县丞、典史、巡检司、千总、把总等低级官吏的集镇，其中以巡检司最为典型。这些官司有一定的管理地域范围，而这管理地域范围便成了集镇的范围。

《清国史·职官志》："巡检司，巡检，从九品，九百七十九人。掌捕盗贼、诘奸伪，有关津险隘则置，其有隶河厅者，则专掌防河之事。"

《清世宗实录》卷59雍正五年(1727)秋七月辛巳："吏部议覆云贵总督鄂尔泰疏言：东川一府，地方辽阔，实非一知府、一经历所能遍理。查巧家营逼近乌蒙，去府甚远，应立一县，设知县一员，管辖马书、䇲革、米粮坝、以扯汛等处。者海地方，素通乌蒙，暗行不法，应设典史一员，管辖革舍、阿固、伙红等处，驻札者海。其歹补地方，离府百里，山深箐险，应设巡检一员，管辖五龙、毕七、法戛等处。又则补地方，远在江外，亦应设巡检一员，管辖阿木、可徂、普毛、杉木箐等处……均应如所请。从之。"以上说明，典史、巡检等职均为知县下职官。

嘉庆十七年(1812)《同里志·官制》："巡检一员，从九品，初授将仕佐郎，升授登仕郎，主缉捕盗贼，盘结奸宄，率徭役弓兵，警备不虞，岁支俸米六十石，司吏一人，弓兵三十名""巡检即古游徼，始于宋，沿于元明，以迄国朝。然则同里之设巡检亦要宋时……乃始称镇也"。所以同里镇范围："东为同里湖，南为叶泽湖，西为庞山湖，北为九里湖，北为吴淞江，东北摇城湖，又东北为陈湖，同里镇在诸湖之中。"此范围亦即同里巡检所辖之范围。

道光《唯亭志》卷1(今江苏吴县唯亭)："分防武弁。国初湖寇充斥，设有把总一员，经制外委一员，驻扎唯宁，巡防娄门外水陆汛口七处，自唯亭起东十五里至界牌与昆山汛交界，西三十六里至娄门，北与黄埭汛交界，南十里至吴淞江北岸与周庄汛交界，北五里至阳城湖南岸，与黄埭汛交界。历来未建衙署，借寓公所。"这是把总所辖地的范围。

嘉庆《南翔镇志·疆里》："镇非州县比也，不得称疆域，然既有记载，则其地广袤，自不得略，而里至乡都，亦可考而知矣。至于水道以通地脉，物产以征土宜，所关非细，宜详考而备书之也。"卷4《职官》："市镇统于州县，例无设官，而地当繁杂抟远治城者，近例分同县丞驻防之。南翔元时设中槎巡检司，明初裁，国朝雍正中，复设南翔巡检司，继改为诸翟司，署设诸翟镇，而以本县县丞移驻南翔。官制虽更，官守则一，案名书之，无使或遗焉。至于营汛官弁，无从稽考，姑阙之。"

咸丰、同治年间，郑凤锵修《新塍琐志·疆里》："新塍镇止设汛弁驻防，无文员管辖，疆域四至，以隶秀水县境者为限""国朝设新城汛把总一员，为驻防;又于九里汇设外委一员为协防。道光二十二年因土匪滋事,移秀水县主簿为分防,盖生聚日繁,管辖益不易矣”。

由此可知,志书文献所记镇的疆域,实为在该镇所设巡检、营汛武官所辖的土地。

据胡恒研究,清代江南地区设于市镇的巡检司较多,除了维持治安、缉捕盗贼的功能外,巡检司还承担管理市镇的职能。在一些巡检司署设置较为长久、稳定的地方,民间有以巡检司作为区域单位的概念。将开发成熟的巡检司辖区直接升格为县,或是在废除县级政区以后添设巡检司以治理,在清代都发生过。[1] 由此可见,巡检司等官司的设置,形成了县以下原先乡、保、区、图以外的另一类行政区域系统。

但是,在当时志书中提及镇的范围,实际上有两个概念:

一为集镇商业中心区,相当于今日城市中心城区的概念,如乾隆十一年(1746)《震泽县志・疆土志四・镇市村》:“震泽镇在十都,地滨太湖,故名,去县治西南九十里。元时村市萧条,居民数十家,明成化中至三四百家,嘉靖间倍之而又过焉。迄今货物并聚,居民且二三千家,实邑西之藩屏也。”道光二十四年(1844)《震泽镇志・道里》:“镇南北广三里,东西袤五里。”雍正十年(1732)《平望镇志・疆域》:“平望为(吴)江、震(泽)首镇,广袤三里余,于乡为范隅。”可见所谓震泽镇“南北广三里,东西袤五里”,平望镇“广袤三里余”者,当指的是镇的中心区。

一为该镇所设巡检司等各种官司的辖区。道光二十四年《震泽镇志》卷首:“震泽镇巡检司所辖居县之半”“虞泽巡检司所辖方数十里”。又如乾隆十一年《震泽县志・疆土志四・镇市村》:“平望镇,在二十四都,去县治东南四十七里……明初居民千百家,百货贸易如小邑。然自弘治迄今,居民日增,货物益备而米及豆麦尤多,千艘万舸,远近毕集,俗以小枫桥称之。今凡在运河之西与北者,并分属震泽县,实得三分之二焉。”雍正十年《平望镇志・疆域》:“平望巡检司旧辖二百四十圩。皇清雍正四年五月分设震泽县,乃以盛泽镇、黄溪镇割隶汾湖司,以简村司并入平望司,定界南至乌镇,以莺脰湖平波台为界,北至八斥大浦桥,东至运河,西至吴溇,今辖九百六十七圩。”

当然亦有巡检司、总兵所驻而不载其所辖范围者,如光绪三十年(1904)《常昭合志・市镇》:“福山镇,跨福山港口……距今县城三十六

1 胡恒:《清代巡检司时空分布特征初探》,《史学月刊》2009年第11期。

里福山镇总兵官驻焉，向与江北狼山为对渡，称重镇。城内近颇荒寂，惟北门外居民较密，镇则为市舶所集，人烟繁盛，每值鱼汛，商贩尤多，街四道，居民数百户。”

比较特殊的是宝山县罗店镇。罗店镇曾设有把总，晚清又设过水师营，康熙年间因水灾，设过赈灾粥厂，所赈灾的区域亦称为厂，于是罗店镇和罗店厂名混称。光绪十五年（1889）刊《罗店镇志·疆里志上》（今属上海市宝山区）：“里至：镇之有界，至所以别乎镇，邑之有界，至所以别乎邑也。顾或谓同隶一邑志之，似赘，不知绣壤相连各分，夫厂域则方隅所至，自按其里程统八方而计之，广袤地不下六七十里焉。考证者庶知邑有公事，畛域难淆，奚待列树以表，用鼓以记，而后知里数载？康熙九年水灾，嘉定乡镇多设粥厂赈饥，自后遇有公事，城乡各镇分厂办理，而镇遂以厂名。东至砖桥计九里接月浦镇界……西至界泾，市梢三元桥为界桥，西接嘉定界……南至张茜泾计七里，接刘行镇界……北至马家弄计九里，东北至施家村计八里河为界，河南本厂，河北北六图；东南至马渡堰计十二里接杨行镇界；西南至介山墩计七里，路为界，南广福镇界，西杨泾即嘉定界；西北至牛角尖计十八里接嘉定界，北接镇洋界。”乡都：“国朝雍正三年分县，县领守信、依仁、循义、乐智四乡，而罗店镇领守信四都、五都、六都，循义乡二十三都，乐智乡二十六都，共十二号四十四图。”

《罗店镇志·疆里志上·风俗》：“罗店素称饶富，有金罗店、银南翔之名。庚申匪扰后，家多中落，称饶富者百无一二。然俭勤之风犹有存焉。分属罗店厂者共四十四图。其种亦宜木棉而不宜禾。”镇之四乡多产木棉。

其卷3《武备志》：“营汛：明顾泾司辖汛十，罗店其一焉。至国朝设内地墩汛，罗店为吴淞营管辖，驻外委把总一员，建立营房，在黄号二十图四都土地祠前。咸丰十年废，现僦民屋居之。同治十一年总督曾国藩奏准设立外海六营水师，而罗店汛改为提标后营所辖，设把总一员，驻嘉定；专防额外外委一员，驻罗店协防。”

以上是罗店镇（厂）记载的辖区。因为罗店设置过把总、营汛，还办过赈粥厂，所以罗店镇又称罗店厂，志首有“罗店厂图”，也即罗店镇图，范围很广，而另有“罗店镇图”，实为中心镇区。

直至清末，体制仍旧。如新阳县信义镇，今昆山市正仪镇。赵诒翼纂宣统三年《信义志稿·沿革》：“疆域：……信义为新阳首镇，境内道里不及通县十分之二，约计东西一十二里，南北一十六里。东至九里桥接本县寒区二十六图界，西至界浦与元和县分界，南至吴淞江与昆山县分界，北至大方潭村，接本县政区十七图界。东南至南星渎镇，接本县闰区十五图界，西南至南莘田村，与元和县分界，东北至唐泾村，接本县寒区四图界，西北至阳城湖，与元和县分界。”可知其东西十二里、南北十六里者，实为巴城巡检司所辖区域。卷19《公署》：“信义旧置巴城巡检一员。明洪武三年建置于高墟村。后移信义浦东，有外门、正厅、板榜、监房。国朝雍正三年析属新阳，署久废，僦居民房。嘉庆元年巡检萧云龙建署于县治学东孤老弄内，二十一年巡检张元禧重修，旋废。道咸间，仍就居信义。兵燹克复后，在巴城镇，或借民房，或借庙宇。光绪六年巡检吴鹏移驻信义，在冬区二十二图上滩圩内，建署，履亩出资。”这里所谓“巴城镇”，当为镇为中心区。

当然，也有特例，如吴江县黎里镇，情况有些特殊。黎里原先仅是一个普通的集镇，乾隆前为驻在芦墟镇的分湖巡司所辖。所以嘉庆十年（1805）《黎里志·形胜》记云：“本镇东西距三里半，周八余里，民居稠密，瓦屋鳞次，治街有廊，不需雨具。”所述镇区极小，当指镇区中心，并无四至范围。以后乾隆年间，分湖司迁驻黎里，应该也有辖区范围，可能是巡检司所辖范围未变，所以嘉庆十年所修《黎里志》里就没记镇的四至。[1]

另外，有设官司而仍不称镇者。如乾隆十一年《震泽县志·疆土志四·镇市村》记有102村名，并云：“按：简村、吴溇并设官将防遏，非若严墓、练聚桥等处之仅驻外委官，宜改称为镇。”

另有一种情况是，由于某个集镇是一个乡的商业经济中心，这个集镇的经济活动范围几乎遍及该乡的每个村落，于是对当地人而言，即便这个经济中心并未设有官司，也往往就将该乡范围内的各村视作是镇的范围。例如今上海市嘉定区娄塘镇。清嘉庆陈曦纂《娄塘志》凡例：“镇者，重也，压也。周以四方山之至大者为镇。今民居之稠，关津之所，亦以镇名，义取诸此。顾乡之民散而处，镇之民聚而居，欲由聚以统散，由必取乡以属镇，犹邑之以县城联四境也。”

又如《法华乡志》序：“《法华乡志》，清嘉庆年间王一亭先生所撰。原名《法华镇志》，未及刊行，只有钞本，鲁鱼亥豕，舛讹滋多。胡君笠夫重加修

1　嘉庆十年《黎里志》卷3：“黎里属分湖司巡检所辖，分署本在芦墟镇，镇宋元并建，明因之。洪武二年巡检拜住修。国朝康熙中巡检刘度重建后，以芦墟村稀事少，于乾隆初年迁驻黎里，僦民舍居听事，在作字圩”，“黎里汛旧有千总署，赁民房为之。国朝顺治四年设，康熙初年裁去。其兵为并芦墟汛管辖，署在芦墟镇北泗州寺旁，外委千总所驻同。近借居泗州寺，又寓居黎里城隍庙及刘王庙往来其间”。

辑，续增者十之七，更名《法华乡志》，书成，属余为之序……民国十一年五月知上海县事绍兴沈宝昌序。"《法华乡志》序："法华离城十二里，为余世代故居，俗尚俭朴，初为城西首镇，所毗连之地，东北曰静安寺，东南曰龙华，南曰漕河泾，西南曰虹桥，西曰北新泾，西北曰杠桥。若徐家汇、曹家渡，则后起之秀也。民国十一年法华乡经董李鸿翥序。"《法华乡志・沿革》："初犹称巷，以附邑独近为冠盖之冲，遂成镇，始于明中叶。按：《王氏家谱》，有三边总制王国宝父大化，隆庆间迁法华镇西之上澳塘；又王浦川于嘉靖年□法华金氏。据此二事，称名之始，当在嘉靖间。""法华本属镇名，逢咸丰十年谕办团练，谓之法华局。光绪三十二年开办学堂，改为区，谓之法华区。宣统三年城镇乡自治成立，丁口不满五万者，谓之乡，又改称法华乡。"[1]可见法华称乡称镇并无精确的含义。

又如道光《唯亭志》凡例："乡里识事之书，本不得上拟郡邑而称志。唯亭之称志，盖为元和邑首镇，且吴淞以北，阳城以南，界浦以西，外跨塘以东之村庄，并附于镇方二三十里，俨然一春秋附庸之地也，故称志。""元和既有志，唯亭镇及所附村庄，自宜采入邑志，另编里志赘矣。不知邑志则识其大者，里并识其小者。邑则统载一邑之事。事烦不得不略，里则俟载一里之事，少不妨稍详，考事者可犄然心目矣。"

以上引文说明，唯亭是元和县内最大的商业中心，其商业活动范围辐射到周围二三十里的村庄，于是唯亭亦被称为镇。这说明往往有乡和镇混称的现象发生。

以上即镇有区域范围的由来。

三

此外，还有一种商业聚落被称为集镇，其既无官司设置，也非一乡的经济中心，但是由于商业比较繁荣，人口比较集居，当地人也称之为镇。这种镇一般范围较小，周围不过数里，并无四至的记录。

今江苏太仓沙溪镇即是一例。清顺治十七年（1660）纂、乾隆五年（1740）增补《沙头里志・里至》："镇东西广三里，南北袤二里。旧志各削一里（国初屯兵民房皆拆毁）……镇地跨二都、十五都、二十八都。"

震泽县属梅堰镇，乾隆十一年《震泽县志・疆土志四・镇市村》："梅堰市，在十九都，去县治西南六十五里。明初以村名。嘉靖间居民五百余家，

1 （清）王钟纂、胡人凤续纂：《法华乡志》，嘉庆年间修，民国十一年（1922）铅印本。

自成市井，乃称市。今居民货物日盛，俗遂称为镇云。”

另有南汇县属周浦镇、新场镇、一团镇、御界桥镇、瓦屑墩镇、太平桥镇。光绪五年(1879)《南汇县志·疆域志》载：“十七保各镇：周浦镇，邑西北四十八里，一名杜浦。元置下沙杜浦巡司，后他徙，明嘉靖间移三林巡检司。自顺治己亥科，朱锦会试抡元，向学者众，科名遂多。街道回复，绵亘四五里。其东西街夹咸塘，南北街夹周浦塘，民居稠密，为通邑巨镇。雍正四年置新县，粮仓漕艘毕集，市肆益盛。咸丰癸丑春，仓毁于火，西市为之衰落。辛酉、壬戌间，为粤匪所扰，兵燹相仍，几成焦土。今复兴建，廛舍稍稍成市，犹未尽复旧观云”“新场镇，邑西南二十四里，一名石笋滩。宋建炎间有两浙盐运司署，后迁盐场于此，故得今名。北桥司亦来此收税，歌楼酒肆商贾辐辏，乡人有赛苏州之谣。南北长街四五里，东西各二里许，科第两朝称盛，后毁”“一团镇，即大团镇，邑南二十四里下沙头场盐大使署建此……同治年间添设沿海一带沙土开拓，民居稠密，市中贸日兴，大户亦多殷实，以盛氏为巨擘，称雄镇焉”“御界桥镇，邑西北六十里，咸塘北尽处，肆约二十家”“瓦屑墩镇，邑西北三十里。昔张氏聚族于此，嘉靖间倭入寇，毁张氏居，积瓦砾成墩，故名，依北六灶港北岸，列肆对面街约三四十家”“太平桥镇，邑西南八十里……去各镇均远，居民数十家，今渐有市”。

又有今上海市嘉定区石冈镇、广福镇。嘉庆十二年(1807)《石冈广福合志·市镇》：“石冈市，出号八图，跨冈身南北，水陆要冲，市商辏集。戬浜桥市，在六都，明时素有市廛，兵燹后，仅存萧姓数家。自里人萧鱼会建屋成街，客商咸集。广福镇，在六都，东西一里，半隶宝山”，“市，恃也。养赡老小，恃以不匮也。镇，重也，压也。大抵市小而镇大也。《练川图志》有张泾镇，今已无考。《曾志》五市七镇后市亦称镇，无他，以居民有聚散，贸易有盛衰故也。广福镇，明嘉靖中三百户耳。天启初有千室之聚也。近日石冈、戬浜桥人烟辐辏，俱已成市，特备载焉”。

以上数镇范围不过一二里，一条十字街，由于商业比较繁荣，人口集居，于是亦被称镇。

通过以上论述，我们可以清楚地了解到清代的市集之所以称镇，并无严格的标准，其基本条件是商业比较繁荣，人口比较集中。有的因治安、防御和抽税等管理的需要设有某种官司，这类市集往往被称为镇，但也有并未设有官司而称镇的。因此某一市集称不称镇与官司的设置，没有必然直接关系。《清史稿·地理志》《清国史·地理志》作者主要沿袭《元丰九域志》《金史·地理志》体例，每一县下必列举几个镇名，殊不知宋金时期，县以下镇是一种管理商业贸易的建制，而清代不是。因此其选择并无严格的体例标准。所以我们在新编《清史·地理志》时，将镇只作为县级以下的商业聚落小地名处理。

（原载《清史研究》2010年第2期）

青龙镇兴衰考辨[1]

二十六年前，我发表了第一篇关于青龙镇的文章《上海地区最早的对外贸易港——青龙镇》，刊登于1980年《中华文史论丛》第一辑。当时这个题目尚未引人注意，也没有多少前人成果可以吸收，我写得比较粗略，基本上属于描述性叙述，没有作深入的思考。近二十多年来，江南市镇的研究，成为史学界和历史地理学界的热门课题，长江三角洲和上海地区的市镇又是热中之热的话题，于是有关青龙镇的文章也就多起来了。但基本上还是停留在描述性的介绍，有些问题还是不够明确。故再撰此文，谈谈有些看法。

一、关于置镇的时代问题

唐宋两代各种文献里都没有记录青龙镇的设置年代。[2] 明嘉靖《上海县志》说青龙镇置于唐天宝五载(746)，此后，明清两代地方志以及近年研究上海地区历史地理的论著，都沿袭了此说。只有傅宗文《宋代草市镇研究》认为："青龙镇置于仁宗景祐年中。"[3]天宝五载说是令人怀疑的。首先，镇是北魏至唐代的一种军事建制，《新唐书·兵志》："唐初，兵之戍边者，大曰军，小曰守捉，曰城，曰镇，而总之者曰道。"大多设在边防军事要地。《新唐书·地理志》陇右道西北诸州下就有不少镇的记载，即为防突厥、吐蕃所设，典型的安西四镇即是。此外，如《通典·州郡典》《元和郡县志》《唐会要》等典籍都有唐代军镇的记载，如果青龙镇置于天宝五载，比华亭置县还早五年(华亭县置于天宝十载，751年)，这些典籍全部漏载是难以想象的。其次，华亭县据《元和郡县志》记载，是天宝十载割吴郡(即苏州)昆山、嘉兴、海盐三县滨海之地所置。青龙镇去华亭县五十四里，华亭县去苏州治吴县二百七十里，

---

1 本研究受教育部人文社会科学重点研究基地基金资助(05JJD770113、05JJD770007)联合资助。

2 在第一篇文章里，我因将《宋会要辑稿》方域一二之一八"秀州海盐县宁海镇，淳化二年置；青龙镇，大观中改名通惠镇，绍兴元年复"这一段文字读了破句，将"淳化二年置"与"青龙镇"相连，故误认为青龙镇置于淳化二年。后去信编辑部改正。

3 傅宗文：《宋代草市镇研究》，福建人民出版社1989年，第271页。

也就是说，在华亭县未置以前，唐天宝时东南沿海并无外敌或海寇的情况下，苏州吴县在县东三百二十里外的滨海地区设置军事性质的青龙镇，实在是难以使人理解的。其三，唐陆广微《吴地记》、宋代初年《太平寰宇记》秀州华亭县都没有青龙镇的记载，最早见于记载的是《元丰九域志》，已经是宋代中期了，也不提置于何年。元《至元嘉禾志》卷3镇市："青龙镇在（松江）府东北五十四里。"又云："考证：旧为海商辐辏之所，镇之得名，莫详所自。"可见宋元时代的典籍都没有明确说青龙镇置于何时，明人何能知之？据南宋《绍熙云间志》卷中，青龙镇上有隆福寺，原名报德寺，唐长庆年造。明嘉靖《上海县志》说此寺建于唐天宝年间，寺中浮图置于长庆年间。这个浮图就是今天旧青浦东南约三里的青龙村的吉云禅寺塔。明《嘉靖志》误将青龙镇的置年说成是天宝五载，可能是因隆福寺的置年而引起的。总之，天宝五载置镇说，恐怕是难以成立的。

那么，青龙镇设置的大致年代能不能搞清呢？确凿的记载是没有的。只能姑作推论。今见成书于北宋元丰三年（1080）的《元丰九域志》和元丰七年（1084）成书的《吴郡图经续记》开始有青龙镇的记载。《吴郡图经续记》卷中云："今观松江正流下吴江县，过甫里，径华亭，入青龙镇，海商之所凑集也。《图经》云：松江东写海曰沪渎，亦曰沪海。今青龙镇旁沪渎村是也。"这说明北宋元丰年间青龙镇海上贸易已经很发达了。据张修桂教授研究认为，"松江河曲弯道的发育，是松江青龙镇河段弯道形成的前提背景"，"青龙镇的繁荣昌盛，是松江裁弯河段仍以青龙江而著称的源流"。[1] 张修桂教授认为青龙镇的繁荣与松江裁弯河段的形成有密切关系，是很正确的。但青龙镇的设置则另有一种情况。

《绍熙云间志》卷上云："青龙镇去县五十四里，居松江之阴，海商辐凑之所。镇之得名莫详所自。"朱伯原《续吴郡图经》云："昔孙吴造青龙战舰置之此地，因以得名。国朝景祐中，置文臣理镇事，以右职副之。今止文臣一员。政和间改曰通惠。高宗即位复为青龙云。"《绍熙云间志》卷上还有一段十分重要的话："（唐）僖宗入蜀，时群盗桀结，王腾据华亭，其后吴越王钱镠遣顾全武拔之。自此地入吴越。……今县有华亭镇印，或者遂谓自镇为县，不知所谓镇者，唐因隋制，置镇将副以掌捍防守御之事，县之冗职耳。唐季五代或用土豪小校为之。国初镇将虽存，而县令及尉实掌其权。《祥符图经》载镇在西南二百步，而《元丰九域志》则废矣。如自镇而为县，则新史《舆地志》

1　张修桂：《青龙江演变的历史过程》，见《历史地理》第22辑，上海人民出版社2007年。

诸书不应略而不言也。"由此推测，可能吴越钱镠据有华亭后，为军事防守需要置青龙镇，为华亭县沿海一军镇，以武臣为镇将任守御之职。故有孙吴造战舰之传说，当时以武臣理镇事，乃沿唐制。至北宋景祐（1034—1038）中置文臣理镇事。傅宗文以"置"字连上读，遂认为置于"景祐中"。北宋景祐中改文臣理镇事，标志着青龙镇由军事镇向商业镇转化的开始。

二、青龙镇商业贸易繁盛及其地理条件

当吴淞江河曲十分发育、河道弯曲、泥沙淤积、水流不畅的情况下，青龙镇很难作为海商船舶频繁进出的贸易港口。因此，青龙镇作为商业贸易港的出现，当以吴淞江裁弯以后水流畅通为条件。据张修桂研究，北宋宝元元年（1038）盘龙湾的裁弯是吴淞江见于记载的最早一次裁弯，裁弯以后，"道直流速，其患遂弭"。盘龙弯在青龙江下游，它的裁弯对其上游青龙江一段吴淞江的流畅，必有积极的影响。以后嘉祐年间（1056—1063）对吴淞江的白鹤汇再作一次裁弯，形成青龙江以北一段吴淞江的排洪新道，民得其利。原来这一段吴淞江旧道变成了可以避风的叉道，形成以青龙镇命名青龙江的情况。

据《吴郡图经续记》卷下云："景祐中，范文正公来治此州，适当歉岁，深究利病，不苟兴作。公以谓松江不能尽泄震泽众湖之水，虽北压扬子江，东抵巨海，河渠至多，堙塞已久，不能分其势。今当疏导诸邑之水，东南入于松江，东北入于扬子与海也。于是亲至海浦，开浚五河。（询之旧老，云茜泾之类是也）是时，论者沮之。……于是力破浮议。疏瀹积潦，民至今受其赐。"据方健《范仲淹评传》附录《范仲淹年谱（简编）》，景祐元年（1034）秋范仲淹移守乡郡姑苏，次年十二月除权知开封府，[1]则其开五河事当在二年。这次疏浚吴淞江支流，对改善吴淞江的排水条件当起一定作用。青龙镇的海上交通条件明显改善，促成景祐中青龙镇职能向商业贸易转化，改由文臣理镇事。以后盘龙湾、白鹤湾的裁直，为海上交通提供了优良条件，于是青龙镇繁荣的商贸顿然兴起。

元丰五年（1082）陈林《隆平寺经藏记》云："青龙镇瞰松江上，据沪渎之口，岛夷、闽、粤、交广之途所自出，风樯浪舶，朝夕上下，富商巨贾，豪宗右姓之所会。"[2]据《宋会要辑稿·食货》十六之九记载，熙宁年间秀州（治嘉兴）辖

1 方健：《范仲淹评传》，南京大学出版社2001年，第490—491页。

2 （宋）杨潜：《云间志》卷下。

区内有在城(秀州城内)、华亭、海盐、崇德、青龙、魏塘、广陈、澉浦等税场。熙宁十年(1077)一年商税总额为65 426贯934文,在城税场为27 542贯640文,青龙税场为15 879贯403文,超过华亭县税场10 618贯671文,占第二位。其余六场均在万贯以下。由此可见,青龙镇是秀州地区商业最繁荣的一个市镇。

政和三年(1113)在青龙镇所属的秀州华亭县设置管理对外贸易的市舶务,并置专任监官,为设置在杭州的两浙市舶司属下的分支机构。市舶务主要职责有二:一为抽解,即对外商舶船货物抽实物税,细货十一,粗货十三或更多;二为博买,即政府对外商舶船货物中禁榷之物全部收购,再由政府将其中部分商品卖给商人(专卖)。前者执行机构称抽解务,后者称榷货场(务)。两者以抽解为主,故时有以抽解务为市舶务的代称。如"元丰六年十一月十七日密州范锷言,欲于本州置市舶司,于板桥镇置抽解务,笼贾人专利之权归之公"[1]。后因"青龙江浦堙塞,少有蕃商舶船前来",遂罢去专任监官,由华亭知县兼任监官事。宣和元年(1119)两浙提举长平赵霖对白鹤汇进行第二次裁弯取直,又疏浚了青龙江,航道畅通,"蕃商舶船辐辏往泊",贸易事务繁忙,又恢复了专任监官。[2] 这次吴淞江白鹤汇的裁弯取直,对青龙镇的贸易繁荣具有重大影响。

到了南宋初年,青龙镇的贸易进一步繁荣。市镇规模十分可观,镇上有三十六坊,有镇学,有酒坊,茶、盐、酒等务在镇上均设有税场。并置有水陆巡检司。镇治堂宇以及市坊中坊巷、街衢、桥梁,规模颇似一县城。人口杂处,百货交集,"市廛杂夷夏之人,宝货当东南之物",市容繁华,时人誉为"小杭州"。[3] 建炎四年(1130)两浙市舶刘无极建议:待青龙镇至秀州华亭县"往来通快,物货兴盛,即将华亭县市舶务移就本(青龙)镇置立。诏依"[4]。以后绍兴二年(1132)三月三日两浙市舶司移至华亭县置司。[5] 三年,户部报两浙市舶司下有临安府、明州、温州、秀州华亭及青龙五务。[6] 可知华亭市舶务确曾移至青龙镇,而两浙市舶司由杭州迁至华亭县,当然与青龙镇海外贸易发达有关。此时为青龙镇海外贸易的鼎盛时期。

1 《宋会要辑稿·职官》四四之七。
2 《宋会要辑稿·职官》四四之一一。
3 《同治上海县志》卷2,市镇;《嘉靖上海县志》卷8《青龙学记》。
4 《宋会要辑稿·职官》四四之一三。
5 《宋会要辑稿·职官》四四之一四。
6 《宋会要辑稿·职官》四四之一六。

三、青龙镇衰落的背景和过程

正如张修桂文章中指出："正因为青龙江泥沙淤积是吴淞江分汊河道发展的必然。所以尽管赵霖在宣和元年修挖白鹤汇时很注意工程质量，但不到半世纪，淤塞的情况便已出现。青龙江航道通航能力已经显著下降。"青龙镇的海外贸易因而逐渐衰落。南宋乾道二年（1166）撤销了在华亭县的两浙市舶司，对辖下的五个市舶务（华亭、青龙两务合一，驻华亭，绍兴十五年又在江阴军置市舶务）的管理事务由两浙转运司提督兼任。以后，由于政治上的原因，[1]光宗绍熙年间临安市舶务废，宁宗庆元以后，江阴军和秀、温二州的市舶务亦废，海外来船只能到明州港贸易。[2] 青龙镇无外商海舶来贸易，地方政府当然无意致力于青龙江的疏浚，江道淤浅是势所必然的事。咸淳（1265—1274）中在上海镇置市舶分司，[3]吴淞江上的贸易港从青龙镇转移到了上海镇。有趣的是，当时上海镇上的市舶司仍名青龙司。《弘治上海县志》卷五堂宇云："丹凤楼在县东北。宋咸淳八年孟秋青龙市舶三山陈珩书建。"华亭的青龙市舶怎么会在上海县城内建丹凤楼？唯一能解释的就是上海设司之初，仍沿用风光了一百多年的青龙司的名称。

那条支撑青龙镇兴起的青龙江，至元末"东尽艾祁浦皆葭菼茅蓧"[4]。明嘉靖时青龙江"仅同沟浍而已"[5]。嘉靖二十一年（1542）置青浦县时，县治还设在青龙镇，说明当时贸易港地位消失，镇市规模还在，尚可作为县治。嘉靖三十二年（1553）青浦县撤销。过了二十年，万历元年（1573）重建青浦县时，治所改在唐行（今青浦区政府所在）。不久青龙镇制撤销，改建新泾巡检司，时人习惯称其为青浦旧县。

青龙镇存在了约六百余年，作为商业贸易港大约有一百三十余年。其最繁盛的辉煌时期是北宋熙宁至南宋绍兴的近一百年。它的兴衰与吴淞江及其岔道青龙江的通塞有着密切的关系。

（原载《历史地理》第22辑，上海人民出版社2007年版）

---

1 陈高华、吴泰：《宋元时期的海外贸易》，天津人民出版社1981年，第182页。

2 《宝庆四明志》卷6市舶："光宗皇帝嗣服之初，禁贾舶至澉浦，则杭务废。宁宗皇帝更化之后，禁贾舶泊江阴及温秀州，则三郡之务又废。凡中国之贾、高丽与日本诸蕃之至中国者，惟庆元得受而遣焉。"

3 《同治上海县志》卷5，董楷《受福亭记》。

4 王逢：《梧溪集》卷6。

5 《嘉靖上海县志》卷1，山川。

北宋黄河东北流之争与朋党政治

一、问题的提出

众所周知，黄河在我国历史上曾经以“善淤、善决、善徙”而闻名于世。据文献记载的粗略统计，二三千年里黄河为患约有 1 500 余次之多，较大的改道也有二十余次。如果按历史分期的话，西汉是历史上河患比较频繁的时期，东汉明帝永平十二年(69)王景治河以后，下游河道历经了八百年的相对稳定时期；从唐末五代开始，河患又趋频繁；到了北宋，河患更是进入了决溢频繁、改徙无常的时代。

北宋初年河患已经比较严重，并有日益加剧的趋势。据有关专家研究，五代中至元前期是我国历史上的气候温暖湿润期，北宋前中期的“1010 年以后，中国东部的气候又向温暖转化。11 世纪后五十年中温度达到最高，形成这个温暖期的第二个暖峰”[1]。由于气温升高，气候湿润，黄河中上游地区的降水增多，下游遭遇洪水的概率就高，加上唐宋以后中游黄土高原上水土流失加剧，洪水发生时带来大量泥沙，下游河道决溢概率就随之增高。这是北宋河患频繁的自然背景。庆历以后，黄河下游河道出现了决而北流，东北于天津入海；决而东流，于山东入海的两派，历史上称之为东流与北流。此后，黄河时而东流(历时 16 年)，时而北流(历时 49 年)，时而两派并存(历时 15 年)，河道徙移不定，河水决溢连年，大批城镇乡村被洪水所淹，人民流离失所，致使出现“京东、河北累岁饥歉，民多流移，近兖州称民有夫妻相食，而村野新殡，率被发掘，啖其尸肉”[2]的惨状。然而据今人研究，北宋时期人们对黄河的水情、泥沙运行规律的认识和河堤埽工技术都较前代有很大的进步，[3]虽然面临的是西汉以来黄河中游最恶劣的环境，但何以这种进步不能使河患有所减轻，反而愈演愈烈呢?

1　施雅风、张丕远:《中国历史气候变化》，山东科学技术出版社 1996 年，第 297 页。

2　《续资治通鉴长编》卷 416，元祐三年十一月癸卯朔赵瞻言。

3　武汉水利电力学院、水利水电科学研究院《中国水利史稿》编写组:《中国水利史稿》中册，第七章第二节“北宋时期黄河的治理”，电力出版社 1987 年，第 195—204 页。

究其原因，除了自然因素外，社会政治因素起了很大的作用，简言之，就是与北宋时期朝廷中的朋党政治有关。原来北宋建国之初，吸取了唐末五代以来军阀割据的历史教训，推行“以士大夫治天下”的重文轻武的国策，当宋初面临着积贫积弱的窘迫局面时，士大夫参政意识十分强烈，均以天下为己任，纷纷对国是发表不同意见，于是出现了“义”“利”之辨，结党营私，党同伐异，于是有“君子党”“小人党”之争。朝廷为了加强中央集权，建立为“人主之耳目”的台谏制度。虽然宋代的台谏制度在监察吏治方面有其积极的一面，[1]但其消极方面也是显而易见的，如台谏官“许风闻言事者，不问其言所从来，又不责言之必实。若他人言不实，即得诬告及上书诈不实之罪，谏官、御史则虽失实，亦不加罪。此是许风闻言事”[2]。谏官们发言无须负政治责任，往往以立异为胜，朝廷从而推行“异党相扰”的政策，即是皇帝蓄意让政见相左、各不相容的大臣们共处一朝，使之相互纠讦，相互监视，相互牵制，以便使专制君主达到在最高统治集团内部消除任何潜在威胁的目的。[3]北宋中期，政坛上经历庆历新政、熙宁变法、元祐更化和哲宗绍述等政治变革的动荡时期，新旧党争以及新旧党各自内部派系斗争十分复杂，各个集团为了政治问题互相攻讦，凡事不论青红皂白，对方主张者，必反其道攻之。因此，水火不相容的两派在极力网罗力量时，也没有是非标准，主要是着眼于“趣向异同”“同我者谓之正人，异我者疑为邪党”。[4] 于是黄河的治理问题也成为不同政见者争论的热点，一派主张东流，则另一派必主张北流，其中虽也有一些对黄河比较了解的真知灼见，但大多数对治河一无所知，不少台谏官对黄河治理毫无所知，为了表示谏官的身份，也要胡诌一番。还有身为治河官吏不以切实治河为念，而是以当权宰相意向为准则，见风使舵，随声附和而已。于是当主张东流一派得势，即堵塞北流，决而东流；主张北流一派得势，即堵塞东流，决而北流。结果黄河就出现时而东流，时而北流，时而两派并存的混乱局面，给黄河下游平原人民带来深重的灾难。治理黄河原是安定社会、造福人民的事，而那些对治河毫无知识的大臣们却挟以党争之私，不以人民生命财产为念，相互攻讦，随意改徙，直至北宋亡国，河患未息。北宋亡国固然有很多原因，但是庆历以后的八十年内，地处军事前线的河北平原上河患连年，劳役不息，国家人力、财力上大量消耗，人民长期生活在水

1 肖建新：《宋代的监察机制》，《安徽史学》2006 年第 2 期，第 10—18 页。

2 《续资治通鉴长编》卷 210，熙宁三年夏四月壬午王安石言。

3 罗家祥：《朋党之争与北宋政治》，华中师范大学出版社 2002 年，第 7 页。

4 罗家祥：《朋党之争与北宋政治》，华中师范大学出版社 2002 年，第 142 页。

深火热之中，社会元气大伤，恐怕也是重要的原因之一。

本文试图通过具体史实，对北宋中期以后黄河东北流之争幕后的政治背景作一考察，以揭示在我国传统封建集权社会里，政治因素在社会生活中的重大影响。

二、北宋前期的河患

北宋前期的河患，实肇始于五代后周显德元年(954)。该年大河在东平之杨刘(今山东东阿县东北杨柳)决口，向东北决出一条名为赤河的决流。[1]据有关专家考证，赤河所经在汉唐以来黄河河道之北，在今山东境内入渤海。[2] 北宋乾德二年(964)为防止黄河再决，在河道上修了一道遥堤，“以御冲注之患”；三年(965)黄河又在杨刘以上的开封府阳武、孟、澶、滑诸州境内决口；四年(966)滑州又决，坏灵河县大堤；五年(967)全面修治了黄河下游大堤，并规定黄河下游沿线的开封、大名、郓、澶、滑、孟、濮、齐、淄、沧、棣、滨、德、博、怀、卫、郑等十七府州长吏兼本州河堤事，加强了沿河各府州对河防的责任。开宝五年(972)又规定沿河各府州县民除传统种植桑、枣外，还需种植榆、柳及别种所宜之木，一为固河堤，二为万一决口可备堵口之材。该年又规定沿河十七府州多置河堤判官一员，以本州通判充，如通判阙员，则以本州判官充。虽然在太平兴国二年(977)对黄河下游堤防又作了一次全面的修缮，但河堤溃决的事例仍时有发生，如八年、九年黄河都曾在滑州一带决口，事后虽将决口堵住，但澶、滑一带民众数被其害。以后咸平二年(999)河决郓州王陵埽，“浮巨野”，夺泗入淮；景德元年(1004)河决澶州横陇埽；大中祥符四年(1011)河决棣州聂家口。这几次决口后，都及时堵口，所以成灾并不严重。不久天禧三年(1019)六月河决滑州天台埽，浸溢州城，洪水历澶、濮、曹、郓，注梁山泊，夺泗入淮；四年(1020)二月河塞，六月河复决于天台埽下，“害如三年而益甚”。水灾历时七年，直至天圣五年(1027)朝廷发丁夫三万八千、卒二万二千、缗钱五十万，才将决口堵塞住，以其近天台山麓，名曰天台埽。景祐元年(1034)七月河决澶州横陇埽，这一次没有堵口，“自此久不复塞，而议开分水河以杀其暴。未兴工而河流自分”，形成了一条横陇河新道。[3] 据考证，横陇故道在东汉以来黄河之北，东流于渤海湾南岸

1 《宋史》卷91《河渠志一·黄河上》。

2 李孝聪：《赤河考》，《历史地理》第4辑，上海人民出版社1986年。

3 《宋史》卷91《河渠志一·黄河上》。

入海。[1] 不久，庆历八年（1048）河决商胡埽，北流合永济渠注乾宁军，于今天津市区入海，即北宋黄河历史上的北流。

我们就史实而言，北宋前期对黄河的防治，应该说是相当尽力的，多次全面修缮黄河下游河道的堤防，沿堤植树以固堤，加强沿河地方官吏河防的职责；开宝四年（971）河决澶州，泛数州，因官守不时上报，通判、司封郎中姚恕弃市，知州杜审肇坐免，执法不可谓不严。但河患最终未能减轻的原因一是汉唐以来黄河下游河道流经已近千年，由于长期没有决口，大量泥沙淤积在河床中，河床日久淤高形成悬河，如棣州“河势高民屋殆逾丈”。如此悬河，一旦洪水来到，堤防薄弱处必溃无疑。二是黄河下游河道自孟州以下原为宽堤，洪水可在堤内游荡，但是到了下游澶（今河南濮阳市）、滑（今河南滑县东旧滑城）一段两岸有山体约束，河道最为狭隘，所谓“自孟抵郓，虽有堤防，唯滑与澶最为狭隘”[2]。上游洪水到来，至此壅水，极易溃决。所以宋代前期河决大多在澶、滑境内。总之，由于自然原因，北宋前期河患频繁实属不可避免的事。

三、黄河东流、北流之争

庆历八年黄河在澶州濮阳商胡埽（今河南濮阳市东昌胡集）决口，决河北流经今滏阳河与南运河之间，下合御河（今南运河）至今天津市区入海。这是黄河自西汉以后千余年来，第一次北流经河北平原中部至今天津市区于渤海湾西岸入海。[3] 事后朝廷就有人提出堵塞决口、河复故道的建议。这个故道指的是景祐元年决出的横陇河，时称横陇故道。不久，嘉祐五年黄河在魏州第六埽决口，遂分为二股河，自魏、恩东至于德、沧，入于海，是谓东流。自后北宋朝廷里开始出现了黄河维持东流还是维持北流的长期争论。北宋时期北流曾经出现过三道，第一次即上述庆历八年发生的北流，熙宁二年（1069）被塞，河复东流；第二次北流发生在元丰四年（1081），河决小吴埽，“自澶注入御河”，元祐八年（1093）北流复塞，河归东流；第三次发生在元符二年（1099）六月，河决内黄口，又行北流，“东流遂断绝”。[4] 嗣后，黄河北流的局面一直维持至北宋灭亡。南宋建炎二年（1128）东京留守司杜充为防金兵南下、西进，在滑县以西人为决口，大河决而东南夺泗入淮，结束了千余年来黄河北流（或东北流）入于渤海湾的历史。三次北流流经的具体地址虽有

1 邹逸麟：《北宋黄河下游横陇北流诸道考》，《文史》第12辑，1982年。

2 《宋史》卷91《河渠志一·黄河上》。

3 邹逸麟：《北宋黄河下游横陇北流诸道考》，《文史》第12辑，1982年。

4 《宋史》卷93《河渠志三·黄河三》。

不同，大致上都在今河北中部滏阳河以东、南运河以西的范围里游荡，所谓“东行至泰山之麓，则决而西；西行至西山之麓，则决而东”[1]。北宋历史上所谓东流不仅指嘉祐五年决出的二股河，也包括横陇故道和京东故道（即唐代以来大河，因流经宋代的京东东路而名），就是东北流经今山东、河北交界地区，至渤海湾南岸入海的，都称为东流。

自庆历八年黄河河决北流后，朝廷内部东北流之争大致可分为四个阶段：

（一）庆历八年至嘉祐元年（1048—1056）为第一阶段。庆历八年第一次出现北流时，朝廷中不少人就提出堵塞北流，但在恢复故道方面有两派意见：一派以判大名府贾昌朝为代表主张堵塞北流，恢复京东故道。[2] 一派以河北都转运使施昌言为代表主张堵塞北流，恢复横陇故道。这两派在堵塞北流、恢复东流问题上并无二致，不过在恢复什么故道上有分歧。事实上这两派的主张均难实现。京东故道经行千年，早已成为悬河，再也不可能恢复为黄河干流。贾昌朝为国子监说书出身，拘泥于禹迹漯川之行，故主张恢复京东故道，说明他对当时黄河实际形势全然无知。施昌言主张恢复横陇故道，也有极大难度。这本是对治河的两种不同观点，提出来讨论原无不可。但问题牵涉到政治权力的争斗上，情况就不同了。贾昌朝曾为宰相、枢密使，位高权大，为表示政治上的权威，竟因为施昌言在治河问题上与贾不合，将施从河北转运使位置上迁知兖州，实属太过。[3] 由于朝廷中对治河措施看

1 （宋）苏辙：《栾城集》卷46《论黄河东流札子》。

2 《续资治通鉴长编》卷165，庆历八年十二月：“庚辰，判大名府贾昌朝又言：‘按夏禹导河过覃怀，至大坯，酾为二渠，一即贝邱西南，《河渠书》称北过洚水至于大陆者是也；一即漯川，史说经东武阳，由千乘入海者是也。河自平原以北播为九道，齐桓公塞其八而并归徒骇。汉武帝时，决瓠子，久为梁、楚患，后卒塞之，筑宫其上，名曰宣房，复禹旧迹。至王莽时，贝邱西南渠遂竭，九河尽灭，独用漯川。而历代徙决不常，然不越郓、濮之北，魏、博之东，即今澶、滑大河，历北京朝城，由蒲台入海者，禹、汉千载之遗功也。国朝以来，开封、大名、怀、滑、澶、郓、濮、棣、齐之境，河屡决。天禧三年至四年夏连决，天台山傍尤甚。凡九载，乃塞之。天圣六年，又败王楚。景祐初，溃于横垅，遂塞王楚。于是河独从横垅出，至平原，分金、赤、游三河，经棣、滨之北入海。近岁海口壅淤，淖不可浚，是以去年河败德、博间者凡二十一。今夏溃于商胡，经北都之东，至于武城，遂贯御河，历冀、瀛二州之域，抵乾宁军，南达于海。今横垅故水，止存三分，金、赤、游河，皆已堙塞，惟出壅京口以东，大污民田，乃至于海。自古河决为害，莫甚于此。朝廷以朔方根本之地，御备契丹，取财用以馈军师者，惟沧、棣、滨、齐最厚。自横垅决，财利耗半，商胡之败，十失其八九。况国家恃此大河，内固京都，外限敌马。祖宗以来，留意河防，条禁严切者以此。今乃旁流散出，甚有可涉之处，臣窃谓朝廷未之思也。如或思之，则不可不救其弊。臣愚窃谓救之之术，莫若东复故道，尽塞诸口。按横垅以东至郓、濮间，堤埽具在，宜加完葺。其堙浅之处，可以时发近县夫，开寻至郓州东界。其南悉沿邱麓，高不能决。此皆平原旷野无所陂束，自古不为防岸以达于海，此历世之长利也。谨绘漯川、横垅、商胡三河为一图上进，惟陛下留省。’诏翰林侍读学士郭劝，入内侍省都知蓝元用与河北、京东转运使再行相度修复黄河故道利害以闻。”

3 《续资治通鉴长编》卷166，皇祐元年春正月：“庚子，徙河北都转运使施昌言知兖州。昌言议塞商胡决河令复故道，与贾昌朝不合，故徙之。”

法不一，迟迟未能下决心治理。未几，皇祐三年(1051)七月黄河又在大名府馆陶郭固决口。[1] 于是朝廷中又一次展开了治河方略的争论。一派以河渠司李仲昌为代表主张在黄河北流东岸六塔集(今河南清丰县东南六塔)开渠分河水入横陇故道，以纾一时之急。[2] 贾昌朝则仍坚持复京东故道。当时宰相文彦博、富弼支持李仲昌之议，欲修六塔，翰林学上承旨孙抃等也认为六塔河可导河东流。[3] 其实孙抃根本不懂治河，因为宰相富弼、文彦博主张李仲昌开六塔河，所以也跟着唱和。然而支援庆历新政的欧阳修是竭力反对复河东流的。[4] 他于至和二年(1055)上疏，认为"京东、横陇两河故道，皆是下流淤塞河水已弃之高地"，不能再恢复行水，天禧以来屡决于京东故道可以为证。横陇故道流经十余年来，海口先淤，以后下游梗涩，以致决于商胡，因此也不能复。他认为"河本泥沙，无不淤之理。淤淀之势，常先下流。下流淤高，水行不快渐壅，乃决上流之低下处，此其势之常也"。当今之计，唯有疏浚北流之海之道，使之下流畅通，是为最适宜之策。同年十二月辛亥再

---

1 《续资治通鉴长编》卷 170，皇祐三年秋七月："辛酉，河决大名府馆陶郭固口。"(《河渠志》在二年)

2 《续资治通鉴长编》卷 181，至和二年九月："丁卯，诏：'自商胡之决，大河注金堤，寖为河北患。其故道又以河北、京东岁饥，未能兴役。今勾当河渠司事李仲昌欲约水入六塔河，使归横陇旧河，以舒一时之急。其令两制以上、台谏官与河渠司同详定开故道、修六塔利害以闻。'"

3 《续资治通鉴长编》卷 181，至和二年九月："甲申，翰林学士承旨孙抃等言：'奉诏定黄河利害。其开故道，诚为经久之利，然功大不能猝就。其六塔河如相度容得大河，使导而东去，可以纾恩、冀金堤患，即乞许之。'议开故道者贾昌朝也，陈执中主其议。执中既罢，文彦博、富弼乃主李仲昌议，欲修六塔，故抃等答诏如此。"

4 《续资治通鉴长编》卷 181，至和二年九月："丙子，欧阳修言：伏见学士院集议修河，未有定论。盖由贾昌朝欲复故道，李仲昌请开六塔，互执一说，莫知孰是。臣愚见皆谓不然。言故道者未详利害之源，述六塔者近乎欺罔之谬。今谓故道可复者，但见河北水患，而欲还之京东。然不思天禧以来河水屡决之因，所以未知故道有不可复之势，此臣故谓未详利害之原也。若言六塔之利者，则不待攻而自破矣。且开六塔者既云减得大河水势，然今六塔既已开，而恩、冀之患，何为尚告奔腾之急？此则减水之利虚妄可知，未见其利也。又开六塔者云可以全回大河，使复横陇故道。见今六塔，止是分减之水，别河下流无归，已为滨、棣、德、博之患，若全回大河以入六塔，则顾其害如何？此臣故谓近乎欺罔之谬也。且臣闻河本泥沙，无不淤之理。淤淀之势，常先下流。下流淤高，水行不快渐壅，乃决上流之低下处，此其势之常也。然避高就下，水之本性，故河流已弃之道，自古难复。臣不复远引史书，广述河源，只且以今所欲复之故道，言天禧以来屡决之因。初，天禧中，河出京东，水行于今所谓故道者。水既淤涩，乃决天台埽，寻塞而复故道。未几，又决于滑州南铁狗庙，今所谓龙门埽者也。其后数年，又塞而复故道。已而又决王楚埽，所决差小，与故道分流，然而故道之水，终以壅淤，故又于横陇大决。是则决河非不能力塞，故道非不能力复，所复不久，终必决于上流者，由故道淤高而水不能行故也。及横陇既决，水流就下，所以十余年间，河未为患。至庆历三四年，横陇之水，又自下流海口先淤，凡一百四十余里。其后游、金、赤三河相次又淤。下流既梗，乃决于上流之商胡口。然则京东、横陇两河故道，皆是下流淤塞河水已弃之高地。京东故道，屡复屡决，理不可复，其验甚明。则六塔所开故道之不可复，不待言而易知也。……大约今河之势，负三决之虞：复故道，上流必决；开六塔，上流亦决；今河之下流，若不浚使入海，则上流亦决。臣请选知水利之臣，就其下流，求入海之路而浚之。不然，下流梗涩，则终虞上决，为患无涯。臣非知水者，但以今事目验者而较之尔，言狂计过，不足以备圣君博访之求。此大事也，伏乞下臣之议，广谋于众而裁择之。谨具状奏闻，伏候敕命。愿下臣议，裁取其当焉。"

次上奏，强调六塔河不能开，并指出“李仲昌小人，利口伪言，众所共恶”“仲昌利口诡辨，谓费物少而用功不多，不得不信为奇策，于是决意用之”。而实际上“况治水本无奇策，相地势，谨堤防，顺水性之所趋耳，虽大禹不过此也。夫所谓奇策者，不大利则大害，若循常之计，虽无大利，亦未至大害，此明智之士善择利者之所为也。今言修六塔者，奇策也，然终不可成而为害愈大；言顺水治堤者，常谈也，然无大利亦无大害。不知为国计者欲何所择哉？若谓利害不可必，但聚大众，兴大役，劳民困国，以试奇策而侥幸于有成者，臣谓虽执政之臣亦未必肯为也。况臣前已言河利害甚详，而未蒙采择，今复敢陈其大要，惟陛下计议之”。欧阳修之言是符合当时实际情况的。结果因为“时宰相富弼尤主仲昌议，疏奏，亦不省”。[1]

然而事情果然不出欧阳修所料，在嘉祐元年“夏四月壬子朔，堵塞北流，开六塔河分流，因六塔河太狭，不能容洪水，当夜即决”[2]。当时李仲昌奏请堵塞北流，开六塔河只需用薪三百万，工一万即可，可令河广二百余步。其目的是“先为小计，以求兴役尔”。结果六塔河宽仅四十余步，只能容大河水十分之三，况又在盛夏时兴役，洪水一来决口为必然之事，沿水滨、棣、德、博四州之民三万余户皆受其害。[3] “时宰相文彦博、富弼主李仲昌六塔河议。

1　以上均见《续资治通鉴长编》卷181，至和二年十二月辛亥条。

2　《续资治通鉴长编》卷182，嘉祐元年：“夏四月壬子朔，李仲昌等塞商胡北流，入六塔河，隘不能容，是夕复决，溺兵夫、漂刍藁不可胜数”“壬申，殿中诗御史赵抃言：臣伏睹今春朝廷指挥，商胡北流口，候至秋冬闭塞。其修河司李仲昌、张怀恩等全不依禀制旨，妄称水势自然过六塔新河，盛夏之初，遂尔闭合，一日之内，果即冲开，失坏物料一二百万，溺没兵夫性命不少。民力疲敝，道途惊嗟。岂非意在急功，力觊恩赏，失计败事，罪将谁归？伏望陛下特赐宸断，其仲昌、怀恩及应管勾臣僚使臣等，亟加贬黜，以正典刑，谢彼方之生灵，诫后来之妄作”。

3　《续资治通鉴长编》卷182，嘉祐元年：“六月……己巳，殿中侍御史赵抃言：‘臣昨弹奏李仲昌等不禀制旨，不恤人言，妄于暑夏之初，修闭六塔河口，失坏物料，重困兵民，愿正典刑，亟加贬黜。朝廷且责后效，埽约随又破决。急夫暴敛，河北几无聊生，余波横流，博州首被冲注。近睹责降李仲昌、张怀恩并充监当，李璋、蔡挺各移知州，转运使燕度等尚未加罪，中外籍籍，人情不平，皆谓如数年前王建中在河阴，只是进约过当，致下流浅涩，即时追官勒停，又缘黄河堤防泛滥去处官员使臣，虽去官者亦例皆冲替。今仲昌等奸谋辨口，诬惑朝廷，邀利急功，兴起力役，为害不浅，败事已多，固宜行窜殛之刑，岂得蒙宽宥之诏？伏望特赐指挥，其李仲昌、张怀恩、李璋、蔡挺、燕度等并从公议，改置严科。谢列城悉怨之民，示公朝刑罚之当，转灾沴为和气，在此举也。’”“戊寅，兵部员外郎、知制诰韩绛为河北体量安抚使，西上阁门副使王道恭副之。时宰相文彦博、富弼主李仲昌六塔河议。及败事，人莫敢尽言。绛至河北，具得其状，始请置狱劾治，仲昌等由是俱被窜废。初，议塞六塔，河北转运使周沆独言：‘近计塞商胡，用薪苏千六百四十五万，工五百八十三万，今仲昌计塞六塔，用薪苏三百万，工一万，共是一河，所费财力，不容若是之殊。盖李仲昌故先为小计，以求兴役尔。又今河广二百余步。六塔渠才四十余步，必不能容，且横陇下流自河徙以来，填淤成高陆，其西堤粗完，东堤或在或亡，前日六塔水微通，分大河之水不十分之三，滨水之民，丧业者已三万户。就使如仲昌言全河东注，必横溃泛滥，齐、博、德、棣、滨五州之民皆为鱼鳖食矣。今自六塔距海千余里，若果欲壅河使东，宜先治水所过两堤，使皆高厚，仍备置吏兵，分守其地，多积薪苏，以防冲决，乃可为也。然其劳费甚大，恐未易可办，以臣度之，六塔实不可塞。’不从。及仲昌败，沆又上言：‘民罹水灾，皆结庐堤冢，粮乏可哀，臣欲辄发近仓赈之，顾大恩当自上出，愿亟遣使者案视收恤。’从之。”

及败事，人莫敢尽言。”事后李仲昌、张怀恩不过降职为监当，李璋、蔡挺各移知州，转运使燕度系管勾修六塔河，“明知其不便，默无一言，盱睢随人，终致败事”，亦未加罪，朝廷中舆论哗然。[1] 原对富弼、文彦博不满的大臣，怨气都出在李仲昌等人身上，殿中侍御史赵抃，兵部员外郎、知制诰韩绛为河北体量安抚使，都请置狱劾治，翰林学士胡宿知审刑院，更请皆斩李仲昌、张怀恩、蔡挺三人，以谢河北。[2] 原与富弼、文彦博在治河问题上有矛盾的贾昌朝乘机欲动摇宰相，乃教内侍刘恢密奏开六塔“水死者数千万人，穿土干禁忌”，因为河口冈地“于国姓御名有嫌，而大兴臿斫，非便”，并说动朝廷诏遣中使置狱惩办。促行甚急，一日内降至七封。结果派号称铁面御史的吴中复实地查办，中复驰往，校对景德户籍，地名乃赵征村，实非御名；六塔河口亦无冈势，实属诬告。但不治仲昌等罪，不能平息事态。最后以李仲昌坐盗取河材为器，流英州，张怀恩流潭州，蔡挺夺官勒停。贾昌朝之谗言，虽不见效，却诏为枢密使。李仲昌等被贬之后，朝廷始专治北流西堤，“以卫北京及契丹国信路，不复治东堤”。[3] 当嘉祐元年仁宗赵祯得病后，贾昌朝又阴结右班副都知武继隆纠集了司天官二人在大庆殿庭议论不应穿河于北方，致使“上体不安”，表面上针对李仲昌，实际上矛头指向宰相文彦博和富弼。文彦博见司天官二人说：你们的职责是观察天象变异，现在你们干预国家大事，“罪当族”。今天看你们狂愚，不治你们的罪，以后不可再此。二人惧。文彦博又派这两个司天官前往六塔河口视察，二人至六塔，恐治前罪，回来说：“六塔在东北，非正北，无害也。”这次因权力之争而大兴河狱，在北宋历史上还是第一次，[4]“由是议者久不复论河事”[5]。

（二）嘉祐五年[6]至元丰元年（1060—1078）为第二阶段。嘉祐五年七月黄河又在魏县第六埽决口，决出一条二股河，广二百尺，东流一百三十里，经

1 《续资治通鉴长编》卷183，嘉祐元年七月：“壬辰……殿中侍御史赵抃言：臣近两次弹奏李仲昌等，乞行窜殛，以正典刑。近睹中书札子，仲昌等奉圣旨将来经恩并不得复官及差遣，唯转运使燕度元系管勾修六塔河，并固护埽约，明知其不便，默无一言，盱睢随人，终致败事。今仲昌等聊示贬降，独度未蒙黜罢，有何颜面尚拥使权，公议物情，甚未平允。臣伏望早赐黜罢燕度职司，以慰安河北人心，免更生事，又以示朝廷用法不私也。”

2 《续资治通鉴长编》卷183，嘉祐元年八月：“丙寅……翰林学士胡宿知审刑院。……宿尝奏河朔被水灾，滨、棣、德、博四州之民，皆归罪于李仲昌、张怀恩、蔡挺三人，乞斩此三人以谢河北，因进呈韩绛体量札子，仲昌、怀恩、挺卒坐重责。”

3 《续资治通鉴长编》卷184，嘉祐元年十一月甲辰条。

4 《续资治通鉴长编》卷184，嘉祐元年十一月河狱始兴条。

5 《宋史》卷91《河渠志一・黄河上》。

6 《宋史》卷91《河渠志一・黄河上》。

魏、恩、德、博之境，曰四界首河，大致上即走汉代笃马河（今山东马颊河）入海。[1] 转运使韩贽言："商胡决河自魏至于恩冀、乾宁入于海，今二股河自魏、恩东至于德、沧入于海，分而为二，则上流不壅，可以无决溢之患。"[2]韩贽的观点是让黄河下游分为两股入海，不必讨论东流还是北流问题。当时朝廷即采纳了这种意见，疏浚二股河"以纾恩、冀之患"。分流之策，在宋代以后黄河泥沙大量增加的情况下是不合适的，分流只能使河水流速减缓，加速泥沙沉淀。当时苏辙就指出："黄河之性，急则通流，缓则淤淀，既无东西皆急之势，安有两河并行之理？纵使两河并行，未免各立堤防，其费又倍矣。"[3]以后的事实也证明两股分流没有使黄河得到安宁。嘉祐七年（1062）河决大名第五埽，熙宁元年（1068）河决恩州乌拦堤，又决冀州枣强埽，又溢瀛州乐寿埽。北宋朝廷深感不安，于是朝内又开展了维持北流还是回河东流的大讨论。

《宋史·河渠志》云："初，商胡决河自魏之北，至恩、冀、乾宁入于海，是谓北流。嘉祐五年，河流派于魏之第六埽，遂为二股，自魏、恩东至于德、沧，入于海，是谓东流。时议者多不同。"[4]事后这条二股河专名东流，而实际上东流早已存在，即上述所指京东故道和横陇河。由于上次兴河狱以来，大家也明白京东故道和横陇河已不可复。所以以后的东流专指嘉祐五年决出的二股河。

不久进入神宗熙宁年间，正值熙宁变法、新旧党争之际，于是两派又在治河问题上互相诘难，大做文章。这次争论集中在两个问题上：一是回河东流的问题。司马光承神宗之命，于熙宁元年、二年两次去黄河下游进行考察，主张先在二股河之西置上约（挑水坝），擗水令东，俟东流渐深，占河水八分以上，河流冲刷已阔，沧、德一带堤防已固，而北流日渐淤浅，然后堵塞北流，回河东流。这是因为当时"人多以六塔为戒"，不敢遽然回河之故。今不论回河东流是否可行，司马光的考虑还是有一定道理的。而时王安石为相，为了在治河问题上有所表现，对治河并不了解的他则坚决主张塞北流而主东流，对司马光的意见不予考虑，并言："光议事屡不合，今令视河，后必不从其议，是重使不安职也。"与司马光一起巡视过黄河河道的张巩，为附和宰相王安石，也竭力主张立即塞北流回河东流。司马光即指出："巩等亟欲塞北流，皆为身谋，不顾国力与民患也。"最后于熙宁二年（1069）闭塞北流，但未几黄河即在堵口南面四十里许家港东决，"泛滥大名、恩、德、沧、永静五州军境"。[5]

1 《续资治通鉴长编》卷192，嘉祐五年七月乙卯条。

2 《宋史》卷91《河渠志一·黄河上》。

3 《宋史》卷92《河渠志二·黄河中》。

4 《宋史》卷91《河渠志一·黄河上》。

5 《宋史》卷91《河渠志一·黄河上》。

熙宁四年(1071)七月、八月、十月黄河屡屡决口,到熙宁五年四月塞北流河道上诸口,东流二股河成,六月又于大名府夏津县决口。可见东流并不像主东流者所讲的那么安全,是塞北流以来,黄河从未安宁过。

二是关于疏浚黄河河道的问题。熙宁六年时,有李公义者建议用铁龙爪沉于河中,以船拉动,扬起河中泥沙,以水力来冲刷泥沙。以后为了提高效率,形制有所改进,即用长八尺的木料,其上钉以二尺长的铁齿,将铁齿向下,上面压上大石头。用两船拖带铁耙,或用绞车拖曳,称为浚川耙。这种办法得到了王安石的支持。[1] 此法是否有效曾引起朝廷上下激烈的争论。当时主持大名府界黄河堤的范子渊与通判、知县一起经过试验,认为不可用。后来知道宰相王安石主持此事,当子渊有事至京师时,王安石问起此事,"子渊意附会,遽曰:法诚善,第同官议不合耳。安石大悦"。于是,专设浚河司,命范子渊为都大提举,李公义为之副,"许不拘常制,举使臣等;人船、木铁、工匠,皆取之诸埽;官吏奉给视都水监丞司,行移与监司敌体"。命其从卫州疏浚至海口。[2] 以为据此即可使东流顺畅,不治堤防。王安石曾相信此法有效,负责试验的范子渊投其所好,谎报试验时加深河道,降低洪水位有显著效果,并显露滩地数万顷等。事情正好被反对派文彦博抓着辫子,经考察无此效果,后来谎言被揭穿,有关官员分别受到处分。而反对者有的并非实知浚川耙的实际作用,而是认为王安石如罢相,必为文彦博所任,故均依附文彦博而反对之。[3] 熙

1 《续资治通鉴长编》卷248,熙宁六年:"十一月……丁未,王安石言:'以浚川杷(耙)浚黄河,自二十八日卯时至二十九日申时,凡增深九寸至一尺八寸,请以杷浚汴。'从之。……先是,有选人李公义者建言,请为铁龙爪以浚河。其法:用铁数斤为爪形,沉之水底,系絙,以船曳之而行。宦官黄怀信以为铁爪太轻,不能沉,更请造浚川杷。其法:以巨木长八尺,齿长二尺,列于木下如杷状,以石压之;两旁系大絙,两端矴大船,相距八十步,各用牛车绞之,去来挠荡泥沙,已又移船而浚之。王安石甚善其法,尝使怀信浚二股河,怀信用船二十二只,四时辰浚河深三尺至四尺四寸,水既趋之,因又宣刷,一日之间又增深一尺。怀信请以五百兵,二十日开六里直河,顺二股河水势,用杷浚治,可移大河令快。上许依怀信所擘画。安石请令怀信因便相度天台等埽,作直河,用杷疏浚。上亦许之。"

2 《宋史》卷92《河渠志二·黄河中》。

3 《续资治通鉴长编》卷282,熙宁十年:"五月……庚午,诏:'侍御史知杂事蔡確、知谏院黄履定夺卫州运河及疏浚黄河利害异同,理曲不实之人,劾罪以闻。如合就案验,辍官一员及取旨,遣内侍同往。'初,熊本既受命与都水监主簿陈祐甫、河北转运使陈知俭共按问诸埽,言:'八年,故河道水减三尺,浚川杷未至间,已增二尺,杷至又增一尺,且从此以前十年,水皆夏溢秋复,不惟此一年,水落实非杷所至。'本等乃集临清、冠氏县十五人责状,及据埽上水历,即南岸以杷试验,虽小有增深寸数,翌朝再测,已与未浚时无异。又访议者,皆以运河之兴有费无利,且为官私之患,遂以文彦博所陈为是,奏乞废浚川司。时范子渊在京师先闻之,遽上殿言:'熊本、陈祐甫意谓王安石出,文彦博必将入相,附会其身,以浚川杷为不便。臣闻本奉使按事,乃诣彦博纳拜,从彦博饮食,祐甫、知俭皆预焉,及屏人私语。今所奏必不公。且观彦博之意,非止言浚川杷而已。陛下一听其言,天下言新法不便者得必蜂起,陛下所立之法大坏矣。'上颇惑其言,诏以本等奏送都水监及外监丞司。子渊遂讼本等以七月中北岸水历定五月中南岸河流涨落,又不皆至河所视其利害,及大名府已尝保明用杷浚二股功利,牒转运司;兼本等专取索浚河司事,总四千七百余纸,即未尝取索大名府安抚司、转运司事相参照。而確亦劾本等奉使不谨,议论不公,乞更委官定夺是非。故就委確及履仍即御史台置狱推究。"

宁九年王安石罢相，此事也就不了了之。[1] 用浚川耙疏浚黄河河床，从当时的技术来说，不会有多大作用，但也不会有多大害处。“泥沙淤积沉淀是由于水中泥沙含量高，超过了水流挟沙能力的限度。而以力疏浚，所能输入的能量极其有限。在上游被搅起的泥沙，走不多远，势必在下游再次沉积。这种方法对改善局部淤积状况，例如在运河局部淤积地段，为增加航深，可以是有效的。对于某些河口挡潮闸段的细颗粒泥沙沉积，顺流拖淤也可在一个短时段内加大过流能力。而设想由此增大黄河的过水断面和泄洪能力，则无疑是不现实的。”[2] 以后“元祐更化”，范子渊因浚川耙事件，从司农少卿位置上被黜知兖州，寻降知峡州。[3]

关于用浚川耙疏浚河道问题，原可平心静气通过实践、讨论，决定取舍的。但由于新旧两派在治河问题上挟着党争之私，双方都将精力用在寻找对方短处上，而没有认真研究治河的策略。东流未通，北流残破。沿河要害处，守防仅十余人，[4] 最后酿成熙宁十年(1077)七月黄河在澶州曹村大决，“澶渊北流断绝，河道南徙，东汇于梁山、张泺泽，分为二派，一合南清

1 《续资治通鉴长编》卷250，熙宁七年：“二月，……癸酉……都大提举大名府界金堤范子渊等言：‘疏浚二股及清水镇河已通快，其退背鱼肋河三道可以闭塞，庶大河水并入清水镇及二股河，兼退出民田不少。’诏：‘如疏浚正流河道已深，即闭塞。’……至是，子渊自言疏浚功状，故有是诏。”卷278，熙宁九年：“冬十月……判大名府文彦博言：‘准中书批送下外都水监丞范子渊奏，今北京新堤第五、第六埽水于许村港漫散，其二股河浅淀，寻差官用浚川杷于二股河上下疏浚，夺过水势，却归二股河行流，兼退滩内民田数万顷，尽成膏腴。其疏浚使臣等伏望特赐奖劝，令安抚司保明闻奏。臣契勘河水浩大，非杷可浚，夏溢秋涸，固其常理。去年八月用杷浚河，至秋深方露所退地，止因霜降水落。今年未尝用杷浚河而退地更多，虽河滨甚愚之人，皆知浚川杷无益于事，臣不敢雷同保奏，共为欺罔。又所浚河身尽在水底，深浅固不可知，乞差不干碍公正敢言臣僚覆行定验。’诏令范子渊尽画一分析奏闻。”卷279，熙宁九年：“十二月癸未朔，命知制诰熊本与都水监、河北转运司官同相视疏浚汴河及卫州运河利害以闻。先是，大名府河每岁夏水涨，则自许家港溢出，及秋水落，还复故道，皆在大堤之内。范子渊既用浚川杷开直河受赏，复欲求功，乃令指使讽诸埽申大名府云：‘今岁河七分入许家港，三分入故道，恐河势遂移，乞牒浚川司用杷疏治。’府司从之。会岁旱，港水所浸田不过万顷，子渊用杷不及一月而罢，时熙宁八年也。其明年，子渊自言，去岁大河几移，赖浚川杷得复故道，出民田数万顷，其督役官吏，乞加酬奖。事下都水监，监司请优与酬奖，如子渊所乞。始，王安石极称浚川杷可用，故力主子渊。或言子渊于河上令指使分督役卒用杷疏治，各置历书，其课曰：某日于某埽浚若干步，深若干尺。其实水深则杷不能及底，虚曳去来，水浅则齿碍沙泥，曳之不动，卒乃反齿向上而曳之。所书之课，悉妄撰不可考验也。故天下皆指浚川杷为儿戏。既久，安石亦颇闻之，及都水保奏子渊酬奖，安石遂不信，更下河北转运、安抚司保奏。于是文彦博言子渊欺罔，乞行覆验。诏诘子渊，子渊言：‘自熙宁六年置浚河司，将前三年比较用杷功利，共省诸埽物料计钱三十九万缗，及减差夫六百六十九万。’上乃使蒲宗孟等于汴河用杷，试其事。又遣本等往河北究实。”

2 周魁一：《中国科学技术史·水利卷》，科学出版社2002年，第65页。

3 《宋史》卷92《河渠志二·黄河中》。

4 《宋史》卷333《俞充传》：“俞充字公达，明州鄞人……熙宁中为都水丞，提举沿汴淤泥溉田，为上腴者八万顷。……河决曹村，充往救护，还，陈河防十余事，概论‘水衡之政不修，因循苟且，浸以成习。方曹村决时，兵之在役者仅十余人，有司自取败事，恐未可以罪岁也’。”

河入于淮，一合北清河入于海，凡灌郡县四十五，而濮、齐、郓、徐尤甚，坏田逾三十万顷”[1]。至次年元丰元年(1078)四月决口塞，五月筑新堤，河归北流。

(三) 元丰四年至元祐八年(1081—1093)为第三阶段。元丰四年河决澶州小吴埽，又决而北流，合御河入海。[2] 当时北流“已全夺过大河”，新道畅通无阻。[3] 而“东行河道已填淤不可复”，时议者欲复禹故道，神宗说：“陵谷更变，虽神禹复出，亦不可拘以故道。盖水之就下者，性也。今止以州县为碍，壅遏水势，致不由其性，此乃治水之事，非治水之道故也。若以道观之，则水未尝为患，而州县为水之害耳。”[4]宋神宗也明白治河应顺水就下之性，这是治水之道，如果为了州县灾害计，不得不违反治水之道，而治水之事，要顺水之性。所以他主张维持北流，反对回河东流。

元丰八年神宗逝世，哲宗即位，次年改元元祐，高氏皇太后垂帘听政，在其支援下，大批熙宁变法时的旧臣纷纷还朝，旧党势力重新上台，将王安石时代的新法一并废除，即所谓北宋历史上的“元祐更化”。旧党还对新党人物进行残酷的迫害和倾轧，欲置之于死地而后快。于是新旧两党之间的矛盾更进一步激化，而旧党内部又发生了洛、蜀党争，于是错综复杂的矛盾又集中在黄河治理这个当时敏感的主题上，“于是回河东流之议起”[5]。

为何每次黄河决而北流，朝廷上总有人要提出回河东流之议呢？这要从宋代北边的政治形势谈起。元祐二年(1087)朝廷中旧党阵营里有三人提出北流之患。一是右司谏王觌。他说：“今河之为患者三：泛滥停滀，漫无涯涘，吞食民田，未见穷已，一患也；缘边漕运，独赖御河，今御河淤淀，转输艰梗，二患也；塘泊之设，以限南北，浊水所经，即为平陆，三患也。此三患者，

---

1 《宋史》卷92《河渠志二·黄河中》。

2 《续资治通鉴长编》卷312，元丰四年：“夏四月……乙酉，澶州言河决小吴埽。《旧纪》云：乙酉，河决小吴埽。河东行久，始决而趋北。”

3 《续资治通鉴长编》卷312，元丰四年：“五月……庚寅……诏：河决小吴埽，已全夺过大河，若止循例以三五千人急夫，必不能塞”“甲午，燕达言：小吴故道断流，今接近涨水，河门口皆深阔，垫塌未定，难计功料，未可修塞”。《续资治通鉴长编》卷315，元丰四年：“八月……壬午，权判都水监李立之言：‘准朝旨，小吴决口不闭，令臣经画。臣自决口相视河流，至乾宁军分入东、西两塘，次入界河，于劈地口入海，通流无阻。今检计当修立东、西堤防，计役三百一十四万四千工。’诏知制诰、知谏院舒亶、度支副使、直史馆蹇周辅，再相视检计。”

4 《续资治通鉴长编》卷313，元丰四年：“六月……戊午……诏：‘东行河道已填淤不可复，将来更不修闭小吴口，候见大河埽纳，应合立堤防，令李立之经画以闻，其干涉州县修护城堤，并听立之处分。’时议者欲复禹故道，上曰：‘陵谷更变，虽神禹复出，亦不可拘以故道。盖水之就下者，性也。今止以州县为碍，壅遏水势，致不由其性，此乃治水之事，非治水之道故也。若以道观之，则水未尝为患，而州县为水之害耳。”

5 《宋史》卷92《河渠志二·黄河中》。

外则生遐方窥觎之心，内则成仓廪空虚之弊。失田业者，虽遇稔岁，亦无还集之期；忧夫役者，虽非凶年，亦有转徙之意。其为患者如此，则朝廷之上得安枕而无虑乎？”[1]二是侍御史王岩叟。他认为大河北流有七大害：“今有大害者七焉，不可不早为计尔。北塞之所恃为险者在塘泊，黄河堙之，猝不可浚，浸失北塞险固之利，一也。横遏西山之水，不得顺流而下，蹙溢于千里，使百万生齿居无庐，耕无田，流散而不复，二也。乾宁孤垒危绝不足道，而大名、深、冀腹心郡县，皆有终不自保之势，三也。沧州扼北入海道，自河不东流，沧州在河之南，直抵京师，无有限隔，四也。并吞御河，边城失转输之便，五也。河北转运可岁耗财用，陷租赋以百万计，六也。六七月之间，河流暴涨，占没西路，阻绝北使，进退有不能，两朝以为忧，七也。非此七者之害，则委之可也，缓而未治之可也，且去岁之患已甚于前岁，今岁之患又甚焉，则将奈何？”[2]三是右谏议大夫梁焘。他认为大河北流有六大害：“夫北寒之所恃以为险者在塘泊，若河流湮没，水势进退卒不可浚，浸失前日之利，一也。横遏西山之水，不得顺流而下，蹙溢于千里，使百万生灵居无庐，耕无田，流散而不得复，二也。大名、深、冀、高阳当河之冲，腹心郡县有终不自保之势，三也。沧州扼北入海道，自河不东流，沧州在河之南，直抵京师，无有限隔，四也。并吞御河，边城失转输之便，五也。河北转运司岁耗财用，陷租赋以百万计，六也。”[3]更有意思的是知枢密事安焘认为：“盖自小吴未决以前，河入海之地虽屡变移，而尽在中国；故京师恃以北限强敌，景德澶渊之事可验也。且河决每西，则河尾每北，河流既益西决，固已北抵境上。若复不止，则南岸遂属辽界，彼必为桥梁，守以州郡……盖自河而南，地势平衍，直抵京师，长虑却顾，可为寒心。”[4]

综观其述，不论三大害、六大害、七大害，归纳起来，主要还是王觌提出的三点：一是大河夺御河北流，阻碍漕运；二是北边塘泊被大河泥沙所淤，失险固之限；三是横遏西山之水，不得顺流而下，蹙溢于河北地区。这些观点得到太师文彦博、中书侍郎吕大防的支持。[5] 于是在朝廷里又引起一场维持北流还是挽河东流的大辩论。元祐二年六月，三省、枢密院奏事延和殿，太师文彦博、中书侍郎吕大防、安焘等谓“河不东，则失中国之险，为契丹之

1 《续资治通鉴长编》卷 396，元祐二年三月丙子条。
2 《续资治通鉴长编》卷 399，元祐二年四月丁未条。
3 《续资治通鉴长编》卷 399，元祐二年四月丁未条。
4 《宋史》卷 92《河渠志二・黄河中》。
5 《宋史》卷 92《河渠志二・黄河中》。

利”。主张东流的还有知澶州王令图、河北路转运使范子奇、右司谏王觌、右谏议大夫梁焘等；反对挽河东流的有右相范纯仁、尚书王存、胡宗愈等，但他们的理由不够充分，主要是对挽河东流的工程没有把握，“以虚费劳民为忧”。只有户部侍郎苏辙、中书舍人曾肇上疏最有说服力。苏辙对三害、六害、七害之说一一进行驳斥，特别指出：“臣闻契丹之河，自北南注以入于海。盖地形北高，河无北徙之道，而海口深浚，势无徙移，此边防之说不足听也。”[1]众所周知，宋辽分界的白沟，即今天津以西的白洋淀、大清河一线为低洼凹陷地带，北面的永定河水系与南面子牙河、南运河水系在此会合为海河至天津入海，北流黄河不可能越此洼地北流入辽境。安焘等完全不知地理形势，信口胡言，而尚书省也竟然盲从而言“若河尾直注北界入海，则中国全失险阻之限，不可不为深虑”。于是命范百禄、赵君锡赴黄河决口处及主挽河东流分流处进行了详细的实地考察。[2] 元祐三年“会百禄等行视东西二河，亦以为东流高仰，北流顺下，决不可回”。四年，百禄等言：“臣等昨按行黄河独流口至界河，又东至海口，熟观河流形势；并缘界河至海口铺寨地分使臣各称：界河未经黄河行流已前，阔一百五十步下至五十步，深一丈五尺下至一丈；自黄河行流之后，今阔至五百四十步，次亦三二百步，深者三丈五尺，次亦二丈。乃知水性就下，行疾则自刮除成空而稍深，与前汉书大司马史张戎之论正合。自元丰四年河出大吴，一向就下，冲入界河，行流势如倾建。经今八年，不舍昼夜，冲刷界河，两岸日渐开阔，连底成空，趋海之势甚迅。虽遇元丰七年八年、元祐元年泛涨非常，而大吴以上数百里，终无决溢之害，此乃下流归纳处河流深快之验也。”又明确指出：“塘泺有限敌之名，无御寇之实。今之塘水，又异昔时，浅足以褰裳而涉，深足以维舟而济，冬寒冰坚，尤为坦途。如沧州等处，商胡之决即已淀淤，今四十二年，迄无边寇之警，亦无人言以为深忧。自回河之议起，首以此为辞，是欲动烦圣听。殊不思大吴初决，水未有归，犹不北去；今入海湍迅，界河益深，尚复何虑？藉令有此，则中国据上游，契丹岂不虑乘流扰之乎？”[3]范百禄等实地考察的结果，完全证明了北流是当时黄河最理想的流路。这是因为东流的京东故道、横陇河、赤河等所流经之地，即今冀、鲁交界处，是自东汉以来黄河千年流经的地方，随着泥沙的堆积和堤防的抬高，地势已很高仰，而御河以西、太行山以东的冀中平原是河北平原上最低洼的地方，故而黄河决而北流是河水就下

1 《宋史》卷92《河渠志二・黄河中》。

2 《宋史》卷92《河渠志二・黄河中》；《续资治通鉴长编》卷420，元祐三年闰十二月戊辰条。

3 《宋史》卷92《河渠志二・黄河中》；《续资治通鉴长编》卷425，元祐四年夏四月戊午条同。

的地势使然，是当时黄河下游比较理想的流势。范百禄所言是符合当时实际的。

通过范百禄、赵君锡的实地考察与北流通畅的报告，朝中大臣中大部分已经知道大河不可再回为东流。这样就本应该即速堵塞北流上的诸多决口，加筑堤防，以使黄河安流。但是朝中掌权的文彦博、吕大防等不顾事实，坚持已见，力主东流。范百禄上奏“河不可回，乞罢修河司，旬日不报”。范又于次年正月再次上奏，认为“今河行大伾之西，至于大陆，分注木门，由阎官道会独流口入界河，东归于海，合禹之迹，前人所欲为而不可得者也”，故“则非徒河不可回，回之必有大害”。朝廷才勉强在元祐四年正月“诏罢回河及修改水河”。[1] 但是由于在治河方略上各派争论不休，“前后遣官相度非一，终未有定论”，主政者力主东流，“今倾半天下之力，专事东流，而不加一夫一草于北流之上”。[2] 就是因为新成的北流河道没有得到及时修治，之后北流在南宫、宗城、信都、清河、武邑等处多次决口，“皆由堤防怯薄，夏秋水涨，势不能支”所致，“都水官吏窃幸其事，因以为回河减水之说”，[3]即给予东流派很多口实。当时在朝廷中主政的旧臣不仅对熙、丰时推行的一切新法深恶痛绝加以废除，对元丰以来形成的黄河北流也甚为反感，[4]于是旧党又重新提出回河东流，时太师文彦博、宰臣吕大防掌朝政，都水使者吴安持、都水监丞李伟也是力主东流。苏辙是反对回河的主将，他北使契丹，路过河北，“见州县官吏，访以河事，皆相视不敢正言”[5]。在这种情况下，同年八月又复置修河司，重议回河东流之事。[6]

元祐五年提举东流故道李伟称，大河已“一并东流，故道河槽深三丈至一丈以上，比去年尤为深快，颇减北流横溢之害”。“七年十月辛酉，以大河东流，赐都水使者吴安持三品服，北都水监丞李伟再任。”[7]东流派的得势，使争论白热化，当时御史中丞梁焘、谏议大夫朱光庭、侍御史孙升再三上奏，提

1 《续资治通鉴长编》卷421，元祐四年春正月戊戌范百禄言。

2 《续资治通鉴长编》卷437，元祐五年春正月丁亥御史中丞梁焘言。

3 《续资治通鉴长编》卷438，元祐五年二月戊申翰林学士苏辙言。

4 《宋史》卷92《河渠志二·黄河中》：“大抵熙宁初，专欲导东流，闭北流。元丰以后，因河决而北，议者始欲复禹故迹。神宗爱惜民力，思顺水性，而水官难其人。王安石力主程昉、范子渊，故二人尤以河事自任；帝虽借其才，然每抑之。其后，元祐元年，子渊已改司农少卿，御史吕陶劾其‘修堤开河，縻费巨万，护堤压埽之人，溺死无数。元丰六年兴役，至七年功用不成。乞行废放’。于是黜知兖州，寻降知峡州。其制略曰：‘汝以有限之材，兴必不可成之役，驱无辜之民，置之必死之地。’中书舍人苏轼词也。”

5 《宋史》卷92《河渠志二·黄河中》。

6 《续资治通鉴长编》卷430，元祐四年秋七月丙申条。

7 《宋史》卷92《河渠志二·黄河中》。

出要加强北流堤防，不宜劳师动众，开分水河，回河东流。一致要求罢黜李、吴两人。“疏奏，主河议者不悦，遂寝而不行。”[1]以后虽然暂罢河役，然吴安持、李伟仍坚持开减水河，因为当时朝廷里提回河阻力很大，主回者对回河也无十分把握，于是改变策略，不敢明言回河，只说暂时分水。“若水官恐向去疏虞，避免忧责，不敢明言回河，只托以分水为说，一向增进马头、锯牙，巧设埽𧝎、软堰之类，更积岁月之久，必然大段淤却北流河道，则将来紧流不免须奔东河，其为患正与回河无异。显是水官实欲收回河侥幸之功，而外不任回河败事之责也。”故“盖名为减水，实作回河”。[2] 而当时反对回河者，如河北转运使谢卿材、河东都转运使范子奇皆“因异议而罢，一路官吏，吞声屏息，无复敢言。不独河北官吏如此，今朝廷士大夫莫不以言回河为讳。岂有谋大利，兴大役，而固执一偏，涂众人之耳目，蔽塞其议论，以幸万一之成”[3]？朱光庭指出：“昨议修闭大河北流，天下之人皆谓北流就下，不可强使之东，更俟三二岁，观其水势所向，果有太过之势，因而导之，岂不易哉？朝廷审以为是，遂权罢闭北流，而水官元主议者殊不快所欲，盖所欲本在于侥幸朝廷美官，若一切罢去，则遂无事矣。故欲为减水河之策，意在我之前议未为过失，而又不得依旧广占官吏，事权在手，一从私意。”[4]李伟、吴安持何以能敢在众臣一片反对声中，坚持己见呢？苏辙指出：“河流之不可复东，若使上下诚有不知，误兴大役，虽伤财害民，为患不小，而事有过误，于君臣之间，逆顺之际，未为大不便也。今者，大臣之议，违法悖理，决不可为，而协力主张，胶固为一，去岁所罢，今岁复存（引者按：指修河司），顺之者任用，违之者斥去，虽被圣旨，犹复迁就，以便其私。陛下之言，上合天意，下合民心，因水之性，功力易就，天语激切，中外闻者或至泣下，而大臣奉行不得其半。由此观之，则是大臣所欲，虽害物而必行，陛下所为，虽利民而不听。至于委曲回避，巧为之说，仅乃得行，君权已夺，国势倒置。臣所谓‘君臣之间，逆顺之际，大不便’者，此事是也。”[5]此处所谓皇权旁落于大臣之手，此大臣何所指？同年冬十月侍御史孙升上言中明确指出，李伟“内挟文彦博之势权，外假吴安持之游说”[6]。而吴安持原为司马光追随者，“在元祐中附丽大防”[7]。由此可见，

---

1 《续资治通鉴长编》卷438，元祐五年二月辛丑条。

2 《续资治通鉴长编》卷480，元祐八年正月丁未中书侍郎范百禄言。

3 《续资治通鉴长编》卷442，元祐五年五月壬辰侍御史孙升言。

4 《续资治通鉴长编》卷438，元祐五年二月辛丑条。

5 《续资治通鉴长编》卷438，元祐五年二月戊申条。

6 《续资治通鉴长编》卷449，元祐五年冬十月癸巳条。

7 《续资治通鉴长编》卷488，绍圣四年五月乙亥曾布言。

元祐朝政全掌握在旧党文彦博、吕大防人手中，虽然朝中反对回河者众，但他们不顾河患之重，仍一味坚持东流。

元祐八年二月苏辙上奏指出：当时黄河实际并未全部东流，而是在北流东岸强作马头、锯牙，约水东流，北流河门原先阔十余里，水面阔七八里，元祐以来河门又从本阔三百余步，被束狭为一百五十步，而东流为人工所开，水门阔仅百余步。故当时实际上是两河分流。他说："河水重浊，缓则生淤，既分为二，不得不缓，故今日北流已见淤塞，此分水之害也。"如今"河流既未可保其不北，若使所塞坚壮不可动摇，则涨水咽怒，必为上游之患。京师以东，皆未免忧也。苦所塞浮虚，涨水一至，随流荡去，人工、物料无虑数百万，顷刻而尽。民之膏血，深可痛惜"。[1] 果不出所料，同年五月"水官卒请进梁村上下约，束狭河门，既涉涨水，遂壅而溃。南犯德清，西决内黄，东淤梁村，北出阚村，宗城决口复行魏店，北流因淤遂断，河水四出，坏东郡浮梁"[2]。该年十二月，监察御史郭知章行事河北，奏报大河主泓已趋附于东流，北流才十之二三，宜闭北行东。于是吴安持再度兼领都水使者，力主复东流。因与宰相吕大防意见相合，从之，河行东流。绍圣元年(1094)正月，范纯仁任右相，与苏辙仍坚持不可回河东流。三月吕大防罢相，于是又挑起了东北流之争。[3]

(四) 绍圣元年至北宋末(1094—1128)为第四阶段。哲宗元祐八年(1093)，垂帘八年的皇太后高氏逝世，哲宗亲政，旧党失去了政治支持。绍圣元年(1094)朝廷重新起复新党，罢吕大防相，以章惇为宰相，新党纷纷还朝，新党在政治上站稳脚跟后，对"元祐更化"的旧党进行残酷的报复，先后被远贬岭南，并祸及子孙。[4] 就是对死者也不放过，元祐时曾代吴安持为都水丞的王宗望，因主张回河而创立金堤七十里，"遂增秩三等，加直龙图阁、河北都转运使，擢工部侍郎，以集贤殿修撰知郓州"；后卒，"元符中，治其导河东流事，以为附会元祐，追所得恩典云"。[5] 治河问题再度成为党争的工具。

其时东北流之争分为三派，右相范纯仁、苏辙、右正言张商英一致反对东流，转运使赵偁、提刑上官均、大名安抚使许将等则主东、北两派分流，而

1 《续资治通鉴长编》卷481，元祐八年二月己未条。

2 《宋史》卷93《河渠志三・黄河下》。

3 《宋史》卷93《河渠志三・黄河下》。

4 详见罗家祥：《朋党之争与北宋政治》，第五章第二节"新党对旧党的报复性倾轧"，华中师范大学出版社2002年，第180—195页。

5 《宋史》卷330《王宗望传》。

业已主持工部侍郎的吴安持和王宗望又力主闭北行东。三方各执一词，并翻元祐以来治河旧账，互相攻讦。时河工荒废，“东流堤防未及缮固，濒河多被水患，流民入京师，往往泊御廊及僧舍。诏给券，谕令还本土，以就振济”[1]。统治阶层内部争论不休，河工荒弛，人民深受其害。最后，元符二年(1099)黄河又在内黄境内决口，全河北流，东流遂绝。“左司谏王祖道请正吴安持、郑佑、李仲、李伟之罪，投之远方，以明先帝北流之志。诏可。”[2]河狱再兴。

元符三年(1100)，哲宗逝世，无子，由端王赵佶继位，向太后垂帘听政，立即又掀起了一场否定绍圣之政的轩然大波。一批元祐党人又重新起复，郑佑、吴安持辈皆用登极大赦，次第牵复。回河东流之说又重新被提出，中书舍人张商英奏：“佑等昨主回河，皆违神宗北流之意。不听。”[3]自是争议又起。建中靖国元年(1101)左正言任伯雨所奏较合实际，其云：“河为中国患，二千岁矣。自古竭天下之力以事河者，莫如本朝。而徇众人偏见，欲屈大河之势以从人者，莫甚于近世。臣不敢远引，只如元祐末年，小吴决溢，议者乃谲谋异计，欲立奇功，以邀厚赏。不顾地势，不念民力，不惜国用，力建东流之议。当洪流中，立马头，设锯齿，梢刍材木，耗费百倍。力遏水势，使之东流，陵虚驾空，非特行地上而已。增堤益防，惴惴恐决，澄沙淤泥，久益高仰，一旦决溃，又复北流。此非堤防之不固，亦理势之必至也。昔禹之治水，不独行其所无事，亦未尝不因其变以导之。盖河流混浊，泥沙相半，流行既久，迤逦淤淀，则久而必决者，势不能变也。或北而东，或东而北，亦安可以人力制哉！为今之策，正宜因其所向，宽立堤防，约拦水势，使不至大段漫流。若恐北流淤淀塘泊，亦只宜因塘泊之岸，增设堤防，乃为长策。风闻近日，又有议者献东流之计。不独比年灾伤，居民流散，公私匮竭，百无一有，事势窘急，固不可为；抑亦自高注下，湍流奔猛，溃决未久，势不可改。设若兴工，公私徒耗，殆非利民之举，实自困之道也。”[4]崇宁四年(1105)大河安流，然终因众议未定，北流大河沿岸堤防未及时缮修，大观二年(1108)北流大河又在邢州决口，一夜将巨鹿县陷没，诏迁县治于高地，赵州隆平县因地势低洼，亦因

1 《宋史》卷93《河渠志三・黄河下》。

2 《宋史》卷93《河渠志三・黄河下》：“(元符二年)六月末，河决内黄口，东流遂断绝。八月甲戌，诏：‘大河水势十分北流，其以河事付转运司，责州县共力救护堤岸。’辛丑，左司谏王祖道请正吴安持、郑佑、李仲、李伟之罪，投之远方，以明先帝北流之志。诏可。”

3 《宋史》卷93《河渠志三・黄河下》。

4 《宋史》卷93《河渠志三・黄河下》。

而迁之。自后河决冀州信都、南宫、清河等县，几无宁日。[1] 直至建炎二年(1128)东京留守司杜充为阻金兵南下，人为决堤，遂使大河东南夺淮入海，开始了七百余年黄河夺淮的历史，黄河东、北流之争也就此告终。

四、小结

在论述北宋时期黄河东、北流之争的具体史实以后，最后想谈几点看法：

（一）黄河因中游流经数十万平方公里的黄土高原，其含沙量特别高，自古已然。战国时已有"浊河"之称[2]，西汉张戎即指出"河水重浊，号为一石而六斗泥"[3]。故在科技不发达的传统社会里，河床淤高到一定程度，决口改徙实属常事。综观有文献记载的两千多年的历史长河中，北宋固然是一个河患频繁的时期，北宋以前的西汉，北宋以后的元明清都是河患非常严重的时代，对社会经济和人民生活影响很大，故历代王朝对治河均极为重视。历代治河方略都会在朝廷中引起不同意见的争论。但如北宋那样，对治河不同意见的争论持续时间如此之长、治河策略的反复如此之大，与当时政局的动荡变化有如此密切的关系，实属罕见。

（二）北宋初年的黄河下游即所谓京东故道，自东汉明帝以来，已运行了八百多年，由于长期少有决溢，日积月累，唐末五代时河床下游淤高为悬河。正如欧阳修所云："河本泥沙，无不淤之理。淤常先下游，下游淤高，水行渐壅，乃决上流之低处，此势之常也。"[4]所以五代后周和北宋前期，先后决改为赤河、横陇河，都经行京东故道之北，说明京东故道的北岸地势低于南岸。庆历以后大河频频北决，流于今南运河（即北宋御河）和滏阳河之间，即今低洼的冀中平原，这是符合大河水往低处流的客观原则的。而且根据当时实地考察，也说明北流畅通，入海迅便。如果当时在朝诸臣能实事求是对待治河，修缮北流沿线堤防，加强防守，北宋一代河患不至于如此严重，河北人民也不至于长期陷于颠沛流离之苦，北宋王朝的倾覆也可能稍延时日。

（三）从庆历新政、熙宁变法、元祐更化、绍圣绍述至建中初政、崇宁党禁，国是数变，河亦数变。这在黄河变迁史上是绝无仅有的事。盖如本文开首所言，北宋朝廷为了加强中央集权，推行"异党相扰"的台谏制度，不同政

---

1 《宋史》卷93《河渠志三·黄河下》。

2 《战国策·燕策一》："王曰：吾闻齐有清济、浊河，可以为固。"

3 《汉书》卷29《沟洫志》。

4 《宋史》卷91《河渠志一·黄河上》。

见的大臣们自称为君子,攻击对方为小人,相互纠讦,凡事不论青红皂白,对方主张者,必反其道攻之。旧党、新党内真正懂得治河的人极少,大多以宰臣的主张为左右,为保自身官位,趋炎附势,见风使舵,无原则可言。治河方略竟然成为政治斗争的附庸。自有黄河东、北流之分起,朝廷内纷争数十年,水官无所适从,河事久延未决,遂致河患连年,民不聊生,最后竟以亡国告终。胡渭《禹贡锥指》云:"已而绍圣诸臣,力主东流,闭断北口,盖借河事以伸其绍述之说,意不在河,更无足论。元符二年河复决北,地势可知。而建中靖国初,犹有献东流之议者,蜩螗沸羹,一唱百和。自庆历以来,五十余年,凡发言盈庭之日,皆坐失机会之日也。卒委其地于金源氏,而河益南徙,浚、滑、汲、胙之间,化为平陆,岂不惜哉!"[1]

(四)笔者无意也无能力对北宋一代朋党之争的是是非非加以评论。本文主旨是想说明,在我国长期封建专制极权政治统治下,任何对自然、社会的各种措施,都难以避免当时政治环境的影响,即便是研究黄河变迁这样貌似纯自然的问题,也不能忽视当时的社会政治背景。

(原载《华学》第九、十辑,上海古籍出版社2008年版)

1 (清)胡渭著,邹逸麟整理:《禹贡锥指》,上海古籍出版社2006年,第512页。

中国历史地理学的发展与成就

历史地理学是研究历史时期地理环境变化及其规律的科学，是地理学的一个分支。这一观点经过几十年的讨论，在中国历史地理学界基本上已取得共识。从中国传统的地理学发展史来看，历史地理学的前身是沿革地理学，在中国源远流长。沿革地理学主要研究历代疆域、政区、地名、河流的沿袭和变革。近两千年前班固著《汉书·地理志》记述汉代地名时，往往追求先秦以来的沿革；6世纪郦道元的《水经注》不仅记载河流的古今变化，同时还注意到沿河城市的建置沿革，都是中国沿革地理学的早期著作。唐宋以下历代正史地理志、总志、方志、专志等舆地之作，无不祖述班、郦，重视一地一水的古今变化。到了清代，沿革地理已成为一专门之学，著作如林，学者辈出。清末杨守敬所编《历代舆地图》《水经注疏》和《水经注图》可谓集历代沿革地理学大成的著作，直至20世纪20年代，基本上还是沿袭了这个传统。沿革地理学主要记述现象，很少涉及内在原因，更谈不上探索其规律，长期以来是历史学的一门辅助学科，它的成果往往被视为为历史学的研究提供一个空间舞台。所以我国传统四部图书分类法将地理著作列入史部目录。

现代科学意义上的历史地理学，实发轫于20世纪30年代。“五四”以后，现代地理学的思想和方法传入，使中国学者不满足仅仅限于描述疆域的消长、政区的变革、地名的更易、城邑的兴衰、河流的变迁的沿革地理学，他们要求用新的科学方法，研究历史时期一切地理现象及其变化的内在原因，进一步探索其发展变化的规律。1934年由顾颉刚、谭其骧为主创办的禹贡学会就是有志于开创现代历史地理学研究的学术团体，并自费创办《禹贡》半月刊，为沿革地理学向现代历史地理学的转变开创了局面，取得了一些成绩，培养了一批人才。不久因抗战军兴而停办，然其草创之功是不可磨灭的。

历史地理学得到充分的发展，是在1949年新中国成立以后的事。特别是50年代中叶以来，随着国内政治、经济、文化建设的需要，历史地理学的各分支也得到了相应的发展。回顾四十余年来的中国历史地理学，大体上取得了下列几方面的成就：

一、学科理论的探讨

历史地理学的研究对象、性质和方法，也就是有关学科属性的一些基本理论问题，从 20 世纪 50 年代起在国内引起了讨论，这对学科的发展具有十分重要的意义。最有代表性的是侯仁之教授自 60 年代初以来，先后发表了《历史地理学刍议》(1962)、《历史地理学的理论与实践》(1979)、《再论历史地理学的理论与实践》(1992)、《历史地理学研究中的认识问题》(1993)等系列论文，开始就明确指出历史地理学是现代地理学的一个组成部分，它的研究对象是历史时期主要是人类活动而产生或影响的一切地理变化；并认为根据研究对象，还应区分为历史自然地理和历史人文地理。其方法除了历史文献方法以外，还特别强调野外考察的地理学方法。随着学科的发展，侯仁之教授对历史地理学研究的时间段限提出了新的观点，他认为历史地理学研究的范围应该从“中全新世”开始，亦即从新石器时代中期以后，人类活动对地理环境开始产生了影响以后的时期开始。其意义在于将历史地理学和古地理学携起手来，将整个自然环境发展史连贯起来，有利于对当前环境的认识与改造。进入 90 年代，中国科学家提出了“地球表层学”的概念，其含义是建立自然科学与社会科学汇合的地理科学，属于第一层次的学科。侯仁之教授由此而感到以往传统将历史地理学分为历史自然地理和历史人文地理的二元分类法不利于现代地理学的发展，因而重提“统一地理学”概念，建议应该综合地研究不同社会发展阶段人地系统的地域变化规律及其特征，从而为未来的发展和建设提供人地关系发展中的合理建议和对策，以赋予历史地理学新的时代责任。侯仁之教授在新的科学技术条件下，不断发展的新观点不仅是代表他个人，也是中国历史地理学界长期从研究实践中得到的共识。中国历史悠久，文献丰富，国土辽阔，地域差异强烈等特定的历史和自然背景，为中国历史地理学深入发展提供了其他国家难以比拟的条件，其在实践过程中总结出来的理论，对其他国家的研究也有一定的借鉴意义。

二、学科的基本建设

一门新兴学科的发展，必须建立在扎实的基础之上。历史地理学既然是研究历史时期的地理现象，而一切地理现象又离不开具体的地名，因此反映历史时期政区变化、地名更易、河流变迁的沿革地理学在新中国成立以后，仍然为历史地理学界所重视。由谭其骧教授主编的《中国历史地图集》(1987)是沿革地理集大成的巨著。这部历时三十余年才完成的图集共八册，上自原始社会，下迄清末，分为二十个图组，有图304幅。它不仅包括了历代王朝的统治范围，还包括各边区少数民族政权所管辖的地区，体现了中国是一个由多民族共同缔造的伟大国家的历史事实。内容以疆域政区为主，收录了全部可考的县级地名和县级以上行政单位与界线，还收录了县级以下部分重要地名，此外，山岭、长城、边塞、关津等要素以及重要交通道路，历代河流、湖泊、海岸的变迁，均尽可能以科学的方法予以表示。全部地名约七万个。这部大型历史普通地图不仅集中反映了以往沿革地理学和考古学的研究成果，同时也为今后历史地理学各分支的研究工作提供了基础。一切历史地理的研究都可以在这部地图上开始，最后成果也在这部地图上落实，目前已为中国历史地理学界最基本的常用参考书。

复旦大学主编的《中国历史大辞典・历史分册》(1996)是目前国内出版各种历史地名辞典中比较好的一部，全书128万字。其特点：一是辞目多，共9 640条，历史上主要地名均收罗在内；二是基本上都有出处，这是保证辞书质量的重要条件；三是吸收了历史学与历史地理学界各方面的研究成果。一般历史地理工作者均可在这部辞书中找到所需要历史地名的方位。

以上两项科研成果为历史地理研究的全面开展打下了良好的基础。

三、研究领域的扩大和深入

新中国成立以来的四十余年，随着国内经济文化建设发展的需要，历史地理学的各分支也得到了长足的发展。

历史自然地理学，作为历史地理学的一个分支是从50年代开始发展起来的。最早由徐近之对我国一些主要省份的历史气候资料进行广泛收集和整理，发表了《黄淮平原气候历史记载的初步整理》等一系列文章，同时整理出二十多个省、市、区的历史气候资料，为历史气候研究提供了丰富的素材。文焕然《秦汉时代黄河中下游气候研究》是我国第一部历史气候专著。60年代初期，由于我国许多省区发生严重自然灾害，历史时期各地的旱涝问题引起了广泛的注意。70年代著名地理学家竺可桢先生《中国五千年气候变迁的初步研究》的发表，引起中外学者的高度重视，成为研究中国历史气候变迁的经典性著作。在此基础上，张家诚、龚高法、张丕远、张德二、满志敏等对中国二三千年来气候温度、湿润和旱涝机遇等问题作了进一步的研究。

此外，由中央气象局主持组织有关单位共同协作的《中国近五百年旱涝分布图》，是目前世界上第一部范围最广、年代最长的旱涝气候图集。历史气候学已成为中国历史地理学中颇具特色的一个分支。

50 年代后期，由于中国在经济建设中某些政策的失当，造成一些地区植被被严重破坏，水土流失加剧，在干旱半干旱地区出现沙漠化的趋势。具体表现为西北干旱地区沙地的扩展和黄河下游泥沙的增加，这些问题引起了历史地理学家的高度关注。史念海对黄河中游历史植被变迁的研究、谭其骧对黄河下游河道变迁与中游农牧业更替的关系的研究、侯仁之对西北毛乌素沙地和乌兰布和沙漠变迁的研究、陈桥驿对宁绍平原森林植被变迁的研究，都是具有针对性的，在学术上起着开创性作用。以后不少学者在这方面也作出不少成绩。例如海河水系的变迁、黄河下游河道的变迁、长江中下游河道演变和湖泊消长、珠江三角洲水网地区的变化，都是关系到中国东部平原自然环境变迁的重大问题，谭其骧、邹逸麟、张修桂、曾昭璇等在以上诸方面都有显著的成果。东部海岸线的变迁，因建国以来考古工作提供了不少资料，使渤海湾海岸、苏北海岸、长江口海岸、杭州湾海岸以及珠江三角洲海岸变迁的研究取得了不少成绩。由中国科学院主持、于 1982 年出版的《中国自然地理·历史自然地理》一书，总结了 60 年代以来，中国历史自然地理研究各方面的成果，具有一定的时代意义，以后的研究大多是在该书的基础之上进行的。

中国是一个自然灾害频发的国家，60 年代以来，旱涝灾害连年不断，由于环境恶化而引起自然灾害，给人民的生命和财产带来巨大损失。1987 年联合国通过决议，把 20 世纪最后十年定名为“国际减灾十年”。因此自 80 年代后期开始，中国地理学界对环境问题极为关注。但环境的形成绝非一朝一夕，而是有其历史渊源的。所以 80 年代后期以来环境变迁成为历史地理学界共同关心的热门课题。北京大学对京津唐地区、陕西师范大学对黄土高原、复旦大学对黄淮海平原、杭州大学对宁绍平原、武汉大学对江汉平原、西南师范大学对西南地区、西北师范大学对西北地区的环境变迁的研究都有专著出版，取得了令人注目的成绩。因环境变迁而引起历史上不少珍稀动物的绝灭，成为历史动物地理学的重要课题，出版了不少有影响的著作。由中国首席科学家叶笃正教授主持的《我国未来（20—50 年）生存环境变化趋势的预测研究》（1993）是中国地理学界基础研究的重大项目，其中第一子课题《中国生存环境历史演变规律研究》是历史地理学的重要成果。人类在生产活动过程中如何保护和处理好人地关系将继续是历史地理学研究的重要课题。

历史人文地理学，中国人文地理学在冷落了三十余年后，80年代初开始复兴。在李旭旦、吴传钧教授主持下，出版了不少人文地理著作。谭其骧教授发表了题为《历史人文地理发凡与举例》的论文，建议积极开展历史人文地理的研究。在老一辈科学家的倡导下，历史人文地理研究也蓬勃发展起来。十余年历史人文地理方面的成果大致可分为两个方面：一个方面是部门历史地理，研究范围又分断代和地区两类。断代是根据中国历史文献收集便利出发而形成的以一个历史时期为剖面，考察某一部门历史地理的现象和变化规律。农业是我国传统的生产部门，是我国长期封建社会的经济基础，因此历史农业地理成为历史人文地理学中比较热门的学科，自商周以下，有关农牧区域布局、农业地域结构、作物分布与传播、农田水利、农业产量的地域差异等问题都有专题研究，写成专著的有《宋代农业地理》(1993)、《清代两湖农业地理》(1996)、《四川历史农业地理》(1993)等。人口是人文地理学的基本要素。中国人口问题自70年代以来引起学术界的广泛兴趣，历史地理学界也不例外。葛剑雄《西汉人口地理》(1986)是我国第一部历史人口地理著作，以后又有《唐代人口问题研究》(1991)、《唐代政区与人口》(1995)、《唐代人口地理》(1996)等著作出版，重点是研究某历史时期人口数量、增长、分布、迁徙的地域差异。由于资料条件的原因，研究的对象比较集中在资料相对完整的统一时期，尤其是对近代中国人口影响最大的清代，中外学者研究者甚多，由于资料多、情况复杂，目前尚无权威性著作出版。政区地理是由中国传统沿革地理发展而来的，上述《中国历史地图集》主要是反映历代政区变化，完整意义的政区地理还应研究政区变化的自然和人文背景。周振鹤《西汉政区地理》(1987)是我国第一部历史政区地理专著，基本上理清了西汉一代政区变化的内在原因。以后东汉以下直至明清各代都有专题研究的成果，还有区域性的政区沿革，如《山西历史政区地理》(1992)、《北京历代建置沿革》(1994)等，但基本上还是政区变化的阐述，至于政区变化的种种内在因素还有待于进一步深入。城市是人口最集中的地方，也最能反映某一时期的人文地理景观。侯仁之对北京城市、史念海对西安城市的研究，为我国城市历史地理研究作出了典范，先后主编出版的《北京历史地图集》(1985)、《西安历史地图集》(1996)是我国城市历史地理研究最卓越的成果。其他如洛阳、开封、南京、杭州、安阳、上海、武汉、广州、苏州、承德等大中城市历史地理都有高质量的专题论文发表。以后又注意到地区城市群的研究，《北京与周围城市关系史》(1988)就是这方面的著作。

宋代以后，东南地区新兴市镇大量出现是商品经济发展的结果，历史上中小城市的地域布局与商业、交通发展的关系，已成为近年来历史地理学关注的课题。80 年代开始的文化热波及了历史地理学界，《方言与中国文化》(1986)虽然不是历史地理著作，但其中有关方言分布的历史地理背景则是文化地理的重要内容，在国内外颇有影响；此外中国文化史的研究吸引了不少学者对这种文化布局地理背景的思考，《汉晋文化地理》(1991)、《湖南历史文化地理研究》(1995)等这方面的著作相继出版，有关宗教、语言、民俗地理布局的论文也日益增加，发展势头方兴未艾。历史社会地理学是近年来发展起来颇引人兴趣的一个分支，《北宋移民与南方社会变迁》(1993)、《明清徽商与淮扬社会变迁》(1996)、《近 600 年来自然灾害与福州社会》(1996)等都是历史社会地理学的代表性著作，这方面的研究大有可为，对认识近代中国社会有很重要的意义。历史运输地理的研究多年来内地主要侧重运河和陆路要道的开辟，对外主要是陆上、海上丝绸之路的研究，成为一门国际性学问。但是全面的历史运输地理的研究还是比较欠缺的。历史工矿地理是比较薄弱的一个分支，除了某些朝代工矿业分布外，作为工矿地理的研究还刚刚起步。

另一方面是区域人文地理的综合研究，也是近年来历史地理学界研究方向之一。《东北历史地理》(1989)、《荆楚历史地理新探》(1990)、《历史时期西南经济开发与生态变迁》(1992)、《黄淮海平原历史地理》(1993)、《河西走廊历史地理》(1995)等地区都是综合性的历史地理研究成果，《山西历史经济地理述要》(1993)也算是综合性的历史经济专著。由于区域综合研究时间跨度长，涉及面广，资料收集难度大，所以成果较少。

总之，历史人文地理学自 80 年代以来发展十分繁荣，除了少数部门外，各领域都有引人注目的成果，可以预见下一世纪必将有更大的发展。

四、研究方法、手段的革新

四十余年来，中国历史地理学之所以能够取得如此重大的进展和成就，很重要的一点就是研究方法和手段的革新。首先在继续重视文献研究外，野外考察已被公认为历史地理主要研究方法之一，侯仁之对北京、沙漠地区，史念海对黄河中游地区，谭其骧对黄河下游、长江中下游地区历史地理的研究之所以取得卓越的成果，都是与亲自参加野外考察分不开的。现在野外考察已成为历史地理研究的必要手段。其次是现代科学技术手段已广泛运用至历史地理研究中来，如孢粉分析、碳 14 测定、沉积物分析、卫星相片判读、遥感技术和计算机运用，近年来在历史气候、河流、湖泊、海岸、沙漠、古城址的复原研究中取得了明显的成果，还有一些社会科学方面新的方法也引进到历史地理领域里来，使过去不少无法研究的课题得到圆满的解决。由于经费等问题，新的研究手段还不够普及，希望今后能进一步改善。

中国历史地理学是一门新兴的、具有十分强烈生命力的学科，其成果必将引起国际同行的注目，希望通过国际交流进一步推动学科的发展。

（原载《人文地理》1997 年增刊）

基础研究与当代社会

——谈历史地理学的建设和发展

当代学科分类，除了根据研究对象，分为自然、社会、人文学科之外，还根据其功能分为基础学科和应用学科。关于基础与应用这两类学科相互促进的关系，大家讲得都很清楚了，无须我赘言。在此只想补充说明一点，基础研究与社会应用两者并不是截然分开的，其间往往还有一种衍生的关系。本文即以历史地理学为例，试说如下。

历史地理学是研究历史时期地理环境变化、发展及其规律的学科，是地理学的一个分支学科，同时也是历史学、地理学的一个交叉学科。[1] 所谓历史时期，大致上指人类社会进入新石器时代，有了原始农业作为标志，就开始对生活在周围的地理环境初步产生了影响，以后随着人口的增长、社会生产力的发展，特别是大规模的农业经营，以及随之而起的各种社会政治、军事、经济活动，对地理环境的影响越来越大。众所周知，自然界自身的变化是以万年计的。当人类为了生存，在利用和改造自然界过程中引起自然界的变化则是短促的，数十年即可有明显的变化。历史时期自然环境的变化，大部分是由人类活动引起的；同时自然环境的变迁，又反过来给人类活动带来有利或不利的影响。如何科学地处理好人地关系，则是历史地理学研究的重要目的之一。因此，也可以说历史地理就是研究人地关系的学科。

近一二十年来，由于不少历史地理专著和一些介绍历史地理普及读物的出版问世，历史地理学已经不像多少年前那样被认为是一门十分冷僻的学科，而是逐渐为人们所了解。历史地理既然是研究历史时期地理环境的变化、发展及其规律，因此必然与现代地理学一样，分为自然和人文两大分支：历史自然地理是研究历史时期气候、植被、生物、土壤、河流、湖泊、海岸、沙漠等，人类生存活动周围的自然要素的变化，而这种变化又是与人类活动

1　邹逸麟：《中国历史地理概述》，福建人民出版社 1999 年，第 1—2 页。

密切相关的；[1]历史人文地理则研究历史时期人们为生活、生存而进行的各种政治、军事、经济和社会、文化活动在地球表面的分布和变迁，而这种变迁又是与自然环境的变化密切相关的。虽然大体来说，前者属于自然科学的范畴，后者属于人文、社会科学的范畴。但是，由于两者总的目标都是研究人地关系，所以很难截然分开，而是互为补充、相互渗透、各有侧重、相得益彰的两个分支。[2]

任何历史地理的研究课题，首先是根据尽可能掌握的第一手材料，忠实地、客观地恢复各地理要素在历史时期的本来面貌，其次是探索整个历史时期某一地理（自然和人文）要素或某一地区综合（自然和人文）地理要素变化和发展的现象和规律。根据上述的研究对象和目的，历史地理学无疑是一门实证性的基础理论性学科。但是，又因为今天我们生活在与历史时期同一个地理环境之下，今天的地理环境是历史时期发展过来的，因此，我们对今天地理环境的认识、适应、保护和利用，就必须要了解它的历史发展过程和规律。这样，历史地理学从某种意义上说，又可以是与当代社会发展密切相关的基础应用性学科。下面我们想选择历史自然地理和历史人文地理的几个方面，来进一步阐述基础研究与当代社会问题的有机联系。

一

历代疆域的变迁，是研究历史地理最基本的课题。因为研究一个国家的任何历史地理问题，必须有一个特定的地域范围，而一个国家的疆域，则是这个国家一切历史地理问题最为基本的平台。世界上不同国家疆域的形成和变迁，是由不同的自然和人文条件决定的。

以中国为例，中国地处亚洲的东部，北部是蒙古高原的茫茫大漠，向东延伸为外兴安岭，西部和西南部是高原崇岭，东临大海。这样的地理条件决定了在传统社会条件下，中国历史上疆域的拓展、内缩，基本上在这个范围之内。同时，由于地域辽阔（东西跨 62 经度，南北跨 50 纬度），气候和地貌条件复杂，分为东部季风区、西北干旱半干旱区、青藏高寒区三大自然地理区域。在这三大自然区域内，先民们根据自身所处的特定地理环境，从事着农耕、畜牧、采集和狩猎等不同的生产方式。与此同时，又由于中国特定的自然条件，在大漠以南、青藏高原以东的东亚季风地区，自新石器时代以来，最

1　邹逸麟等：《中国自然地理》,《历史自然地理》，科学出版社 1982 年，第 1—6 页。
2　邹逸麟：《关于加强对人地关系历史研究的思考》,《光明日报》，1998 年 11 月 6 日。

早进入农业文明社会，从商周以降，农业生产逐渐占据主要地位，到了公元前221年秦朝统一国家疆域的形成，基本上包含了所有农耕区。换言之，中国最早统一国家疆域的形成是建立在同一农业文明基础之上的。

秦汉以后，在农业文明基础之上建立起来的中原王朝疆域的伸缩变化，主要是在与北部游牧民族（匈奴、鲜卑、柔然、突厥、蒙古）之间的斗争、交融之中发生的。八九世纪以后，原处于比较落后的狩猎、采集经济的民族，逐渐发展为以游耕、狩猎为主，政治上也出现了部落联盟或国家政权的形式（渤海、契丹、女真、吐蕃、南诏），于是开始与农耕民族和游牧民族发生了争夺土地和人口的战争。也就是说，清代中叶以前中国历史上疆域变迁，实质上是由三大自然区决定的三大经济区之间的斗争与交融的表现。清代前期统一帝国的形成，使农耕、游牧、狩猎采集经济区统一在一个政权之下，是两三千年来三大经济区的民族长期相互交流、融合的自然结果。因此，我们在研究历代疆域变迁的过程中，深刻地认识到今天中国的疆域是多民族共同缔造的，是历史发展的必然产物。19世纪中叶以后，西方列强用武力打开中国国门，通过一系列不平等条约，掠夺中国大批领土，其中沉痛的教训，是应该认真总结的。

由上可见，研究中国历代疆域变迁，不仅仅是讲疆土的伸缩，还牵涉到经济发展、民族文化融合的历史过程。这对于今天对多民族统一国家与疆域的维护、强化民族团结，以及对青少年进行爱国主义教育都具有十分重要的意义。

二

地方行政区划是国家对所辖领土进行分级、分区管理的区域结构，是中央集权出现之后的产物。在中国，这种制度萌芽于春秋初期，完成于秦朝统一之后全面实行郡县制，大约经过五个世纪的漫长历程，其与中央集权制度的萌芽、形成和完全确立几乎是同步的。

历代地方行政区划制度的变迁也是一切历史地理问题研究的基础，因为所有历史地理资料都是以时间、地点为坐标的。离开了时间和地点，资料就变得毫无用处。因此，历代地方行政区划的一些基本要素，如体制、层次、幅员、边界、行政中心的发展变化，是历史政治地理研究的主要内容。

中国历史上地方行政区划制度的变迁具有几个显著的特点：

（一）对以汉民族为主体的农耕区推行各级地方官吏由中央政府直接任命的郡县制，是中国历史上地方行政区划制度的主体部分。由中央政府将全国土地分层次、分地区下放给各级地方政府进行管理，称之为郡县制，以区别于西周与春秋战国时代的分封制。郡县制在日常运行过程中，必然会出现中央与地方在集权和分权上的矛盾。当矛盾发展到一定程度之时，就会出现中央与地方政府在行政权力分配上的调整。因此，从秦始皇全面确立郡县制直至清末，两千多年来，经过了郡县制、州郡制、道路制、行省制的变化，这种变化的实质是中央与地方在集权和分权的矛盾问题上不断调整的表现。

秦代初期建立郡县制与中央集权制度，是适应从春秋战国纷争走向统一的历史趋势。汉代初年同姓诸侯之乱，反映了地方势力过于强大，威胁到中央政府的集权。汉武帝时期建立的刺史制度，其目的是监督地方官吏和豪强势力，刺史所督察的区域是监察区，并非行政区。到了东汉末年农民起义，为了加强地方上应对的能力，不得不加强刺史的权力，刺史遂演变为地方一级行政长官。于是，就出现了从东汉末年至隋初长达四百多年的州郡县三级制。

隋初统一后，为加强中央集权，废郡一级，变为州县二级制（隋炀帝时改州为郡，唐武德初复改郡为州，天宝、乾元间又曾改州为郡，名称虽异，实质上都是州县二级制）。天宝末年，安史乱起，藩镇割据，最后又形成了道（藩镇）、州、县三级制。五代十国实质上就是唐末藩镇割据的延续。宋初鉴于唐末藩镇之弊，革除了藩镇实权，节度使不理州事，诸州直属中央。同时将全国府州军监分为若干路，每一路（一个区域）由四个长官分职进行管理：转运使（简称漕司）专理一路财赋与民政，安抚使（简称帅司）主持一路军事，提点刑狱使（简称宪司）总揽一路司法与监察，提举常平使（简称仓司）主管一路储备粮食、平抑物价，总称监司。各司分区不一，互相牵制，形成复式路制，无一司能专一路的全部权力。这样，地方上就不可能形成对抗中央的割据势力。但一切事物均有其两面性。这种强干弱枝、内重外轻政策的结果，大大削弱了地方上对内统治、对外防务的能力，故有宋一代内忧外患不止，此恐为原因之一。

元代的统一，为加强军事集权统治，地方行政上推行名义上由中央台省派出机构的行省制度，全国分为由中书省直辖和十个行中书省分辖的共十一个区域，统辖全国的路府州县。有元一代社会动荡不安，行政区划一直变化不定，层次、等级也十分混乱。所以明初改革为两京十三布政使司，名义上习惯称省制，实际与元代的行省制有很大不同。清初沿袭明制，康熙以后，又将明代后期出现的临时性、军事监察性的总督、巡抚制度演变为固定的最高行省长官的总督、巡抚制，形成近代所谓的内地十八省制。

综而观之，当中央集权加强时，往往采取郡（州）县两级制，上下政情容易通达，为防止地方官吏、豪强贪赃枉法，往往在其上置监察机构以监督之，汉代刺史、唐代道采访使即是。但中国地域广大，政区划分过细，一旦地方有事（内乱、外患或大面积的自然灾害），地方政府难以应对，于是又往往将监察机构演变为地方最高一级行政机构，东汉以后的刺史、唐代安史之乱以后的藩镇、清代的总督与巡抚即是。这种演变在漫长的中央集权政治体制下几乎成为一种规律。

（二）对边疆少数民族聚居地区往往采取军政合一性质的羁縻性的地方行政制度。地方最高长官由中央政府任命，其下各级地方长官均由原先的部落酋长或首领承担，其更替换代均需获得中央政府的认同和印信。地方管理上维持原来的制度，免其在郡县制内所推行的赋税和劳役。汉代的西域都护、唐宋时代的羁縻府州、元明清时代的土司和土官制度即是。[1] 这是中国历史上多民族统一国家管理体制上的重大创造。清代雍正年间的改土归流，清季光绪年间边疆地区的建省，都是在特定历史条件下的产物。研究这些问题的历史地理背景，对了解历史上中原王朝对民族地区统治的利弊得失和加强边防问题都有重要的现实意义。同时，对中国目前的民族区域自治制度也有一定的参考价值。

（三）县级地方行政组织及区划为何能够维持两千多年。上文已述，秦始皇在全国实行郡县制以来，县以上的统治机构几经变化，唯有县级政权，自秦以来至20世纪80年代的两千多年基本未变。根据历史地理学家研究，秦代全境大约有县1 000个，西汉末年为1 500余个县级政权。东汉以后，历代有增有减，到清末为1 700多个。今天全国有县级政权2 000个左右。但是，汉代的1 500余个县所占的地域，不包括今天的东北三省、新疆、内蒙古、西藏和青海大部分地区。由此可见，古今县级政权的数量和幅员变化不大，并且绝大部分建立在人口众多的农耕区。

那么，为什么县级政区有如此长期的稳定性？这是因为县级政区自开创以来，是历代中央王朝统治全国人民、土地的最基层的组织。县级长官代表中央政府对一县之内的土地和人民行使直接统治权，包括一切行政（户口、纳税、征役等）和司法权。为了便于管理，对县的幅员大小、人口多少都

1　刘统：《唐代羁縻府州研究》序，西北大学出版社1998年，第1—2页。

有一定的原则规定，所谓“县大率方百里，其民稠则减，稀则增”。其境域、边界因发展生产的需要，比较符合自然条件，并且范围不大，不足以构成与中央对抗的地方割据势力。正因为县制是适应长期的小农经济社会的上层建筑，历代王朝没有必要经常进行调整。1949年以后，中国的社会政治制度虽然改变了，但传统的小农经济社会基础还基本未变，因此，县级这种地方行政区划还基本适应当时的经济基础。20世纪80年代改革开放以来，随着城市经济空前发展，城镇化进程大为加速，传统城乡分离的县级行政区划逐渐不适应当前城市化的进程，于是20世纪80年代以来，县级市、大城市周围的县改区的城市政区的出现，都是行政区划改革的表现。这说明随着经济基础的变化，上层建筑也必须做出相应的改变。虽然目前这种变化还有些混乱，但这种变化的总趋势是必然的。

由上可见，我们对历代地方行政区划的研究，不仅能够深刻地了解历史上中国统一的多民族国家管理过程中，中央和地方关系的变化历史，同时也能对当前中国行政区划变化有理性的认识，并可以从历史变化的经验总结中提出有价值的意见和建议。

三

有了上述疆域、政区研究作为平台，我们就可以从事一切地理要素在历史时期变化的研究。

中国历史自然地理的研究，从20世纪70年代以来，成为国内外学术界十分关注的问题。由于20世纪60年代以来，中国自然灾害频仍，环境日趋恶化，历史地理学界深感对自然变迁研究的必要。1973年竺可桢先生《中国近5 000年来气候变迁的初步研究》一文的发表，引起了国内外研究历史气候学的学者的高度重视。特别是全球气候变暖趋势的确认，各国政府和科学界都开始关注气候变迁问题。而拥有两千多年连续文献记录的中国，被国际上认为是不可替代的地区，也是全球气候变迁研究不可或缺的地区。于是中国历史气候变迁的研究，成为国际上十分关注的课题。[1] 近20年中国科学家对历史上中国冷暖旱涝的研究成果，已经得到国际上的承认。其现实意义还在于了解气候变迁的规律，寻找解决这种变化带来的负面影响的对策。例如，现今大家已公认21世纪二三十年代地球平均温度将要升高2—3℃，但这种变化将对自然环境和社会生产与生活带来什么样的影响，尚

1 邹逸麟等：《关于历史气候文献资料的收集利用和辨析问题》，《历史自然地理》1995年第2期。

难预料。由此我们可以研究一下中国历史上有没有过温暖期，这个温暖期在历史上有什么反映。从仰韶到殷商是一个温暖期，已成定论，但资料太少，难以说明问题。有的研究认为两宋时期是历史上的一个温暖期，当时海平面较今上升1米左右，出现了太湖水灾增多、作物带北移等现象。我们可以从中探索在自然环境和社会经济上的反映，对今后气候转暖可能会出现的问题做些预测，为我们对21世纪气候变暖的对策研究和设计提供参考。

由于气候变迁是自然环境变迁中最重要的因素，从而推动了与此相关的植被、沙漠、河流、湖泊变迁的研究。在这些课题研究的过程中，需要做大量细致的资料整理性的基础工作，但其研究成果对今天环境保护和灾害预测有十分重要的参考价值。例如，黄河是中国以至世界历史上变迁最多的一条河流，从有历史记载以来，粗略统计，决溢改道1 500余次，大的改道二三十次，在中国东部平原上，北至天津，南至扬州，都曾受到过黄河泛滥决改的危害，对中国自然环境、社会经济造成巨大影响。黄河变迁的具体过程怎样，有什么特点，规律如何，黄河变迁的原因和后果究竟怎样？这就是历史地理学研究黄河变迁的主要内容。但自20世纪70年代以来，黄河情况大变，连续几年断流，开始断于下游河口段(利津)，以后日益严重。从1972年至1996年的25年内有19年发生断流。1996年甚至一年断流260余天、622公里，上溯至封丘，经济损失情况严重。仅1995年黄河下游断流带来的经济损失即达60亿元。断流的原因：一是中上游气候干旱，降水比正常年份少12%；二是中上游沿河工业城市和农业用水过量；三是下游黄河之水外调，如引黄济青、引黄济淄、引黄济冀，使下游河道水量更少。估计21世纪黄河流域干旱的问题短期内不可能得到缓解。但是又不能保证今后黄河不会出现像1998年长江流域那样的大水，因此防洪问题仍不能稍有懈怠。我们研究黄河变迁史，就要探索其中规律，为今后治河提供参考。

西部地区森林植被破坏，水土流失严重；东部地区河湖淤浅，蓄水面积减少，如逢大规模降雨，即成灾害，这在历史时期已经开始了，不过于今为烈。1998年长江大水即为一例。三北地区沙漠化问题已十分突出，中国历史上哪些地方原来不是沙漠后来变成沙漠的，哪些地方沙漠扩大了，这正是历史地理研究的重要课题。中国在勘察南疆铁路时发现古代丝绸之路全给沙漠吞噬了，在沙漠中发现许多古城。原因是下游流入沙漠的河流在上游被截断了，下游断水，城市就往上游迁移，原来的地方就给沙漠淹没了。今天新筑铁路，就要研究古代沙漠侵蚀的规律，如何防止沙化，铁路能维持多久等问题。[1]

历史人文地理方面研究的课题更多。除了上文所述疆域、政区地理研究外，有关中国人民为生存、生活所进行的各种经济、文化活动，对中国生存环境都有过重大影响。

中国自古以农立国，在长期的封建社会里，农业一直是主要产业。今天虽然第二、第三产业在国民经济中所占比例越来越大，但像中国这样人口达到13亿的国家，农业在相当长的时间内仍然是十分重要的产业，近年党中央提出的三农问题，正说明农业在中国的重要地位。但是，农业发展与环境的变化有直接的关系。汉唐时期黄河流域的过度开发，宋代以后太湖流域的围湖造田，明清时期洞庭湖区的开垦，粮食生产虽然有了增加，但都曾给黄河、长江流域的环境带来了水土流失和蓄水面积缩小的负面作用。因此，如何科学地利用土地，正是我们今天关心的问题。

城市历史地理研究近年来渐趋热门，这一方面受到西方学界的影响；另一方面是近年来中国城市化进程飞速发展，在国民经济中的地位日益重要之故。但是，中国历史上的城市经济的发展特点是什么，什么时候出现经济型城市，其基础是什么，其历史和地理的背景怎样？都是值得研究的课题。宋代以前所谓城市大多是各级政区的政治中心，因为其为政治中心，然后借政治之力，成为经济中心，如汉唐时期长安、洛阳等。宋代以后商品经济发展，才出现了纯经济的城镇，到明清时期尤为发达，如长江三角洲地区等。近代大都市如上海、天津等是西方势力入侵后产生的。历史上经济城市的出现及其地理分布，以及其兴衰变迁，反映了什么；近代大都市的出现，对整个中国的社会经济产生过什么影响；今后中国城市布局，如何才是合理的。这些问题都是历史城市地理研究的最终目的。

20世纪80年代开始，文化热也影响到历史地理学界，近年来历史文化地理研究也是一门显学。历史文化地理研究注重区域差异。中国北方南方、内地沿海地区文化差异很大，各地有各地的特点，这种差异和特点是如何形成的，其政治、经济、自然背景如何，其变化发展的内因是什么，都是十分有趣的课题。

西部开发，中部崛起，缩小东西部地区之间发展差距，是当前中国经济发展的战略性课题。但历史上西部曾经是中国经济发达地区，汉唐时代的

1 邹逸麟等：《从历史地理角度看交通运输业在国民经济发展中的地位》，《中国西部地区交通运输发展战略研究》，测绘出版社1994年。

关中，宋代黄河流域的河南、山西，长江流域的两湖、江西都曾经是经济文化十分发达的地区，为什么自明清以后逐渐衰落？近代以来，西方经济入侵中国东部地区，东部的开放和现代化，加大了东西部地区的差距。因此，客观地研究西部地区在近千年来逐渐衰落的自然和社会人文原因，对我们今天开发西部而避免重蹈历史的覆辙，有着十分重要的理论意义和现实意义。

通过上面的阐述，说明历史地理学并非仅仅是一门在书房做考据的象牙塔里的学问。当然，在许多具体课题的研究中，必须广泛收集资料，进行爬梳、考订，为的是恢复历史原貌，非此不能真正认识其原因，探索其规律。从这个角度讲，它属于基础性研究的学科。但其最终目的，还是假借历史经验，为今天我们人类的活动如何更好地适应自然环境的变化，达到人与自然和谐发展的境界服务。

因此，无论从基础理论研究角度，还是为当代社会服务需要出发，历史地理学领域里还有许多问题有待进一步研究，是需要进一步建设的学科。而一门学科的持续发展，必须要有重大课题的支撑。因此，我们很希望能得到有关方面的支持，使中国历史地理学的建设获得突破性的进展，并能为当前中国经济建设做出应有的贡献。

（原载《学习与探索》2006 年第 6 期）

图书在版编目（CIP）数据

复旦大学历史地理学术经典·邹逸麟卷 / 邹逸麟著. — 上海：上海教育出版社，2022.11
ISBN 978-7-5720-1490-1

Ⅰ. ①复… Ⅱ. ①邹… Ⅲ. ①历史地理－中国－文集 Ⅳ. ①K928.6-53

中国版本图书馆CIP数据核字(2022)第208226号

责任编辑　储德天
书籍设计　陆　弦

复旦大学历史地理学术经典·邹逸麟卷
邹逸麟　著

出版发行　上海教育出版社有限公司
官　　网　www.seph.com.cn
地　　址　上海市闵行区号景路159弄C座
邮　　编　201101
印　　刷　上海盛通时代印刷有限公司
开　　本　700×1000　1/16　印张 38.25　插页 5
字　　数　646 千字
版　　次　2022年11月第1版
印　　次　2022年11月第1次印刷
书　　号　ISBN 978-7-5720-1490-1/K·0013
定　　价　228.00 元
审 图 号　GS(2021)8332 号

如发现质量问题，读者可向本社调换　电话：021-64373213